R. Schweitzer
M. Schröder

Gesetzeskunde, Notfallmedizin und Pharmakologie

Die Heilpraktiker-Akademie Band 13

Rudolf Schweitzer
Michael Schröder

Gesetzeskunde, Notfallmedizin und Pharmakologie

Die Heilpraktiker-Akademie Band 13

3. Auflage

ELSEVIER

ELSEVIER
Hackerbrücke 6, 80335 München, Deutschland
Wir freuen uns über Ihr Feedback und Ihre Anregungen an books.cs.muc@elsevier.com

ISBN 978-3-437-58182-3
eISBN 978-3-437-18223-5

3. Auflage 2018

Wichtiger Hinweis für den Benutzer
Ärzte/Praktiker und Forscher müssen sich bei der Bewertung und Anwendung aller hier beschriebenen Informationen, Methoden, Wirkstoffe oder Experimente stets auf ihre eigenen Erfahrungen und Kenntnisse verlassen. Bedingt durch den schnellen Wissenszuwachs, insbesondere in den medizinischen Wissenschaften, sollte eine unabhängige Überprüfung von Diagnosen und Arzneimitteldosierungen erfolgen. Im größtmöglichen Umfang des Gesetzes wird von Elsevier, den Autoren, Redakteuren oder Beitragenden keinerlei Haftung in Bezug auf jegliche Verletzung und/oder Schäden an Personen oder Eigentum, im Rahmen von Produkthaftung, Fahrlässigkeit oder anderweitig, übernommen. Dies gilt gleichermaßen für jegliche Anwendung oder Bedienung der in diesem Werk aufgeführten Methoden, Produkte, Anweisungen oder Konzepte.
Obwohl alle Werbemittel mit ethischen (medizinischen) Standards übereinstimmen, stellt die Erwähnung in dieser Publikation keine Garantie oder Anerkennung der Qualität oder des Wertes dieses Produkts oder der Aussagen der Herstellerfirmen dar.

Für die Vollständigkeit und Auswahl der aufgeführten Medikamente übernimmt der Verlag keine Gewähr.
Geschützte Warennamen (Warenzeichen) werden in der Regel besonders kenntlich gemacht (®). Aus dem Fehlen eines solchen Hinweises kann jedoch nicht automatisch geschlossen werden, dass es sich um einen freien Warennamen handelt.

Bibliografische Information der Deutschen Nationalbibliothek
Die Deutsche Nationalbibliothek verzeichnet diese Publikation in der Deutschen Nationalbibliografie; detaillierte bibliografische Daten sind im Internet über http://www.d-nb.de/ abrufbar.

18 19 20 21 22 5 4 3 2 1

Um den Textfluss nicht zu stören, wurde bei Patienten und Berufsbezeichnungen die grammatikalisch maskuline Form gewählt. Selbstverständlich sind in diesen Fällen immer Frauen und Männer gemeint.

Planung: Ingrid Puchner, München
Projektmanagement: Ulrike Kriegel, Dagmar Wiederhold, München
Redaktion: Dr. Nikola Schmidt, Berlin
Bildredaktion: Adriane Andreas, München
Herstellung: Ute Landwehr-Heldt, Bremen
Satz: abavo GmbH, Buchloe
Druck und Bindung: Printer Trento, Trento/Italien
Umschlaggestaltung: SpieszDesign, Neu-Ulm
Titelfotografie: © fotolia

Aktuelle Informationen finden Sie im Internet unter **www.elsevier.de**

Vorwort zur 1. Auflage

Das wichtigste Ziel der vorliegenden Lehrbuchreihe besteht darin, den Heilpraktiker-Studenten auf eine Weise zur Prüfung zu begleiten, dass der Weg dorthin trotz aller Anstrengungen Spaß macht. Die Heilpraktikerprüfung hat sich in den zurückliegenden Jahren verändert. Sie wurde um zahlreiche Krankheitsbilder erweitert und hinsichtlich abgefragten Detailwissens erheblich erschwert. Während zuvor vergleichsweise einfache medizinische Grundkenntnisse zum Bestehen der Prüfung ausreichten, geht es nun darum, Erkrankungen unterschiedlichster Fachbereiche nicht nur hinsichtlich ihrer Symptome zu kennen, sondern sie tatsächlich auch in all ihren Aspekten verstanden zu haben. Überprüft wird zunehmend medizinisches Verständnis. Dies muss man nicht bedauern. Der berufliche Alltag des Heilpraktikers kann nur gewinnen, wenn eher vage medizinische Vorstellungen durch Sachverstand ersetzt werden.

Die Heilpraktikerprüfung setzt sich aus einem schriftlichen und einem mündlichen Teil zusammen, wobei in beiden Teilen nahezu ausschließlich schulmedizinische Inhalte abgefragt werden. Es kann demzufolge in der üblichen zwei- bis dreijährigen Ausbildung nicht darum gehen, Teilbereiche der komplementären oder Ganzheitsmedizin zu erlernen. Vielmehr reicht diese Zeitspanne gerade dazu aus, sich die Prüfungsinhalte anzueignen – als Fundament für angestrebte Spezialisierungen im Anschluss an die Prüfung.

Die Lehrbuchreihe ist aus Skripten hervorgegangen, die unterrichtsbegleitend beständig und über viele Jahre an die sich verändernde Prüfungssituation und damit an die jeweils neu zu optimierende Ausbildung angepasst worden sind. Ihr Zweck besteht darin, dem angehenden Heilpraktiker medizinische Lehrbücher an die Hand zu geben, die es ihm ermöglichen, sich den vollständigen Prüfungsstoff aus einem einzigen Werk zu erarbeiten. Die Lehrbuchreihe erhebt den Anspruch, auf jede Frage, die jemals in den Prüfungen gestellt worden ist, eine vollkommen ausreichende Antwort zur Verfügung zu stellen. Sie geht zusätzlich immer dann über dieses Ziel hinaus, wenn ein vollständiges Verständnis medizinischer Inhalte andernfalls nicht hätte erreicht werden können. Von daher werden Sachverhalte so manches Mal eingehender als unbedingt notwendig erörtert, denn Medizin wird genau dann interessant bzw. geradezu spannend, wenn man die Zusammenhänge ganz versteht. Und sie wird mühsam und unbefriedigend, wenn verlangt wird, endlose Auflistungen von Fakten auswendig zu lernen – ganz abgesehen davon, dass auswendig Gelerntes, Unverstandenes sehr schnell in Vergessenheit gerät. Zusätzlich soll das angestrebte Verständnis Reserven für die Heilpraktikerprüfung wie für den nachfolgenden medizinischen Alltag schaffen.

Die Vollständigkeit der Lerninhalte ermöglicht es dem ausgebildeten Therapeuten gleichzeitig, das Lehrbuch in den Folgejahren zum schnellen Nachschlagen zu benutzen, um verloren gegangenes Wissen wieder aufzufrischen. Diesem Ziel dienen zusätzlich einzelne Kapitel, die sich mit wichtigen medizinischen Themen befassen, die (noch) nicht prüfungsrelevant, jedoch auf besondere Weise praxisorientiert sind. Um den Lernenden im Hinblick auf die Prüfung nicht zu überfordern, sind solche Themenbereiche gesondert gekennzeichnet.

Einzelne medizinische Fächer kann man als Puzzlesteinchen betrachten. Sie müssen, um ein Bild zu ergeben, zusammengesetzt werden. Dies beinhaltet auch, dass die Einzelteile zunächst noch kein vollständiges Verständnis erzeugen können, weil dieses Verständnis im Ganzen liegt und nicht in seinen Teilen. Fächer wie Herz/Kreislauf, Atmung, Endokrinologie oder Hämatologie müssen getrennt voneinander erarbeitet werden, doch greifen sie ineinander, sind abhängig voneinander, können im wachsenden Verständnis nicht isoliert bleiben. Von daher benötigt der Studierende zunächst nicht nur Fleiß, sondern auch sehr viel Geduld. Nicht alles wird auf Anhieb verstanden werden. Erst wenn das Bild beginnt, Gestalt anzunehmen, wenn in nachfolgenden Fächern bereits gelernte Inhalte aus neuer Perspektive betrachtet werden, beginnt der eigentliche medizinische Denk- und Lernprozess. Und so besteht ein weiteres Ziel dieser Lehrbuchreihe darin, den Lernenden bis zum Ende seiner Ausbildung dorthin zu führen, wo er begreift, dass Medizin nicht nur spannend ist, sondern letztendlich auch äußerst logisch und in weiten Teilen fast naiv in dem Sinne, dass alles aufeinander aufbaut, das eine aus dem anderen folgt und der Studierende die Symptome einer Krankheit selbst formulieren kann, sobald er ihr Wesen ganz verstanden hat.

Aus dem Erreichen dieses Ziels resultiert gleichzeitig die Befähigung zu medizinisch verantwortlichem Handeln. Ich wünsche den Studenten auf dem Weg dorthin Fleiß und Ausdauer, aber auch sehr viel Freude beim Betrachten des entstehenden Bildes.

Es ist mir ein Bedürfnis, an dieser Stelle denjenigen Dank zu sagen, die auf besondere Weise zum Gelingen der Lehrbuchreihe beigetragen haben. Treffender formuliert wäre sie ohne die Mitwirkung dieser Personen nicht zustande gekommen. Auf Seiten des Verlags ist dies Frau Ingrid Puchner, die das anspruchsvolle Werk von Anfang an in verantwortlicher Position begleitet und mit großem Sachverstand und menschlicher Kompetenz an allen Hindernissen vorbei zum Ziel geführt hat. In besonderer Dankbarkeit blicke ich auch auf die Redaktionsarbeit, für die in Gestalt der geschätzten Kollegin Dr. Gräfin v. Pfeil eine dem Anspruch der Reihe höchst angemessene, ungewöhnlich kompetente Redakteurin gefunden wurde. Die menschliche und fachliche Kompetenz beider Persönlichkeiten finden sich schließlich auch in meiner geliebten Frau Florentine wieder. Sie hat dieses Werk viele Jahre lang mitgetragen, fachliche und sprachliche Unsauberkeiten aufgedeckt, Unverständliches angeprangert und nicht zuletzt klaglos auf zahllose Stunden gemeinsamer Zeit verzichtet.

Bad Wurzach, im Oktober 2011
Rudolf Schweitzer

Vorwort zur 1. Auflage

Die Berufs- und Gesetzeskunde bildet einen besonderen Bereich in der Heilpraktikerausbildung:

Gesetzestexte zu lesen erscheint den meisten noch schlimmer als das Lesen von Gebrauchsanweisungen, und oft erschließt sich dem Nicht-Juristen auch der eigentliche Sinn nicht. Juristisches wird oft als etwas Lebensfremdes angesehen, wo es um Auslegung von Begriffen und Haarspaltereien geht.

Jedoch kann man sich der Rechtskunde auch anders nähern: Rechtliche Regelungen sind eigentlich in allgemeine Form gebrachte Entscheidungen hinsichtlich bestimmter Interessenkonflikte. Es gilt also zu ermitteln, welche Interessen sich in einem Fall gegenüberstehen und wie der Gesetzgeber diesen Interessenkonflikt gelöst hat. Dann wird die Juristerei spannend und kann einen tiefen Einblick in die gesellschaftliche Gemengelage von Macht und Interessen geben.

Als Autor von Büchern über Berufs- und Gesetzeskunde stehe ich in einem mehrfachen Zwiespalt:

Das für die Prüfung erforderliche Wissen beschränkt sich auf wenige Fakten, vor allem die Behandlungsverbote. Dies lässt sich pauken, ohne ein Verständnis für Sinn (und Unsinn) der Regelungen zu entwickeln. Ein Heilpraktiker, der seinen Beruf liebt und ihn verantwortlich bewahren will, wird aber einiges an rechtlichem und geschichtlichem Hintergrundwissen benötigen, um seinen eigenen Verstand benutzen zu können und kritisch die Vorschriften zu hinterfragen.

In der Heilpraktikerprüfung ist es ungünstig, wenn man eine andere Antwort gibt, als der Amtsarzt erwartet. Amtsärzte sind Mediziner und keine Juristen und verfügen im Wesentlichen über ein „behördenkonformes" juristisches Grundwissen. Dies sollte man in der Prüfung so wenig in Frage stellen wie den Nutzen von Impfungen.

Staatliche Aufsichtsbehörden haben eine natürliche Tendenz, ihren Handlungsspielraum auszudehnen, d.h. im Zweifel lieber Verbote auszusprechen, als ein Risiko einzugehen. Das Interesse des Heilpraktikers muss dagegen sein, sich seinen Handlungsspielraum zu erhalten, und die Gesetze und Verordnungen entsprechend seiner Interessenlage zu interpretieren zu können.

Somit geht es für den Autor darum, einerseits dem Heilpraktikeranwärter die einfachen Antworten an die Hand zu geben, die er für die Prüfung braucht, andrerseits durch genauere Analysen den rechtlichen Handlungsspielraum des Heilpraktikers zu erhalten oder zu erweitern. Denn sonst besteht die Gefahr, dass sich der Heilpraktiker in vorauseilendem Gehorsam gegenüber Behörden oder Ärzten unnötig seiner Rechte begibt.

Ich möchte dies an einem Beispiel verdeutlichen: Darf der Heilpraktiker eine Wochenbettdepression behandeln?

Die Standard-Antwort, mit der man sicher durch die Prüfung fährt, würde lauten: Nach dem „Hebammengesetz" ist der Heilpraktiker von der Geburtshilfe ausgeschlossen; diese umfasst auch die mit der Geburt zusammenhängenden Symptome und Veränderungen im Verlauf des Wochenbetts.

Die tiefergehende, anhand der Interessenjurisprudenz (siehe Stichwort „Interessenjurisprudenz" in Wikipedia) würde überlegen, welche Interessen stehen hinter dieser Regelung? Es ergibt sich dann, dass nicht Gründe der heilkundlichen Kompetenz eine Rolle spielen, sondern die Abgrenzung von beruflichen Tätigkeitsbereichen: Die Hebamme als althergebrachter Beruf soll die zuständige Person bleiben für normal verlaufende Geburten, der Arzt für pathologische Geburtsverläufe, im akuten Notfall aber wiederum jeder helfen dürfen im Interesse von Mutter und Kind. Die echte Wochenbettdepression ist für die Hebamme nicht behandelbar, weil sie für pathologische Verläufe nicht zuständig ist; der ärztliche Geburtshelfer ist normalerweise nicht zuständig, weil er wegen der Sorgfaltspflicht an den psychotherapeutisch arbeitenden Kollegen verweisen würde. Somit ist von den gegebenen Interessen her (Reservierung der Geburtshilfe für Hebamme und ärztlichen Geburtshelfer) für die Wochenbettdepression die Lage anders als bei der Geburtshilfe im Allgemeinen: Der Heilpraktiker würde den Geburtshelfern im Regelfall nichts „wegnehmen" und deshalb kann man hier das Hebammengesetz so interpretieren, dass es die Behandlung der Wochenbettdepression auch im Rahmen der Geburtshilfe erlaubt. Dazu kommen als weitere Argumente, dass es auch bei Vätern Wochenbettdepressionen gibt, die der Heilpraktiker behandeln darf und dass die Wochenbettdepression außerhalb des engen zeitlichen Rahmens der Geburtshilfe zweifellos auch vom Heilpraktiker behandelt werden darf.

Dies ist also ein Beispiel dafür, wie man einerseits mit Standardantworten leichter durch die Prüfung kommt, und wie man mit einer tieferschürfenden Antwort den Amtsarzt verwirren oder vor den Kopf stoßen würde. Aber die tieferschürfende Antwort erhält bzw. erweitert den erlaubten Arbeitsbereich des Heilpraktikers und es ist natürlich essenziell wichtig, dass der Heilpraktiker sich diesen erhält.

Der Autor hofft, dass es ihm mit diesem Beispiel gelungen ist, die Schwierigkeiten beim Schreiben verständlich zu machen. Er hofft auch, dass es ihm gelungen ist, in seinem Buchkapitel die Balance zu halten zwischen diesen sich teilweise widersprechenden Zielen der Wissensvermittlung.

Danken möchte der Autor seinen Partnern im Verlag, Herrn Dr. Andreas Dubitzky mit seinem Humor und verständnisvoll-lockeren Art und insbesondere Frau Ingrid Puchner für ihr großes Engagement, ihre Kompetenz und ihre Fähigkeit, ein solides vertrauensvolles Fundament der Zusammenarbeit zu schaffen. An letzterem hat auch Herr Rolf Lenzen großen Anteil gehabt.

Holzkirchen, im April 2012
Michael Schröder

Vorwort zur 2. Auflage

Die Heilpraktiker-Akademie hat sich in erstaunlich kurzer Zeit zu einem neuen Standard in der Heilpraktiker-Ausbildung entwickelt. Das neuartige Konzept mit der Aufteilung in handliche Einheiten, den zahlreichen Info-Kästen und Zusammenfassungen wurde neben der hochwertigen Ausstattung besonders lobend herausgestellt. Eine geradezu begeisterte Resonanz erfuhr die Tatsache, dass neben der Vollständigkeit der Lerninhalte nun erstmals ein Lehrwerk zur Verfügung steht, welches das Verständnis der Medizin in den Vordergrund rückt, als Alternative zum eher mühsamen Auswendiglernen.

Der Erfolg der Lehrbuchreihe führte dazu, dass früher als geplant eine Neuauflage notwendig wurde. Diese Gelegenheit wurde dazu genutzt, weitere Verbesserungen vorzunehmen, ohne das Konzept des Werkes zu verändern. Besonderes Augenmerk wurde darauf gelegt, die Verständlichkeit der Erklärungsmodelle und medizinischen Zusammenhänge nochmals besser herauszuarbeiten. Die Berücksichtigung der neu hinzugekommenen Prüfungsfragen machte einzelne zusätzlich eingefügte Kapitel und Themenbereiche notwendig. Daneben wurden kleinere Fehler, die scheinbar unumgänglich zu einer 1. Auflage gehören, berichtigt. Zusätzliche Abbildungen dienen dem Verständnis, einzelne fehlerhafte bzw. schwer durchschaubare Abbildungen wurden ausgetauscht. Ergänzt wird die Lehrbuchreihe nun durch einen Gesamtindex, sodass sich die Themen schneller auffinden lassen.

Mein besonderer Dank gilt auf Seiten des Verlags Frau Ingrid Puchner, die auch die 2. Auflage begleitet hat und für die unverändert vertrauensvolle und fruchtbare Zusammenarbeit zwischen Verlag und Autor verantwortlich zeichnet. Für die redaktionelle Bearbeitung der 2. Auflage konnte Frau Dr. Nikola Schmidt gewonnen werden. Ihre fachliche Kompetenz und menschlich angenehme Art erwiesen sich als Bereicherung und Garant harmonischer Zusammenarbeit.

Bad Wurzach, im Mai 2014
Rudolf Schweitzer

Vorwort zur 3. Auflage

Auch für die dritte Auflage wurde die Heilpraktiker-Akademie umfassend überarbeitet und ergänzt, um den aktuellen und zu erwartenden Veränderungen der Heilpraktiker-Prüfung Rechnung zu tragen. Außerdem galt es, die sich in rasantem Tempo entwickelnde Medizin mit ihren faszinierenden Möglichkeiten abzubilden – mit einem Schwerpunkt auf Themen, die für den angehenden Heilpraktiker von Bedeutung sind oder werden könnten.

Das bewährte Konzept der Lehrbuchreihe blieb unangetastet. Ganz im Vordergrund stand deshalb wiederum die ausführliche Darstellung der medizinischen Zusammenhänge, damit dieselben in all ihren Aspekten verstanden werden können. Das dient bekanntermaßen der Freude am Lernen und schafft gleichzeitig Reserven im Hinblick auf kommende Heilpraktiker-Prüfungen.

Zur großen Freude des Autors blieb das bisherige Team beieinander. Mein besonderer Dank gilt deshalb Frau Ingrid Puchner auf Seiten des Verlags und Frau Dr. Nikola Schmidt, die für die redaktionelle Arbeit verantwortlich war. Abgerundet wurde die wiederum ungewöhnlich harmonische und kompetente Zusammenarbeit durch Frau Adriane Andreas, die der umfangreichen Bebilderung des Werks einen bewundernswerten Feinschliff verpasste.

Bad Wurzach, im April 2018
Rudolf Schweitzer

Vorwort zur 3. Auflage

Auch seit der 2. Auflage gibt es einige Änderungen im rechtlichen Bereich, abgesehen vom Infektionsschutzgesetz ist dies insbesondere der Erlass der neuen Richtlinien für die Heilpraktikerüberprüfung. Die Überprüfung wird relevant für alle HP-Anwärter ab der Herbstprüfung 2018. Inwieweit sich dadurch Prüfungsinhalte spürbar ändern, wird aber erst die Praxis zeigen.

Holzkirchen, im April 2018
Michael Schröder

Optimale Nutzung des Buches

Fachbegriffe

Der Einstieg in die medizinische Terminologie ist für den Anfänger schwierig. Dennoch wird von ihm erwartet, dass er sich die Begriffe aneignet. In diesem Buch werden die fachspezifischen Begriffe erklärt und sowohl die deutsche als auch fremdsprachige Bezeichnung angegeben. Im Text wird dann zwischen den Begriffen gewechselt, wenn beide gebräuchlich sind.
Aus didaktischen Gründen werden in diesem Buch außerdem unterschiedliche Schreibweisen bzw. Abkürzungen verwendet (z.B. „s“ oder „Sek.“ oder „Sekunden“).
Im Unterkapitel Terminologie des ➤ Bandes Basiswissen sind die wichtigsten Bezeichnungen mit Erklärungen erläutert. In diesem Band finden sich:

- auf der Innenseite des Rückumschlags die allgemeinen Lagebezeichnungen und Ebenen des menschlichen Körpers
- auf S. X: alle wichtigen Bezeichnungen für Notfallmedizin und Pharmakologie

Abbildungen und Tabellen

Die Abbildungen und Tabellen sind getrennt voneinander innerhalb jedes Kapitels fortlaufend nummeriert.
Die große Menge an Abbildungen zeichnet dieses Buch aus. Nutzen Sie diese zusätzlichen Informationsquellen – ein Bild sagt häufig mehr als viele Worte, ist einprägsam und macht schwierige Zusammenhänge anschaulicher.
Bei den Abbildungen zusätzlich enthaltene Informationen oder auch Diskrepanzen, die im seltenen Einzelfall gegenüber dem Text entstehen, sollten nicht beachtet werden. Von Bedeutung im Hinblick auf die Heilpraktiker-Prüfung wie auch im Sinn des angestrebten Verständnisses sind allein die Ausführungen des Textes.

Querverweise

Der menschliche Körper ist ein überaus fein abgestimmter Organismus, bei dem unzählige Rädchen ineinander greifen, damit er funktioniert. Verweise finden sich daher auch auf andere Bände dieser Reihe und sind z.B. mit ➤ Fach Dermatologie gekennzeichnet.

Abkürzungen

Die verwendeten Abkürzungen finden sich auf S. IX.

Kurzlehrbuch

Das Studium der Kästen „Merke“ und „Zusammenfassung“ ermöglicht stichpunktartig ein rasches Wiederholen des Stoffes kurz vor der Prüfung. Damit können Sie überprüfen, ob Sie die wichtigsten Fakten parat haben.

Kästen

Ein System aus farbigen Kästen erleichtert das Lernen.

Einführung

Hinführung zum Thema

ACHTUNG

Hinweise auf unverzichtbare Notfall- oder Vorsichtsmaßnahmen

PATHOLOGIE

direkter Bezug zu Krankheitsbildern

HINWEIS PRÜFUNG

wichtige Anmerkungen zur Prüfung

MERKE

Informationen zum Einprägen, hilfreiche, interessante Tipps, Hinweise oder Merksätze

Zusammenfassung

fasst die einzelnen Abschnitte kurz zusammen und bildet mit den Merke-Kästen ein optimales stichpunktartiges „Kurzlehrbuch“ zur schnellen Wiederholung aller wichtigen Fakten

EXKURS

interessante Informationen, die über das Thema hinausgehen, um Zusammenhänge aufzuzeigen oder herzustellen

HINWEIS DES AUTORS

Erfahrungen des Autors, die über das allgemeine schulmedizinische und prüfungsrelevante Wissen hinausgehen

Abkürzungsverzeichnis

ACC	Acetylcystein
ACE	Angiotensin-Conversions-Enzyme
ACTH	adrenokortikotropes Hormon
ADH	antidiuretisches Hormon
AIDS	aquired immuno deficiency syndrome
ALS	advanced life support
AMG	Arzneimittelgesetz
AMVV	Arzneimittelverschreibungsverordnung
ARAS	aszendierendes retikuläres aktivierendes System
ARDS	acute (adult) respiratory distress syndrome
ASS	Acetylsalicylsäure
ATP	Adenosintriphosphat
AVK	arterielle Verschlusskrankheit
BGB	Bürgerliches Gesetzbuch
BGH	Bundesgerichtshof
BLS	basic life support
BTMG	Betäubungsmittelgesetz
BVerfG	Bundesverfassungsgericht
BVerwG	Bundesverwaltungsgericht
BWS	Brustwirbelsäule
CK	Kreatinkinase
CO_2	Kohlendioxid
COPD	chronic obstructive pulmonary disease
DV	Durchführungsverordnung
EBM	Gebührenordnung für Ärzte (Kassenpatienten)
EEG	Elektroenzephalogramm
EKG	Elektrokardiografie/-gramm
GebüH	Gebührenordnung für Heilpraktiker
GG	Grundgesetz
GOÄ	Gebührenordnung für Ärzte (Privatpatienten)
HDL	high density lipoproteins
Hg	Quecksilber
HIV	human immunodeficiency virus
HPG	Heilpraktikergesetz
HWS	Halswirbelsäule
ICD	implantable cardioverter defibrillator (implantierbarer Cardioverter-Defibrillator)
IfSG	Infektionsschutzgesetz
IL	Interleukin
INR	international normalized ratio
ISG	Iliosakralgelenk
KHK	koronare Herzkrankheit
Kps.	Kapsel
LWS	Lendenwirbelsäule
MAO	Monoaminooxidase
MRSA	multiresistenter Staphylococcus aureus
MS	multiple Sklerose
NO	Stickstoffmonoxid
NSAR	nichtsteroidale Antirheumatika
NYHA	New York Heart Association
O_2	Sauerstoff
OVG	Oberverwaltungsgericht
RAAS	Renin-Angiotensin-Aldosteron-System
RKI	Robert-Koch-Institut
RR	Blutdruck nach Riva-Rocci
SGB	Sozialgesetzbuch
StGB	Strafgesetzbuch
Tbl.	Tablette
TCM	traditionelle chinesische Medizin
TNF	Tumornekrosefaktor
Tr.	Tropfen
t-PA	tissue plasminogen activator
ZNS	zentrales Nervensystem

Abbildungsnachweis

Der Verweis auf die jeweilige Abbildungsquelle befindet sich bei allen Abbildungen im Werk am Ende des Legendentextes in eckigen Klammern.

[E580]	Drake R. L. et al.: Gray's Anatomy for Students. Elsevier/Churchill-Livingstone, 2. Aufl. 2010
[E655]	Hockenberry M., Wilson D.: Wong's Essential of Pediatric Nursing. Elsevier/Mosby, 8. Aufl. 2008
[E661]	Odze R.D. et al.: Surgical Pathology of the GI Tract, Liver, Biliary Tract and Pancreas. Elsevier/Saunders, 1. Aufl. 2003
[F206]	U. Storm: Der Brandverletzte, in: Klinik Magazin, Nr. 5, Jg. 10/11, Verlag für Medizinische Publikationen, B. v. Hallern, 1994/95
[F592]	Anikin M. et al.: RNA Polymerase Structure, Bacterial. In: Encyclopedia of Biological Chemistry, S. 781–784. Elsevier/Academic Press 2004
[G146]	Boyd D. et al.: Comprehensive Review for the NCLEX-PN Examination. Elsevier Health Sciences, 2. Aufl. 2008
[J474]	Grafikbureau Thomas Engbert, Rabenkirchen
[K183]	Eckhard Weimer, Aachen
[L106]	Henriette Rintelen, Velbert
[L108]	Rüdiger Himmelhan, Mannheim
[L126]	Katja Dalkowski, Buckenhof
[L157]	Susanne Adler, Lübeck
[L190]	Gerda Raichle, Ulm
[L234]	Helmut Holtermann, Dannenberg
[L252]	Formelsatz im Auftrag von Elsevier/Urban & Fischer
[L253]	Dr. Wolfgang Zettlmeier, Barbing
[M117]	Prof. Dr. Gerhard Grevers, München
[M235]	Dr. Dr. Jürgen Luxem, Aschaffenburg
[M500]	Prof. Dr. Günter Kauffmann, Heidelberg
[O562]	Dr. Andreas Dubitzky, Herbertshausen
[R186]	Gruber G., Hansch A.: Kompaktatlas Blickdiagnosen in der Inneren Medizin. Elsevier/Urban & Fischer, 1. Aufl. 2006
[R302]	Peters O., Runggaldier K.: Algorithmen im Rettungsdienst. Elsevier/Urban & Fischer, 5. Aufl. 2011
[S149]	Roche Lexikon Medizin. Urban & Fischer, München, 5. Aufl. 2003
[V192]	Söhngen GmbH, Taunusstein
[W1005]	KVB Kassenärztliche Vereinigung Bayern

Glossar zur Notfallmedizin und Pharmakologie

akut plötzlich einsetzend, kurz dauernd (Gegenteil: chronisch)

Analgesie Schmerzlosigkeit, Schmerzbefreiung (Algos = Schmerz; a bzw. an ist die Verneinung)

Anamnese Krankengeschichte (eigentlich „Erinnerung")

Anästhesie Unempfindlichkeit (gegenüber Schmerz und weiteren Reizen)

anti gegen, entgegen (Antihypertonika = Medikamente gegen hohen Blutdruck; Antiallergika = Medikamente gegen Allergien)

Arteria (A.) Arterie (Plural: Aa. = Arterien)

Asepsis Keimfreiheit („ohne Möglichkeit einer Infektion")

Aspiration 1) Ansaugen von z.B. Blut in eine Spritze. 2) Eindringen (Ansaugen) von z.B. Fremdkörpern in die Atemwege während der Einatmung

Azidose Verschiebung des Serum-pH-Wertes in Richtung sauer (< 7,36); wird auch in zusammengesetzten Wörtern verwendet: Laktatazidose ist die Übersäuerung des Blutes durch Milchsäure (= Laktat)

chronotrop die Zeit (Chronos) betreffend, gemeint ist die Frequenz des Herzschlags (positiv chronotrop = Herzschlag beschleunigend)

Coenzym (Koenzym) Molekül, das durch Bindung an das Enzym die Reaktion zwischen Enzym und Substrat ermöglicht und bei dieser Reaktion in der Regel selbst verändert wird

dekompensiert eine Organstörung ist dekompensiert (wird erkennbar), wenn sie durch Medikamente oder sonstige Maßnahmen nicht kompensiert (ausgeglichen) wird

Desinfektion durch Herstellen einer Keimarmut (nicht Keimfreiheit!) eine Infektion vermeiden (de bzw. des = weg, herab – also „weg mit der Infektion")

Diastole Phase des Herzzyklus, in der das Blut in die Herzkammern hineinströmt

Drainage Eröffnung einer Wunde zur Ableitung ihrer Sekrete, z.B. mittels eines eingelegten Röhrchens

dromotrop den Weg bzw., im eigentlichen Sinn, die Überleitung des Herzens von den Vorhöfen zu den Kammern betreffend (Dromos = Weg)

Enzym Protein, das biochemische Vorgänge im Körper (erheblich) beschleunigt oder steuert

essenziell notwendig, lebenswichtig (u.a. sind Vitamine und zahlreiche Mineralien essenziell)

et und

hyper darüber (hinaus)

hypo unterhalb, unter (Hypovolämie = Volumen unterhalb der normalen Menge)

idiopathisch eigengesetzlich, aus unklarer Ursache heraus (zahlreiche Krankheiten entstehen idiopathisch, d.h., ihre Ursache ist unbekannt)

IE internationale Einheit (engl. „international unit", IU); sie dient als Dosierungsangabe, bezieht sich dabei aber nicht auf die Stoffmenge, sondern auf seine Wirkung

Indikation aus der Diagnose folgende Schlussfolgerung der angemessenen Therapie (aus einer bakteriellen Infektion ergibt sich die Indikation zur antibiotischen Therapie)

Infarkt ischämisch bedingte Nekrose eines Gewebes (Herzinfarkt, Hirninfarkt)

inotrop die Kontraktionskraft des Herzmuskels (= Inotropie) beeinflussend (herzwirksame Glykoside wirken positiv inotrop, verstärken also die Herzkraft)

Intoxikation Vergiftung

Intubation Einführung eines Tubus in die Luftröhre, üblicherweise zur Beatmung

irreversibel unumkehrbar, unabänderlich, unheilbar

Ischämie Mangeldurchblutung eines Gewebes

katabol abbauende Wirkung im Körper (Glukokortikoide wirken katabol, Insulin oder z.B. das Wachstumshormon anabol = aufbauend, Gewebe vermehrend)

Ketoazidose Azidose des Serums aufgrund vermehrter Ketosäurenbildung

kompensiert ausgeglichen, aufgehoben – bezogen z.B. auf die Funktionsstörung eines Organs

kompetitiv sich mitbewerbend, auf Wettbewerb beruhend; kompetitive Hemmung bedeutet, dass unterschiedliche Substanzen am selben Rezeptor binden und sich dadurch gegenseitig aus der Bindung verdrängen

kongenital angeboren, vererbt (= hereditär)

Kontraindikation fehlende Indikation = Gegenanzeige z.B. für eine bestimmte Therapieform

Laktatazidose Azidose des Serums aufgrund vermehrter Milchsäurebildung

Lyse Lösung, Auflösung (z.B. von Zellen oder Geweben)

Morbus Krankheit, Erkrankung (Morbus Recklinghausen = Recklinghausen-Krankheit)

Manus Hand (bimanuelle Untersuchung = Untersuchung mit beiden Händen)

Noxe Schadstoff, schädigende Ursache

Palpation Untersuchung durch Betasten mit den Händen

Parasympathikus Teil des vegetativen Nervensystems, Gegenspieler des Sympathikus

parenteral Zufuhr z.B. eines Medikaments i.v., sc., i.c. (para Enteron = am Dünndarm vorbei)

Penetration Durchdringung, das Eindringen, auch Übergreifen z.B. eines Tumors auf Nachbarstrukturen

Peritoneum Bauchfell, seröser Überzug der Bauchorgane

Placebo Scheinmedikament ohne eigene Wirkung

Plasma Blutflüssigkeit (ohne Blutzellen) mit sämtlichen darin gelösten Stoffen (vgl. Serum)

Plexus Geflecht (Nerven- oder Gefäßgeflecht)

-pneu, -pnoe Wortstamm für Luft , Atem, Atmung, Lunge (Dyspnoe = missempfundene Atmung; Tachypnoe = beschleunigte Atmung; Pneumothorax = Luft im Thorax bzw., genauer, im Pleuraspalt)

Prophylaxe Maßnahmen zur Vorbeugung von Krankheiten oder Folgekrankheiten

Reanimation Wiederbelebung, z.B. durch Herzdruckmassage und Beatmung (re = zurück, Anima = Seele, Atem, Leben)

Regurgitation Zurückströmen – z.B. von Speise in den Rachen (re = zurück, Gurges = Schlund)

reversibel umkehrbar, heilbar

Rezeptor Protein(komplex), der verschiedene Partikel (spezifisch) binden kann (z.B. Hormone) und durch diese Bindung Signalprozesse auslöst

Sepsis, septisch Überschwemmung des Organismus mit infektiösen Erregern („Blutvergiftung"), infektiös

Serum Blutflüssigkeit (ohne Blutzellen) mit sämtlichen darin gelösten Stoffen mit Ausnahme der Gerinnungsfaktoren (vgl. Plasma)

Sterilisation 1) Entkeimung = Abtötung aller lebensfähigen Mikroorganismen an einem Gegenstand oder Stoff durch physikalische oder chemische Maßnahmen, geht weit über eine Desinfektion hinaus. 2) Unfruchtbarmachung (eines Menschen) z.B. durch Unterbrechung der Samen- oder Eileiter

Sternum Brustbein

Sympathikus Teil des vegetativen Nervensystems, Gegenspieler des Parasympathikus

Systole Phase des Herzzyklus, in der das Blut aus den Herzkammern ausgeworfen wird

-trop Wortteil mit der Bedeutung „auf etwas wirkend“, „etwas betreffend“, „Orientierungsweise“ bzw. „auf die Art und Weise wirkend“, die der weitere Anteil des Wortes beschreibt (von Tropos = Art, Art und Weise oder trepein = auf etwas gerichtet sein) – z.B. chronotrop = hinsichtlich der Zeit (Chronos = Zeit), dromotrop = den Weg betreffend (Dromos = Weg), Gynäkotropie = (überwiegend) Frauen betreffend, bei Frauen auftretendes Syndrom (Gynä, Gynaikos = Frau)

Tubus röhrenförmiges Gebilde – z.B. flexibles Rohr, das dem Offenhalten der Atemwege dient

Vena (V.) Vene (Plural: Vv. = Venen)

Zyanose livide (= blau-rötliche) Verfärbung der Haut und Schleimhaut

Inhaltsverzeichnis

I

Michael Schröder

Gesetzeskunde

KAPITEL

1 Die wichtigsten Rechtsvorschriften für den Heilpraktiker

HINWEIS PRÜFUNG

Bei den Gesetzen in Kapitel 1 ist eine Grundverständnis und an manchen Stellen ein detailliertes Wissen erforderlich. Hingegen genügt es bei den Gesetzen im Kapitel 2 des Buchs meist, eine relevante Regelung, z. B. das Behandlungsverbot bezüglich der Zahnheilkunde, zu kennen. Der Prüfling braucht dabei keine juristischen Auslegungen zu liefern, z. B. ob das Kiefergelenk vom Verbot der Zahnheilkunde erfasst ist oder nicht. Solche Auslegungsfragen sind oft umstritten und gerichtlich nicht geklärt. Auch die Amtsärzte selbst sind keine Juristen und mit solchen Fragen überfordert. In der mündlichen Prüfung wäre es eine angemessene Antwort, das Problem zu erkennen und festzustellen, dass man sich diesbezüglich rechtlichen Rat einholen würde. Zum Beispiel: Darf der Heilpraktiker Zähne bleichen (sog. Bleaching). Antwort in der Prüfung: „Bleaching der Zähne könnte unter das Verbot der Ausübung der Zahnheilkunde für Nicht-Ärzte fallen. Ob das der Fall ist oder eher eine kosmetische Maßnahme, somit keine Krankheit, kann ich juristisch nicht beurteilen und ich würde mir juristisch-fachliche Auskunft einholen. Als praktizierender Heilpraktiker kann man sich bei solchen Fragen durchaus an das Gesundheitsamt wenden; denn hinter dem Gesundheitsamt steht ein ministerieller Apparat, in dem es Fachleute für solche Fragen gibt.

Seit der Prüfungsreform ist der Anteil von rechtskundlichen Fragen sehr zurückgegangen. So darf man sich, was die Prüfung in Gesetzeskunde betrifft, auf das Wesentliche konzentrieren. Dennoch sind Hintergrundinformationen notwendig, um Zusammenhänge zu verstehen und ein Gespür für die Thematik zu entwickeln.

Außerdem soll dieses Buch auch dem praktizierenden Heilpraktiker Hilfestellung geben in Rechtsbereichen, die in der Prüfung keine oder eine sehr geringe Rolle spielen, wie Fragen der Werbung für die Praxis und Heilmethoden, des Internetauftritts oder des Gebührenrechts. Deshalb sind die prüfungsrelevanten Abschnitte besonders hervorgehoben. In den Exkurs-Kästen finden sich nur Hintergrundinformationen.

1.1 Heilpraktikergesetz (HPG)

1.1.1 Entwicklung des Heilpraktikerrechts bis 1945

Die rechtliche Grundlage des Heilpraktikerberufs ist das **„Gesetz über die berufsmäßige Ausübung der Heilkunde ohne Bestallung“** vom 17.2.1939, gewöhnlich Heilpraktikergesetz genannt. Dazu gehören **zwei Durchführungsverordnungen**: die erste vom 18.2.1939 und die zweite vom 3.7.1941, die v. a. die Zulassungsvoraussetzungen regeln. Die Entstehungsgeschichte ist interessant und relevant – nur durch diesen Hintergrund lässt sich die heutige rechtliche Lage des Heilpraktikerberufs wirklich verstehen.

Vor dem Erlass des Heilpraktikergesetzes galt seit 1869, also schon zu Zeiten des Norddeutschen Bundes, **Kurierfreiheit**. Sie wurde 1870 vom neu gegründeten Deutschen Reich übernommen. Im § 29 der Gewerbeordnung niedergeschrieben, bedeutet sie einerseits, dass sich jeder nach seiner Wahl von geprüften (approbierten) Ärzten oder nicht geprüften Laienbehandlern behandeln lassen kann **(passive Kurierfreiheit)**, und andererseits, dass jedermann befugt ist, die Heilkunde ohne Nachweis einer Ausbildung oder Prüfung auszuüben **(aktive Kurierfreiheit)**. In den Worten des Abgeordneten und Arztes Dr. med. Löwe Kalb an seine Kollegen anlässlich der 2. Lesung der Gewerbeordnung 1869: *„Jeder von Ihnen wird entschlossen sein, wenn er einmal in großer Not ist, […] die medizinische Hilfe, die medizinische Heilung zu nehmen, wo er sie findet, sei es auch unter dem Pelz irgendeines alten Schäfers, von dem Sie überzeugt sind, dass er Ihnen helfen könnte."*

Mit dem **Heilpraktikergesetz** wurde die aktive **Kurierfreiheit abgeschafft**. Auf Dauer sollten sich nur noch approbierte Behandler, also Ärzte, der „Volksgesundheit" annehmen dürfen. Warum wurde dann überhaupt ein Heilpraktikergesetz geschaffen, das einen neuen Heilberuf einführte? Es war nur als **Übergangsgesetz** geplant.

Für eine gewisse Zeit sollten die **Laienbehandler noch praktizieren** dürfen, von denen es zahlreiche gab. Die Zahlen sind nicht zuverlässig, da viele nicht registriert waren. Es gab in den 30er-Jahren mindestens 15.000 davon, d. h., auf drei Ärzte kam ein Laienbehandler. Möglicherweise waren es auch mehr Laienbehandler als Ärzte. Gegen diese Konkurrenz machten die Ärzte mobil: 1937 erklärte Reichsärzteführer Dr. Wagner, dass Nationalsozialismus und Kurierfreiheit zwei unvereinbare Dinge seien, und führte das noch heute bestehende **Verbot der Zusammenarbeit** mit nichtärztlichen Behandlern in die ärztliche Standesordnung ein.

EXKURS

Übrigens bedurfte es erst eines Urteils des Bundesverfassungsgerichts, um den Ärztefunktionären zu vermitteln, dass dies ein verfassungswidriger Verstoß gegen die Berufsausübungsfreiheit des einzelnen Arztes ist. Eine Zusammenarbeit zwischen Arzt und Heilpraktiker ist also erlaubt, nur muss geklärt sein, wer für welchen Bereich verantwortlich ist. Gemeinschaftlich ausgeübte Tätigkeiten sind da zwar eher nicht möglich, wohl aber die vom Arzt und vom Heilpraktiker jeweils getrennt vorgenommene Befunderhebung und der Austausch darüber (mit Einverständnis des Patienten, wie immer).

Im Nationalsozialismus gab es zwei zentrale gesundheitspolitische Überzeugungen:

Erstens sollte die Natur- und Volksheilkunde eine größere Bedeutung bekommen, das Heilwissen „aus dem Volke" wurde durchaus hoch geschätzt. Andererseits war im Verständnis des autoritären Staats, in dem von oben nach unten durchregiert wird, der „Wildwuchs" an Laienbehandlern, die ohne Regulierung von oben sich ganz frei betätigen konnten, ein Dorn im Auge.

Wie diese Ziele gleichzeitig umsetzen? Indem man der Natur- und Volksheilkunde eine Grundlage in der universitären Ausbildung verschaffte (entsprechende Lehrstühle wurden eingerichtet) und von den zukünftigen Ärzten auch die Anwendung der Natur- und Volksheilkunde verlangte. So konnte man auf die Laienbehandler, die bisher die Bewahrer der Natur- und Volksheilkunde waren, verzichten!

Die große Berufsgruppe der Laienbehandler konnte jedoch von den Nationalsozialisten nicht plötzlich brotlos gemacht werden. Man musste eine Übergangsregelung finden, die darin bestand, alle bisher tätigen Laienbehandler nach einer Überprüfung und der Aussortierung aller rassisch etc. nicht akzeptierten Personen weiter tätig sein zu lassen, allerdings nun unter der Kontrolle einer von oben gesteuerten Zwangsvereinigung, der „Deutschen Heilpraktikerschaft". Neue Laienbehandler bzw. Heilpraktiker sollte es aber nur noch in besonderen Ausnahmefällen geben. Es schien auch für eine Übergangszeit notwendig, die Naturheilkundeverfahren in den Händen der Laienbehandler zu belassen, bis die **Ärzte**, so wie diese es damals (1939) tatsächlich versprochen hatten, die **Naturheilkunde an den Universitäten lehrten und lernten** und dann in der Praxis ausübten. Dementsprechend erklärte z.B.. der „Stellvertreter des Führers", Rudolf Hess, dass er dem Ausbildungsverbot für den Heilpraktikerberuf (dies fand sich in dem Heilpraktikergesetz) nur zustimme wegen der ausdrücklichen Zusage der Ärzteführung, dass in Zukunft die von den Heilpraktikern angewandten Heilmethoden von den Ärzten beherrscht und angewandt würden. Sollte dies nicht der Fall sein, würde er dafür sorgen, dass die Heilpraktiker ihren Nachwuchs wieder ausbilden könnten.

EXKURS

Die Ärzteschaft als Ganzes hat dieses Versprechen bekanntlich weder während der Zeit des Nationalsozialismus noch danach eingelöst. So gesehen ist es einer der eher seltenen Fälle von geschichtlicher Gerechtigkeit, dass in der BRD im Zuge der Rechtsprechung Heilpraktiker wieder ausgebildet werden durften und ihren Beruf weiter ausüben konnten.
Für die zum Zeitpunkt des Erlasses des HPG am 17.2.1939 als Laienbehandler Tätigen und für die Schüler an Schulen des Reichsheilpraktikerbundes gab es also die Möglichkeit, sich ihren Besitzstand zu bewahren, indem sie in kurzer Frist – bis zum 1. April 1939 – eine Erlaubnis nach dem Heilpraktikergesetz beantragten. Nicht-Deutschen oder Deutschen, die oder deren Ehegatte nicht „deutschen oder artverwandten Blutes" waren, war dieser Antrag nicht erlaubt; sie wurden erwerbslos. Dieses Verbot war den Nationalsozialisten wichtig, weil Monate vorher den jüdischen Ärzten die Ausübung des Arztberufs verboten worden war. Die jüdischen Ärztinnen und Ärzte hätten sonst evtl. als Heilpraktiker wieder praktizieren können.

GESETZESTEXT

Es werden das Gesetz und Teile der Durchführungsverordnungen mit amtlicher Begründung **in seiner ursprünglichen Fassung** vorgestellt, wobei die heute *nicht mehr gültigen Teile kursiv* markiert sind und Kommentierungen in eckigen Klammern stehen.

Gesetz über die berufsmäßige Ausübung der Heilkunde ohne Bestallung (Heilpraktikergesetz) vom 17. Februar 1939

Die Reichsregierung hat das folgende Gesetz beschlossen, das hiermit verkündet wird:

§ 1

(1) Wer die Heilkunde, ohne als Arzt bestallt zu sein, ausüben will, bedarf dazu der Erlaubnis.

(2) Ausübung der Heilkunde im Sinne dieses Gesetzes ist jede berufs- oder gewerbsmäßig vorgenommene Tätigkeit zur Feststellung, Heilung oder Linderung von Krankheiten, Leiden oder Körperschäden bei Menschen, auch wenn sie im Dienste von anderen ausgeübt wird.

(3) Wer die Heilkunde *bisher berufsmäßig ausgeübt hat und weiterhin* ausüben will, erhält die Erlaubnis nach Maßgabe der Durchführungsbestimmungen; er führt die Berufsbezeichnung „Heilpraktiker". [Man beachte, wie sich durch die nunmehr gestrichenen Worte der Sinn des Satzes ins Gegenteil verkehrt – von einer Sonderregelung nur für praktizierende Heilpraktiker zu einem Recht für jedermann.]

§ 2

(1) Wer die Heilkunde, ohne als Arzt bestallt zu sein, bisher berufsmäßig nicht ausgeübt hat, kann eine Erlaubnis nach § 1 in Zukunft *nur in besonders begründeten Ausnahmefällen* erhalten. [Durch die Streichung wird der ursprüngliche Sinn umgekehrt. Nun besteht regelmäßig ein Anspruch auf Erteilung der Heilpraktikererlaubnis – außer für Ärzte.]

(2) Wer durch besondere Leistungen seine Fähigkeit zur Ausübung der Heilkunde glaubhaft macht, wird auf Antrag des Reichsministers des Innern durch den Reichsminister für Wissenschaft, Erziehung und Volksbildung unter erleichterten Bedingungen zum Studium der Medizin zugelassen, sofern er seine Eignung für die Durchführung des Medizinstudiums nachweist. [Diese interessante Möglichkeit wird leider für obsolet gehalten.]

§ 3

Die Erlaubnis nach § 1 berechtigt nicht zur Ausübung der Heilkunde im Umherziehen.

§ 4

Es ist verboten, Ausbildungsstätten für Personen, die sich der Ausübung der Heilkunde im Sinne dieses Gesetzes widmen wollen, einzurichten oder zu unterhalten.

§ 5

(1) Wer ohne Erlaubnis die Heilkunde ausübt, wird mit Freiheitsstrafe *(Gefängnis)* bis zu einem Jahr oder mit Geldstrafe *und mit Geldstrafe oder mit einer dieser Strafen* bestraft.

(2) Wer dem § 3 oder § 4 oder einer auf Grund dieses Gesetzes erlassenen Vorschrift zuwiderhandelt, wird mit Geldstrafe bis zu 150 Reichsmark oder mit Haft bestraft.

§ 6

(1) Die Ausübung der Zahnheilkunde fällt nicht unter die Bestimmungen dieses Gesetzes.

(2) Der Reichsminister des Innern kann im Einvernehmen mit dem Stellvertreter des Führers auch andere heilkundliche Verrichtungen von den Bestimmungen dieses Gesetzes ausnehmen. [Damit blieb für diese Bereiche die Kurierfreiheit erhalten bzw. wäre wieder hergestellt worden.]

§ 7

Der Reichsminister des Innern erlässt *im Einvernehmen mit dem Stellvertreter des Führers* die zur Durchführung und Ergänzung dieses Gesetzes erforderlichen Rechts- und Verwaltungsvorschriften.

§ 8

(1) Dieses Gesetz tritt am Tage nach der Verkündung in Kraft.

(2) Gleichzeitig treten § 56a Abs. 1 NT. 1 und § 148 Abs. 1 NT. 7a der Reichsgewerbeordnung, soweit sie sich auf die Ausübung der Heilkunde im Sinne dieses Gesetzes beziehen, außer Kraft.

Erste Durchführungsverordnung zum Gesetz über die berufsmäßige Ausübung der Heilkunde ohne Bestallung (Heilpraktikergesetz) vom 18. Februar 1939

§ 2

(1) Die Erlaubnis wird nicht erteilt,

a) wenn der Antragsteller das 25. Lebensjahr noch nicht vollendet hat,

b) wenn er nicht die deutsche Staatsangehörigkeit besitzt,

c) wenn er oder sein Ehegatte nicht deutschen oder artverwandten Blutes ist,

d) wenn er nicht mindestens abgeschlossene Volksschulbildung nachweisen kann,

e) wenn er nicht im Besitze der bürgerlichen Ehrenrechte ist,

f) wenn sich aus Tatsachen ergibt, dass ihm die *politische und* sittliche Zuverlässigkeit fehlt, insbesondere, wenn schwere strafrechtliche oder sittliche Verfehlungen vorliegen,

g) wenn er in gesundheitlicher Hinsicht zur Ausübung des Berufs ungeeignet ist,

h) wenn mit Sicherheit anzunehmen ist, dass er die Heilkunde neben einem anderen Beruf ausüben wird.

[In diesem Paragraphen hat sich am stärksten nationalsozialistisches Denken verwirklicht.]

§ 6

Wer eine Erlaubnis nach § 1 Abs. 3 des Gesetzes erhält, ist verpflichtet, Mitglied der Deutschen Heilpraktikerschaft e. V. zu werden. [Die deutsche Heilpraktikerschaft war zwar ein Verein und keine berufsständische Kammer, hatte aber mit der Zwangsmitgliedschaft die Möglichkeit, Satzungen für alle Heilpraktiker zu erlassen. Sie war straff organisiert („Führerprinzip") und notgedrungen eng mit der politischen Führung verzahnt, hat aber deutlich mehr Distanz zum nationalsozialistischen System gehabt als die Ärzteorganisationen. Andere berufsständische Organisationen der Heilpraktiker wurden verboten, sodass ein Alleinvertretungsanspruch bestand. Die deutsche Heilpraktikerschaft wurde nach dem Krieg aufgelöst und es wurden viele miteinander konkurrierende Heilpraktikervereine gegründet. Ein Verein versuchte den Namen Deutsche Heilpraktikerschaft und letztlich den Alleinvertretungsanspruch fortzuführen. Dies wurde gerichtlich verboten.]

§ 7

(1) Die Erlaubnis ist durch die höhere Verwaltungsbehörde zurückzunehmen, wenn nachträglich Tatsachen eintreten oder bekannt werden, die eine Versagung der Erlaubnis nach § 2 Abs. 1 rechtfertigen würden.

(2) Die Erlaubnis ist ferner zurückzunehmen, wenn es unterlassen wird, die Mitgliedschaft bei der Deutschen Heilpraktikerschaft e. V. zu erwerben oder wenn die Mitgliedschaft endigt.

(3) Vor Zurücknahme der Erlaubnis nach Absatz ist der Gutachterausschuss (§ 4) zu hören.

§ 8

(1) Wer einen Ausnahmeantrag nach § 2 Abs. 1 des Gesetzes stellen will, hat seine Heilbefähigung und Heilerfolge für einen Zeitraum von mindestens drei Jahren nachzuweisen.

(4) Vor Abgabe seines Gutachtens hat der Gutachterausschuss den Antragsteller einer Krankenanstalt zuzuweisen, in der seine Heilbefähigung und seine Heilerfolge durch den zuständigen leitenden Arzt unter Hinzuziehung eines Heilpraktikers zu überprüfen sind. Die Überprüfung in der Krankenanstalt soll im Allgemeinen die Dauer von sechs Monaten nicht übersteigen.

[Diese interessante Möglichkeit besteht nicht mehr: Heilpraktikeranwärter konnten in einem Krankenhaus mitarbeiten und ihre Fähigkeiten zeigen.]

§ 9

(1) Eine auf Grund des § 2 Abs. 1 des Gesetzes erteilte Erlaubnis berechtigt zur Ausübung der Heilkunde unter der Berufsbezeichnung „Arzt für Naturheilkunde".

[Entsprechend entfällt auch die Möglichkeit, sich „Arzt für Naturheilkunde" zu nennen.]

§ 12

(1) Zur Wahrung der Berufsbelange der nach § 1 Abs. 3 des Gesetzes zur Ausübung der Heilkunde zugelassenen Personen ist die Deutsche Heilpraktikerschaft e. V. mit dem Sitz in München errichtet worden. Sie wird als alleinige Berufsvertretung anerkannt.

1

(2) Andere Vereinigungen, die dem gleichen Zwecke dienen, sind nicht statthaft. Der Reichsminister des Innern kann bestehende Vereinigungen auflösen. Die Satzung der Deutschen Heilpraktikerschaft e. V. bedarf der Genehmigung des Reichsministers des Innern. *Diese wird im Einvernehmen mit dem Stellvertreter des Führers erteilt.*

§ 13
Der Leiter der Deutschen Heilpraktikerschaft e. V. wird vom Reichsminister des Innern im Einvernehmen mit dem Stellvertreter des Führers berufen und abberufen.
(Siehe auch bei § 6. Es gab keine Wahl durch die Mitglieder, sondern das „Führerprinzip".)

Amtliche Begründung zu dem Gesetz über die berufsmäßige Ausübung der Heilkunde ohne Bestallung (Heilpraktikergesetz)

Auf Grund der liberalistischen Grundeinstellung zu allen Fragen des öffentlichen Lebens kam es im Jahre 1869 im Zuge der Einführung allgemeiner Gewerbefreiheit in Deutschland auch zur Einführung der allgemeinen Kurierfreiheit. Diese Kurierfreiheit war eine nahezu unbeschränkte; fast jede praktische Betätigung auf dem Gebiet der Heilkunde war für jedermann möglich. Es konnte dabei nicht ausbleiben, dass sich auch fachlich unfähige und charakterlich minderwertige Personen auf diesem Gebiete betätigten und durch unzweckmäßige Behandlungsmethoden gesundheitlichen Schaden anrichteten. Die dazu berufenen Stellen haben daher seit der Machtergreifung durch den Nationalsozialismus Mittel und Wege geprüft, um diese Missstände zu beseitigen und für das deutsche Volk eine einwandfreie gesundheitliche Betreuung sicherzustellen. Durch den Anschluss Österreichs und des Sudetenlandes wurde die gesetzliche Neuregelung dringlich, da für das Großdeutsche Reich einheitliches Recht geschaffen werden musste. Das vorliegende Gesetz soll daher auf Grund der zurzeit gegebenen Verhältnisse die berufsmäßige Ausübung der Heilkunde ohne ärztliche Bestallung endgültig regeln.

§ 2
In Zukunft wird eine Erlaubnis zur Berufsausübung als Heilpraktiker nicht mehr erteilt werden. Um aber besonders begabten und heilbefähigten Personen zu beruflicher Tätigkeit auf dem Gebiet der Heilkunde zu verhelfen, sieht das Gesetz folgendes vor: Jüngere Personen sollen in erleichterter Form zum Studium der Medizin zugelassen werden können; ältere hervorragend heilbegabte Personen, die eine längere erfolgreiche Betätigung auf diesem Gebiete unter Beweis zu stellen in der Lage sind, sollen die Erlaubnis zur berufsmäßigen Anwendung ihrer Fähigkeiten in besonders begründeten Ausnahmefällen erhalten. Sie werden eine arztähnliche Berufsbezeichnung führen und der Reichsärzteordnung unterstellt werden.

1.1.2 Entwicklung des Heilpraktikerrechts von 1945 bis heute

Nach dem Ende des Zweiten Weltkriegs wurde Deutschland in Zonen mit unterschiedlichen Besatzungsmächten aufgeteilt. In der sowjetischen Besatzungszone und späteren **DDR** galt das Heilpraktikergesetz fort, wobei die nationalsozialistischen Regelungen wie Arier-Paragraph oder die Zulassungsvoraussetzung der politischen Zuverlässigkeit aufgehoben wurden. Es wurden aber **keine Heilpraktiker mehr zugelassen** und der Beruf war zum Zeitpunkt der Wiedervereinigung beinahe ausgestorben. Es gab noch ca. 10 Heilpraktiker, alle im Alter zwischen 70 und 85 Jahren. *„Die Tätigkeit des Heilpraktikers hat im Gesundheitswesen eines sozialistischen Staates keinen Raum. Sie ist, soweit sie noch ausgeübt wird, ein Überbleibsel bürgerlicher Verhältnisse. Der Heilpraktiker wird in seiner Tätigkeit durch den Kreisarzt regelmäßig kontrolliert und laufenden mündlichen Prüfungen unterzogen."* [Freder J.: Die Geschichte des Heilpraktikerberufs in Deutschland unter besonderer Berücksichtigung der Verhältnisse in der DDR. Bonn: Volksheilkunde; 2003]

Trotzdem hatten die Heilpraktiker in der DDR einen großen Zulauf, denn auch dort waren Naturheilverfahren populär.

In den **westlichen Besatzungszonen** galt das **Heilpraktikergesetz** weiter bis zur Gründung der Bundesrepublik, mit Ausnahme offensichtlich nationalsozialistischer Bestimmungen. Dazu gehören die Versagungsgründe „ nicht-deutschen Bluts" und der fehlenden „politischen Zuverlässigkeit". Die „Deutsche Heilpraktikerschaft e. V." wurde aufgelöst. Die anderen Bestimmungen galten erst einmal fort, sodass es über die ersten Jahre keine neu zugelassenen Heilpraktiker und auch keine Heilpraktikerschulen gab.

Durch das **Grundgesetz**, das 1949 in Kraft trat, war geregelt, dass das **Heilpraktikergesetz** Bundesrecht ist, die Ausführung jedoch den **Ländern** obliegt. Ab 1951 hoben die Länder die Sperre für die Heilpraktikerzulassung und das Schulverbot nach und nach auf.

Die alten und neuen Heilpraktiker schlossen sich nun in neu gegründeten **Berufsverbänden** zusammen, die sich bald heftig befehdeten. Das lag zum einen daran, dass die Heilpraktiker einen politischen Bewusstseinsprozess durchmachen mussten vom staatlich gegängelten, diskriminierten Beruf, in dem z. B. ein absolutes Werbeverbot galt, zu einem freien, demokratisch verfassten Berufsstand. Solche Prozesse zwischen Aufbruch und Beharrung laufen naturgemäß nicht ohne Konflikte ab. Es zeigte sich aber auch früh, dass es zwei fundamental gegensätzliche Ansichten zur weiteren Entwicklung des Berufs gab, die bis heute miteinander konkurrieren und sich ausschließen: Soll sich der Heilpraktikerberuf möglichst in das staatliche Gesundheitssystem eingliedern, arztähnlich werden mit staatlich eingerichteter Kammer, staatlichen Ausbildungs- und Prüfungsordnungen, Qualitätsmanagement, Leitlinientherapie, bis – aktuelles Beispiel – zur Teilnahme am Projekt der „elektronischen Gesundheitskarte" und damit ein offiziell anerkannter und standardisierter Beruf werden oder soll er es vielmehr als großes Glück betrachten, dass ihm durch die Umstände der Geschichte zu einem sehr ungeregelten Existenzrecht verholfen worden ist? Je nachdem, wie viel oder wenig Zutrauen man in den Staat und die ihn beeinflussenden gesellschaftlichen Kräfte und Lobbymächte hat, wird die Antwort unterschiedlich ausfallen.

Der **Ärzteschaft** war in diesen frühen Jahren **nicht erfreut**, dass der Heilpraktikerberuf wieder auflebte. So hatte der deutsche Ärztetag 1953 in Lindau folgende Stellungnahme abgegeben: *„Von seiten der Heilpraktiker wird hervorgehoben, in weiten Kreisen der Bevölkerung bestehe der Wunsch, nach einer naturgemäßen Heilweise behandelt zu werden. Diese Behauptung, dass diese vornehmlich von den Heilpraktikern angewendet, von den Ärzten aber vernachlässigt werde, ist eine Irreführung der Öffentlichkeit. Alle approbierten Ärzte wenden heutzutage neben anderen Methoden in geeigneten Fällen auch die wissenschaftlich erprobte Methode der naturgemäßen Heilweise an. Die Ärzteschaft erwarte daher vom Gesetzgeber, dass die Kurierfreiheit aufgehoben werde und der besondere Beruf des Heilpraktikers neben dem des Arztes nicht länger bestehen bleibt, allerdings ohne Beeinträchtigung der Rechte derjenigen Heilpraktiker, die* *zurzeit noch zur Ausübung ihres Berufes befugt sind.*" Nun ist allerdings die Kurierfreiheit schon seit 1939 aufgehoben, denn seitdem dürfen Laien nicht mehr behandeln. Die Ärztefunktionäre hatten versucht, den Begriff der Kurierfreiheit für den berufspolitischen Kampf umzudefinieren: Wir Ärzte erkennen die staatliche Erlaubnis für die Ausübung des Heilprakikerberufs nicht an, sondern sehen in den Heilpraktikern Laienbehandler.

Inzwischen war die gesellschaftliche Stellung des Heilpraktikers so gefestigt, dass eine Abschaffung des Heilpraktikerberufs – abgesehen von den verfassungsrechtlichen Problemen – politisch nicht mehr durchsetzbar war. Keine Partei würde sich ein Wählerpotenzial von Millionen **Heilpraktikerpatienten** unnötig vergraulen. So blieb auch das Heilpraktikergesetz all die Jahre im Wesentlichen unverändert. 2016 erfolgten allerdings Änderungen, die darauf abzielten, die Heilpraktikerüberprüfungen zu modernisieren und zu vereinheitlichen. Die **Gefahren** für den Berufsstand liegen heute nicht mehr in der Abschaffung des Heilpraktikergesetzes, sondern in der **Austrocknung der Naturheilkunde** durch z. B. Änderungen im Arzneimittelrecht.

Trotzdem gab es einige Entwicklungen im Heilpraktikerrecht. Diese wurden jedoch von den Gerichten geschaffen.

Psychotherapie

Auch Psychotherapie ist Ausübung der Heilkunde (BVerwG 1983). Diplompsychologen mit psychotherapeutischer Zusatzausbildung hatten damals nur eine legale Möglichkeit, selbstständig als Psychotherapeuten zu arbeiten: Sie mussten Heilpraktiker werden. Denn das Heilpraktikergesetz von 1939 erlaubte die Ausübung der Heilkunde nur Ärzten und Heilpraktikern; Diplompsychologen waren damals unbekannt. Für die Heilpraktikererlaubnis mussten sie aber vor allem Anatomie, Physiologie und körperliche Krankheiten lernen, die sie doch gar nicht behandeln würden. Das BVerwG löste dieses Problem, indem es den **Grundsatz der „Unteilbarkeit der Heilpraktikererlaubnis" aufgab** und eine auf das Gebiet der Psychotherapie beschränkte Erlaubnis zuließ, wenn der Betreffende glaubhaft erklärte, dass er sich auf das Gebiet der Psychotherapie beschränken werde. In der Folge des Urteils brauchen klinische Psychologen nur noch eine sehr reduzierte, an ihre geplante berufliche Tätigkeit angepasste Überprüfung zu absolvieren. Sie erhalten dann die Heilpraktikerzulassung nach dem HPG, dürfen sich aber gleichwohl nicht Heilpraktiker nennen, um Missverständnisse bei den Patienten zu vermeiden.

Seitdem ist die Frage der „Unteilbarkeit der Heilpraktikererlaubnis" immer wieder auch bei anderen Berufen aktuell geworden, z. B. den Physiotherapeuten. Denn wenn es rechtlich möglich ist, die Heilpraktikererlaubnis auf die Behandlung der seelischen Erkrankungen zu beschränken, dann könnten Podologen, Logopäden oder Physiotherapeuten das Gleiche für ihr Gebiet beanspruchen: eine Heilpraktikererlaubnis, beschränkt z.B.. auf die Heilkunde am Fuß (Podologie).

Der nächste Entwicklungsschritt im Heilpraktikerrecht folgte 1993, ebenfalls durch das BVerwG: Auch Menschen, die eine andere psychotherapeutische Ausbildung durchlaufen haben als die des klinischen Diplompsychologen, muss, wegen dem Gleichheitsgrundsatz, eine beschränkte Heilpraktikererlaubnis für Psychotherapie zugestanden werden. Damit war der **„kleine Heilpraktiker"** geboren, der eine Prüfung nur über seelische Krankheiten und deren Therapie absolvieren muss und ebenso wie der Dipl-Psych-Heilpraktiker keine körperlichen Krankheiten behandeln darf. Er muss seine Patienten bzw. Klienten aber zum Arzt oder „großen Heilpraktiker" schicken, wenn der Verdacht besteht, dass eine körperliche Krankheit Ursache der Beschwerden sein könnte, z.B.. durch eine Schilddrüsenunterfunktion ausgelöste depressive Symptome. Denn diese Diagnostik beherrscht er durch seine auf seelische Erkrankungen beschränkte Ausbildung nicht.

1999 wurde mit dem **Psychotherapeutengesetz** eine direkte Möglichkeit geschaffen, dass auch über ein Psychologiestudium ausgebildete Psychotherapeuten selbstständig die Heilkunde ausüben dürfen als **„psychologische Psychotherapeuten"** bzw. als **„Kinder- und Jugendlichenpsychotherapeuten" neben den ärztlichen Psychotherapeuten**. Es entstand also neben dem Arzt und dem Heilpraktiker ein dritter selbstständiger Heilberuf. Seitdem können Patienten direkt einen psychologisch ausgebildeten Psychotherapeuten aufsuchen und müssen nicht mehr zuerst zum Arzt, der sie dann weiterverweist.

Mit diesem Gesetz wurde aber auch die **Berufsbezeichnung „Psychotherapeut"** speziell für ärztliche und psychologische Psychotherapeuten rechtlich **geschützt**. Seitdem dürfen sich „kleine Heilpraktiker" und Diplompsychologen mit Heilpraktikererlaubnis nicht mehr Psychotherapeuten nennen. Dies wäre strafbar nach § 132a StGB. Die Bezeichnung **„Heilpraktiker für Psychotherapie"** oder **„Heilpraktiker beschränkt auf das Gebiet der Psychotherapie"** sind aber ebenfalls irreführend, weil sie nicht eindeutig klar machen, dass es sich um keinen „Vollheilpraktiker" handelt. Dieses Problem hat zahlreiche Gerichte und Behörden beschäftigt. Sogar das Bundesverfassungsgericht war damit befasst und schlug vor, man möge sich dann einfach nach dem angewendeten Verfahren benennen, also Gesprächstherapeut oder Musiktherapeut, und tröstete damit, dass sich diese Berufsbezeichnungen dann schon einbürgern werden. Letztlich ist das Problem noch nicht gelöst.

Therapiemethodenverbot im Einzelfall

Das OVG Münster urteilte 1985, dass das Gesundheitsamt als Aufsichtsbehörde dem Heilpraktiker eine Behandlungsmethode, die konkrete Gesundheitsgefahren für die Patienten herbeiführt, untersagen kann, auch wenn kein allgemeines Anwendungsverbot für Heilpraktiker besteht.

Ausländer als Heilpraktiker

Laut BVerfG 1988 haben auch Ausländer Anspruch auf die Heilpraktikererlaubnis.

Physiotherapeuten

In den letzten Jahren führten zahlreiche Physiotherapeuten, oft unterstützt von ihren Verbänden, Prozesse, um ohne Heilpraktikerprüfung die Physiotherapie selbstständig ausüben zu können. Sie argumentierten, dass sie eine umfangreiche Ausbildung absolviert hätten und Anspruch auf eine auf Physiotherapie beschränkte Erlaubnis hätten ähnlich wie die Diplompsychologen. Es entstand ein bunter Strauß unterschiedlicher Verwaltungsgerichtsurteile. Sie reichten von Erteilung der Erlaubnis ohne jede Prüfung bis zur gänzlichen Versagung einer beschränkten Erlaubnis wegen der oben genannten „Unteilbarkeit der Heilpraktikererlaubnis". 2009 sorgte das BVerwG für ein Ende der Verwirrung. Nach seiner Entscheidung ist eine **Teilerlaubnis**, beschränkt auf das Gebiet der Physiotherapie möglich. Jedoch sei der Beruf des Physiotherapeuten von seiner rechtlichen Ausgestaltung her ein **Heilhilfsberuf**, der dem Arzt oder Heilpraktiker helfend zur Seite stehe. Der Physiotherapeut stelle zwar sog. Funktionsdiagnosen: Krankheitsdiagnosen gehören aber nicht zu seinen Aufgaben und dafür sei er auch nicht ausgebildet. Deshalb müsse er durch eine Teilprüfung nachweisen, dass er die bisher nicht gelernten Bereiche, die er für eine selbstständige Ausübung der Physiotherapie brauche, beherrsche. Mit diesem Urteil wurde grundsätzlich ein Weg eröffnet für Angehörige von Heilhilfsberufen wie Podologen, Logopäden u. a., eine auf ihr Gebiet beschränkte Heilpraktikererlaubnis zu erhalten. Voraussetzung dafür ist, dass ihr Arbeitsgebiet klar abgrenzbar ist und dass sie in einer Überprüfung nachweisen, dass sie zur Stellung von Diagnosen fähig sind und die Grenzen ihres Tätigkeitsgebiets kennen. Damit ist die **Teilbarkeit der Heilpraktikererlaubnis** endgültig rechtlich anerkannt.

Heilverfahren, die nicht zum Inhalt der Physiotherapeuten-Ausbildung gehören, darf der Physioheilpraktiker nicht anwenden, auch nicht im Wege der Delegation über einen Arzt. Osteopathie z. B.. ist nicht Teil der physiotherapeutischen Ausbildung und darf deshalb nur von Ärzten und Heilpraktikern angewendet werden. Dies hat das OLG Düsseldorf (Az I-20 U 236/13) 2015 in einer überzeugend begründeten Entscheidung deutlich gemacht.

Beihilfeleistungen für Heilpraktikerbehandlungen

Grundsätzlich erstattet die Beihilfe für Beamte die Kosten einer Krankenbehandlung auch durch Heilpraktiker. Allerdings wurde diese für Beamte und Heilpraktiker erfreuliche Situation dadurch beeinträchtigt, dass die Beihilfestellen dabei die sog. Gebührenordnung für Heilpraktiker von 1985 (GebüH) zugrunde legten und dabei nur die Mindestsätze erstatteten, sodass der Beamte doch den überwiegenden Teil der Kosten selbst tragen musste. Ein Beamter klagte dagegen. Richter sind selbst beihilfeberechtigt, und so war ein geschärftes Bewusstsein für die unzulängliche Erstattung nicht überraschend. In der Folge haben die Beihilfeberechtigten seit 2010 Anspruch auf Erstattung bis zum oberen Gebührenrahmen der GebüH bzw. der Gebührenordnung der Ärzte für Privatpatienten (GOÄ). Davon können privat oder gar gesetzlich Versicherte und deren Heilpraktiker nur träumen.

EXKURS

Eindruckstheorie

Das Heilpraktikergesetz definiert, was Ausübung der Heilkunde ist. Wenn aber ein Betrüger eine Ausübung der Heilkunde nur vortäuscht, indem er ein gefärbtes Wasser verkauft, kann man ihn eigentlich nicht bestrafen. Denn er übt keine Heilkunde aus. Am ehesten würde man an einen Betrug als Straftat denken. Eine Verurteilung wegen Betrugs ist aber schwierig, weil das Wässerchen als Plazebo ja tatsächlich geholfen haben könnte und anerkannte Medikamente auch nicht immer wirken. Der Bundesgerichtshof für Strafsachen wollte offensichtlich unbedingt zu einer Strafbarkeit kommen und dachte sich eine besondere Auslegung aus: Ausübung der **Heilkunde** sei auch ein Tun, das bei den Behandelten nur den **Eindruck erweckt**, es ziele darauf ab, von Krankheiten, Leiden oder Körperschäden zu heilen oder ihnen Erleichterung zu verschaffen. Das ist aber eine Auslegung über den Wortlaut hinaus, was im Strafrecht nicht erlaubt ist. Denn nach dem Grundgesetz muss die Strafbarkeit einer Tat vor Begehung der Tat festgeschrieben sein. Dies darf nicht durch nachträgliche „Interpretationskünste" unterlaufen werden. Entsprechend wurde diese Theorie von der Rechtswissenschaft überwiegend abgelehnt.

Heilpraktiker im Zweitberuf

Nach § 2 der Ersten Durchführungsverordnung durfte die Heilkunde nicht neben einem anderen Beruf ausgeübt werden. Das Bundesverwaltungsgericht hielt diese Bestimmung für nicht vereinbar mit Art. 12 GG (Freiheit der Berufsausübung). Bei Gesetzen vor Erlass des Grundgesetzes, sog. vorkonstitutionellem Recht, wie dem Heilpraktikergesetz, dürfen die Gerichte selbst über die Verfassungsmäßigkeit entscheiden und müssen die Frage nicht dem Bundesverfassungsgericht vorlegen.

1.1.3 Kommentierung des Heilpraktikergesetzes

Im Folgenden wird der **jetzt gültige Gesetzestext** wiedergegeben und erläutert.

HINWEIS PRÜFUNG

➤ Kap. 1.1.3 und ➤ Kap. 1.1.4 sind **ausgesprochen prüfungsrelevant!**

§ 1 des Heilpraktikergesetzes

GESETZESTEXT

§ 1

(1) Wer die Heilkunde, ohne als Arzt bestallt zu sein, ausüben will, bedarf dazu der Erlaubnis.

(2) Ausübung der Heilkunde im Sinne dieses Gesetzes ist jede berufs- oder gewerbsmäßig vorgenommene Tätigkeit zur Feststellung, Heilung oder Linderung von Krankheiten, Leiden oder Körperschäden bei Menschen, auch wenn sie im Dienste eines anderen ausgeübt wird.

(3) Wer die … Heilkunde ausüben will, erhält die Erlaubnis nach Maßgabe der Durchführungsbestimmungen; er führt die Berufsbezeichnung „Heilpraktiker".

HINWEIS PRÜFUNG

§ 1 (1) sollten Sie im Wortlaut auswendig lernen.

Ein **Verstoß** gegen § 1 führt zu Strafbarkeit nach § 5 HPG. Die „**Bestallung**" entspricht der Approbation (staatliche Erlaubnis zur Berufsausübung). **Berufs- oder gewerbsmäßig** bedeutet, dass als „berufsmäßig" schon eine einmalige Tätigkeit mit Wiederholungsabsicht ausreichen kann (ständige Rechtsprechung). Es ist auch nicht erforderlich, dass damit Gewinn erzielt werden sollte. Bei Gewinnerzielungsabsicht liegt eine „gewerbsmäßige" Ausübung der Heilkunde bereits bei der ersten Behandlung, auch ohne Wiederholungsabsicht, vor.

Die Art der Beziehung zwischen Behandler und Behandeltem spielt keine Rolle. Auch Freunde oder eigene Kinder darf man nicht ohne entsprechende Heilkundeerlaubnis am Blinddarm operieren. **Ausnahmen:** Jeder darf die Heilkunde **an sich selbst** ausüben. Vergleichbares gilt, wenn **Eltern für ihre Kinder** in üblichem Rahmen tätig werden oder wenn Heilkunde innerhalb **religiöser Gemeinschaften** ausgeübt wird. Erste-Hilfe-Leistungen durch **Laienhelfer** sind ebenfalls nicht erlaubnispflichtig; im Gegenteil besteht sogar eine Verpflichtung dazu, soweit sie zumutbar ist, nach § 323c StGB (unterlassene Hilfeleistung).

„**Tätigkeit** zur **Feststellung, Heilung oder Linderung** von **Krankheiten, Leiden oder Körperschäden**" bedeutet:

- Die **Tätigkeit** braucht keine eigentliche Behandlung zu sein, sondern auch sprachliche Äußerungen **(Ratschlag)** können genügen. Eine **Ernährungsberatung** kann demnach Ausübung der Heilkunde sein. Die Tätigkeit muss aber immer konkret auf einen **Einzelfall** gerichtet sein; ein allgemeiner Vortrag über richtige Ernährung bei Gicht, auch vor Gichtkranken, ist keine Ausübung der Heilkunde, solange nicht einem einzelnen Zuhörer konkrete, auf ihn abgestimmte Ratschläge gegeben werden.
- **Feststellung** entspricht Untersuchungen, Befunderhebung, Diagnose.
- **Heilung** ist die praktisch vollständige Aufhebung des anomalen Zustands.
- **Linderung** bedeutet deutliche Besserung des Zustands.
- **Krankheit** ist „jede, auch eine nur unerhebliche oder vorübergehende Störung der Körperbeschaffenheit oder -funktion". Dies ist die immer wieder angeführte, alte, sehr weitgehende Definition des BGH, die aber die psychischen Störungen vergessen hat. Nach einer neueren Formulierung wird in der Kranken- und Unfallversicherung unter Krankheit „ein regelwidriger Körper- oder Geisteszustand, der ärztlicher (heilkundlicher) Behandlung bedarf und/oder Arbeitsunfähigkeit zur Folge hat", verstanden. Man muss bei diesen Definitionsversuchen berücksichtigen, dass sie nicht eine allgemeine objektive Wahrheit ausdrücken können und wollen, sondern dass es ganz pragmatisch um die passende juristische Definition im jeweiligen Zusammenhang geht wie der, ob eine Krankenversicherung Erstattung leisten muss oder nicht. Deshalb unterscheiden sich auch der juristische und der medizinische Krankheitsbegriff.
- **Leiden** sind lang anhaltende, nicht oder kaum beeinflussbare Funktionsstörungen.
- **Körperschäden** sind irreparable, nicht krankhafte Veränderungen wie Amputation, Taubheit oder Blindheit.

Erlaubnisfrei sind Maßnahmen der **Vorbeugung** (Prophylaxe, Prävention), die der Gesunderhaltung oder Krankheitsverhütung dienen, aber auch Behandlungen von Lernstörungen wie Legasthenie (Lese- und Rechtschreibschwäche) und ähnliches.

Anmerkung: Trotzdem können bestimmte Maßnahmen der Vorbeugung für Nicht-Ärzte verboten sein, wie z. B.. die Impfprophylaxe mit verschreibungspflichtigen Medikamenten.

Der Passus **„am Menschen"** bedeutet, dass Tiere nicht in den Schutzbereich dieses Gesetzes einbezogen sind. Folglich darf jeder Tiere behandeln (aktive Kurierfreiheit). Der „Tierheilpraktiker" ist rechtlich kein Beruf, sondern einfach eine durch Kurse erworbene Qualifikation.

„Im Dienste von anderen" bedeutet, dass ein Heilpraktiker, der z. B.. in einem Sanatorium angestellt ist in fachlicher Selbstständigkeit, eben auch so die Heilkunde ausübt.

Diese Definition dessen, was „**Ausübung der Heilkunde**" ist, klingt auf den ersten Blick gut, ist aber misslungen: Einerseits erfasst sie unbeabsichtigt Tätigkeiten der Heilhilfsberufe (medizinischen Fachberufe) wie Optiker, d.h., der Optiker bräuchte danach zur Feststellung einer Sehschwäche eine Heilprakikererlaubnis. Sie ist aber auf der anderen Seite zu eng, indem sie gefährliche Maßnahmen wie Schönheitsoperationen nicht einbezieht. Denn wer an abstehenden Ohren oder einem Doppelkinn „leidet", hat kein körperliches Leiden im Sinne der Definition, sondern ist insoweit gesund. So wurde die gesetzliche Definition von den Gerichten praktisch aufgegeben und vom BVerwG folgendermaßen ersetzt: „Nach der Rechtsprechung ist nicht jede Tätigkeit Ausübung der Heilkunde nach §1 HPG, sondern nur diejenige, die nach allgemeiner Auffassung **heilkundliches Fachwissen voraussetzt**. Andererseits ist **nicht erforderlich, dass eine Krankheit, ein Leiden oder ein Körperschaden vorliegt**. Entscheidend ist vielmehr, ob die Tätigkeit ihrer Methode nach einer **Krankenbehandlung gleichkommt**, ärztliches Fachwissen voraussetzt und, **unsachgemäß ausgeübt, gesundheitliche Schädigungen** verursachen kann. Allerdings wird oft schon für die Feststellung, ob im Einzelfall eine Behandlung überhaupt begonnen werden darf, heilkundliches Fachwissen erforderlich sein." Erlaubnispflichtig sind also auch Verrichtungen, die für sich gesehen keine medizinischen Fachkenntnisse voraussetzen und unmittelbar für den Patienten ungefährlich sind, wenn sie Gesundheitsgefährdungen **mittelbar** zur Folge haben können, **weil rechtzeitiges Erkennen ernster Leiden, das ärztliches Wissen voraussetzt (Differenzialdiagnostik), verzögert werden kann** und die Wahrscheinlichkeit einer solchen Gefährdung nicht nur geringfügig ist (Urteil des BVerwG vom 11.11.1993). Es kommt in diesen Fällen also nicht auf das angewendete Verfahren an, sondern welchen **Eindruck der Behandler** hervorruft: Tritt er mit dem Anspruch eines eigenständigen, in sich abgeschlossenen Behandlungsangebots auf, das auch die Kompetenz beansprucht zu beurteilen, ob diese Behandlung in diesem Fall begonnen werden kann, handelt es sich um Ausübung der Heilkunde. Dies trifft z. B. zu bei einem Fußreflexzonenmasseur, der mit dem Anspruch auftritt, ohne vorherige Abklärung durch einen zugelassenen Behandler schwere Magenschmerzen zu behandeln. Es wäre ein Missverständnis, daraus zu schließen, dass Fußreflexzonenmassage Ausübung der Heilkunde sei. Vielmehr kommt es darauf an, ob das Auftreten des Fußreflexzonenmasseurs im konkreten Fall dazu führen kann, dass der Patient im Vertrauen auf den Eindruck, den dieser hervorruft, eine notwendige Abklärung (Magengeschwür, Magenkarzinom etc.) unterlässt.

§ 1 **Abs. 3** erster Halbsatz gibt nunmehr einen Rechtsanspruch auf Erteilung einer Heilpraktikererlaubnis, wenn die fünf Voraussetzungen der DVOs erfüllt sind.

Halbsatz 2 verpflichtet den Erlaubnisinhaber, die Heilkunde nur unter der Berufsbezeichnung Heilpraktiker auszuüben. Dies dient der Klarheit: Der Patient soll informiert werden, unter welchem rechtlichen Dach der Behandler arbeitet. Denn danach richten sich seine Rechte, z. B.. auf Kostenerstattung bei Versicherungen. Auch wäre es irreführend, wenn der Heilpraktiker (oder Arzt) „Homöopath" auf sein Praxisschild schriebe. Der Patient könnte annehmen, dass „Homöopath" eine eigene Berufsbezeichung sei. Also ist zu beachten: Der Heilpraktiker muss in Ausübung seines Berufs die Berufsbezeichnung Heilpraktiker führen; die **Homöopathie** kann er **als Heilverfahren** angeben.

EXKURS

Der „Heilpraktiker" als Berufsbezeichnung ist trotzdem rechtlich nicht geschützt in dem Sinne, dass sich nur Erlaubnisinhaber nach dem HPG so nennen dürfen. Jedermann könnte straffrei von sich erzählen, dass er Heilpraktiker sei, z. B. um in einer geselligen Runde Eindruck zu machen – er darf nur nicht die Heilkunde ausüben.

Beispiel 1: „Guter Rat"

Im Freundeskreis werden gerne gesundheitliche Ratschläge bei alltäglichen kleineren Beschwerden wie Erkältungen erteilt, aber auch an Krebs Erkrankte bekommen oft mehr oder weniger erwünschte gute Ratschläge von der Art: „In Amerika trinken die Leute Weizengrassaft und das hat oft den Krebs zum Verschwinden gebracht. Das solltest Du mal versuchen." Entscheidend ist hier bei der juristischen Bewertung, dass der Ratgeber nicht wirklich die Funktion eines Behandlers übernimmt, sondern nur den Erkrankten beeinflussen will, in bestimmter Weise für sich zu sorgen. Anders könnte es aber aussehen, wenn der Ratgebende sagen würde: „Lass mich das mal übernehmen, ich werde Dir verschiedene sehr wirksame Maßnahmen verordnen. Aber zuerst musst Du die Chemotherapie stoppen."

Beispiel 2: Piercing

Beim Piercing werden Metallteile an unterschiedlichen Körperstellen eingebracht. Zum Teil sind es hochsensible Körperregionen mit vielen Nervenendigungen (Lippen, Zunge, Brustwarzen, Geschlechtsorgane). Manchmal ist dafür eine Lokalanästhesie zur Schmerzbetäubung erforderlich.

Braucht es dafür heilkundliche Fachkenntnisse? Die Frage ist juristisch noch nicht abschließend geklärt. Sicherlich braucht es ein Wissen über erforderliche Hygienemaßnahmen, über die Infektionsgefahr, die erhöht ist z. B. bei Diabetikern, HIV-Erkrankten oder Immunsupprimierten (Transplantationspatienten). Außerdem besteht die Möglichkeit einer allergischen Reaktion auf die verwendete Metalllegierung. Der Piercer muss also wissen, ob er eine Behandlung im Einzelfall überhaupt durchführen darf. Die zweite Voraussetzung der von der Rechtsprechung angewendeten Definition, die einer „nennenswerten gesundheitlichen Schädigung" muss nach den real gegebenen Gefahren durch Piercing beurteilt werden; theoretisch wäre es möglich, dass durch eine Verkettung unglücklicher Umstände jemand schwere Gesundheitsschäden davonträgt oder gar stirbt. Hier kann man zu verschiedenen Ergebnissen kommen, je nach dem Maßstab, wie viel an Schädigung nicht „nennenswert", also tolerierbar ist, z. B. Knorpelentzündungen der Ohrmuschel mit bleibender Deformierung oder Probleme mit dem späteren Stillen auch nach Entfernung der Metallteile. Deswegen war und ist diese Frage bei Gerichten und Fachleuten auch umstritten. Nach einem Urteil des VG Gießen von 1999 ist Piercing Ausübung der Heilkunde; die nächste Instanz entschied jedoch, dass nur Piercing unter Anwendung von Lokalanästhetika Ausübung der Heilkunde sei.

Beispiel 3: Osteopathie

Osteopathie (und deren Weiterentwicklung Kraniosakrale Therapie) ist ein besonderes Verfahren der manuellen Medizin, das sich in den letzten Jahren zunehmender Beliebtheit bei Patienten, Orthopäden, Heilpraktikern und Physiotherapeuten erfreut. Es gibt zahlreiche Osteopathie-Schulen mit meist sehr gründlichem, langdauernden Ausbildungsgang. In einem Urteil des OLG Düsseldorf von 2015 (Az I-20 U 236/13) ging es um die Frage, wer rechtlich befugt ist, die Osteopathie anzuwenden. Nach diesem Urteil dürfen nur Ärzte und Heilpraktiker, also Berufe mit der Erlaubnis zur selbstständigen Ausübung der Heilkunde, diese Methode anwenden. Physiotherapeuten dürfen die Osteopathie nicht ausüben. Auch die Anwendung durch Physiotherapeuten im Delegationsverfahren, also über eine ärztliche/heilpraktikerliche Überweisung wurde als nicht rechtmäßig beurteilt.

Begründung: Das OLG belegt ausführlich, dass Osteopathie Ausübung der Heilkunde im Sinne von § 1 HPG ist. Was die Physiotherapie betrifft, ist die Osteopathie jedoch nicht Ausbildungs- und Prüfungsinhalt der Physiotherapeutenausbildung und sei deshalb nicht Teil des Berufsbilds des Physiotherapeuten. Eine Behandlung auf ärztliche Anordnung hin im Delegationsverfahren kann den Mangel, dass die Osteopathie nicht zum physiotherapeutischen Curriculum gehört, nicht heilen.

Das Urteil wird auch dahingehend zu verstehen sein, dass auch eine auf die Physiotherapie beschränkte Heilpraktikererlaubnis sich aus dem gleichen Grund nicht auf die Ausübung der Osteopathie erstrecken kann. Im Ergebnis darf also nur der Arzt oder der „Vollheilpraktiker" die Osteopathie anwenden.

Das Urteil gilt zwar, streng genommen, nur zwischen den beiden Parteien des Prozesses. Andere Gerichte werden sich dem Urteil aber voraussichtlich anschließen, da es auch juristisch stichhaltig begründet ist.

Beispiel 4: Geistheiler

Geistheiler versuchen durch Handauflegen, andere rituelle Handlungen oder gemeinsame Gebete die Selbstheilungskräfte des Patienten zu unterstützen bzw. höhere/seelische Kräfte dafür zu mobilisieren. Das Reiki-Verfahren fällt z. B. darunter, bei dem durch den Praktizierenden eine Verbindung zwischen universeller Lebensenergie und dem Empfangenden hergestellt werden soll. Geistheiler enthalten sich jeder Diagnosestellung, dementsprechend auch einer Prognose oder dem Erwecken von bestimmten Erwartungen.

In einem Aufsehen erregenden Urteil (1 BvR 784/03) hat das Bundesverfassungsgericht geklärt, dass das Heilpraktikergesetz für Geistheiler nicht anzuwenden ist, diese demnach keine Zulassung als Heilpraktiker brauchen. Die entscheidende Begründung ist, dass der Geistheiler nicht nur keine Heilkunde im Sinne des HPG ausübe, sondern von vornherein nicht den Eindruck einer heilkundlichen Tätigkeit mache. Er sei vielmehr bemüht, diesen Eindruck gerade zu vermeiden, indem er seine Klienten darauf hinweise, dass seine Tätigkeit den Besuch beim Arzt oder Heilpraktiker nicht ersetzen könne und solle. Dies muss er auch dokumentieren, z. B.. durch einen Aushang in der Praxis.

Beispiel 5: Apotheker

Zunehmend werden Patienten bzw. Kunden in Apotheken intensiv beraten. Der Apotheker hat aber keine Heilkundeerlaubnis. Das heißt, er darf beraten über Arzneimittel, deren Nebenwirkungen, Verträglichkeit mit anderen Arzneimitteln usw. Er darf aber im Grunde einem Kunden kein Medikament empfehlen, der wegen Kopfschmerzen eines möchte. Denn die Beurteilung, ob diese Kopfschmerzen harmlos oder gefährlich sind, und somit, welche Diagnose zu stellen ist (Spannungskopfschmerzen, Migräne, Tumor usw.), verlangt heilkundliches Fachwissen und ist Ausübung der Heilkunde.

Für die zunehmende Beratungstätigkeit in diesem Graubereich gibt es mehrere Gründe: Die (inzwischen wieder aufgehobene) Praxisgebühr veranlasste viele Menschen, auf den Arztbesuch zu verzichten und nur eine Apotheke aufzusuchen. Die Herausnahme der nicht verschreibungspflichtigen Arzneimittel aus der Versorgung durch die gesetzlichen Krankenkassen (2004) hatte zur Folge, dass sich ein Arztbesuch, um dafür ein Rezept und damit eine Erstattung zu bekommen, erübrigt. Seit der Zulassung des Versandhandels mit Arzneimitteln versuchen die Präsenzapotheken die ungeliebten Wettbewerber durch vermehrten Service in Form von Beratung zu übertreffen.

Pragmatisch gesehen, profitieren von der Apothekerberatung im Graubereich der Ausübung der Heilkunde die Patienten, die Apotheker und die Krankenkassen (Kostenersparnis). Angesichts dieser Interessenkonstellation ist das Bedürfnis der Politik gering, in diesen Fällen die Einhaltung der Regeln zu kontrollieren.

§ 2 des Heilpraktikergesetzes

GESETZESTEXT

§ 2

(1) Wer die Heilkunde, ohne als Arzt bestallt zu sein, bisher berufsmäßig nicht ausgeübt hat, kann eine Erlaubnis nach § 1 in Zukunft nach Maßgabe der gemäß § 7 erlassenen Rechts- und Verwaltungsvorschriften erhalten, die insbesondere Vorgaben hinsichtlich Kenntnissen und Fähigkeiten als Bestandteil der Entscheidung über die Erteilung der Erlaubnis erhalten sollen.

Dieser Paragraph hatte ursprünglich den Sinn, in Ausnahmefällen besonderen Heilbegabungen eine Ausnahmeerlaubnis zu ermöglichen. Diese durften sich dann, nach einer praktischen Kliniktätigkeit unter Aufsicht eines Arztes, sogar „Arzt für Naturheilkunde" nennen (§ 8 der ursprünglichen Ersten Durchführungsverordnung).

Heute ergibt sich durch die Streichung weniger Worte ein ganz neuer Sinn, nämlich die Möglichkeit, den **Antrag immer wieder neu zu stellen**, also letztlich die **Heilpraktikerprüfung unbegrenzt oft zu wiederholen**, solange Zeit, Geld und Nerven reichen. Das ist eine der Kuriositäten des Heilpraktikerrechts; denn alle Ausbildungsordnungen für Berufe versagen irgendwann die Berufszulassung, wenn die Prüfung mehrmals nicht bestanden wurde. Für den Heilpraktikerberuf gibt es weder Ausbildungs- noch Prüfungsordnung. Dieser ungeregelte Zustand scheint erstaunlich gut zu funktionieren – eine Erfahrung, die sich an vielen anderen Punkten des Heilpraktikerrechts wiederholt: Obwohl der Heilpraktikerberuf in vielen Bereichen rechtlich nicht geregelt ist (keine Ausbildungsordnung, keine Prüfungsordnung, keine Zwangsmitgliedschaft in einer Kammer, die für alle Heilpraktiker verpflichtende Satzungen erlassen könnte, keine rechtliche Verpflichtung zum Abschluss einer Haftpflichtversicherung), funktioniert der Berufsstand insgesamt sehr gut und Missbrauch der dadurch gegebenen Freiheiten kommt fast nicht vor. Möglicherweise liegt das daran, dass sich überwiegend für das Patientenwohl engagierte Menschen, sozusagen Idealisten, die für ihren Ausbildungsaufwand normalerweise keine Unterstützung und später keine Vorteile wie eine Kassenzulassung erhalten, entschließen, Heilpraktiker zu werden.

Außerdem wird § 2 nach heutigem Rechtsverständnis als **Rechtsanspruch** verstanden. Das „kann" bedeutet also nicht, dass z. B. das Landratsamt einem Antragsteller die Erlaubnis verweigern dürfte, weil es meint, es gebe schon genug Heilpraktiker im Landkreis, sondern dass, wer die Voraussetzungen erfüllt, als Heilpraktiker die Erlaubnis erhalten muss.

§ 2 wurde geändert. Zweck der Änderung ist es, einheitliche Leitlinien für die Heilpraktikerprüfung in allen Bundesländern zu etablieren. Die neuen Leitlinien sollen bis Ende März 2018 in Kraft treten.

§ 3 des Heilpraktikergesetzes

GESETZESTEXT

§ 3

Die Erlaubnis nach § 1 berechtigt nicht zur Ausübung der Heilkunde im Umherziehen.

Ausübung der Heilkunde im Umherziehen liegt vor, wenn der Heilpraktiker außerhalb seiner Praxis Personen zur Behandlung bestellt bzw. behandelt.

Erlaubt sind aber unstrittig folgende Ausnahmen:

- **Fest vereinbarte Hausbesuche**,
- die **Errichtung einer Zweigpraxis** (soweit mehrere Praxen sich mit einer ordnungsgemäßen Berufsausübung vereinbaren lassen)
- die **Behandlung von Notfällen** (durch das Strafgesetzbuch § 323c vorgeschrieben)
- „aufsuchende medizinische Grundversorgung". Darunter versteht man die Behandlung von z. B.. Obdachlosen und anderen, für die Praxisbesuche und feste Termine nicht realisierbar sind.

Das Verbot, die Heilkunde im Umherziehen auszuüben, bestand schon lange vor Erlass des Heilpraktikergesetzes für alle Behandler – auch Ärzte. Es ist ein Relikt aus Zeiten, als Deutschland aus zahlreichen Kleinstaaten bestand. Damals hätte sich ein Behandler ohne dieses Verbot leicht seiner Verantwortung durch Wechsel des Staatsgebiets entziehen können.

Muss aber der Heilpraktiker überhaupt eine Praxis (Niederlassung) haben, wie sie für Ärzte in deren verpflichtender Berufsordnung vorgeschrieben ist?

Im Heilpraktikergesetz steht darüber nichts. Die Behörden verhalten sich in der Frage, ob für den Heilpraktiker eine reine Hausbesuchspraxis möglich ist, inzwischen aufgeschlossener. Sollten Sie vorhaben, ohne Niederlassung zu praktizieren, **erkundigen** Sie Sich deshalb zuerst bei Ihrem **Gesundheitsamt**.

Am Wichtigsten für Prüfung und Praxis ist an diesem Paragraphen, dass anlässlich von Vorträgen und Seminaren außerhalb der eigenen Praxis keine Behandlungen vorgenommen werden dürfen. Es dürfen nur allgemein Fragen beantwortet werden, aber nicht konkrete Behandlungen an Besuchern der Veranstaltung vorgenommen werden. Vorführen von Behandlungstechniken deshalb nur als Demonstration an gesunden Personen!

§§ 5 und 5a des Heilpraktikergesetzes: Strafvorschriften

GESETZESTEXT

§ 5

Wer ohne zur Ausübung des ärztlichen Berufs berechtigt zu sein und ohne eine Erlaubnis nach § 1 zu besitzen, die Heilkunde ausübt, wird mit Freiheitsstrafe bis zu einem Jahr oder mit Geldstrafe bestraft.

§ 5a

(1) Ordnungswidrig handelt, wer als Inhaber einer Erlaubnis nach § 1 die Heilkunde im Umherziehen ausübt.
(2) Die Ordnungswidrigkeit kann mit einer Geldbuße bis zu 2.500 Euro geahndet werden.

Die unerlaubte Ausübung der Heilkunde ist ein Vergehen. Neben der eigentlichen Strafe kann sie die Erlaubniserteilung wegen einer einschlägigen strafrechtlichen Verurteilung verhindern.

§§ 6 und 7 des Heilpraktikergesetzes

GESETZESTEXT

§ 6

Die Ausübung der Zahnheilkunde fällt nicht unter die Bestimmungen dieses Gesetzes.

§ 7

Der Reichsminister des Inneren erlässt … die zur Durchführung … dieses Gesetzes erforderlichen Rechts- und Verwaltungsvorschriften.

§ 6 stellte nur fest, dass es für die Zahnheilkunde erst einmal bei der Kurierfreiheit verblieb – damals gab es noch kein Zahnheilkundegesetz. Sie wurde erst 1952 beendet. Das Verbot der Ausübung der Zahnheilkunde für Nicht-Zahnärzte steht also im Zahnheilkundegesetz.

§ 7 stellt die Ermächtigungsgrundlage dar, z. B.. für den Erlass der neuen Prüfungsvorgaben ab 2018.

Zusammenfassung

Heilpraktikergesetz (HPG)

- Das Heilpraktikergesetz wurde 1939 erlassen, eigentlich mit dem Ziel, die aktive Kurierfreiheit abzuschaffen und nur übergangsweise Laienbehandler nach Zulassung als Heilpraktiker zu erlauben. Da jedoch damit ein Beruf geschaffen wurde, stand der Heilpraktiker dann mit Beginn der Geltung des Grundgesetzes unter dem Schutz des Grundrechts der Berufsfreiheit. Die aktive Kurierfreiheit blieb damit abgeschafft, d.h. keine Ausübung der Heilkunde ohne entsprechende Zulassung.
- Ausübung der Heilkunde ist nach der heutigen Rechtsprechung nur eine solche Tätigkeit, die ihrer Methode nach einer Krankenbehandlung gleichkommt, heilkundliches Fachwissen erfordert und, unsachgemäß ausgeübt, Gesundheitsschäden verursachen kann. Diese können auch in der Unterlassung einer gebotenen diagnostischen Abklärung bestehen, die nur ein zugelassener Therapeut vornehmen darf.
- „Berufsmäßig“ ist die Tätigkeit, wenn sie auf Dauer angelegt ist (auch ohne die Absicht, Einnahmen zu erzielen), „gewerbsmäßig“ ist die Tätigkeit, die gegen Entgelt vorgenommen wird.
- Die Heilkunde darf nicht im Umherziehen ausgeübt werden; Hausbesuche und die Behandlung von Notfällen außerhalb der Praxis sind jedoch erlaubt.
- Zweck der in der 2. DVO vorgeschriebenen Überprüfung ist die Feststellung, dass der Heilpraktikeranwärter keine „Gefahr für die Gesundheit der Bevölkerung bzw. der Patienten“ ist.
- Der Heilpraktiker muss seinen Beruf unter der Berufsbezeichnung „Heilpraktiker“ führen. Er darf sich nicht „Homöopath“, „Akupunkteur“ o. Ä. nennen.
- Man darf die Heilpraktikerprüfung beliebig oft wiederholen.

1.1.4 Die Durchführungsverordnungen

Erste Durchführungsverordnung

GESETZESTEXT

§ 2

Die Erlaubnis wird nicht erteilt,
i) wenn sich aus einer Überprüfung der Kenntnisse und Fähigkeiten des Antragstellers durch das Gesundheitsamt, die auf der Grundlage von Leitlinien zur Überprüfung von Heilpraktikeranwärtern durchgeführt wurde, ergibt, dass die Ausübung der Heilkunde durch den Betreffenden eine Gefahr für die Gesundheit der Bevölkerung oder für die ihn aufsuchenden Patientinnen und Patienten bedeuten würde.

Das Bundesministerium für Gesundheit macht Leitlinien zur Überprüfung von Heilpraktikeranwärtern bis spätestens zum 31. Dezember 2017 im Bundesanzeiger bekannt. Bei der Erarbeitung der Leitlinien sind die Länder zu beteiligen.

§ 3

(1) Über den Antrag (auf Erteilung der Erlaubnis) entscheidet die untere Verwaltungsbehörde im Benehmen mit dem Gesundheitsamt.
(2) Der Bescheid ist dem Antragsteller … zuzustellen; das Gesundheitsamt erhält eine Abschrift des Bescheides. Der ablehnende Bescheid ist mit Gründen zu versehen.
(3) Gegen den Bescheid können der Antragsteller … Beschwerde einlegen. Über diese entscheidet die höhere Verwaltungsbehörde nach Anhörung des Gutachterausschusses (§ 4).

§ 4

(1) Der Gutachterausschuss besteht aus einem Vorsitzenden, der weder Arzt noch Heilpraktiker sein darf, aus zwei Ärzten sowie aus zwei Heilpraktikern …

§ 7

(1) Die Erlaubnis ist durch die höhere Verwaltungsbehörde zurückzunehmen, wenn nachträglich Tatsachen eintreten oder bekannt werden, die eine Versagung der Erlaubnis nach § 2 Absatz 1 rechtfertigen würden …
(3) Vor Zurücknahme der Erlaubnis nach Absatz 1 ist der Gutachterausschuss (§ 4) zu hören.

Die Zulassungsbeschränkung **„25 Jahre"** ist im Lichte des Artikels 12 GG als Grundrecht der Berufsfreiheit wahrscheinlich nicht haltbar. Eine Klage vor dem Bundesverfassungsgericht macht jedoch für niemand Sinn, da selbst ein 20-jähriger Kläger das Zulassungsalter erreicht haben dürfte, bis er sich durch die Instanzen bis zum Bundesverfassungsgericht geklagt hat. So wird diese Bestimmung wohl noch lange dafür sorgen, dass der Heilpraktikerberuf ein typischer Zweitberuf ist, den man meist nach abgeschlossener erster Berufausbildung und -praxis in einem anderen Beruf ergreift.

Volksschulen gibt es nicht mehr. Der Abschluss der **Hauptschule** oder ein gleichwertiger Abschluss wird heute als Zulassungsvoraussetzung angesehen. Ein qualifizierter Abschluss („Quali") ist nicht erforderlich.

Die **„sittliche"** Zuverlässigkeit ist im Lichte des Grundgesetzes nur als **berufliche Zuverlässigkeit** zu verstehen, d. h., es kommt darauf an, ob die betreffende Person die Gewähr für eine ordnungsgemäße Ausübung der Heilkunde bietet. Im Regelfall ist die berufliche Zuverlässigkeit gegeben, wenn keine einschlägigen strafrechtlichen Urteile gegen den Antragsteller ergangen sind oder derartige Verfahren gerade laufen. **Einschlägig** bedeutet, dass es sich um Straftaten handeln muss, die an der beruflichen Zuverlässigkeit Zweifeln lassen, z. B. Versicherungsbetrug. Eine Verurteilung wegen fahrlässiger Tötung im Straßenverkehr wäre nicht einschlägig. Die nötigen Informationen bekommt die Prüfungsbehörde über ein sog. **Führungszeugnis**, in dem die bisher registrierten Straftaten (Vorstrafen) aufgeführt sind. Es werden dort nicht alle Vorstrafen aufgeführt, und auch diese nur für eine begrenzte Zeit. Die Einzelheiten regelt das Bundeszentralregistergesetz. Für die Vorlage bei der Zulassungsbehörde ist ein behördliches Führungszeugnis (Belegart O) erforderlich, das vom Bundeszentralregister direkt an die Zulassungsbehörde übersandt wird. Wenn der Antragsteller vor Übersendung Einsicht nehmen will, gibt es dafür im Bundeszentralregistergesetz Regelungen, die das ermöglichen. Darüber hinaus verlangt die Zulassungsbehörde im Regelfall eine Erklärung des Antragstellers, dass derzeit keine Straf- oder Ermittlungsverfahren gegen ihn anhängig sind. Denn die sind im Bundeszentralregister (noch) nicht aufgeführt.

Der Nachweis über den erforderlichen Gesundheitszustand erfolgt durch ein **ärztliches Zeugnis**. Es muss bestätigen, dass keine Anhaltspunkte dafür vorliegen, dass die den Antrag stellende Person in gesundheitlicher Hinsicht zur Ausübung des Berufs ungeeignet sei. Auch dieses Zeugnis darf in der Regel nicht älter als 3 Monate sein.

EXKURS

Interessantes Beispiel: Menschen, die ihre Sehfähigkeit verloren haben, können grundsätzlich die Heilpraktikererlaubnis erhalten (Bundesverwaltungsgericht 3C 26.11). Sie müssen sich allerdings ihrer eingeschränkten Fähigkeiten bewusst sein; Irisdiagnose durch blinde Heilpraktiker wäre also nicht zulässig.

Anders als eine Approbation kann die **Heilpraktikererlaubnis** relativ einfach **zurückgenommen** werden, z. B. wenn der Heilpraktiker Verfehlungen begangen hat, die seine Unzuverlässigkeit begründen, seine gesundheitliche Eignung entfallen ist oder die weitere Berufsausübung eine Gefahr für die Volksgesundheit bedeuten würde. Beispiele: Der Heilpraktiker hatte im Rahmen einer Therapie unter Ausnutzung eines Abhängigkeitsverhältnisses Geschlechtsverkehr mit Patienten oder es werden im Rahmen der Therapie bedenkliche Arzneimittel wie halluzinogene Drogen verabreicht. Die Rücknahme der Erlaubnis darf aber nur letztes Mittel sein, wenn weniger einschneidende Maßnahmen nicht geeignet sind, um vom Heilpraktiker ausgehende Gefahren abzuwehren.

Die in §2 angekündigten Leitlinien zur Überprüfung sind am 7. Dezember 2017 bekannt gemacht worden. Sie bestimmen nun maßgeblich Verlauf und Inhalt der Heilpraktiker(über)prüfungen. Insbesondere ist damit angestrebt, die Überprüfungen – für die nach wie vor die Bundesländer zuständig sind – zu vereinheitlichen und den Zweck, die einzelnen Patienten zu schützen, deutlicher in den Blick zu rücken. Die Bundesländer sollen diese Regelungen übernehmen, können aber ergänzende Regelungen treffen. Jeder Heilpraktikeranwärter sollte also die neuen Leilinien genau studieren, aber für sein Bundesland überprüfen, ob es Ergänzungen gibt.

Wegen der überragenden Bedeutung der neuen Leitlinien werden sie im Folgenden im vollen Wortlaut wiedergegeben.

Leitlinien zur Heilpraktikerüberprüfung vom 7. Dezember 2017

GESETZESTEXT

Präambel

Gemäß § 2 Absatz 1 Satz 2 der Ersten Durchführungsverordnung zum Heilpraktikergesetz in der im Bundesgesetzblatt Teil III, Gliederungsnummer 2122-2-1, veröffentlichten bereinigten Fassung, die zuletzt durch Artikel 17f in Verbindung mit Artikel 18 Absatz 4 des Gesetzes vom 23. Dezember 2016 (BGBl. I S. 3191) geändert worden ist, hat das Bundesministerium für Gesundheit unter Beteiligung der Länder Leitlinien zur Überprüfung von Heilpraktikeranwärtern zu entwickeln. Sie dienen als Grundlage für die Überprüfung der Kenntnisse und Fähigkeiten einer Heilpraktikeranwärterin oder eines Heilpraktikeranwärters und damit als Grundlage für die Entscheidung, ob die Ausübung der Heilkunde durch die betreffende Person eine Gefährdung der Gesundheit der Bevölkerung oder der sie aufsuchenden Patientinnen und Patienten erwarten lässt.

Das Heilpraktikergesetz und die Erste Durchführungsverordnung zum Heilpraktikergesetz gelten als vorkonstitutionelles Recht fort und berechtigen durch die Heilpraktikererlaubnis zur Ausübung von Heilkunde. Diese Berechtigung gilt jedoch nicht unbeschränkt; Heilpraktikerinnen und Heilpraktiker dürfen nur in dem Umfang Heilkunde ausüben, in dem von ihrer Tätigkeit keine Gefahr für die Gesundheit der Bevölkerung oder für Patientinnen und Patienten ausgeht. Sie müssen Arztvorbehalte beachten und sich auf die Tätigkeiten beschränken, die sie sicher beherrschen. Die Feststellung, ob die Anwärterinnen und Anwärter den Rechtsrahmen kennen und beachten, ist Gegenstand der Überprüfung beim zuständigen Gesundheitsamt beziehungsweise bei der nach Landesrecht zuständigen Stelle (zuständige Stelle) und Voraussetzung für die Erteilung der Heilpraktikererlaubnis.

Das Bundesministerium für Gesundheit hatte am 2. September 1992 gemeinsam mit den Ländern entwickelte „Leitlinien für die Überprüfung von Heilpraktikeranwärtern gemäß § 2 Absatz 1 Buchstabe i der Ersten Durchführungsverordnung zum Heilpraktikergesetz" veröffentlicht, die seither als Grundlage der Heilpraktikerüberprüfungen dienen, ohne dass sie rechtlich verbindlich sind.

Die bis heute andauernden Diskussionen über den Heilpraktikerberuf, die sich immer wieder auch mit den Grenzen der Tätigkeit von Heilpraktikerinnen und Heilpraktikern befassen, haben den Gesetzgeber veranlasst, eine Weiterentwicklung der oben genannten Leitlinien vorzuschreiben, die stärker als bisher auf eine bundesweit einheitliche Heilpraktikerüberprüfung abzielt und dabei den Schutz der einzelnen Patientin oder des einzelnen Patienten deutlicher als bisher in den Blick rückt.

Dementsprechend beinhalten die nachfolgenden Leitlinien zur Überprüfung von Heilpraktikeranwärterinnen und -anwärtern Vorgaben zur formellen und inhaltlichen Gestaltung der Überprüfung. Sie orientieren sich am Ziel der Gefahrenabwehr und sollen die Feststellung ermöglichen, ob die Heilpraktikeranwärterinnen und -anwärter die Grenzen ihrer Kenntnisse und Fähigkeiten zuverlässig einschätzen, sich der Gefahren bei Überschreitung dieser Grenzen bewusst und bereit sind, ihr Handeln angemessen daran auszurichten. Damit dies gelingt, bedarf es sowohl einer Überprüfung der rechtlichen wie medizinischen Kenntnisse der Heilpraktikeranwärterinnen und -anwärter, aber auch einer der späteren Tätigkeit entsprechenden Demonstration von Fertigkeiten in der praktischen Anwendung dieser Kenntnisse.

Ihre Grenze findet die Leitlinie dort, wo sie über die Mindestanforderungen an die Überprüfung hinausgeht und in Durchführungskompetenzen der Länder eingreift. Sie kann weiterhin nicht Anforderungen an den Heilpraktikerberuf stellen, die dem Parlamentsvorbehalt unterliegen, nach dem der Gesetzgeber aufgrund des Rechtsstaatsprinzips und des Demokratiegebots verpflichtet ist, insbesondere im Bereich der Grundrechtsausübung alle wesentlichen Entscheidungen selbst zu treffen.

Dementsprechend werden Vorschläge zur Festlegung einer einheitlichen Berufsbezeichnung bei einer sektoralen Heilpraktikererlaubnis oder zur Regelung von angemessenen Kenntnissen der deutschen Sprache nicht aufgegriffen.

Aufgegriffen wird die Bitte der Länder, auch für die Überprüfung von Heilpraktikeranwärterinnen und -anwärtern, die eine – nach der Rechtsprechung zugelassene – sogenannte sektorale Heilpraktikererlaubnis anstreben, einheitliche Vorgaben für die Durchführung entsprechender Überprüfungen vorzusehen. Es wird ausdrücklich darauf hingewiesen, dass damit keine Bestätigung von sektoralen Heilpraktikererlaubnissen als solchen verbunden ist.

Die Länder sind an der Erarbeitung der nachfolgenden Vorgaben zur Heilpraktikerüberprüfung beteiligt gewesen. Ergänzende Regelungen der Länder zum Vollzug der Leitlinien sind nicht ausgeschlossen.

Zur Heilpraktikerüberprüfung

1 Inhalte der Überprüfung

Ziel der Überprüfung der Kenntnisse und Fähigkeiten der antragstellenden Person ist es festzustellen, ob von ihrer Tätigkeit bei der Ausübung von Heilkunde eine Gefahr für die Gesundheit der Bevölkerung im Allgemeinen oder die Patientinnen und Patienten im Besonderen ausgehen kann. Dementsprechend ist bei den nachfolgenden Gegenständen der Überprüfung insbesondere darauf zu achten, dass die antragstellende Person die Grenzen ihrer persönlichen Kenntnisse und Fähigkeiten kennt, sich der Gefahren im Falle ihrer Überschreitung bewusst und bereit ist, ihr berufliches Handeln danach auszurichten.

1.1 Rechtliche Rahmenbedingungen

1.1.1 Die antragstellende Person kennt das Gesundheitssystem in Deutschland in seinen wesentlichen Strukturen und weiß um die Stellung des Heilpraktikerberufs in diesem System.

1.1.2 Die antragstellende Person kennt die für die Ausübung des Heilpraktikerberufs relevanten Rechtsvorschriften aus dem Straf- und Zivilrecht sowie aus anderen einschlägigen Rechtsgebieten, insbesondere das Heilpraktikergesetz, das Patientenrechtegesetz, das Heilmittelwerbegesetz und das Gesetz gegen den unlauteren Wettbewerb und ist in der Lage, ihr Handeln im Interesse des Patientenschutzes nach diesen Regelungen auszurichten.

1.1.3 Die antragstellende Person kennt die medizinrechtlichen Grenzen sowie Grenzen und Gefahren allgemein üblicher diagnostischer und therapeutischer Methoden bei der Ausübung heilkundlicher Tätigkeiten aufgrund von Arztvorbehalten insbesondere im Bereich des Infektionsschutzes, im Arzneimittel- oder Medizinprodukterecht und ist in der Lage, ihr Handeln nach diesen Regelungen auszurichten.

1.1.4 Die antragstellende Person kann ihre eigenen Kenntnisse und Fähigkeiten zutreffend einschätzen; sie weiß insbesondere über die Grenzen ihrer Fähigkeiten auch mit Blick auf ihre haftungsrechtlichen Verantwortlichkeiten Bescheid.

1.2 Qualitätssicherung

1.2.1 Der antragstellenden Person sind die Grundregeln der Hygiene einschließlich Desinfektions- und Sterilisationsmaßnahmen bekannt; sie ist in der Lage, diese bei der Ausübung des Berufs zu beachten.

1.2.2 Die antragstellende Person ist sich der Bedeutung von Qualitätsmanagement und Dokumentation bei der Berufsausübung bewusst; sie ist in der Lage, diese Kenntnisse bei der Ausübung des Berufs zu beachten.

1.3 Notfallsituationen

Die antragstellende Person ist in der Lage, Notfallsituationen oder lebensbedrohliche Zustände zu erkennen und eine angemessene Erstversorgung sicherzustellen.

1.4 Kommunikation

1.4.1 Die antragstellende Person verfügt über die für eine Ausübung des Heilpraktikerberufs notwendigen Kenntnisse in der medizinischen Fachterminologie.

1.4.2 Die antragstellende Person kann aufgrund dieser Kenntnisse angemessen mit Patientinnen und Patienten aller Altersgruppen kommunizieren und interagieren.

1.4.3 Die antragstellende Person ist im Rahmen ihrer Stellung im Gesundheitssystem in der Lage, sich mit anderen Berufsgruppen und Institutionen im Gesundheitswesen fachbezogen zu verständigen.

1.5 Medizinische Kenntnisse

1.5.1 Die antragstellende Person verfügt über die zur Ausübung des Heilpraktikerberufs notwendigen Kenntnisse der Anatomie, pathologischen Anatomie, Physiologie, Pathophysiologie sowie Pharmakologie.

1.5.2 Die antragstellende Person verfügt über die zur Ausübung des Heilpraktikerberufs notwendigen Kenntnisse der allgemeinen Krankheitslehre sowie akuter und chronischer Schmerzzustände.

1.5.3 Die antragstellende Person verfügt über die zur Ausübung des Heilpraktikerberufs notwendigen Kenntnisse zur Erkennung und Behandlung von physischen und psychischen Erkrankungen bei Patientinnen und Patienten aller Altersgruppen, insbesondere in den Bereichen von

- Erkrankungen des Herzes, Kreislaufs und der Atmung
- Erkrankungen des Stoffwechsels und des Verdauungsapparats
- immunologischen, allergologischen und rheumatischen Erkrankungen
- endokrinologischen Erkrankungen
- hämatologischen und onkologischen Erkrankungen
- Infektionskrankheiten
- gynäkologischen Erkrankungen
- pädiatrischen Erkrankungen
- Schwangerschaftsbeschwerden
- neurologischen Erkrankungen
- dermatologischen Erkrankungen
- geriatrischen Erkrankungen
- psychischen Erkrankungen
- Erkrankungen des Bewegungsapparats
- urologischen Erkrankungen
- ophtalmologischen Erkrankungen
- Erkrankungen des Halses, der Nase und der Ohren.

1.6 Anwendungsorientierte medizinische Kenntnisse

1.6.1 Die antragstellende Person ist in der Lage, ärztliche Befunde und Befunde anderer Berufsgruppen einschließlich der in den Befunden enthaltenen Laborwerte zu verstehen, zu bewerten und diese Bewertung im Rahmen der eigenen Berufsausübung angemessen zu berücksichtigen.

1.6.2 Die antragstellende Person ist in der Lage, eine vollständige und umfassende Anamnese einschließlich eines psychopathologischen Befundes zu erheben und dem Heilpraktikerberuf angemessene Methoden der Patientenuntersuchung anzuwenden.

1.6.3 Die antragstellende Person ist unter Anwendung ihrer medizinischen Kenntnisse, unter Einbeziehung vorliegender Befunde, gestützt auf ihre Anamnese und im Bewusstsein der Grenzen ihrer diagnostischen und therapeutischen Methoden sowie möglicher Kontraindikationen in der Lage, eine berufsbezogene Diagnose zu stellen, aus der sie einen Behandlungsvorschlag herleitet, der keine Gefährdung der Patientengesundheit erwarten lässt.

1.6.4 Die antragstellende Person ist insbesondere dann, wenn der Behandlungsvorschlag die Anwendung invasiver Maßnahmen beinhaltet, in der Lage zu zeigen, dass sie diese Maßnahmen ohne Gefährdung der Patientengesundheit anwenden kann.

1.6.5 Enthält der Behandlungsvorschlag der antragstellenden Person Maßnahmen, die den alternativen Therapieformen zuzurechnen sind, erklärt sie die vorgeschlagenen Maßnahmen und ist auf Nachfrage in der Lage zu zeigen, dass sie diese ohne Gefährdung der Patientengesundheit anwenden kann.

Wird eine sogenannte sektorale Heilpraktikererlaubnis beantragt, haben sich die in Nummer 1 genannten Inhalte der Überprüfung gezielt darauf zu erstrecken, ob von der Ausübung der Heilkunde durch den Betroffenen eine Gefahr für die Gesundheit der Bevölkerung oder für die ihn aufsuchenden Patientinnen und Patienten in dem sektoralen Bereich ausgeht, für den die Heilpraktikererlaubnis beantragt wird. Dabei ist insbesondere auch zu überprüfen, ob die antragstellende Person in der Lage ist, die Krankheiten, Leiden oder sonstigen Körperschäden aus dem für die sektorale Heilpraktikererlaubnis einschlägigen Bereich von den Krankheiten, Leiden oder sonstigen Körperschäden zu unterscheiden, die außerhalb dieses Bereichs liegen. Verfügt die antragstellende Person über eine erfolgreich abgeschlossene Ausbildung in einem für die sektorale Heilpraktikererlaubnis einschlägigen bundesgesetzlich geregelten Heilberuf, kann die Überprüfung auf Kenntnisse und Fähigkeiten beschränkt werden, mit denen die antragstellende Person zeigt, dass sie in der Lage ist, die Lücke zwischen der vorhandenen Berufsqualifikation und der eigenverantwortlichen Ausübung von Heilkunde zu schließen, wobei diese Beschränkung insbesondere in einem Verzicht auf einen schriftlichen Teil der Überprüfung zum Ausdruck kommen kann.

2 Allgemeine Vorgaben zur Durchführung der Überprüfung

2.1 Zuständigkeiten

Die Zuständigkeit für die Durchführung der Heilpraktikerüberprüfung liegt bei den zuständigen Stellen der Länder. Eine Zentralisierung der Überprüfungen ist anzustreben, um die Überprüfungen formell und inhaltlich landeseinheitlich durchführen zu können. Die Länder sollen daher die Durchführung der Heilpraktikerüberprüfung auf eine oder einige wenige zuständige Stellen pro Land konzentrieren.

2.2 Form

Die Überprüfung besteht aus einem schriftlichen und einem mündlich-praktischen Teil. Der schriftliche Teil wird zeitlich vor dem mündlich-praktischen Teil durchgeführt.

2.3 Bewertung der Überprüfungsleistungen und Bestehen

Der schriftliche und der mündlich-praktische Teil der Überprüfung werden jeweils mit „bestanden" oder „nicht bestanden" bewertet.

Besteht die antragstellende Person den schriftlichen oder den mündlich-praktischen Teil der Überprüfung nicht, ist anzunehmen, dass von ihr eine Gefahr für die Gesundheit der Bevölkerung oder für die sie aufsuchenden Patientinnen und Patienten ausgeht.

2.4 Ordnungsverstöße, Täuschungsversuche

Werden bei der Überprüfung von der antragstellenden Person begangene Ordnungsverstöße, Täuschungsversuche oder sonstige Unregelmäßigkeiten festgestellt, wird die Überprüfung beendet und als nicht bestanden bewertet.

2.5 Niederschrift, Prüfungsunterlagen

Über den mündlich-praktischen Teil der Überprüfung ist eine Niederschrift zu fertigen, aus der Gegenstand, Ablauf und Ergebnisse der Überprüfung einschließlich eventueller Stellungnahmen der mitwirkenden Heilpraktikerinnen oder Heilpraktiker sowie etwa vorkommende Unregelmäßigkeiten hervorgehen.

Der antragstellenden Person ist auf Antrag Einsicht in ihre Prüfungsunterlagen zu gewähren.

2.6 Mitteilung der Überprüfungsergebnisse

Nach Abschluss jedes Teils der Überprüfung ist die antragstellende Person über das Ergebnis der Überprüfung zu unterrichten.

Die für die Überprüfung zuständige Stelle teilt der für die Erteilung der Erlaubnis zuständigen Behörde alle Ergebnisse der Überprüfung mit.

3 Der schriftliche Teil der Überprüfung

Der schriftliche Teil der Überprüfung erfolgt auf Grundlage von zur Überprüfung ausgewählten Fragen; die Auswahl der Fragen trifft die oder der von der zuständigen Stelle für die Durchführung der Überprüfung bestimmte Ärztin oder Arzt.

Die Aufsichtsführenden werden von der zuständigen Stelle bestellt.

Die antragstellende Person erhält 60 Fragen zur schriftlichen Beantwortung gestellt. Die Fragen stammen aus allen Bereichen der in Nummer 1 aufgeführten Inhalten der Überprüfung.

Für die Fragestellung ist das Antwort-Wahl-Verfahren anzuwenden. Dabei kann die zuständige Stelle die Fragen aus dem Pool einer Stelle beziehen, die von den Ländern insgesamt, von einigen Ländern oder von zuständigen Stellen in den Ländern mit der Entwicklung oder Sammlung von Fragen betraut wurde.

Die Fragen sind klar und verständlich zu formulieren. Sie sind so zu verfassen, dass sie der Zielsetzung der Überprüfung Rechnung tragen, die in der Feststellung besteht, dass die Ausübung der Heilkunde durch die antragstellende Person keine Gefahr für die Gesundheit der Bevölkerung oder für die sie aufsuchenden Patientinnen und Patienten erwarten lässt.

Die schriftliche Überprüfung dauert zwei Stunden.

1

Die schriftliche Überprüfung ist bestanden, wenn mindestens drei Viertel aller Fragen zutreffend beantwortet worden sind.

4 Der mündlich-praktische Teil der Überprüfung

Der mündlich-praktische Teil der Überprüfung soll für jede antragstellende Person nicht länger als 60 Minuten dauern. Bis zu vier antragstellende Personen können gemeinsam überprüft werden.

Der mündlich-praktische Teil der Überprüfung wird von der Ärztin oder dem Arzt abgenommen, die oder den die zuständige Stelle für die Durchführung der Überprüfung bestimmt hat. An dem mündlich-praktischen Teil der Überprüfung sind Heilpraktikerinnen und Heilpraktiker zu beteiligen. Über die Zahl der teilnehmenden Heilpraktikerinnen und Heilpraktiker entscheidet die oder der für die Durchführung der Überprüfung bestimmte Ärztin oder Arzt.

Die oder der für die Durchführung der Überprüfung bestimmte Ärztin oder Arzt kann für den Fall, dass eine sogenannte sektorale Heilpraktikererlaubnis beantragt wird, an Stelle von Heilpraktikerinnen und Heilpraktikern andere, für den jeweiligen sektoralen Bereich fachlich geeignete Berufsgruppen am mündlich-praktischen Teil der Überprüfung beteiligen.

Während der mündlich-praktischen Überprüfung hat die antragstellende Person Fragen aus allen Bereichen der in Nummer 1 aufgeführten Inhalte der Überprüfung zu beantworten. Fragen aus dem Bereich „Anwendungsorientierte medizinische Kenntnisse" sollen auch praktische Aufgaben enthalten, die von der antragstellenden Person während der Überprüfung durchzuführen sind.

Bei Einverständnis der antragstellenden Personen, die an der mündlich-praktischen Überprüfung teilnehmen, kann die Überprüfung aufgezeichnet werden. Die Aufzeichnung ist nach erfolgreichem Abschluss der Überprüfung zu löschen.

Die oder der zur Durchführung der Überprüfung bestimmte Ärztin oder Arzt entscheidet nach Abschluss der mündlich-praktischen Überprüfung über das Ergebnis des mündlich-praktischen Teils der Überprüfung. Sie oder er berät sich dabei mit den an der Überprüfung beteiligten Personen.

Der mündlich-praktische Teil der Überprüfung ist bestanden, wenn die Leistung der antragstellenden Person keine Mängel aufweist, die bei der Ausübung der Heilkunde eine Gefahr für die Gesundheit der Bevölkerung oder für die sie aufsuchenden Patientinnen und Patienten erwarten lassen.

5 Die Überprüfung bei Antrag auf Erteilung einer sektoralen Heilpraktikererlaubnis

Wird eine sogenannte sektorale Heilpraktikererlaubnis beantragt, gelten die Nummern 2 bis 4 zur Durchführung der Überprüfung entsprechend.

Sowohl im schriftlichen wie im mündlich-praktischen Teil der Überprüfung haben sich die Fragen dabei gezielt auf die in Nummer 1 aufgeführten Inhalte der Überprüfung zu erstrecken, auf die sich die sektorale Heilpraktikererlaubnis bezieht.

Abweichend von Nummer 3 umfasst der schriftliche Teil der Überprüfung 28 Fragen und dauert 60 Minuten.

Abweichend von Nummer 4 dauert der mündlich-praktische Teil der Überprüfung für jede antragstellende Person höchstens 45 Minuten.

HINWEIS DES AUTORS

Diese Leitlinien treten am 22. März 2018 in Kraft. Prüfungen vor dem 22. März 2018 werden nach den bisherigen Regeln durchgeführt.

Zweite Durchführungsverordnung

Die 2. DVO wurde als Buchstabe i) in § 2 der 1. DVO integriert. Die ursprüngliche Fassung enthielt die Bestimmung, dass eine Überprüfung des Heilpraktikeranwärters ergeben muss, dass dieser keine Gefahr für die „Volksgesundheit" bedeuten würde.

Im Jahr 2016 wurde der nationalsozialistisch angehauchte Begriff der „Volksgesundheit" endlich ersetzt durch die neue Formulierung „Gefahr für die Gesundheit der Bevölkerung oder die ihn aufsuchenden Patientinnen und Patienten.

Eine inhaltliche Änderung des Prüfungsziels ist damit nicht verbunden. Schon bisher wurde unter dem Licht des Grundgesetzes der Begriff der „Volksgesundheit" so interpretiert, wie er jetzt 2016 ausdrücklich formuliert wurde, z. B.. durch Teil des BVerwG vom 10.02.1983.

Neu ist durch die 2016 geänderten Vorschriften, dass bis Ende 2017 das Bundesgesundheitsministerium zusammen mit den Bundesländern Leitlinien für die Überprüfung verfasst, die dann 3 Monate später einheitlich in allen Bundesländern gelten werden. Der genaue Termin wird vom Bundesgesundheitsministerium noch amtlich bekannt gegeben werden.

Heilpraktikeranwärter, die 3 Monate nach Erlass der neuen Richtlinien ab 2018 die Prüfung ablegen wollen, müssen nun ihre Prüfungsvorbereitung an den neuen Leitlinien, die erst Ende 2017 veröffentlicht werden, ausrichten. Ob diese nennenswerte Veränderungen mit sich bringen, kann zum jetzigen Zeitpunkt (Mitte 2017) zwar nicht ausgeschlossen werden; da das Hauptziel der Gesetzesänderung aber eine Vereinheitlichung der Prüfung in allen Bundesländern ist, ist dies nicht sehr wahrscheinlich. Allerdings ist es wegen der Formulierung „auf der Grundlage von Leitlinien …" auch denkbar, dass sich einzelne Bundeländer Abweichungen von den neuen Leitlinien genehmigen. Heilpraktikerschulen und -verbände sollten ihre Schüler und Mitglieder über die Praxis in den einzelnen Bundesländern informieren, sobald Informationen vorliegen.

Die Prüfung wird vom **Gesundheitsamt** abgenommen, das als gutachtende Stelle tätig ist. Über den Antrag selbst entscheidet weiterhin die untere Verwaltungsbehörde (Landratsamt, kreisfreie Stadt). Nach Ansicht des Bundesverwaltungsgerichts ist sie nicht an die Stellungnahme des Gesundheitsamts gebunden, wenn sie ernsthafte Zweifel an dem Gutachten des Gesundheitsamts hat.

Eine **Überprüfung** ist begrifflich nicht identisch mit einer Prüfung. Nach herrschender Meinung versteht man unter einer Überprüfung die Feststellung, ob der Stand der Kenntnisse und Fähigkeiten des Antragstellers keine Anhaltspunkte dafür bietet, dass eine heilkundliche Tätigkeit durch ihn zu Schäden an der menschlichen Gesundheit führen könnte. Man nennt das auch ein **Negativ-Attest** – vergleichbar der Führerscheinprüfung, in der auch nicht geprüft wird, wie elegant man um die Kurve fährt, sondern ob man keine Gefahr für den Verkehr darstellt. Sie ist also formal gesehen keine Prüfung im Sinne einer Leistungskontrolle zur Feststellung einer bestimmten Qualifikation. Deshalb ist die Anwendung von **Heilmethoden nicht Gegenstand der Prüfung**. Dies hat den großen Vorteil, dass die Heilmethoden des Heilpraktikers nicht einem Verschulungsprozess unterworfen werden, den eine echte Prüfung immer mit sich bringt, insbesondere, wenn sie durch Schulmediziner erfolgt. Zum Beispiel gibt es in der Homöopathie unterschiedliche Schulen, die u. a. bei der Frage der richtigen Potenzen unterschiedliche Meinungen haben. Bei einer staatlichen Prüfung der Homöopathie würde dies in mehr oder weniger großem Umfang normiert. Ein wesentliches Element des Heilpraktikerberufs ist aber gerade die umfassende Freiheit in der Behandlung, statt Leitlinien befolgen zu müssen. Diese fehlende Gängelung gibt dem Heilpraktiker die Chance, eine kreative individuelle Medizin zu betreiben.

Andererseits ist die Überprüfung des medizinischen Wissens in der Heilpraktikerprüfung so anspruchsvoll geworden, dass sie durchaus mit Fachprüfungen im medizinischen Bereich vergleichbar ist. Es gibt nicht veröffentlichte Berichte, dass von einer Gruppe von Ärzten, die sich der schriftlichen Heilpraktikerprüfung unterzogen haben, nur 65 % bestanden haben. Trotzdem wird immer noch argumentiert, dass die Heilpraktikerüberprüfung im Vergleich zu einer Fachprüfung einen geringeren Wert hätte. Das hat politische Gründe: Mit der Qualifizierung als Negativ-Attest kann man den Beruf z. B. aus allen öffentlichen Aufgaben und Mitwirkungsmöglichkeiten im Gesundheitssystem (Gutachten, Atteste) heraushalten. Aber auch dies hat seine positiven Seiten: Welcher Arzt wäre nicht froh, wenn er durch seine Einbindung in das staatliche System weniger gegängelt würde? Die Heilpraktikerüberprüfung ist also im Grunde eine echte Fachprüfung auf medizinische Kenntnisse und Fähigkeiten, mit Verzicht auf heilpraktikerliche Diagnose- und Therapieverfahren. Deswegen werden in diesem Buch auch die Begriffe Überprüfung und Prüfung gleichwertig verwendet.

Es soll nicht unerwähnt bleiben, dass der Heilpraktiker, anders als ein schulmedizinisch arbeitender Arzt, meistens zwei Denksysteme beherrschen muss: zum einen das ihm auch durch die Prüfung auferlegte westlich-wissenschaftliche Denkmodell der Schulmedizin und zum anderen das Denksystem z. B. der TCM, das sich fundamental vom westlich-wissenschaftlichen Modell unterscheidet. Das schulmedizinische Modell zu beherrschen ist notwendig, um aus der Sicht des Gesetzgebers die Sicherheit zu schaffen, dass der Heilpraktiker nach den Kriterien dieses Modells vorgehen und Gefahren erkennen kann. Das andere Modell braucht er für seine eigentliche praktische Arbeit. Das bedeutet, dass die Anforderungen an die Ausübung des Heilpraktikerberufs hoch sind, höher, als es in der üblichen Einschätzung in Presse und Öffentlichkeit zum Ausdruck kommt.

1.2 Gesetz zur Verhütung und Bekämpfung von Infektionskrankheiten beim Menschen (Infektionsschutzgesetz – IfSG)

HINWEIS PRÜFUNG

Das IfSG enthält zahlreiche **Behandlungsverbote und Meldepflichten** für den Heilpraktiker. Eine genaue Kenntnis dieser Bestimmungen – insbesondere **§§ 6, 7, 8 und 24** – ist deshalb unerlässlich für das Bestehen der Prüfung. In keinem Prüfungsgebiet ist reines „Pauken" so angebracht wie hier, weil sich Meldepflichten und Behandlungsverbote nicht nach einfach einsehbaren Regeln, etwa der Gefährlichkeit einer Krankheit, richten. Mindestens 90 % der rechtskundlichen Prüfungsfragen der letzten Jahre betreffen die Behandlungsverbote nach dem Infektionsschutzgesetz.

Das **IfSG** ist am **1.1.2001** in Kraft getreten. Es löste ab
- das Bundesseuchengesetz und zugehörige Verordnungen
- das Geschlechtskrankheitengesetz mit den zugehörigen Verordnungen

1.2.1 § 1 IfSG: Zweck des Gesetzes

GESETZESTEXT

§ 1 Zweck des Gesetzes

(1) Zweck des Gesetzes ist es, übertragbaren Krankheiten beim Menschen vorzubeugen, Infektionen frühzeitig zu erkennen und ihre Weiterverbreitung zu verhindern.
(2) Die hierfür notwendige Mitwirkung und Zusammenarbeit von Behörden des Bundes, der Länder und der Kommunen, Ärzten, Krankenhäusern, wissenschaftlichen Einrichtungen sowie sonstigen Beteiligten soll entsprechend dem jeweiligen Stand der medizinischen und epidemiologischen Wissenschaft und Technik gestaltet und unterstützt werden. Die Eigenverantwortung der Träger und Leiter von Gemeinschaftseinrichtungen, Lebensmittelbetrieben, Gesundheitseinrichtungen sowie des Einzelnen bei der Prävention übertragbarer Krankheiten soll verdeutlicht und gefördert werden.

Kommentierung

Absatz 1: Die Definitionen von „übertragbare Krankheiten" und „Infektionen" werden unter § 2 besprochen.
Absatz 2 verlangt die Mitwirkung und Zusammenarbeit der Behörden, Ärzte, Tierärzte und Krankenhäuser. Der Heilpraktiker ist nicht namentlich erwähnt, darf sich jedoch als „sonstiger Beteiligter" eingebunden fühlen.

1.2.2 § 2 IfSG: Begriffsbestimmungen

HINWEIS PRÜFUNG

Diese Begriffsbestimmungen sind prüfungsrelevant.

GESETZESTEXT

§ 2 Begriffsbestimmungen

Im Sinne dieses Gesetzes ist ein/eine
1. **Krankheitserreger:** ein vermehrungsfähiges Agens (Virus, Bakterium, Pilz, Parasit) oder ein sonstiges biologisches transmissibles Agens, das bei Menschen eine Infektion oder übertragbare Krankheit verursachen kann
2. **Infektion:** die Aufnahme eines Krankheitserregers und seine nachfolgende Entwicklung oder Vermehrung im menschlichen Organismus
3. **übertragbare Krankheit:** eine durch Krankheitserreger oder deren toxische Produkte, die unmittelbar oder mittelbar auf den Menschen übertragen werden, verursachte Krankheit
   3a. bedrohliche übertragbare Krankheit: eine übertragbare Krankheit, die aufgrund klinisch schwerer Verlaufsformen oder ihrer Ausbreitungsweise eine schwerwiegende Gefahr für die Allgemeinheit verursachen kann
4. **Kranker:** eine Person, die an einer übertragbaren Krankheit erkrankt ist
5. **Krankheitsverdächtiger:** eine Person, bei der Symptome bestehen, welche das Vorliegen einer bestimmten übertragbaren Krankheit vermuten lassen
6. **Ausscheider:** eine Person, die Krankheitserreger ausscheidet und dadurch eine Ansteckungsquelle für die Allgemeinheit sein kann, ohne krank oder krankheitsverdächtig zu sein

7. **Ansteckungsverdächtiger:** eine Person, von der anzunehmen ist, dass sie Krankheitserreger aufgenommen hat, ohne krank, krankheitsverdächtig oder Ausscheider zu sein
8. **nosokomiale Infektion:** eine Infektion mit lokalen oder systemischen Infektionszeichen als Reaktion auf das Vorhandensein von Erregern oder ihrer Toxine, die im zeitlichen Zusammenhang mit einer stationären oder einer ambulanten medizinischen Maßnahme steht, soweit die Infektion nicht bereits vorher bestand
9. **Schutzimpfung:** die Gabe eines Impfstoffes mit dem Ziel, vor einer übertragbaren Krankheit zu schützen
10. andere Maßnahmen der **spezifischen Prophylaxe,** die Gabe von Antikörpern (passive Immunprophylaxe) oder die Gabe von Medikamenten (Chemoprophylaxe) zum Schutz vor Weiterverbreitung bestimmter übertragbarer Krankheiten
11. **Impfschaden:** die gesundheitliche und wirtschaftliche Folge einer über das übliche Ausmaß einer Impfreaktion hinausgehenden gesundheitlichen Schädigung durch die Schutzimpfung; ein Impfschaden liegt auch vor, wenn mit vermehrungsfähigen Erregern geimpft wurde und eine andere als die geimpfte Person geschädigt wurde
12. **Gesundheitsschädling:** ein Tier, durch das Krankheitserreger auf Menschen übertragen werden können
13. **Sentinel-Erhebung:** eine epidemiologische Methode zur stichprobenartigen Erfassung der Verbreitung bestimmter übertragbarer Krankheiten und der Immunität gegen bestimmte übertragbare Krankheiten in ausgewählten Bevölkerungsgruppen
14. **Gesundheitsamt:** die nach Landesrecht für die Durchführung dieses Gesetzes bestimmte und mit einem Amtsarzt besetzte Behörde

Kommentierung

Krankheitserreger

Die Definition ist einerseits so weit gefasst, dass auch Prionen und andere, vielleicht noch nicht bekannte Erregerarten als „Agens" erfasst sind. Andererseits betrifft sie nach der amtlichen Begründung des Gesetzes nur Organismen, die „beim gesunden, nicht abwehrgeschwächten Menschen zu einer übertragbaren Krankheit führen können". Opportunistische Infektionen sind demnach keine Infektionen im Sinne des IfSG. Daran wird deutlich, dass das IfSG die Allgemeinheit vor wirklichen Gefahren schützen soll, sich aber nicht um Erreger und deren Krankheiten sorgt, die im Normalfall harmlos sind. Dieses Wissen aber besser erst nach der bestandenen Prüfung vor dem Amtsarzt vertreten.

Infektion

Die **Aufnahme** des Erregers ist noch **keine Infektion**, erst zusammen mit Entwicklung und/oder Vermehrung wird eine daraus. Eine **Infektion** ist andererseits noch **keine Infektionskrankheit**; z. B. bei guter Abwehrlage, stiller Feiung, Immunität durch vorher durchgemachte Erkrankung oder Impfung kommt es nicht zu einer Erkrankung. Eine Infektion wird erst dann zur Erkrankung, wenn **Symptome** (Entzündungsreaktionen, Beschwerden, Gewebsschädigung) auftreten. Aber auch „bloß Infizierte" können als Keimträger ansteckend sein und sind deshalb für den Infektionsschutz von Bedeutung.

Übertragbare Krankheit

Gleichbedeutend mit **Infektionskrankheit. Nicht** erforderlich ist, dass die übertragbare Krankheit **ansteckend** ist, dass sie also direkt von einem Menschen auf andere übertragen werden kann. Beispiel für eine übertragbare, nicht ansteckende Krankheit: Tetanus.

Kranker

Die Definition geht davon aus, dass eine übertragbare **Krankheit** festgestellt, also **nach schulmedizinischen Kriterien diagnostiziert** ist, im Regelfall durch direkte (Erregernachweis) oder indirekte (Antikörpertiter) Labornachweise des Erregers, ausnahmsweise auch durch das klinische Bild (Symptome).

Krankheitsverdächtiger

Es liegen keine Nachweise vor, insbesondere keine eindeutigen Laborbefunde. Dies ist der Regelfall, der für den Heilpraktiker zu einer Meldepflicht oder einem Behandlungsverbot führt. Beispiel: Ein Patient kommt mit Gelbsucht und Fieber von einem Auslandaufenthalt in Indien zurück. Dies lässt eine akute infektiöse Hepatitis vermuten, die Krankheit ist aber nicht nachgewiesen. Der Heilpraktiker wird diesen Patienten nach §§ 6ff an das Gesundheitsamt melden und nicht behandeln, sondern zu einem Arzt schicken.

Ausscheider

Gemeint ist eine Ausscheidung über den **Stuhl** oder die **Atmung**, evtl. auch über den **Urin**, wodurch eine **Ansteckungsgefahr für die Allgemeinheit** entsteht. Nicht erfasst werden sollen damit Träger von Krankheitserregern (Carrier), die nur unter besonderen Voraussetzungen (Geschlechtsverkehr, Bluttransfusionen, Drogenbesteck) Krankheitserreger im Einzelfall weitergeben, z. B. Hepatitis-B-Virus-Träger.

Ansteckungsverdächtiger

Ein Ansteckungsverdacht ergibt sich nicht aus Symptomen, sondern aus der **Vorgeschichte**, z. B. nach einem Biss eines tollwutkranken Tieres. Für die Annahme eines Ansteckungsverdachts ist weder eine Infektionskrankheit noch eine Infektion erforderlich. Es genügt die wahrscheinliche Aufnahme des Erregers.

Nosokomiale Infektion

„Nosokomien" hießen die Räumlichkeiten in den Heilstätten im alten Griechenland (z. B. in Epidauros). Eine **Infektion** im zeitlichen Zusammenhang mit einem **Krankenhausaufenthalt** oder in einer **ambulanten medizinischen Einrichtung** wird als nosokomiale Infektion bezeichnet, z. B. eine postoperative Wundinfektion oder eine Sepsis. Grund für die Erfassung ist, dass damit Infektionen, die wahrscheinlich durch im Krankenhaus vorhandene Erreger verursacht wurden, den Gesundheitsbehörden bekannt werden und die Krankenhäuser so darauf überwacht werden können. Auch von einer Naturheilpraxis kann theoretisch eine nosokomiale Infektion ausgehen. Heilpraktikerpraxen sind aber offensichtlich nicht gemeint, da Heilpraktiker nach §8 keine Meldepflicht für nosokomiale Infektionen haben.

Schutzimpfung

Es ist die **aktive Immunisierung** gemeint, denn ein Impfstoff im Sinne des Gesetzes enthält Antigene (vgl. Arzneimittelgesetz).

Andere Maßnahmen der spezifischen Prophylaxe

Dazu gehört die **passive Immunisierung** mit ausgewählten Antikörpern.

Impfschaden

Ein Impfschaden muss **über eine normale Impfreaktion** hinausgehen. Was ist aber eine normale Impfreaktion? In § 20 IfSG ist es als Aufgabe an die Ständige Impfkommission (STIKO) delegiert worden, hier Kriterien festzulegen. Doch hat sich die STIKO hier, anders als bei den Impfempfehlungen, vornehm zurückgehalten und bisher, also nach nunmehr 15 Jahren, nichts Eigenes veröffentlicht. Echte Impfschäden sind häufiger als angenommen. Neuere Untersuchungen weisen jedenfalls darauf hin, dass die Meldungen von Impfschäden systematisch zu tief liegen.

Es existiert nur ein Meldebogen des Paul-Ehrlich-Instituts (zuständig für Impfstoffe als Arzneimittel), das sich so äußert: Eine normale Impfreaktion kann sein

- eine für die Dauer von 1–3 Tagen (gelegentlich länger) anhaltende Rötung, Schwellung oder Schmerzhaftigkeit an der Injektionsstelle
- Fieber über 39,5 °C (bei rektaler Messung), Kopf- und Gliederschmerzen, Mattigkeit, Unwohlsein, Übelkeit, Unruhe, Schwellung der regionären Lymphknoten
- oder im gleichen Sinne zu deutende Symptome einer „Impfkrankheit" (1–3 Wochen nach der Impfung), z. B. leichte Parotisschwellung bei Mumpsimpfung oder ein Masern- bzw. Varizellen-ähnliches Exanthem oder kurzzeitige Arthralgien nach der Verabreichung von auf der Basis abgeschwächter Lebendviren hergestellten Impfstoffen gegen Mumps, Masern, Röteln oder Varizellen.

1.2.3 §§ 6, 7, 8 und 9 IfSG: Meldepflichten

HINWEIS PRÜFUNG

Die Meldepflichten sind ein Kernstück des IfSG und so zu beherrschen, dass keine Fehler gemacht werden.

Die Meldepflichten bedeuten eine **Aufhebung der Schweigepflicht** für die Behandler. Die Aufhebung der Schweigepflicht geht aber nicht weiter, als das Gesetz zur Meldung verpflichtet. Deswegen wäre es nicht nur ein Rechtsverstoß, wenn der Heilpraktiker bei gegebener Meldepflicht die Meldung unterlassen würde, sondern auch, wenn der Heilpraktiker Krankheiten melden würde, die nicht meldepflichtig sind, oder mehr über den Patienten mitteilen würde, als das Gesetz vorschreibt. Ausnahmsweise kann eine solche Meldung erlaubt sein, wenn es darum geht, Dritte zu schützen, etwa wenn ein HIV-Infizierter trotz Belehrung ungeschützten Geschlechtsverkehr hat. Diese **Offenbarungsrechtfertigung** genannte Ausnahme sollte sehr zurückhaltend ausgeübt werden, denn sie verletzt selbst ein hohes Rechtsgut, nämlich das Vertrauen des Patienten, sich in vollem Umfang offenbaren zu können. Eine Rechtsberatung ist zu empfehlen.

Die **Pflicht zur Meldung** bestimmter übertragbarer Krankheiten gehört zu den ältesten und wichtigsten Instrumenten der Seuchenbekämpfung. Die ersten Meldepflichten wurden in Deutschland im Zusammenhang mit dem Auftreten der Pest eingeführt. Sie dient v. a. dazu, den Gesundheitsbehörden möglichst frühzeitig **Informationen zur Bekämpfung akuter Gefahren** zu liefern. Dafür wurde die namentliche Meldepflicht eingeführt, sodass das Gesundheitsamt direkt auf die gemeldete Person als mögliche Ansteckungsquelle Zugriff hat. In zweiter Linie dienen Meldepflichten dazu, einen Überblick zu erhalten über die zahlenmäßige **Entwicklung von Infektionskrankheiten** (Epidemiologie), um daraus gesundheitspolitische Entscheidungen abzuleiten. Dafür liefert z. B. die nicht-namentliche Meldepflicht das Datenmaterial. Eine andere Möglichkeit zur Erreichung dieses Zwecks sind die sog. **Sentinel-Erhebungen** nach § 2; das sind Stichproben, die z. B. in mehreren Arztpraxen erhoben werden.

§ 6 IfSG: Namentlich meldepflichtige Krankheiten

GESETZESTEXT

§ 6 Meldepflichtige Krankheiten

(1) Namentlich ist zu melden:

1. der Verdacht einer Erkrankung, die Erkrankung sowie der Tod in Bezug auf die folgenden Krankheiten:
   a. Botulismus
   b. Cholera
   c. Diphtherie
   d. humaner spongiformer Enzephalopathie, außer familiär-hereditärer Formen
   e. akute Virushepatitis
   f. enteropathisches hämolytischurämisches Syndrom (HUS)
   g. virusbedingtes hämorrhagisches Fieber
   h. Keuchhusten
   i. Masern
   j. Meningokokken-Meningitis oder -Sepsis
   k. Milzbrand
   l. Mumps
   m. Pest
   n. Poliomyelitis
   o. Röteln einschließlich Rötelnembryopathie
   p. Tollwut
   q. Typhus abdominalis oder Paratyphus
   r. Windpocken

   sowie die Erkrankung und der Tod an einer behandlungsbedürftigen Tuberkulose, auch wenn ein bakteriologischer Nachweis nicht vorliegt

2. der Verdacht auf und die Erkrankung an einer mikrobiell bedingten Lebensmittelvergiftung oder an einer akuten infektiösen Gastroenteritis, wenn
   a. eine Person betroffen ist, die eine Tätigkeit im Sinnes des § 42 Abs. 1 ausübt
   b. zwei oder mehr gleichartige Erkrankungen auftreten, bei denen ein epidemischer Zusammenhang wahrscheinlich ist oder vermutet wird
3. der Verdacht einer über das übliche Ausmaß einer Impfreaktion hinausgehenden gesundheitlichen Schädigung
4. die Verletzung eines Menschen durch ein tollwutkrankes, -verdächtiges oder ansteckungsverdächtiges Tier sowie die Berührung eines solchen Tieres oder Tierkörpers
5. das Auftreten einer bedrohlichen übertragbaren Krankheit, die nicht bereits nach den Nummern 1 bis 4 meldepflichtig ist.

(2) [1] Dem Gesundheitsamt ist über die Meldung nach Absatz 1 Nr. 1 hinaus zu melden, wenn Personen, die an einer behandlungsbedürftigen Lungentuberkulose leiden, eine Behandlung verweigern oder abbrechen. [2] Die Meldung nach Satz 1 hat gemäß § 8 Absatz 1 Nummer 1, § 9 Absatz 1 und 3 Satz 1 oder 3 zu erfolgen.

Kommentierung

Am wichtigsten ist die Meldepflicht der in § 6 Abs. 1 Nr. 1 genannten **20 spezifischen Krankheiten**. Diese Krankheiten sind bei **Verdacht**, bei nachgewiesener **Erkrankung** und im **Todesfall** zu melden:

Die Meldepflicht bei **Tuberkulose** weicht etwas ab: Es wird keine Meldung bei Verdacht verlangt – dies würde zu viele letztlich nicht zutreffende Meldungen mit sich bringen, da die klinischen Anfangssymptome sehr unspezifisch sind. Andererseits besteht die Meldepflicht auch für Fälle, in denen noch kein Labornachweis vorliegt, wenn der Fall behandlungsbedürftig erscheint. Denn der direkte Nachweis ist wegen des langsamen Wachstums der Tuberkulose-Bakterien langwierig.

Nach § 6 Abs. 1 Nr. 2 sind **Verdacht** und **Erkrankung** bei **mikrobiell bedingter Lebensmittelvergiftung**, also durch Bakterientoxine bewirkten Magen-Darm-Erkrankungen und bei **akuten infektiösen Gastroenteritiden** unter eingeschränkten Voraussetzungen zu melden:

- Entweder muss es sich bei den Betroffenen um Personen handeln, die nach § 42 IfSG im Lebensmittelgewerbe tätig sind
- oder es müssen mindestens 2 Personen vermutlich über eine gemeinsame Infektionsquelle erkrankt sein.

Die Meldepflicht für **Impfschäden** besteht nur bei **Verdacht**. Denn einen Impfschaden nachzuweisen, nimmt oft Jahre in Anspruch und ist wegen der hier ungewöhnlich strengen Anforderungen der Schulmedizin zur Kausalität nur selten durchzusetzen. Damit käme ein Verbot des Impfstoffs zum Gesundheitsschutz zu spät. Leider wird die praktische Umsetzung der Meldepflicht bei Impfschäden nicht ernst genommen. Keine Behörde, die mit Impfungen und Impfstoffen befasst ist, fühlt sich zuständig; so erklärt sich das „Underreporting" (Versäumnis zu melden) von mindestens 80 %. Es ist auch zu bedenken, dass – anders als bei der Meldepflicht für Infektionskrankheiten – eine psychologische Hemmschwelle für den impfenden Arzt besteht: Er muss damit einräumen, möglicherweise durch die Impfung selbst den Schaden gesetzt zu haben, insbesondere wenn er die Impfung empfohlen hat.

Die **Tollwut** ist außer bei **Verdacht**, **Erkrankung** und **Tod** nach § 6 Abs. 1 Nr. 5 zu melden bei folgenden Situationen von **Ansteckungsverdacht**: *„die Verletzung eines Menschen durch ein tollwutkrankes, -verdächtiges oder -ansteckungsverdächtiges Tier sowie die Berührung eines solchen Tieres oder Tierkörpers"*.

Die letzte Meldepflicht in Absatz 1 bildet eine Art **Auffangtatbestand** für Gefahren, die noch nicht unter Nr. 1–4 erfasst sind:

- es muss sich entweder um eine **bedrohliche Krankheit** handeln (mit bekanntem nicht-meldepflichtigen oder unbekanntem Erreger) oder
- es müssen **mindestens 2 Personen** erkrankt sein in einer Weise, dass eine gemeinsame Infektionsquelle anzunehmen ist.

Diese Vorschrift wird in ihrer Bedeutung oft unterschätzt. Für den Heilpraktiker ist danach meldepflichtig eine vermutliche Infektionskrankheit (Krankheitserreger als Ursache), die bedrohlich erscheint (z. B. schwere Verlaufsform) oder bei der mehrere Erkrankungen mit epidemiologischem Zusammenhang vorliegen und vermutlich sehr ansteckend ist (s. § 2 Nr. 3a).

HINWEIS PRÜFUNG

Das Bundesgesundheitsministerium ist nach § 15 IfSG ermächtigt, weitere Meldepflichten einzuführen. Davon wurde Gebrauch gemacht: Derzeit gibt es nur eine Verordnung, die die Meldepflichten erweitert. Sie wird weiter unten unter „§ 24 iVm § 15" näher besprochen.
Außerdem wurden von einzelnen Bundesländern zusätzliche Meldepflichten eingeführt. Diese finden Sie in der nachfolgenden ➤ Tab. 1.1.
Zu Auswirkungen auf ein Behandlungsverbot siehe ➤ Kap. 1.2.4.
Bitte informieren Sie Sich vor der Prüfung über aktuelle Änderungen über www.rki.de.

§ 7 IfSG: Meldepflichtige Nachweise von Krankheitserregern

§ 7 IfSG enthält eine **Meldepflicht** für bestimmte nachgewiesene **Krankheitserreger**, wenn ein direkter oder indirekter Nachweis einer akuten Infektion vorliegt. Diese Meldepflicht betrifft nur **Labors**. Der Heilpraktiker darf die entsprechenden **Erkrankungen** aber **nicht behandeln** (§ 24 IfSG), wenn ein solcher Erreger bei seinem Patienten durch ein Labor nachgewiesen ist.

GESETZESTEXT

§ 7 Meldepflichtige Nachweise von Krankheitserregern

(1) [1] Namentlich ist bei folgenden Krankheitserregern, soweit nicht anders bestimmt, der direkte oder indirekte Nachweis zu melden, soweit die Nachweise auf eine akute Infektion hinweisen:

1. Adenoviren; Meldepflicht nur für den direkten Nachweis im Konjunktivalabstrich
2. Bacillus anthracis
3. Bordetella pertussis, Bordetella parapertussis
4. Borrelia recurrentis
5. Brucella sp.
6. Campylobacter sp., darmpathogen
7. Chlamydia psittaci

8. Clostridium botulinum oder Toxinnachweis
9. Corynebacterium spp., Toxin bildend
10. Coxiella burnetii
11. humanpathogene Cryptosporidium sp.
12. Ebolavirus
13.
    a. Escherichia coli, enterohämorrhagische Stämme (EHEC)
    b. Escherichia coli, sonstige darmpathogene Stämme
14. Francisella tularensis
15. FSME-Virus
16. Gelbfiebervirus
17. Giardia lamblia
18. Haemophilus influenzae; Meldepflicht nur für den direkten Nachweis aus Liquor oder Blut
19. Hantaviren
20. Hepatitis-A-Virus
21. Hepatitis-B-Virus; Meldepflicht für alle Nachweise
22. Hepatitis-C-Virus; Meldepflicht für alle Nachweise
23. Hepatitis-D-Virus; Meldepflicht für alle Nachweise
24. Hepatitis-E-Virus
25. Influenzaviren; Meldepflicht nur für den direkten Nachweis
26. Lassavirus
27. Legionella sp.
28. humanpathogene Leptospira sp.
29. Listeria monocytogenes; Meldepflicht nur für den direkten Nachweis aus Blut, Liquor oder anderen normalerweise sterilen Substraten sowie aus Abstrichen von Neugeborenen
30. Marburgvirus
31. Masernvirus
32. Mumpsvirus
33. Mycobacterium leprae
34. Mycobacterium tuberculosis/africanum, Mycobacterium bovis; Meldepflicht für den direkten Erregernachweis sowie nachfolgend für das Ergebnis der Resistenzbestimmung; vorab auch für den Nachweis säurefester Stäbchen im Sputum
35. Neisseria meningitidis; Meldepflicht nur für den direkten Nachweis aus Liquor, Blut, hämorrhagischen Hautinfiltraten oder anderen normalerweise sterilen Substraten
36. Norovirus
37. Poliovirus
38. Rabiesvirus
39. Rickettsia prowazekii
40. Rotavirus
41. Rubellavirus
42. Salmonella Paratyphi; Meldepflicht für alle direkten Nachweise
43. Salmonella Typhi; Meldepflicht für alle direkten Nachweise
44. Salmonella, sonstige
45. Shigella sp.
46. Trichinella spiralis
47. Varizella-Zoster-Virus
48. Vibrio cholerae O 1 und O 139
49. Yersinia pestis
50. Yersinia spp., darmpathogen
51. andere Erreger hämorrhagischer Fieber

(2) [1] Namentlich sind in Bezug auf Infektionen und Kolonisationen Nachweise von in dieser Vorschrift nicht genannten Krankheitserregern zu melden, wenn unter Berücksichtigung der Art der Krankheitserreger und der Häufigkeit ihres Nachweises Hinweise auf eine schwerwiegende Gefahr für die Allgemeinheit bestehen. [2] Die Meldung nach Satz 1 hat gemäß § 8 Absatz 1 Nummer 2, 3 oder Absatz 4, § 9 Absatz 2, 3 Satz 1 oder 3 zu erfolgen.

(3) Nichtnamentlich ist bei folgenden Krankheitserregern der direkte oder indirekte Nachweis zu melden:
1. Treponema pallidum
2. HIV
3. Echinococcus sp.
4. Plasmodium sp.
5. Toxoplasma gondii; Meldepflicht nur bei konnatalen Infektionen

HINWEIS PRÜFUNG

Beachten Sie, dass durch Verordnung des Bundesgesundheitsministeriums nun auch folgende Erreger zu § 7 gehören:
- Chikungunya-Virus, Dengue-Virus, West-Nil-Virus, Zika-Virus und sonstigen Arboviren, soweit der Nachweis auf eine akute Infektion hinweist
- Staphylococcus aureus, Methicillin-resistente Stämme (MRSA) und viele weitere antibiotikaresistente Erreger (s.u. unter § 24 iVm § 15)

Tab. 1.1 Übersicht über zusätzliche Meldepflichten in den einzelnen Bundesländern

Bundesland	Krankheit/Erreger	Art der Meldepflicht	Meldepflicht für HP
Bayern	Lyme-Borreliose	nicht-namentlich	nein
Berlin	Borreliose Borrelia burgdorferi	E + T namentlich Labor, namentlich	ja nein
Brandenburg	Borreliose	namentlich, E + T	ja
	Herpes zoster	namentlich, E + T	ja
	Borrelia burdorferi	namentlich, Labor, bei akuter Infektion	nein
	Streptococcus pneumoniae	namentlich, Labor, bei akuter Infektion	nein
Hessen	ab 2017 keine	Labor, namentlich	nein
Mecklenburg-Vorpommern	Bei allen namentlichen Meldungen nach § 6 IfSG ist zusätzlich der Impfstatus bez. der jeweiligen Krankheit anzugeben!	namentlich	ja
	Borreliose	E + T nicht-namentlich, nur Arzt	nein
	Tetanus	E + T nicht-namentlich, nur Arzt	nein
	Borrelia burdorferi	Labor, nicht-namentlich	nein
	Clostridium tetani	Labor, nicht-namentlich	nein
	Entamoeba histolytica	Labor, namentlich	nein
	Streptococcus pneumoniae	Labor, namentlich	nein

1

Tab. 1.1 Übersicht über zusätzliche Meldepflichten in den einzelnen Bundesländern *(Forts.)*

Bundesland	Krankheit/Erreger	Art der Meldepflicht	Meldepflicht für HP
Rheinland-Pfalz	Lyme-Borreliose	E + T, nicht-namentlich, nur Arzt	nein
Saarland	Lyme-Borreliose	E + T, nicht-namentlich, nur Arzt	nein
Sachsen	angeb. Zytomegalie	namentlich, E + T	ja
	angeb. Listeriose	namentlich, E + T	ja
	angeb. Lues	namentlich, E + T	ja
	angeb. Toxoplasmose	namentlich, E + T	ja
	angeb. Rötelnembryopathie	namentlich, E + T	ja
	angeb. Varizellensyndrom	namentlich, E + T	ja
	Borreliose	namentlich, E + T	ja
	Brucellose	namentlich, E + T	ja
	Echinokokkose	namentlich, E + T	ja
	Enteritis infectiosa, genau spezifiziert nach Erregern	namentlich, E + T	ja
	Fleckfieber	namentlich, E + T	ja
	Gasbrand/Gasödem	namentlich, E + T	ja
	Gelbfieber	namentlich, E + T	ja
	Herpes zoster	namentlich, E + T	ja
	Influenza	namentlich, E + T	ja
	Legionellose	namentlich, E + T	ja
	Lepra	namentlich, E + T	ja
	Leptospirose	namentlich, E + T	ja
	Listeriose	namentlich, E + T	ja
	Malaria	namentlich, E + T	ja
	Meningitis/Enzephalitis (alle bakteriellen und viralen Erreger)	namentlich, E + T	ja
	Ornithose	namentlich, E + T	ja
	Q-Fieber	namentlich, E + T	ja
	Rückfallfieber	namentlich, E + T	ja
	Scharlach	namentlich, E + T	ja
	Shigellenruhr	namentlich, E + T	ja
	Tetanus	namentlich, E + T	ja
	Toxoplasmose	namentlich, E + T	ja
	Trachom	namentlich, E + T	ja
	Trichinose	namentlich, E + T	ja
	Tularämie	namentlich, E + T	ja
	jeder Ausscheider von		
	• Campylobacter sp.	namentlich	ja
	• Cryptosporidium parvum	namentlich	ja
	• Entamoeba histolytica	namentlich	ja
	• Escherichia coli (EPEC, ETEC, EIEC; EHEC, und weitere Stämme)	namentlich	ja
	• Giardia lamblia	namentlich	ja
	• Noro-Viren	namentlich	ja
	• Rotaviren	namentlich	ja
	• Salmonella sp.	namentlich	ja
	• Shigella sp.	namentlich	ja
	• toxinbildende C.-diphtheriae-Stämme	namentlich	ja
	• Vibrio cholerae	namentlich	ja
	• Yersinia enterocolitica	namentlich	ja

Tab. 1.1 Übersicht über zusätzliche Meldepflichten in den einzelnen Bundesländern *(Forts.)*

Bundesland	Krankheit/Erreger	Art der Meldepflicht	Meldepflicht für HP
Sachsen	Acinetobacter spp. mit bestimmten Resistenzen	namentlich, Labor	nein
	Astroviren	namentlich, Labor	nein
	Bordetella pertussis	namentlich, Labor	nein
	Borrelia burgdorferi sp.	namentlich, Labor	nein
	Clostridium tetani	namentlich, Labor	nein
	Cytomegalievirus	namentlich, Labor	nein
	Entamoeba histolytica	namentlich, Labor	nein
	Enterobacteriaceae mit bestimmten Resistenzen	namentlich, Labor	nein
	Enterovirus sp.	namentlich, Labor	nein
	Gruppe-B-Streptokokken bei Schwangeren und Neugeborenen	namentlich, Labor	nein
	Mycoplasma sp.	namentlich, Labor	nein
	Parainfluenzavirus	namentlich, Labor	nein
	Parvovirus B_{19}	namentlich, Labor	nein
	RS-Virus	namentlich, Labor	nein
	Streptococcus pneumoniae	namentlich, Labor	nein
	Varicella-Zoster-Virus	nicht-namentlich, Labor	nein
	Chlamydia trachomatis	nicht-namentlich, Labor	nein
	Neisseria gonorrhoeae	namentlich, Labor	nein
	Adenovirus	namentlich, Labor	nein
	Hepatitis-B-Virus	namentlich, Labor	nein
	Hepatitis-C-Virus	namentlich, Labor	nein
	Echinococcus sp.	namentlich, Labor	nein
	Plasmodium sp.	namentlich, Labor	nein
	Rubellavirus	namentlich, Labor	nein
Sachsen-Anhalt	Toxoplasma gondii	namentlich, Labor	nein
	Der Tod an jeder in § 6 oder oben nicht genannten Infektionskrankheit, mit Ausnahmen von AIDS, ist zu melden.	namentlich	ja
	konnatale Varizellen	E + T	ja
	Borrelia burgdorferi	Labor, namentlich	nein
	Streptococcus pneumoniae	Labor, namentlich	nein
	Varizellenvirus, konnatal	Labor, namentlich	nein
Thüringen	Scharlach	namentlich E+T	ja
	chronische Hepatitis B	namentlich E+T	ja
	chronische Hepatitis C	namentlich E+T	ja
	übrige Formen der Meningitis/Enzephalitis	namentlich E+T	ja
	Borreliose	namentlich E+T	ja
	Keratoconjunctivitis epidemica	namentlich E+T	ja
	Gasbrand	nicht-namentlich	ja
	Tetanus	nicht-namentlich	ja
	Beta-hämolysierende Streptokokken der Gruppe A	namentlich, Labor	nein
	Entamoeba histolytica	namentlich, Labor	nein
	Hepatitis-B-Virus	namentlich, Labor	nein
	Hepatitis-C-Virus übrige Erreger der	namentlich, Labor	nein
	Meningitis/Enzephalititis	namentlich, Labor	nein

1

Tab. 1.1 Übersicht über zusätzliche Meldepflichten in den einzelnen Bundesländern *(Forts.)*

Bundesland	Krankheit/Erreger	Art der Meldepflicht	Meldepflicht für HP
Thüringen	Das gehäufte Auftreten gleichartiger Erkrankungen (ab fünf Erkrankungen innerhalb 48 h), bei denen eine gemeinsame Ursache vermutet wird, auch wenn der übertragbare Charakter der Erkrankung nicht offensichtlich ist		ja

Die Meldepflichten gelten nur in den betreffenden Bundesländern. Sie ziehen keine Behandlungsverbote nach sich.
Abgesehen von dem Einblick, den man durch diese Tabelle in die durch den Föderalismus verursachte Vielfalt bekommt, sind doch manche Regelungen eine Verbesserung gegenüber dem IfSG. So verlangt Mecklenburg-Vorpommern bei den namentlichen Meldungen des § 6 die Erhebung des jeweiligen Impfstatus. Das ist eine glänzende Idee, um bei einigen Krankheiten, gegen die Impfungen üblich sind, festzustellen, inwieweit die Impfungen tatsächlich Schutz gewähren. Bisher gibt es dafür nur Antikörpertiter-Messungen, die aber ein unsicherer Anhaltspunkt sind. Inzwischen bittet auch das Robert-Koch-Institut die Ärzte, bei den Krankheiten, gegen die üblicherweise geimpft wird, den Impfstatus zu erheben.

§ 8 IfSG: Zur Meldung verpflichtete Personen

§ 8 IfSG bestimmt den Personenkreis, der in den Fällen der §§ 6 und 7 IfSG meldepflichtig ist. Dabei ist der Umfang der Meldepflicht je nach Personengruppe unterschiedlich.

GESETZESTEXT

§ 8 Zur Meldung verpflichtete Personen

(1) Zur Meldung oder Mitteilung sind verpflichtet:
1. im Falle des § 6 der feststellende Arzt; in Einrichtungen nach § 23 Absatz 5 Satz 1 ist für die Einhaltung der Meldepflicht neben dem feststellenden Arzt auch der leitende Arzt, in Krankenhäusern mit mehreren selbständigen Abteilungen der leitende Abteilungsarzt, in Einrichtungen ohne leitenden Arzt der behandelnde Arzt verantwortlich
2. im Falle des § 7 die Leiter von Medizinaluntersuchungsämtern und sonstigen privaten oder öffentlichen Untersuchungsstellen einschließlich von Arztpraxen mit Infektionserregerdiagnostik und Krankenhauslaboratorien
8. im Falle des § 6 Abs. 1 der Heilpraktiker.

(3) [1] Die Meldepflicht besteht nicht, wenn dem Meldepflichtigen ein Nachweis vorliegt, dass die Meldung bereits erfolgte und andere als die bereits gemeldeten Angaben nicht erhoben wurden. [2] Eine Meldepflicht besteht ebenfalls nicht für Erkrankungen, bei denen der Verdacht bereits gemeldet wurde und andere als die bereits gemeldeten Angaben nicht erhoben wurden.

Kommentierung

Der Kreis der Meldepflichtigen ist groß. Das liegt darin begründet, dass das Gesetz besonders die Personen verpflichten will, die typischerweise als Erste mit dem Verdachtsfall in Kontakt kommen. Das ist in vielen Fällen nicht der Arzt, sondern z. B. das Personal von Pflegeeinrichtungen.

Entwickelt sich eine Meldepflicht von der Verdachtsstufe zur Stufe der nachgewiesenen Krankheit, braucht nicht erneut gemeldet zu werden. Jedoch besteht eine Informationspflicht, wenn sich ein **Verdacht nicht bestätigt** hat (§ 9 Abs. 3). Damit bleiben dem Gesundheitsamt unnötige Ermittlungen erspart. Es handelt sich hier um keine echte Meldepflicht und ein Verstoß wird nicht bestraft.

Die Meldepflicht kann mehrere Personen gleichzeitig treffen. Für Meldepflichtige, die nicht selbstständig die Heilkunde ausüben, entfällt die Meldepflicht, wenn unverzüglich ein Arzt hinzugezogen worden ist. Anderes gilt für die Konkurrenz der Meldepflichten, wenn es sich um Ärzte oder Heilpraktiker handelt. Hier **entfällt** die **Meldepflicht** nur, wenn ein sicherer, d. h. **schriftlicher Nachweis**, vorliegt, dass die **Meldung bereits erfolgt** ist. Eine zweite Voraussetzung ist, dass **andere als die bereits gemeldeten Angaben nicht erhoben** wurden.

MERKE

Dem Heilpraktiker muss eine schriftliche Kopie der ärztlichen Meldung vorliegen, damit seine Meldepflicht entfällt.

§ 9 IfSG: Inhalt, Form, Frist und Adressat der namentlichen Meldung

§ 9 IfSG legt die Vorgaben für die Meldepflicht fest die aus den Meldeangaben, Meldeadressaten und Meldefristen bestehen. Es ist detailliert festgelegt, welche Angaben die Meldung enthalten muss.

GESETZESTEXT

§ 9 Namentlichen Meldung

(1) Die namentliche Meldung durch eine der in § 8 Absatz 1 Nummer 1 und 4 bis 8 genannten Personen muss, soweit vorliegend, folgende Angaben enthalten:
1. zur betroffenen Person:
   a. Name und Vorname
   b. Geschlecht
   c. Geburtsdatum
   d. Anschrift der Hauptwohnung oder des gewöhnlichen Aufenthaltsortes und, falls abweichend: Anschrift des derzeitigen Aufenthaltsortes
   e. weitere Kontaktdaten
   f. Tätigkeit in Einrichtungen und Unternehmen nach § 23 Absatz 5 oder nach § 36 Absatz 1 und 2 mit Namen, Anschrift und weiteren Kontaktdaten der Einrichtung oder des Unternehmens
   g. Tätigkeit nach § 42 Absatz 1 bei akuter Gastroenteritis, bei akuter Virushepatitis, bei Typhus abdominalis oder Paratyphus und bei Cholera mit Namen, Anschrift und weiteren Kontaktdaten der Einrichtung oder des Unternehmens
   h. Betreuung oder Unterbringung in Einrichtungen nach § 23 Absatz 5 Satz 1 oder § 36 Absatz 1 Nummer 1 bis 6 mit Namen, Anschrift und weiteren Kontaktdaten der Einrichtung
   i. Diagnose oder Verdachtsdiagnose

j. Tag der Erkrankung, Tag der Diagnose, gegebenenfalls Tag des Todes und wahrscheinlicher Zeitpunkt oder Zeitraum der Infektion
k. wahrscheinliche Infektionsquelle, einschließlich der zugrunde liegenden Tatsachen
l. in Deutschland: Landkreis oder kreisfreie Stadt, in dem oder in der die Infektion wahrscheinlich erworben worden ist, ansonsten Staat, in dem die Infektion wahrscheinlich erworben worden ist
m. bei Tuberkulose, Hepatitis B und Hepatitis C: Geburtsstaat, Staatsangehörigkeit und gegebenenfalls Jahr der Einreise nach Deutschland,
n. Überweisung, Aufnahme und Entlassung aus einer Einrichtung nach § 23 Absatz 5 Satz 1, gegebenenfalls intensivmedizinische Behandlung und deren Dauer
o. Spender für eine Blut-, Organ-, Gewebe- oder Zellspende in den letzten sechs Monaten
p. bei impfpräventablen Krankheiten Angaben zum diesbezüglichen Impfstatus

2. Name, Anschrift und weitere Kontaktdaten der Untersuchungsstelle, die mit der Erregerdiagnostik beauftragt ist,
3. Name, Anschrift und weitere Kontaktdaten des Meldenden und
4. bei einer Meldung nach § 6 Absatz 1 Satz 1 Nummer 3 die Angaben zur Schutzimpfung nach § 22 Absatz 2

(3) [1] Die namentliche Meldung muss unverzüglich erfolgen und dem zuständigen Gesundheitsamt nach Absatz 4 spätestens 24 Stunden, nachdem der Meldende Kenntnis erlangt hat, vorliegen. [2] Eine Meldung darf wegen einzelner fehlender Angaben nicht verzögert werden. [3] Die Nachmeldung oder Korrektur von Angaben hat unverzüglich nach deren Vorliegen an das Gesundheitsamt zu erfolgen, das die ursprüngliche Meldung erhalten hat. [4] Das Gesundheitsamt ist befugt, von dem Meldenden Auskunft über Angaben zu verlangen, die die Meldung zu enthalten hat. [5] Der Meldende hat dem Gesundheitsamt unverzüglich anzugeben, wenn sich eine Verdachtsmeldung nicht bestätigt hat.

(4) [1] Meldungen nach Absatz 1 haben an das Gesundheitsamt zu erfolgen, in dessen Bezirk sich die betroffene Person derzeitig aufhält oder zuletzt aufhielt. [2] Sofern die betroffene Person in einer Einrichtung gemäß Absatz 1 Nummer 1 Buchstabe h betreut oder untergebracht ist, haben Meldungen nach Absatz 1 an das Gesundheitsamt zu erfolgen, in dessen Bezirk sich die Einrichtung befindet. [3] Meldungen nach Absatz 2 haben an das Gesundheitsamt zu erfolgen, in dessen Bezirk die Einsender ihren Sitz haben.

Kommentierung

Die erforderlichen Angaben finden sich in den **Meldeformularen**, die man beim Gesundheitsamt anfordern oder von der Internetseite des Robert-Koch-Instituts (www.rki.de) herunterladen kann (➤ Abb. 1.1). Es ist also nicht nötig, sich die Angaben zu merken. Meldungen über weitere Tatsachen sind nicht erlaubt, da dafür keine Aufhebung der Schweigepflicht vorliegt.

ACHTUNG

Der Meldepflichtige darf grundsätzlich nicht mehr Informationen preisgeben als die in § 9 IfSG vorgeschriebenen. Er würde sonst gegen den Datenschutz verstoßen, denn für den Behandler gilt weiterhin Schweigepflicht.

Das Gesetz geht offensichtlich von Schriftform aus („der einsendende Arzt", bereitgestellte Formulare durch das RKI), ohne jedoch Schriftform konkret vorzuschreiben. Es empfiehlt sich, auch um die Erfüllung der eigenen Meldepflicht nachweisen zu können, immer die Meldung in **Schriftform** (Fax, E-Mail). Darüber hinaus sollte sofort telefonischer Kontakt aufgenommen werden, damit Fragen gleich geklärt werden können, z. B. der Praxisdesinfektion oder an welchen Arzt bzw. Krankenhaus der Patient am besten abzugeben ist.

Die namentliche Meldung muss **unverzüglich, spätestens innerhalb von 24 Stunden** nach erlangter Kenntnis erfolgen. Unverzüglich heißt, dass nur dringliche andere Pflichten Vorrang haben. Es wäre falsch, sich 24 Stunden Zeit zu lassen! Ergeben sich weitere relevante Informationen, soll eine **Nachmeldung** oder **Korrektur**, ebenfalls **unverzüglich**, erfolgen.

Adressat der Meldung ist **das für den Aufenthalt des Betroffenen zuständige Gesundheitsamt**. Denn dieses kann am schnellsten reagieren, den Patienten aufsuchen, ihn in Quarantäne bringen, ortsnahe Spezialisten hinzuziehen usw. Das Gesundheitsamt des Aufenthaltsorts meldet gegebenenfalls an andere betroffene Gesundheitsämter, z. B. des Wohnorts, weiter.

1.2.4 § 24 IfSG: Behandlungsverbot

Mit § 24 beginnt der Abschnitt „Bekämpfung übertragbarer Krankheiten" des IfSG. Dazu gehören z. B. Ermittlungen und Untersuchungen des Gesundheitsamts, berufliche Tätigkeitsverbote und Quarantäne. In keinem Fall erlaubt das Gesetz eine zwangsweise Behandlung. Ein Kranker, der eine Gefahr für die Allgemeinheit ist, muss sich zwar eine Freiheitsentziehung in Form der Quarantäne gefallen lassen, kann jedoch nicht gezwungen werden, z. B. Antibiotika einzunehmen. Zwangsbehandlungen waren bis zum Jahr 2000 im Geschlechtskrankheitengesetz vorgesehen. **§ 24 IfSG enthält dabei die für den Heilpraktiker wichtigste Vorschrift: das Behandlungsverbot.**

GESETZESTEXT

§ 24 Behandlung übertragbarer Krankheiten

Die Behandlung von Personen, die an einer der in § 6 Abs. 1 Satz 1 Nr. 1, 2 und 5 oder § 34 Abs. 1 genannten übertragbaren Krankheiten erkrankt oder dessen verdächtig sind oder die mit einem Krankheitserreger nach § 7 infiziert sind, ist insoweit im Rahmen der berufsmäßigen Ausübung der Heilkunde nur Ärzten gestattet. Satz 1 gilt entsprechend bei sexuell übertragbaren Krankheiten und für Krankheiten oder Krankheitserreger, die durch eine Rechtsverordnung auf Grund des § 15 Abs. 1 in die Meldepflicht einbezogen sind. Als Behandlung im Sinne der Sätze 1 und 2 gilt auch der direkte und indirekte Nachweis eines Krankheitserregers für die Feststellung einer Infektion oder übertragbaren Krankheit; § 46 gilt entsprechend.

Patient/in(Name, Vorname, Adresse): Geschlecht: ☐ weibl. ☐ männl.

geb. am:

Telefon[1]:

Meldeformular

- Vertraulich -

Meldepflichtige Krankheit gemäß §§ 6, 8, 9 IfSG

☐ **Verdacht**

☐ **Klinische Diagnose**

☐ **Tod** Todesdatum: ....

Nur bei impfpräventablen Krankheiten[1]:
Gegen diese Krankheit

☐ **Geimpft** ☐ **Nicht geimpft**

Datum (letzte Impfung): ....
Anzahl Impfdosen: ....
Impfstoff: ....

☐ **Botulismus**

☐ **Cholera**

☐ ***Clostridium-difficile*-Infektion, schwere Verlaufsform**
- ☐ Stationäre Aufnahme zur Behandlung einer ambulant erworbenen Infektion
- ☐ Aufnahme/Verlegung auf eine Intensivstation
- ☐ ChirurgischerEingriff (z.B. Kolektomie) aufgrund eines Megakolons, einer Darmperforation oder einer Therapie-refraktären Kolitis
- ☐ Tod innerhalb von 30 Tagen nach Diagnose und Wertung der *Clostridium-difficile*-Erkrankung als direkte Todesursache oder als zum Tode beitragende Erkrankung

☐ **Creutzfeldt-Jakob-Krankheit (CJK) / vCJK**
(außer familiär-hereditäre Formen)

☐ **Diphtherie**

☐ **Hämorrhagisches Fieber, viral**
Erreger, falls bekannt: ....

☐ **Hepatitis, akute virale; Typ:** ....
- ☐ Fieber ☐ Lebertransaminasen, erhöhte
- ☐ Ikterus ☐ Oberbauchbeschwerden

☐ **HUS (hämolytisch-urämisches Syndrom, enteropathisch)**
- ☐ Anämie, hämolytische
- ☐ Nierenfunktionsstörung
- ☐ Thrombozytopenie

☐ **Keuchhusten (Pertussis)**
- ☐ Husten (mind. 2 Wochen Dauer)
- ☐ Anfallsweise auftretender Husten
- ☐ Inspiratorischer Stridor
- ☐ Erbrechen nach den Hustenanfällen
- ☐ NUR bei Kindern <1 Jahr: Husten und Apnoen

☐ **Masern**
- ☐ Exanthem ☐ Katarrh (wässriger Schnupfen)
- ☐ Fieber ☐ Konjunktivitis
- ☐ Husten

☐ **Meningokokken, invasive Erkrankung**
- ☐ Ekchymosen ☐ Meningeale Zeichen
- ☐ Exanthem ☐ Petechien
- ☐ Fieber ☐ Septisches Krankheitsbild
- ☐ Herz-/Kreislaufversagen
- ☐ Hirndruckzeichen
- ☐ Lungenentzündung

☐ **Milzbrand**

☐ **Mumps**
- ☐ Geschwollene Speicheldrüse(n)
- ☐ Fieber
- ☐ Hörverlust
- ☐ Meningitis/Enzephalitis
- ☐ Orchitis (Hodenentzündung)
- ☐ Oophoritis (Eierstockentzündung)
- ☐ Pankreatitis

☐ **Paratyphus**

☐ **Pest**

☐ **Poliomyelitis**
Als Verdacht gilt jede akute schlaffe Lähmung der Extremitäten,außer wenn traumatisch bedingt

☐ **Röteln**
- ☐ Exanthem
- ☐ Lymphadenopathie im Kopf-Hals-Nackenbereich
- ☐ Arthritis/Arthralgien
- ☐ Rötelnembryopathie

☐ **Tollwut**

☐ **Tollwutexposition, mögliche** (§ 6 Abs. 1Nr. 4 IfSG)

☐ **Typhus abdominalis**

☐ **Tuberkulose**
- ☐ Erkrankung/Tod an einer behandlungsbedürftigen Tuberkulose, auch bei fehlendem bakteriologischem Nachweis
- ☐ Therapieabbruch/-verweigerung (§ 6 Abs. 2 IfSG)

☐ **Windpocken (Varizellen)**

☐ **Zoonotische Influenza**
(bei aviärer Influenza bitte gesonderten Meldebogen nutzen)

☐ **Gesundheitliche Schädigung nach Impfung**
(Zusätzliche Informationen werden über gesonderten Meldebogen erhoben, der beim Gesundheitsamt zu beziehen ist)

☐ **Mikrobiell bedingte Lebensmittelvergiftung oder akute infektiöse Gastroenteritis**
- ☐ bei Personen, die eine Tätigkeit im Sinne des § 42 Abs.1IfSGim Lebensmittelbereich ausüben oder
- ☐ bei 2 oder mehr Erkrankungen mit] wahrscheinlichem oder vermutetem epidemiologischem Zusammenhang

Erreger, falls bekannt: ....
....

☐ **Gefahr für die Allgemeinheit**
- ☐ durch eine bedrohliche andere Krankheit
- ☐ Häufung anderer Erkrankungen (2 oder mehr Fälle mit wahrscheinlichem oder vermutetem epidemiologischenZusammenhang)

Art der Erkrankung / Erreger:
....

Epidemiologische Situation

☐ Patient/in ist im medizinischen Bereich tätig

☐ Patient/in ist im Lebensmittelbereich tätig,nur bei akuter Gastroenteritis, akuter viraler Hepatitis, Typhus, Paratyphus, Cholera (§ 42 Abs. 1 IfSG)

☐ Patient/in ist in Gemeinschaftseinrichtung **tätig**, z.B. Schule, Kinderkrippe, Heim, sonst. Massenunterkünfte (§§ 34 und 36 Abs. 1 IfSG)

☐ Patient/in wird **betreut** in Gemeinschaftseinrichtung für Kinder oder Jugendliche, z.B. Schule, Kinderkrippe (§ 33 IfSG)

☐ Patient/in ist in Krankenhaus / stationärer Pflegeeinrichtungseit: .... Name/Ort der Einrichtung: ....

☐ Sonstiger derzeitiger Aufenthaltsort, falls abweichend von Anschrift: ....

☐ Wahrscheinlicher Infektionsort, falls abweichend von Aufenthaltsort (Landkreis/Kreisfreie Stadt;Land, falls Ausland): ....
.... von: .... bis: ....

☐ Teil einer Erkrankungshäufung (2 oder mehr Erkrankungen, bei denen ein epidemiologischer Zusammenhang vermutet wird)
Ausbruchsort, vermutete Exposition, etc.: ....

☐ Es wurde ein Labor / eine Untersuchungsstelle mit der Erregerdiagnostik beauftragt[2]:
Name/Ort des Labors: .... Probenentnahme am: ....

► **unverzüglich zu melden an:**

Adresse des zuständigen Gesundheitsamtes:

Erkrankungsdatum[3]:
....

Diagnosedatum[3]:
....

Datum der Meldung:
....

Meldende Person
(Ärztin/Arzt, Praxis, Krankenhaus, Adresse, Telefonnummer):

Version 01.05.2016

1) Telefonnummer und Impfstatus der Patientin/des Patienten bei Einverständnis der Patientin/des Patienten bitte eintragen.
2) Die Laborausschlusskennziffer 32006 umfasst Erkrankungen oder den Verdacht auf Krankheiten, bei denen eine gesetzliche Meldepflicht besteht (§§ 6 und 7 IfSG).
3) Wenn genaues Datum nicht bekannt ist, bitte den wahrscheinlichen Zeitraum angeben.

Abb. 1.1 Meldeformular [W1005]

HINWEIS PRÜFUNG

Es ist sinnvoll, ausnahmsweise einen Gesetzestext wie Satz 1 und 2 des § 24 annähernd **auswendig** zu lernen. Beim Behandlungsverbot kommt man leicht ins Schleudern und es gibt auch Auslegungsfragen. Zitieren Sie in Seelenruhe den Gesetzestext, und im Fall von rechtlichen Unklarheiten sagen Sie, dass Sie sich bei einem solchen Fall rechtlich beraten lassen.

Bei der konkreten **Bekämpfung übertragbarer Krankheiten** soll der **Heilpraktiker** nach dem Willen des Gesetzes in weiten Teilen **nicht eingebunden** sein. Die amtliche Begründung enthält keine Erklärung für den Grund der Behandlungsverbote. Es leuchtet ein, dass die schweren meldepflichtigen Erkrankungen des § 6 IfSG wie Meningokokkensepsis oder Tollwut besser nicht durch Heilpraktiker behandelt werden sollten. Aber nicht alle Erreger in § 7 sind für die Allgemeinheit gefährlich, ebenso wenig sind es alle Krankheiten des § 34 IfSG („Schulbesuchsverbot"). Mit dem **Verbot der Behandlung von Infektionen in § 7**, also ohne dass es überhaupt zu einer Erkrankung gekommen ist, ist das Gesetz sehr weit über frühere Regelungen hinausgegangen.

Das Behandlungsverbot bezieht sich auf die jeweilige Krankheit, nicht auf die Person. Also darf der Heilpraktiker z. B. einen an Mumps Erkrankten wegen einer Arthrose behandeln. Darüber hinaus halten namhafte Kommentatoren auch eine Behandlung der übertragbaren Krankheit für zulässig, wenn sie eine die **ärztliche Behandlung ergänzende, unterstützende**, keinesfalls aber gegenläufige und damit möglichst mit dem behandelnden Arzt abgestimmte **Funktion** hat. Diese Ansicht sollte Sie aber vorsichtshalber erst nach der Prüfung äußern.

MERKE

§ 24 IfSG bestimmt ein Behandlungsverbot durch Nicht-Ärzte für (➤ Abb. 1.2)

- namentlich meldepflichtige Krankheiten nach § 6 Abs. 1, 2 und 5 IfSG
- Krankheiten, die in § 34 Abs. 1 IfSG (Gemeinschaftseinrichtungen) aufgelistet sind
- alle Infektionen mit einem Krankheitserreger nach § 7 IfSG
- alle sexuell übertragbaren Krankheiten
- Krankheiten bzw. Krankheitserreger nach § 15, die durch eine ministerielle Verordnung dem § 6 oder dem § 7 hinzugefügt wurden

Kommentierung

§ 24 iVm § 6 IfSG

Für den Heilpraktiker **verboten** ist die **Behandlung** von Krankheiten nach

- **§ 6 Abs. 1 Nr. 1:** bei Verdacht auf oder Erkrankung an
  - Botulismus
  - Cholera
  - Diphtherie
  - humaner spongiformer Enzephalopathie, außer familiär-hereditärer Formen
  - akuter Virushepatitis

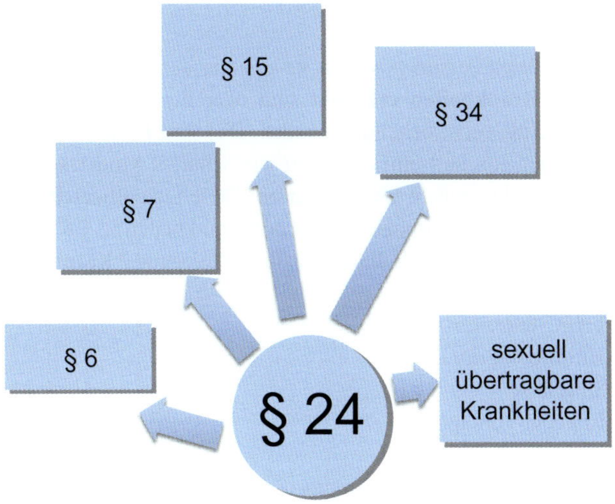

Abb. 1.2 Die für das Behandlungsverbot maßgeblichen Krankheiten bzw. Erreger [L252]

  - enteropathischem hämolytisch-urämischem Syndrom (HUS)
  - virusbedingtem hämorrhagischen Fieber
  - Masern
  - Meningokokken-Meningitis oder -Sepsis
  - Milzbrand
  - Mumps
  - Pertussis
  - Poliomyelitis
  - Pest
  - Röteln einschließlich Rötelnembryopathie
  - Tollwut
  - Tuberkulose
  - Typhus abdominalis/Paratyphus
  - Varizellen
- **§ 6 Abs. 1 Nr. 2:** bei Verdacht auf oder Erkrankung an einer mikrobiell bedingten **Lebensmittelvergiftung** oder an einer **akuten infektiösen Gastroenteritis**, wenn
  - eine Person betroffen ist, die eine Tätigkeit im Sinne des § 42 Abs. 1 (= **Lebensmittelgewerbe**) ausübt,
  - zwei oder mehr gleichartige Erkrankungen auftreten, bei denen ein **epidemischer Zusammenhang** wahrscheinlich ist oder vermutet wird.
- **§ 6 Abs. 1 Nr. 5** wenn nicht schon nach den Nummern 1 bis 4 meldepflichtig, das Auftreten
  - einer **bedrohlichen Krankheit** oder
  - von zwei oder mehr gleichartigen Erkrankungen, bei denen ein **epidemischer Zusammenhang** wahrscheinlich ist oder vermutet wird,

wenn dies auf eine schwerwiegende Gefahr für die Allgemeinheit hinweist und Krankheitserreger als Ursache in Betracht kommen, die nicht in § 7 genannt sind.

1

§ 24 iVm § 34 IfSG

Ebenso dürfen Personen, soweit sie an einer der in § 34 Abs. 1 genannten **Krankheiten erkrankt** sind oder der Erkrankung **verdächtig** sind, nicht behandelt werden. Das sind Krankheiten, mit denen Gemeinschaftseinrichtungen wie Schulen, Kindertagesstätten usw. nicht besucht werden dürfen. Diese Liste **überschneidet** sich teilweise mit den meldepflichtigen Krankheiten in **§ 6 Abs. 1**. Neu kommen durch § 34 IfSG deshalb nur folgende **7 Krankheiten hinzu:**
- EHEC-Enteritis
- Hib-Meningitis
- Shigellose
- Impetigo contagiosa
- Skabies
- Scharlach oder sonstige Streptococcus-pyogenes-Infektionen
- infektiöse Gastroenteritis bei Kindern unter 6 Jahren (§ 34 Abs. 1 Satz 3): Schul- bzw. Kindergartenbesuchsverbot besteht nur bei Kindern bis 5 Jahren. Ältere Kinder und Jugendliche mit infektiöser Gastroenteritis dürfen ihre schulischen Einrichtungen besuchen. Ausgehend vom Schutzzweck der Norm darf der Heilpraktiker Personen über 5 Jahren mit infektiöser Gastroenteritis behandeln, soweit nicht andere Regelungen in §§ 6, 7 und § 34 Abs. 1 Satz 1 entgegenstehen.

Die dort ebenfalls genannte **Verlausung** wird vom Gesetz nicht als Krankheit angesehen (das ergibt die Formulierung eindeutig) und unterliegt deshalb **keinem Behandlungsverbot**.

MERKE
Bei den Krankheiten des § 34 besteht ein **Behandlungsverbot**, aber **keine Meldepflicht** für den Heilpraktiker.

§ 24 iVm § 7 IfSG

Infektionen oder Erkrankungen bei Personen, die mit einem **Krankheitserreger** nach § 7 IfSG **infiziert** sind, dürfen vom Heilpraktiker nicht behandelt werden. Der **Erreger** muss durch ein Labor **nachgewiesen** worden sein. Ein **bloßer Verdacht** des Heilpraktikers auf z. B. eine Adenovirus-Infektion (epidemische Konjunktivitis) hat noch **kein Behandlungsverbot** zur Folge. Die Sorgfaltspflicht wird hier in manchen Fällen gebieten, bei Verdacht einen entsprechenden Erregernachweis durch ein Labor durchführen zu lassen. Dann muss, bei positivem Laborbefund, die Behandlung abgebrochen und der Patient an einen Arzt verwiesen werden.

Es ist zu beachten, dass das Behandlungsverbot der Gruppe des § 7 schon das Stadium der **Infektion erfasst**; der Patient muss nicht erkrankt sein. Giardia lamblia verursacht z. B. oft asymptomatische Infektionen des Dünndarms. Eine Behandlung des Giardia-lamblia-Befalls wäre eigentlich eine Maßnahme der Prophylaxe, damit es nicht zu einer Giardiasis kommt. Sie ist aber dennoch verboten.

Auch in der Gruppe des § 7 gibt es **Überschneidungen** mit den Krankheiten des §§ 6, 34 und 24 IfSG. Im Folgenden sind die durch § 7 **zusätzlich genannten Krankheitserreger fett** gedruckt, die Erreger, deren Krankheiten schon durch andere Behandlungsverbote erfasst sind, sind nicht fett gedruckt. **Namentlich gemeldet** werden müssen **durch das Labor:**
- **Adenovirus:** nur bei direktem Nachweis im Konjunktivalabstrich
- Bacillus anthracis (Milzbrand)
- Bordetella pertussis (Keuchhusten)
- **Borrelia recurrentis (Rückfallfieber)**
- **Brucella sp.** * (Brucellosen)
- Campylobacter sp., darmpathogen (Gastroenteritis)
- **Chlamydia psittaci (Papageienkrankheit)**
- Clostridium botulinum oder Toxinnachweis (Botulismus)
- Corynebacterium diphtheriae, Toxin bildend (Diphtherie)
- **Coxiella burnetii (Q-Fieber)**
- Cryptosporidium parvum (Kryptosporidiose, eine infektiöse Gastroenteritis)
- Ebolavirus (virusbedingtes hämorrhagisches Fieber)
- Escherichia coli, enterohämorrhagische Stämme (EHEC) (infektiöse Gastroenteritis)
- Escherichia coli, sonstige darmpathogene Stämme (infektiöse Gastroenteritis)
- **Francisella tularensis (Tularämie)**
- **FSME-Virus (Frühsommermeningoenzephalitis)**
- Gelbfiebervirus (virusbedingtes hämorrhagisches Fieber)
- Giardia lamblia (Giardiasis)
- Haemophilus influenzae (Epiglottitis, Meningitis)
- Hantaviren (virusbedingtes hämorrhagisches Fieber)
- Hepatitis-A-Virus
- Hepatitis-B-Virus
- Hepatitis-C-Virus
- Hepatitis-D-Virus
- Hepatitis-E-Virus
- **Influenzaviren (echte Grippe)**
- Lassavirus (virusbedingtes hämorrhagisches Fieber)
- **Legionella sp.** * (Legionellose)
- **Leptospira interrogans (Leptospirosen)**
- **Listeria monocytogenes (Listeriose)**
- Marburgvirus (virusbedingtes hämorrhagisches Fieber)
- Masernvirus
- Mumpsvirus
- **Mycobacterium leprae (Lepra)**
- Mycobacterium tuberculosis/africanum, Mycobacterium bovis (Tuberkulose)
- Neisseria meningitidis (Meningokokken-Meningitis, -Sepsis)
- Norwalk-ähnliches Virus (infektiöse Gastroenteritis)
- Poliovirus (Kinderlähmung)
- Rabiesvirus (Tollwut)
- **Rickettsia prowazekii (Fleckfieber)**
- Rubellavirus
- Rotavirus (infektiöse Gastroenteritis)
- Salmonella paratyphi (Paratyphus)
- Salmonella typhi (Typhus)
- Salmonella, sonstige (infektiöse Gastroenteritis)
- Shigella sp. (infektiöse Gastroenteritis)
- Trichinella spiralis (infektiöse Gastroenteritis)
- Vibrio cholerae O 1 und O 139 (Cholera)

- Yersinia enterocolitica, darmpathogen (infektiöse Gastroenteritis)
- Yersinia pestis (Pest)
- andere Erreger hämorrhagischer Fieber

* Die Abkürzung **„sp."** hinter einem Bakteriennamen bedeutet, dass diese Bakteriengattung **mehrere Arten (Spezies)** enthält. Der Name der Art wird als Adjektiv an den Gattungsnamen angefügt, z. B. Brucella abortus, Brucella canis, Brucella melitensis. Die Bezeichnung „Brucella sp." bedeutet also, dass alle Arten der Gattung Brucella gemeint sind. Will der Gesetzgeber nur für bestimmte Unterarten einer Bakterienart eine Labormeldepflicht, benennt er dies ausdrücklich und schließt damit eine Meldepflicht für andere Unterarten aus, z. B. Vibrio cholerae (Art, Spezies), O1 und O139 (Unterarten). Daraus kann man lernen, dass es harmlose Unterarten von Cholerabakterien gibt.

Untergruppe des § 7 mit **nicht-namentlicher Meldung durch das Labor:**
- Treponema pallidum (Syphilis)
- HIV (AIDS)
- Echinococcus sp. (Hunde- und Fuchsbandwurm, Echinokokkose)
- Plasmodium sp. (Malaria)
- Toxoplasma gondii bei konnatalen Infektionen (angeborene Toxoplasmose)

HINWEIS PRÜFUNG

Gerade diese fünf Erreger werden in Prüfungen gerne abgefragt, obwohl der Heilpraktiker keine Meldepflicht hat. Vielleicht, weil die Gruppe so schön übersichtlich ist?

§ 7 IfSG enthält **teilweise Einschränkungen des meldepflichtigen Tatbestands**. So ist ein Adenoviren-Befund nur für den direkten Nachweis im Konjunktivalabstrich meldepflichtig. Denn für das IfSG ist nur das Auftreten einer epidemischen Konjunktivitis von Bedeutung, nicht die Rachen- oder Blasenentzündung, die Adenoviren auch verursachen können. Damit stellt sich die Frage, ob sich das Behandlungsverbot auf jede Adenovirus-Infektion erstreckt oder nur auf die der Augen. Rechtswissenschaftlich formuliert lautet die Frage: Bezieht sich die Formulierung in § 24 IfSG „Krankheitserreger des § 7" auf den Krankheitserreger allgemein oder so, wie er in § 7 aufgeführt ist, also mit der genannten Einschränkung. Vom Wortlaut her lässt sich dies nicht eindeutig entscheiden. Juristen interpretieren in solchen Fällen vom sog. Schutzzweck der Norm her. Danach will das IfSG in Bezug auf Adenoviren nur über das Ausmaß der Infektionen an epidemischer Konjunktivitis informiert sein, nicht über Rachenentzündungen durch Adenoviren. Dann gibt es aber keinen Grund für ein Behandlungsverbot für Adenoviren-Pharyngitiden, denn die Behandlungsverbote bei meldepflichtigen Krankheitserregern folgen den meldepflichtigen Tatbeständen, und dies ist hier das Vorhandensein des Erregers am Auge.

Praxisrelevant ist diese Frage z. B. bei der Toxoplasmose, die der Heilpraktiker bei der weiten Auslegung überhaupt nicht mehr behandeln dürfte; nach der hier vorgeschlagenen Auslegung nur bei konnatalen Infektionen nicht.

Für die Prüfung wird empfohlen, mögliche Meinungskonflikte zu vermeiden, indem man den Behandlungsspielraum des Heilpraktikers eher eingeschränkt sieht als ausgedehnt. Also demnach: keine Behandlung von jeglichen nachgewiesenen Adenovirus- oder Toxoplasmoseinfektionen.

Sexuell übertragbare Krankheiten

Es besteht ein Behandlungsverbot für Personen, soweit sie an einer sexuell übertragbaren Krankheit **erkrankt** oder der Erkrankung **verdächtig** sind. Dazu gehören:
- die **vier klassischen Geschlechtskrankheiten:** Syphilis, Gonorrhö, Ulcus molle (weicher Schanker) und Lymphogranuloma inguinale (venerische Lymphknotenentzündung)
- **Infektionen der inneren und äußeren Genitalien: z. B. mit** Chlamydien, Mykoplasmen, Gardnerella vaginalis (Giardiasis), Candida albicans (genitale Candidamykosen), Trichomonaden (Trichomoniasis), Herpes simplex Virus Typ 2, Papillomaviren, Molluscum-contagiosum-Virus, Condylomata acuminata
- **Krätzeinfektion** (Skabies), Filzlausinfektion
- **systemische Infektionen und Infektionen an anderen Organen**, die sexuell übertragen werden, z. B. AIDS, Hepatitis B, C und D, Zytomegalie

Der Begriff „sexuell übertragbare Krankheiten" ist juristisch und auch medizinisch nicht genau fassbar. Er geht weit über den Begriff Geschlechtskrankheiten hinaus. Genitaltraktinfektionen entstehen meist durch sexuellen Kontakt, wie z. B. Herpes genitalis, Feigwarzen, HPV-Infektionen der Gebärmutter, Trichomonaden etc. Dazu kommen die durch Geschlechtsverkehr übertragbaren Krankheiten, die an anderen Körperstellen auftreten können, wie AIDS, Hepatitis B und C. Aber wie ist es z. B. beim Scheidenpilz? Pilze gehören als Symbionten zur normalen Scheidenflora. Erst unter ungünstigen Umständen (Scheidenmilieu zu wenig sauer, Diabetes mellitus u. a.) entwickelt sich z. B. eine Candida-Mykose. Bedeutet sexuell übertragbar nun „überwiegend" oder „normalerweise" oder „ausnahmsweise auch" sexuell übertragbar und wie zieht man da die Grenze? Außerdem finden sexuelle Kontakte nicht nur genital, sondern auch oral oder anal statt. Dadurch können Erreger aus dem Darm in die Mundhöhle gelangen; auch eine Hepatits-A-Übertragung kann so geschehen. Damit würden alle fäkal-oral übertragbaren Krankheiten zu sexuell übertragbaren Krankheiten. Aber auch Hautkontakt und Küssen ereignen sich bei sexuellen Kontakten. Dann sind auch Herpes-simplex-Typ 1-Erkrankungen, Dellwarzen und Krätze sexuell übertragbare Krankheiten.

Noch schwieriger ist zu entscheiden: Ist die Gonoblennorrhö beim Neugeborenen sexuell übertragen? Vom Wortlaut des Gesetzes her nicht, weil die Geburt kein sexueller Kontakt ist. Vom Sinn des Gesetzes her schon, denn der Gesetzeszweck ist wohl – aus alten Zeiten übernommen –, dass diese Krankheitsgruppe, die den Betroffenen eher peinlich ist und mit der heimlich und verschwiegen umgegangen wird, nicht „Scharlatanen" zufällt.

Der Gesetzgeber hat keine klare Regelung gefunden, an der sich der Heilpraktiker orientieren kann, sondern die nähere Auslegung den Behörden und Gerichten überlassen. Deswegen muss sich ein Prüfling aber keine grauen Haare wachsen lassen; es gilt, dass keine juristischen Auslegungskünste verlangt werden. Es genügt, sich daran zu orientieren, was üblicherweise als sexuell übertragbare Krankheiten angesehen wird.

Für den praktizierenden Heilpraktiker ist es gut, sich klar zu machen, dass § 24 IfSG hier von **sexuell übertragbaren Infektions*krankheiten*** spricht, reine Infektionen gehören nicht dazu. So darf der Heilpraktiker einen asymptomatischen Befall mit Candida albicans auf alle Fälle behandeln.

§ 24 iVm § 15 IfSG

Nicht behandelt werden dürfen Personen, die an einer Krankheit bzw. Krankheitserregern erkrankt sind, die nach § 15 Abs. 1 in die Meldepflicht einbezogen sind:
Das sind aktuell (Stand Januar 2018)

- an Krankheiten die zoonotische Influenza und der klinisch schwere Verlauf einer Clostridium-difficile-Infektion. Der „klinisch schwere Verlauf" wurde durch die VO näher definiert: Ein klinisch schwerer Verlauf liegt vor, wenn

1. der Erkrankte zur Behandlung einer ambulant erworbenen Clostridium-difficile-Infektion in eine medizinische Einrichtung aufgenommen wird,
2. der Erkrankte zur Behandlung der Clostridium-difficile-Infektion oder ihrer Komplikationen auf eine Intensivstation verlegt wird,
3. ein chirurgischer Eingriff, z. B. Kolektomie, aufgrund eines Megakolons, einer Perforation oder einer refraktären Kolitis erfolgt oder
4. der Erkrankte innerhalb von 30 Tagen nach der Feststellung der Clostridium-difficile-Infektion verstirbt und die Infektion als direkte Todesursache oder als zum Tode beitragende Erkrankung gewertet wird.

Der Autor wagt die Empfehlung (ohne Garantie!), dass diese vier Unterpunkte nicht prüfungsrelevant werden werden, da Clostridium-difficile-Infektionen typische Krankenhausvorkommnisse nach Darmoperationen sind und für Heilpraktiker in dieser Feinheit kaum relevant.

- an Krankheitserregern
  a. Chikungunya-Virus, Dengue-Virus, West-Nil-Virus, Zika-Virus und sonstigen Arboviren, soweit der Nachweis auf eine akute Infektion hinweist
  b. Staphylococcus aureus, Methicillin-resistente Stämme (MRSA); Meldepflicht für den Nachweis aus Blut oder Liquor, Enterobacteriaceae mit Carbapenem-Nichtempfindlichkeit oder bei Nachweis einer Carbapenemase-Determinante, mit Ausnahme der isolierten Nichtempfindlichkeit gegenüber Imipenem bei Proteus spp., Morganella spp., Providencia spp. und Serratia marcescens; Meldepflicht bei Infektion oder Kolonisation
  c. Acinetobacter spp. mit Carbapenem-Nichtempfindlichkeit oder bei Nachweis einer Carbapenemase-Determinante; Meldepflicht bei Infektion oder Kolonisation.

Auch hier sind die Details für den Heilpraktiker praktisch nicht relevant. Es dürfte genügen, zu wissen, dass alle etablierten antibiotika-resistenten Keime nun der Labormeldepflicht unterliegen.

Das Behandlungsverbot bezieht sich – nunmehr eindeutig – nur auf die **jeweilige Krankheit**. Andere Krankheiten eines Betroffenen darf der Heilpraktiker behandeln. Ihm ist es von daher z. B. nicht verboten, eine Arthrose-Behandlung bei einem HIV-Infizierten durchzuführen.

§ 24 IfSG: Untersuchungsverbot durch den Heilpraktiker

§ 24 enthält in Satz 3 („*Als Behandlung im Sinne der Sätze 1 und 2 gilt auch der direkte und indirekte Nachweis eines Krankheitserregers für die Feststellung einer Infektion oder übertragbaren Krankheit …"*) auch ein – beschränktes – Untersuchungsverbot: Danach gilt der **Labornachweis** als **Behandlung**. Die Untersuchung von Personen auf eine der in § 24 genannten Krankheiten oder Infektionen unterliegt demnach dem Arztvorbehalt, soweit es sich um Labornachweise handelt. Der Heilpraktiker darf aber diese Patienten körperlich untersuchen; nur einen **Labornachweis** auf einen der in § 24 genannten Erreger darf er **im eigenen Labor nicht führen**. Das gilt auch für **serologische** und **molekularbiologische** Untersuchungen, soweit die Erreger des § 24 betroffen sind. Er darf jedoch Untersuchungsmaterial gewinnen und an ein Labor einschicken, das über einen Arzt verfügen muss, der für diese Diagnostik die erforderliche Erlaubnis nach dem IfSG besitzt.

In der Praxis würde der Heilpraktiker bei einem Verdacht auf z. B. Windpockenerkrankung (Behandlungsverbot nach § 24 in Verbindung mit §§ 6, 7 und 34 IfSG) also folgendermaßen vorgehen, wenn er die ihm erlaubten Möglichkeiten voll ausschöpfen will: Er würde eine Anamnese erheben (z. B. Kontakt mit Windpockenerkrankten, andere mögliche Ursachen eines derartigen Ausschlags) und eine körperliche Untersuchung insbesondere des Exanthems durchführen. Bestätigt sich der Verdacht, würde er den Patienten informieren, dass ein Verdacht auf Windpockenerkrankung vorliege und er ihn deshalb nach den Vorschriften des Infektionsschutzgesetzes nicht behandeln dürfe. Er könne ihm aber Blut abnehmen, um in einem Labor einen Antikörpertiternachweis zur Bestätigung durchführen zu lassen. Wenn sich der Verdacht nicht bestätigt, könnte er ihn weiterbehandeln. Falls sich der Verdacht bestätige, könnte er als Heilpraktiker, nachdem der Patient einen Arzt aufgesucht hat, in Abstimmung mit diesem eine unterstützende naturheilkundliche Behandlung anbieten.

Das Behandlungsverbot nach § 24 ist **strafbewehrt** nach § 73 Abs. 1 Nr. 1 bei vorsätzlichem oder fahrlässigem Verstoß. Er kann als Ordnungswidrigkeit mit bis zu 25.000 Euro geahndet werden. Darüber hinaus ist der Heilpraktiker in Gefahr, wegen Unzuverlässigkeit nachträglich seine Erlaubnis zur Ausübung der Heilkunde zu verlieren.

1.2.5 § 30 IfSG: Quarantäne

Quarantäne ist eine Absonderung zur Verhütung einer Infektionsübertragung. Sie kann auch gegen den Willen des Betroffenen geschehen.

Zwingend vorgeschrieben ist sie bei Lungenpest und bei (für Menschen ansteckendem) **virusbedingtem hämorrhagischem Fieber**. Bei anderen Krankheiten kann Quarantäne im Einzelfall angeordnet werden, auch gegenüber Krankheitsverdächtigen, Ansteckungsverdächtigen und Ausscheidern.

1.2.6 § 42 IfSG: Beruflicher Umgang mit Lebensmitteln

In § 42 Abs. 1 IfSG sind die Krankheiten und Krankheitserreger, die ein Tätigkeitsverbot im Lebensmittelgewerbe auslösen, aufgeführt, und welche Lebensmittel und Tätigkeiten betroffen sind. Folgende **Tatbestände** lösen ein **Tätigkeitsverbot** aus:

- Bereits der **Verdacht auf diese Krankheiten** führt zu einem Tätigkeitsverbot: Typhus, Paratyphus, Cholera, Shigellenruhr, Salmonellose, andere infektiöse Gastroenteritiden, Virushepatitis A und E
- **infizierte Wunden oder Hautkrankheiten**, durch die die Möglichkeit einer Krankheitserregerübertragung über Lebensmittel besteht
- **Ausscheider** von Shigellen, Salmonellen, EHEC oder Choleravibrionen

Folgende **Tätigkeiten** sind **verboten:**

- jegliche Tätigkeit von Personen nach Abs. 1 Nr. 1–3 in Küchen von Gaststätten und sonstigen Einrichtungen der Gemeinschaftsverpflegung
- das gewerbliche **Herstellen**, **Behandeln** und **Inverkehrbringen** von **bestimmten Lebensmitteln**, soweit man dabei mit diesen Lebensmitteln **in Berührung** kommt. Diese Lebensmittel sind z. B. Fleisch, Fisch, Krebse, Weichtiere, Milch und Milchprodukte, Eier und Erzeugnisse daraus, Säuglings- und Kleinkindernahrung, Speiseeis, Feinkostsalate, Marinaden, Mayonnaisen und Backwaren mit Anteilen, die nicht mitgebacken wurden; nicht z. B. Brot.
- es handelt sich ausschließlich um Tätigkeiten außerhalb des privaten hauswirtschaftlichen Bereichs

Beschäftigte sind dabei verpflichtet, Anhaltspunkte für ein Beschäftigungshindernis dem Arbeitgeber unverzüglich mitzuteilen.

1.2.7 § 44 IfSG: Arbeiten mit Krankheitserregern

Nach § 44 ist das Arbeiten mit Krankheitserregern erlaubnispflichtig. Zur Definition „Krankheitserreger“ siehe § 2 IfSG (➤ Kap. 1.2.2).

GESETZESTEXT

§ 44 Erlaubnispflicht für Tätigkeiten mit Krankheitserregern

Wer Krankheitserreger in den Geltungsbereich dieses Gesetzes verbringen, sie ausführen, aufbewahren, abgeben oder mit ihnen arbeiten will, bedarf einer Erlaubnis der zuständigen Behörde.

Untersuchungsmaterial, wie z. B. Sekrete, Blut, Abstriche, Urin etc., wird vom IfSG nicht als Krankheitserreger angesehen, so dass für den Umgang damit **keine Erlaubnis erforderlich** ist. Allerdings darf solches Material **nur an zugelassene Labors abgegeben** werden. Es ist also verboten, wenn ein Heilpraktiker dies an einen Kollegen übergeben würde mit der Bitte, es nach Bioresonanzverfahren auszutesten.

„Arbeiten mit Krankheitserregern“ bedeutet Anreichern (Zentrifuge) oder Vermehren (Nährböden). Soweit Krankheitserreger nicht mehr vermehrungsfähig sind, entfällt die Erlaubnispflicht. Auch mit opportunistischen Erregern darf gearbeitet werden, denn der Begriff Krankheitserreger nach § 2 IfSG erfasst keine Opportunisten. Der Heilpraktiker darf also keine Kulturen anlegen für Untersuchungen; dies fällt unter den Erlaubnisvorbehalt, und eine solche Erlaubnis kann der Heilpraktiker mangels entsprechender Ausbildung nicht bekommen. Auch Ärzte dürfen übrigens solche Untersuchungen nicht durchführen, um einen meldepflichtigen Erreger nachzuweisen, wenn sie mit einer Vermehrung oder Anreicherung des Erregers verbunden sind. Diese Arbeiten sollen aus Sicherheitsgründen auf professionelle Labore beschränkt werden.

Serologische und mikroskopische Untersuchungen direkt am Patientenmaterial wären danach an sich erlaubt; hier darf man aber § 24 IfSG nicht übersehen: Nach dessen Satz 3 gilt auch der **direkte oder indirekte Nachweis eines Krankheitserregers** als **Behandlung**. Bei Krankheiten, die der Heilpraktiker nicht behandeln darf, darf er also keine serologischen oder mikroskopischen Untersuchungen selbst vornehmen. Bei diesem Verbot geht es um Untersuchungen, die der Heilpraktiker selbst vornimmt bzw. in seiner Praxis durchführen lässt. Es ist ihm nicht verboten, Untersuchungsmaterial an ein zugelassenes Labor einzuschicken und untersuchen zu lassen.

EXKURS

Durch das 2015 erlassene Präventionsgesetz wurden zwei Vorschriften geändert, die das Thema Impfen und Gemeinschaftseinrichtungen betreffen:

- Nicht gegen Masern geimpfte Kinder können zeitweilig vom Unterricht ausgeschlossen werden.
- Eltern müssen bei Erstaufnahme in eine Kindertageseinrichtung einen Nachweis über eine, „den Empfehlungen der STIKO entsprechende Impfberatung“ vorlegen.

1

1.2.8 Zusammenstellung: Meldepflichten und Behandlungsverbote

MERKE

Der Heilpraktiker hat nur für **Krankheiten**, die **namentlich** zu melden sind, **Meldepflicht**, also nicht für Krankheitserreger und nicht für nichtnamentlich zu meldende Krankheiten (➤ Tab. 1.2, ➤ Tab. 1.3).

Tab. 1.2 Krankheitserreger bzw. Krankheiten, für die nach dem IfSG nach dem IfSG Behandlungsverbote und Meldepflichten bestehen.
V = Verdacht; E = Erkrankung; T = Tod; I = Infektion, Infizierte; A = Ansteckungsverdacht; HP = Heilpraktiker

Krankheitserreger	Krankheit	Behandlungsverbot für HP nach § 24 IfSG iVm	Meldepflicht für HP nach § 8 IfSG
Adenovirus[2]	u.a. Keratoconjunctivitis epidemica	I (§ 7)	(Labor)
antibiotakaresistente Erreger, verschiedene	–	I (Verordnung über § 15)	(Labor)
Arboviren, sonstige	verschiedene	I (Verordnung über § 15)	(Labor)
Bacillus anthracis[2]	Milzbrand[1]	• I (§ 7) • VE (§ 6 Abs. 1)	• (Labor) • namentlich bei VET (§ 6)
Bordetella pertussis	Keuchhusten (Pertussis)[3]	• VE (§ 6) • I (§7) • VE (§ 34)	• namentlich bei VET (§ 6) • (Labor)
Borrelia recurrentis[2]	Rückfallfieber	I (§ 7)	(Labor)
Brucella sp.[2]	Brucellose	I (§ 7)	(Labor)
Campylobacter sp., darmpathogen[2]	infektiöse Gastroenteritis[3]	• I (§ 7) • VE (§ 34, bei Kindern unter 6 Jahren)	• (Labor) • namentlich bei VE bei akutem Fall im Lebensmittelgewerbe oder bei epidemiologischem Zusammenhang
Candida sp.	• Gastroenteritis • genitale Candidamykose[4]	• VE (§ 6 Abs. 1 Ziff. 2) • VE (§ 24 Satz 2)	• zu unterscheiden sind saprophytäre Besiedelung und infektiöse Erkrankung • namentlich bei VE bei akutem Fall im Lebensmittelgewerbe oder bei epidemiologischem Zusammenhang
Chikungunya-Virus[2]	Chikungunya-Fieber	I (Verordnung über § 15)	(Labor)
Chlamydia psittaci[2]	Ornithose	I (§ 7)	(Labor)
Chlamydia trachomatis, Serovare B-L	Lymphogranuloma venerum (venerische Lymphknotenentzündung)[4]	VE (§ 24 Satz 2)	keine
Clostridium botulinum oder Toxinnachweis[2]	Botulismus[1]	• I (§ 7) • VE (§ 6 Abs. 1)	• (Labor) • namentlich bei VET (§ 6)
Corona-Virus	SARS	VE (§ 6 Abs. 1)	namentlich bei VET (§ 6)
Corynebacterium diphtheriae, toxinbildend[2]	Diphtherie[1]	• I (§ 7) • VE (§ 6 Abs. 1)	• (Labor) • namentlich bei VET (§ 6)
Coxiella burnetii[2]	Q-Fieber	I (§ 7)	(Labor)
Cryptosporidium parvum[2]	Kryptosporidiose (Gastroenteritis)[3]	• I (§ 7) • VE (§ 34 bei Kindern unter 6 Jahren)	• (Labor) • namentlich bei VE bei akutem Fall im Lebensmittelgewerbe oder bei epidemiologischem Zusammenhang
Dengue-Virus[2]	Dengue-Fieber[1] (VHF)	• I (Verordnung über § 15) • VE (§ 6 Abs. 1)	namentlich bei VET (§ 6)
Ebola-Virus[2]	virusbedingtes hämorrhagisches Fieber[1] (VHF)	• I (§ 7, als VHF) • VE (§ 6 Abs. 1)	• (Labor) • namentlich bei VET (§ 6 Abs. 1 Ziff. 5)
Echinococcus sp.	Echinokokkose (Fuchs-, Hundebandwurmerkrankung)	I (§ 7)	(Labor, nichtnamentlich)

Tab. 1.2 Krankheitserreger bzw. Krankheiten, für die nach dem IfSG nach dem IfSG Behandlungsverbote und Meldepflichten bestehen. V = Verdacht; E = Erkrankung; T = Tod; I = Infektion, Infizierte; A = Ansteckungsverdacht; HP = Heilpraktiker *(Forts.)*

Krankheitserreger	Krankheit	Behandlungsverbot für HP nach § 24 IfSG iVm	Meldepflicht für HP nach § 8 IfSG
Escherichia coli, enterohämorrhagische (EHEC)[2]	enteropathisches hämolytisch-urämisches Syndrom (HUS)[1]	• I (§ 7) • VE bei HUS (§ 6 Abs. 1) • VE bei EHEC-Enteritis (§ 34 Abs. 1 S. 1)	• (Labor) • nur bei HUS namentlich bei VET (§ 6)
Escherichia coli, sonstige darmpathogene Stämme[2]	Gastroenteritis[3]	• I (§ 7) • VE (§ 34 bei Kindern unter 6 Jahren)	• (Labor) • namentlich bei VE bei akutem Fall im Lebensmittelgewerbe oder bei epidemiologischen Zusammenhang
Francisella tularensis[2]	Tularämie	I (§ 7)	(Labor)
FSME-Virus[2]	Frühsommermeningoenzephalitis	I (§ 7)	(Labor)
Gelbfiebervirus[2]	Gelbfieber (virusbedingtes hämorrhagisches Fieber)[1]	• I (§ 7) • VE (§ 6 Abs. 1)	• (Labor) • namentlich bei VET (§ 6 Abs 1)
Giardia lamblia[2]	Giardiasis, Lambliasis (Gastroenteritis)[3]	• I (§ 7) • VE (§ 34 bei Kindern unter 6 Jahren)	• (Labor) • namentlich bei VE bei akutem Fall im Lebensmittelgewerbe oder bei epidemiologischen Zusammenhang
Gonokokken	Gonorrhoe (Tripper)[4]	VE (§ 24 Satz 2)	keine
Haemophilus ducreyi	Ulcus molle (weicher Schanker)[4]	VE (§ 24 Satz 2)	keine
Haemophilus influenzae[2]	Meningitis, Epiglottitis	• I (§ 7) • VE Meningitis (§ 34)	(Labor)
Hantavirus[2]	virusbedingtes hämorrhagisches Fieber[1]	• I (§ 7) • VE (§ 6 Abs. 1)	• (Labor) • namentlich bei VET (§ 6 Abs. 1)
Hepatitis-A-Virus[2]	akute Hepatitis A[1]	• I (§ 7) • VE (§ 6 Abs. 1)	• (Labor) • namentlich bei VET (§ 6)
Hepatitis-B-Virus[2]	akute Hepatitis B[4]	• I (§ 7) • VE (§ 6 Abs. 1) • VE (§ 24 Satz 2)	• (Labor) • namentlich bei VET (§ 6)
Hepatitis-C-Virus[2]	akute Hepatitis C[4]	• I (§ 7) • VE (§ 6 Abs. 1) • VE (§ 24 Satz 2)	• (Labor) • namentlich bei VET (§ 6)
Hepatitis-D-Virus[2]	akute Hepatitis D[4]	• I (§ 7) • VE (§ 6 Abs. 1) • VE (§ 24 Satz 2)	• (Labor) • namentlich bei VET (§ 6)
Hepatitis-E-Virus[2]	akute Hepatitis E[1]	• I (§ 7) • VE (§ 6 Abs. 1)	• (Labor) • namentlich bei VET (§ 6)
Herpes-(II)-Virus	Genitalinfektion[4]	VE (§ 24 Satz 2)	keine
HIV[2]	AIDS-Erkrankung[4]	• I (§ 7) • VE (§ 24 Satz 2)	(Labor, nicht-namentlich)
Influenzaviren[2] humaner Typ	Influenza	I (§ 7)	(Labor)
Influenzaviren humaner Typ zoonotische	• aviäre Influenza (Vogelgrippe) • porcine Influenza (Schweinegrippe)	VE (Verordnung über § 15)	namentlich bei VET (§ 15)
Lassavirus[2]	virusbedingtes hämorrhagisches Fieber[1]	• I (§ 7) • VE (§ 6 Abs. 1)	• (Labor) • namentlich bei VET (§ 6 Abs. 1)
Laus (Kopflaus, Filzlaus)	Verlausung	nein	keine
Legionella sp.[2]	Legionärskrankheit	I (§ 7)	(Labor)
Leptospira interrogans[2]	Leptospirosen	I (§ 7)	(Labor)
Listeria monozytogenes[2]	Listeriose	I (§ 7)	(Labor)
Marburg-Virus	virusbedingtes hämorrhagisches Fieber[1]	• I (§ 7) • VE (§ 6 Abs. 1)	• (Labor) • namentlich bei VET (§ 6 Abs. 1)

Tab. 1.2 Krankheitserreger bzw. Krankheiten, für die nach dem IfSG nach dem IfSG Behandlungsverbote und Meldepflichten bestehen. V = Verdacht; E = Erkrankung; T = Tod; I = Infektion, Infizierte; A = Ansteckungsverdacht; HP = Heilpraktiker *(Forts.)*

Krankheitserreger	Krankheit	Behandlungsverbot für HP nach § 24 IfSG iVm	Meldepflicht für HP nach § 8 IfSG
Masernvirus[2]	Masern[1]	• I (§ 7) • VE (§ 6 Abs. 1)	• (Labor) • namentlich bei VET (§ 6)
methicillinresistenter Staphylococcus aureus (MRSA)	Wundinfektion, Sepsis, Meningitis	I (Verordnung über § 15)	(Labor)
Mumpsvirus	Mumps[3]	• VE (§ 6) • VE (§ 34 Abs. 1)	namentlich bei VET (§ 6)
Mycobacterium leprae[2]	Lepra	I (§ 7)	(Labor)
Mycobacterium tuberculosis/africanum, Mycobacterium bovis	Tuberkulose	• I (§ 7) • VE (§ 6 Abs. 1)	• (Labor) • namentlich bei ET bei einer behandlungsbedürftigen Tuberkulose • Meldepflicht für den Arzt bei Therapieabbruch
Mycoplasma hominis	Genitalinfektion[4]	VE (§ 24 Satz 2)	keine
Neisseria meningitidis[2]	Meningokokken-Meningitis oder -Sepsis[1]	• I (§ 7) • VE (§ 6 Abs. 1)	• (Labor) • namentlich bei VET (§ 6)
Norwalk-ähnliches Virus[2]	Gastroenteritis[3]	• I (§ 7) • VE (§ 34 bei Kindern unter 6 Jahren)	(Labor)
Papillomaviren	Condylomata acuminata (spitze Feigwarzen)[4]	VE (§ 24 Satz 2)	keine
Paravacciniavirus	Molluscum contagiosum (Dellwarzen) an Genitalien[4]	VE (§ 24 Satz 2)	keine
Plasmodium sp.[3]	Malaria	I (§ 7)	(Labor, nicht-namentlich)
Poliovirus[2]	Poliomyelitis (jede akute nicht traumatische schlaffe Lähmung)[1]	• I (§ 7) • VE (§ 6 Abs. 1)	• (Labor) • namentlich bei VET (§ 6)
Prionen	humane spongiforme Enzephalopathie (HSE), außer familär-heriditäre Formen[1]	VE (§ 6 Abs. 1)	namentlich bei VET (§ 6)
Rabiesvirus[2]	Tollwut[1]	• I (§ 7) • VE (§ 6 Abs. 1)	• (Labor) • namentlich bei AVET (§ 6)
Rickettsia prowazekii[2]	Fleckfieber	I (§ 7)	(Labor)
Rotavirus[2]	infektiöse Gastroenteritis[3]	• I (§ 7) • VE (§ 34 bei Kindern unter 6 Jahren)	(Labor)
Rubellavirus[2]	Röteln und Rötelnembryopathie	VET (§ 6), auch konnatale Infektion	• namentlich bei VET (§ 6) • hier kein „Schulbesuchsverbot"
Salmonella paratyphi[2]	Paratyphus[1]	• I (§ 7) • VE (§ 6 Abs. 1)	• (Labor) • namentlich bei VET (§ 6)
Salmonella sonstige[2]	infektiöse Gastroenteritis[3]	• I (§ 7) • VE (§ 34 bei Kindern unter 6 Jahren)	• (Labor) • namentlich bei VE bei akutem Fall im Lebensmittelgewerbe oder bei epidemiologischen Zusammenhang
Salmonella typhi[2]	Typhus[1]	• I (§ 7) • VE (§ 6 Abs. 1)	• (Labor) • namentlich bei VET (§ 6)
Sarcoptes scabiei	• allgemeine Krätze (Scabies)[3] • genitale Krätze[4]	• VE (§ 34 Abs. I) • VE (§ 24 Satz 2)	keine
Shigella sp.[2]	Shigellenruhr[3]	• I (§ 7) • VE (§ 34 bei Kindern unter 6 Jahren)	(Labor)
Staphylokokken[3] siehe aber auch unter MRSA	Impetigo contagiosa	VE (§ 34)	keine

Tab. 1.2 Krankheitserreger bzw. Krankheiten, für die nach dem IfSG nach dem IfSG Behandlungsverbote und Meldepflichten bestehen. V = Verdacht; E = Erkrankung; T = Tod; I = Infektion, Infizierte; A = Ansteckungsverdacht; HP = Heilpraktiker *(Forts.)*

Krankheitserreger	Krankheit	Behandlungsverbot für HP nach § 24 IfSG iVm	Meldepflicht für HP nach § 8 IfSG
Streptokokken, pyogene[3]	Scharlach, Erysipel, Streptokokkenangina, Impetigo contagiosa	VE (§ 34)	keine
Toxoplasma gondii[2]	Toxoplasmose, konnatale	konnatale Infektion (§ 7 Abs. 3)	(Labor, nicht namentlich bei konnatalen Infektionen)
Treponema pallidum[2]	Syphilis (Lues)[4]	• I (§ 7 Abs. 3) • VE (§ 24 Satz 2)	(Labor, nicht-namentlich)
Trichinella spiralis[2]	Trichinose[3]	• I (§ 7) • VE (§ 34 bei Kindern unter 6 Jahren als Gastroenteritis)	(Labor)
Trichomonas vaginalis	Trichomoniasis[4]	VE (§ 24 Satz 2)	keine
Ureaplasma urealyticum	Genitalinfektion[4]	VE (§ 24 Satz 2)	keine
Vibrio cholerae O1 und O139[2]	Cholera[1]	• I (§ 7) • VE (§ 6 Abs. 1)	• (Labor) • namentlich bei VET (§ 6)
West-Nil-Virus	Westnilfieber	I (Verordnung über § 15)	(Labor)
Varizella-Zoster-Virus[2]	Windpocken[3]	• I (§ 7) • VE (§ 6) • VE (§ 34)	namentlich bei VET (§ 6)
Yersinia enterocolitica, darmpathogen[2]	infektiöse Gastroenteritis[3]	• I (§ 7) • VE (§ 34 bei Kindern unter 6 Jahren)	(Labor)
Yersinia pestis[2]	Pest[1]	• I (§ 7) • VE (§ 6 Abs. 1)	• (Labor) • namentlich bei VET (§ 6)
Zika-Virus	Zikafieber	I (Verordnung über § 15)	(Labor)

[1] Krankheit nach § 6 I, IfSG → namentliche Meldepflicht und Behandlungsverbot für HP
[2] Krankheitserreger nach § 7 IfSG → Behandlungsverbot für HP, gilt nur bei durch Labor nachgewiesener Infektion, keine Meldepflicht des HP
[3] Krankheiten bzw. Krankheitserreger, die ein Verbot des Betretens von Gemeinschaftseinrichtungen zur Folge haben → Behandlungsverbot nach § 34 IfSG, keine Meldepflicht des HP
[4] sexuell übertragbare Krankheiten → Behandlungsverbot nach § 24 IfSG, keine Meldepflicht des HP

Tab. 1.3 Weitere Tatbestände, für die nach dem IfSG Behandlungsverbote und Meldepflichten bestehen. V = Verdacht; E = Erkrankung; T = Tod; I = Infektion, Infizierte; HP = Heilpraktiker; VO = Verordnung

Krankheit bzw. Krankheitserreger	Behandlungsverbot für HP nach § 24 IfSG	Meldepflicht für HP nach § 8 IfSG
Impfreaktion, unübliches Ausmaß mit gesundheitlicher Schädigung (Impfschaden)	nein (§ 6 Abs. 1 Nr. 3)	namentlich bei V
Krankheit oder Krankheitserreger, meldepflichtig durch VO des Bundes nach § 15 Abs. 1	(VO von 2016): VE bei den dort genannten zwei Krankheiten, IVE bei den dort genannten Krankheitserreger	• namentlich bei VET bei zoonotischer Influenza und schwerer Clostridium-difficile-Infektion • keine bez. der Krankheitserreger
Krankheit oder Krankheitserreger, meldepflichtig durch VO eines Landes nach § 15 Abs. 3	nein (§ 24 Satz 2)	je nach VO
Krankheit, bedrohlich oder gehäuft, mit Gefahr für die Allgemeinheit, und durch nicht meldepflichtige Krankheitserreger verursacht[1]	VE (§ 6 Abs. 1 Nr. 5), z. B. SARS	namentlich
Krankheitserreger, nicht in § 7 genannt, deren Häufung auf Gefahr für Allgemeinheit hinweist	VE (§ 7 Abs. 2)	(Labor)
mikrobiell bedingte Lebensmittelvergiftung im Lebensmittelgewerbe oder gehäuft mit epidemiologischem Zusammenhang[1]	VE (§ 6 Abs. 1 Nr. 2)	namentlich bei VE
nosokomiale Infektionen	nein	Meldepflicht für den Arzt

[1] Krankheit nach § 6 I, IfSG → namentliche Meldepflicht und Behandlungsverbot für HP

1

Zusammenfassung

§ 1 IfSG: Zweck des Gesetzes

- dient dem Schutz vor übertragbaren Erkrankungen
- wesentliche Elemente dafür sind:
  - Vorbeugung
  - frühzeitige Erkennung von Infektionen
  - Verhinderung der Weiterverbreitung
  - Überblick über die Entwicklung wichtiger Infektionskrankheiten

§ 2 IfSG: Begriffsbestimmungen

- Krankheitserreger
- Infektion
- übertragbare Krankheit
- bedrohliche übertragbare Krankheiten
- Kranker
- Krankheitsverdächtiger
- Ausscheider
- Ansteckungsverdächtiger
- nosokomiale Infektion
- Schutzimpfung
- Maßnahmen der spezifischen Prophylaxe
- Impfschaden
- Gesundheitsschädling
- Sentinel-Erhebung
- Gesundheitsamt

§ 6 IfSG: Namentlich meldepflichtige Krankheiten

- Krankheitsverdacht, Erkrankung sowie Tod an
  - Botulismus
  - Cholera
  - Clostridium-difficile-Infektion, schwerer Verlauf
  - Diphtherie
  - humaner spongiformer Enzephalopathie, außer familiär-hereditäre Formen
  - akuter Virushepatitis
  - enteropathischem hämolytisch-urämischem Syndrom (HUS)
  - virusbedingtem hämorrhagischen Fieber
  - Masern
  - Meningokokken-Meningitis oder -Sepsis
  - Milzbrand
  - Mumps
  - Pertussis
  - Poliomyelitis (als Verdacht gilt jede akute schlaffe Lähmung. außer wenn traumatisch bedingt)
  - Pest
  - Röteln, einschließlich Rötelnembryopathie
  - Tollwut
  - Typhus/Paratyphus
  - Varizellen
  - zoonotische Influenza
- Erkrankung und Tod an einer behandlungsbedürftigen Tuberkulose, auch wenn ein bakteriologischer Nachweis nicht vorliegt
- Verdacht und Erkrankung an mikrobiell bedingter Lebensmittelvergiftung und akuter infektiöser Gastroenteritis
- Impfschaden
- Ansteckungsverdacht, Verdacht, Erkrankung und Tod an Tollwut
- Erkrankungen, die noch nicht erfasst sind und auf eine schwerwiegende Gefahr für die Allgemeinheit hinweisen (z. B. SARS, AIDS, Clostridium-difficile-Erkrankungen, Erkrankungen mit West-Nil-Virus)
- Entsprechende Krankheiten dürfen nicht behandelt werden (§ 24 IfSG).

§ 7 IfSG: Meldepflichtige Nachweise von Krankheitserregern

- Die genannten Krankheitserreger müssen nicht vom Heilpraktiker, sondern vom Labor gemeldet werden.
- Entsprechende Infektionen oder Krankheiten dürfen vom Heilpraktiker nicht behandelt werden (§ 24 IfSG).

§ 8 IfSG: Zur Meldung verpflichtete Personen

- Heilpraktiker sind in jedem Fall des § 6 Abs. 1 zur Meldung verpflichtet.
- Ausnahme: Es liegt ein schriftlicher Nachweis vor, dass eine Meldung bereits erfolgt ist.
- Eine unbegründete Verdachtsmeldung muss zurückgenommen werden.

§ 9 IfSG: Inhalt, Form, Frist und Adressat der namentlichen Meldung

- Die Meldung erfolgt auf einem Formblatt.
- Es sollte immer die Schriftform gewählt werden.
- Die Meldung muss unverzüglich, spätestens innerhalb von 24 Stunden dem Gesundheitsamt vorliegen.
- Gemeldet wird an das für den Aufenthalt des Betroffenen zuständige Gesundheitsamt.
- Der Heilpraktiker muss nur die Tatsachen mitteilen, die er aus seiner bis zum Aufkommen des Verdachts durchgeführten Anamnese mitgeteilt bekommen hat, und sich nicht um weitere Informationen bemühen.

§ 24 IfSG: Behandlungsverbot

- Behandlungsverbot schließt sowohl akute als auch chronische Infektionen mit ein.
- Behandlungsverbot bei
  - namentlich meldepflichtigen Krankheiten nach § 6 Abs. 1 Satz 1, 2 und 5 IfSG
  - Krankheiten, die gemäß § 34 Abs. 1 IfSG in Gemeinschaftseinrichtungen von Bedeutung sind (es besteht aber keine Meldepflicht)
  - allen Infektionen mit einem Krankheitserreger nach § 7 IfSG; die Einschränkungen der Meldepflicht, z. B. nur für den direkten Nachweis aus Liquor, haben keine Relevanz für das Behandlungsverbot
  - allen sexuell übertragbaren Krankheiten
  - Krankheiten und Krankheitserreger über § 15 IfSG: zoonotische Influenza, schwere Clostridium-difficile-Infektion, Arbo-

viren-Infektionen, Infektionen mit verschiedenen antibiotikaresistenten Bakterien
- Eine gleichzeitig unabhängig davon bestehende Krankheit darf behandelt werden.
- Der Heilpraktiker darf, in Übereinstimmung mit dem behandelnden Arzt, mitbehandeln.
- Patienten, die unter das Behandlungsverbot nach § 24 IfSG fallen, dürfen untersucht werden und es darf Untersuchungsmaterial gewonnen und an ein Labor eingeschickt werden, aber es darf kein Nachweis auf Krankheitserreger im eigenen Labor geführt werden

§ 30 IfSG: Quarantäne

- Quarantänepflicht bei Lungenpest
- Quarantänepflicht bei virusbedingtem hämorrhagischem Fieber, wenn übertragbar
- bei anderen Krankheiten im Einzelfall

§ 42 IfSG: Beruflicher Umgang mit Lebensmitteln

- Tätigkeitsverbot im Lebensmittelgewerbe bei
  - Verdacht auf Typhus, Paratyphus, Cholera, Shigellenruhr, Salmonellose, andere infektiöse Gastroenteritiden, Virushepatitis A und E
  - infizierten Wunden oder Hautkrankheiten
  - Ausscheidern von Shigellen, Salmonellen, EHEC oder Choleravibrionen
- verbotene Tätigkeiten:
  - Verbote gelten nur im gewerblichen Bereich.
  - Herstellen, Behandeln und Inverkehrbringen von bestimmten Lebensmitteln
  - in Küchen von Gaststätten und sonstigen Einrichtungen der Gemeinschaftsverpflegung

§ 44 IfSG: Arbeiten mit Krankheitserregern

- Anreichern (Zentrifuge) oder Vermehren (Nährböden) sind dem Heilpraktiker nicht erlaubt
- für Untersuchungsmaterial ist keine Erlaubnis erforderlich, es darf aber nur an zugelassene Labors abgegeben werden

1.3 Arzneimittelgesetz (AMG)

Ein umfangreiches Gesetz, das einen milliardenschweren Markt zu regeln versucht. Das Besondere an diesem Markt ist einmal, dass wegen der komplexen Physiologie des menschlichen Körpers, auf die die Arzneimittel einwirken, viele Unsicherheiten und Gefahren drohen. Zum anderen ist wohl kein Bereich für die Abnehmer so relevant wie die Sorge um die eigene Gesundheit. Die Interessen der Hersteller verlaufen dabei oft konträr zu den Interessen der Patienten. Dies ergibt sich quasi natürlich aus einem Markt-System. Rückblickend ist es kaum vorstellbar, dass erst zeitgleich mit der Contergan®-Katastrophe 1961 ein Bundesgesundheitsministerium und ein Arzneimittelgesetz entstanden.

Für den Heilpraktiker und den Prüfling sind 90 % des AMG nicht relevant. Die den Heilpraktiker betreffenden Vorschriften, insbesondere die Einschränkungen und Verpflichtungen, habe es aber in sich und müssen für die Prüfung wissensmäßig beherrscht und in der Praxis angewendet werden.

1.3.1 § 2 AMG: Arzneimittelbegriff

GESETZESTEXT

§ 2 AMG: Arzneimittelbegriff

(1) Arzneimittel sind Stoffe oder Zubereitungen aus Stoffen,
1. die zur Anwendung im oder am menschlichen oder tierischen Körper bestimmt sind und als Mittel mit Eigenschaften zur Heilung oder Linderung oder zur Verhütung menschlicher oder tierischer Krankheiten oder krankhafter Beschwerden bestimmt sind oder
2. die im oder am menschlichen oder tierischen Körper angewendet oder einem Menschen oder einem Tier verabreicht werden können, um entweder
   a. die physiologischen Funktionen durch eine pharmakologische, immunologische oder metabolische Wirkung wiederherzustellen, zu korrigieren oder zu beeinflussen oder
   b. eine medizinische Diagnose zu erstellen.

Kommentierung

Arzneimittel sind Stoffe, die **Krankheiten** oder krankhafte Beschwerden **heilen**, **lindern** oder **verhüten** oder diese **erkennen** (der Diagnosestellung dienen) sollen. Es werden dabei Präsentationsarzneimittel und Funktionsarzneimittel unterschieden. **Funktionsarzneimittel** sind Arzneimittel, die aufgrund ihrer pharmakologischen Wirkung wissenschaftlich belegte erhebliche Veränderungen von Funktionen im Organismus hervorrufen, während **Präsentationsarzneimittel** allein wegen ihrer Aufmachung in den Augen eines (möglichen) Anwenders den Eindruck eines Arzneimittels erwecken, unabhängig von einer pharmakologischen Wirksamkeit. Dadurch sollen auch solche Stoffe dem strengen Arzneimittelrecht unterliegen, bei denen der Hersteller einen Heilungsanspruch erhebt, unabhängig von einer pharmazeutischen Wirksamkeit. Abgrenzungsschwierigkeiten bestehen zu Kosmetika, Medizinprodukten und insbesondere zu Lebensmitteln. Besonders wenn man der naturheilkundlichen Sichtweise folgt und mit Hippokrates fordert: „Eure Nahrungsmittel sollen eure Heilmittel, und eure Heilmittel sollen eure Nahrungsmittel sein". Rechtlich geklärt ist seit einiger Zeit, dass sog. **Nahrungsergänzungsmittel** rechtlich **Lebensmittel** mit physiologischer Wirkung sind.

EXKURS

Beispiele

1. 2007 wurde ein Produkt mit den Inhaltsstoffen oligomere Proanthocyanidine durch ein Urteil des Bundesverwaltungsgerichts (BVerwG) als Nahrungsergänzungsmittel und nicht als Funktionsarzneimittel eingestuft. Das BVerwG erließ in diesem und zwei weiteren Urteilen vom 25. Juli 2007 folgende gleichlautende **Leitsätze:**
   - Die Anwendung eines Produkts beeinflusst die physiologischen Funktionen des menschlichen Körpers im Sinne der gemeinschaftsrechtli-

chen Arzneimitteldefinition nur, wenn sie zu einer erheblichen Veränderung der Funktionsbedingungen des Organismus führt und Wirkungen hervorruft, die außerhalb der normalen im menschlichen Körper ablaufenden Lebensvorgänge liegen.
  - Die Einordnung eines Produkts als Funktionsarzneimittel setzt voraus, dass die ihm zugeschriebenen Wirkungen durch belastbare wissenschaftliche Erkenntnisse belegt sind. Das heißt, ein Arzneimittel liegt erst dann vor, wenn es erhebliche Veränderungen in körperlichen Abläufen hervorruft und dies durch die Wissenschaft belegt ist.
2. Das Oberlandesgericht Stuttgart befasste sich im Februar 2008 mit der Bewertung von pulverförmigen, in Kapseln vertriebenen Mitteln, die **Laktase** enthalten. Laktase ist ein Enzym, das Milchzucker spaltet und von Menschen mit einer Milchzuckerunverträglichkeit (Laktoseintoleranz) eingenommen wird, um den in vielen (Milch-, aber auch Fertig-)produkten enthaltenen Milchzucker verdauen zu können. Das OLG entschied, dass diese Mittel keine Funktionsarzneimittel seien. Zwar sah das OLG die Voraussetzung als erfüllt, dass bei Laktoseintoleranz eine Störung physiologischer Funktionen vorliegt. Aber das Mittel sei nicht in der Lage, die Funktion des Körpers (nämlich der Darmzotten oder der Verdauungssekrete) zu beeinflussen, sondern wirke allein auf den Zustand der Nahrung selbst. Es müsse aber vielmehr ein aktiver Bioeffekt gefordert werden, also ein exogener Stoff müsste steuernd auf Körperfunktionen einwirken, um als Funktionsarzneimittel im Sinne der EU-Richtlinien betrachtet werden zu dürfen. Allerdings hatten vorher andere Gerichte anders entschieden.
3. Das als Nahrungsergänzungsmittel vertriebene Produkt „**RedRice**" besteht aus mit Schimmelpilzen behandeltem, rot fermentiertem Reis. Das darin enthaltene Monacolin K ist strukturidentisch mit Lovastatin, einem in höherer Dosierung in der Behandlung des erhöhten Cholesterinspiegels verwendeten Arzneistoff. 2006 hatte das Niedersächsische Oberverwaltungsgericht befunden, dass das Mittel als zulassungspflichtiges Arzneimittel anzusehen sei. Der Hersteller gab jedoch nicht auf und zog bis vor den EuGH. Dieser entschied, dass es sich bei den „Red Rice"-Kapseln nicht um ein Arzneimittel handelt.
   Bereits 2007 hatte der EuGH nämlich geurteilt, dass **Knoblauchextraktpulver-Kapseln** nicht generell als Arzneimittel anzusehen seien. Eine „allgemein förderliche Auswirkung auf die Gesundheit" und eine Darreichungsform als Kapsel genügen nicht, ein Lebensmittel zum Arzneimittel zu erklären. Hinsichtlich der Einstufung als Funktionsarzneimittel räumte das Gericht ein, dass die Knoblauchkapseln der Arteriosklerose-Vorbeugung dienen und eine pharmakologische Wirkung haben können. Allerdings könne die gleiche Wirkung schon bei der Aufnahme von täglich 7,4 g rohem Knoblauch eintreten. Ein Mittel, das auf den Organismus keine anderen Wirkungen habe als ein Lebensmittel, hat nach Ansicht des EuGH die Schwelle zum Funktionsarzneimittel nicht überschritten. Die Bundesregierung hatte zuvor die Knoblauchkapseln als Arzneimittel eingeordnet und einem Antragsteller den Import als Nahrungsergänzungsmittel verwehrt.
4. Demgegenüber waren **Zimtextrakt-Kapseln** von zwei Gerichten als Arzneimittel eingestuft worden. Die Gerichte sahen die Mittel nicht nur als Präsentationsarzneimittel, sondern zudem als Funktionsarzneimittel an, da eine blutzuckersenkende Wirkung bestehe, die auch „arzneilich" sei.
5. **Bachblüten** gelten seit einem Urteil des OLG Hamburg von 2006 nicht mehr als Arzneimittel, sondern als Lebensmittel.

1.3.2 §§ 21, 38 und 39a AMG: Zulassungspflicht und Registrierung von Arzneimitteln

GESETZESTEXT

§ 21 AMG: Zulassungspflicht

(1) Fertigarzneimittel dürfen nur in den Verkehr gebracht werden, wenn sie durch die zuständige Bundesoberbehörde zugelassen sind oder die Zulassung durch EU-Behörden genehmigt ist.
(2) Einer Zulassung bedarf es nicht für Arzneimittel, die
1. auf Grund nachweislich häufiger ärztlicher … Verschreibung … in Chargengrößen bis zu hundert … Packungen an einem Tag im Rahmen des üblichen Apothekenbetriebs hergestellt werden …

§ 38 AMG: Registrierung homöopathischer Arzneimittel

(1) Fertigarzneimittel … dürfen als homöopathische Arzneimittel … nur in den Verkehr gebracht werden, wenn sie in ein … bei der … Behörde zu führendes Register eingetragen sind. Einer Zulassung bedarf es nicht.

§ 39a AMG: Registrierung traditioneller pflanzlicher Arzneimittel

Fertigarzneimittel, die pflanzliche Arzneimittel und Arzneimittel im Sinne des § 2 Abs. 1 sind, dürfen als traditionelle pflanzliche Arzneimittel nur in den Verkehr gebracht werden, wenn sie durch die zuständige Bundesoberbehörde registriert sind. Dies gilt auch für pflanzliche Arzneimittel, die Vitamine oder Mineralstoffe enthalten, sofern die Vitamine und Mineralstoffe die Wirkung der traditionellen pflanzlichen Arzneimittel im Hinblick auf das Anwendungsgebiet oder die Anwendungsgebiete ergänzen.

Kommentierung

Fertigarzneimittel müssen ein **Zulassungsverfahren** durchlaufen, bevor sie in Deutschland in den Verkehr gebracht werden dürfen. Ein Fertigarzneimittel ist ein Medikament, das industriell-gewerblich hergestellt und in vorgegebenen Packungsgrößen verpackt wird. Es ist dazu bestimmt, so an den Verbraucher verkauft zu werden. Fertigarzneimittel bestimmen heute den Arzneimittelmarkt nahezu vollständig. Gerade für den Heilpraktiker hat aber auch die individuelle Herstellung von Arzneimitteln, z. B. durch den Apotheker oder den Heilpraktiker selbst, Bedeutung – sie bedürfen keiner Zulassung (Näheres s.u. und ➤ Kap. 1.3.5).

Das arzneimittelrechtliche Zulassungsverfahren ist ein aufwendiges Verfahren, in dem – nach Abschluss der Grundlagenforschung, wo z. B. Tierversuche oder Zellversuche stattfinden –, die genehmigungspflichtigen Studien am Menschen stattfinden, bei denen man **4 Phasen** unterscheidet:

- In **Phase I** wird der neue Stoff zum ersten Mal an Menschen eingesetzt, und zwar an ca. 10 gesunden Freiwilligen. Das Ziel ist noch keine Therapie, sondern der Erkenntnisgewinn über das Verhalten des Wirkstoffs im Menschen (Pharmakodynamik etc.). Es ist die gefährlichste Phase, da man über die Auswirkung im menschlichen Körper noch nichts weiß.
- Ist Phase I ohne besondere Vorkommnisse verlaufen, wird die Genehmigung für **Phase II** erteilt. Hier geht es, bei einer Gruppengröße von ca. 50 Probanden, um erste Hinweise auf eine

Wirksamkeit, aber auch um Erkenntnisse betreffend Dosis und Darreichungsform für die folgende Phase III.

- In **Phase III** geht es um den Wirksamkeitsnachweis der Behandlung. Das ist die Basis für den Zulassungsantrag bei den Behörden. Die Phase-III-Studien werden im Regelfall doppeltblind kontrolliert durchgeführt (RCT = randomized clinical trials).
- **Phase IV-Studien** finden nach Zulassung des Medikaments zur weiteren Überwachung der Arzneimittelsicherheit und -wirksamkeit statt. Erst sie können belastbare Daten zu Wirkungen und Nebenwirkungen unter Alltagsbedingungen liefern, insbesondere, weil nun das Medikament ohne den Druck der möglichst schnellen Zulassung (je schneller die Zulassung, desto länger der Patentschutz) auch längere Zeit beobachtet werden kann. Viele Nebenwirkungen stellen sich erst bei längerem Gebrauch ein.

Fertigarzneimittel müssen einen Beipackzettel enthalten, in dem die aufgrund der Zulassungsstudien nachgewiesenen Indikationen aufgeführt sind. Der Heilpraktiker oder Arzt darf aber wegen der ihm zustehenden Therapiefreiheit solche Medikamente auch außerhalb der angegebenen Indikationen einsetzen. Dies nennt man **„Off-Label-Use"**.

Arzneimittel, die **keine Fertigarzneimittel** sind, sind **zulassungsfrei**. Das sind z. B. die sog. **Ad-hoc-Rezepturen**, also Arzneimittel, die auf Rezept eines Arztes oder Heilpraktikers hergestellt werden (Rezepturarzneimittel) oder die in Mengen bis höchsten 100 am Tag aufgrund eines akuten Bedarfs hergestellt werden (Defekturarzneimittel).

Ausnahmen von der **Zulassungspflicht** für Fertigarzneimittel:

- Für **homöopathische Arzneimittel** genügt eine sog. **Registrierung**. Ausnahme davon sind wiederum homöopathische Arzneimittel zur Injektion, wenn davon mehr als 1.000 Präparate im Jahr hergestellt werden – sie bedürfen dann einer Zulassung.
- Auch für sog. **traditionelle pflanzliche Arzneimittel** genügt eine **Registrierung**. Hier muss eine Wirksamkeit basierend auf langer Anwendung und Erfahrung plausibel sein, wobei für die Dauer der Tradition 30 Jahre gefordert werden, davon mindestens 15 Jahre innerhalb der EU. In der Kennzeichnung und der Werbung muss darauf hingewiesen werden, dass Wirksamkeit und Unbedenklichkeit ausschließlich auf Informationen aus lang dauernder Verwendung und Erfahrung beruhen. Ferner muss das Arzneimittel den Hinweis tragen, dass der Anwender bei fortdauernden Krankheitssymptomen oder beim Auftreten anderer als der in der Packungsbeilage erwähnten Nebenwirkungen einen Arzt oder eine andere in einem Heilberuf tätige qualifizierte Person konsultieren sollte.
- **„Compassionate Use"** (Anwendung aus Mitgefühl): Unter bestimmten Voraussetzungen können (noch) nicht zugelassene Fertigarzneimittel Patienten verordnet werden, die an schweren Krankheiten leiden und für die andere wirksame Medikamente nicht zur Verfügung stehen.

1.3.3 § 43 AMG: Apothekenpflicht

GESETZESTEXT

§ 43 AMG: Apothekenpflicht

(1) Arzneimittel im Sinne des § 2 Abs. 1 oder Abs. 2 Nr. 1, die nicht durch die Vorschriften des § 44 oder der nach § 45 Abs. 1 erlassenen Rechtsverordnung für den Verkehr außerhalb der Apotheken freigegeben sind, dürfen außer in den Fällen des § 47 berufs- oder gewerbsmäßig für den Endverbrauch nur in Apotheken und ohne behördliche Erlaubnis nicht im Wege des Versandes in den Verkehr gebracht werden; das Nähere regelt das Apothekengesetz.

(2) …

(3) Auf Verschreibung dürfen Arzneimittel … nur in Apotheken abgegeben werden.

Kommentierung

Arzneimittel sind nach § 43 AMG grundsätzlich **apothekenpflichtig**, d. h., nur Apotheken dürfen Arzneimittel an Endverbraucher abgeben. Es gilt also ein **„Dispensierverbot" für Ärzte und Heilpraktiker**.

EXKURS

Geschichtliches dazu: Hahnemann, der Begründer der Homöopathie, hatte deshalb immer wieder Probleme mit Behörden und Ärzten. Viele Apotheker standen dem homöopathischen Herstellungsverfahren damals unwissend und auch ablehnend gegenüber, Hahnemann traute ihnen deshalb teilweise nicht und kämpfte aus diesem Grunde für das Recht, selbst AM herzustellen und abzugeben.

Positiv an der Apothekenpflicht ist, dass der Patient sich nicht genötigt sieht, dem Therapeuten „seine" Medikamente gleich in der Praxis abzukaufen. Soll der Patient ein apothekenpflichtiges Arzneimittel zu Hause einnehmen, muss es verordnet werden. Mit dem Rezept geht der Patient in die Apotheke seiner Wahl und erhält dort sein Medikament. Allerdings dürfen für die unmittelbare Behandlung des Patienten in der Praxis Medikamente eingesetzt werden; sie dürfen ihm aber nicht mitgegeben werden.

Ausnahmen von der Apothekenpflicht:

- nach **§ 44** AMG sind **freiverkäuflich** z. B. Mineralwässer, Heilwässer, Heilerde, Bademoore, mit deutschem Namen bezeichnete Kräutertees, einfache Desinfektionsmittel, Presssäfte u. a.
- kostenlose Abgabe **(Muster)** nach **§ 47** Abs. 3 AMG; die Musterabgabe an Behandler ist beschränkt auf 2 Packungen/Jahr

Seit 2004 ist der **Versandhandel** mit apothekenpflichtigen Arzneimitteln in engen Grenzen erlaubt. Die Teilnahme am Versandhandel ist in Deutschland nur möglich für **öffentliche Apotheken**, also solche, die einen normalen Kundenbetrieb haben und das Versandgeschäft zusätzlich betreiben. Für ausländische Apotheken („DocMorris") ist aus EU-wettbewerbsrechtlichen Gründen jetzt der grenzüberschreitende Handel mit Arzneimitteln durch sog. **Internet-Apotheken** erlaubt.

1.3.4 § 48 AMG: Verschreibungspflicht

GESETZESTEXT

§ 48 AMG: Verschreibungspflicht

(1) Arzneimittel, die
1. durch Rechtsverordnung nach Absatz 2… bestimmte Stoffe … sind, oder die
2. (…)
3. Arzneimittel… sind, die Stoffe mit in der medizinischen Wissenschaft nicht allgemein bekannten Wirkungen… enthalten,

dürfen nur bei Vorliegen einer ärztlichen, zahnärztlichen oder tierärztlichen Verschreibung an den Verbraucher abgegeben werden.

(3) Die Rechtsverordnung nach Absatz 2, … kann auf bestimmte Dosierungen, Potenzierungen, Darreichungsformen, Fertigarzneimittel oder Anwendungsbereiche beschränkt werden. Ebenso kann eine Ausnahme von der Verschreibungspflicht für die Abgabe an Hebammen und Entbindungspfleger vorgesehen werden, soweit dies für eine ordnungsgemäße Berufsausübung erforderlich ist. …

Kommentierung

Verschreibungspflichtige (auch genannt: rezeptpflichtige) Arzneimittel darf der Apotheker nur auf **ärztliches**, **zahnärztliches** oder **tierärztliches Rezept** an den Verbraucher abgeben. Verschreibungspflichtig sind Arzneimittel, die durch **Rechtsverordnung** als **verschreibungspflichtig erklärt** wurden. Diese **Arzneimittelverschreibungsverordnung** (AMVV) wird regelmäßig halbjährlich aktualisiert.

Die Vorschrift richtet sich in ihrem Wortlaut unmittelbar an den Apotheker. Er darf ein Heilpraktikerrezept, auf dem z. B. L-Thyroxin verordnet wurde, nicht ausführen. Dem Apotheker droht – theoretisch – eine Freiheitsstrafe bis zu einem Jahr (§ 96 Nr. 13 AMG). Der Heilpraktiker könnte aber als Anstifter genauso strafbar sein. Realistisch betrachtet wäre aber für den Heilpraktiker die Gefahr größer, dass bei Bekanntwerden seiner unzulässigen Verschreibungspraxis das Gesundheitsamt seine berufliche Zuverlässigkeit anzweifelt und ihm die Heilpraktikererlaubnis entzieht.

MERKE

Der Heilpraktiker muss sich vor Ausstellung einer Verordnung vergewissern, dass das betreffende Mittel nicht rezeptpflichtig ist. Dies kann er anhand der aktuellen AMVV tun oder indem er in der „Roten Liste" oder „Gelben Liste Pharmindex" nachschlägt, die jährlich aktualisiert wird und auch online einsehbar sind. Eine vorsätzliche unzulässige Verordnung eines verschreibungspflichtigen Arzneimittels kann juristisch als Versuch ausgelegt werden, den Apotheker zum Verstoß gegen das AMG anzustiften.

§ 5 der AMVV enthält folgende für den Heilpraktiker wichtige **Ausnahme von der Verschreibungspflicht:** *„Von der Verschreibungspflicht sind Arzneimittel ausgenommen, die aus den in der Anlage 1 zu dieser Verordnung genannten Stoffen und Zubereitungen aus Stoffen nach einer homöopathischen Verfahrenstechnik, insbesondere nach den Regeln des Homöopathischen Arzneibuches hergestellt sind oder die aus Mischungen solcher Stoffe oder Zubereitungen aus Stoffen bestehen, wenn die Endkonzentration dieser Arzneimittel im Fertigprodukt die vierte Dezimalpotenz nicht übersteigt. Diese Arzneimittel dürfen auch mit nicht verschreibungspflichtigen Stoffen und Zubereitungen aus Stoffen gemischt werden."* **Homöopathische Arzneimittel** sind also **ab D4 bzw. C2** von der arzneimittelrechtlichen Verschreibungspflicht befreit. Für Stoffe, die dem Betäubungsmittelgesetz unterliegen, gilt dies aber nicht.

Verschreibungspflichtig sind außerdem Stoffe oder **Zubereitungen** mit in der medizinischen Wissenschaft **nicht allgemein bekannten Wirkungen** (§ 48 Abs. 1 Satz 1 Nr. 3 AMG).

Die Vorschriften über die Verschreibungspflicht verbieten nicht die Anwendung unmittelbar am Patienten. Wenn der Heilpraktiker sich mit dem Arzneimittel auskennt und über die erforderlichen Fähigkeiten und Mittel gegen z. B. Unverträglichkeitsreaktionen verfügt (Sorgfaltspflicht), darf er verschreibungspflichtige Arzneimittel einsetzen. Bringt also ein **Patient** seine **eigenen Arzneimittel** (z. B. Nitro-Spray, Insulin, Glukokortikoidspray) in die Praxis des Heilpraktikers mit, verbietet das Arzneimittelrecht ihm nicht die Anwendung in der Praxis. Gelegentlich kommt es z. B. vor, dass ein Patient dem Heilpraktiker sein vom Arzt verordnetes Medikament bringt, weil der Heilpraktiker sanfter injiziert. Aber Vorsicht in der mündlichen Prüfung: Manche Amtsärzte gehen von einem generellen Verbot der Anwendung rezeptpflichtiger Arzneimittel durch den Heilpraktiker aus!

EXKURS

1. Seit 2004 gilt eine Regelung, dass verschreibungspflichtige Arzneimittel von den gesetzlichen Kassen erstattet werden müssen und nicht-verschreibungspflichtige nicht mehr. Anders ausgedrückt: Seit 2004 werden die durchschnittlich teureren und gefährlicheren Arzneimittel bevorzugt, indem ihre Kosten erstattet werden, und die durchschnittlich preiswerteren und ungefährlicheren nicht-verschreibungspflichtigen Arzneimittel benachteiligt. Verständlicherweise bevorzugen manche Patienten die annähernd kostenlose Versorgung und Hersteller bemühen sich darum, ihr Präparat verschreibungspflichtig zu machen, da dies den Umsatz steigert.
2. Für verschreibungspflichtige Arzneimittel besteht eine **Preisbindung**, d.h., es besteht hier kein Wettbewerb unter den Apotheken; auch (deutsche) Versandapotheken dürfen verschreibungspflichtige Arzneimittel nicht unter dem gebundenen Preis abgeben. Im Oktober 2016 hat jedoch der EuGH entschieden, dass diese Regelung zumindest gegenüber ausländischen Apotheken gegen das Wettbewerbsrecht verstößt. Die Entscheidung schockierte die deutschen Apotheken. Die Folgen sind derzeit (Stand Oktober 2016) offen. Würde die deutsche Regierung, wie angekündigt, zur „Rettung" der Apotheker den Versandhandel mit verschreibungspflichtigen Medikamenten gleich ganz verbieten (was der EUGH sicher wieder aufheben würde), wären jedenfalls nicht-verschreibungspflichtige Arzneimittel davon nicht betroffen.
3. Für verschreibungspflichtige Arzneimittel darf nicht geworben werden außerhalb der Fachkreise (➤ Kap. 2.2.1).

MERKE

Die Befreiung von der Verschreibungspflicht nach dem Arzneimittelgesetz gilt nicht für Betäubungsmittel.
Betäubungsmittel darf ein Heilpraktiker niemals verabreichen, auch wenn der Patient sie legal besitzt und mitbringt.

§ 73 Abs. 3 AMG: Ausländische Arzneimittel

Die Mehrzahl der Arzneimittel verfügt nur über eine nationale Zulassung. Das Arzneimittelgesetz hält den Import von in Deutschland nicht zugelassenen Medikamenten in engen Grenzen. Diese Arzneimittel dürfen nur **auf Bestellung** und in **geringer Menge importiert** werden. Sie dürfen also von Apotheken nicht vorrätig gehalten werden. Außerdem müssen sie in dem Land, aus dem sie importiert werden, **zugelassen** sein und es darf **kein vergleichbares Medikament in Deutschland** zur Verfügung stehen. Letztere Voraussetzung wurde erst jüngst eingeführt und schützt den deutschen Verbraucher und letztlich die deutsche Pharmaindustrie zuverlässig vor den oft preiswerteren ausländischen Medikamenten gleicher Bauart. Unter diesen Voraussetzungen dürfen also nicht-verschreibungspflichtige Arzneimittel aus Ländern des **Europäischen Wirtschaftsraums** – hierzu gehören neben den EU-Ländern auch Norwegen, Island und Liechtenstein – auf **Verordnung des Heilpraktikers importiert** werden. Für Importe aus **anderen Ländern**, auch etwa der Schweiz, wird auch für nicht verschreibungspflichtige Stoffe ein **ärztliches oder zahnärztliches Rezept** benötigt.

MERKE

Der Heilpraktiker kann Medikamente von außerhalb des europäischen Wirtschaftsraums nicht rechtmäßig verordnen.

Auch dem „Direktimport“, indem der Heilpraktiker in der Schweiz Urlaub macht und von dort eine Tasche mit Medikamenten mitbringt, ist ein Riegel vorgeschoben. Dies ist nur erlaubt in einer dem üblichen persönlichen Bedarf entsprechenden Menge, also letztlich für die Eigenanwendung. Selbst Staatsoberhäupter dürfen für sich und ihre Begleitung nur so viele Medikamente mitführen, wie sie während ihres Aufenthalts benötigen!

Verschreibungspflicht und Notfall

Grundsätzlich darf jedermann **gegen Rechtsvorschriften verstoßen**, wenn es um den **Schutz eines höherwertigen Rechtsguts** geht (rechtfertigender Notstand, § 34 Strafgesetzbuch). So darf man einem Dritten seinen Regenschirm entreißen, um sich gegen einen angreifenden Kampfhund zu wehren oder ein Halteverbot missachten, um bei einem Verkehrsunfall mit Verletzten zu helfen. Das gilt auch bei medizinischen Notfällen. So darf der Heilpraktiker im Notfall Geburtshilfe leisten. Der Heilpraktiker dürfte beispielsweise auch das für Quaddelungen nicht verschreibungspflichtige Lidocain notfalls bei der Reanimation für Zustände von Kammerflimmern einsetzen, obwohl es für diese Indikation rezeptpflichtig ist.

Dabei ist aber zu beachten, dass der Rettungsdienst gerufen wird und nur Maßnahmen gerechtfertigt sind, die bis zum Eintreffen des Rettungsdienstes notwendig sind. Die Arzneimittelbehörde des Bundes (BfArM) empfahl 2009 die Anwendung von Dexamethason (Glukokortikoid) und Epinephrin (Adrenalin) in bestimmten Dosierungen (Fertigspritzen), die beide rezeptpflichtig sind, für die Anwendung durch Heilpraktiker im Rahmen der Neuraltherapie bei anaphylaktischem Schock. Diese Empfehlung ist 2011 umgesetzt worden. Die Begründung dafür ist, dass Heilpraktiker nach den Erlassen der Länder zur Zulassungsprüfung zur Erkennung und **Erstversorgung** akuter Notfälle und lebensbedrohlicher Zustände verpflichtet sind. Laut einem BGH-Urteil (VI ZR 2006/90) soll sich dies auf einem hausärztlichen Niveau bewegen.

MERKE

Der Heilpraktiker darf die verschreibungspflichtigen Medikamente Dexamethason (Gesamtmenge 120 mg) und Epinephrin als Fertigspritze (eine Einheit) für den Notfalleinsatz beim anaphylaktischen Schock in der Neuraltherapie aus der Apotheke beziehen und am Patienten anwenden (keine ärztliche Verschreibung nötig).

1.3.5 § 13 AMG: Herstellung und Abgabe von Arzneimitteln

Unter Arzneimittelherstellung stellt man sich üblicherweise Pharmaunternehmen oder auch noch den Apotheker vor. Aber auch der Arzt und der Heilpraktiker können legal Arzneimittel herstellen, allerdings natürlich unter gewissen Einschränkungen:

Die **Herstellung** von Arzneimitteln ist grundsätzlich **erlaubnispflichtig** und an strenge Voraussetzungen gebunden (§ 13 AMG). Der Begriff der Herstellung ist dabei sehr umfassend, nach § 4 Abs. 14 AMG: *„Herstellen ist das Gewinnen, das Anfertigen, das Be- und Verarbeiten, das Umfüllen einschließlich Abfüllen, das Abpacken, das Kennzeichnen und die Freigabe.“* Bereits das Abpacken eines apothekenpflichtigen Tees in kleinere Einheiten oder allein das Beschriften der Packungen entspricht definitionsgemäß dem Herstellen von Arzneimitteln. Diese Tätigkeiten werden erlaubnispflichtig, wenn sie vorgenommen werden, um die Packungen an Patienten abzugeben, aber nicht, wenn sie dazu dienen, den eigenen Praxisvorrat für die Anwendung am Patienten zu verwalten.

Erlaubt ist aber die Herstellung von Arzneimitteln zur **direkten Anwendung** in der **eigenen Praxis** (§ 13 Abs. 2b AMG): *„Einer Erlaubnis nach Absatz 1 bedarf ferner nicht eine Person, die Arzt ist oder sonst zur Ausübung der Heilkunde bei Menschen befugt ist, soweit die Arzneimittel unter ihrer unmittelbaren fachlichen Verantwortung zum Zwecke der persönlichen Anwendung bei einem bestimmten Patienten hergestellt werden.“*

Die **Abgabe** von selbst hergestellten Arzneimitteln, z. B. das **Mitgeben** von selbst hergestelltem potenzierten Eigenblut des Patienten, ist **nicht erlaubt**; auch die Abgabe von nicht verschreibungspflichtigen, aber apothekenpflichtigen Fertigarzneimitteln darf nur durch die Apotheke erfolgen (Apothekenprivileg, § 43 AMG).

Durch die 15. Novelle des AMG 2009 wurde in § 67 AMG eine Pflicht eingeführt, die beabsichtigte **Herstellung von Arzneimitteln** in der Praxis durch eine **formlose Anzeige** der zuständigen Behörde mitzuteilen. Die Regelungen zur erlaubnisfreien Herstellung als solche wurden nicht geändert. Anzuzeigen sind die Arzneimittel mit ihrer Bezeichnung und Zusammensetzung. Nachträgliche Änderungen sind ebenfalls anzuzeigen. Dabei ist der Begriff der Herstellung so weit gefasst, dass sogar das Aufziehen einer Ampulle in die Spritze eine „Herstellung" darstellen würde. Um hier eine Anzeigepflicht auszuschließen, wurde für diesen Vorgang im AMG der Begriff „Rekonstitution" geschaffen und diese ausdrücklich von der Anzeigepflicht ausgenommen. Die zuständige Behörde erfährt man über das Gesundheitsamt.

MERKE

Die Herstellung von Arzneimitteln ist vor Beginn der Tätigkeit anzuzeigen, und zwar detailliert die Art der Tätigkeit.

EXKURS

Wie wichtig diese Vorschrift sein kann, zeigt sich an einem Fall, der 2016 die Medien sehr beschäftigte: In einem von einem Heilpraktiker geleiteten Institut zur Krebstherapie in Brüggen waren drei Patienten kurz nach der Infusion des Arzneimittels 3-BP gestorben. Das Arzneimittel wurde ursprünglich von einem Apotheker bezogen, der es herstellte und der berichtete, dass es bisher keine Anwendungsprobleme gab. Der Heilpraktiker ging dann dazu über, das Arzneimittel selbst herzustellen und an seinen Patienten anzuwenden. Ob hier Herstellungsfehler vorlagen, ist noch offen. Was aber dem Heilpraktiker seine Erlaubnis kosten wird und weitere schwere Konsequenzen haben kann, ist, dass er es versäumt hat, die Eigenherstellung der zuständigen Behörde anzuzeigen (Stand Oktober 2016)

1.3.6 Nahrungsergänzungsmittel

Nahrungsergänzungsmittel sind **Lebensmittel**, die einen oder mehrere **Nährstoffe in konzentrierter Form** enthalten (z. B. Vitamine, Mineralstoffe und Spurenelemente), aber kaum Energie liefern. Sie werden in **lebensmitteluntypischer Form**, z. B als Tabletten, Kapseln oder Dragees angeboten und sollen der Ergänzung der Ernährung dienen.

Seit 2004 gibt es eine **Nahrungsergänzungsmittel-Verordnung (NemV)**, die eine europäische Richtlinie in deutsches Recht umsetzt. Ein Nahrungsergänzungsmittel darf nur als Fertigpackung an den Verbraucher abgegeben werden, die eingesetzten Stoffe müssen bestimmten Reinheitsanforderungen entsprechen und das Nahrungsmittel muss in bestimmter Weise gekennzeichnet sein. **Verboten** sind die für alle Lebensmittel verbotenen **krankheitsbezogenen Werbeaussagen** („senkt den Blutdruck").

Der **Vertrieb** von Nahrungsergänzungsmitteln durch einen Behandler ist keine Heilkunde, sondern ein **Gewerbe**. Vertreibt der Heilpraktiker solche Produkte, verlässt er, auch steuerrechtlich, den Bereich des „freien Berufs". Er wird damit umsatzsteuer- und gewerbesteuerpflichtig. Außerdem ist für den Vertrieb, wie bei allen Lebensmitteln, eine durch einen Kurs und eine Prüfung nachzuweisende Sachkunde Voraussetzung (Prüfung bei der Industrie- und Handelskammer [IHK]).

Das meiner Meinung nach größte Problem beim Verkauf von Nahrungsergänzungsmitteln durch Heilpraktiker ist, dass der Behandler zum Verkäufer wird, der auch ein finanzielles Interesse daran hat, die eingekauften Produkte an den Mann zu bringen und einen Gewinn zu realisieren. Nicht ohne Grund ist dies bei Arzneimitteln ausdrücklich verboten. Die BOH (Berufsordnung für Heilpraktiker) enthält sich einer klaren Regelung, während die Berufsordnung der Ärzte den Verkauf von Waren im Zusammenhang mit der Ausübung der ärztlichen Tätigkeit verbietet (§ 3 Musterberufsordnung), d. h. er ist nur erlaubt, wenn klar abgegrenzt von der ärztlichen Tätigkeit, z. B. in einem von der Praxis getrennten Raum und ohne weißen Kittel.

Für Heilpraktiker haben mindestens die gleichen Anforderungen an die berufliche Ethik zu gelten. Das Ausnutzen der Vertrauensstellung gegenüber Hilfe suchenden Patienten entspricht nicht dem Berufsbild eines Behandlers, dem das Wohl der Patienten oberstes Gebot sein sollte. Es ist für Patienten nicht leicht, vom Heilpraktiker/Arzt angepriesene Produkte abzulehnen, oder sich eine Bedenkzeit zu erbitten, um eine zweite Meinung einzuholen oder einen Preisvergleich anzustellen. Die Heilpraktikerverbände sollten längst den gleichen ethischen Standard in ihre Berufsordnungen aufgenommen haben.

Zusammenfassung

Arzneimittelbegriff

- Arzneimittel sind Stoffe, die Krankheiten oder krankhafte Beschwerden heilen, lindern, verhüten oder diese erkennen sollen.
- Man unterscheidet Funktions- und Präsentationsarzneimittel.

Zulassungspflicht und Registrierung von Arzneimitteln

- Fertigarzneimittel müssen ein Zulassungsverfahren durchlaufen, in dem der Hersteller durch Studien die Wirksamkeit nachweisen muss.
- Nicht-Fertigarzneimittel sind zulassungsfrei, z. B. Ad-hoc-Rezepturen (Rezepturarzneimittel, Defekturarzneimittel).
- Für homöopathische Fertigarzneimittel und traditionelle pflanzliche Fertigarzneimittel genügt statt der Zulassung die einfachere Registrierung.

Apothekenpflicht

- Arzneimittel sind grundsätzlich apothekenpflichtig, d. h. müssen über die Apotheke an den Patienten gelangen.
- Nicht-apothekenpflichtige Arzneimittel heißen auch freiverkäufliche Arzneimittel; dazu gehören Stärkungsmittel, Heilwässer, Peloide, ätherische Öle, Desinfektionsmittel.

Verbot der Abgabe von Arzneimitteln

- Arzneimittel dürfen in der Praxis eingesetzt werden, sie dürfen aber dem Patienten nicht mitgegeben werden. Das gilt auch für vom Behandler selbst hergestellte Arzneimittel.
- Ausnahmen sind Arzneimittelmuster: Davon sind 2 Packungen/Jahr erlaubt, die kostenlos vom Behandler abgegeben werden müssen.

Verschreibungspflicht

- Die Verschreibungspflicht wird durch die Arzneimittelverschreibungsverordnung (AMVV) festgelegt die halbjährlich aktualisiert wird.
- Diese Arzneimittel dürfen von Apotheken nur gegen Vorlage eines ärztlichen, zahnärztlichen oder tierärztlichen Rezepts abgegeben werden.

- Ausgenommen sind homöopathische Arzneimittel ab D4 bzw. C2, soweit sie keine Betäubungsmittel sind.
- Im Notfall darf der Heilpraktiker rezeptpflichtige Medikamente einsetzen, wenn er dafür über ausreichende Kenntnisse und Erfahrungen verfügt.
- Nicht-verschreibungspflichtige Arzneimittel aus Ländern des Europäischen Wirtschaftsraums dürfen auf Verordnung des Heilpraktikers importiert werden.

Herstellung von Arzneimitteln

- Die Herstellung von Arzneimitteln ist grundsätzlich erlaubnispflichtig.
- Erlaubnisfrei ist die Herstellung von Arzneimitteln zur direkten Anwendung in der eigenen Praxis.
- Neuerdings ist es aber erforderlich, dass die Herstellung von Arzneimitteln in einer formlosen Anzeige der zuständigen Behörde mitgeteilt wird.

1.4 Betäubungsmittelgesetz (BtMG)

Dieses Gesetz regelt die **Verordnung von Betäubungsmitteln**. Aufgrund ihrer Gefährlichkeit (Suchtgefahr) werden Betäubungsmittel besonders strengen Regelungen unterworfen. Für sie gelten Sonderregelungen hinsichtlich Verschreibung und Abgabe.

Nicht alle Stoffe, die betäuben (Anästhetika), sind Betäubungsmittel im Sinne des Gesetzes, und viele der dort genannten „Betäubungsmittel" betäuben nicht, sondern putschen auf (Amphetamine). Zu den Betäubungsmitteln im juristischen Sinne werden Drogen gezählt, die in der Gegenwart häufig zur **Selbstmedikation missbraucht** werden, wie Heroin, Ecstasy und Cannabis. Sie sind in Anlage I des Betäubungsmittelgesetzes (BtMG) aufgelistet. Zum anderen wird eine Anzahl von Betäubungsmitteln **ärztlich verwendet**. Hierzu zählen z. B. Morphin, Oxycodon, Fentanyl, Methadon, Methylphenidat (Ritalin) und Barbiturate. Diese Stoffe dürfen nur von **Ärzten** mit einem **speziellen Rezept**, dem Betäubungsmittelrezept, nur in **begründeten Fällen** und in einem **besonderen Verfahren** verordnet werden.

Nach § 29 BtMG sind nicht nur der **Besitz**, der **Verbrauch** und die **Abgabe** von Betäubungsmitteln, sondern auch die **vorsätzliche Verschreibung** mit Freiheitsstrafe bis zu 4 Jahren **strafbar**; aber auch Versuch und sogar **fahrlässiges Verschreiben** sind strafbar. Deshalb ist es bei Unsicherheiten unbedingt notwendig, in der „Roten Liste" oder ähnlichen Kompendien nachzuschauen, ob ein Arzneimittel dem BtMG unterliegt. Alle verschreibbaren Betäubungsmittel sind z. B. in der „Roten Liste" mit „Btm" gekennzeichnet.

Auch **homöopathische Arzneimittel**, die aus einem Betäubungsmittel hergestellt wurden, sind **verschreibungspflichtig** – unabhängig vom Ausmaß der Verdünnung. So sind z. B. Morphin und Cannabis indica in jeder Potenz nach dem BtMG verschreibungspflichtige Arzneimittel. Sonderbestimmungen wurden jedoch für 2 Arzneimittel getroffen: Vom Heilpraktiker **verordnet** werden dürfen:

- **Papaver somniferum ab D4** (Schlafmohn, Pflanzen und Pflanzenteile)
- **Opium ab D6** (der geronnene Saft der zur Art Papaver somniferum gehörenden Pflanzen)

Das Betäubungsmittelgesetz hat 2016 einen „Kompagnon" bekommen, das „Gesetz zur Bekämpfung der Verbreitung neuer psychoaktiver Substanzen (NpSG)". Es soll die Verfügbarkeit und den Konsum sog. „legal highs" einschränken. Anders als im Betäubungsmittelgesetz werden hier ganze Stoffgruppen erfasst, deren Erwerb, Besitz oder Handeltreiben dadurch verboten ist. Sollte ein Heilpraktiker auf die Idee kommen, statt der im Betäubungsmittelgesetz verbotenen Cannabisprodukte synthetische Cannabinoide einzusetzen, so wäre er nun nach dem neuen NpS-Gesetz strafbar.

Zusammenfassung

Betäubungsmittelgesetz

- Betäubungsmittel sind verschreibungspflichtig.
- Sie dürfen nur von Ärzten, auf einem speziellen Rezept, in begründeten Fällen und in einem besonderen Verfahren verordnet werden.
- Heilpraktiker dürfen keine Betäubungsmittel verordnen, auch nicht in höchsten homöopathischen Verdünnungen; ausgenommen sind Schlafmohn ab D4 und Opium ab D6.
- Besitz, Verbrauch, Abgabe, Verschreibung durch den Heilpraktiker und Verabreichung sind strafbar.
- Nach dem neuen NpSG ist auch der Umgang mit bestimmten Stoffgruppen, die bisher für „legal highs" verwendet wurden, verboten.

MERKE

Bezüglich der Anwendung von **Arzneimitteln** gibt es also Folgendes zu **beachten:**
- Ist es zugelassen? (Ausnahme: Registrierung)
- Ist es verschreibungspflichtig?
- Unterliegt es dem BtMG? (Ausnahmen: Opium ab D6, Papaver somniferum ab D4)
- Ist das Verfalldatum nicht überschritten?
- Richtige Art der Verabreichung? (i. v., i. m., oral)
- Richtige Dosierung? (Kinder)
- Kontraindikationen? (u. a. Allergie)

1.5 Hygieneverordnungen

Hygiene unterliegt als Rechtsgebiet der sog. konkurrierenden Gesetzgebung (Art. 74 GG), d. h., die **Bundesländer** haben die Gesetzgebungskompetenz, solange der Bund nicht davon Gebrauch macht. Mit dem Aufkommen von HIV-Infektionen und den anfangs unklaren Übertragungsgefahren erließen die Bundesländer nach und nach Hygieneverordnungen, sodass der Heilpraktiker(anwärter) sich mit der jeweils in seinem Bundesland geltenden vertraut machen muss.

Im Krankenhaus erworbene Infektionen sind die mit Abstand häufigste Form ernsthafter Infektionskrankheiten in Deutschland und zugleich eine häufige Todesursache (mindestens 15.000/Jahr). Studien zeigen, dass sich jährlich mindestens 600.000 Menschen in Kliniken mit Krankheitserregern infizieren.

1

HINWEIS PRÜFUNG

Erkundigen Sie sich in jedem Fall nach der in Ihrem Bundesland aktuell gültigen Hygieneverordnung.

Gesundheitsrecht ist **Ländersache**. Folglich muss es 16 Länderverordnungen zur Hygiene geben. Diese brauchen allerdings nicht alle besprochen zu werden, weil sie sich so ähnlich sind, dass man fast vermuten könnte, die Ministerien hätten voneinander abgeschrieben. Im Folgenden werden die bayerischen Verordnungen besprochen.

1.5.1 Die bayerische Hygieneverordnung

Der „Verordnung zur Verhütung übertragbarer Krankheiten" unterliegen **alle beruflichen Tätigkeiten**, bei denen es zu **Blutkontakt** kommen **kann**. Sie will verhindern, dass dabei Ansteckungen durch Erreger erfolgen, die über das Blut übertragen werden können. Deshalb wird **vorgeschrieben:**

- Bei beabsichtigter Verletzung der Haut sind diese und die Hände des Behandlers vorher zu desinfizieren.
- Für beabsichtigte Verletzungen dürfen nur sterile Geräte verwendet werden. Die Sterilisation von mehrfach verwendbaren Geräten ist nach bestimmten DIN-Normen durchzuführen.
- Bei Tätigkeiten, die zu unbeabsichtigten Verletzungen führen können (z. B. beim Frisör oder Kosmetikstudio), müssen die Geräte desinfiziert sein. Unbeabsichtigte Verletzungen müssen mit einem zugelassenen Wunddesinfektionsmittel behandelt werden.
- Die allgemein anerkannten Regeln der Hygiene sind zu beachten. Einschlägig sind hier insbesondere die Richtlinien des RKI zur Krankenhaushygiene und Infektionsprävention.
- Nur die amtlich zugelassenen Desinfektionsmittel dürfen verwendet werden. Die amtlichen Listen sind zwei: Die Liste des Robert-Koch-Instituts (dort kostenlos zum Download) und die kostenpflichtige Liste des VAH (Verbund für angewandte Hygiene).
- Abfälle, soweit man sich an ihnen verletzen und infizieren kann, müssen in verletzungssicheren Behälter entsorgt werden, bevor sie zum Hausmüll dazukommen – oder vorher desinfiziert werden.

1.5.2 Verordnung zur Hygiene und Infektionsprävention in medizinischen Einrichtungen (MedHygV) vom 1. Dezember 2010 (Auszug)

GESETZESTEXT

§ 1 Regelungsgegenstand, Geltungsbereich

(1) Diese Verordnung regelt die erforderlichen Maßnahmen zur Verhütung, Erkennung, Erfassung und Bekämpfung von nosokomialen Infektionen und Krankheitserregern mit Resistenzen in medizinischen Einrichtungen.

(2) Diese Verordnung gilt für

1. Krankenhäuser,
2. Einrichtungen für ambulantes Operieren,
3. Vorsorge- und Rehabilitationseinrichtungen, in denen eine den Krankenhäusern vergleichbare medizinische Versorgung erfolgt,
4. Dialyseeinrichtungen,
5. Tageskliniken,
6. Entbindungseinrichtungen,
7. Behandlungs- und Versorgungseinrichtungen, die mit einer der in Nrn. 1 bis 6 genannten Einrichtungen vergleichbar sind, sowie
8. Arztpraxen, Zahnarztpraxen und **Praxen sonstiger humanmedizinischer Heilberufe, in denen invasive Eingriffe vorgenommen werden**.

§ 2 Pflichten der Einrichtungen

[1] Die Leiterinnen und Leiter von Einrichtungen nach § 1 Abs. 2 haben zu gewährleisten, dass die dem jeweiligen Stand der medizinischen Wissenschaft entsprechenden personell-fachlichen, betrieblich-organisatorischen sowie baulich-funktionellen Voraussetzungen für die Einhaltung der allgemein anerkannten Regeln der Hygiene und Infektionsprävention geschaffen und die nach dem Stand der medizinischen Wissenschaft erforderlichen Maßnahmen getroffen werden, um nosokomiale Infektionen zu verhüten und die Weiterverbreitung von Krankheitserregern, insbesondere solcher mit Resistenzen, zu vermeiden. [2] Die Einhaltung des Stands der medizinischen Wissenschaft wird vermutet, wenn jeweils die veröffentlichten Empfehlungen der nach § 23 Abs. 1 Satz 1 des Infektionsschutzgesetzes (IfSG) beim Robert Koch-Institut eingerichteten **Kommission für Krankenhaushygiene und Infektionsprävention** und der nach § 23 Abs. 2 Satz 1 IfSG beim Robert Koch-Institut eingerichteten **Kommission Antiinfektiva, Resistenz und Therapie** beachtet worden sind. [3] …
[4] Die Verpflichtungen nach § 23 Abs. 3 bis 5 und § 36 Abs. 1 und 2 IfSG, nach den medizinprodukterechtlichen Regelungen, dem Transfusionsgesetz sowie den arzneimittel-, apotheken-, transplantations-, arbeitsschutz- und berufsrechtlichen Regelungen bleiben unberührt.

§ 3 Spezielle Pflichten der Einrichtungen

[1] Die Einrichtungen nach § 1 Abs. 2 Nrn. 1 bis 7 sind verpflichtet, in Hygieneplänen auf der Grundlage einer Analyse und Bewertung der jeweiligen Infektionsrisiken innerbetriebliche Verfahrensweisen zur Infektionshygiene zu erstellen. [2] Sie beinhalten mindestens Regelungen

1. zur Festlegung standardisierter Handlungsabläufe bei allen infektionsrelevanten Tätigkeiten zur Risikominimierung für Patienten und Beschäftigte unter besonderer Beachtung hierfür verfügbarer evidenzbasierter Empfehlungen, insbesondere Festlegungen zu Verantwortlichkeiten, Personalhygiene, Hygienestandards am Patienten bei Diagnostik, Pflege und Therapie, Hygienemaßnahmen in den Funktionsbereichen, allen Reinigungs- und Desinfektionsmaßnahmen sowie Plänen zur Abfallentsorgung,
2. zur Festlegung des Ausbruchsmanagements und des strukturierten Vorgehens bei gehäuftem Auftreten nosokomialer Infektionen und multiresistenter Erreger,
3. zur Festlegung von Überwachungsverfahren zur Risikominimierung mit an das einrichtungsspezifische Risiko angepasstem, vertretbarem Aufwand,
4. zur Festlegung von Einzelheiten der Dokumentation und der krankenhausindividuellen Infektionsstatistik sowie
5. zur Schulung des Personals.

[3] Die Hygienepläne sind kontinuierlich unter Berücksichtigung neuer wissenschaftlicher und aus der einrichtungsspezifischen Infektionsstatistik gewonnener Erkenntnisse sowie der Änderungen in den Organisations- und Funktionsabläufen der jeweiligen Einrichtung fortzuschreiben. [4] **Auch Einrichtungen nach § 1 Abs. 2 Nr. 8 werden zur Erstellung von Hygieneplänen verpflichtet; Abs. 1 Satz 2 Nrn. 1 und 5 gelten entsprechend**.

§ 14 Überwachung

(1) [1] Die in § 1 Abs. 2 Nrn. 1 bis 7 genannten Einrichtungen unterliegen der infektionshygienischen Überwachung durch die nach Art. 16 Abs. 1 Gesundheitsdienst- und Verbraucherschutzgesetz (GDVG) zuständige Behörde. [2] ...

(2) Die in § 1 Abs. 2 Nr. 8 genannten Einrichtungen können durch die nach Art. 16 Abs. 1 GDVG zuständige Behörde infektionshygienisch überwacht werden.

(3) [1] Die unteren Behörden für Gesundheit, Veterinärwesen, Ernährung und Verbraucherschutz etablieren in ihrem Zuständigkeitsbereich regionale Netzwerke zum einrichtungsübergreifenden Management multiresistenter Erreger unter Einbeziehung aller unter § 1 Nrn. 1 bis 8 genannten Einrichtungen. [2] Ziel der Netzwerkbildung ist der Informationsaustausch, die Erarbeitung regionaler Standards und die Umsetzung bestehender Empfehlungen zu multiresistenten Erregern unter Moderation der unteren Behörden für Gesundheit, Veterinärwesen, Ernährung und Verbraucherschutz.

(4) [1] Die mit der **Überwachung** beauftragten Personen sind, soweit dies zur Erfüllung ihrer Aufgaben erforderlich ist, befugt, zu Betriebs- und Geschäftszeiten Betriebsgrundstücke, **Geschäfts- und Betriebsräume**, zum Betrieb gehörende Anlagen und Einrichtungen sowie Verkehrsmittel **zu betreten, zu besichtigen** sowie in die Bücher oder sonstigen Unterlagen Einsicht zu nehmen und hieraus Abschriften, Ablichtungen oder Auszüge anzufertigen sowie sonstige **Gegenstände zu untersuchen oder Proben zur Untersuchung zu fordern** oder zu entnehmen. [2] § 16 Abs. 2 Sätze 2 bis 4 IfSG gelten entsprechend.

Kommentierung

Die MedHygV, 2012 aktualisiert, regelt hauptsächlich das Hygiene-Management in Krankenhäusern (diese Teile wurden nicht abgedruckt). Aber auch für die Heilpraktikerpraxis enthält sie wichtige Vorschriften; **sie gilt aber nur für Praxen, in denen invasive Eingriffe vorgenommen werden.**

Für solche Praxen gilt insbesondere die Verpflichtung, die Hygienemaßnahmen auf dem jeweils aktuellen Stand der wissenschaftlichen Erkenntnis zu halten (§2). Dabei werden die Empfehlungen der beiden in § 2 genannten Kommissionen beim Robert-Koch-Institut quasi verbindlich – denn die Beachtung der Empfehlungen bedeutet automatisch, dass die Hygienemaßnahmen der Praxis damit als dem aktuellen Stand der Wissenschaft entsprechend anerkannt werden. Es wäre nicht leicht, für den Heilpraktiker zu beweisen, dass er das gleiche Ziel auf andere Weise erreicht habe. Diese Empfehlungen sind übrigens sehr umfangreich, und vieles ist für die Heilpraktikerpraxis nicht relevant. Es sollte Aufgabe der in § 14 etablierten regionalen Netzwerke werden, die für den Heilpraktiker relevanten Regelungen herauszufiltern und verständlich zu machen.

Ein Beispiel muss hier angeführt werden: das **Betreiben von Heißluftsterilisatoren**. Es wurde in den letzten Jahren zunehmend in Frage gestellt, ob Heißluftsterilisatoren überhaupt noch „state oft the art" sind.

Die Kommission für Krankenhaushygiene und Infektionsprophylaxe (kurz: KRINKO) hat 2012 ihre Empfehlungen betr. „Anforderungen an die Hygiene bei der Aufbereitung von Medizinprodukten" aktualisiert. Allein diese Empfehlung ist 67 Seiten lang. Dort findet sich dann auch eine Regelung für Heißluftsterilisatoren: Sie dürfen noch eingesetzt werden, aber nur für semikritisch bzw. kritisch A-Produkte. „Semikritisch" sind Medizinprodukte, die mit Schleimhaut oder krankhaft veränderter Haut in Berührung kommen, „kritisch" sind Medizinprodukte, die Haut oder Schleimhaut durchdringen (Blutkontakt); das „A" bedeutet, dass es sich um Medizinprodukte ohne besondere Anforderungen an die Aufbereitung handelt. Allerdings muss der Praxisinhaber das Verfahren nach bestimmten DIN-Normen validieren, z. B. muss die „Haltezeit" (die Zeit, in der der Sterilisator die Solltemperatur hält) gemessen und dokumentiert werden. **Die alleinige halbjährliche Überprüfung mit Bioindikatoren (Sporenpäckchen) ist nicht mehr ausreichend.**

Praxen, die unter die MedHygV fallen, sind verpflichtet, **Hygienepläne** aufzustellen (§ 3). Diese müssen die in § 3 S. 2 Nr. 1 und 5 vorgeschriebenen Inhalte haben.

Invasiv arbeitende Praxen können durch das Gesundheitsamt infektionshygienisch überwacht werden. In § 14 Abs. 4 sind die entsprechenden Befugnisse der Behörde bei der Praxisbegehung geregelt.

Zusammenfassung

Hygiene ist immer wichtiger geworden in Zeiten der sich verbreitenden multiresistenten Erreger. Das Hygienerecht versucht mitzuhalten. Achten Sie deshalb besonders auf aktuelle neue Verordnungen in Ihrem Bundesland; Sie können diese über Ihr Gesundheitsamt erfragen. Die ausführlichsten und aktuellsten Hygieneanforderungen befinden sich in den Richtlinien des RKI für Krankenhaushygiene und Infektionsprävention. Wenn Sie Sich an diese Richtlinien gehalten haben, können Sie sicher sein, dass Sie hygienisch fehlerfrei vorgegangen sind.

Wenn Sie Personal beschäftigen, gelten für Sie als Unternehmer noch weitere Hygienevorschriften, die speziell dem Schutz des Personals dienen. Diese stehen in den TRBA 250, die Sie bei der zuständigen Berufsgenossenschaft für Gesundheit und Wohlfahrtspflege (BGW) erhalten.

KAPITEL

2 Gesetze, die die Ausübung der Heilkunde durch Heilpraktiker regeln oder beschränken

2.1 Gesetze, die den Tätigkeitsbereich des Heilpraktikers beschränken

2.1.1 Gesetz über die Ausübung der Zahnheilkunde

Die Ausübung der Zahnheilkunde ist **approbierten Zahnärzten** vorbehalten. **Zahnheilkunde** ist die „auf zahnärztlich wissenschaftliche Erkenntnisse gegründete **Feststellung und Behandlung von Zahn-, Mund- und Kieferkrankheiten**". Als Krankheit ist hier definiert „jede von der Norm abweichende Erscheinung im Bereich der Zähne, des Mundes und des Kiefers, einschließlich der Anomalien der Zahnstellung und des Fehlens von Zähnen".

Es gilt somit grundsätzlich ein **Kurierverbot für Heilpraktiker**. Allerdings bezieht sich dieses nur auf spezifisch zahnärztliche Tätigkeiten.

Die „Verbotszone" reicht von den Lippen bis zum Gaumen. Allerdings unterliegt damit nicht jede Erkrankung in dieser Region einem Behandlungsverbot für Nicht-Zahnärzte, sondern nur solche, die zum zahnarzttypischen Tätigkeitsbereich gehören. So wie sich der Zahnarzt auf originär zahnärztliche Tätigkeiten beschränken muss (er darf z.B. keine allgemeinen Amalgam-Ausleitungen durchführen oder Nasolabialfalten mit Botox® zum Verschwinden bringen), so müssen sich der Humanmediziner und der Heilpraktiker von typisch zahnärztlichen Tätigkeiten fernhalten. Alles andere, insbesondere Allgemeinerkrankungen, die sich im Mundbereich zeigen, dürfen Arzt und Heilpraktiker behandeln, z.B. Zungenveränderungen durch Eisenmangelanämie oder perniziöse Anämie, aber auch Aphthen bei Mundfäule oder Soor. Denn diese Erkrankungen sind keine, die zur zahnärztlichen Wissenschaft gehören. Außerdem gilt das Zahnarztprivileg nur für „Krankheiten". Deshalb sind z.B. die Unterstützung des Zahnens oder Förderung des Zahnwechsels keine dem Zahnarzt vorbehaltenen Tätigkeiten. Nach einem Gerichtsurteil ist auch das „Bleachen" (Weißmachen der Zähne) für Nicht-Zahnärzte erlaubt – weil, wie das Gericht humorvoll bemerkte – verfärbte Zähne kein von der Norm abweichender Zustand sind, sondern eher der Normalfall. Es mag durchaus auch Überschneidungen geben, wo sowohl Zahnarzt und Arzt/Heilpraktiker eine Zuständigkeit begründen können, z.B. bei der kraniomandibulären Dysfunktion. Für solch schwierige Abgrenzungsfragen werden aber vom Prüfling Lösungen nicht erwartet, dürfen auch nicht erwartet werden. Wenn man beachtet, dass der Zahnarzt-Vorbehalt nicht nur den Heilpraktiker betrifft, sondern genauso den Arzt (Humanmediziner), wird man die richtige Lösung finden: Was der Arzt behandeln darf im Bereich von Mundhöhle etc., darf auch der Heilpraktiker (soweit nicht andere Gesetze wie z.B. die Röntgenverordnung) im Wege stehen.

2.1.2 Gesetz über den Beruf der Hebamme und des Entbindungspflegers (HebG)

Heilpraktiker dürfen **keine Geburtshilfe** leisten, **außer in Notfällen**; dann besteht sogar eine Pflicht zur Hilfeleistung nach § 323c Strafgesetzbuch. Geburtshilfe umfasst die Überwachung von **Beginn der Wehen** an und die Überwachung des **Wochenbettverlaufs**. Mit „Wehen“ sind die „**Eröffnungswehen**“ gemeint, d. h. regelmäßige Uteruskontraktionen ca. alle 10 Minuten. Aber die Geburt kann auch schon einsetzen ohne Wehen, wenn z.B. die Fruchtblase platzt und Fruchtwasser oder der Schleimpfropf, der den Muttermund verschlossen hat, abgeht. Das Wochenbett dauert in der Regel 1 Woche bis 10 Tage. Treten Komplikationen auf, kann es auch länger dauern. Darüber entscheidet dann die Hebamme bzw. der Arzt.

Der Heilpraktiker darf die werdende Mutter und die Wöchnerin ansonsten wegen anderer Beschwerden und Krankheiten behandeln, er darf auch mit Einverständnis der eigentlichen Geburtshelfer und der werdenden Mutter bei der Geburt dabei sein und z. B. durch die Verabreichung homöopathischer Mittel in Übereinstimmung mit den Geburtshelfern den Geburtsvorgang unterstützen.

2.1.3 Bestattungsgesetz (BestattungsVO)

Diese Vorschriften sind Länderrecht. In einem stimmen sie inzwischen alle überein: **Leichenschau** und Ausstellung des **Totenscheins** sind Sache des **Arztes**.

2.1.4 Röntgenverordnung und Strahlenschutzverordnung

Sie regeln den Umgang mit radioaktiven Stoffen und ionisierenden Strahlen. Es gibt **keine** Zulassungsmöglichkeit mehr für **Heilpraktiker**. Manche sehr alte Heilpraktiker verfügen aufgrund der früheren Rechtslage noch über eine Röntgen-Konzession.

Der Heilpraktiker kann keine Röntgenbestrahlung „verordnen“ – nach § 24 Abs. III entscheidet über das „Ob und Wie“ einer Anwendung von Röntgenstrahlen ausschließlich eine nach der RöntgenVO berechtigte Person, also z. B. ein Arzt mit zusätzlicher Fachkundeprüfung.

Eingeführt wurde bei der letzten Novellierung der „**Röntgenpass**“, in den alle entsprechenden Untersuchungen eingetragen werden sollen, ähnlich den Impfungen im Impfausweis.

Die **Aufbewahrungspflicht für Röntgenbilder** u. ä. beträgt **30 Jahre** – da kein Behandler die Röntgenbilder 30 Jahre in seinem Keller stapeln will, bekommt man hier als Patient diese Unterlagen beinahe aufgedrängt.

2.1.5 Weitere Gesetze, die die Berufsausübung einschränken

Es gibt noch einige weitere Gesetze, die die Berufsausübung des Heilpraktikers einschränken, z. B. das Transplantationsgesetz, das Transfusionsgesetz, das Embryonenschutzgesetz und das Kastrationsgesetz. Sie sind aber nicht praxisrelevant.

2.2 Gesetze, die die Berufsausübung des Heilpraktikers regeln

2.2.1 Gesetze, die Werbung betreffend

Der Heilpraktiker unterliegt nur den **allgemeinen, d. h. gesetzlich festgelegten Werbeverboten**. Anders als die Berufsordnung der Ärzte, die als Satzung der Ärztekammer jeden Arzt bindet und Einschränkungen bezüglich Werbung enthält, hat die Berufsordnung für Heilpraktiker (BOH; ➤ Kap. 2.4.2) keine allgemeingültige Wirkung.

Gesetz gegen den unlauteren Wettbewerb (UWG)

Das „Grundgesetz“ über die Grenzen erlaubter Werbung ist das „Gesetz gegen den unlauteren Wettbewerb“ (UWG). § 1 UWG: *„Dieses Gesetz dient dem Schutz der Mitbewerber, der Verbraucherinnen und Verbraucher sowie der sonstigen Marktteilnehmer vor unlauteren geschäftlichen Handlungen. Es schützt zugleich das Interesse der Allgemeinheit an einem unverfälschten Wettbewerb.“*

Verboten sind nach § 3 *„unlautere Wettbewerbshandlungen, die geeignet sind, den Wettbewerb … nicht nur unerheblich zu beeinträchtigen“*. Dazu bietet das Gesetz zur Verdeutlichung eine Reihe von Fallkonstellationen, z. B. die Verschleierung von Wettbewerbshandlungen. Dies wäre z. B. der Fall, wenn ein Heilpraktiker zur Förderung der Praxis sich von einer Zeitung in einem redaktionell aufgemachten Artikel anpreisen ließe als Spezialist für bestimmte Erkrankungen mit Angabe einer Telefonnummer.

Auch irreführende Werbung ist verboten, wobei Verstöße, welche von Behandlern begangen werden können, konkreter im Heilmittelwerbegesetz (s.u.) erfasst sind. Auch bemüht sich das Gesetz (§ 7) um Schutz vor Belästigungen durch Werbung. Telefonanrufe zur Werbung oder Faxmailings sind z. B. nur mit vorheriger Einwilligung zulässig.

Heilmittelwerbegesetz (HWG)

Das „Gesetz über die Werbung auf dem Gebiet des Heilwesens“ legt fest, welche Arten von Werbung bezüglich **Arzneimitteln**, **Medizinprodukten**, aber auch **Heilverfahren**, nicht zulässig sind. Dabei wird unterschieden zwischen der **Werbung**, die an die **Allgemeinheit** gerichtet ist und der Werbung, die sich an **Fachkreise** richtet.
Verboten sind

- **die Abgabe von Heilungsversprechen**
- **die Werbung für Fernbehandlung:** Das Verbot der Fernbehandlung als solcher ergibt sich schon aus der Sorgfaltspflicht. Keine Fernbehandlung liegt vor, wenn der Behandler den Patienten schon untersucht hat und ihm dann bezüglich dieser Erkrankung einen weiteren telefonischen Rat gibt.

- bei **homöopathischen Arzneimitteln**, die nur nach dem Arzneimittelgesetz registriert sind, die **Angabe von Indikationen**
- **Werbegaben für Heilberufe**, die nicht geringfügig sind oder die nicht zur Verwendung in der Praxis bestimmt sind. Auch der Annehmende macht sich dabei strafbar (als Ordnungswidrigkeit Geldbuße bis 50.000 €)
- die Werbung für verschreibungspflichtige Arzneimittel
- irreführende Werbung (§ 3 HWG).

GESETZESTEXT

§ 3 HWG: Irreführende Werbung

Unzulässig ist eine irreführende Werbung. Eine Irreführung liegt insbesondere dann vor,

1. wenn Arzneimitteln, Verfahren, Gegenständen oder anderen Mitteln eine therapeutische Wirksamkeit oder Wirkungen beigelegt werden, die sie nicht haben
2. wenn fälschlich der Eindruck erweckt wird, dass
   a. ein Erfolg mit Sicherheit erwartet werden kann
   b. bei bestimmungsgemäßem oder längerem Gebrauch keine schädlichen Wirkungen eintreten
   c. die Werbung nicht zu Zwecken des Wettbewerbs veranstaltet wird
3. wenn unwahre oder zur Täuschung geeignete Angaben
   a. über die Zusammensetzung oder Beschaffenheit von Arzneimitteln, Gegenständen oder anderen Mitteln oder über die Art und Weise der Verfahren und Behandlungen oder
   b. über Personen, Vorbildung, Befähigung oder Erfolge des Herstellers, Erfinders oder der für sie tätigen oder tätig gewesenen Personen gemacht werden.

Kommentierung

Beispielsweise sind Werbeaussagen verboten, mit denen in übertriebener Weise ein Heilungserfolg suggeriert wird. In einem Fall vor dem Landgericht Bielefeld ging es um die Werbung eines Heilpraktikers, der für eine Gürtelrosebehandlung mit der Aussage warb, diese sei selbst nach Jahren durch ihn heilbar. Seine Behandlung bringe derart schnelle Hilfe, dass es wie ein Wunder anmute. Er bezeichnete sich als erfahrenen Naturheilkundler, der Gürtelrose mit einmaligem Erfolg kuriere. Derartige Aussagen stellen einen Verstoß gegen das Irreführungsverbot des § 3 HWG dar. Darüber hinaus trat der Heilpraktiker unter der irreführenden Bezeichnung „Deutsche Gürtelrose-Ambulanz" auf. (LG Bielefeld, Az: 16 O 172/03).

GESETZESTEXT

§ 11 HWG: Verbotene Arten der Werbung

(1) Außerhalb der Fachkreise darf für Arzneimittel, Verfahren, Behandlungen, Gegenstände oder andere Mittel nicht geworben werden.

1. mit Angaben oder Darstellungen, die sich auf eine Empfehlung von Wissenschaftlern, von im Gesundheitswesen tätigen Personen, von im Bereich der Tiergesundheit tätigen Personen oder anderen Personen, die auf Grund ihrer Bekanntheit zum Arzneimittelverbrauch anregen können, beziehen
2. mit der Wiedergabe von Krankengeschichten sowie mit Hinweisen darauf, wenn diese in missbräuchlicher, abstoßender oder irreführender Weise erfolgt oder durch eine ausführliche Beschreibung oder Darstellung zu einer falschen Selbstdiagnose verleiten kann
3. mit einer bildlichen Darstellung, die in missbräuchlicher, abstoßender oder irreführender Weise Veränderungen des menschlichen Körpers auf Grund von Krankheiten oder Schädigungen oder die Wirkung eines Arzneimittels im menschlichen Körper oder in Körperteilen verwendet
4. mit Werbeaussagen, die nahelegen, dass die Gesundheit durch die Nichtverwendung des Arzneimittels beeinträchtigt oder durch die Verwendung verbessert werden könnte
5. durch Werbevorträge, mit denen ein Feilbieten oder eine Entgegennahme von Anschriften verbunden ist
6. mit Veröffentlichungen, deren Werbezweck missverständlich oder nicht deutlich erkennbar ist
7. mit Äußerungen Dritter, insbesondere mit Dank-, Anerkennungs- oder Empfehlungsschreiben, oder mit Hinweisen auf solche Äußerungen, wenn diese in missbräuchlicher, abstoßender oder irreführender Weise erfolgen
8. mit Werbemaßnahmen, die sich ausschließlich oder überwiegend an Kinder unter 14 Jahren richten
9. mit Preisausschreiben, Verlosungen oder anderen Verfahren, deren Ergebnis vom Zufall abhängig ist, sofern diese Maßnahmen oder Verfahren einer unzweckmäßigen oder übermäßigen Verwendung von Arzneimitteln Vorschub leisten
10. durch die Abgabe von Mustern oder Proben von Arzneimitteln oder durch Gutscheine dafür
11. durch die nicht verlangte Abgabe von Mustern oder Proben von anderen Mitteln oder Gegenständen oder durch Gutscheine dafür.

(2) Außerhalb der Fachkreise darf für Arzneimittel zur Anwendung bei Menschen nicht mit Angaben geworben werden, die nahe legen, dass die Wirkung des Arzneimittels einem anderen Arzneimittel oder einer anderen Behandlung entspricht oder überlegen ist.

Kommentierung

§ 11 HWG **verbietet** konkret bestimmte **„unsaubere" Werbung** mit Arzneimitteln und Behandlungen. Ein Heilpraktiker darf gegenüber Laien, z. B. in einem öffentlichen Vortrag, keine Proben abgeben (Ziff. 14). Er darf nicht unter dem Vorwand, über eine Krankheit informieren zu wollen, seine Behandlungsmethode an den Mann bringen (Ziff. 9).

Rabatte z. B. in der Apotheke sind nach dem Heilmittelwerbegesetz **verboten**, da Heilmittel und Heilverfahren keine Saisonartikel sein sollen. Ethisch bedenklich ist auch der emotionale Appell an selbstunsichere Menschen („Schämen Sie sich Ihrer Figur? Unsere Diät befreit Sie von diesem Problem …").

Vollständig **verboten** ist die **Werbung** für die Behandlung von **Krankheiten** nach der Anlage zu **§ 12 HWG:**

- meldepflichtige Krankheiten nach dem Infektionsschutzgesetz
- **bösartige Neubildungen**
- **Suchtkrankheiten, ausgenommen Nikotinabhängigkeit**
- krankhafte Komplikationen der **Schwangerschaft**, der **Entbindung** und des **Wochenbetts**
- bestimmte Krankheiten und Leiden beim **Tier**

Nicht verboten werden darf die Information darüber, dass der Heilpraktiker diese Krankheiten behandelt (soweit er sie behandeln darf) oder die sachliche Information über die dabei angewendeten Verfahren.

2.2.2 Medizinproduktegesetz (MPG) mit Betreiber-Verordnung

Was sind Medizinprodukte? So ziemlich alles, womit der Mensch körperlich in Berührung kommt und was ähnliche Zwecke verfolgt **wie Arzneimittel**, aber auf **physikalischem Weg**, also z. B. Spritzen, Implantate, Brillen, Rollstühle, Verbandsmaterial, Geräte der medizinischen Praxis, Desinfektionsmittel soweit sie am Körper angewendet werden, Kondome, sogar medizinische Computer und Software.

Wichtigste äußerlich sichtbare Neuerung durch das MPG ist das **„CE"-Zeichen** (Conformité européenne), das alle Medizinprodukte ab 13. Juni 1998 erfüllen und führen müssen. Das alte nationale „GS"-Zeichen („Geprüfte Sicherheit") darf nicht mehr verwendet werden. Für den Heilpraktiker relevant sind folgende Punkte:

- **Verschreibungspflicht** für manche Medizinprodukte, z. B. Intrauterinpessare
- **Inbetriebnahme:** Verbot der Verwendung von mangelhaften Geräten oder von Material, dessen Verfallsdatum abgelaufen ist. Das Personal muss in die Handhabung etc. eingewiesen sein.
- **Instandhaltungspflicht**
- **Meldepflicht** bei schwerwiegenden Ereignissen, z. B. Gesundheitsschaden durch Bedienungsfehler oder fehlerhafte Gebrauchsanweisung. Die Meldung muss unverzüglich auf besonderen Formularen an das DIMDI (Deutsches Institut für Medizinische Dokumentation und Information; www.dimdi.dewww.dimdi.de) erfolgen.
- Führung eines **Medizinproduktebuchs** bzw. **Bestandsverzeichnisses** für bestimmte Geräte. Darin müssen z. B. aufgeführt sein die näheren Daten über das Gerät, durchgeführte Funktionsprüfungen, Einweisungen, Funktionsstörungen.
- **Gebrauchsanweisungen** müssen so aufbewahrt werden, dass sie jederzeit greifbar sind.
- **Messtechnische Kontrollen** (Eichung) alle 2 Jahre nach § 11 Medizinproduktebetreiberverordnung, wobei die Eichfrist bis zum Ende des zweiten Jahres gilt.

2.2.3 Bürgerliches Gesetzbuch (BGB)

Seit Februar 2013 gilt für das Rechtsverhältnis zwischen Therapeuten und Patienten (Arzt, Heilpraktiker, Krankenhaus u.a.) ein neu in das BGB eingefügtes Kapitel „Behandlungsvertrag". Inhaltlich gab es dadurch kaum Neuerungen, aber nun sind die im Verlauf der letzten Jahre und Jahrzehnte durch die Rechtsprechung entwickelten Grundsätze übersichtlich zusammengefasst. Deshalb werden die Paragraphen dieses Kapitels hier vollständig wiedergegeben. Sie sind die rechtliche Grundlage für die Rechte und Pflichten des Heilpraktikers gegenüber seinen Patienten.

GESETZESTEXT

§ 630a Vertragstypische Pflichten beim Behandlungsvertrag

(1) Durch den Behandlungsvertrag wird derjenige, welcher die medizinische Behandlung eines Patienten zusagt (Behandelnder), zur Leistung der versprochenen Behandlung, der andere Teil (Patient) zur Gewährung der vereinbarten Vergütung verpflichtet, soweit nicht ein Dritter zur Zahlung verpflichtet ist.
(2) Die Behandlung hat nach den zum Zeitpunkt der Behandlung bestehenden, allgemein anerkannten fachlichen Standards zu erfolgen, soweit nicht etwas anderes vereinbart ist.

§ 630b Anwendbare Vorschriften

Auf das Behandlungsverhältnis sind die Vorschriften über das Dienstverhältnis, das kein Arbeitsverhältnis im Sinne des § 622 ist, anzuwenden, soweit nicht in diesem Untertitel etwas anderes bestimmt ist.

§ 630c Mitwirkung der Vertragsparteien; Informationspflichten

(1) Behandelnder und Patient sollen zur Durchführung der Behandlung zusammenwirken.
(2) Der Behandelnde ist verpflichtet, dem Patienten in verständlicher Weise zu Beginn der Behandlung und, soweit erforderlich, in deren Verlauf sämtliche für die Behandlung wesentlichen Umstände zu erläutern, insbesondere die Diagnose, die voraussichtliche gesundheitliche Entwicklung, die Therapie und die zu und nach der Therapie zu ergreifenden Maßnahmen. Sind für den Behandelnden Umstände erkennbar, die die Annahme eines Behandlungsfehlers begründen, hat er den Patienten über diese auf Nachfrage oder zur Abwendung gesundheitlicher Gefahren zu informieren. Ist dem Behandelnden oder einem seiner in § 52 Absatz 1 der Strafprozessordnung bezeichneten Angehörigen ein Behandlungsfehler unterlaufen, darf die Information nach Satz 2 zu Beweiszwecken in einem gegen den Behandelnden oder gegen seinen Angehörigen geführten Straf- oder Bußgeldverfahren nur mit Zustimmung des Behandelnden verwendet werden.
(3) Weiß der Behandelnde, dass eine vollständige Übernahme der Behandlungskosten durch einen Dritten nicht gesichert ist oder ergeben sich nach den Umständen hierfür hinreichende Anhaltspunkte, muss er den Patienten vor Beginn der Behandlung über die voraussichtlichen Kosten der Behandlung in Textform informieren. Weitergehende Formanforderungen aus anderen Vorschriften bleiben unberührt.
(4) Der Information des Patienten bedarf es nicht, soweit diese ausnahmsweise aufgrund besonderer Umstände entbehrlich ist, insbesondere wenn die Behandlung unaufschiebbar ist oder der Patient auf die Information ausdrücklich verzichtet hat.

§ 630d Einwilligung

(1) Vor Durchführung einer medizinischen Maßnahme, insbesondere eines Eingriffs in den Körper oder die Gesundheit, ist der Behandelnde verpflichtet, die Einwilligung des Patienten einzuholen. Ist der Patient einwilligungsunfähig, ist die Einwilligung eines hierzu Berechtigten einzuholen, soweit nicht eine Patientenverfügung nach § 1901a Absatz 1 Satz 1 die Maßnahme gestattet oder untersagt. Weitergehende Anforderungen an die Einwilligung aus anderen Vorschriften bleiben unberührt. Kann eine Einwilligung für eine unaufschiebbare Maßnahme nicht rechtzeitig eingeholt werden, darf sie ohne Einwilligung durchgeführt werden, wenn sie dem mutmaßlichen Willen des Patienten entspricht.
(2) Die Wirksamkeit der Einwilligung setzt voraus, dass der Patient oder im Fall des Absatzes 1 Satz 2 der zur Einwilligung Berechtigte vor der Einwilligung nach Maßgabe von § 630e Absatz 1 bis 4 aufgeklärt worden ist.
(3) Die Einwilligung kann jederzeit und ohne Angabe von Gründen formlos widerrufen werden.

§ 630e Aufklärungspflichten

(1) Der Behandelnde ist verpflichtet, den Patienten über sämtliche für die Einwilligung wesentlichen Umstände aufzuklären. Dazu gehören insbesondere Art, Umfang, Durchführung, zu erwartende Folgen und Risiken der Maßnahme sowie ihre Notwendigkeit, Dringlichkeit, Eignung und

Erfolgsaussichten im Hinblick auf die Diagnose oder die Therapie. Bei der Aufklärung ist auch auf Alternativen zur Maßnahme hinzuweisen, wenn mehrere medizinisch gleichermaßen indizierte und übliche Methoden zu wesentlich unterschiedlichen Belastungen, Risiken oder Heilungschancen führen können.

(2) Die Aufklärung muss

1. mündlich durch den Behandelnden oder durch eine Person erfolgen, die über die zur Durchführung der Maßnahme notwendige Ausbildung verfügt; ergänzend kann auch auf Unterlagen Bezug genommen werden, die der Patient in Textform erhält,
2. so rechtzeitig erfolgen, dass der Patient seine Entscheidung über die Einwilligung wohlüberlegt treffen kann,
3. für den Patienten verständlich sein.

Dem Patienten sind Abschriften von Unterlagen, die er im Zusammenhang mit der Aufklärung oder Einwilligung unterzeichnet hat, auszuhändigen.

(3) Der Aufklärung des Patienten bedarf es nicht, soweit diese ausnahmsweise aufgrund besonderer Umstände entbehrlich ist, insbesondere wenn die Maßnahme unaufschiebbar ist oder der Patient auf die Aufklärung ausdrücklich verzichtet hat.

(4) Ist nach § 630d Absatz 1 Satz 2 die Einwilligung eines hierzu Berechtigten einzuholen, ist dieser nach Maßgabe der Absätze 1 bis 3 aufzuklären.

(5) Im Fall des § 630d Absatz 1 Satz 2 sind die wesentlichen Umstände nach Absatz 1 auch dem Patienten entsprechend seinem Verständnis zu erläutern, soweit dieser aufgrund seines Entwicklungsstandes und seiner Verständnismöglichkeiten in der Lage ist, die Erläuterung aufzunehmen, und soweit dies seinem Wohl nicht zuwiderläuft. Absatz 3 gilt entsprechend.

§ 630f Dokumentation der Behandlung

(1) Der Behandelnde ist verpflichtet, zum Zweck der Dokumentation in unmittelbarem zeitlichem Zusammenhang mit der Behandlung eine Patientenakte in Papierform oder elektronisch zu führen. Berichtigungen und Änderungen von Eintragungen in der Patientenakte sind nur zulässig, wenn neben dem ursprünglichen Inhalt erkennbar bleibt, wann sie vorgenommen worden sind. Dies ist auch für elektronisch geführte Patientenakten sicherzustellen.

(2) Der Behandelnde ist verpflichtet, in der Patientenakte sämtliche aus fachlicher Sicht für die derzeitige und künftige Behandlung wesentlichen Maßnahmen und deren Ergebnisse aufzuzeichnen, insbesondere die Anamnese, Diagnosen, Untersuchungen, Untersuchungsergebnisse, Befunde, Therapien und ihre Wirkungen, Eingriffe und ihre Wirkungen, Einwilligungen und Aufklärungen. Arztbriefe sind in die Patientenakte aufzunehmen.

(3) Der Behandelnde hat die Patientenakte für die Dauer von zehn Jahren nach Abschluss der Behandlung aufzubewahren, soweit nicht nach anderen Vorschriften andere Aufbewahrungsfristen bestehen.

§ 630g Einsichtnahme in die Patientenakte

(1) Dem Patienten ist auf Verlangen unverzüglich Einsicht in die vollständige, ihn betreffende Patientenakte zu gewähren, soweit der Einsichtnahme nicht erhebliche therapeutische Gründe oder sonstige erhebliche Rechte Dritter entgegenstehen. Die Ablehnung der Einsichtnahme ist zu begründen. § 811 ist entsprechend anzuwenden.

(2) Der Patient kann auch elektronische Abschriften von der Patientenakte verlangen. Er hat dem Behandelnden die entstandenen Kosten zu erstatten.

(3) Im Fall des Todes des Patienten stehen die Rechte aus den Absätzen 1 und 2 zur Wahrnehmung der vermögensrechtlichen Interessen seinen Erben zu. Gleiches gilt für die nächsten Angehörigen des Patienten, soweit sie immaterielle Interessen geltend machen. Die Rechte sind ausgeschlossen, soweit der Einsichtnahme der ausdrückliche oder mutmaßliche Wille des Patienten entgegensteht.

§ 630h Beweislast bei Haftung für Behandlungs- und Aufklärungsfehler

(1) Ein Fehler des Behandelnden wird vermutet, wenn sich ein allgemeines Behandlungsrisiko verwirklicht hat, das für den Behandelnden voll beherrschbar war und das zur Verletzung des Lebens, des Körpers oder der Gesundheit des Patienten geführt hat.

(2) Der Behandelnde hat zu beweisen, dass er eine Einwilligung gemäß § 630d eingeholt und entsprechend den Anforderungen des § 630e aufgeklärt hat. Genügt die Aufklärung nicht den Anforderungen des § 630e, kann der Behandelnde sich darauf berufen, dass der Patient auch im Fall einer ordnungsgemäßen Aufklärung in die Maßnahme eingewilligt hätte.

(3) Hat der Behandelnde eine medizinisch gebotene wesentliche Maßnahme und ihr Ergebnis entgegen § 630f Absatz 1 oder Absatz 2 nicht in der Patientenakte aufgezeichnet oder hat er die Patientenakte entgegen § 630f Absatz 3 nicht aufbewahrt, wird vermutet, dass er diese Maßnahme nicht getroffen hat.

(4) War ein Behandelnder für die von ihm vorgenommene Behandlung nicht befähigt, wird vermutet, dass die mangelnde Befähigung für den Eintritt der Verletzung des Lebens, des Körpers oder der Gesundheit ursächlich war.

(5) Liegt ein grober Behandlungsfehler vor und ist dieser grundsätzlich geeignet, eine Verletzung des Lebens, des Körpers oder der Gesundheit der tatsächlich eingetretenen Art herbeizuführen, wird vermutet, dass der Behandlungsfehler für diese Verletzung ursächlich war. Dies gilt auch dann, wenn es der Behandelnde unterlassen hat, einen medizinisch gebotenen Befund rechtzeitig zu erheben oder zu sichern, soweit der Befund mit hinreichender Wahrscheinlichkeit ein Ergebnis erbracht hätte, das Anlass zu weiteren Maßnahmen gegeben hätte, und wenn das Unterlassen solcher Maßnahmen grob fehlerhaft gewesen wäre."

Kommentierung

Der Behandlungsvertrag wird als Dienstvertrag angesehen, d.h., im Unterschied zum Werkvertrag schuldet der Behandler nicht einen bestimmten Erfolg, sondern nur ein fachgerechtes Bemühen um Genesung. Der Patient schuldet die vereinbarte Vergütung, er ist aber auch (§ 630c Abs. 1) zur Mitwirkung an der Heilmaßnahme verpflichtet.

Die **Dokumentation** der Behandlung ist nicht bloß eine Gedächtnisstütze für den Behandler, sondern ein Recht des Patienten. Diese Dokumentation muss der Heilpraktiker in zeitlich unmittelbarem Zusammenhang führen (in Papierform oder elektronisch) und nachträgliche Änderungen müssen als nachträgliche erkennbar sein (§ 630f). Da heimliche nachträgliche Änderungen oft nicht erkennbar und beweisbar sind, ist es wichtig, dass der Patient ein Recht bekommen hat, **die Originalunterlagen unverzüglich und vollständig einzusehen** bzw. Kopien gegen Kostenersatz zu bekommen (§ 630g). Das Einsichtsrecht erstreckt sich nunmehr grundsätzlich auch auf die sog. subjektiven Befunde, wie etwa den persönlichen Eindruck und Wahrnehmungen des Behandlers. Die Durchführung der Aufklärung und Einwilligung des Patienten muss immer dokumentiert werden. **Die Unterlagen sind 10 Jahre aufzubewahren**.

Die Behandlung hat nach den anerkannten fachlichen Standards zu erfolgen. Hier gilt für den Heilpraktiker natürlich nicht der schulmedizinische Standard, sondern der seinem angewandten Verfahren entsprechende – jedenfalls soweit der Patient erkennbar in der Erwartung kommt, vom Heilpraktiker mit alternativen oder komplementären Verfahren behandelt zu werden (§ 630a).

Die **wirksame Einwilligung** des Patienten zur Behandlung setzt eine **Aufklärung** von Seiten des Behandlers voraus. Die Aufklärung muss sämtliche relevante Umstände erfassen, kann aber, je nach Informationsbedürfnis des Patienten, verkürzt oder erweitert sein. Die **Aufklärung muss mündlich erfolgen**, sie kann aber durch schriftliche Unterlagen ergänzt werden. Von den Papieren sind dem Patienten Kopien auszuhändigen (§ 630e). Der Patient ist auch auf Alternativen zur vorgeschlagenen Behandlung hinzuweisen, sofern es deutliche Unterschiede in Bezug auf Belastungen, Risiken und Heilungschancen gibt. Gegebenenfalls müsste also der Heilpraktiker auch auf schulmedizinische Behandlungsmöglichkeiten hinweisen, genauso wie der Arzt umgekehrt auf alternative und komplementäre Methoden.

Die Aufklärung muss auch die finanziellen Aspekte enthalten, soweit sie relevant sind (Behandlungskosten, Erstattungsmöglichkeiten). Angesichts der Vielzahl unterschiedlicher Tarife bei der Erstattung von Heilpraktikerkosten, kann dies natürlich nicht bedeuten, dass der Behandler die Versicherungsbedingungen in jedem Einzelfall studiert und interpretiert. Der Heilpraktiker muss aber den Patienten auf die – in vielen Fällen zutreffende – Möglichkeit hinweisen, dass die Behandlungskosten von der privaten Versicherung oder der Beihilfe nicht oder nur teilweise erstattet werden.

Die Einwilligung nach korrekter Aufklärung ist wirksam, wenn der Patient die erforderliche natürliche Einsichtsfähigkeit besitzt. Sie richtet sich also nicht nach formalen Kriterien wie Volljährigkeit. Ein Minderjähriger oder dementer Patient kann die ausreichende natürliche Einsichtsfähigkeit besitzen – ist sie nicht gegeben, ist der Betreuer oder Vormund oder zuletzt das Betreuungsgericht für die Erteilung der Einwilligung zuständig.

Davon zu unterscheiden ist die rechtliche Fähigkeit, überhaupt einen Behandlungsvertrag abzuschließen. Hierfür bedarf es der sog. Geschäftsfähigkeit. Ein Minderjähriger kann Verträge abschließen, die ihm nur einen rechtlichen Vorteil bringen. Das ist z.B. der Fall, wenn er krankenversichert ist. Andernfalls ist eine Zustimmung der Eltern erforderlich.

Im letzten Paragraphen des Abschnitts (§ 630h) sind Regeln der **Beweislastumkehr** festgeschrieben. Normalerweise hat im Zivilrecht derjenige, der einen Anspruch gegenüber einem Anderen geltend machen, die Voraussetzungen dafür zu beweisen, z.B. dass der Andere von hinten auf das eigene Fahrzeug aufgefahren ist, oder dass die gekaufte Ware nicht dem Kaufvertrag entspricht. Da aber im Bereich der Behandlungsmaßnahmen der Patient oft nicht den ausreichenden Überblick hat und haben kann (z.B. war er während der Operation bewusstlos), hat die Rechtsprechung Regeln dafür entwickelt, wann ausnahmsweise nicht der Patient eine Tatsache zu beweisen hat, sondern umgekehrt der Behandler. Hat z.B. der Behandler die Aufklärung des Patienten nicht dokumentiert, wird davon ausgegangen, dass sie nicht stattgefunden hat. Natürlich hat der Behandler weiterhin die Möglichkeit, mit anderen Mitteln zu beweisen, dass sie doch stattgefunden hat, z.B. durch Zeugenaussagen der Helferin. Diese Regelungen sind nunmehr in § 630h übersichtlich kodifiziert.

In diesem Zusammenhang ist noch Folgendes von Bedeutung: Nach § 630c Abs. 2 ist der **Behandler auch verpflichtet, den Patienten über einen begründeten Verdacht auf einen Behandlungsfehler zu informieren,** wenn der Patient danach fragt oder auch ungefragt, wenn ihm gesundheitliche Gefahren drohen. Diese Informationen können auch in einem zivilrechtlichen Rechtsstreit vom Patienten angeführt werden. Im Strafprozess allerdings nur mit Einverständnis des Behandlers; denn niemand soll gezwungen sein, sich im Hinblick auf mögliche Straftaten selbst zu belasten (sog. Beweisverwertungsverbot).

Aus dem Behandlungsvertrag ergeben sich für den Behandler noch weitere Pflichten, die im Gesetz nicht ausdrücklich erwähnt sind, z.B. die Fortbildungspflicht (als Ausfluss der Sorgfaltspflicht) und die Schweigepflicht.

Die Schweigepflicht umfasst alle Informationen, die dem Behandler im Zusammenhang mit der Behandlung bekannt geworden sind. Die Schweigepflicht umfasst auch die Identität von Patienten und die Tatsache, dass der Patient in Behandlung ist. Nur wenn der Patient den Behandler ausdrücklich oder durch schlüssiges Verhalten von der Schweigepflicht entbindet, darf der Behandler diese Informationen weitergeben. Die Schweigepflicht gilt grundsätzlich gegenüber allen Personen, mithin prinzipiell auch gegenüber Familienangehörigen oder Behandlerkollegen. Sie gilt über den Tod des Patienten hinaus. Beim Verkauf einer Praxis dürfen die Patientenakten nur mit Einwilligung des Patienten an den Nachfolger übergeben werden. Ausnahmen von der Schweigepflicht können in anderen Gesetzen geregelt sein, z.B. durch die Meldepflicht im Infektionsschutzgesetz.

2.2.4 Zivilprozessordnung

Nach § 383 Zeugnisverweigerungsrecht hat die Partei im Zivilprozess die Möglichkeit, dem **Heilpraktiker** als Zeugen die **Aussage** zu erlauben; dann darf und muss der Heilpraktiker wahrheitsgemäß aussagen.

2.2.5 Strafgesetzbuch

Als **Körperverletzung** gilt nach § 223 StGB: „*Wer einen anderen körperlich misshandelt oder an der Gesundheit schädigt, wird mit Freiheitsstrafe bis zu 3 Jahren oder mit Geldstrafe bestraft.*" Juristisch gesehen ist jede Verletzung der körperlichen Integrität, d. h. z. B. das Einstechen einer Injektions- oder Akupunkturnadel, tatbestandsmäßig eine Körperverletzung nach §§ 223 ff StGB. Sie ist normalerweise nicht strafbar, weil der Patient aufgeklärt wurde und eingewilligt hat. Die Einwilligung wird oft nur durch das Verhalten ausgedrückt (Freimachen der Glutäalregion) oder mündlich ausgesprochen – in Zweifelsfällen kann man sich durch Schriftform absichern. Problematisch kann die Wirksamkeit der Einwilligung bei Minderjährigen sein – hier kommt es auf das Einsichtsvermögen des Jugendlichen an; bei Zweifeln muss die Einwilligung von Seiten der Eltern eingeholt werden. Bei Bewusstlosen liegt nach herrschender Ansicht eine vermutete Einwilligung für die unaufschiebbaren Maßnahmen vor.

Entscheidend für die Wirksamkeit der Einwilligung ist, dass sie aufgrund ausreichender Information erteilt wurde. Wurde der Patient z. B. nicht aufgeklärt, dass ein Heublumensack allergische Reaktionen auf der Haut auslösen kann, wird der Heilpraktiker wegen Körperverletzung haften, wenn er diese Behandlung durchführt und sich das Allergierisiko verwirklicht. Denn dann war die Einwilligung nicht wirksam, und die Unterlassung einer ausreichenden Aufklärung ist in der Regel auch schuldhaft.

Wer bei Unglücksfällen oder gemeiner Gefahr oder Not keine Hilfe leistet, obwohl dies erforderlich und ihm den Umständen nach zuzumuten ist und insbesondere ohne erhebliche eigene Gefahr und ohne Verletzung anderer wichtiger Pflichten möglich ist, wird mit Freiheitsstrafe bis zu einem Jahr oder mit Geldstrafe bestraft (**unterlassene Hilfeleistung** nach **§ 323c**). Dieser Paragraph verpflichtet jedermann zur Hilfeleistung im Rahmen der Zumutbarkeit; Personen mit medizinischer Ausbildung ist im Allgemeinen wegen ihres Berufs eine weitergehende Hilfeleistung zuzumuten als Laien.

Eine weitere Regelung des Strafgesetzbuchs, die die Berufsausübung des Heilpraktikers betreffen kann, ist § 174c StGB „**sexueller Missbrauch** unter Ausnutzung eines Beratungs-, Behandlungs- oder Betreuungsverhältnisses“:

GESETZESTEXT

§ 174c StGB: Sexueller Missbrauch unter Ausnutzung eines Beratungs-, Behandlungs- oder Betreuungsverhältnisses

(1) Wer sexuelle an einer Person, die ihm wegen einer geistigen oder seelischen Krankheit oder Behinderung einschließlich einer Suchtkrankheit oder wegen einer körperlichen Krankheit oder Behinderung zur Beratung, Behandlung oder Betreuung anvertraut ist, unter Missbrauch des Beratungs-, Behandlungs- oder Betreuungsverhältnisses vornimmt oder an sich von ihr vornehmen lässt, wird mit Freiheitsstrafe von 3 Monaten bis zu 5 Jahren bestraft.
(2) Ebenso wird bestraft, wer sexuelle Handlungen an einer Person, die ihm zur psychotherapeutischen Behandlung anvertraut ist, unter Missbrauch des Behandlungsverhältnisses vornimmt oder an sich von ihr vornehmen lässt.
(3) Der Versuch ist strafbar.

Das Strafgesetzbuch wurde 2016 erweitert um zwei Paragraphen, die die Korruption im Gesundheitswesen bekämpfen sollen (§§ 299a und 299b). Täter können jedoch nur Angehörige von Heilberufen sein, die eine staatliche Ausbildung erfordern. Da dies bei Heilpraktikern nicht der Fall ist, können Heilpraktiker die dort angeführten Taten zwar begehen, wären jedoch nicht strafbar. Weshalb Heilpraktiker nicht erfasst wurden, lässt sich dem Gesetzgebungsverfahren nicht entnehmen.

2.2.6 Abgabenordnung (AO)

Die AO regelt das Verfahren zwischen den Finanzbehörden und dem Steuerpflichtigen. Sie verpflichtet zur Abgabe von Steuererklärungen. Der Heilpraktiker muss Einkommenssteuer zahlen, aber keine Umsatzsteuer und keine Gewerbesteuer.

2.2.7 Berufsordnung der Ärzte

Ärzte und Heilpraktiker dürfen zusammenarbeiten bei der Behandlung von Patienten, wenn die Verantwortungsbereiche klar getrennt sind; erlaubt ist auch gemeinsame Beratung, Anfertigung und Austausch von Befunden etc. (Einwilligung des Patienten vorausgesetzt). Eine gemeinsame Praxis ist dem Arzt jedoch nicht möglich. Zu beachten ist immer, dass Mitteilungen über Patienten, wenn sie nicht innerhalb einer Praxis geschehen, einer Entbindung von der Schweigepflicht bedürfen, d. h., der Patient muss um sein Einverständnis gefragt werden.

2.3 Aufgaben, mit denen der Heilpraktiker nicht betraut wurde

2.3.1 Sozialrecht

Sozialgesetzbuch (SGB)

Im gesamten Bereich der **gesetzlichen** Kranken-, Pflege- Unfall- und Rentenversicherung ist der Heilpraktiker „außen vor“, d. h., seine Leistungen (auch die Medikamente, Hilfsmittel oder sonstigen Leistungen wie Massagen, die er rezeptiert) werden von den **gesetzlichen Kassen nicht erstattet**. Natürlich kann sich der sozialversicherte Patient auf eigene Kosten vom Heilpraktiker behandeln lassen.

Eine Besonderheit gilt im Unfallversicherungsrecht: Bei **Arbeitsunfällen** muss **zuerst** der sog. **Durchgangsarzt** den Schaden feststellen. Eine vorher vom Heilpraktiker vorgenommene Behandlung würde evtl. die Ansprüche des Patienten gegen die Unfallversicherung gefährden. Im Interesse des Patienten ist dieser bei einem Arbeitsunfall (dazu gehören auch Wegeunfälle, also z. B. ein Autounfall mit möglichem Schleudertrauma auf dem Weg zur Arbeit oder von der Arbeit) erst zum Durchgangsarzt zu schicken.

Eine markante Änderung erfuhr das SGB 2015 durch neue Regelungen zur Prävention (Präventionsgesetz). Danach können Ärzte z.B. rezeptähnliche Präventionsempfehlungen ausgeben für entsprechende Kurse bei Volkshochschulen etc., die von den gesetzlichen Krankenkassen bezuschusst werden („Bewegung auf Rezept“). Auch Selbsthilfegruppen können Zuschüsse erhalten. Da das Präventionsgesetz aber Teil des SGB ist, hat der Heilpraktiker darin keine Bedeutung.

Heilverfahrensordnung und Beihilfevorschriften

Heilpraktikermaßnahmen sind grundsätzlich **erstattungsfähig** bei der **Beihilfe**. Die „Beihilfe“ ist eine Einrichtung des Staates für die Beamten, deren Krankheitskosten daraus zum Teil erstattet werden. Eine Erstattung kann verweigert werden, wenn es sich um eine nicht „wissenschaftlich anerkannte Maßnahme“ handelt. Auch psychotherapeutische Behandlungen durch Heilpraktiker werden nicht erstattet.

2.3.2 Strafprozessordnung (StPO)

Nach § 53 StPO besteht **kein berufliches Zeugnisverweigerungsrecht** im Strafprozess für den Heilpraktiker als Zeugen, weil er, anders als Ärzte, Apotheker, Anwälte, Seelsorger, in § 53 nicht erwähnt wird. Es gibt jedoch keinen sachlichen Grund, den Schutz der Intimsphäre von Patienten hier nicht zu gewähren. In diesem Sinne erging auch die einzige gerichtliche Entscheidung (Landgericht Freiburg, 1996), die ich für dieses Problem finden konnte. Man darf also davon ausgehen, dass, besonders unter dem heute gestiegenen Bewusstsein für Datenschutz und der gestiegenen Anerkennung des Heilpraktikerberufs, dem Heilpraktiker ebenfalls ein Zeugnisverweigerungsrecht zusteht. Laut § 81a dürfen körperliche **Untersuchungen** und **Blutentnahmen** gegenüber dem Beschuldigten nur durch **Ärzte** durchgeführt werden. § 81c beinhaltet eine entsprechende Regelung gegenüber Zeugen.

§ 87: Eine gerichtliche **Leichenschau** darf nur durch **Ärzte** erfolgen.

2.3.3 Unterbringungsrecht

Die „Unterbringung" ist eine staatlich angeordnete **Freiheitsentziehung ohne Strafcharakter**. Sie wird z. B. angewendet im Asylrecht, im Strafrecht als Sicherungsverwahrung, nach dem Infektionsschutzgesetz (Quarantäne; ➤ Kap. 1.2.5) und in psychiatrischen Notfällen. Oft wurde nicht beachtet, dass Unterbringung keine Strafe sein darf. Dies hat das Bundesverfassungsgericht zumindest im Bereich der Sicherungsverwahrung in den letzten Jahren erst gegen große politische Widerstände durchgesetzt. Für den Heilpraktiker relevant ist die Unterbringung bei **psychiatrischen Notfällen**.

Eine **Unterbringung** ist auch hier nur eine **allerletzte Maßnahme**, wenn kein geringerer Eingriff in die Freiheit des Betroffenen ausreicht, z. B. indem Angehörige die Aufsicht über den Kranken zuverlässig übernehmen. Sie darf nur von einem **Richter** angeordnet werden, weil es nach dem Grundgesetz aufgrund der Erfahrungen unter dem Nationalsozialismus gefährlich ist, dieses Recht der Exekutive (Regierung, Behörden) zu geben. Der Richter muss laut den Unterbringungsgesetzen der Länder überprüfen, ob

- eine akute Gefahr gegeben ist (wenn ein psychiatrischer Patient in einem Wutanfall das Praxismobiliar demoliert hat und sich dann beruhigt hat, fehlt es an der akuten Gefahr)
- eine erhebliche Gefahr für die öffentliche Sicherheit und Ordnung oder für Gesundheit/Leben des Kranken oder anderer Personen vorliegt
- die psychische Erkrankung oder eine Sucht die Ursache für die Gefahr ist
- ein milderes Mittel wie ambulante psychiatrische Versorgung oder Beaufsichtigung durch die Familie ausreichen
- der Betroffene nicht freiwillig mit einer stationären Aufnahme in eine psychiatrische Klinik einverstanden ist.

Der Heilpraktiker, der bei einem Patienten eine solche Situation feststellt, kann eine Unterbringung nur anregen z. B. beim sozialpsychiatrischen Dienst des Gesundheitsamts. In diesem Fall ist seine Schweigepflicht aufgehoben, weil ein sog. **rechtfertigender Notstand** (§ 34 StGB) vorliegt. Er ist aber weiter nicht beteiligt an dem Verfahren, kann es auch nicht mehr stoppen, wenn er später die Situation anders einschätzt. Wenn es dem Heilpraktiker nicht gelingt, eine hochakute Gefahr durch Einfühlungsvermögen und psychologisches Geschick aufzulösen (z. B. will der Patient sich unmittelbar jetzt töten und hat ein Messer dabei), wird er die Polizei anrufen. Diese kann dann eine sogenannte sofortige vorläufige Unterbringung vollziehen, die aber nachträglich, spätestens bis zum Ablauf des nächsten Tages, vom Betreuungsgericht genehmigt werden muss.

2.3.4 Gesetz zur Kooperation und Information im Kinderschutz (KKG)

2011 wurde dieses Gesetz neu geschaffen. Es richtet sich vor allem an Ärzte und Heilberufe mit staatlicher Ausbildung und Lehrer. Für diese Berufe enthält § 4 eine klare Regelung, wann und in welchem Umfang die Schweigepflicht aufgehoben ist. Der Heilpraktiker findet in diesem Gesetz keine Erwähnung. Für ihn bleibt es bei der unsicheren Lage, dass er die rechtliche Abwägung, ob ein rechtfertigender Notstand vorliegt, ohne diese Hilfestellung treffen muss. Es besteht jedoch allgemein ein gesetzlicher Beratungsanspruch gegenüber dem Jugendamt in solchen Fällen, auf den sich auch der Heilpraktiker berufen kann.

2.4 Regelungen ohne Gesetzeskraft

2.4.1 Gebührenverzeichnis für Heilpraktiker (GebüH) (mit GOÄ)

Dies ist kein Gesetz im juristischen Sinn, sondern nur eine Art **Statistik** der Heilpraktikerverbände aus dem Jahre 1985, die sich als Richtschnur auch für die Erstattungspraxis der privaten Krankenkassen eingebürgert hat. Der Heilpraktiker darf von der GebüH durchaus abweichen, jedoch muss er den Patienten darüber vorher aufklären.

Inzwischen sind die seit 1985 nicht angepassten Sätze so unzureichend, dass zumindest für die Beihilfeberechtigten die Erstattung nach dem unteren Rahmen der Gebührensätze als rechtswidrig eingestuft wurde. Inzwischen wurden deshalb neue Beihilfe-Richtlinien erlassen. Versuche, ein angemessenes Gebührenverzeichnis zu erstellen, scheitern seit langem daran, dass es vom Kartellamt als verbotene Kartellbildung bewertet wird, wenn die Heilpraktiker ihre Tarife miteinander absprechen würden. Der Heilpraktiker ist nach dem Behandlungsvertrag berechtigt, seine Gebühren selbst frei festzusetzen, er muss nur den Patienten über die anfallenden Kosten informieren (§ 630c BGB).

2.4.2 Berufsordnung für Heilpraktiker (BOH)

Die BOH ist **kein Gesetz** im formalen Sinn, da sie nur **von einzelnen Heilpraktiker-Verbänden nach Vereinsrecht beschlossen** wurde und nur für deren Mitglieder gilt.

Die Heilpraktikerverbände sind privatrechtliche Vereine, nicht anders als ein Sportverein. Die BOH kann rechtlich dem keinem Verband angehörenden Heilpraktiker keine Vorschriften machen. Wer jedoch einem Verband beitritt, unterwirft sich damit der BOH und muss z. B. eine zusätzliche Berufsaufsicht durch den Verband akzeptieren oder die Verpflichtung, während Abwesenheiten einen Vertreter zu bestellen. Letzteres erscheint übertrieben arztähnlich, angelehnt an die Sicherstellungspflicht der gesundheitlichen Betreuung bei Kassenärzten; für Heilpraktiker, die im Regelfall nach ihren individuellen Erfahrungen und Überzeugungen behandeln, erscheint eine Vertretungspflicht unpassend, da, anders als in der Schulmedizin, nicht nach vorgegebenen Standards und Leitlinien therapiert wird, und deshalb im Regelfall ein Vertreter anders behandeln würde und somit nicht wirklich ein Vertreter wäre.

Die BOH enthält auch einen bedeutsamen juristischen **Fehler**. In Art. 3 Absatz 6 heißt es: „*Notwendige Auskünfte an Krankenversicherungen müssen nach bestem Wissen und Gewissen gegeben werden. Anmerkung. Eine Schweigepflicht besteht in diesem Fall nicht, da Versicherte bei Versicherungsbeginn grundsätzlich ihre Behandler von der Schweigepflicht entbunden haben.*“ Dies ist falsch. Private Krankenversicherungen haben zwar bei Aufnahme eines neuen Mitglieds eine globale Entbindung von der Schweigepflicht gegenüber allen Behandlern, die den Patienten je behandelt haben, und auch für zukünftige Krankheiten verlangt. Diese Praxis hat das Bundesverfassungsgericht (1 BvR 2027/02) 2002 unterbunden; **globale Schweigepflichtsentbindungen** sind **unwirksam**. Deshalb darf der Heilpraktiker nur bei einer auf den Einzelfall bezogenen Schweigepflichtsentbindung Anfragen der Krankenversicherung beantworten.

Generell aber ist die BOH eine brauchbare Zusammenfassung der allgemein geltenden rechtlichen Regelungen.

KAPITEL

3 Überblick über die Beschränkungen und Regulierungen

Tätigkeitsverbote des Heilpraktikers

- Behandlungsverbote nach § 24 IfSG
- Verschreibung von Betäubungsmitteln
- Abgabe von Arzneimitteln (mit Ausnahme von Mustern)
- Verordnen von verschreibungspflichtigen Arzneimitteln
- Arbeiten mit Krankheitserregern
- Röntgen
- Geburtshilfe
- Schwangerschaftsabbruch
- Zahnheilkunde
- Ausübung der Heilkunde im Umherziehen
- Fernbehandlung
- Heilungsversprechen
- irreführende Werbung (Heilmittelwerbegesetz)
- unlautere Werbung (Gesetz gegen den unlauteren Wettbewerb)
- gesundheitsbezogene Werbung mit Lebensmitteln (Lebensmittelgesetz)
- Fortpflanzungsmedizin (künstliche Befruchtung etc.), Gentechnik
- Transplantationen, Transfusionen, Kastrationen
- Tätigkeiten, denen der Heilpraktiker allgemein oder im Einzelfall nicht gewachsen ist (Sorgfaltspflicht)

Tätigkeiten, mit denen der Heilpraktiker nicht betraut wurde

- keine Untersuchungen und Blutabnahmen nach der StPO
- keine Durchführung der Leichenschau und Ausstellung des Totenscheins
- keine Behandlung von Pflichtversicherten nach SGB (Sozialgesetzbuch)
- keine Krankschreibung (außer wenn der Arbeitgeber/Schule sie anerkennt)

Pflichten des Heilpraktikers

- 4 Meldepflichten
  - nach IfSG
  - nach dem Medizinproduktegesetz
  - Praxisanmeldung beim Gesundheitsamt und beim Finanzamt
  - Anzeigepflicht bei Herstellung eigener Arzneimittel in der Praxis
- Sorgfaltspflicht
- Aufklärungspflicht
- Fortbildungspflicht
- Eichpflicht
- Pflichten nach dem Medizinproduktegesetz (Instandhaltungspflicht, Bestandsverzeichnis anlegen)
- ordnungsgemäße Abfallbeseitigung
- Aufzeichnungs- und Aufbewahrungspflicht betreffend Patientenunterlagen
- Pflicht zur Leistung von Erster Hilfe, soweit zumutbar
- Aussagepflicht im Strafprozess des Patienten nach StPO (wahrscheinlich verfassungswidrig)
- klare Festlegung der Verantwortungsbereiche bei der Behandlung eines Patienten zusammen mit einem Arzt
- Pflichten nach dem Steuerrecht

Was darf der Heilpraktiker konkret und was nicht?

In Prüfung und Praxis stellt sich die Frage, ob der Heilpraktiker diese oder jene Krankheit behandeln darf. Zur Beantwortung geht man folgendermaßen vor:

1. Lassen Sie vor Ihrem geistigen Auge die **ausdrücklichen gesetzlichen Verbote** vorbeiziehen (IfSG, Geburtshilfe, RöntgenVO usw.). Liegt ein solches Verbot vor, ist der Fall damit gelöst.
2. Liegt kein ausdrückliches gesetzliches Verbot vor, überlegen Sie, ob bei der erforderlichen Diagnostik oder Behandlung **Methoden oder Mittel** nötig sind, **über die Sie rechtlich nicht verfügen** als Heilpraktiker. Legen Sie dabei die **Kriterien der Schulmedizin** an (z. B. Antibiotika erforderlich bei rheumatischem Fieber). Stoßen Sie auf derartige Mittel oder Methoden, dann dürfen Sie nicht behandeln und auch dieser Fall ist geklärt. Dabei sollte konkret angegeben werden, welche fehlenden Möglichkeiten, Fähigkeiten und Mittel eine Behandlung durch den Heilpraktiker verhindern. Zum Beispiel: Bei einem Morbus Addison ist eine Substitutionstherapie mit Hormonen erforderlich. Diese Hormone sind rezeptpflichtige Arzneimittel, die ein Heilpraktiker nicht verschreiben darf. Deshalb muss der Patient an einen Arzt überwiesen werden. Der Heilpraktiker darf aber mitbehandeln.
3. Wenn die Behandlung nach den obigen Kriterien erlaubt wäre, bleibt als letzter zu prüfender Punkt die **Einhaltung der Sorgfaltspflicht**. Hier ist zu entscheiden, ob Sie nach Ihrer persönlichen Ausbildung und Erfahrung, Praxisausstattung, den hygienisch-antiseptischen Möglichkeiten etc. rechtlich die Verantwortung für diese konkrete Behandlung übernehmen können, z. B. für eine Injektion in das Kniegelenk.

4. Für Fälle der Kategorie 3 und Fälle, die Ihnen unklar bleiben, verwenden Sie am besten folgende **Richtschnur:** „Von gesetzlicher Seite aus besteht kein ausdrückliches Behandlungsverbot in diesem Fall. Mögliche Gefahren des Krankheitsbildes können sein: ... Wenn zur Beherrschung dieser Gefahren meine Möglichkeiten, Fähigkeiten und legalen Mittel nicht ausreichen, muss ich im Rahmen der Sorgfaltspflicht den Patienten an einen Arzt übergeben. Ich darf aber mitbehandeln."

Zu Ihrer Selbst-Überprüfung

Aus vielen vergangenen Heilpraktikerprüfungen zusammengetragen:
Der Heilpraktiker darf grundsätzlich:
- Opium verordnen, wenn die Endkonzentration die 6. Dezimalpotenz nicht übersteigt
- Schlafmohn (Papaver somniferum) verordnen, wenn die Endkonzentration die 4. Dezimalpotenz nicht übersteigt
- Vorträge in der Volkshochschule halten
- Körperzellen mikroskopisch untersuchen
- Eine Untersuchung der Geschlechtsorgane vornehmen
- Atteste und Bescheinigungen ausstellen
- eine Untersuchung der Prostata vornehmen
- intravenöse Injektionen durchführen
- infektiöse Mononukleose behandeln
- Ringelröteln behandeln
- Herpes labialis (Herpes-simplex-Virus Typ-1-Infektion) behandeln
- Bluthochdruck behandeln
- Eisenmangelanämie behandeln
- Krebsvorsorgeuntersuchung durchführen
- Harnsäure im Blutserum nachweisen
- HIV-Infektion nicht-namentlich melden
- Echinococcus-sp.-Infektion nicht namentlich melden
- Malaria-Infektion nicht namentlich melden
- Entbindungen in Notfallsituationen ausführen
- Behandlung von Schwangeren im 1. Trimenon
- Behandlung einer EPH-Gestose
- einen Verdacht auf Kindesmisshandlung an das Jugendamt weitergeben
- ein Uterusmyom behandeln
- eine Prostatahyperplasie behandeln
- die Obstipation einer Schwangeren behandeln
- Insektenstiche behandeln
- Fußpilz bei Hepatitis C behandeln
- Depression bei einem HIV-Patienten behandeln
- einen Hodens bei Hodenkarzinom abtasten
- die weibliche Brust untersuchen
- Feststellung einer Schwangerschaft
- Asthma bronchiale behandeln
- eine manische Episode behandeln
- eine Epilepsie behandeln
- Dermatozoenwahn (Ungezieferwahn) behandeln
- eine TIA (transitorische ischämische Attacke) behandeln
- Rhinits allergica (Heuschnupfen) behandeln
- nicht rezeptpflichtige Arzneimittel verordnen
- Impfungen empfehlen
- Akupunktur bei Morphinabhängigkeit
- Psychotherapie bei Panikstörung durchführen
- Schwangerschaftstest durchführen
- Autoimmunhepatitis behandeln
- Colitis ulcerosa behandeln
- eine schizophrene Störung behandeln
- Medikamente intravenös injizieren
- Dornwarzen behandeln
- chronische Schmerzzustände diagnostizieren und behandeln
- Madenwurmbefall behandeln
- Acne vulgaris behandeln
- eine rektale Untersuchung durchführen
- Inspektion der Mundhöhle durchführen
- Kapillarblut bei einer Schwangeren entnehmen
- Augenspiegelung durchführen
- Perkussion durchführen
- Ultraschalluntersuchung durchführen
- EKG-Untersuchung durchführen
- Dickdarmdivertikulitis behandeln
- osteopathische Verfahren anwenden
- grundsätzlich alle Untersuchungs- und Behandlungsmethoden anwenden, die er tatsächlich beherrscht. Für bestimmte Verrichtungen bestehen allerdings gesetzliche Verbote.
- Pyelonephritis behandeln
- Leistenlymphknoten palpieren

Der Heilpraktiker darf nicht:
- bei stärksten Krebsschmerzen Morphium verordnen
- Morphin in sterilisierten Ampullen á 2 ml verordnen
- Morphin nur in Tablettenform verordnen
- in der Geburtshilfe tätig sein – Ausnahme Notfall
- mit Erlaubnis des zuständigen Amtsarztes in der Geburtshilfe tätig sein
- in der Geburtshilfe tätig sein, wenn eine unkomplizierte Geburt zu erwarten ist
- in der Geburtshilfe tätig sein mit Einwilligung der Schwangeren
- als neu Zugelassener eine Röntgenanlage betreiben
- eine Röntgenanlage betreiben, wenn die Bilder von einem Arzt befundet werden
- eine Röntgenanlage betreiben, aber nur für Thorax-Röntgenbilder
- bei strafbaren Handlungen Blutproben und Untersuchungen vornehmen
- als Berufsbezeichnung „Homöopath" verwenden
- als Berufsbezeichnung „Chiropraktiker" verwenden
- als Berufsbezeichnung „Psychotherapeut" verwenden
- Geburtshilfe ohne Bezahlung
- Geburtshilfe unter Aufsicht einer Hebamme
- die Heilkunde im Umherziehen im Umkreis von 30 km ausüben
- Heilmittel zum Zweck der Abgabe herstellen
- verschreibungsfähige Betäubungsmittel in der D2 (homöopathische Potenz von 1:100) verordnen
- eitrige Streptokokkenangina behandeln

- Windpocken behandeln
- Arbeitsunfälle als Erstbehandler behandeln
- Zahnheilkunde betreiben
- Krätze behandeln
- Maßnahmen der Linderung bei einem Typhuskranken bis zum Eintreffen des Arztes treffen
- klinische Arzneimittelprüfungen durchführen
- Karies behandeln
- sexuell übertragbare Krankheiten behandeln
- Überwachung des Wochenbetts
- Chlamyydieninfektion der Scheide behandeln
- Trichomonaden behandeln
- Leichenschau durchführen
- Totenschein ausstellen
- Unterschenkelgeschwür mit MRSA-Besiedelung behandeln
- Röteln behandeln
- Keuchhusten behandeln
- Herpes genitalis behandeln
- Röntgenuntersuchung des Handgelenks durchführen

II

Rudolf Schweitzer

Notfallmedizin und Pharmakologie

KAPITEL

4 Notfallmedizin

Einführung

Die Notfallmedizin beschäftigt sich mit dem Erkennen und der Erstbehandlung (lebens-)bedrohender Zustände. Sie umfasst u.a. diejenigen diagnostischen und therapeutischen Maßnahmen, die im Rahmen der Erstversorgung eines Patienten zur Erhaltung oder Wiederherstellung der Vitalfunktionen notwendig werden.

Die unterschiedlichsten Krankheitsbilder oder Verletzungen können Notfallmaßnahmen erfordern. Der Patient kann häufig nicht anamnestisch befragt werden und Begleitpersonen sind nicht immer zugegen. Verletzungen sind ohne apparative Diagnostik häufig nur unzulänglich einzuschätzen. Alle erdenklichen Umstände und möglichen Folgen müssen ins Gesamtbild integriert werden. Von daher versteht es sich von selbst, dass eine wirksame und angepasste Notfallmaßnahme in der Regel fundierte medizinische Kenntnisse voraussetzt, wenn man einmal vom Kern der Notfallmedizin, den Wiederbelebungsmaßnahmen bei einem Herz-Kreislauf-Stillstand, absieht.

Die bevorzugten und allgemein empfohlenen Maßnahmen der Ersten Hilfe sind einem ständigen Wandel unterworfen. Vieles, was früher gültig war, wurde in den letzten Jahren zum Teil mehrfach geändert und neuen Erkenntnissen angepasst. Es bietet sich von daher an, die eigenen Kenntnisse von Zeit zu Zeit auf den jeweils aktuellen Stand zu bringen.

Die zugrunde liegenden Erkrankungen, ihre Ursachen und erweiterten Therapiemöglichkeiten werden in den zugehörigen Fächern besprochen. Im Rahmen der Notfallmedizin geht es allein um die **Erstversorgung** von Patienten, die akut an ernsthaften, eventuell lebensgefährdenden Störungen erkrankt sind.

ACHTUNG

Unabhängig von der persönlichen Qualifikation macht sich nach **§323c StGB** strafbar, „wer bei Unglücksfällen oder gemeiner Gefahr oder Not nicht Hilfe leistet, obwohl dies erforderlich und den Umständen nach zuzumuten, insbesondere ohne erhebliche eigene Gefahr und ohne Verletzung anderer wichtiger Pflichten möglich ist".

Wird dem Verletzten im Rahmen der Hilfeleistung (weiterer) Schaden zugefügt, ist dies in rechtlicher Hinsicht belanglos, sofern nicht vorsätzlich oder grob fahrlässig gehandelt wurde.

4.1 Griffe

Bei den Griffen der Notfallmedizin handelt es sich um genormte Anwendungen bei gefährdeten Personen, die es auch dem Unerfahrenen ermöglichen, effektive Hilfe zu leisten.

4.1.1 Rautek-Griff

Der Rautek-Griff (Rautek-Rettungsgriff, ➤ Abb. 4.1) ermöglicht es dem einzelnen Helfer, einen verletzten oder komatösen Patienten **aus einer Gefahrenzone zu transportieren**.

Der Helfer greift, nachdem er den Patienten in eine sitzende Lage gebracht hat, von hinten zwischen Rumpf und herabhängenden Armen hindurch, beugt einen Unterarm des Patienten rechtwinklig gegen dessen Oberbauch und benutzt denselben, um den Patienten „aufzuladen" und rückwärts zu ziehen. Auf diese Weise können auch schwergewichtige Unfallopfer von muskelschwachen Helfern aus Gefahrenzonen entfernt werden. Größte Bedeutung besitzt dies z.B. nach Autounfällen, bei denen die Unfallstelle zügig verlassen werden sollte, oder bei Bränden.

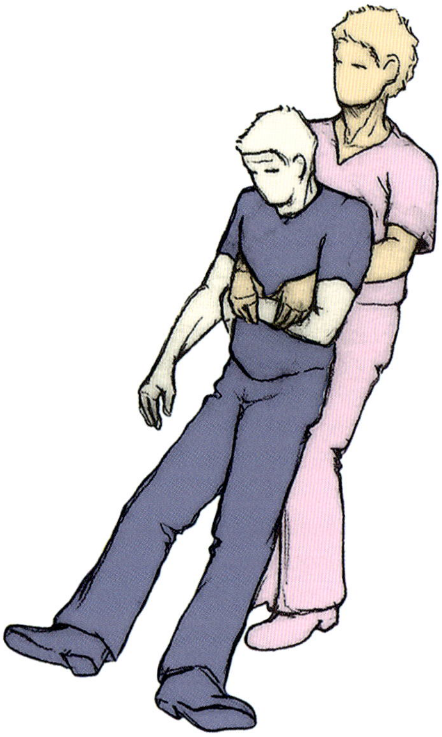

Abb. 4.1 Rautek-Rettungsgriff [L108]

4.1.2 Esmarch-Handgriff

Der Esmarch-Handgriff (Esmarch-Heiberg-Handgriff, ➤ Abb. 4.2) diente in früheren Jahren zum Freimachen der Atemwege unter nachfolgender Kontrolle der Atmung. Er wird heute nur noch im Rahmen der Jackson-Lagerung **für die Intubation** benutzt (➤ Abb. 4.10).

Der Helfer befindet sich hierbei an der Kopfseite des liegenden Patienten, fasst mit den Fingern D2–D5 beider Hände den Unter-

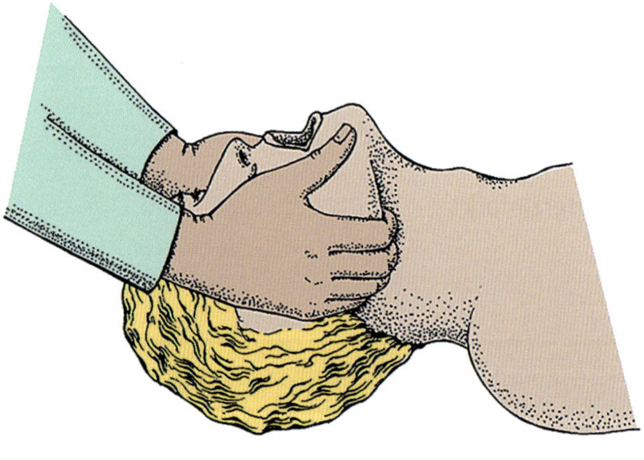

Abb. 4.2 Esmarch-Handgriff [L190]

kiefer des Patienten und überstreckt dessen Kopf in der HWS. Die Daumen werden anschließend zum Öffnen des Mundes benutzt. Zungenbein und Zunge werden durch diesen Griff nach vorne und unten gedrückt, wodurch die Atemwege von der zurücksinkenden Zunge befreit werden. Durch eine kurze Inspektion der Mundhöhle kann man sich bei dieser Gelegenheit davon überzeugen, dass keine Fremdkörper wie loser Zahnersatz die Atmung bzw. die anstehende Intubation behindern.

MERKE

Der Esmarch-Handgriff gilt als veraltet und ist in den aktuellen Leitlinien der Reanimation **nicht mehr enthalten**. Ersetzt wurde er durch einfaches Überstrecken der HWS **ohne** zusätzliche **Öffnung und Kontrolle** des Mundraums (➤ Kap. 4.3.3).

4.1.3 Heimlich-Handgriff

Der Heimlich-Handgriff gilt heute nur noch als „Reserve-Griff", in erster Linie für professionelle Helfer. Er wurde entwickelt, um am stehenden, sitzenden oder liegenden Patienten einen plötzlichen **thorakalen Überdruck** zu erzeugen und hierdurch einen aspirierten Fremdkörper zu entfernen. Aspirierte Fremdkörper sind in aller Regel Nahrungsbestandteile, bei Kindern besonders häufig Nüsse. Wenn sie sich an der engsten Stelle, der Glottis festsetzen, kann dies zum Ersticken führen (➤ Abb. 4.3). Dabei sollte aber beachtet werden, dass das im Alltag übliche „Verschlucken", das zu Hustenreiz und eventuell keuchender Atmung führt, abgesehen von Frischluftzufuhr und abwartender Beobachtung keiner spezifischen Maßnahmen bedarf. Das in früheren Zeiten übliche Beklopfen des Rückens ist jedenfalls **kontraindiziert**, weil es die Schwerkraft unberücksichtigt lässt.

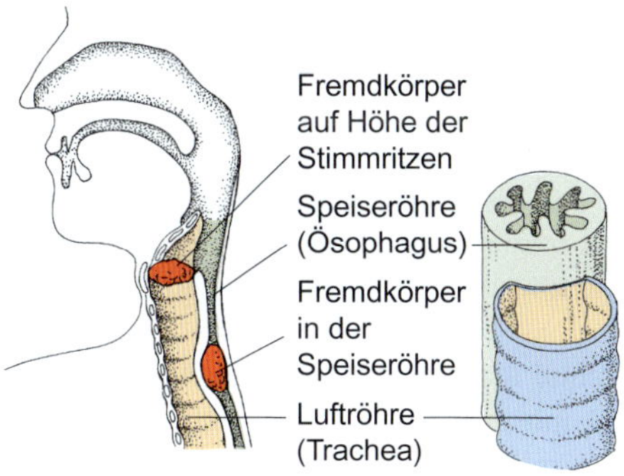

Abb. 4.3 Aspiration [L190]

Technik

Der stehende oder sitzende Patient wird im Bereich des Oberbauchs, am Übergang zum Thorax, von hinten umfasst, wobei die Hände im Epigastrium übereinander gefaltet zu liegen kommen. Dabei liegt die dem Körper direkt anliegende Hand, zur Faust geballt, unterhalb des Xiphoids im epigastrischen Winkel. Dann erfolgt ein plötzliches und kraftvolles Anpressen nach schräg hinten oben gegen den Körper des Helfers (➤ Abb. 4.4). Eine mehrmalige Wiederholung (laut Definition insgesamt bis zu fünfmal) ist möglich, falls sich das Aspirat nicht auf Anhieb lösen lässt.

Bei der Anwendung am **Liegenden** ist der Druck nach schräg oben in Richtung Zwerchfell lediglich über die epigastrisch gedoppelten Hände möglich (➤ Abb. 4.5). Da die Erfolgsaussichten bei dieser Variante sehr gering sind (und die Verletzungsgefahr besonders groß), gilt sie inzwischen als **obsolet** und wird **nicht mehr angewendet**. Bei komatösen Patienten bzw. am drohenden Übergang zum Herzkreislaufstillstand wird deshalb sofort mit der **Herzdruckmassage** begonnen. Dies gilt grundsätzlich auch für Säuglinge und Kleinkinder, bei denen das Aspirat auf üblichem Weg (s. unten) nicht entfernt werden kann, weil bei ihnen die Verletzungsgefahr beim Heimlich-Griff viel zu groß wäre.

HINWEIS DES AUTORS

Perfekt demonstriert wird der Griff in dem aus Sicht des Autors in vielerlei Hinsicht sehr zu empfehlenden Film „Und täglich grüßt das Murmeltier".

4

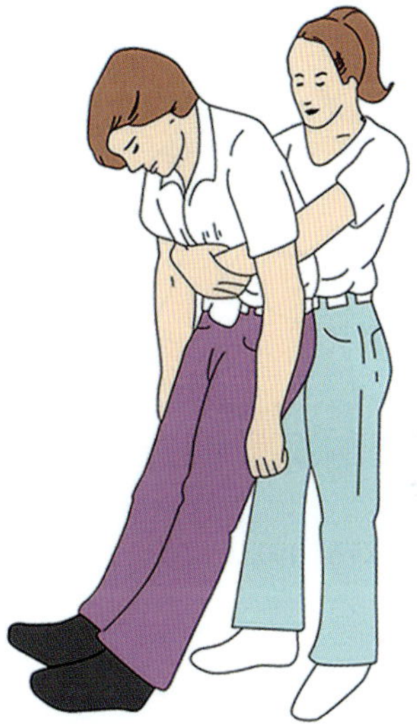

Abb. 4.4 Heimlich-Handgriff im Stehen [S149]

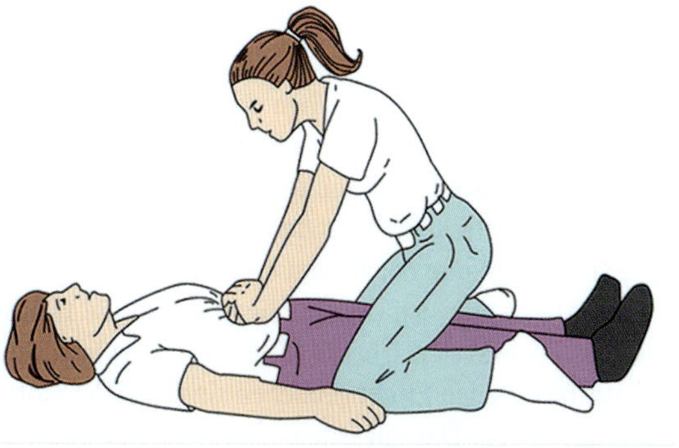

Abb. 4.5 Heimlich-Handgriff am Liegenden [S149]

Komplikationen

Der Heimlich-Handgriff kann zur **Regurgitation von Nahrungsresten** aus dem Magen führen. Wichtiger ist, dass durch die plötzliche und kraftvolle Druckerzeugung die Oberbauchorgane **Leber, Magen und Milz einreißen** können. Nach erfolgreichem Beheben der Aspiration sollte dies kontrolliert und ausgeschlossen bzw. der Patient sicherheitshalber eingewiesen werden.

MERKE

Wegen der möglichen Komplikationen wird der Griff für *Laienhelfer* **nicht mehr empfohlen**! Stattdessen empfiehlt man bei möglichst weit nach vorne geneigtem Oberkörper des Patienten – die Schwerkraft muss unbedingt beachtet werden, sonst erreicht man das Gegenteil! – kräftige Schläge mit der flachen Hand zwischen die Schulterblätter. Dies ist gleichzeitig die Methode der Wahl bei Kindern, bei denen sich eine abwärts geneigte schiefe Ebene problemlos erreichen lässt (➤ Abb. 4.6). Bei älteren Kindern und Erwachsenen wird der Heimlich-Handgriff lediglich noch angewendet, wenn sich das Aspirat auf diese Weise nicht lösen lässt, sollte also gewissermaßen durchaus noch als Reserve zur Verfügung stehen.

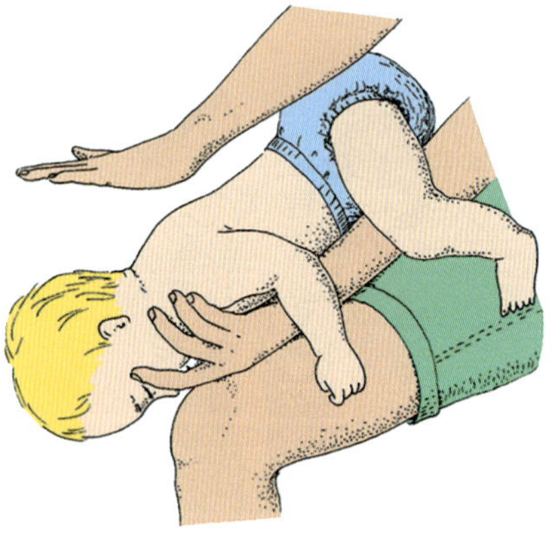

Abb. 4.6 Aspiration beim Kind [L190]

Koniotomie

Kann die Aspiration durch kräftige Schläge zwischen die Schulterblätter und selbst durch den nachfolgenden Heimlich-Griff *nicht* beseitigt werden und ist der Patient bereits zyanotisch und ohne physiologische Atemexkursionen, sollte die Koniotomie nicht allzu lange hinausgezögert werden, sofern nicht bereits professionelle Helfer in der Nähe sind. Es genügt hierfür ein (leidlich) sauberes (Taschen-) Messer. Auch in Situationen, in denen der Heimlich-Handgriff von vornherein nicht helfen kann wie z.B. beim **Glottisödem**, ist bei **vollständiger Verlegung** die Koniotomie indiziert. Allerdings stellt dies für den Laienhelfer die allerletzte Maßnahme dar, nachdem alles andere versagt hat und der Patient erkennbar seine Vitalfunktionen verliert. Man sollte sich deshalb zuvor durch die **HDM**, die ja ebenfalls einen thorakalen Überdruck erzeugt, sowie einige **Beatmungen**, die **ohne** jeden **Effekt** geblieben sind, von der Notwendigkeit überzeugt haben. Das gilt jedenfalls für eine Aspiration, während die HDM beim Glottisödem nicht wirksam sein kann.

Koniotomie bedeutet einen notfallmäßigen **Zugang zu den Atemwegen**, bei dem das Lig. cricothyroideum durchtrennt wird. Dieses Band verläuft zwischen Schildknorpel („Adamsapfel") und dem kaudal davon liegenden Ringknorpel. Der Isthmus der Schilddrüse liegt im Bereich der 3. Trachealspange, ist also weit genug entfernt. Ein etwaiger Lobus pyramidalis kann eventuell palpatorisch erkannt und, soweit möglich, geschont werden.

Um den **korrekten Zugang** aufzufinden, orientiert man sich an der leicht tastbaren Incisura thyroidea am Oberrand des Schildknorpels. Fährt man mit dem palpierenden Finger auf der Schildknorpelplatte nach kaudal, fällt der Finger automatisch in die Einsenkung zwischen Schild- und Ringknorpel und befindet sich damit bereits über dem Lig. cricothyroideum. Bei **rekliniertem Kopf** werden die an dieser Stelle relativ dünne und nur mäßig durchblutete Haut und das darunterliegende Band mit einem **Querschnitt** durchtrennt. Der Notarzt würde zunächst die Haut längs durchtrennen und erst das Ligament nachfolgend mittels Querschnitt eröffnen. Alternativ, und für den akuten Notfall noch besser geeignet, stehen ihm auch großlumige Kanülen (> 4 mm) zur Punktion zur Verfügung. Die erhaltene Öffnung muss in jedem Fall durch ein Stück Gummischlauch, ein Röhrchen oder Vergleichbares offen gehalten werden. Der Notarzt benutzt eine besser geeignete **Trachealkanüle** (➤ Abb. 4.7).

HINWEIS DES AUTORS

Es gibt eine Reihe kluger Menschen, die dem Laienhelfer wegen des Verlaufs der Karotiden in unmittelbarer Nachbarschaft des Kehlkopfs pauschal und dringend von der Koniotomie abraten. Tatsächlich mag die Empfehlung für die Mehrzahl der Laien angemessen sein, doch würden genau diese Personen ohnehin keine Koniotomie durchführen. Nun ist der Heilpraktiker kein medizinischer Laie und bei einem **streng medial** geführten, **kleinen Schnitt** droht diesbezüglich genau genommen nicht die allergeringste Gefahr, weil die Karotiden beiderseits jeweils mehrere cm entfernt in der Tiefe des Halses verlaufen. Die Alternative zur Koniotomie besteht im Zweifelsfall darin, dem Patienten beim Sterben zuzuschauen, um es einmal auf extreme Weise auszudrücken. Natürlich wird man über die Herzdruckmassage versuchen, sein Leben zu retten, doch kann dies bei festsitzendem Aspirat und erst recht beim Glottisödem nicht gelingen, weil selbst die geringste Belüftung der Lunge entfällt. Somit wird die HDM wertlos, sofern nicht zeitnah professionelle Hilfe eintrifft. Doch hätte man in diesem Fall ohnehin noch nicht an eine Koniotomie gedacht. In diesem Sinn kann Denken vor dem Aussprechen von Empfehlungen durchaus hilfreich sein.

Alternativ könnte man (zumindest theoretisch) versuchen, Haut und Ligament mit dem vorderen Ende eines Kugelschreibers zu durchbohren. Das hätte den Vorteil, dass die erhaltene Öffnung ohne weitere Hilfsmittel so lange offen gehalten werden könnte, bis professionelle Hilfe eintrifft. Allerdings ist der innere Durchmesser des Kugelschreibers in aller Regel zu eng für einen ausreichenden Luftdurchsatz, der Rand des Kugelschreibers ohnehin meist viel zu stumpf, um das Gewebe überhaupt durchtrennen zu können, sodass diese manchmal als „Geheimrezept" verkündete Maßnahme eigentlich kaum jemals in Frage kommt.

Eine erfolgreich durchgeführte Koniotomie lässt sich daran ablesen, dass im Moment der Eröffnung das Strömen der eindringenden Luft hörbar wird und der Patient im Idealfall das Bewusstsein wiedererlangt.

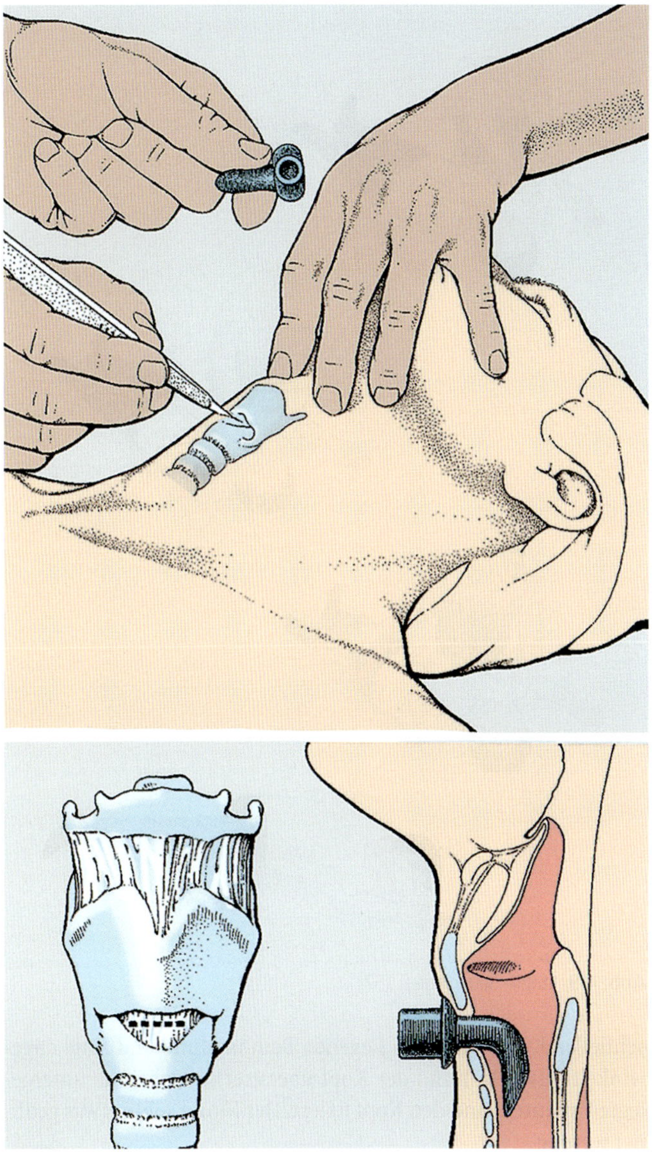

Abb. 4.7 Koniotomie mit Fixierung durch eine Trachealkanüle [L108]

Die Koniotomie steht auch für den Notarzt nicht im Vordergrund, weil er zunächst versuchen wird, mittels spezifisch gebogener Zange (Magill-Zange) das Aspirat zu entfernen. Bei Kleinkindern wird vom Notarzt, sofern ein Luftzutritt unterhalb der Glottis notwendig wird, wegen des höher stehenden Kehlkopfs ein Zugang unterhalb des Ringknorpels (= Tracheotomie) gewählt. Der Laienhelfer kann in diesen Fällen lediglich versuchen, den Fremdkörper durch den thorakalen Überdruck einer HDM zu entfernen bzw. dem Kind damit bis zum Eintreffen professioneller Helfer Zeit zu verschaffen.

Zusammenfassung

Rautek-Griff

- dient dem Abtransport verletzter bzw. komatöser Personen aus Gefahrenzonen durch einen einzelnen Helfer

Esmarch-Handgriff

- dient der Intubation
- wurde hinsichtlich seiner ehemaligen Indikation des Freimachens der Atemwege vom einfachen Überstrecken des Kopfes ersetzt

Heimlich-Handgriff

- dient ersatzweise der Entfernung eines Aspirats (durch Erzeugung eines thorakalen Überdrucks), sofern die Erstmaßnahme versagt
- grundsätzliche Erstmaßnahme: kräftige Schläge mit der flachen Hand zwischen die Schulterblätter; Voraussetzung: schiefe Ebene, wodurch sich das Aspirat der Schwerkraft entsprechend lösen kann
- bei Erfolglosigkeit selbst einer versuchten HDM und hochakuter Erstickungsgefahr, sofern professionelle Helfer nicht zeitnah erwartet werden können: Koniotomie beim Erwachsenen (Zugang zwischen Schild- und Ringknorpel); bei Kindern kommt ausschließlich die Herzdruckmassage (HDM) infrage

4.2 Lagerungen

Notfallpatienten bedürfen je nach Ursache und Folgen unterschiedlicher Lagerungen (➤ Abb. 4.8). Diese sind abhängig vom Bewusstseinszustand des Patienten, von seinen Vitalfunktionen, vom Blutdruck und von etwaigen Verletzungen – zusammengefasst also den ursächlichen Zusammenhängen der Hilfsbedürftigkeit.

4.2.1 Stabile Seitenlagerung

Die sog. stabile Seitenlagerung dient der Aspirationsprophylaxe bzw. dem **Freihalten der Atemwege** bei **bewusstlosen Patienten**, deren Vitalfunktionen (Atmung und Kreislauf) noch funktionsfähig sind. Bei bewusstseinsklaren, ansprechbaren Patienten ergibt sie also keinen Sinn. Auch für eine Reanimation ist sie ungeeignet. Um Missverständnissen oder Zweifeln vorzubeugen, kann man dies auch andersherum formulieren: **Jeder komatöse Patient** mit erhaltenen Vitalfunktionen wird ganz und gar unabhängig von der Ursache seiner Bewusstlosigkeit als **Erstmaßnahme** in die **stabile Seitenlage** verbracht. Anschließend wird der **Notarzt** verständigt. Erst im Anschluss hieran stellt sich die Frage nach der Ursache des Komas sowie weiteren Maßnahmen.

Die spezifische Lagerung von Armen und Beinen stabilisiert den Patienten so, dass er ohne Eigenbewegungen weder auf den Rücken noch auf den Bauch rollen kann. Der Kopf liegt eher etwas tiefer als die Atemwege, weshalb Blut, Speichel oder (unbemerkt) Erbrochenes nicht aspiriert werden können. Dieser Vorsichtsmaßnahme entspricht auch die Überstreckung des Kopfes (Hyperlordosierung der HWS). Die Notwendigkeit dieser Lagerung ergibt sich u.a. aus dem Umstand, dass in einem tiefen Koma **Reflexe** wie Schluck- und Hustenreflex **ausfallen können**. Nicht ganz so selten versterben komatöse, nicht oder falsch gelagerte Patienten an einem Aspirat, beispielsweise an Erbrochenem.

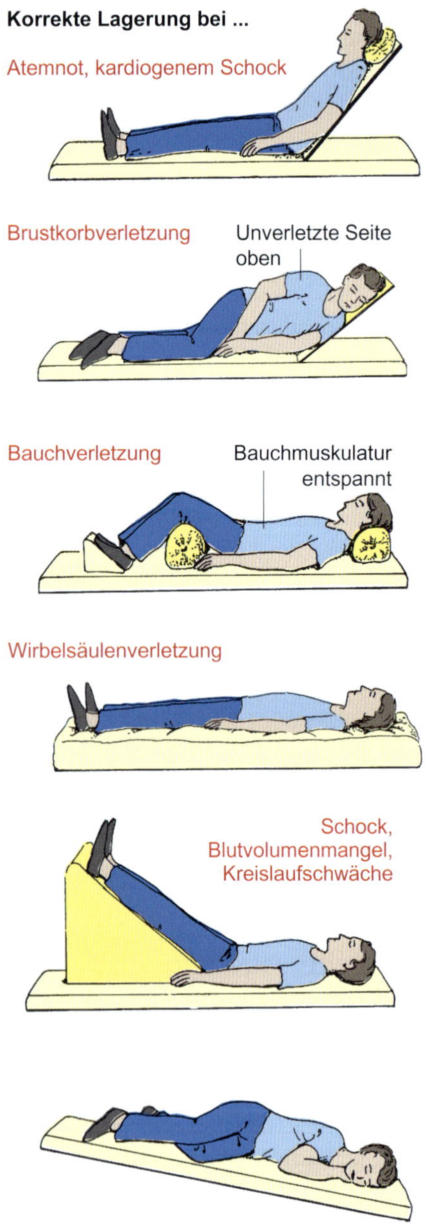

Abb. 4.8 Lagerungen [L190]

Der Helfer befindet sich (kniend) seitlich des auf dem Rücken liegenden Patienten. Liegt der Patient in einer anderen Position, wird er nach Möglichkeit zunächst auf den Rücken gedreht und seine Beine gestreckt. Nun wird in einem ersten Schritt der dem Helfer zugewandte Arm des Patienten abduziert und im Ellenbogengelenk angewinkelt, mit der Handfläche nach oben (➤ Abb. 4.9). Anschließend wird der Arm der abgewandten Körperseite quer über die Brust gelegt und der **Handrücken** an die dem Helfer zugewandte Wange gehalten. Während der Helfer diese Hand angedrückt hält, zieht er nun mit seiner freien Hand am abgewandten Bein des Patienten und rollt ihn auf seine Seite. Ab-

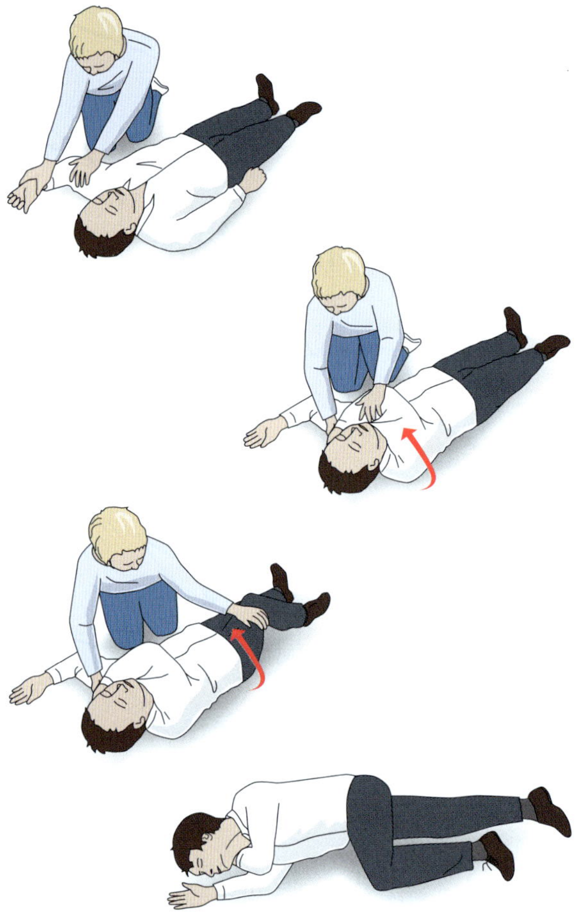

Abb. 4.9 Stabile Seitenlage [L157]

schließend wird das oben liegende Bein in Hüfte und Knie angewinkelt (etwa 90°) und der Kopf überstreckt, wobei die untergelegte Patientenhand den Kopf fixiert. Der Mund sollte etwas geöffnet werden.

Ergänzend sei angefügt, dass bei erkennbaren **einseitigen Thoraxverletzungen** die **verletzte Seite** möglichst **unten** liegen sollte. Der Sinn besteht zum einen darin, dass auf diese Weise etwaige Blutungen im Idealfall abgedrückt werden und zum anderen, dass es sich mit der oben liegenden Thoraxseite grundsätzlich und bei fehlenden Verletzungen erst recht besser (freier) atmen lässt.

MERKE

- Der Esmarch-Handgriff (bzw. die **Überstreckung des Kopfes**) dient dem **Freimachen** der Atemwege, die stabile Seitenlagerung ihrem **Freihalten**.
- Die **einzige Indikation** für die stabile Seitenlagerung ist
  1. ein bewusstloser Patient mit
  2. erhaltenen und stabilen Vitalfunktionen.
- Im Umkehrschluss: Beim Auffinden eines bewusstlosen Patienten mit erhaltener Spontanatmung besteht der **grundsätzlich erste Schritt** in der Umlagerung in die stabile Seitenlage. Erst im Anschluss hieran wird der Notarzt verständigt.

4.2.2 Flachlagerung

Ein Patient, der möglicherweise unfallbedingte **Verletzungen der Wirbelsäule** oder des Beckens aufweist, muss flach auf dem Rücken gelagert werden, um die Gefahr eines sekundären Eindringens von Knochen- oder Bandscheibenfragmenten in den Wirbelkanal, und damit die Gefahr eines Querschnittsyndroms gering zu halten.

Dies ist gleichzeitig die **übliche Lagerung** eines jeden **bewusstseinsklaren** Patienten mit stabilem Blutdruck und gilt erst recht für die Fälle, in denen beispielsweise eine Fraktur mittels Schienung stabilisiert oder eine Infusion angelegt werden soll.

4.2.3 Fowler-Lagerung

Die Lagerung dient der Entlastung bei Verletzungen oder Entzündungen (Peritonitis) der **Bauchhöhle** bis hin zum akuten Abdomen. Der Oberkörper des Patienten wird hierbei **flach**, mit einem Kissen(-Ersatz) unter dem Kopf, oder **leicht angehoben** gelagert; die Anwinklung der Beine stabilisiert man durch eine untergeschobene Knierolle und/oder eine Fußstütze.

4.2.4 Kopftieflagerung

Die Kopftieflagerung auf einer schiefen Ebene oder flach unter Hochlagerung der Beine entspricht beim **Kreislaufkollaps** oder im **Schock** einer „Autotransfusion" und erhöht das dem Herzen zur Verfügung stehende Volumen. Diese Lagerung heißt dementsprechend auch **Schocklagerung**. Steigerbar ist der Effekt (rein theoretisch, s. unten) dadurch, dass die Beine zusätzlich von distal nach proximal gewickelt werden. Ist der Patient im Kreislaufschock bereits komatös, bei erhaltenen Vitalfunktionen, wird er in die stabile Seitenlage verbracht, möglichst unter nachfolgender Höherlagerung der Beine.

MERKE

Zum Erkennen eines ausgeprägten Blutdruckabfalls bis hin zu den Kriterien des Schocks bedarf es in der Notfallsituation nicht unbedingt der Blutdruckmessung. Man kann diese Situation mit zunächst ausreichender Genauigkeit allein aus der Frequenz und Qualität des Pulses ableiten, weil er dabei nicht nur sehr schnell (deutlich mehr als 100/min), sondern auch mit geringer Amplitude („fadenförmig") zu tasten ist.

4.2.5 Oberkörperhochlagerung („Herzbett")

Beim **Lungenödem** oder bei Überlastungen eines insuffizienten Herzens, z.B. im **Herzinfarkt**, kommt es vor allem darauf an, das zirkulierende Volumen zu verringern bzw. die respirationsbehindernde Flüssigkeit in den Lungenalveolen zu vermindern und auf die basalen Anteile der Lunge zu verlagern.

Hier wird demnach der Oberkörper hochgelagert, nach Möglichkeit unter zusätzlicher **Tieflagerung der Beine („unblutiger Aderlass")**. Das zirkulierende Volumen lässt sich (rein theoretisch, s. unten) zusätzlich durch heiße Fußbäder, Senfwickel oder dadurch vermindern, dass an 3 Extremitäten jeweils im Wechsel für ca. 10 Minuten ein venöser Stau angelegt wird. Effizienter ist natürlich das **Diuretikum** (Furosemid), das vom Notarzt i.v. gespritzt wird.

Die Oberkörperhochlagerung gilt auch für einen Patienten im **Asthmaanfall**, weil die Atemhilfsmuskulatur in aufrechter Körperhaltung besser eingesetzt werden kann.

Bei einem **zerebralen Trauma**, einer **Meningitis** oder **zerebralen Einblutung** bzw. einem **Hirnödem** anderer Ursache wird eine mäßig ausgeprägte (etwa 20°) Hochlagerung von Kopf und Oberkörper angestrebt, um den venösen Ablauf zu erleichtern und den arteriellen Zustrom abzuschwächen. Bei einem begleitenden Koma verbleibt allerdings wiederum nur die stabile Seitenlagerung, bis der Patient vom Notarzt intubiert wurde.

HINWEIS PRÜFUNG

Es versteht sich von selbst, dass man beim akut überlasteten Herzen eines notfallmäßig zu versorgenden Patienten weder an Fußbäder oder Senfwickel noch an wechselnde venöse Staus denken wird – genauso wenig, wie man einem Patienten im Schock die Beine wickelt. Diese Empfehlungen sind **obsolet** und ergeben schon deswegen **keinerlei Sinn**, weil der Patient längst in der Klinik ist, bevor die Maßnahmen greifen könnten. Sie wurden lediglich für den Fall erwähnt, dass in der mündlichen Heilpraktikerprüfung nach ergänzenden Maßnahmen zur jeweiligen Lagerung gefragt werden sollte, wie dies tatsächlich schon geschehen ist.

4.2.6 Lagerung bei arteriellem Verschluss

Eine **Tieflagerung der Beine**, also ihr Herabhängen, ergibt in Verbindung mit der Oberkörperhochlagerung auch dann einen Sinn, wenn die Durchblutung der Beine bei der arteriellen Verschlusskrankheit massiv eingeschränkt ist und durch den hydrostatischen Druck bei der Tieflagerung wenigstens noch eine geringe Restdurchblutung z.B. über Kollateralen erhalten werden soll. Ein Patient mit **AVK** sollte demnach mit herabhängenden, in **wärmende Decken** eingehüllten Beinen zum Krankenhaus befördert werden. Für die Prüfung darf es statt wärmender Decken auch **Watte** sein – wahrscheinlich, weil mehrere kg Watte leichter aufzutreiben sind als eine Decke.

4.2.7 Lagerung bei venösem Verschluss

Bei der **Phlebothrombose** eines Beines geht es darum, den Rückstau in die betroffene Extremität zu vermindern bzw. wenigstens einem Teil des venösen Blutes den Abfluss in die Beckenvenen zu ermöglichen. Dementsprechend wird das betroffene Bein **hochgelagert** – ergänzend zur ohnehin erforderlichen, jedenfalls im Vordergrund stehenden Kompression durch unelastische Binden (➤ Fach Herz-Kreislauf).

4.2.8 Jackson-Lagerung

Die Jackson-Lagerung dient der Intubation. Sie bewirkt die Ausbildung einer nahezu geraden Strecke zwischen den oberen Schneidezähnen und der Glottis, wodurch die Einführung eines Trachealtubus unter Sicht möglich wird (➤ Abb. 4.10). Dies stellt gleichzeitig die letzte noch verbliebene Indikation für den Esmarch-Handgriff dar.

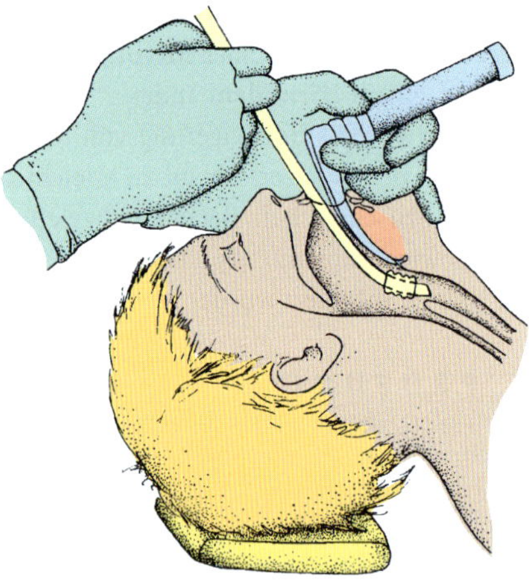

Abb. 4.10 Intubation in Jackson-Lagerung [L157]

4.2.9 Steinschnittlage

Die Steinschnittlage (➤ Abb. 4.11) ist **kein Bestandteil der Notfallmedizin**; sie dient diagnostischen oder operativen Zwecken im Urogenitalbereich (Damm, Mastdarm, Scheide). Nach dieser Lagerung sowie einer Uhr, die symbolisch und mit der 12 nach oben auf den Anogenitalbereich des Patienten „aufgelegt" wird, bezeichnet man zumeist auch die genaue Lage von pathologischen Prozessen. So definiert man einen rektal tastbaren Tumor beispielsweise als „bei 7 Uhr gelegen".

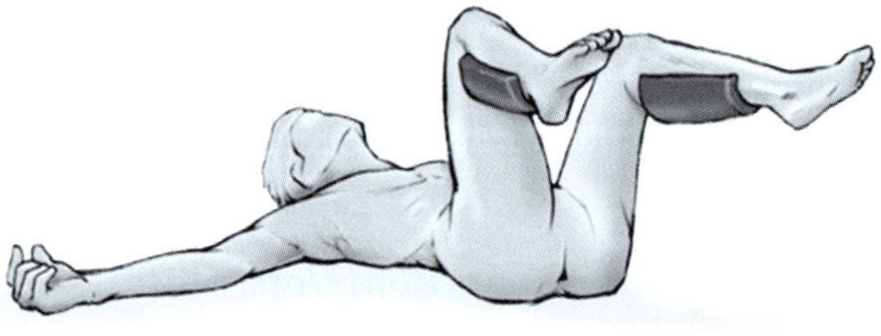

Abb. 4.11 Steinschnittlage [L108]

4.2.10 Lagerung der Schwangeren

Der im Verlauf der Schwangerschaft zunehmende Platzbedarf der Gebärmutter in der Bauchhöhle hat zur Folge, dass Strukturen ohne ausreichende Festigkeit ihrer Wandung komprimiert werden können. Dies betrifft z.B. die **untere Hohlvene** – vor allem in Rücken- oder Rechtsseitenlage der Schwangeren (Vena-cava-Kompressionssyndrom, ➤ Abb. 4.12). Der unzureichende Rückstrom des Blutes zum Herzen führt zum Blutdruckabfall mit Schwindel und sympathischen Reaktionen. Die Schwangere sollte in diesen Fällen die Linksseitenlage bevorzugen (➤ Abb. 4.13).

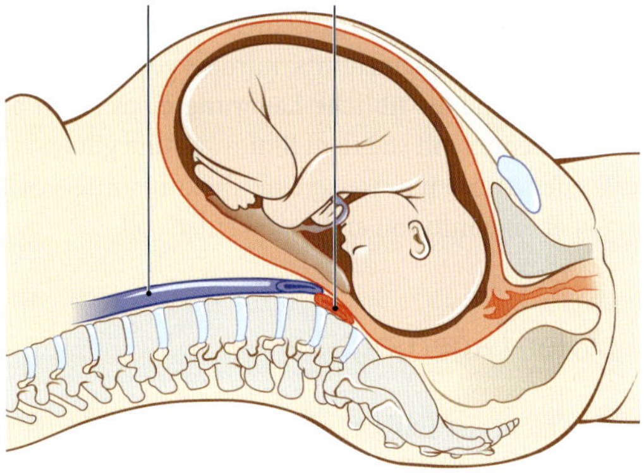

Abb. 4.12 Vena-cava-Kompressionssyndrom [L126]

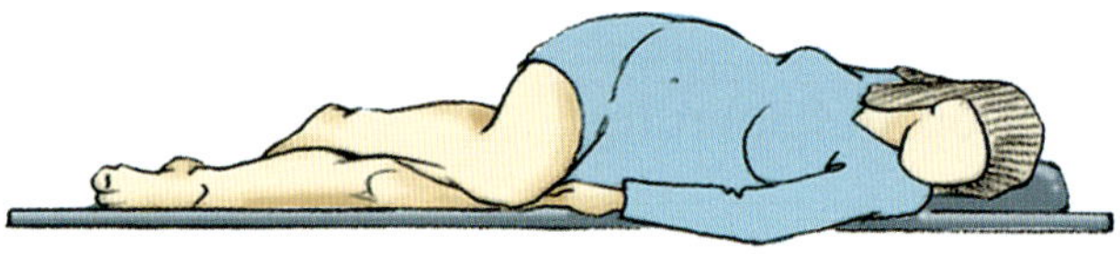

Abb. 4.13 Linksseitenlage [L108]

Zusammenfassung

Stabile Seitenlagerung

- Lagerung eines jeden bewusstlosen Patienten mit stabilen Vitalfunktionen

Flachlagerung

- bewusstseinsklarer Patient mit stabilem Blutdruck
- Anlegen einer Infusion
- Verletzungen an Wirbelsäule oder Becken
- Frakturen der Extremitäten
- Lagerung zur Reanimation bei Atem- bzw. Herz-Kreislauf-Stillstand

Kopftieflagerung

- in Rückenlage bei Kreislaufkollaps bzw. Schock bei noch erhaltenem Bewusstsein (Autotransfusion)
- in stabiler Seitenlage mit eventuell leicht angehobenen Beinen als Schocklagerung bei bereits komatösen Patienten (Autotransfusion)

Kopfhochlagerung (10–30°)

- Schädel-Hirn-Trauma, Hirnödem
- Meningitis/Enzephalitis

Lagerung mit angehobenem Oberkörper (sog. Herzbett)

- dient der Entlastung des Herzens durch Verringerung des venösen Rückflusses (= unblutiger Aderlass) und ist durch Tieflagerung der Beine (falls möglich) weiter steigerbar:
  - bei akuter Herzinsuffizienz (Herzinfarkt, Klappenfehler, Myokarditis, Lungenembolie)
  - bei akutem Lungenödem
  - im Asthmaanfall zur besseren Einsetzbarkeit der Atemhilfsmuskulatur

Beintieflagerung

- bei akutem arteriellem Verschluss
- Bein warmhalten (Decken)

Beinhochlagerung

- bei venösem Verschluss (Phlebothrombose)
- Erstmaßnahme: Kompressionsverband v.a. zur Fixierung des Thrombus (Embolieprophylaxe)

Jackson-Lagerung

- Rückenlage
- Überstreckung des Kopfes bzw.
- Esmarch-Handgriff zur Vorbereitung der Intubation

Fowler-Lagerung

- dient der Entlastung der Bauchhöhle bei abdominellen Prozessen bis hin zum akuten Abdomen

Linksseitenlage

- bei Blutdruckabfall durch Kompression der unteren Hohlvene (Vena-cava-Kompressionssyndrom): Spätschwangerschaft, große Tumoren
- Linksseitenlage zur Dekompression

Steinschnittlage

- keine Lagerung der Notfallmedizin
- dient diagnostischen oder operativen Zwecken im Urogenitalbereich

4.3 Kardiopulmonale Reanimation

Aktualisierte **Leitlinien zur Reanimation** wurden zuletzt zum Jahresende 2010 vom European Resuscitation Council **(ERC)** veröffentlicht und von der Bundesärztekammer übernommen. 2015 wurden sie, ohne wesentliche Änderungen oder Ergänzungen, erneut bestätigt bzw. eher bekräftigt. Die ERC-Leitlinien wenden sich primär an **geschulte Laienhelfer**. Gibt es für Rettungskräfte bzw. für Ärzte und (angemessen ausgebildete) Heilpraktiker abweichende Regeln, wird dies im Folgenden gesondert erwähnt.

4.3.1 Wiederbelebungszeit

Die Reanimation eines Patienten im Herz-Kreislauf-Stillstand sollte grundsätzlich **ohne jede Zeitverzögerung** beginnen, um nach Möglichkeit die sog. **Wiederbelebungszeit** einzuhalten, also die Zeitspanne, in der noch **keine irreversiblen Schäden** entstanden sind. Diese Zeit beträgt für das Gehirn lediglich 3–4 min. Danach kommt es zu irreversiblen Schäden bzw. bereits nach etwa 4–6 min zum Hirntod. Als **absolute Obergrenze** betrachtet man allerdings inzwischen beim Erwachsenen und bei normalen Umgebungstemperaturen **10 min**. Das Herz kann vom Kreislaufstillstand an immerhin für etwa 20 min ohne Folgeschäden überleben, während an Haut, Muskulatur und weiteren Strukturen sogar Stunden möglich sind.

ACHTUNG

Die Wiederbelebungszeit des Gehirns ist bei **Kindern verlängert** und kann in sehr kalter Umgebung sowohl bei Erwachsenen als auch ganz besonders bei unterkühlten Kindern **mehrere Stunden betragen!** Man sollte deshalb gerade bei Kindern ganz ungeachtet vermuteter oder tatsächlich verstrichener Zeitintervalle **immer eine Reanimation versuchen**.

Aus der ➤ Abb. 4.14 wird deutlich, dass das Gehirn bereits nach 10 bis längstens 20 s vollständiger Ischämie seine Tätigkeit einstellt – der Patient fällt ins Koma. Nach 30–45 s führt der **Sauerstoffmangel** im Kerngebiet des **N. oculomotorius**, v.a. an seinen parasympathischen Anteilen, zu **weiten** und **lichtstarren Pupillen**, weil ab diesem Zeitpunkt nur noch die antagonistische Wirkung des Sympathikus (aus dem Grenzstrang der HWS) auf den M. dilatator pu-

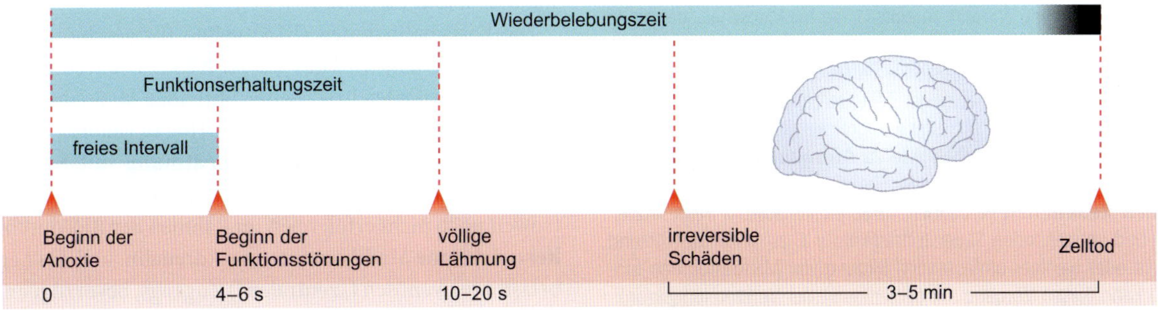

Abb. 4.14 Wiederbelebungszeit des Gehirns [L157]

pillae übrig bleibt. Strukturelle, irreversible Schädigungen der Nervensubstanz beginnen in warmer Umgebung durchschnittlich nach etwa 3–4 min **vollständiger** Ischämie.

EXKURS

Um die Jahrtausendwende herum hat man erkannt, und in der Folge wissenschaftlich untermauert, dass man mittels einer **Absenkung der Körperkerntemperatur** die Zeitspanne bis zum Eintritt irrreversibler Schäden bzw. dem endgültigen Tod des Patienten **ganz erheblich verlängern** kann. Dies gilt für die Zeit bis zum Beginn der Reanimation, für die Zeitdauer der Reanimation selbst bis zum Beginn apparativer Intensivmedizin in der Klinik – sowie letztendlich sogar noch für eine gewisse Zeitspanne danach. So gehört es für die Mehrzahl der Intensivstationen, die routinemäßig mit Notfallpatienten konfrontiert werden, bereits zur **Routine, diese Patienten über 12–24 h zu kühlen**, weil sich die Ergebnisse hinsichtlich eines stabilen Überlebens mit möglichst wenig irreversiblen Schäden hierunter sehr deutlich verbessern lassen. Den Leitlinien entsprechend wird eine **Körperkerntemperatur** von etwa **32–34 °C** angestrebt. Alternativ werden nach den Leitlinien von 2015 auch **36 °C** akzeptiert. Benutzt werden spezielle Pads, Kühldecken oder auch Eisbeutel, die seitlich am Körperstamm, in den Achselhöhlen sowie am Hals platziert werden. Besser steuerbar ist die Kühlung mittels spezieller Kühlkatheter in der V. femoralis. Zusätzlich werden selbst die Infusionen vorgekühlt. Trotz der kombinierten Maßnahmen dauert es in der Klinik mehrere Stunden, bis die Zieltemperatur erreicht ist. Die später nachfolgende Wiedererwärmung muss sehr langsam über etliche Stunden erfolgen. Bezeichnet wird die Methode als **therapeutische Hypothermie**.

Den entscheidenden Hinweis auf die Effektivität der Kühlung lieferten Patienten, die in sehr kalter Umgebung einen Herz-Kreislauf-Stillstand erlitten hatten und teilweise noch mehrere Stunden später erfolgreich reanimiert werden konnten. Entsprechendes gilt für Patienten, die nach einer ersten länger durchgeführten Reanimation unter Intensivbedingungen nachbehandelt wurden. Während selbst unter den zunächst erfolgreich reanimierten Personen unter üblichen Bedingungen letztendlich immer nur ein vergleichsweise geringer Anteil gesund oder mit geringen Folgeschäden nach Hause entlassen werden konnte, verbesserte sich dieser Anteil nun unter parallel erfolgender Kühlung in einem zuvor nicht für möglich gehaltenen Ausmaß. Große Bedeutung besitzt dies auch für Notfallmaßnahmen z.B. in den Bergen, weil dabei während des **Transports** häufig **keine** Erste-Hilfe-Maßnahmen durchführbar sind. Nach einer Studie von 2015 ist es ohne nachteilige Folgen für den Patienten möglich, die Maßnahmen für Intervalle von jeweils 5 min **zu unterbrechen**, sofern parallel zur anfänglichen Reanimation eine ausreichende Absenkung der Körpertemperatur durchgeführt worden war.

Die Ursache für diesen Zusammenhang ist einerseits im Hirnstoffwechsel begründet. Die Kälte bewirkt ein Sistieren der Stoffwechselaktivitäten bis hin zu einem Minimum an Sauerstoffbedarf, der gerade noch dazu ausreicht, die Zellstruktur zu erhalten, sodass letztendlich die Basis für eine vollständige Wiederherstellung eine Zeit lang unangetastet bleibt. Dieser Zusammenhang gilt wie erwähnt in erster Linie für Menschen, die einen Kreislaufstillstand in sehr kalter Umgebung erleiden. In allen anderen Fällen und im Hinblick auf die nachfolgende Betreuung noch bedeutsamer ist folgender Mechanismus: Ein etwaiger Zelluntergang als Folge anhaltenden Sauerstoffmangels führt im Zuge erfolgreicher Reanimation mit Wiederherstellung der Kreislaufverhältnisse zu **Aufräumarbeiten des Immunsystems**. Dies entspricht seinen Funktionen, ist jedoch mit **entzündlichen Reaktionen** verbunden, in deren Verlauf die freigesetzten Zytokine und entstehenden Sauerstoffradikale u.a. zu Serumaustritt und einer mehr oder weniger umfassenden Bildung von Mikrothromben führen. Man kann diesen Vorgang mit denjenigen einer Verbrennungskrankheit oder eines septischen Schocks vergleichen – einschließlich deren hoher Letalität. Die Hypothermie verlangsamt diese Prozesse ganz entscheidend und lässt dem Notfallteam ausreichend Zeit, neben der Wiederherstellung stabiler Kreislaufverhältnisse auch die adäquaten Maßnahmen zu treffen. Während der sich anschließenden klinischen Intensivbetreuung minimiert sie entsprechend die Folgeschäden der ersten 24 h.

4.3.2 Wichtigste Neuerungen der aktuellen ERC-Leitlinien

Die empfohlenen, standardisierten Erste-Hilfe-Maßnahmen für Patienten im Herz-Kreislauf-Stillstand haben sich in den zurückliegenden Jahrzehnten mehrere Male verändert, zuletzt zum Jahresende 2010, bekräftigt sozusagen 2015. Als wesentliche Ursache kann der fortschreitende Erkenntnisstand der Medizin gelten, zugleich aber auch die Anpassung der Regeln an die **Möglichkeiten von Laienhelfern**, die erfahrungsgemäß nur dann für effektive Hilfsmaßnahmen zu gewinnen sind, wenn sie den vorgegebenen Regeln im subjektiven Empfinden gerecht werden können. Die **Vorgaben** wurden deshalb weiter **vereinfacht** und **vereinheitlicht**.

Die **Vereinfachung** drückt sich u.a. darin aus, dass nun selbst geschulte Laienhelfer, die einen (funktionellen) Atemstillstand feststellen, auf eine **Pulskontrolle** vor der Herzdruckmassage (HDM) **verzichten** sollen. Der anzustrebende **Druckpunkt** für die HDM wird nun als „Mitte der Brust" (= untere Sternumhälfte) definiert, womit man endgültig auf das Xiphoid als Orientierungshilfe bzw. genaueren Bezugspunkt verzichtet.

Den **fortschreitenden Erkenntnisstand** erkennt man z.B. daran, dass sich der Rhythmus zwischen Herzmassage und Beatmung von ehemals 5 : 1 über 15 : 2 auf aktuell **30 : 2** verändert hat, bei gleichzeitig zunehmender Frequenz der Massage von 80 über 100 auf nunmehr „**mindestens 100/min**" (maximal 120) und ausgeprägterer **Eindrücktiefe** des Sternums (statt bisher 4–5 nun **5–6 cm**). Für **Kinder** bis zu 8 Jahren gelten noch **4–5 cm**. Gleichzeitig gehört die Anwendung eines. **automatisierten externen Defibrillators (AED)** bereits seit 2006 zu den Erstmaßnahmen, die man auch als **Basismaßnahmen der Reanimation** (Basic Life Support, **BLS**) bezeichnen kann.

Die frühe Einbindung des AED trägt dem Umstand Rechnung, dass die Geräte in öffentlichen Einrichtungen bzw. an frequentierten öffentlichen Plätzen zunehmend verfügbar und weitestgehend sicher vor Fehlbedienungen sind. Überragende Bedeutung besitzen sie bei Patienten im Herzstillstand oder funktionellen Herzstillstand (z.B. Kammerflimmern).

Die Basismaßnahmen (BLS) gelten für geschulte Laienhelfer. Gegenübergestellt wird das Kürzel **ALS** (Advanced Life Support), das die ergänzenden bzw. weiterführenden Maßnahmen **professioneller Rettungskräfte** beschreibt. Hierzu gehören z.B. die **Intubation** (falls indiziert) und die **Beatmung mit Sauerstoff**, die Abnahme eines **EKG** am Unfallort, die elektrische Defibrillation (soweit noch nicht erfolgreich im Rahmen der BLS durchgeführt), **herzwirksame Medikamente** wie Adrenalin. und das Legen eines belastbaren venösen („zentralen") Zugangs, bevorzugt an der dem M. sternocleidomastoideus aufliegenden V. jugularis externa.

MERKE
Unabhängig von den angepassten Maßnahmen gilt unverändert, dass v.a. im Straßenverkehr **vor** jeder Hilfsmaßnahme eine ausreichende **Absicherung des Unfallortes** zu erfolgen hat, um sekundäre Unfälle zu vermeiden. An den notwendigen **Selbstschutz** sollte man auch z.B. bei Intoxikationen des Patienten durch Kohlenmonoxid oder Rauchgase bzw. bei Stromunfällen denken.
Bei **Zweiradfahrern** muss der **Helm abgenommen werden** (➤ Abb. 4.15). Wichtig hierbei ist eine möglichst perfekte **Stabilisierung der HWS**, um vorhandene Verletzungen nicht zu verschlimmern bzw. in ein Querschnittssyndrom zu überführen. Natürlich ist dies unter Mithilfe eines eventuell anwesenden Zweithelfers sehr viel zuverlässiger möglich, als wenn man allein ist.
Ist man beim Eintritt eines Kreislaufstillstands direkt zugegen, kann ein **präkordialer Faustschlag** versucht werden, doch ist die diesbezügliche Erfolgsrate **außerordentlich gering**.

4.3.3 Vorgehensweise

Beurteilung des Patienten

Findet man einen Patienten im möglichen Koma oder Herz-Kreislauf-Stillstand vor, wird man als **erste Maßnahme** versuchen, den Patienten **anzusprechen**, um über seinen tatsächlichen Zustand Aufschluss zu erhalten. Man wird ihn also beispielsweise leicht an der Schulter schütteln und fragen, ob alles in Ordnung ist.

- Ist der Patient **erweckbar**, geht man entsprechend der Schilderung des Patienten vor, ruft bei Bedarf Hilfe herbei und versorgt Verletzungen.
- Ist der Patient **nicht erweckbar**, besteht die erste Maßnahme im lauten **Rufen nach Hilfe**, sofern Aussicht besteht, dass man gehört wird. Direkt anschließend ohne weiteren Zeitverlust wird der Patient auf den Rücken gedreht, die Atemwege freigemacht und die Atmung kontrolliert.

Freimachen der Atemwege

Die **erste Maßnahme** beim Auffinden eines nicht ansprechbaren Patienten besteht, nach seiner Lagerung auf dem Rücken, im **Freimachen der Atemwege**. Dabei wird vom seitlich neben dem Patienten knienden Helfer an Stelle des früher üblichen Esmarch-Handgriffs lediglich der **Kopf überstreckt**, indem die auf die Stirn aufgelegte Hand des Helfers den Kopf rekliniert, während die andere Hand durch Anheben des Kinns die Überstreckung unterstützt.

Allein durch Überstrecken des Kopfes gelingt es in einem Teil der Fälle, die Spontanatmung wiederherzustellen. Die in früheren Jahren übliche Vorgabe, sich bei Anwendung des Esmarch-Handgriffs durch eine kurze Inspektion des Mund-Rachen-Raums davon zu überzeugen, dass keine Fremdkörper wie beispielsweise loser Zahnersatz die Reanimation behindern, gilt als **obsolet**, weil sie mit Zeitverlust verbunden ist. Die Inspektion der Mundhöhle erfolgt heute **nur noch**, wenn bei der sich an die HDM anschließenden Beatmung **keine ausreichende Thoraxhebung** beobachtet werden kann.

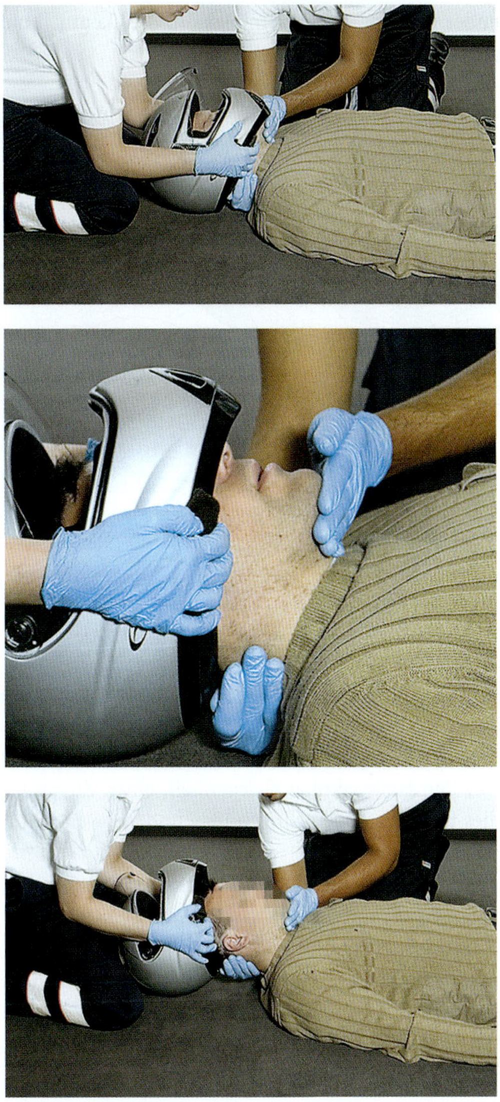

Abb. 4.15 Abnahme des Helms [J747]

Besteht der sichere Hinweis auf eine **Aspiration**, sind als erste Maßnahme **Heimlich-Handgriff** bzw. zunächst Schläge mit der flachen Hand zwischen die Schulterblätter des vornübergebeugten Patienten indiziert. Dies dürfte bei einem auf dem Boden liegenden komatösen Patienten kaum gelingen, doch wird ohnehin im Rahmen der notwendig werdenden HDM ein entsprechender thorakaler Überdruck erzeugt, sodass in Zweifelsfällen darauf verzichtet werden sollte, um keine Zeit zu verlieren.

Kontrolle der Atmung

Die Atmungskontrolle erfolgt durch **„Sehen, Hören und Fühlen“**: Befindet sich die Wange des Helfers direkt über Mund und Nase des Patienten, kann eine suffiziente Atmung eventuell sowohl gehört als auch auf der Haut gespürt werden, während gleichzeitig thorakale Exkursionen sehr viel sicherer zu beobachten sind als beim Blick von oben (➤ Abb. 4.16). Für die Kontrolle sollten **höchstens 10 s** aufgewendet werden, um im Hinblick auf die eventuell notwendig werdende HDM keine Zeit zu verlieren.

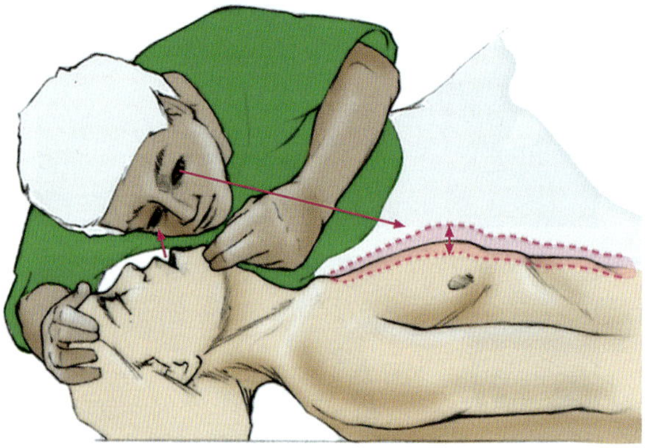

Abb. 4.16 Atemkontrolle durch Sehen, Hören und Fühlen [L108]

Vorgehensweise bei komatösen Patienten

Ist beim nicht ansprechbaren Patienten eine **suffiziente Atmung** vorhanden, wird der Patient in die **stabile Seitenlage** verbracht und danach der **Notarzt verständigt**. Bis zum Eintreffen des Notarztes besteht für den Heilpraktiker Gelegenheit, einen Zugang zu legen, soweit dies in dieser Lage gelingen mag und auf weitere diagnostische Zeichen zu achten:

Neben der Überprüfung von **Blutdruck, Puls und Pupillen** (rund, seitengleich, auffallend eng oder weit, Lichtreaktionen?) und **Auskultation** von **Herz** und **Lunge** kann man nach **Blutungen**, einer **Fehlstellung** der Extremitäten oder nach **abdominellen Auffälligkeiten** (Peritonismus?) suchen. Man achte auf Farbe und Beschaffenheit der **Haut** (kaltschweißig, zyanotisch, ikterisch, dehydriert?), auf die **Motorik** (Krämpfe, Minderbewegungen einer Extremität oder Thoraxseite) und auf **Ausscheidungen**.

Handelt es sich erkennbar bzw. nach der Aussage von Anwesenden um einen **insulinpflichtigen Diabetiker**, und hat der Heilpraktiker seine Notfalltasche zur Hand, könnte der Glukose-Serumspiegel aus Fingerbeere oder Ohrläppchen gemessen werden. Bei ausgeprägter **Hypoglykämie**, aber auch **bei fehlender Kontrollmöglichkeit** sollte **Glukose i.v.** gegeben werden, wegen möglicher Venenwandreizung durch die üblichen, hyperosmolaren Lösungen (40–50 %ig) nicht allzu schnell.

Vorgehensweise beim Atemstillstand

Die in den aktuellen Leitlinien getroffene Vorgabe, dass der (Laien-)Helfer direkt im Anschluss an die Feststellung eines Atemstillstands und **ohne Kontrolle** einer eventuell noch vorhandenen suffizienten **Herzaktion** mit der Herzdruckmassage (HDM) zu beginnen hat, berücksichtigt die häufig zu beobachtende Tatsache, dass selbst geschulte Laien nicht in der Lage sind, den Karotispuls zuverlässig aufzusuchen, sodass die lebensrettende Maßnahme der HDM aus der Unsicherheit heraus unterbleibt. Man geht davon aus, dass die infolge einer HDM am noch schlagenden Herzen im Einzelfall möglichen Beeinträchtigungen in Relation zum Gewinn durch die HDM bei der Gesamtheit der Fälle vernachlässigt werden können.

Andererseits kann die Thoraxkompression der HDM, die auf die Diastole eines schlagenden Herzens trifft, ihrerseits zum **Herzstillstand** führen. Mit aus diesem Grund gilt für den professionellen Helfer, im Zusammenhang durchaus auch für den (gut ausgebildeten!) Heilpraktiker, dass er sich durch eine Kontrolle des Karotispulses vom tatsächlichen Herzstillstand beim Patienten überzeugt haben sollte, bevor er mit der HDM beginnt. Es gibt durchaus Übergangszeiten, in denen bei eingetretenem Atemstillstand noch eine ausreichende kardiale Funktion erhalten bleibt. In diesen Fällen wäre dem Patienten mit einer reinen Beatmung ohne begleitende HDM sehr viel besser gedient, doch ist dies „offiziell" eben nicht mehr vorgesehen. Andererseits handelt es sich auch bei diesen Leitlinien um Empfehlungen, nicht um Gesetze, sodass dem (kompetenten) Heilpraktiker empfohlen wird, 5 s für die Pulskontrolle „zu opfern". Es gilt vor allem auch an dieser Stelle, dem Patienten bestmöglich zu dienen, bevor man „pflichtbewusst" Vorgaben für Laienhelfer zu erfüllen sucht.

MERKE

Die Erste-Hilfe-Maßnahme bei Atemstillstand, jedoch **erhaltener Herzaktion**, besteht in der **Atemspende** im **Rhythmus** von etwa **12–15/min**, wobei bei Kindern ein schnellerer Rhythmus gewählt werden sollte. Dabei ist die Indikation für die Beatmung großzügig zu stellen: **Jede insuffiziente Spontanatmung** des Patienten, erst recht die sog. **Schnappatmung**, ist als **funktioneller Atemstillstand** zu bewerten und bedarf der Atemspende. Ist sich der Helfer in der Einschätzung nicht sicher, sollte er von einem Atemstillstand ausgehen und die Reanimation ohne Zeitverzögerung beginnen. Dies gilt uneingeschränkt auch mit Bezug auf die **HDM** bei unsicher getastetem Karotispuls.

Der Puls der A. carotis ist bei stark abgefallenem Blutdruck bzw. insuffizienter Herzaktion häufig (gemeinsam mit dem Puls der A. femoralis) der letzte, noch palpable Puls (➤ Abb. 4.17). Die Zeitspanne für die Palpation sollte bei festgestelltem Atemstillstand 5 s nicht überschreiten, um keine Zeit für eine eventuell erforderliche HDM zu verlieren. Dies bedeutet auch, dass der Heilpraktiker die Palpation peripherer Pulse einschließlich der Karotiden ausrei-

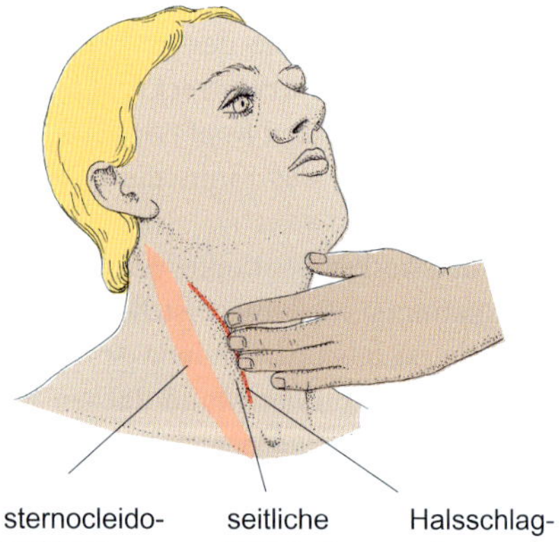

Abb. 4.17 Karotispuls [L190]

chend geübt haben sollte, um im Notfall eine **qualifizierte** und **schnelle** Entscheidung treffen zu können.

Zusammenfassung

Fehlende Spontanatmung bei möglicherweise erhaltenem Puls

- Ist beim Patienten auch **nach Überstrecken des Kopfes keine erkennbare Atmung vorhanden**, besteht die nächste Maßnahme eines **professionellen** Helfers im **Tasten des Pulses**. Dabei sollte ohne Zeitverlust die **A. carotis** aufgesucht werden – am sichersten in der Einsenkung direkt neben dem Kehlkopf (➤ Abb. 4.17).
- Ist der Puls **ausreichend kräftig** palpabel, wird unverzüglich mit der **Atemspende** begonnen. Ist man als einziger Helfer zugegen, wird so lange beatmet – unter regelmäßiger Pulskontrolle –, bis die Spontanatmung einsetzt oder Rettungskräfte den Patienten übernehmen. In Fällen, wo man alleine zugegen ist, wird nach wenigen Minuten Beatmung zunächst der Notarzt verständigt und danach weiter reanimiert.
- Für **Laienhelfer** wird **ohne Pulskontrolle**, also ungeachtet einer eventuell noch erhaltenen Herzaktion, zunächst die Absetzung eines **Notrufs** (112) und unmittelbar anschließend die **sofortige HDM** empfohlen, sodass eine **isolierte Atemspende** in den ERC-Leitlinien **nicht mehr vorgesehen ist**.

4.3.4 Basismaßnahmen der Reanimation (BLS)

Eine einigermaßen sachgerecht durchgeführte Reanimation ist ungeachtet der möglichen Ursache des Herz-Kreislauf-Stillstands vollkommen ausreichend, die Strukturen und Organe des Patienten so lange zu erhalten, bis professionelle Hilfe eingetroffen ist. Die korrekte Reihenfolge der BLS besteht in (➤ Abb. 4.18)

1. **Ansprechen des Patienten**, unter leichtem Schütteln an der Schulter
2. bei fehlender Reaktion → laut **um Hilfe rufen**
3. **Freimachen der Atemwege** und **Kontrolle der Atmung**, bei fehlender Atmung
4. **Notruf 112** (europaweit gültig!)
5. **30-mal Herzdruckmassage**
6. **2-mal Beatmung**
7. **Anwendung eines AED**, falls vorhanden bzw. von einem Zweithelfer organisiert, und Weiterführen der Maßnahmen nach dessen Anweisungen
8. **bei fehlendem AED** den 30:2-Rhythmus fortsetzen, bis professionelle Hilfe eintrifft

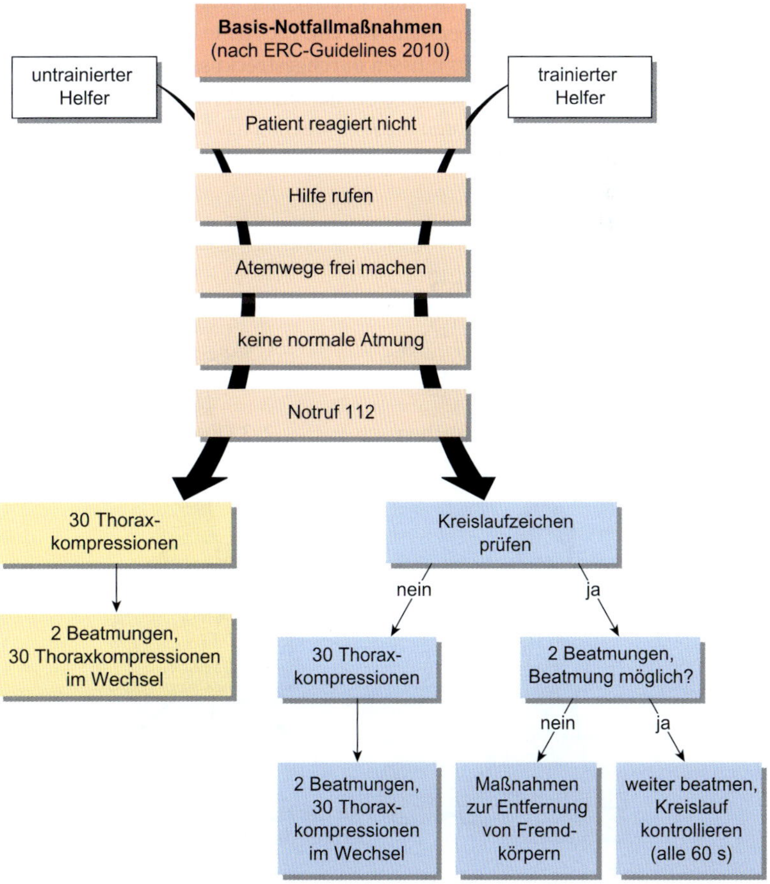

Abb. 4.18 Vorgehensweise bei der Reanimation [L157]

Bei der Reanimation von **Kleinkindern** (und **Ertrunkenen**) gilt unverändert die Vorgabe, nach der die HDM erst im Anschluss an **5 einleitende Atemspenden** durchgeführt wird. Danach gilt auch in diesen Fällen der **30:2-Rhythmus**.

Herzdruckmassage

Die äußere Herz(druck)massage **(HDM)** wird im Bereich der **unteren Sternumhälfte** mit einer **Frequenz** von **mindestens 100/min** und höchstens 120/min durchgeführt. Für die genaue Position legt der professionelle Helfer einen Zeigefinger auf den Schwertfortsatz und 3 Querfinger oberhalb hiervon den Ballen der anderen Hand auf den Körper des Brustbeins (➤ Abb. 4.19). Der ungeschulte wie auch geschulte **Laienhelfer** benutzt für die korrekte Position seiner Hände die **Mitte des Brustkorbs**, beim Mann etwa die **Verbindungslinie zwischen den Mamillen**, beim Kind knapp unterhalb dieser gedachten Linie. Diese Position **entspricht** der **unteren Sternumhälfte**. Anschließend wird die aufgelegte Hand gedoppelt, wobei die **Finger** der Hände **keinen Kontakt** zu den Rippen erhalten dürfen.

Nun wird mit den übereinander liegenden Händen ein rhythmischer und **gleichmäßiger Druck** exakt **senkrecht nach unten** ausgeübt, wobei sich Kompression und Entlastung zeitlich entsprechen sollten und gleichzeitig streng darauf zu achten ist, dass die Entlastung vollständig geschieht, ohne dabei den Kontakt zum Sternum zu verlieren. Die **Eindrücktiefe** des Sternums beträgt im Idealfall **5–6 cm**, bei **Kindern** bis zum 8. Lebensjahr **4–5 cm**. Die **Arme** des über den Patienten gebeugten Helfers müssen **durchgestreckt** sein. Der Patient liegt **flach auf dem Rücken** auf einer **harten Unterlage**, üblicherweise also auf dem Boden, damit die Kompression das Sternum des Patienten und nicht dessen Unterlage betrifft (➤ Abb. 4.20).

MERKE

Die äußere Herzmassage muss bei **Kindern** mit **angepasster Kraft** erfolgen. Bis zum Kleinkindesalter reichen zwei Finger aus. Auch hier sollte der Druckpunkt in der **unteren Sternumhälfte** liegen, wofür ein Kontakt auf einer gedachten Verbindungslinie etwa **1 Querfinger unterhalb der Mamillen** zu wählen ist (➤ Abb. 4.21). Die Eindrücktiefe unterscheidet sich kaum von derjenigen beim Erwachsenen: Bereits ab dem Kleinkindalter sind **4–5 cm** anzustreben (= ein Drittel des Thoraxdurchmessers). Selbst die **Frequenz** ist mit 100-120/min **identisch**.

Eine korrekt durchgeführte HDM bedeutet für normal trainierte Erwachsene eine beachtliche Kraftanstrengung, die häufig **nicht allzu lange durchgehalten werden kann**. Man hat gemessen, dass die Eindrücktiefe des Sternums bereits nach 2–3 min deutlich nachlässt, worunter die Effektivität der Maßnahme ganz erheblich leidet. Auch aus diesem Grund sollten sich nach Möglichkeit **mehrere Helfer** zwischen HDM, Atemspende und weiteren Hilfsmaßnahmen **abwechseln**. Um diesbezüglich eine Koordinierung ohne Zeitverlust zwischen HDM und Atemspende bzw. bei der Ablösung durch einen weiteren Helfer zu erreichen, ist es sinnvoll, bei der HDM **laut mitzuzählen**.

HINWEIS DES AUTORS

Ist der Helfer allein zugegen, sollte eher die Frequenz als die Eindrücktiefe vermindert werden. 50 reguläre Massagen/min sind weit effektiver als „mindestens 100" Massagen, die nur noch 2–3 cm Tiefe überbrücken. Es verwundert etwas, dass in den Leitlinien auf diese übliche Alltagssituation nicht eingegangen wird.

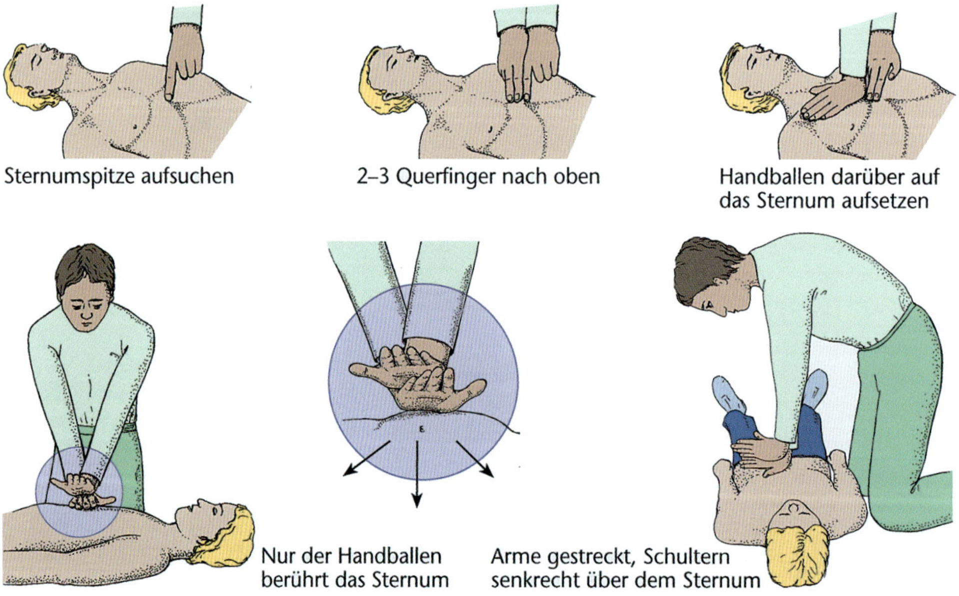

Abb. 4.19 Äußere Herzdruckmassage (das Aufsuchen des Druckpunkts in der Abbildung oben gilt **nur für professionelle Rettungskräfte**) [L190]

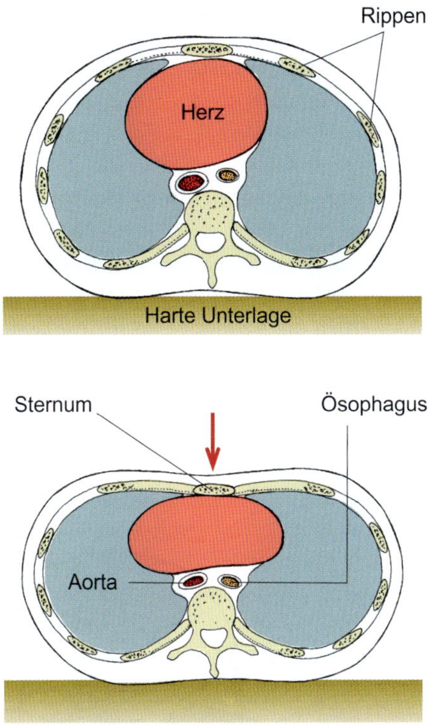

Abb. 4.20 Wirkung der HDM auf Herz, Lunge und Gefäße [L190]

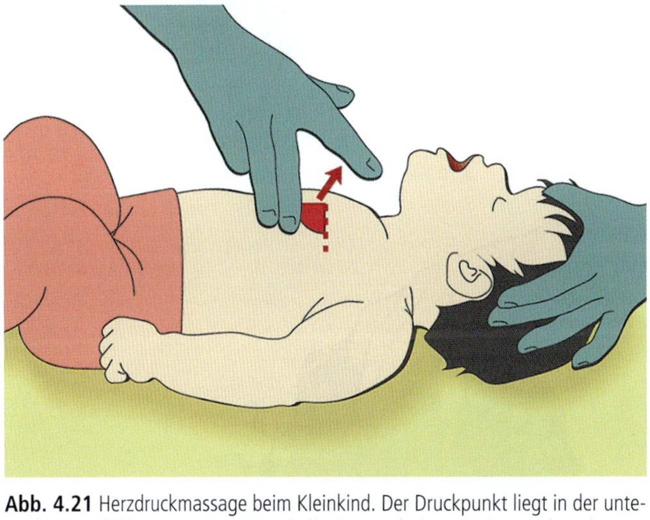

Abb. 4.21 Herzdruckmassage beim Kleinkind. Der Druckpunkt liegt in der unteren Sternumhälfte, etwa 1 cm unterhalb einer gedachten Linie zwischen den Mamillen. [L106]

Folgen der HDM

Mit einer korrekt durchgeführten äußeren Herzmassage lässt sich ein **Herzminutenvolumen** aufbauen, das mindestens **50 % der Norm** entspricht. Der systolische Druck ist so hoch, dass das Gehirn ausreichend durchblutet wird. Der diastolische Druck erreicht allerdings nur geringe Werte, sodass gerade das Herz, welches ja überwiegend in der Diastole durchblutet wird, nur ca. 10 % seiner üblichen Koronardurchblutung erhält. Dies ist tolerierbar, weil das Herz unter diesen Umständen und vorübergehend lediglich seine Struktur, nicht aber seine Funktion zu erhalten hat.

Die Herzdruckmassage löst am Herzen direkte „Systolen" und „Diastolen" aus. Darüber hinaus kommt es aber auch zur rhythmischen Kompression und Dekompression des gesamten Thorax, was einem **Pump-Saug-Mechanismus für den Rückstrom des Blutes** entspricht. Zusätzlich wird auch die **Lunge** in mäßigem Umfang komprimiert und dekomprimiert, sodass selbst ohne Atemspende ein geringgradiger Luftaustausch erfolgt. Dadurch ist es möglich, den Patienten allein durch die HDM über die Zeit bis zum Eintreffen des Notarztes zu retten und hierauf basiert auch die entsprechende **Empfehlung** an Laienhelfer, denen eine Atemspende subjektiv nicht möglich scheint (s. unten).

Komplikationen

Die wesentlichen **Folgen** einer unsachgemäß ausgeführten Herzmassage bestehen in **Frakturen** von Rippen und Sternum, einem **Pneumothorax** oder sogar einer **Quetschung des Herzens**. Liegt der Druckpunkt zu weit kaudal, kann es zur **Ruptur** von **Magen, Leber** oder **Milz** kommen.

ACHTUNG

Spätestens seit der Vorgabe einer Eindrücktiefe von **mindestens 5 cm** sind bei älteren Patienten Rippenfrakturen auch bei korrekter Technik **kaum noch zu vermeiden**. Um diese Komplikationsmöglichkeit wenigstens zu verkleinern, ist es notwendig, dass der Druck auf das Sternum exakt senkrecht von oben und genau mittig erfolgt.

Atemspende

Die Atemspende erfolgt entweder als **Mund-zu-Mund-Beatmung** oder als **Mund-zu-Nase-Beatmung** (➤ Abb. 4.22 und ➤ Abb. 4.23). Beim **Kleinkind** wird die Luft **gleichzeitig** in Mund **und** Nase geblasen. Der **Erfolg** der Beatmung zeigt sich im **Heben** und (passiven) **Senken des Patienten-Thorax**. Falls sich der Thorax

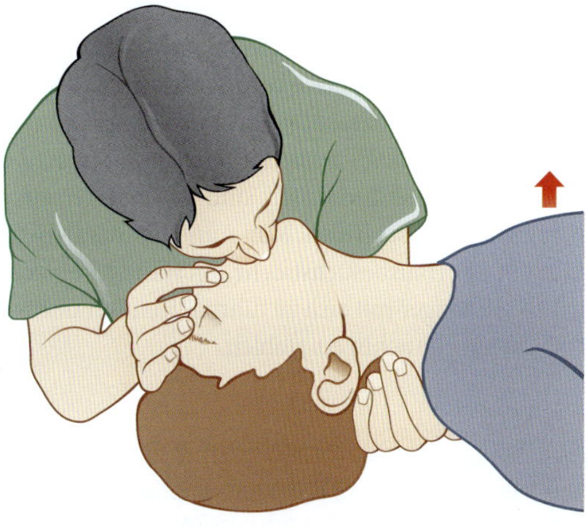

Abb. 4.22 Mund-zu-Mund-Beatmung [L126]

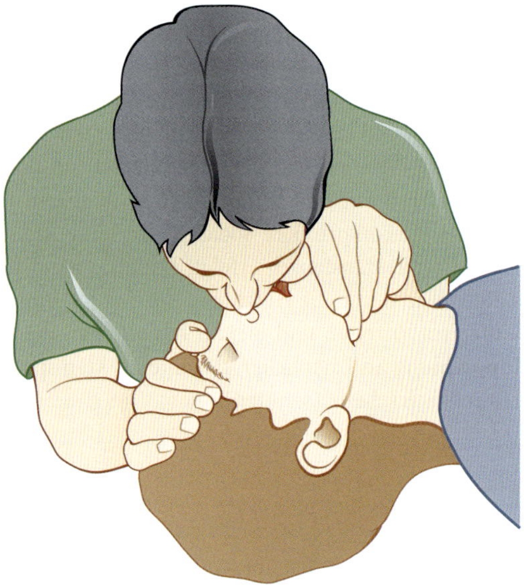

Abb. 4.23 Mund-zu-Nase-Beatmung [L126]

nicht deutlich erkennbar anhebt, wird vor der nächsten Atemspende der Mund des Patienten auf mögliche Verlegungen inspiziert. Zusätzlich ist auf eine ausreichende **Überstreckung** in der HWS zu achten.

- Bei der Mund-zu-Mund-Beatmung wird die **Nase** durch eine Klemme oder mit den Fingern **verschlossen**, bei der Mund-zu-Nase-Atemspende verschließt die Hand, die das Kinn anhebt, gleichzeitig den **Mund**.
- Die **Frequenz** liegt beim **Erwachsenen** bei **12–15/min**, bei **Kindern höher**. Die Frequenz hat allerdings in Kombination mit der HDM keine Bedeutung, weil grundsätzlich nach jeweils **2 Beatmungen** wiederum die Herzdruckmassage durchgeführt wird. Als indirekter Hinweis auf die Frequenz kann nun die Vorgabe gelten, dass für die **beiden Beatmungen** möglichst **nicht mehr als 5 s** aufgewendet werden sollen.
- Bei der Atemspende sollte der Helfer eine **Hyperventilation** mit möglicher Alkalose **vermeiden**, also auf übliche Weise einatmen und bei der Beatmung lediglich sicherstellen, dass sich der Patiententhorax hebt.
- Für die Durchführung der Atemspende stellt Blut oder Erbrochenes oder die Angst vor der Übertragung von Krankheiten häufig ein unüberwindbares Hindernis dar. Aus diesem Grund gibt es im medizinischen Fachhandel Hilfsmittel in der Form gefalteter Tücher, die luftdurchlässig sind und andererseits vor Sekreten zuverlässig abschirmen. Man muss nur daran denken, sie zumindest in der Hausbesuchstasche, im Handschuhfach oder (besser) als Anhänger mit sich zu führen. Handschuhe werden zum Selbstschutz ohnehin empfohlen.

ACHTUNG

Laienhelfern, die aus welchen Gründen auch immer keine Atemspende geben wollen oder können, wird **dringend empfohlen**, wenigstens die **HDM** durchzuführen. In Studien hat sich gezeigt, dass dies für eine Übergangszeit vollkommen ausreichend sein kann. Mit ursächlich dafür ist, wie oben ausgeführt, dass die Thoraxkompression der HDM in gewissem Umfang auch die Lunge betrifft, wodurch es zu geringgradigen „Beatmungen" kommt.

Beatmung durch professionelle Helfer

Professionelle Rettungskräfte beatmen mit Sauerstoff unter Verwendung des Ambu-Beutels (➤ Abb. 4.24). Durch Einsatz eines Guedel-Tubus werden die Atemwege noch zuverlässiger offen gehalten (➤ Abb. 4.25). Der Notarzt wird in Abhängigkeit vom Zustand des Patienten zusätzlich intubieren, falls die Intubation ohne nennenswerten Zeitverlust möglich ist (➤ Abb. 4.26).

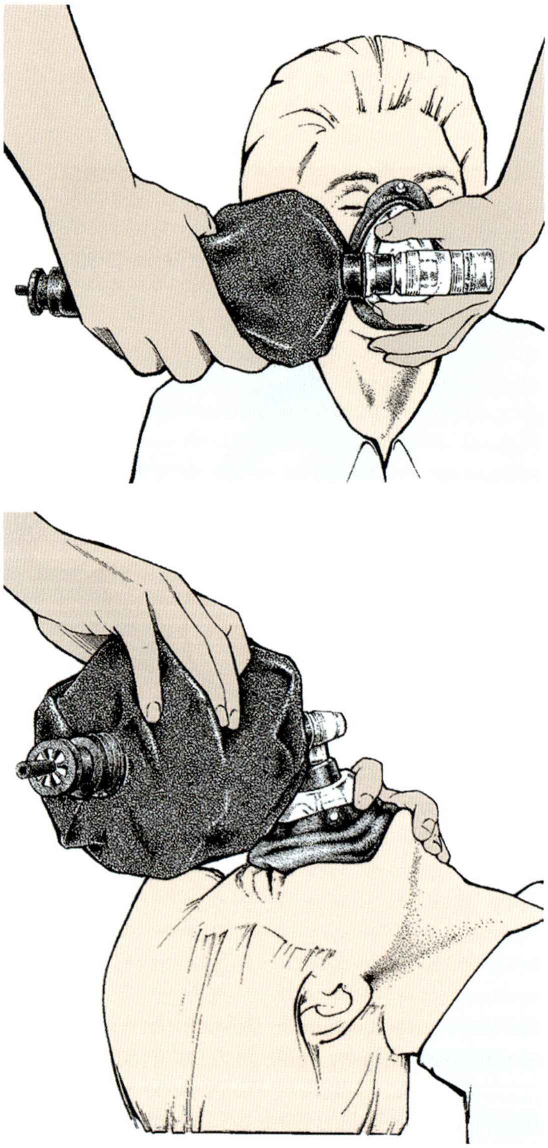

Abb. 4.24 Ambu-Beutel und Atemmaske [L108]

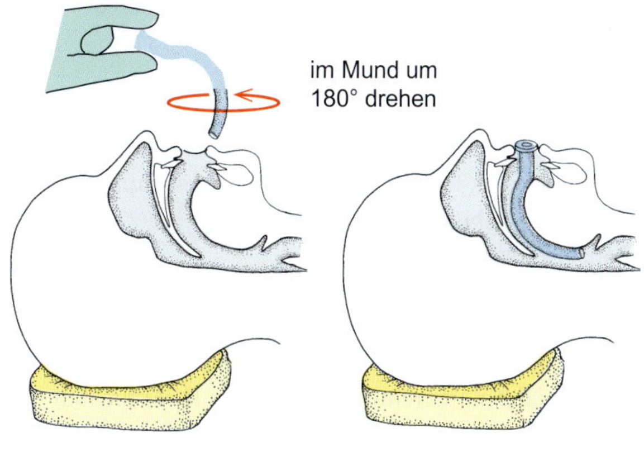

Abb. 4.25 Guedel-Tubus [L157]

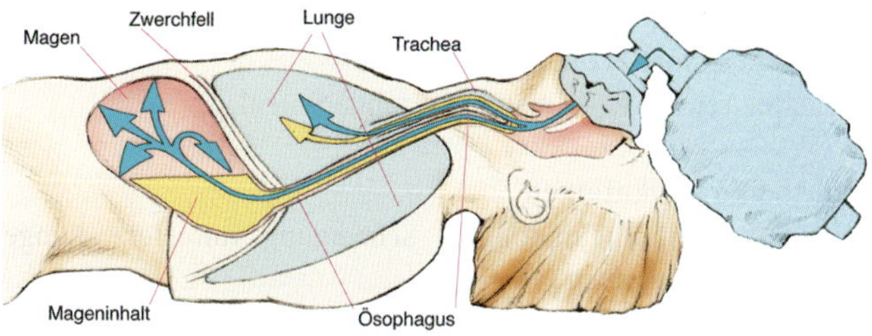

Abb. 4.26 Gefahr der Magenüberblähung bei beatmeten, nicht intubierten Patienten (blaue Pfeile geben den Weg der Luft an, gelbe Pfeile regurgitierten Mageninhalt) [L108]

Rhythmus der Reanimation

Ein einzelner Helfer kann nicht gleichzeitig Herzmassage und Atemspende durchführen. Auch bei der Reanimation durch zwei Helfer müssen Herzdruckmassage und Beatmung aufeinander abgestimmt werden.

Die aktuellen Richtlinien (BLS) stellen die HDM **vor** die Beatmung und geben einen **30:2-Rhythmus** vor. Abgesehen vom Kindesalter beginnt demnach **jede** Reanimation mit 30 **Herzmassagen**, bevor der Zweithelfer 2 Atemspenden gibt bzw. der allein anwesende Helfer zur Beatmung übergeht. Erfolgt hierbei keine deutliche Thoraxhebung, wird dessen ungeachtet die HDM fortgeführt und erst beim Wechsel zur nachfolgenden Atemspende möglichst kurz nach dem Strömungshindernis gefahndet. Ist ein Zweithelfer zugegen, bietet sich ohnehin ausreichend Gelegenheit zur Suche bzw. dazu, sich an die notwendige Überstreckung in der HWS zu erinnern.

Im Hinblick auf eine möglichst perfekte Koordinierung mehrerer Helfer ohne jeden Zeitverlust ist das **laute Mitzählen** des Ersthelfers unabdingbar. Die HDM wird für die Zeit der Beatmung kurzfristig (maximal 5 s) unterbrochen.

Defibrillation

HDM und Atemspende sind dazu geeignet, die Strukturen des menschlichen Körpers so lange zu erhalten, bis darüber hinaus gehende Maßnahmen ergriffen werden können. Für sich alleine sind sie jedoch häufig nicht dazu in der Lage, einen tatsächlichen oder funktionellen Herzstillstand wie z.B. ein Kammerflimmern in einen wirksamen Eigenrhythmus zu verwandeln. Die wichtigste Maßnahme der ALS, nach Möglichkeit bereits der BLS, besteht deshalb in der Defibrillation („Elektroschock“): Ein kräftiger elektrischer Impuls **induziert** (beim Herzstillstand) oder **synchronisiert** (beim funktionellen Herzstillstand) **die kardialen Erregungswellen** als Voraussetzung dafür, dass der Sinusknoten wieder die Oberhoheit erlangen kann.

Die modernen Defibrillatoren sind zur Anwendung durch Laien konzipiert und weitestgehend **sicher vor Fehlbedienungen**. Mittels integriertem EKG wird nicht nur automatisch die Indikation zur Auslösung eines Schocks beurteilt und die Auslösung auch nur im positiven Fall freigeschaltet, auch die weitere Vorgehensweise wird vorgegeben, sodass der Helfer sich der Führung durch das Gerät anvertrauen kann. Die Anweisungen erscheinen auf dem Display, erfolgen meist jedoch zusätzlich sprachgesteuert. Da es auch **implantierte Defibrillatoren** für kardial gefährdete Patienten gibt, bezeichnet man die Geräte als **automatisierte externe Defibrillatoren (AED)**.

ACHTUNG

Im Alltag ist häufig zu beobachten, dass ungeschulte Ersthelfer mehr Wert auf die Suche nach einem erreichbaren Defibrillator legen als auf die sofortige und ununterbrochene Reanimation – möglicherweise wegen der subjektiv empfundenen Hilflosigkeit gegenüber der Situation. Es kann deshalb nicht genug betont werden, dass selbst eine nicht allzu perfekt durchgeführte HDM dem Patienten alle Überlebenschancen erhält, bis der Notarzt eintrifft. Dagegen besiegelt die ersatzweise Suche nach dem Defibrillator das Schicksal des Patienten, sobald sie die kritische Zeitspanne von 3–4 oder gar 6 min überschritten hat.

Stehen AED und ein weiterer Helfer bereits während der BLS zur Verfügung, muss die **HDM** während der Aktivierung des Gerätes und dem Anlegen der selbstklebenden Pads auf dem Thorax des Patienten **ununterbrochen weitergeführt werden** (➤ Abb. 4.27). Sie

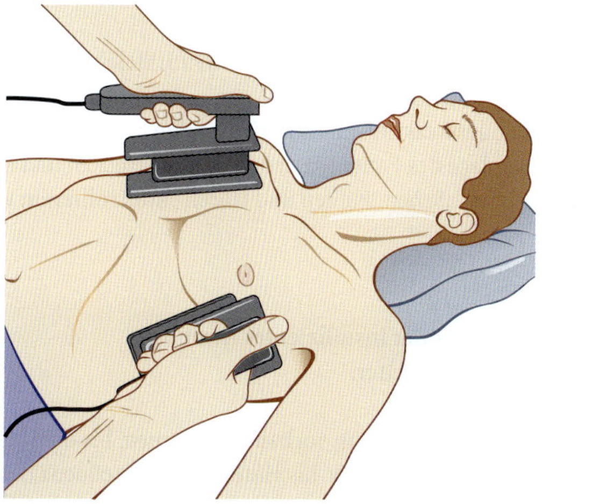

Abb. 4.27 Defibrillation [L126]

darf erst bzw. muss dann auch zur automatischen Rhythmusanalyse durch das Gerät und den sich anschließenden Schock, falls indiziert, unterbrochen werden. Dabei hat der Helfer darauf zu achten, dass die Anwesenden einen ausreichenden **Sicherheitsabstand** wahren.

Direkt im Anschluss an den Schock und **ohne Erfolgskontrolle** hinsichtlich eventuell einsetzender Vitalfunktionen müssen HDM und Beatmung wieder aufgenommen werden. Diese offizielle Vorgabe erstaunt ein wenig, denn eine erfolgte Synchronisierung der Herzaktionen kann durch die sofortige HDM im schlimmsten Fall erneut unterbrochen werden. Es ist schwer nachzuvollziehen, warum der angelegte, betriebsbereite AED nicht zunächst eine Rhythmuskontrolle durchführen sollte, bei einem **Zeitaufwand von wenigen Sekunden**.

4

MERKE

Die **einzigen Indikationen** für **Beendigung oder Unterbrechen** der **Erste-Hilfe-Maßnahmen** bestehen darin, dass
- der Patient die Augen öffnet, zu atmen beginnt oder sonstige Lebenszeichen erkennen lässt,
- der Helfer erschöpft ist,
- professionelle Helfer den Patienten übernehmen.

Vorgehen nach erfolgreicher Reanimation

Nach einer erfolgreich durchgeführten Reanimation, bei der es zur Spontanatmung und zu eigenen, effektiven Herzaktionen (tastbarer Puls) gekommen ist, wird der Patient in die **stabile Seitenlage** verbracht und bis zum Eintreffen des Notarztes **überwacht**. Man **kontrolliert** also die **Vitalfunktionen**, legt nach Möglichkeit einen venösen Zugang, versucht Blutungen durch Druckverbände zu stoppen und schient eine gebrochene Extremität, soweit dies in der Seitenlage gelingen sollte.

Zusammenfassung

BLS

Möglicherweise **bewusstloser Patient:**

1. **Ansprechen:** bei Reaktion des Patienten Hilfeleistung entsprechend der Situation
2. bei fehlender Reaktion laut **um Hilfe rufen**
3. in Rückenlage des Patienten den Kopf überstrecken und die **Atmung** durch „Sehen, Fühlen und Hören" **kontrollieren:** wenn vorhanden,
   a. stabile Seitenlage
   b. Notruf 112
4. **Bei fehlender oder insuffizienter Atmung**

- **professioneller Helfer:**
  a. Notruf 112
  b. Pulskontrolle; wenn vorhanden beatmen, bis die Spontanatmung einsetzt bzw. bis Hilfe eintrifft (Frequenz beim Erwachsenen 12–15/min)
  a. bei fehlendem Puls entsprechend dem Vorgehen des Laienhelfers
- **Laienhelfer:**
  a. Notruf 112
  b. 30-mal Herzdruckmassage: Frequenz mindestens 100 bis maximal 120/min, Eindrücktiefe des Sternums (untere Hälfte) mindestens 5 bis maximal 6 cm
  c. 2-mal beatmen
  d. AED holen lassen, falls weitere Helfer zugegen sind
  e. den 30:2-Rhythmus fortsetzen, bis der AED einsatzbereit ist bzw. professionelle Hilfe den Patienten übernimmt
  f. während der Vorbereitung des AED die HDM nicht unterbrechen
  g. weiteres Vorgehen nach AED-Anweisungen

5. **Defibrillation**, falls vom AED angezeigt
6. **HDM** ohne Kontrolle von Lebenszeichen direkt nach dem (Elektro-)Schock **fortsetzen**
7. bei erfolgreicher Reanimation → stabile Seitenlage

Mögliche Komplikationen

Rippenfrakturen, Pneumothorax, Schädigung von Herz, Lunge oder Oberbauchorganen

4.4 Hitze- und Stromschäden

4.4.1 Verbrennungen

Einteilung

- Die Verbrennung (Verbrühung) **1. Grades** ist definiert durch entzündliche Rötung und Schwellung der Haut. Dafür ausreichend sind bereits Temperaturen ab 48 °C.
- Bei der Verbrennung vom **Grad 2a** kommen ab 55 °C (subepidermale) Blasen hinzu, indem sich die Epidermis vom Corium abhebt (➤ Abb. 4.28). Die Abheilung erfolgt entsprechend Grad 1 ohne Narbenbildung.
- Zur Verbrennung **Grad 2b** kommt es bei länger einwirkenden Temperaturen ab 60 °C. Trotz entstehender Nekrosen ist sie im Akutstadium mit Rötung, Schwellung und Blasenbildung von

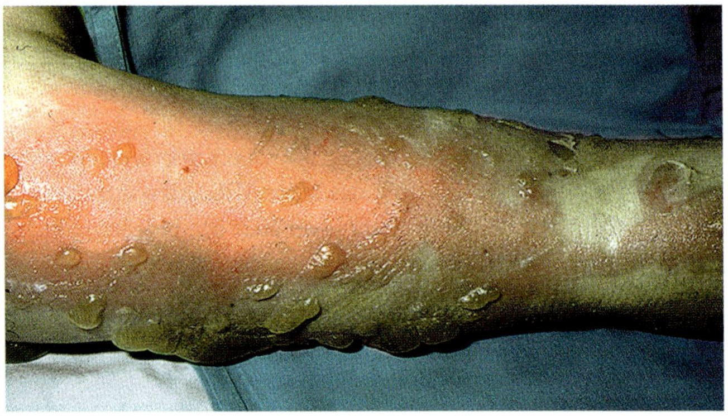

Abb. 4.28 Zweitgradige Verbrennung [F206]

der Verbrennung Grad 2a nicht so ohne Weiteres bzw. überhaupt nicht zu unterscheiden. Sie wird zumeist erst im weiteren Verlauf an der Abheilung unter Narbenbildung erkannt.

- Beim **Grad 3** kommt es durch Temperaturen zwischen > 60° und < 300° zur völligen Zerstörung von Haut und Anhangsgebilden.
- Die **viertgradige** Verbrennung ist an der Verkohlung des Gewebes zu erkennen. Die Verletzungen reichen sehr tief bis zu Knochen bzw. Gelenken.

Therapie

Kühlung

Die Erstversorgung von Verbrennungen (beim Kind meist Verbrühungen) erfolgt unabhängig von ihrer Ursache und ihres Schädigungsgrades auf die immer gleiche Weise. Ganz im Vordergrund steht die Kühlung mit kaltem **Leitungswasser** von 15–20°C. Nur im Notfall können (kurzfristig!) auch Eisbeutel verwendet werden. Die Kühlung hat über etwa **5–10 min** zu erfolgen. Lediglich bei Verbrühungen umfangreicher Hautareale, z.B. durch kochendes Wasser oder erhitzte Öle, ist diese Zeit durch die Unterkühlung des Körpers begrenzt und muss eventuell deutlich früher abgebrochen werden. Von noch längeren Kühlzeiten ist man in den letzten Jahren wieder abgekommen, weil die mögliche Ischämie der betroffenen Gewebe den Heilungsfortschritt verzögern würde. Selbst **lauwarmes Wasser** wird mittlerweile **akzeptiert**.

Der Sinn der Kühlung besteht darin, die thermische Schädigung des Gewebes, die auch nach Entfernung der Hitzequelle noch eine Zeit lang fortbesteht, möglichst schnell zu beenden. Die Kühlung besitzt zusätzlich auch einen analgetischen Effekt. Keine wie auch immer geartete Behandlung, die später durchgeführt wird, kommt dieser Erstbehandlung in ihrer Effizienz gleich. Sie sollte nach Möglichkeit niemals unterlassen werden.

Im Gegensatz zur Kühlung mit Wasser ist jegliches Aufbringen irgendwelcher Substanzen, vom Brandgel bis hin zu Mehl oder Puder, Eiweißeinreibungen oder Zahnpasta oder was sonst noch alles im Gebrauch ist, **strengstens kontraindiziert**, weil hierdurch die Nachbehandlung der Verbrennung erheblich erschwert wird. Ist keine Kühlung möglich, sollte die Wunde lediglich steril abgedeckt und möglichst schnell der weiteren Behandlung zugeführt werden.

In die Haut eingebrannte Kleidungsanteile werden zunächst **belassen** und erst unter stationären Bedingungen entfernt.

Sterile Abdeckung

Die zweite Maßnahme im Anschluss an die Kühlung besteht in der sterilen Abdeckung der betroffenen Hautpartien mit sterilen Kompressen oder Brandbinden, im Idealfall durch Aluminiumfolien wie beispielsweise Metaline®, weil es damit nicht zu Verklebungen mit der Wunde kommen kann. Ist keine keimfreie Abdeckung zur Hand, genügt ersatzweise ein sauberes Tuch. Ist auch das nicht möglich, sollte die Wunde offen bleiben.

Volumen und Analgetika

Ab einer Verbrennung 2.–3. Grades kommen neben der lokalen Gewebeschädigung weitere pathogene Faktoren hinzu:

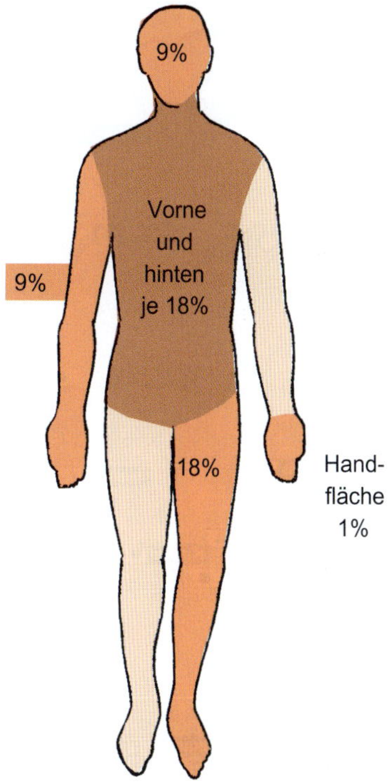

Abb. 4.29 Neuner-Regel nach Wallace [L157]

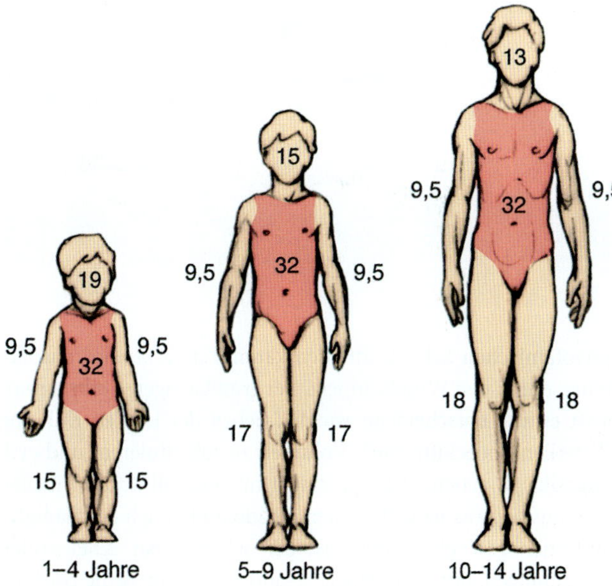

Abb. 4.30 Körperoberfläche beim Kind [L108]

- Zirkulierende Kinine bedingen **Gefäßerweiterungen**, vor allem auch in der Mikrozirkulation, die über Ödembildungen das intravasale Volumen vermindern.
- Der Verlust des Stratum corneum im Bereich der Verbrennung bedingt den **Wegfall des physiologischen Verdunstungsschutzes**.

Die Folge von Ödemen und gesteigerter Verdunstung ist bei ausgedehnten Verbrennungen eine Hypovolämie, die je nach Umfang im

4

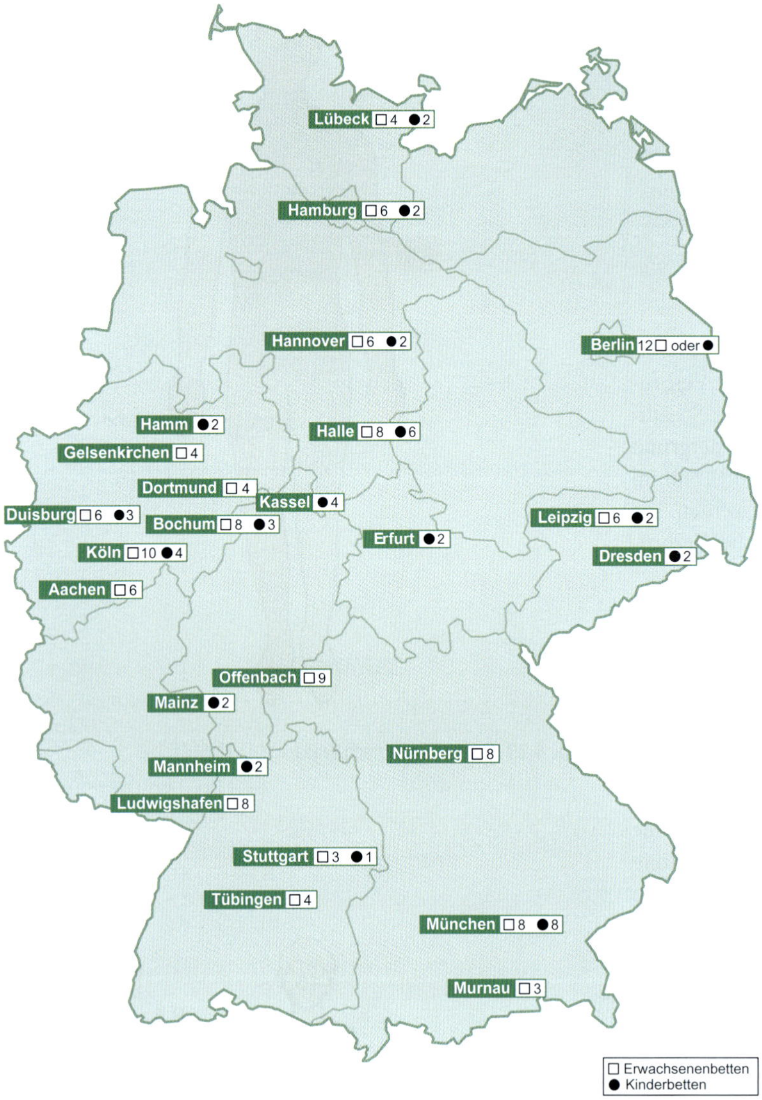

Abb. 4.31 Verbrennungskliniken (Stand 01/2017) [L252]

hypovolämischen Schock münden kann. Verstärkt wird das Geschehen durch den Wundschmerz. Bei großflächigen Verbrennungen ist es also entscheidend wichtig, neben der lokalen Kühlung und sterilen Abdeckung auch **Volumen** zu substituieren (und evtl. **Analgetika** zu geben). Dies geschieht im Idealfall durch Anlegen einer Infusion, was natürlich nicht gerade im Bereich geschädigter Hautpartien geschehen sollte. Ist bei beherrschbar scheinenden Verbrennungen, ohne zusätzliche Traumatisierung, keine Narkose im aufnehmenden Krankenhaus zu erwarten, kann die Flüssigkeit auch oral zugeführt werden.

Eine wirkliche **Gefährdung des Patienten** durch Hypovolämie, Kinine und toxische Produkte aus dem verbrannten Gewebe beginnt etwa ab einer verbrannten Fläche von **15 %** der Körperoberfläche. Spätestens ab dieser Ausdehnung sind rasche Flüssigkeitszufuhr und Krankenhauseinweisung unabdingbar, bei Kindern bereits ab 10 % verbrannter Körperoberfläche. Schwere, lebensgefährdende Verbrennungen sollten nach Möglichkeit in Spezialeinrichtungen versorgt werden (➤ Abb. 4.31).

Neuner-Regel

Zur Einschätzung des prozentualen Anteils verbrannter Haut bedient man sich der sog. Neuner-Regel nach Wallace, wonach beim Erwachsenen Kopf, Arme, Ober- und Unterschenkel, vorderer und hinterer Thorax sowie Bauch und unterer Rücken mit **jeweils 9 % der Körperoberfläche** angenommen werden (➤ Abb. 4.29). Beim Kind entfällt vor allem auf den Kopf ein prozentual deutlich größerer Anteil (➤ Abb. 4.30).

Verbrennungskrankheit

Als Folge umfangreicher Verbrennungen kommt es innerhalb von 2–3 Tagen zu Symptomen und Organstörungen, die in ihrer Summe zur sog. Verbrennungskrankheit zusammengefasst werden. Im Vordergrund steht neben dem Flüssigkeitsverlust v.a. die Schädigung durch **zirkulierende toxische Substanzen** aus dem verbrannten Gewebe. Wesentliche Symptome und Folgen sind **Nierenversa-**

gen mit Anurie, **septische Infektionen** des nekrotischen Gewebes (einschließlich **Tetanus**!), Anämie, mögliche Schädigung der **Atemwege** mit nachfolgender Bronchopneumonie durch **heiße Atemgase** und Störungen der **Leber** und weiterer Organe. Bei einem Anteil von > 50 % verbrannter Körperoberfläche hat der Patient nur noch in spezialisierten Verbrennungszentren (➤ Abb. 4.31) eine ausreichende Überlebenschance.

Zusammenfassung

Verbrennung (Verbrühung)

Schädigung von Haut und tiefer liegenden Geweben durch thermische Einflüsse

Ausmaß der Schädigung

- 4 Schweregrade
- Abschätzung der Ausdehnung nach der Neuner-Regel

Therapie

- Kühlung mit kaltem (notfalls lauwarmem) Leitungswasser über 5 bis maximal 10 min
- sterile (oder saubere) Abdeckung
- ab 10–15 % Körperoberfläche (Neuner-Regel) Notarzt, Flüssigkeitszufuhr (möglichst als Infusion), Analgetika, in jedem Fall Impfausweiskontrolle (Tetanus)

4.4.2 Stromunfall

Unfälle durch Strom können, abgesehen von ihren kardialen Wirkungen bis hin zum Kammerflimmern, **Verbrennungen** bzw. Verletzungen erzeugen, die an Verbrennungen erinnern (➤ Abb. 4.32, ➤ Abb. 4.33). Ihre Versorgung erfolgt analog zu den Verbrennungen.

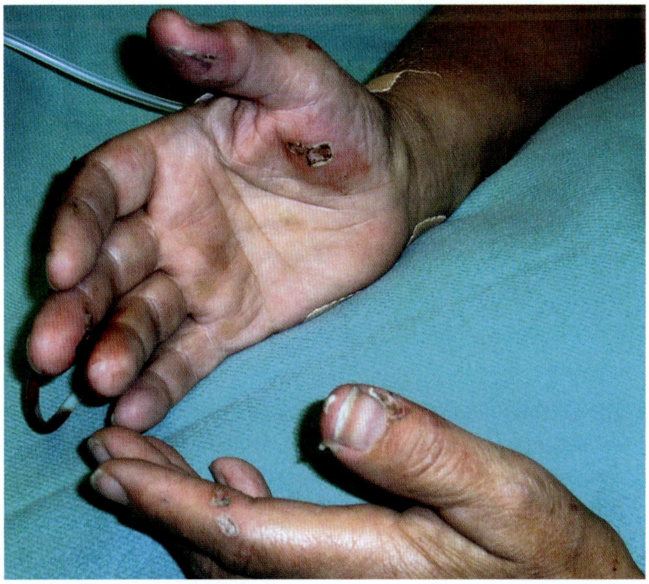

Abb. 4.32 Stromunfall (Niederspannung) [M235]

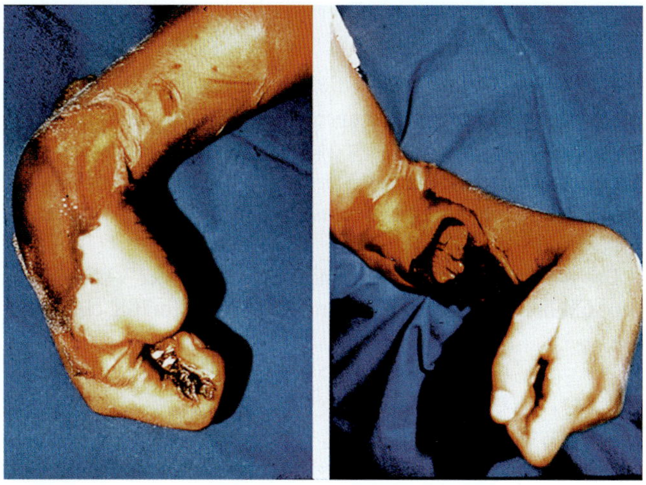

Abb. 4.33 Stromunfall (Hochspannung) [F206]

ACHTUNG
Man sollte als Ersthelfer den notwendigen Eigenschutz im Auge behalten, also zunächst die Stromzufuhr zum Patienten unterbrechen, bevor man mit den eigentlichen Hilfsmaßnahmen beginnt.

4.4.3 Hitzeschäden

Hitzschlag

Zum Hitzschlag kommt es nach der längeren Einwirkung **hoher Umgebungstemperaturen**. Die Reaktion auf die Überwärmung besteht, gesteuert durch das Temperaturzentrum des Hypothalamus, in einer Mehrdurchblutung der Haut und Schweißbildung. Bedingt durch die extremen Umgebungstemperaturen reicht dieser Mechanismus jedoch im weiteren Verlauf nicht mehr aus. Der Körper erhitzt auf Temperaturen von über 40 °C. Daneben entsteht durch den Flüssigkeitsverlust eine Hypovolämie, verstärkt durch weit gestellte Venen. In diesem Stadium wird die Schweißsekretion gestoppt: Die **Haut** ist **rot, heiß und trocken** (sog. rotes Stadium), später durch den Einfluss von Sympathikus und ADH/Vasopressin blass.

Symptomatik

Die Symptome werden verständlich aus Hypovolämie mit Blutdruckabfall und sympathischer Gegenregulation sowie aus den hitzebedingten **meningealen Reizungen** und einem **Hirnödem**, das bei zerebralen Temperaturen ab etwa 42 °C entstehen kann. Sie bestehen anfangs in Tachykardie und Tachypnoe, Kopfschmerzen, Schwindel und Übelkeit, nachfolgend in Somnolenz und möglicher Bewusstlosigkeit.

ACHTUNG
Der Hitzschlag ist als lebensbedrohend anzusehen.

Therapie

Die wichtigste Maßnahme ist **die Abkühlung des Körpers** durch entsprechende Umgebungstemperaturen und kalte Umschläge. Die Kleidung sollte geöffnet bzw. so weit wie möglich ausgezogen werden. Solange der Patient noch bei Bewusstsein ist, kann er kalte Flüssigkeiten trinken. Ist er bereits komatös, erfolgt die stabile Seitenlagerung.

Das Anlegen einer Infusion und Überwachen der Vitalfunktionen sind obligatorisch. Die Patienten sind **notfallmäßig einzuweisen**.

Sonnenstich

Unter einem Sonnenstich versteht man die lokale Überwärmung des **Kopfes**, bevorzugt durch die Strahlung der Sommer-Sonne auf den unbedeckten Kopf.

Symptomatik

Die Überwärmung des Kopfes führt zu **meningealen Reizungen** und eventuell zum **Hirnödem**. Der Kopf ist rot und heiß. Weitere Symptome bestehen in starken Kopfschmerzen, Tachykardie und Übelkeit, Schwindel und Kreislaufkollaps, gleichen also den Symptomen des Hitzschlags. In schweren Fällen können **Krampfanfälle** und Bewusstlosigkeit eintreten.

Therapie

Die Notfallmaßnahme besteht im Einhüllen des Kopfes in **feuchte Tücher**, wobei der Kopf hochgelagert wird, sofern der Patient noch bei Bewusstsein ist. Andernfalls gibt es wie üblich keine Alternative zur stabilen Seitenlagerung. Die notfallmäßige Einweisung ist in jedem Fall einer meningealen Reizung erforderlich.

Hitzeerschöpfung

Bei der Hitzeerschöpfung steht nicht eine Überwärmung des Körpers, sondern der **Flüssigkeitsverlust** durch starkes Schwitzen im Vordergrund, wie er u.a. durch angestrengte körperliche Arbeiten ohne ausreichende Flüssigkeitszufuhr entstehen kann.

Symptomatik

Die Hypovolämie und Dehydratation führen zum Blutdruckabfall, zu (ischämischen) Kopfschmerzen, Erschöpfung, starkem Durst und sympathischen Reaktionen mit Tachykardie und Tachypnoe.

Therapie

Die Therapie besteht abhängig vom Blutdruck in der Flach- oder Schocklagerung, **Kühlung** und **Flüssigkeitszufuhr**, einschließlich der über den Schweiß verloren gegangenen Elektrolyte (vor allem Natrium, Kalium, Magnesium und Chlorid).

Zusammenfassung

Hitzeschäden

Definitionen

- **Hitzschlag:** lebensbedrohliche Situation durch längere Überwärmung des Körpers, schließlich auch des Zerebrums (> 42 °C) und Zusammenbruch der Thermoregulation
- **Sonnenstich:** lokale Überwärmung des Kopfes (> 42 °C) mit meningealer Reizung und möglichem Hirnödem
- **Hitzeerschöpfung:** starker Flüssigkeitsverlust durch Hitzeeinwirkung und Schwitzen

Symptome

- **Hitzschlag, Sonnenstich:** Kopfschmerzen, Schwindel, Tachykardie, Übelkeit, nachfolgend u.U. Bewusstlosigkeit; beim Sonnenstich hochroter, heißer Kopf
- **Hitzeerschöpfung:** Erschöpfung, starker Durst

Therapie

- Notarzt, Kühlung von Körper bzw. Kopf, Trinken kalter Flüssigkeiten
- Bewusstlosigkeit: stabile Seitenlage, Infusion

4.5 Säuren und Laugen

Krankheitsentstehung

Bei der Verätzung durch Chemikalien oder starke **Säuren** wie z.B. Salzsäure entstehen sog. **Koagulationsnekrosen**. Hierbei bildet sich ein Schorf aus koaguliertem Gewebe, der die weitere Ausbreitung in die Tiefe verhindert. Im Gegensatz hierzu führt die Verätzung durch **Laugen** wie Natronlauge zu sog. **Kolliquationsnekrosen**, bei denen sich das Gewebe verflüssigt. Diese Nekrosen breiten sich sehr viel tiefer aus und führen zu schlimmeren Verätzungen als sie durch Säuren möglich sind.

Trinkt ein Kind versehentlich ätzende Flüssigkeiten, führt die enthaltene Säure oder Lauge zu Nekrosen im Mund-Rachen-Raum sowie in der Speiseröhre, die bei Laugen bis hin zu Perforationen reichen können.

Therapie

- Die **Erstmaßnahme** besteht im Ausspülen des Mundes und anschließendem Trinkenlassen ausreichender Mengen reinen Wassers, um die schädigende Flüssigkeit auf den Schleimhäuten möglichst stark zu verdünnen. **Milch** oder irgendwelche angeblich oder tatsächlich neutralisierenden Flüssigkeiten sind **kontraindiziert**.

- Auch ein künstlich induziertes **Erbrechen** ist **streng kontraindiziert**, weil die Regurgitation der Flüssigkeit aus dem Magen neuerliche Verätzungen hervorrufen könnte. Dem Magen selbst kann bei nicht allzu großen Mengen ätzender Flüssigkeit nicht viel passieren. Die stärkstmögliche Säure (HCl) ist ohnehin bereits vorhanden, Laugen werden durch diese Säure neutralisiert. Erst durch größere Mengen bzw. durch ätzende Chemikalien entstehen Schäden bis hin zur Magenperforation.
- Bei einem Kontakt der **Haut** oder **Schleimhäute** einschließlich der besonders gefährdeten Augen mit ätzenden Flüssigkeiten besteht die wesentliche Erstmaßnahme ebenfalls in reichlichem Spülen mit lauwarmem oder kaltem Leitungswasser. Am **Auge** entsteht häufig ein Lidkrampf (**Blepharospasmus**), der eine effektive Spülung verhindert. Hier sollte der Spasmus zunächst durch anästhesierende Augentropfen (z.B. Lidocain) behoben und anschließend intensiv gespült werden (➤ Abb. 4.34).

MERKE
Bei Verätzungen durch Laugen, Säuren oder Chemikalien mit reinem Wasser spülen/verdünnen. Kein Erbrechen auslösen, keine Versuche einer Neutralisation!

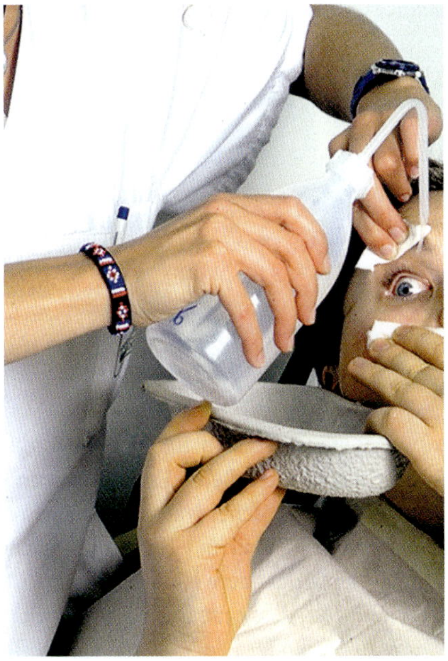

Abb. 4.34 Augenspülung [K138]

4.6 Vergiftungen (Suizid)

Für beabsichtigte oder versehentliche Vergiftungen (➤ Abb. 4.35) kommen ungezählte Substanzen infrage. In der Mehrzahl der Fälle handelt es sich jedoch um Intoxikationen durch Medikamente oder durch Rauschgifte. Allein durch die Überdosierung von Rauschgiften kommt es in Deutschland Jahr für Jahr zu rund 1.000 Todesfällen (Drogentote). Abgesehen von intravenös zugeführten Rauschgiften oder inhalativ zugeführten Giften wie Kohlenmonoxid (CO) werden die meisten Gifte oral aufgenommen (➤ Abb. 4.36). In

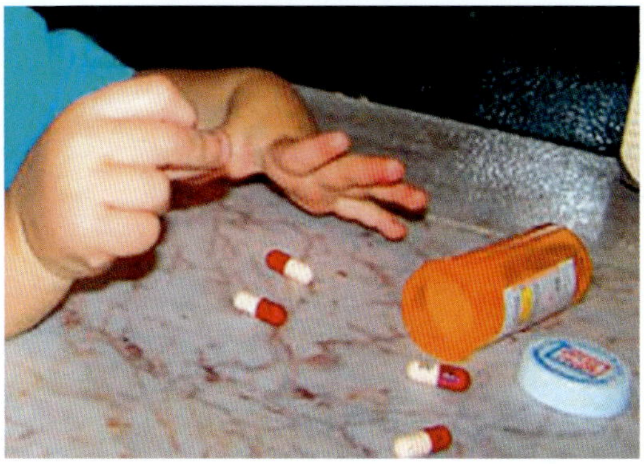

Abb. 4.35 Ohne Worte [E655]

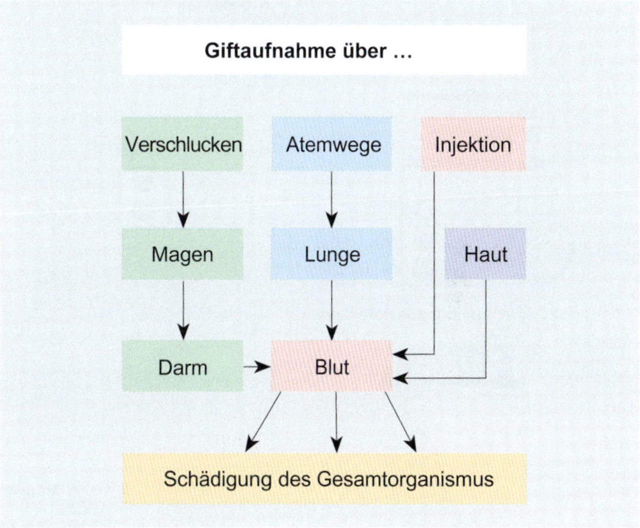

Abb. 4.36 Giftaufnahme [L190]

diesen Fällen besteht grundsätzlich die Möglichkeit, den noch im Magen befindlichen Anteil in der Klinik über eine Magenspülung zu entfernen, sofern der Zeitpunkt der Aufnahme nicht allzu weit zurückliegt.

Symptomatik

Die Symptome einer Vergiftung sind zumeist **unspezifisch** und äußern sich lediglich über eine **Bewusstlosigkeit** des Patienten. Cyanidvergiftungen (Blausäure HCN) sind eventuell über den Atemgeruch nach bitteren Mandeln, solche durch CO über die kirschrote Verfärbung der Haut zu erkennen.

Therapie

Ist der Patient noch ansprechbar, ist viel gewonnen. Andernfalls sollte über Familienangehörige nach der **möglichen Ursache** gefahndet werden. Auf herumliegende Spritzen, Medikamentenschachteln oder einen Abschiedsbrief ist unbedingt zu achten. Sollte die Ursache geklärt werden können, geben Giftnotrufzentralen ggf. bei sehr speziellen Vergiftungen Auskunft zum weiteren Vorgehen (➤ Abb. 4.37).

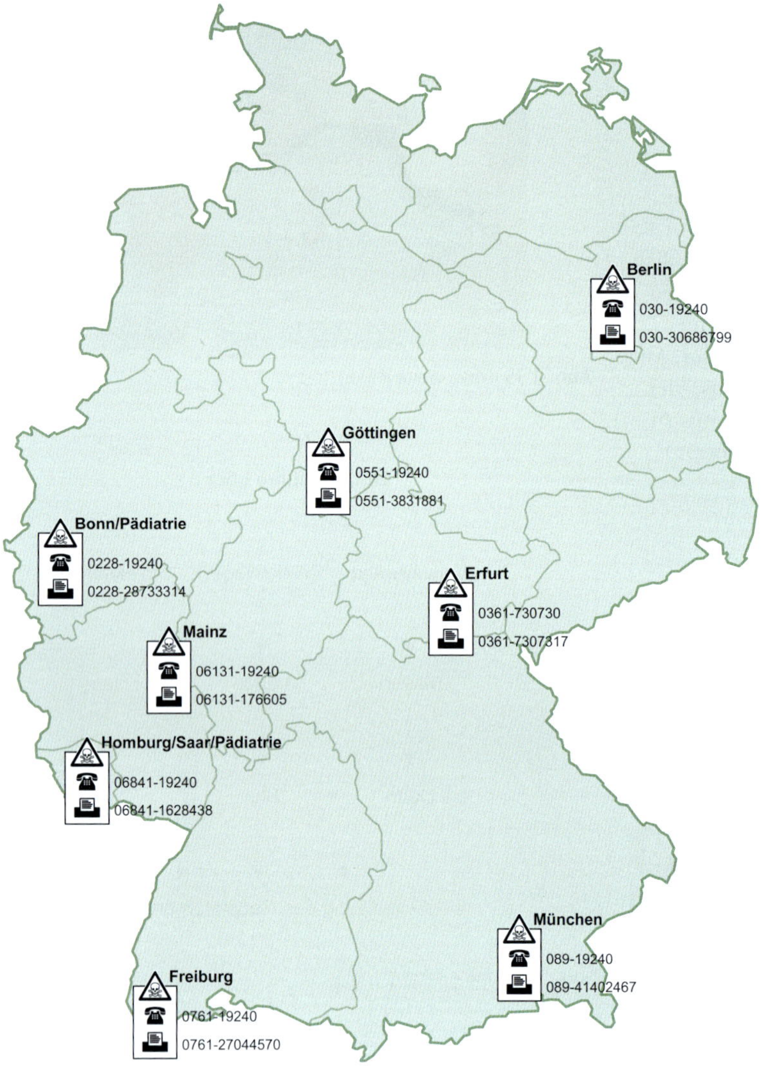

Abb. 4.37 Giftnotrufzentralen (Stand 01/2017) [L252]

Ist der Patient bewusstlos, müssen die Vitalfunktionen gesichert und der **Notarzt** verständigt werden. Anschließend kann man versuchen, in Abhängigkeit von der erkannten Ursache der Intoxikation gezielt zu helfen, soweit dies ambulant möglich ist:

- **Alkoholintoxikationen** sind in den westlichen Ländern die häufigsten Vergiftungen. Die Patienten sind in der Regel komatös. Der Foetor alcoholicus ist kaum zu verkennen. Ist die Alkoholaufnahme erst kurz zuvor geschehen, wird in der Klinik der Magen gespült; andernfalls ist diese Maßnahme sinnlos, weil Alkohol im Allgemeinen sehr schnell resorbiert wird. Antidote gegen Alkoholintoxikationen gibt es nicht. Man lässt die Patienten unter Überwachung ausschlafen.
- Hat ein Kind Gift aufgenommen, ist es wach bei stabilen Kreislauffunktionen und ist die (Kinder-)Klinik nicht zügig erreichbar, könnte (theoretisch) mit **Ipecacuanha-Sirup** (10–20 ml) Erbrechen induziert werden. Beim Erwachsenen wäre hierfür eine **Salzlösung** (2 Esslöffel Kochsalz auf 1 Glas Wasser) geeignet, wobei man sich dann 10–20 min gedulden müsste, bis das Erbrechen einsetzt. **Beide Empfehlungen** früherer Jahre sind heute eher theoretischer Natur, genau genommen also **obsolet**, weil Notarzt und Klinik in aller Regel zügig erreichbar sind und eine sehr viel wirksamere Hilfe versprechen.
- Wichtig ist, dass man bei Vergiftungen durch ätzende Substanzen, Säuren oder Laugen ein solches Erbrechen **niemals** auslösen darf (➤ Kap. 4.5).
- Das Trinkenlassen von **Milch** oder anderen Flüssigkeiten ist im Zusammenhang **ausnahmslos kontraindiziert**. Viele Gifte werden hierdurch nur schneller zur Resorption gebracht und die Chancen für den Betroffenen verschlechtert. Ausschließlich bei Verätzungen in Rachen oder Speiseröhre gilt diese Regel, abgesehen von der Milch, nicht.
- In der Klinik wird im Anschluss an die in der Regel obligatorische **Magenspülung** (➤ Abb. 4.38) **Kohle** verabreicht, die viele Giftstoffe aktiv absorbiert und dadurch der Resorption entzieht.

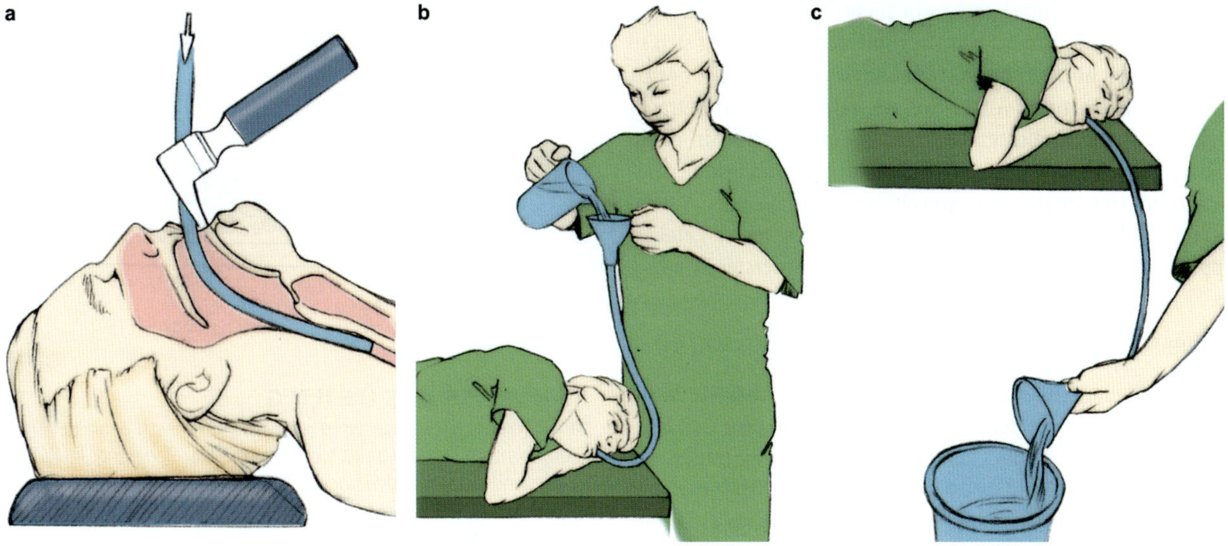

Abb. 4.38 Magenspülung: **a** Der Magenschlauch wird oral eingeführt. **b** Über einen am Ende des Magenschlauchs angebrachten Trichter wird portionsweise Wasser eingefüllt, wobei der Trichter deutlich über Magenhöhe gehalten werden muss. **c** Nachdem das Wasser den Magen erreicht hat, werden Schlauch und Trichter unter das Magenniveau gesenkt, sodass Wasser und Mageninhalt in das bereitgestellte Gefäß ablaufen können. [L108]

Zusammenfassung

Therapie bei Vergiftungen

- Notarzt verständigen
- nach Spritzen, Medikamenten, Abschiedsbrief suchen
- lediglich bei bewusstseinsklaren Patienten, die **nicht transportfähig** sind, eventuell Erbrechen induzieren (Salzwasser, Ipecacuanha-Sirup bei Kindern), bei ätzenden Chemikalien streng kontraindiziert, Infusion
- **Klinik:** Magenspülung, anschließend medizinische Kohle

4.7 Herzinfarkt

Der Herzinfarkt wird ausführlich im ➤ Fach Herz-Kreislauf-System besprochen. An dieser Stelle geht es vorrangig um die adäquate **Erstversorgung** in der Notfallmedizin.

Symptomatik

Wesentliche Hinweise sind der anhaltende (länger als 15–20 min) und intensive thorakale, eventuell ausstrahlende Schmerz (➤ Abb. 4.39), vegetative Reaktionen (Blässe, Kaltschweißigkeit) sowie eine Arrhythmie – zumeist als Tachyarrhythmie bei häufig bereits niedrigem Blutdruck. Anamnestisch wird man oft erfahren, dass in den Stunden vor dem eigentlichen Ereignis Schwäche, Übelkeit und ein retrosternaler Druck bestanden haben. Bei Frauen kann der Schmerz auch fehlen. Hier stehen oftmals neben einem milden thorakalen Druck Schwäche und Übelkeit, verbunden mit Rücken- oder Oberbauchschmerzen im Vordergrund. Bei alten Menschen und Diabetikern müssen überhaupt keine Schmerzen auftreten, sodass eventuell nur Blutdruckabfall, Übelkeit und Schwäche bzw. Krankheitsgefühl erkennbar werden.

Differenzialdiagnose

Der Herzinfarkt kann nicht immer zuverlässig von einer Angina pectoris in der Folge einer KHK abgegrenzt werden. Auch Erkrankungen wie **Perikarditis, Ösophagitis, Pneumothorax, Lungenembolie**, perforiertes bzw. dissezierendes **Aortenaneurysma** oder Erkrankungen der **Oberbauchorgane** (Pankreatitis, Magenperforation) können differenzialdiagnostische Probleme bereiten. Diagnosehilfen wie ein tragbares EKG-Gerät (meist Hebung der ST-Strecke) sind üblicherweise im Notfall nicht verfügbar, laborchemische

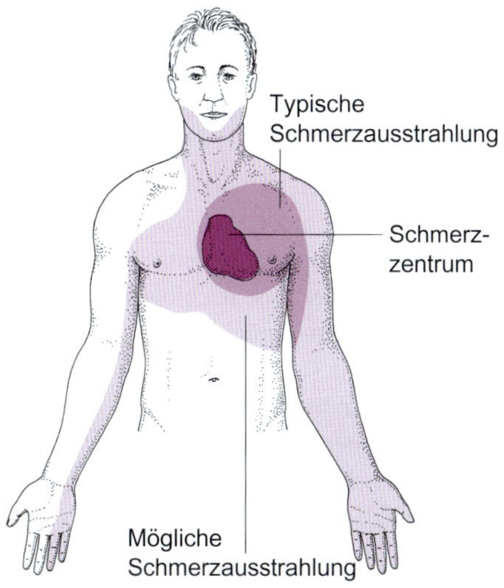

Abb. 4.39 Schmerzausstrahlung bei KHK und Herzinfarkt [L190]

Hilfen (CK-MB, Troponin) erst recht nicht. Dies steht allerdings zunächst überhaupt nicht im Vordergrund, denn es handelt sich so oder so um einen **hochakuten Notfall** und der „Faktor Zeit" besitzt **überragende Bedeutung**. Angesichts der zahlreichen, in Betracht kommenden Differenzialdiagnosen sollte man sich ohnehin daran erinnern, dass in der Medizin „Häufiges häufig ist und Seltenes selten". Und der Herzinfarkt steht sowohl hinsichtlich seines Auftretens (280.000 Fälle/Jahr in Deutschland) als auch seiner Letalität (knapp 70.000 Todesfälle/Jahr) immer noch an vorderster Front.

Therapie

Die für den Heilpraktiker **mit weitem Abstand wichtigste Maßnahme** besteht in der unverzüglichen Benachrichtigung des **Notarztes** und Einweisung ins Krankenhaus. Bis zum Eintreffen des Notarztes besteht die wichtigste Maßnahme in der Sicherung oder Wiederherstellung der Vitalfunktionen, vor allem wenn es bereits zum kardiogenen Schock gekommen ist.

Das primäre Ziel der Erstmaßnahmen besteht darin, das Herz zu entlasten und den Sauerstoffbedarf zu senken:

- Bei noch normalem oder erhöhtem Blutdruck wird der Oberkörper des Patienten hoch gelagert, die Beine nach unten (sog. Herzbett = unblutiger Aderlass, ➤ Abb. 4.40). Eine weitere **Volumenentlastung** kann durch Nitroglyzerin (nicht bei niedrigem Blutdruck!) erfolgen, das gleichzeitig eine differenzialdiagnostische Hilfe bietet: Bei der KHK bildet sich die Angina pectoris innerhalb von Minuten deutlich zurück, beim Infarkt tritt dagegen keine wesentliche Besserung ein.
- Wichtig ist eine **Analgesierung** des Patienten, durch den Notarzt mit Morphin, ersatzweise aber auch mit ASS, das gleichzeitig die Thrombozytenaggregation hemmt, weil der (Vernichtungs-)Schmerz des Patienten über den Sympathikus zu einem weiter erhöhten Sauerstoffbedarf führt. ASS wird vom Notarzt ohnehin zusätzlich gegeben.
- Über einen **venösen Zugang** wird Volumen substituiert, allerdings nur in geringen Mengen, die den Zugang offen halten. ASS (als Aspirin® i.v.) könnte hierüber gegeben werden, ist allerdings verschreibungspflichtig. Ersatzweise kämen beim bewusstseinsklaren Patienten ASS Lutschtabletten in Frage (z.B. Godamed® 500), sofern sich das Eintreffen des Notarztes verzögern sollte.
- Falls **Sauerstoff** vorhanden ist, wird er über die Atemluft zugeführt.
- **Intramuskuläre Injektionen** sind beim Verdacht auf Herzinfarkt wegen der möglicherweise nachfolgenden Thrombolyse **kontraindiziert**. Die früher mögliche Beeinträchtigung der kardialen Enzymdiagnostik (CK) ist angesichts der Spezifität moderner Labormethoden nicht mehr gegeben. Die **Kontraindikation** für i.m.-Injektionen gilt für **alle Notfälle**, die eventuell mittels **Lyse-Therapie** behandelt werden, u.a. also auch für Lungenembolie, Schlaganfall sowie periphere arterielle oder venöse Emboli.
- In der Klinik wird dann möglichst umgehend die **Lyse-Therapie** z.B. mit t-PA eingeleitet bzw., je nach den Möglichkeiten des betreffenden Krankenhauses, die Katheterisierung durchgeführt.

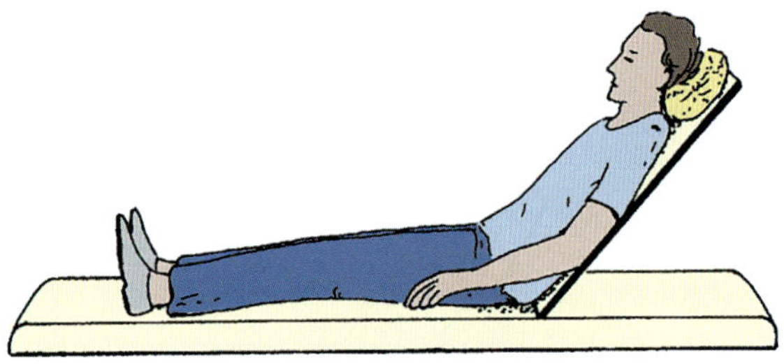

Abb. 4.40 Lagerung bei Herzinfarkt und Lungenödem [L157]

HINWEIS PRÜFUNG

Im kardiogenen Schock eines eventuell bereits somnolenten Patienten kann bis zum Eintreffen des Notarztes die Flachlagerung als Kompromiss zwischen Herzbett und Schocklagerung gewählt werden, um dem Gehirn eine gewisse Restdurchblutung zu sichern. Für einen komatösen Patienten gilt die stabile Seitenlage. Allerdings wird in der Prüfung selbst im **kardiogenen Schock** die **Oberkörperhochlagerung** (30°) erwartet, weil dies in den Leitlinien so vorgesehen ist. Diese Leitlinien gelten jedoch für Ärzte, die u.a. positiv inotrope Medikamente einsetzen, wodurch sich die (eigentlich fehlerhafte) Lagerung relativiert.

Zusammenfassung

Herzinfarkt

Symptome

- im typischen Fall anhaltender, intensiver, ausstrahlender Brustschmerz (➤ Abb. 4.39)
- vegetative Reaktionen (Blässe, Kaltschweißigkeit, Übelkeit)
- Arrhythmie und Blutdruckabfall

Therapie

- Notarzt verständigen
- ggf. Vitalfunktionen sichern bzw. wiederherstellen
- Oberkörperhochlagerung, bei Bewusstlosigkeit stabile Seitenlage
- Zugang legen
- Sauerstoff, wenn möglich
- Nitroglyzerin bei ausreichendem Blutdruck, falls beim Patienten vorhanden; Analgetika (v.a. ASS als Lutschtablette)
- keine intramuskulären Injektionen

4.8 Lungenödem

Ursachen

Als Ursache für die Entstehung eines Lungenödems gibt es pauschaliert im Wesentlichen nur zwei Möglichkeiten, sofern man von Sonderfällen wie z.B. einer Urämie einmal absieht: ein Stau des Blutes vor dem linken Herzen und eine Entzündung im Bereich von Alveolen-Interstitium-Kapillaren, wie sie u.a. bei einer Lobärpneumonie oder einer (allergischen) Alveolitis gegeben ist. Die wesentlichen Ursachen für einen Rückstau sind die fortgeschrittene Linksherzinsuffizienz, Mitralstenose und die Mitralinsuffizienz.

Symptomatik

Ein mäßiges Lungenödem mit Flüssigkeitsansammlungen im schmalen interstitiellen Lungengerüst hat keine akuten Folgen. Ist der Rückstau vor dem linken Herzen aber derart ausgeprägt, dass die Alveolen volllaufen, resultieren eine ausgeprägte **Dyspnoe, Tachypnoe und Tachykardie**. Möglich ist Husten mit schaumigem Sputum. Eventuell kommt es zur Zyanose. Auskultatorisch bestehen feinblasige feuchte Rasselgeräusche.

Dyspnoe und Zyanose entstehen, weil die Sauerstoffdiffusion in die Kapillaren behindert ist. Zusätzlich ist die Atemarbeit für den Patienten deutlich erschwert, weil die Retraktionskraft der Lunge, die ansonsten ohne muskuläre Hilfe die Ausatmung besorgt, kaum noch vorhanden ist (➤ Fach Atmungssystem).

Therapie

Bis zum Eintreffen des Notarztes besteht die wesentliche Maßnahme in der **Lagerung des Patienten** mit aufrechtem Oberkörper und herabhängenden Beinen, um ein Abfließen der Flüssigkeit zumindest aus den apikalen Bereichen der Lunge zu erreichen und um das Flüssigkeitsvolumen, welches zum (überforderten) Herzen zurückströmt, zu verringern (unblutiger Aderlass). Sofern **Sauerstoff** zur Hand ist, sollte er gegeben werden.

Bei ausreichend hohem Blutdruck (systolisch > 100 mmHg) stellt in den Fällen einer kardialen Ursache **Nitroglyzerin** ein wertvolles Notfallmedikament dar, sofern es beim Patienten vorhanden ist, weil es durch sein sog. venöses Pooling die zirkulierende Blutmenge verringert und damit den linken Ventrikel entlastet. Der **Notarzt** wird primär mit Diuretika wie vor allem **Furosemid** (Lasix®) therapieren.

Zusammenfassung

Lungenödem

Symptome
- Dyspnoe, Tachypnoe
- Tachykardie
- evtl. Zyanose

Therapie
- Notarzt verständigen
- Oberkörperhochlagerung
- Zugang legen
- Sauerstoff, wenn möglich
- evtl. Nitroglyzerin
- bei kardialer Ursache Furosemid vom Notarzt

4.9 Schock

Im medizinischen Sinn versteht man unter Schock ein **generalisiertes Kreislaufversagen**. Es gibt verschiedene Ursachen, deren differenzialdiagnostische Trennung Auswirkungen hinsichtlich der Erste-Hilfe-Maßnahmen haben kann.

Im Vordergrund aller Schockformen steht ein ausgeprägtes Missverhältnis zwischen dem Herzminutenvolumen und dem eigentlichen Bedarf der Organe. Die Störung der Mikrozirkulation bedingt eine Hypoxie der Gewebe. Die wesentlichen Ursachen dieses Missverhältnisses sind
- eine **Hypovolämie**, beispielsweise durch traumatischen Blutverlust (einschließlich Frakturen) oder Flüssigkeitsverluste über den Darm oder die Haut
- das **Unvermögen des Herzens**, der Peripherie ein ausreichendes Volumen zur Verfügung zu stellen
- ein **Flüssigkeitsverlust in die peripheren Gewebe**, wie er beim anaphylaktischen Schock entsteht
- Sonderformen wie z.B. der **septische Schock**

Besprochen werden die unterschiedlichen Formen des Kreislaufversagens in den zugehörigen ➤ Fach Herz-Kreislauf-System und ➤ Fach Immunologie (septischer Schock).

4.9.1 Differenzialdiagnose

Das Schockgeschehen selbst lässt sich an Blutdruck und Puls festmachen. Hinsichtlich der Ursache gibt es einige Hilfestellungen, welche die Diagnose und eine jeweils angemessene Therapie erleichtern.
- Der **hypovolämische Schock** lässt sich an sichtbaren Blutungen, Frakturen, Exsikkose, kalter, blasser, feuchter Haut erkennen, ergänzt durch leere, kaum darstellbare Halsvenen (➤ Abb. 4.41).
- Der **kardiogene Schock** unterscheidet sich hiervon vor allem durch prall gefüllte Halsvenen und die meist vorhandene kardiale Arrhythmie.
- Der **septische Schock** weist als einzige Schockform aufgrund des vorhandenen Fiebers eine rote und warme Hautfarbe auf. Die Halsvenen sind unauffällig, also weder prall gefüllt noch leergelaufen.
- Der **anaphylaktische Schock** zeigt häufig Begleitsymptome in Form urtikarieller Hautbeteiligung und/oder Juckreiz, Konstrik-

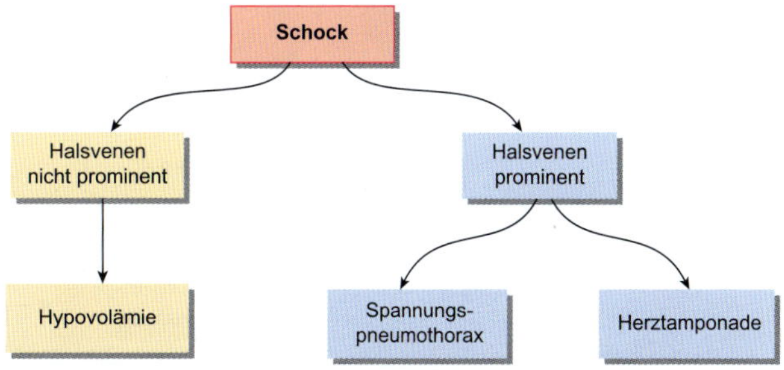

Abb. 4.41 Differenzialdiagnose des Schocks [L157]

tion der Bronchien oder Glottisödem mit akuter Dyspnoe und inspiratorischem Stridor. Auch die abdominelle Symptomatik ist gegenüber den weiteren Schockformen meist verstärkt, weil sich zu den Auswirkungen der metabolischen Azidose noch die Wirkung zirkulierenden Histamins auf die Darmwand addiert.

4.9.2 Hypovolämischer Schock

Krankheitsentstehung

Der Volumenverlust infolge eines Unfalls, einer Oberschenkelhals- oder Beckenfraktur, der massiven Diarrhö eines Kindes oder einer ausgedehnten Verbrennung führt dann zum hypovolämischen Schock, wenn von den etwa 5–6 Litern intravasalem Volumen zumindest 1,5 Liter verloren gehen (➤ Abb. 4.42).

Symptomatik

Die Patienten wirken unruhig und ängstlich, wegen der zerebralen Ischämie auch teilweise verwirrt, soweit sie noch bei Bewusstsein sind. Die Haut ist blass, kalt und feucht („kaltschweißig") – eventuell bereits zyanotisch, die Atmung beschleunigt. Der Blutdruck ist niedrig bis sehr niedrig, in fortgeschrittenen Stadien kaum noch messbar. Die Blutdruckamplitude ist wegen der Engstellung der Arteriolen (Sympathikus, Angiotensin II, ADH) auffallend klein (z.B. RR 65/50). Definitionsgemäß liegt der systolische Blutdruck unter 90 mmHg oder um mindestens ⅓ unterhalb des Ausgangswerts. Der Puls ist schnell (zumeist > 120/min) und wegen des geringen Auswurfvolumens fadenförmig. Die Mangelsituation der Niere führt über eine Oligurie präfinal zur Anurie. Der zentrale Venendruck ist erniedrigt – erkennbar an kaum noch darstellbaren Halsvenen, laborchemisch besteht eine (Laktat-)Azidose.

Der sog. **Schockindex** als Quotient aus Puls und systolischem Blutdruck (Normalwert 0,5) gibt einen Hinweis auf die Höhe des Volumenverlustes und das drohende Kreislaufversagen. Ab einem Wert von etwa 1,5 ist der Schock manifest. Aus der **Pulsfrequenz** alleine kann beim Erwachsenen bereits die Menge des Flüssigkeitsverlustes abgelesen werden:

- Bei einem Blutverlust unter 750 ml liegt die Pulsfrequenz noch unter 100/min und ist kräftig zu tasten, der Blutdruck ist normal.
- Bei Blutverlusten zwischen 750 und 1.500 ml liegt der Puls bei oder oberhalb von 100/min. Der Blutdruck kann sich je nach Ausgangswert noch im Bereich des Normalen bewegen.
- Erst bei Blutverlusten oberhalb 1.500 ml beträgt die Pulsfrequenz mehr als 120/min, der Puls ist schwach bis fadenförmig, der Blutdruck niedrig bis sehr niedrig. Der Schockindex liegt in diesem Stadium immer bei 1,5 oder darüber.

Bei einem Schockgeschehen, bei dem der Blutdruck noch annähernd normal zu messen ist, obwohl die Peripherie durch Engstellung der Gefäße bereits minderversorgt ist, spricht man vom **kompensierten** Schock. **Dekompensiert** ist er entsprechend, wenn ein systolischer Wert von 90 mmHg unterschritten ist.

MERKE

Der sicherste Hinweis auf den Schock eines Patienten, wenn man ohne Notfalltasche unterwegs ist, stellen Frequenz (> 120/min) und Qualität des Pulses (Pulsus filiformis) dar. Die Haut ist blass, kalt und feucht (Ausnahme: septischer Schock).

Therapie

Die Therapie besteht in der Schocklagerung (= Autotransfusion, ➤ Abb. 4.43), der Verständigung des Notarztes, einer Kompression von Blutungsquellen und im Legen eines venösen Zugangs, soweit dies bei leergelaufenen Venen gelingen mag, unter Ersatz des verloren gegangenen Volumens. Sauerstoff, falls vorhanden, ist wertvoll.

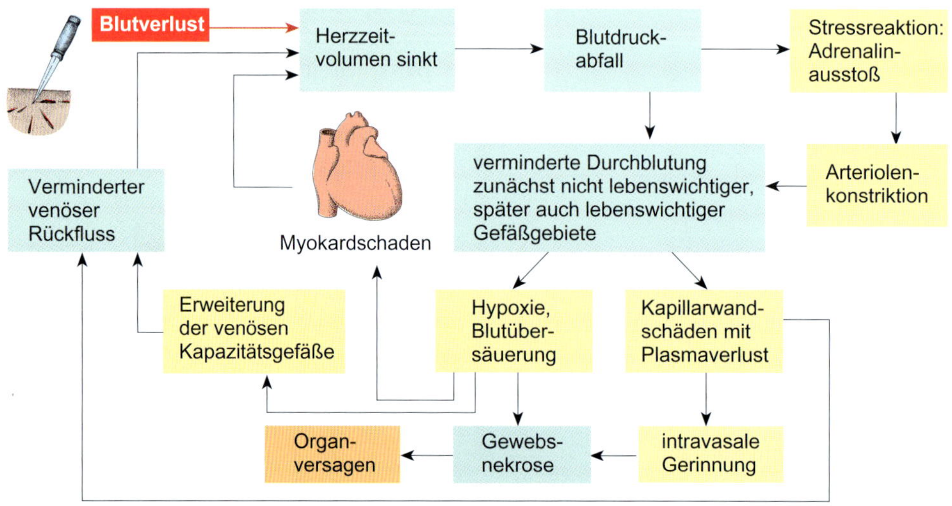

Abb. 4.42 Pathophysiologie des Volumenmangelschocks [L190]

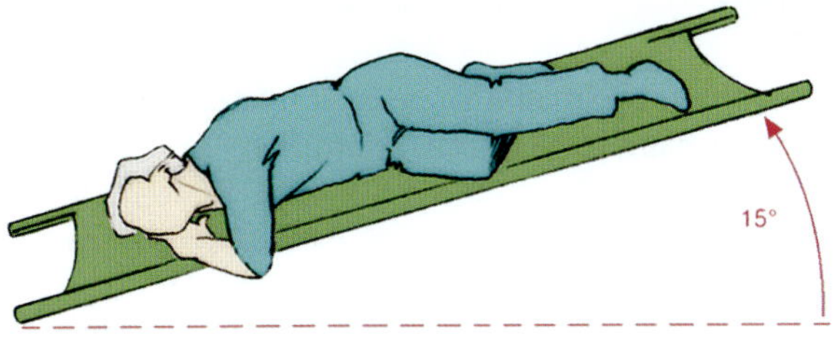

Abb. 4.43 Schocklagerung [L108]

4.9.3 Anaphylaktischer Schock

Der anaphylaktische Schock entsteht IgE-vermittelt als **allergische Reaktion vom Typ I**, die nicht umschrieben die Haut (Urtikaria) oder die Bronchien (Spastik) betrifft, sondern den gesamten systemischen Kreislauf. Häufigste Auslöser sind Medikamente, Insektenstiche und Nahrungsmittel, wobei er in erster Linie innerhalb von Sekunden oder wenigen Minuten (Sofortreaktion!) nach intravenöser Gabe eines Allergens oder nach Insektenstichen (Biene, Wespe usw.) in Erscheinung tritt. Der Schock entsteht weitgehend unabhängig von der verabfolgten Menge des Allergens

Auch eine **Allergie vom Typ III** (Serum-Krankheit) könnte über lösliche Immunkomplexe mit nachfolgender Komplementaktivierung im Extremfall einmal zum Bild des anaphylaktischen Schocks führen. In diesem Fall erfolgt die Histaminausschüttung aus den Mastzellen über aktivierte Komplementfaktoren (Anaphylatoxine) und nicht über IgE.

Die generalisierte Ausschüttung von Histamin und in der Folge Leukotrienen und Serotonin (aus Thrombozyten) führt zur Erweiterung der Arteriolen und Verengung der Venolen unter gleichzeitigem Durchlässigwerden der Kapillaren, woraus ein massiver Flüssigkeitsausstrom ins Interstitium mit entsprechender Abnahme des Herzzeitvolumens resultiert.

Symptomatik

Das Ergebnis entspricht dem hypovolämischen Schock, doch kann es **zusätzlich** zum **Angioödem** (z.B. Glottisödem) und zur **Bronchialspastik** kommen. **Abdominelle Krämpfe** durch die Histaminwirkung auf die Darmwand können in Verbindung mit Azidose und Übelkeit das Bild eines **akuten Abdomens** hervorrufen.

Therapie

Die Therapie besteht in der Schocklagerung, dem Anlegen einer Infusion und in diesem Fall auch der Gabe von Antihistaminika und hoch dosierten Glukokortikoiden. Cortison wirkt allerdings erst nach einer Latenzzeit. Calcium ist ohne Wirksamkeit und seit vielen Jahren obsolet.

Lebensrettend, aber dem Notarzt vorbehalten, bleibt die intravenöse Gabe von hoch verdünntem Adrenalin. Adrenalin wäre vor allem beim Glottisödem mit drohender Erstickungsgefahr auch als Spray wirksam (Infekto-Krupp®-Spray), steht aber dem Heilpraktiker genauso wenig zur Verfügung. Bei einem gleichzeitig bestehenden Bronchialspasmus wären Bronchospasmolytika als Inhalationsspray indiziert (ebenfalls verschreibungspflichtig). Immerhin stehen dem Heilpraktiker seit 2011 mit **Adrenalin** (Anapen®, Fastjekt®) zur **i.m.-Injektion** (lateraler Oberschenkel) und **Dexamethason** (i.v. als Fortecortin® 40 mg Fertigspritze) zwei hochwirksame Medikamente zur Verfügung für den Fall, dass der Notarzt nicht in kürzester Zeit eintreffen sollte. Für den Eigenbedarf in der Praxis verordnungsfähig (unter Vorlegen seiner Zulassung in der Apotheke) sind die beiden Medikamente zwar definitionsgemäß mit Bezug auf diese Schockform als Folge einer Anwendung von Lokalanästhetika, doch geht es hier um einen lebensgefährdeten Patienten und da spielt es keine Rolle, ob ein Lokalanästhetikum oder z.B. ein Bienenstich zum anaphylaktischen Schock geführt hat. Die einzige Voraussetzung besteht in einer sicheren Diagnose. Zusätzlich sollte die Notfallmedikation, sofern vorhanden, durch ein Antihistaminikum wie z.B. Fenistil® i.v. ergänzt werden.

MERKE

Man kann die Maßnahmen des Notarztes unter der sog. **AABC-Regel** zusammenfassen: **A**drenalin, **A**ntihistaminika, **B**ronchospasmolytika und **C**ortison.

4.9.4 Kardiogener Schock

Ursachen

Ursachen des kardiogenen Schocks sind üblicherweise ein Herzinfarkt/Herzversagen, ausgeprägte Arrhythmien ohne ausreichendes Auswurfvolumen, eine Myokarditis oder eine fortgeschrittene Herzinsuffizienz. Auch eine Herzbeuteltamponade (traumatisch, Perikarditis) oder eine Lungenembolie können zum kardiogenen Schock führen. In jedem Fall ist das Herz nicht mehr in der Lage, der Peripherie ein ausreichendes Volumen zur Verfügung zu stellen.

Symptomatik

Der kardiogene Schock kann relativ einfach von den anderen Schockformen unterschieden werden, wenn man sich den Pathomechanismus vor Augen hält: Ein Herz, das nicht mehr in der Lage ist, das angebotene Volumen aufzunehmen und weiterzubefördern, verursacht einen **Rückstau** in die zuführenden Venen.

Ist primär das **rechte Herz** betroffen, wird dieser Rückstau an der Erhöhung des zentralen Venendrucks (ZVD) mit prall gestauten Halsvenen erkennbar. Hinsichtlich der Auswirkungen auf Blutdruck und ZVD vergleichbar ist an dieser Stelle die obere Einflussstauung zu erwähnen, verursacht beispielsweise durch einen Spannungspneumothorax oder einen großen Mediastinaltumor. Ein Schock anderer Ursache bedingt dagegen, abgesehen vom septischen Schock, stets ungestaute, „leere" Halsvenen, weil das verminderte Volumen zu einem suffizienten Ventrikel strömt.

Das Versagen des **linken Ventrikels** verursacht einen massiven Rückstau in die Lunge, der an dem entstehenden Lungenödem erkennbar ist. Dagegen entsteht das Lungenödem der Schocklunge (ARDS) bei den übrigen Schockformen in der Regel erst in späten Stadien und kann während der Erste-Hilfe-Maßnahmen nicht gesehen bzw. auskultiert werden.

Therapie

Zur Therapie erfolgt dieses Mal *keine* Schocklagerung, weil es ja nun primär um eine Entlastung des Herzens geht. Man wird den Patienten also im sog. Herzbett lagern, einen venösen Zugang legen und die Vitalfunktionen überwachen. Ist der Blutdruck allerdings bereits in Extrembereiche abgefallen, könnte wegen der massiven zerebralen Ischämie mit der durchaus realen Gefahr eines nachfolgenden Schlaganfalls eigentlich die Flachlagerung bevorzugt werden, doch ist dies offiziell **nicht vorgesehen** – wahrscheinlich deswegen, weil die medizinischen Leitlinien üblicherweise für Ärzte gedacht sind und nicht für Heilpraktiker oder Laienhelfer (Ausnahme: Reanimation). Der Arzt wird das Herz in diesen Fällen mit positiv inotrop wirkenden Substanzen stabilisieren, wodurch die vorgegebene Lagerung akzeptabel wird.

Die Therapie des Notarztes besteht, neben der Gabe von Morphin, ASS und Heparin, in der Gabe von positiv inotrop wirkenden Substanzen wie Dopamin und Diuretika wie Furosemid, bei noch ausreichendem Blutdruck auch in Nitroglyzerin, das die Vorlast senkt und die Herzkranzgefäße erweitert. Ist die Ursache des Schocks ein Herzinfarkt oder eine Lungenembolie, folgt im Krankenhaus z.B. die Lyse-Therapie. Liegt ein Perikarderguss vor, wird dieser abpunktiert.

4.9.5 Septischer Schock

Krankheitsentstehung

Diese Schockform entsteht im Rahmen einer **Sepsis** („Blutvergiftung"), die überwiegend von Bakterien (mehrheitlich gramnegativen wie E. coli oder durch Staphylokokken), selten durch Pilze, Viren oder Protozoen verursacht wird. Am häufigsten führen die Endotoxine gramnegativer Bakterien zu einer generalisierten Bildung von Mikrothromben, die die Kapillarlichtungen verstopfen. Die Verbrauchskoagulopathie kann zu Blutungen führen, z.B. zu Einblutungen in die Haut.

Symptomatik

Der septische Schock unterscheidet sich von den übrigen Schockformen vor allem durch das **Fieber** des Patienten. Der Blutdruck kann anfangs normal oder sogar erhöht sein. Die Haut ist rot, warm und trocken, während sie sonst ja kalt, blass und feucht imponiert. Wie üblich bestehen daneben eine Tachykardie und Tachypnoe.

Der septische Schock wird notfallmäßig kaum gesehen, weil er sich zumeist im Rahmen einer Sepsis und stationär einstellt. Ein ähnliches Bild kann aber auch durch toxische Zerfallsprodukte nach einer großflächigen Verbrennung (Verbrennungskrankheit) oder im Rahmen einer schweren Pankreatitis entstehen.

Therapie

Die Erste Hilfe besteht im Anlegen einer Infusion, Schocklagerung und Überwachung, bis der Notarzt eintrifft.

Zusammenfassung

Schock

Generalisiertes Kreislaufversagen mit ausgeprägtem Missverhältnis zwischen dem Herzminutenvolumen und dem eigentlichen Bedarf der Organe

Symptome
- kaltschweißige Haut (außer Sepsis)
- flacher schneller Puls (> 120/min)
- Benommenheit, Schwindel, evtl. Koma

Therapie
- Notarzt
- Schocklagerung
- Infusion
- Sauerstoff
- bei Bewusstlosigkeit stabile Seitenlage

Hypovolämischer Schock

Symptome
- kaum erkennbare Halsvenen
- evtl. sichtbare Blutungen oder Fraktur oder abdominelle Symptome

Zusätzliche Therapie
- Kompression ursächlicher Blutungsquellen

Anaphylaktischer Schock

Symptome
- kaum erkennbare Halsvenen
- Bronchialspastik
- Dyspnoe mit Stridor bei Glottisödem
- Urtikaria
- Übelkeit
- abdominelle Krämpfe bzw. Bild des akuten Abdomens
- Insektenstich? Medikament i.v.?

Zusätzliche Therapie
- Antihistaminika und Glukokortikoide i.v., Adrenalin i.m.
- AABC-Regel (Notarzt)

Kardiogener Schock

Symptome
- gestaute Halsvenen
- thorakale Beschwerden

- kardiale Arrhythmie
- evtl. Übelkeit

Therapie

- Oberkörperhochlagerung (= offizielle Vorgabe) oder (bei RR systolisch unter 70 mmHg) bis zum Eintreffen des Notarztes flach

Septischer Schock

Symptome

- Haut meist rot und warm, unauffällige Halsvenen

Therapie

- keine zusätzlichen Maßnahmen

4.10 Koma

Eine Minderung des Bewusstseins kann durch
- Störungen der Großhirnrinde
- Störungen der Neurone in Hirnstamm und Thalamus (ARAS)
- Störung der Verbindung des ARAS zu den Hemisphären

verursacht werden. Dies wird im ➤ Fach Leitsymptome ausführlicher besprochen.

Quantitative Grade der Bewusstseinsstörung

Man kann **qualitative Grade** einer Bewusstseinsstörung von **quantitativen** abgrenzen, die graduell von minimalen, aber erkennbaren Einschränkungen der zerebralen Leistungen bis hin zur vollständigen Bewusstlosigkeit führen. Als quantitative Grade einer Bewusstseinsstörung definiert man Benommenheit, Somnolenz, Sopor und Koma:

- Die **Benommenheit** als mildeste Form ist erkennbar an einem verlangsamten Denken und Handeln. Die Orientierung ist erschwert.
- **Somnolenz** heißt Schläfrigkeit. Somnolente Patienten sind jederzeit durch äußere Reize, zumindest vorübergehend, erweckbar, zeigen dann aber verlangsamte Reaktionen und Denkabläufe und zumindest auch ein gewisses Maß an Verwirrtheit und Desorientierung.
- **Sopor** bezeichnet einen schlafähnlichen Zustand, aus dem der Patient nur unvollständig erweckbar ist. Starke Reize vermögen Reaktionen auszulösen, beispielsweise Abwehrreaktionen auf Schmerzreize. Verbale Reaktionen sind unvollständig, ohne Zusammenhang oder sie fehlen ganz.
- Das **Koma** schließlich als gradueller Endzustand der Bewusstseinsstörung beschreibt einen Zustand, aus dem der Patient nicht mehr erweckt werden kann. Eine Reaktion auf Schmerzreize kann, je nach der Tiefe des Komas, noch (ungezielt) erhalten werden oder sie fehlt ganz.

Komastadien

Das Koma lässt sich nach seiner Tiefe in vier Stadien einteilen:
- Bewusstlosigkeit *ohne* neurologische Störungen wie Lähmungen oder Beeinträchtigung der Pupillomotorik. Abwehrbewegungen auf Schmerzreize
- Bewusstlosigkeit *mit* neurologischen Störungen
- Bewusstlosigkeit mit Hirnstammreaktionen (ungerichtete gleichseitige Bewegungen von Armen und Beinen auf Schmerzreize)
- tiefe Bewusstlosigkeit; keinerlei Reaktionen; Spontanatmung erhalten

EXKURS

Gehirnversorgung mit Sauerstoff und Glukose

Das Gehirn ist von einem kontinuierlichen Blutfluss und dessen ausreichendem Gehalt an Sauerstoff und Glukose abhängig. Etwa 15 % des Herz-Zeit-Volumens werden über Karotiden und Aa. vertebrales zur Versorgung des Gehirns abgezweigt. Die Glukosevorräte des Gehirns reichen für etwa 2 min. Eine Bewusstlosigkeit tritt jedoch bereits nach einer Unterbrechung der Blutzufuhr von lediglich etwa 10–15 s ein, weil Sauerstoff den begrenzenden Faktor darstellt. Bleibende Schäden entstehen beim Erwachsenen und bei warmen Umgebungstemperaturen nach einer vollständigen Ischämie, die 3 min überschreitet. Der Hirntod kann bereits nach 4–6 min ununterbrochener Ischämie eintreten. Das Gehirn besitzt damit die geringste Wiederbelebungszeit aller Organe.

Therapie

Ein komatöser Patient kann in der Regel ambulant nur symptomatisch, nicht ursächlich behandelt werden. Einzige wesentliche Ausnahme ist das hypoglykämische Koma.

HINWEIS DES AUTORS

Es ist zu beachten, dass hypo- und hyperglykämisches **Koma** immer noch häufig als „Schock" bezeichnet werden – auch in der Heilpraktikerprüfung oder z.B. im Pschyrembel. Schock und Koma haben allerdings nicht das Geringste miteinander zu tun. Man könnte höchstens formulieren, dass speziell beim hyperosmolaren Koma des Typ-II-Diabetikers wegen der hier besonders ausgeprägten osmotischen Diurese *eventuell zusätzlich* ein hypovolämischer Schock entstehen könnte, doch resultiert die Bewusstlosigkeit (das *Koma*) des Patienten aus der Hyperosmolarität (> 600 mg/dl Glukose), während der eher seltene zusätzliche Blutdruckabfall bis hin zum Kreislaufversagen (dem *Schock*) als mögliches und **zusätzliches Symptom des diabetischen Koma** zu werten ist. Beim hypoglykämischen Koma ist die Gleichsetzung bzw. Verwechslung der Begrifflichkeiten noch unangebrachter, denn der **Blutdruck** des Patienten ist hierbei wegen der begleitenden Sympathikusaktivierung ohne gleichzeitigen Flüssigkeitsmangel **erhöht** und entfernt sich damit nochmals weiter von der Definition eines *Schocks*.

Handelt es sich um einen Patienten, bei dem durch Befragen von Familienangehörigen oder aufgrund vorhandener Medikamente (Insulin) ein **Diabetes mellitus Typ 1** als Ursache des Komas wahrscheinlich gemacht werden kann, besteht die Erstmaßnahme in der intravenösen Verabreichung einer 40–50 %igen Glukoselösung

(20 ml; bei positiver Reaktion insgesamt bis zu 0,5 g Glukose pro kg Körpergewicht). Die Injektion muss langsam durchgeführt werden, damit die stark hyperosmolare Lösung nicht zur Venenwandreizung führt.

- Handelt es sich um ein **hypoglykämisches Koma** (Blutzuckerwerte < 30–40 mg/dl), wird der Patient häufig noch unter der Injektion erwachen. Handelt es sich dagegen um ein diabetisches Koma (hyperosmolar, ketoazidotisch) mit Serumwerten von bis zu 1.000 mg/dl Glukose oder darüber hinaus, wird ihm die in Relation hierzu geringe Menge zusätzlich gegebener Glukose nicht schaden. **Insulin** darf als Notfallmedikament **niemals** verabreicht werden; es bleibt der Klinik vorbehalten.
- Ist an der obstartigen Ausatemluft des Patienten im Verein mit Kußmaul-Atmung und erkennbarer Exsikkose mit weichen, „matschigen" Bulbi oder anamnestisch die Diagnose eines hyperglykämischen, in diesem Fall **ketoazidotischen Komas** sehr wahrscheinlich, bleibt nach der Verständigung des Notarztes nur das Anlegen einer Infusion und die Überwachung der Vitalfunktionen. Dasselbe gilt für das hyperosmolare Koma des Typ-2-Diabetikers.

Grundsätzlich sinnvoll ist das Vorhandensein von Zuckermessstreifen in der Notfalltasche, mit denen die Höhe des jeweiligen Blutzuckers schnell und zumindest näherungsweise abgelesen werden kann.

MERKE

Jedes Koma außer dem hypoglykämischen kann notfallmäßig lediglich symptomatisch versorgt werden.

Die Bedrohung des Patienten besteht im Koma gleich welcher Ursache nicht nur in der jeweils vorliegenden, zum Koma führenden Schädigung des Gehirns, sondern darüber hinaus auch in möglichen sekundären Schädigungen durch Aspiration, Aufhebung des Schluck- und Hustenreflexes, Hypoventilation mit resultierender Hypoxie oder Blutdruckabfall. Es ist demnach grundsätzlich von Bedeutung, bis zum Eintreffen des Notarztes die **Atemwege freizuhalten** und den **Kreislauf zu stabilisieren**. Dies geschieht durch Lagerung in der **stabilen Seitenlage**, bei Blutdruckabfall möglichst gleichzeitig auf einer schiefen Ebene als Schocklagerung bzw. mittels Höherlagerung der Beine, und dem **Legen eines Zugangs**.

Selbstverständlich ist auf Verletzungen zu achten. Besteht der Verdacht auf eine Verletzung von Rückenmark oder Zerebrum, so ist jede unnötige Lageveränderung des Patienten zu vermeiden. Falls möglich, sollte der Patient flach auf dem Rücken bzw., bei intrazerebralen Verletzungen, mit leicht angehobenem Oberkörper verbleiben. Allerdings besteht in diesen Fällen doch ein ausgeprägter Zwiespalt, weil die stabile Seitenlage ohne Rücksicht auf die Komaursache obligat ist.

Bei eventueller Ateminsuffizienz gibt man Sauerstoff, sofern vorhanden. Falls dies nicht ausreicht, wird beatmet. Der Notarzt wird in aller Regel intubieren.

Zusammenfassung

Koma

Bewusstlosigkeit als Endzustand einer Bewusstseinsstörung

Symptome

- erhaltene Vitalfunktionen
- Patient kann nicht mehr erweckt werden
- ungezielte Reaktionen auf Schmerzreize evtl. noch auslösbar

Therapie

- stabile Seitenlage
- Notarzt
- Suche nach der Ursache, bei Verdacht auf hypoglykämisches Koma Glukose i.v., bei Blutungen Druckverband
- Infusion, Sauerstoff

4.11 Krampfanfall

Krampfanfälle werden notfallmäßig kaum beobachtet, weil sie beim Erreichen des Patienten in der Regel schon wieder beendet sind. Der Patient befindet sich dann im sog. postiktalen Nachschlaf oder er ist desorientiert und somnolent.

Symptomatik

Ein generalisierter Krampfanfall ist meist eine Blickdiagnose (➤ Abb. 4.44). Neben den häufig vorkommenden Muskelkrämpfen beobachtet man vermehrten Speichelfluss, Einnässen und/oder Einkoten. Die Atmung ist unregelmäßig, die Patienten blicken starr geradeaus oder zeigen eine Blickwendung und sind während des Anfalls nicht ansprechbar. Genauer besprochen werden die Symptome im ➤ Fach Neurologie.

Therapie

Kopf und Extremitäten sollten vor Verletzungen durch unmittelbar benachbarte Gegenstände geschützt werden. Persistiert der Anfall oder liegt sogar ein Status epilepticus vor, müssen die Vitalfunktionen gesichert und der Anfall medikamentös durchbrochen werden. Als Schutz vor Zungenbissen empfahl man früher einen Gummikeil oder eine aufgerollte Mullbinde. Davon ist man inzwischen abgekommen, weil der Helfer dadurch selbst gefährdet wäre – vor allem aber deshalb, weil sich Zungenbisse in der Regel bereits ganz am Beginn des Anfalls ereignen, in den nachfolgenden Minuten also nicht mehr verhindert werden müssen.

Bei einem bekannten Anfallsleiden genügt die Anwesenheit von Familienangehörigen, soweit der Anfall bereits problemlos überstanden ist. Andernfalls sollte der Patient zur Abklärung der Ursache eingewiesen werden.

Ärztliches Mittel der Wahl ist Diazepam (Valium®) i.v., notfalls i.m. Bei kindlichen Fieberkrämpfen gibt man Diazepam-Klysmen rektal (Desitin®).

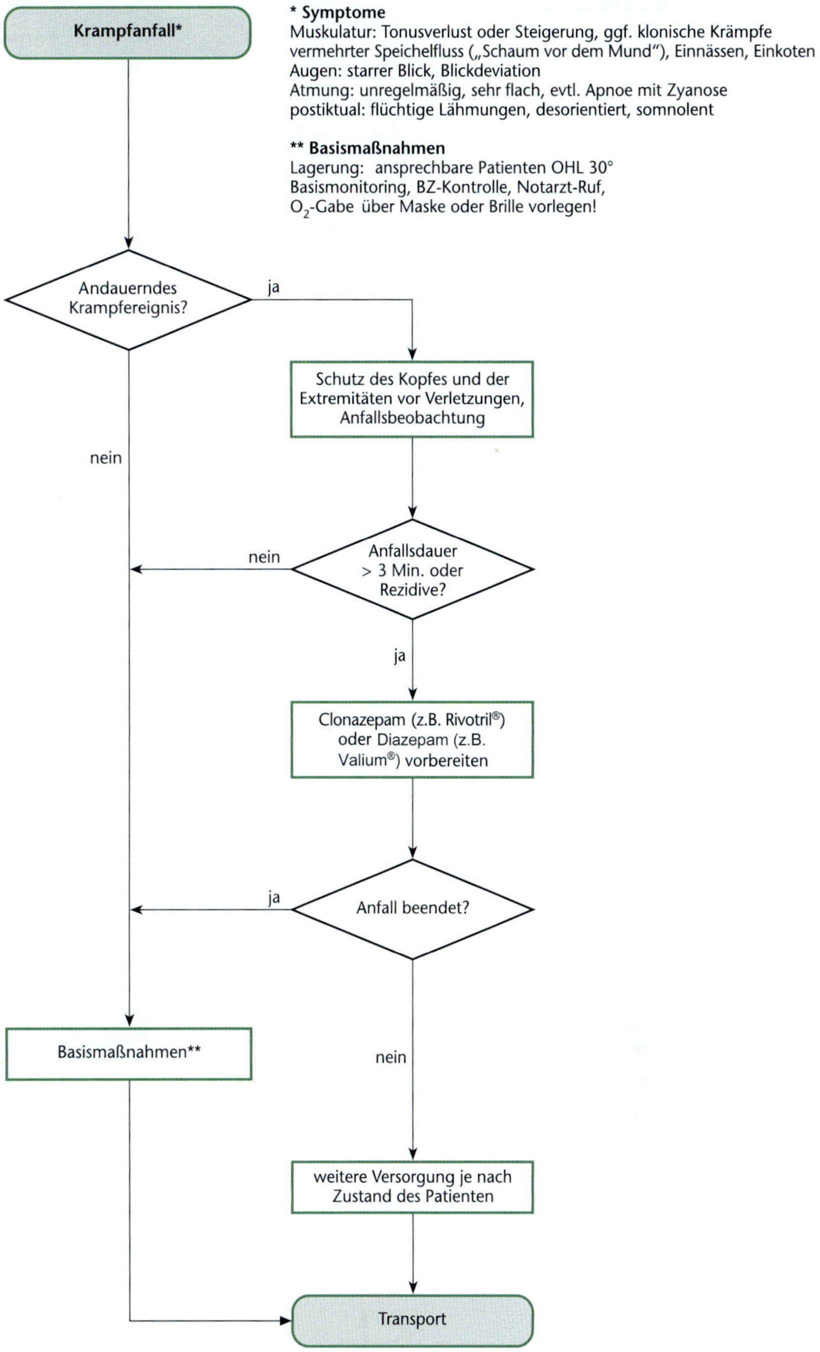

Abb. 4.44 Vorgehensweise bei Krampfanfällen [R302]

Zusammenfassung

Krampfanfall

Unwillkürlich ausgelöstes, hochakutes Ereignis, das oft mit Muskelkrämpfen oder Zuckungen einhergeht

Symptome

- Bewusstseinsverlust
- Muskelkrämpfe (nicht obligat)
- Speichelfluss
- Einnässen

Therapie

- den Patienten vor Verletzungen durch unmittelbar benachbarte Gegenstände schützen
- beim ersten Anfall Abklärung im Krankenhaus
- bei Rezidiv Therapiekontrolle beim zuständigen Neurologen
- im Status epilepticus z.B. Diazepam (Notarzt)
- kindliche Fieberkrämpfe: Diazepam-Klysmen (Desitin®)

4.12 Pneumothorax

Ein Eindringen von Luft in den Pleuraspalt bezeichnet man als Pneumothorax. Dieses Eindringen kann über die Lunge durch die Pleura visceralis oder über die Thoraxwand durch die Pleura parietalis verursacht sein (➤ Abb. 4.45).

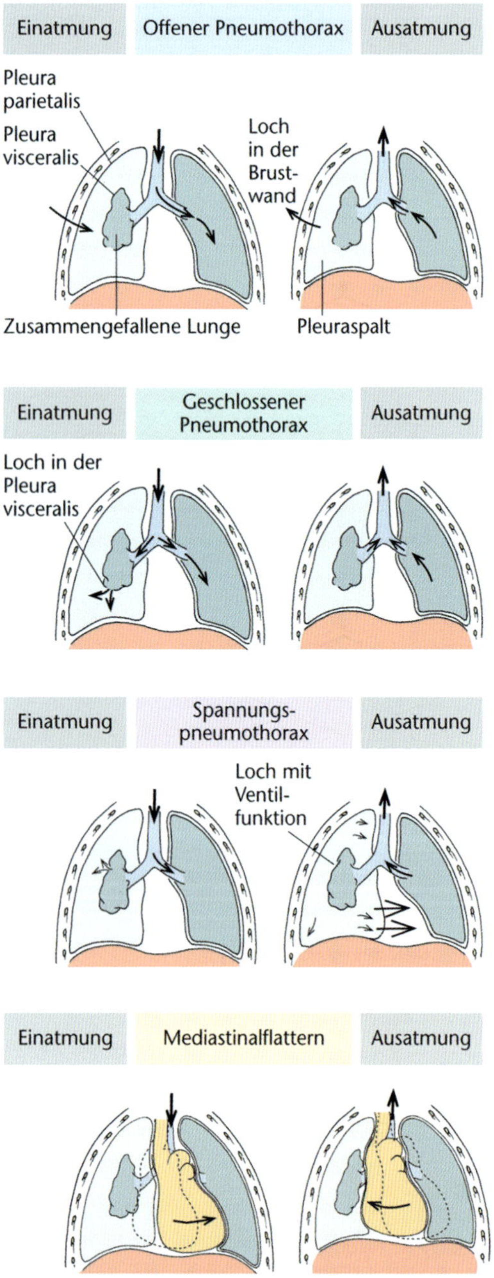

Abb. 4.45 Formen des Pneumothorax und ihre Folgen [L190]

Ursachen

Die häufigste Ursache ist der sog. **Spontanpneumothorax,** bei dem die Luft infolge eines rupturierten Lungenbläschens im Bereich der Pleura visceralis eindringt (besonders häufig bei jungen Männern während körperlicher Aktivität). Zweitwichtigste Ursache ist das **Thoraxtrauma**, bei dem z.B. infolge einer Rippen- oder Rippenserienfraktur oder einer Stichverletzung die Pleura parietalis verletzt wird. Hierbei kommt es nicht so selten gleichzeitig oder ausschließlich zu Einblutungen in den Pleuraspalt (Hämatothorax bzw. Hämatopneumothorax). Auch eine fehlerhaft durchgeführte Neuraltherapie oder das Legen eines zentralen Venenkatheters im Krankenhaus kann zum Pneumothorax führen.

Folgen

In Abhängigkeit von der Menge an eingedrungener Luft kommt es zur eng umschriebenen oder ausgedehnten oder vollständigen Ablösung der betroffenen Lungenseite, die ihrer eigenen Retraktionskraft nachgibt.

Bei einer offenen Verletzung der Thoraxwand wird bei jeder Inspiration Luft in den Pleuraspalt gesaugt, die bei der Exspiration wieder entweichen kann. Das Mediastinum wird hierbei inspiratorisch zur gesunden Lungenseite hinübergezogen, kann sich aber exspiratorisch wieder zurückverlagern. Dieses als **Mediastinalflattern** bezeichnete Wandern des Mediastinums (➤ Abb. 4.45) hat bei geringen Luftmengen keine gefährdenden Konsequenzen. Wenn jedoch die während der Inspiration eingesaugte Luft exspiratorisch nicht wieder entweichen kann, weil der Pleuradefekt als Ventil wirkt und nur bei der Thoraxdehnung einen ausreichenden Luftdurchtritt zulässt, kommt es zum **Spannungspneumothorax** (➤ Abb. 4.46). Dabei entsteht die Gefahr, dass die immer weiter zunehmende Mediastinalverlagerung zur gesunden Seite durch Abklemmen thorakaler Gefäße einschließlich der oberen Hohlvene zum Tod des Patienten führt (obere Einflussstauung).

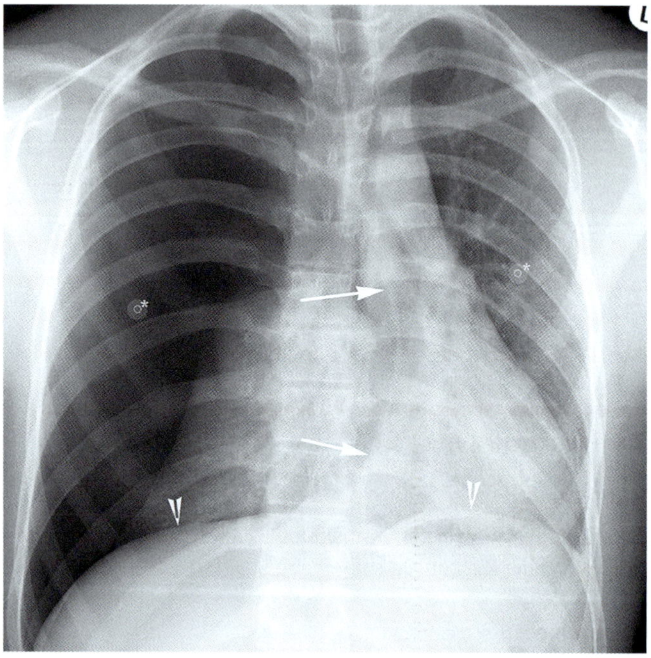

Abb. 4.46 Spannungspneumothorax rechts mit Verlagerung des Mediastinums (Pfeile). Der Überdruck im rechten Pleuraraum ist bereits so groß, dass das rechte Zwerchfell tiefer steht als das linke (Pfeilköpfe); * = EKG-Elektroden [M500]

Symptomatik

Die Symptome des Patienten zeigen sich in einer akuten Dyspnoe und Tachypnoe, Tachykardie, Unruhe und eventuell sogar Zyanose. Schmerzen oder Hustenreiz *können* bestehen.

Die **Untersuchung** ergibt ein auskultatorisch abgeschwächtes oder fehlendes Atemgeräusch auf der betroffenen Seite und, im Gegensatz zu einem Pleuraerguss, einen hypersonoren oder sogar tympanitischen Klopfschall. Bei der Inspektion können eine Asymmetrie und ein „Nachschleppen" des knöchernen Thorax auffallen. Die Halsvenen sind je nach Ausprägung der mediastinalen Verschiebung gestaut. Im Röntgenbild erkennt man die Überblähung der betroffenen Seite und die Verschiebung des Mediastinums zur gesunden Seite.

Therapie

Solange keine Zyanose besteht und die Symptomatik noch begrenzt erscheint, braucht ambulant keine Thoraxdrainage gelegt zu werden. Offene Verletzungen sollten steril verbunden werden. Bei starken Schmerzen, z.B. wegen einer Rippenfraktur, gibt man Analgetika.

Ist es zum **Spannungspneumothorax** gekommen – erkenntlich an ausgeprägten und **zunehmenden Symptomen** einschließlich Zyanose und Blutdruckabfall sowie gestauten Halsvenen – liegt ein dringender und akut **lebensbedrohender Notfall** vor.

Hier sollte, falls der Notarzt nicht in kürzester Zeit eintrifft, eine **Thoraxdrainage** gelegt werden. Geeignet dafür ist eine **großlumige Kanüle**, die in der vorderen oder mittleren **Axillarlinie** am **Oberrand einer Rippe** (am Unterrand laufen die Interkostalgefäße) eingestochen wird (➤ Abb. 4.47). Möglich ist auch der 2. oder 3. Interkostalraum etwa in der Medioklavikularlinie (➤ Abb. 4.48). Im Idealfall wird man das Zischen der entweichenden Luft hören und sehr bald die Besserung des Patienten erkennen können. Die Kanüle kann mittels eines darüber gestülpten Gummifingerlings in ein Ventil umfunktioniert werden, das Luft aus dem Thorax heraus-, aber nicht hineinlässt, weil der Gummi durch den Sog der Inspiration auf die Kanülenöffnung gesaugt wird. In der Klinik wird zusätzlich ein Unterdruck erzeugt (Bülau-Drainage, ➤ Abb. 4.49).

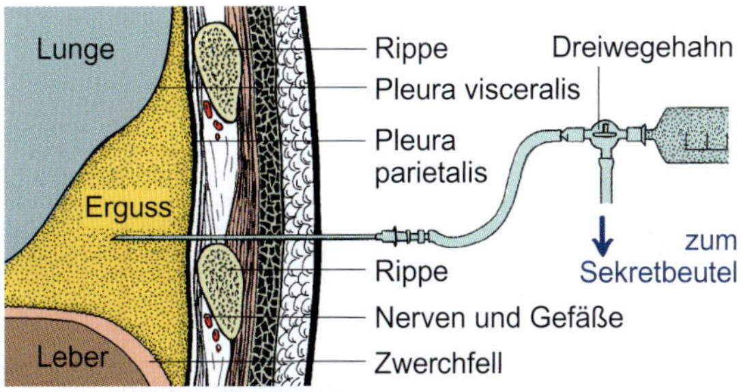

Abb. 4.47 Horizontale Punktion am Oberrand der Rippe [L190]

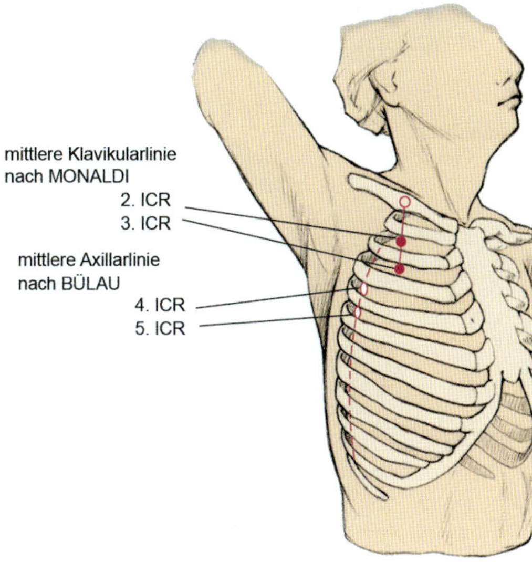

Abb. 4.48 Bevorzugte Punktionslokalisationen [L108]

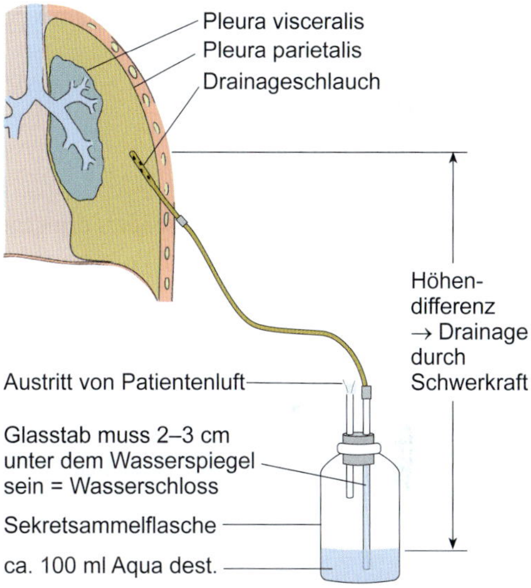

Abb. 4.49 Prinzip der Bülau-Drainage. Ziel ist es, wieder einen Unterdruck im Pleuraspalt herzustellen. Während der Ausatmung fließen Sekrete, die sich im Pleuraspalt gesammelt haben, in einen mit Flüssigkeit gefüllten Auffangbehälter. Die Flüssigkeit verhindert gleichzeitig, dass Luft zurück in den Pleuraspalt gelangt („Wasserschlossprinzip"). [L190]

Zusammenfassung

Pneumothorax

Eindringen von Luft in den Pleuraspalt

Symptome

- Dys- und Tachypnoe
- Tachykardie, evtl. Zyanose
- evtl. Schmerzen und/oder Hustenreiz
- bei ausgeprägter Mediastinalverlagerung gestaute Halsvenen

4

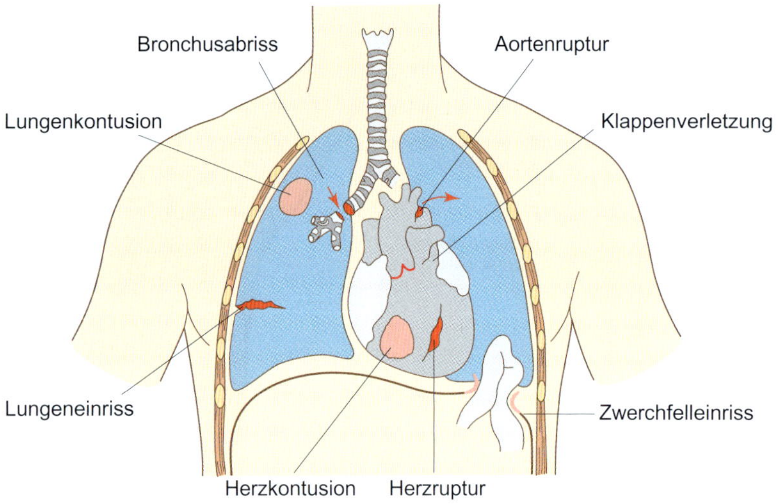

Abb. 4.50 Stumpfes Thoraxtrauma und mögliche Folgen [L234]

Therapie

- bei umschriebenem Pneumothorax nicht erforderlich
- beim Spannungspneumothorax Thoraxdrainage am Rippenoberrand

4.13 Verletzungen

Verletzungen, die einer Erstversorgung besonders dringend bedürfen, sind sichtbare, stark blutende Wunden, Frakturen und Amputationsverletzungen:

- **Stumpfe Verletzungen** mit ausgedehnter Gewebetraumatisierung entstehen beispielsweise durch Verkehrsunfälle oder Stürze aus großer Höhe (➤ Abb. 4.50).
- Kleinflächige, **penetrierende Verletzungen** werden durch Schusswaffen, Messer o.Ä. verursacht. Wesentlich ist, das penetrierende Instrument in der Wunde zu belassen, weil es eventuell eine mögliche Blutungsquelle tamponiert. Wird es herausgezogen, ist die Verblutungsgefahr größer. Die Entfernung wird in der Klinik in OP-Bereitschaft vorgenommen.
- Zu beachten ist, dass der Patient nach Möglichkeit auf der verletzten Seite gelagert werden sollte.

4.13.1 Blutungen

Stark blutende Wunden werden auf zwei mögliche Arten versorgt:

- **Kompressionsverband** (**Druckverband**, ➤ Abb. 4.51) der Blutungsquelle mit sterilen Kompressen und einer herumgewickelten straffen Bandage. Dies ist die **bevorzugte Behandlungsmethode** (➤ Abb. 4.52).
- **Kompression der zuführenden Arterie**, also proximal der Blutungsquelle, was üblicherweise nur an den Extremitäten möglich ist. Die Kompression kann vorübergehend durch kräftigen Druck mit den Fingern im Arterienverlauf erfolgen (➤ Abb. 4.53), während z.B. ein Zweithelfer den Druckverband anlegt. Sofern eine längere Zeitspanne überbrückt werden muss,

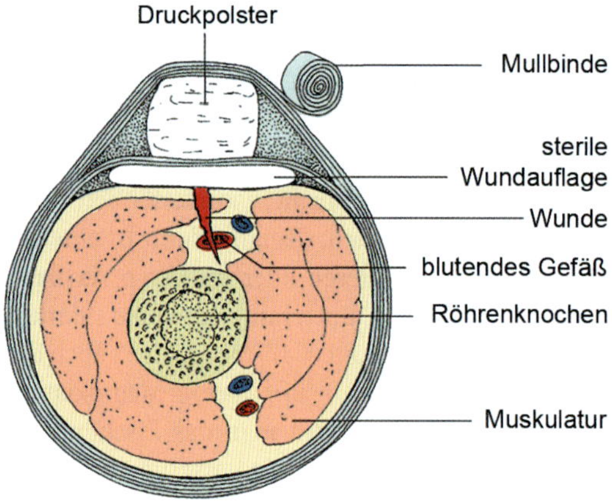

Abb. 4.51 Druckverband [L190]

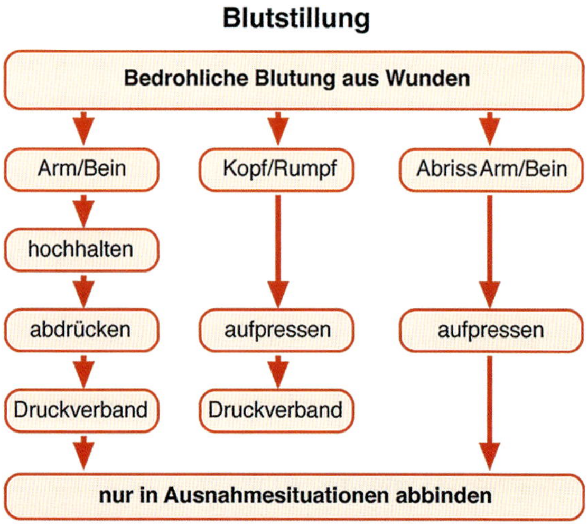

Abb. 4.52 Erstversorgung von Blutungen [L108]

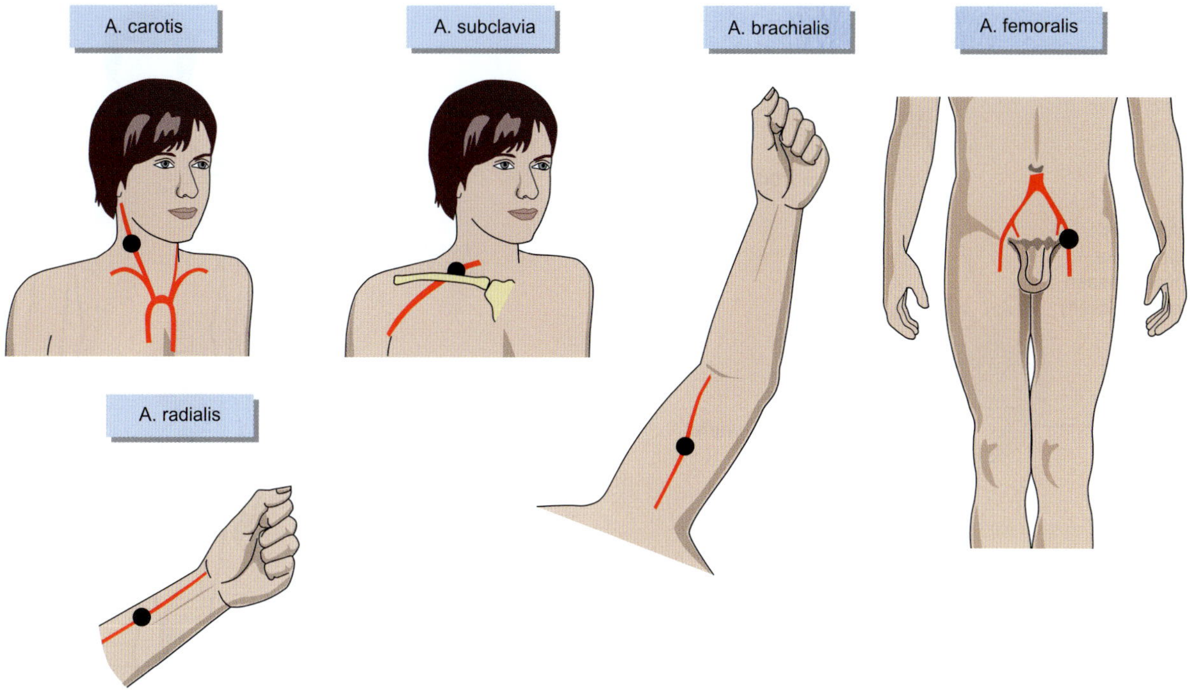

Abb. 4.53 Kompressionspunkte großer Gefäße [L157]

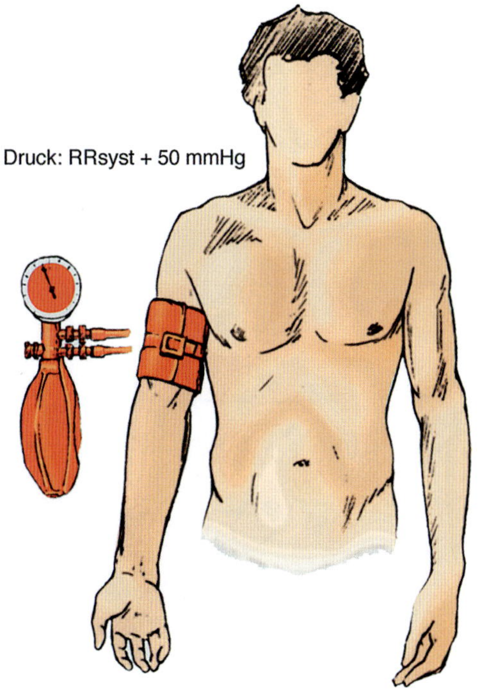

Abb. 4.54 Abbinden [L108]

weil beispielsweise durch einen Druckverband keine ausreichende Blutstillung erreicht wurde, besteht die Alternative im Abbinden der Extremität proximal der Blutungsquelle (➤ Abb. 4.54). Zum Abbinden sollte nach Möglichkeit wegen der zusätzlichen Gewebetraumatisierung *kein* Stauschlauch o.Ä. benutzt werden, sondern eine **Blutdruckmanschette**, die unbedingt auf einen Wert oberhalb des systolischen Drucks aufzupumpen ist. Liegt der Druck lediglich zwischen dem venösen und dem arteriellen systolischen Druck, wird die Blutung verstärkt. Eine Extremität darf **bis zu 2 Stunden** abgebunden bleiben, also „unbegrenzt", weil die Transportzeit in die Klinik in jedem Fall kürzer ist als die Wiederbelebungszeit peripherer Gewebe.

Unabhängig vom Vorgehen sollte die Blutungsquelle möglichst **hochgelagert** werden, um den hydrostatischen Druck und damit die Blutungsintensität zu verringern.

Das verloren gegangene Volumen muss über eine **Infusion** soweit ersetzt werden, dass der Blutdruck in ausreichender Höhe verbleibt. Wird zu viel Volumen substituiert, kann dies über eine Blutdruckerhöhung die Blutung verstärken!

4.13.2 Amputationsverletzungen

ACHTUNG

Liegt eine Amputationsverletzung vor, muss das Amputat in jedem Fall in die Klinik mitgegeben werden!

Idealerweise wird das Amputat (abgetrennter Finger, Hand usw.) **trocken** in sterile Kompressen eingewickelt und anschließend in einen wasserdichten Plastikbeutel verbracht. Dieser Beutel wird dann in einen weiteren Beutel bzw. irgendein Gefäß gelegt, in dem sich ein Eis-Wasser-Gemisch befindet (➤ Abb. 4.55). Das Eis darf keinen Kontakt zum Amputat erhalten. Ebenso darf das Amputat in keinem Fall auf unter 0 °C abgekühlt, also beispielsweise tiefgefro-

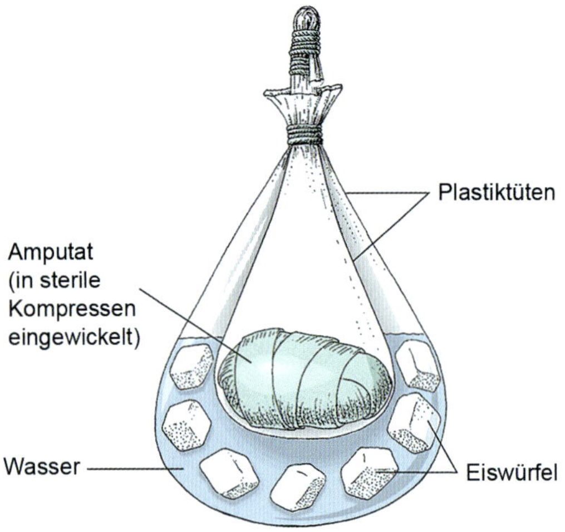

Abb. 4.55 Idealer Transport eines Amputats [L190]

ren werden! Sind weder Beutel noch Eis zur Hand, sollte das Amputat lediglich in trockene sterile oder möglichst saubere Tücher eingewickelt werden.

4.13.3 Frakturen

Allgemeines Vorgehen

Sichere Frakturzeichen sind

- abnorme Fehlstellung einer Extremität
- abnorme Beweglichkeit
- Knochenreiben (Crepitatio)
- sichtbare Knochenfragmente

Liegen keine sicheren Frakturzeichen vor bzw. wird wegen der Schmerzhaftigkeit gar nicht daraufhin untersucht, genügen allgemeine und **unsichere Frakturzeichen** (Schmerz, Hämatom, Funktionseinschränkung), um für den Transport in die Klinik von einer Fraktur auszugehen und entsprechend zu verfahren.

Frakturen können mit einem erheblichen Blutverlust einhergehen (➤ Abb. 4.56). Falls erforderlich, sollte daher eine Infusion angelegt werden. Die Vitalfunktionen sind zu überprüfen und ggf. zu sichern. Offene Wunden werden steril abgedeckt. Bei einer eventuellen Schmerzbehandlung sollte man auf Acetylsalicylsäure (ASS) verzichten, um die Blutung nicht zu verstärken. Besser geeignet sind Paracetamol und Ibuprofen.

Bei der Achsenfehlstellung einer Extremität könnte von sehr erfahrenen Helfern vorsichtig und unter Längszug eine **Reposition** versucht werden. Danach folgt die Ruhigstellung der Extremität durch Schienung (➤ Abb. 4.57). Sofern die Vitalfunktionen nicht bedroht sind, erfolgt die Lagerung des Patienten bevorzugt liegend auf dem Rücken.

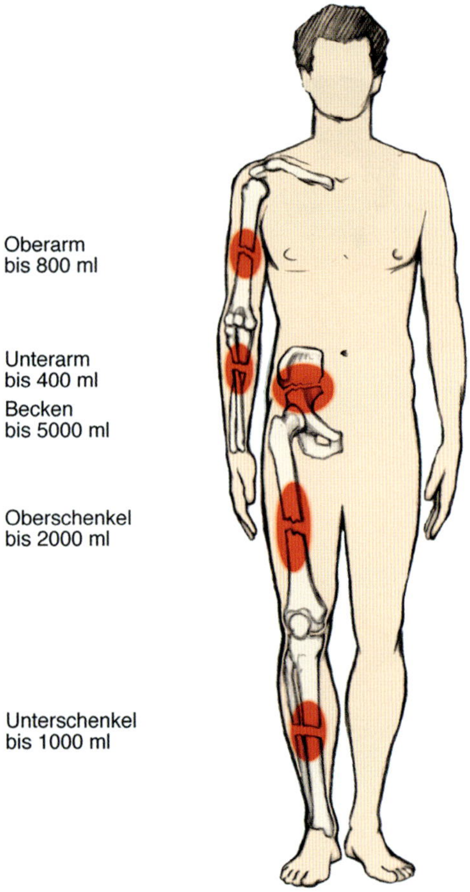

Abb. 4.56 Möglicher Blutverlust bei Frakturen [L108]

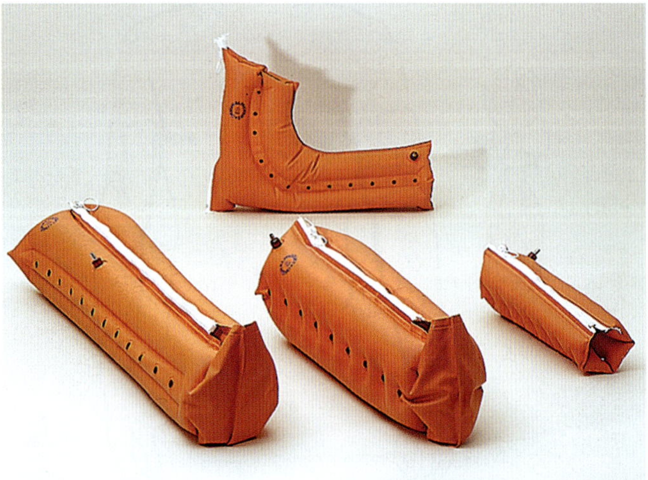

Abb. 4.57 Pneumatische Schienen im Rettungsdienst [V192]

Rippenfrakturen

Rippenfrakturen sind häufig. Sie lassen sich anhand der meist heftigen posttraumatischen Schmerzen vermuten. Nicht so selten kann man bei der vorsichtigen Palpation eine Stufe im Rippenverlauf ertasten. Die Gefährdung des Patienten entsteht vor allem durch sekundäre Verletzungen der Pleura mit Ausbildung eines Pneumothorax. Bei einer Rippenserienfraktur kommt es zur Instabilität des knöchernen Thorax mit paradoxer Atmung (➤ Abb. 4.58).

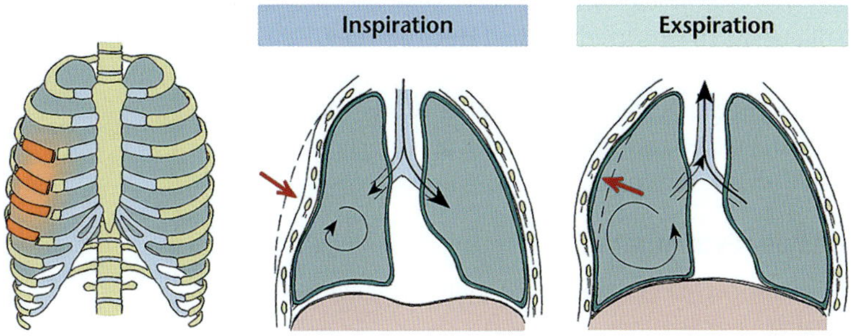

Abb. 4.58 Rippenserienfraktur. Die normalerweise bei der Einatmung entstehende Hebung und Aufdehnung des Thorax ist bei einer Rippenserienfraktur im betroffenen Bereich nicht mehr möglich. Der Unterdruck im Thorax, der bei der Einatmung noch erhöht wird, kann sogar zu einer Einziehung der Thoraxwand an der verletzten Stelle führen. [L190]

Ein Pneumothorax sollte auskultatorisch ausgeschlossen werden. Abgesehen von Analgetika und dem Verbinden offener Wunden ist keine notfallmäßige Therapie möglich.

Fraktur der Wirbelsäule

Besteht der Verdacht auf eine Fraktur der Wirbelsäule, sollte der Patient unter Vermeidung jeder nicht unbedingt erforderlichen Bewegung nach Möglichkeit flach auf dem Rücken verbleiben. Die Sicherung der Vitalfunktionen hat mit besonderer Vorsicht zu erfolgen. Auch beim Transport ist die Wirbelsäule möglichst perfekt zu immobilisieren.

4.13.4 Schädel-Hirn-Traumen

Bei Schädel-Hirn-Traumen sollte der Oberkörper hochgelagert werden (etwa 30°), soweit der Blutdruck stabil ist, um den intrazerebralen Druck möglichst niedrig zu halten. Bei erniedrigtem Blutdruck erfolgt Flachlagerung.

Ein Brillen- (➤ Abb. 4.59) oder Monokelhämatom weist auf eine Schädelbasisfraktur im Bereich der vorderen Schädelgrube hin. Blutungen aus dem Ohr entstehen u.U. durch Frakturen der mittleren Schädelgrube. Erste-Hilfe-Maßnahmen beziehen sich grundsätzlich auf eine eventuell erkennbar werdende Mitbeteiligung des Gehirns, nicht auf die Schädelfraktur.

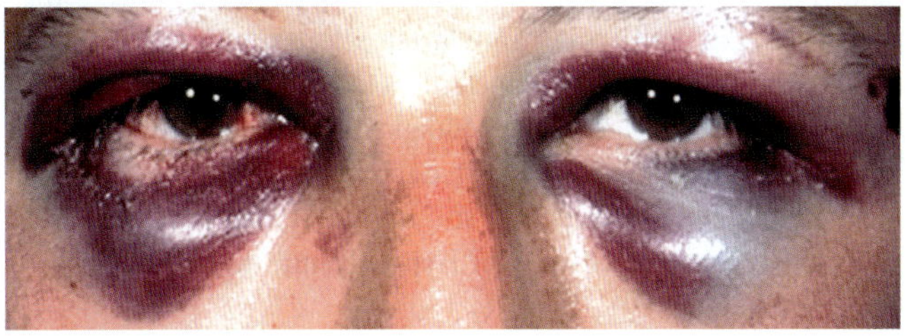

Abb. 4.59 Brillenhämatom bei Schädelbasisfraktur [M117]

4.13.5 Schultergelenkluxation

Bei Luxationen im Schultergelenk ist der Humeruskopf meist nach vorne und unten ausgetreten (➤ Abb. 4.60) und kann in der Achselhöhle getastet werden. Der Notarzt wird, z.B. mit der Methode nach Hippokrates, eine Reposition versuchen, sofern die Durchblutung der Extremität gefährdet scheint oder bereits Sensibilitätsstörungen aufgetreten sind. Allerdings können durch die Reposition zusätzliche Verletzungen entstehen bzw. bereits im Rahmen einer traumatischen Luxation entstanden sein. Sie sollte deshalb generell in der Klinik stattfinden, in der sowohl eine Kurznarkose unter Muskelrelaxation als auch Röntgenkontrollen möglich sind.

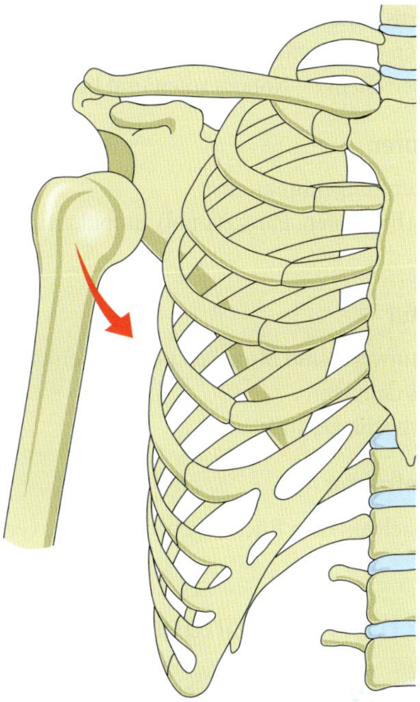

Abb. 4.60 Schulterluxation [L157]

Zusammenfassung

Blutende Wunden

- Druckverband unter Hochlagerung der betroffenen Körperteile als Therapie der Wahl
- manuelle Kompression der zuführenden Arterie
- Abbinden einer Extremität nur, wenn der Druckverband nicht zur Blutstillung führt

Amputationsverletzungen

- Blutstillung durch Druckverband und Hochlagerung, kein Abbinden
- Amputat in trockene, sterile bzw. saubere Tücher wickeln und in einen Plastikbeutel legen; diesen Beutel, falls möglich, in ein Eis-Wasser-Gemisch verbringen

Frakturen der Extremitäten

- Auch bei unsicheren Frakturzeichen sollte von einer Fraktur ausgegangen werden.
- Schienung der Extremität für den Transport, Lagerung bewusstseinsklarer Patienten flach auf dem Rücken, bei gleichzeitigem Schädel-Hirn-Trauma mit angehobenem Oberkörper
- bei Frakturen mit möglicherweise starken Blutverlusten (z.B. Becken, Oberschenkel) Notarzt rufen und Infusion legen

Rippenfrakturen

- Kontrolle der Lungenfunktion
- Analgetika (Ibuprofen, Paracetamol), ambulant keine weitere Therapie

Schädelfraktur

- Mögliche Hinweise sind Monokel- oder Brillenhämatom bzw. Blutung aus dem Ohr.
- Oberkörperhochlagerung

Wirbelsäulenfraktur

- Lagerung flach auf dem Rücken, jede Bewegung vermeiden

4.14 Elektrolytstörungen/Tetanie

Elektrolytstörungen, die Notfallmaßnahmen erforderlich machen, betreffen hauptsächlich das Serum-Calcium oder das Serum-Kalium.

- Eine **Hyper-** oder **Hypokaliämie** kann ohne Messung der Serumwerte kaum diagnostiziert werden; sie brauchen deshalb im Rahmen der Notfallmedizin nicht besprochen zu werden. Zu bedenken ist höchstens im Rahmen von Herzrhythmusstörungen und gleichzeitig bestehender Obstipation, Müdigkeit und muskulärer Schwäche, dass eine Hypokaliämie diesen Symptomen zugrunde liegen könnte.
- Auch eine **Hyperkalzämie** lässt sich kaum aus irgendwelchen Symptomen definieren und noch weniger notfallmäßig behandeln.

Notfälle durch Elektrolytstörungen reduzieren sich also auf die **Hypokalzämie**, wobei es keine Rolle spielt, ob es sich tatsächlich um ein Zuwenig an Calcium handelt oder ob lediglich im Rahmen einer Alkalose das freie (ionisierte) Ca^{2+} des Serums vermindert ist. Das Ergebnis ist in jedem Fall an der sog. Pfötchen- bzw. Geburtshelferstellung der Hände abzulesen und über die Zeichen nach Trousseau (➤ Abb. 4.61) und Chvostek (Beklopfen des N. facialis präaurikulär) nachzuprüfen. Beim Beklopfen der Zunge entstehen aufgrund muskulärer Kontraktionen umschriebene Dellen (Zungenphänomen).

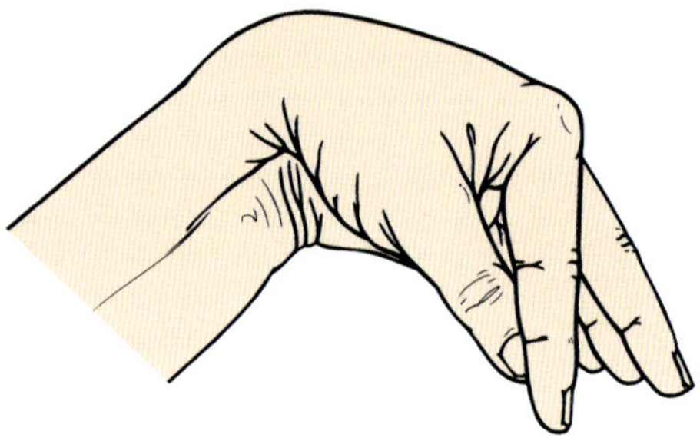

Abb. 4.61 Trousseau-Zeichen [G146]

HINWEIS DES AUTORS

Es sei daran erinnert, dass die Hypokalzämie für sich genommen für die entstehende Symptomatik nicht verantwortlich ist (➤ Fach Endokrinologie mit Stoffwechsel). Vielmehr geht eine Hypokalzämie stets mit einer **Hypomagnesiämie** einher. Im Gefolge einer **Alkalose** entsteht die Hypomagnesiämie aus derselben Ursache wie die Hypokalzämie, weil Magnesium als 2-wertiges Kation genau wie Calcium an die zusätzlich entstandenen Negativladungen der Serumproteine bindet. Die freien Magnesiumionen von Interstitium und Zytosol stabilisieren u.a. die synaptischen Vesikel an motorischen Endplatten und nervalen Synapsen. Bei einem Mangel an Mg^{2+} kommt es entsprechend zur Destabilisierung, unter Auslösung zusätzlicher, unwillkürlicher Aktionspotenziale und dem Auftreten muskulärer Krämpfe und nervaler Symptome. Ein Mangel an Calcium würde dagegen die Freisetzung von Acetylcholin an der motorischen Endplatte gerade behindern, mithin also auch muskuläre Kontraktionen, weil das Ion für die Verschmelzung der Vesikel mit der präsynaptischen Membran benötigt wird. Schließlich lässt sich die ursächliche Beteiligung des Magnesiums auch aus seiner intrazellulären Bindung an ATP ableiten: Ein Mangel an Magnesium bedingt einen funktionellen Mangel an ATP und damit eine Behinderung muskulärer Erschlaffung.

Symptomatik

Im Vordergrund einer hypokalzämischen Tetanie stehen, auch wenn die typische Haltung der Hände nicht gesehen wird, sehr schmerzhafte tonische **Kontraktionen der Muskulatur**, von denen besonders häufig die Muskeln an Händen und Füßen (Karpopedalspasmen) oder die mimische Muskulatur des Gesichts betroffen sind. Begleitend bestehen **Sensibilitätsstörungen**, z.B. als Parästhesien oder in der Form verminderten Schmerzempfindens. Sensibilitätsstörungen sieht man auch in Vorstadien einer Tetanie, häufig verbunden mit allgemeiner Müdigkeit und Schwäche (→ Magnesiummangel). Klagt der Patient darüber hinaus über Knochenschmerzen, auch peripher, so ist an eine fortgeschrittene Osteomalazie mit resultierender Hypokalzämie und Hypomagnesiämie zu denken.

Therapie

Die Therapie der **Tetanie** besteht bei erniedrigtem Serumcalcium, sofern es sich *nicht* um einen digitalisierten Patienten handelt (= Kontraindikation!), in der langsamen i.v. Injektion von Calcium. Abgeleitet werden kann die Indikation zur Injektion daraus, dass ein Patient mit **Normalatmung** die typische Symptomatik zeigt.

Handelt es sich dagegen um eine respiratorische **Alkalose** mit vermutlich normalen Gesamtcalciumwerten, die durch eine forcierte Atmung oder gar **Hyperventilation** eines verängstigten, psychisch erregten oder schmerzgeplagten Patienten zustande gekommen ist, besteht die Erstmaßnahme in einem beruhigenden Zureden und der Aufforderung, langsam zu atmen. Reicht dies nicht aus, lässt man den Patienten für etliche Atemzüge in eine Plastiktüte atmen (sog. **Rückatmung**), um über das sich anreichernde und wieder eingeatmete CO_2 Alkalose und Tetanie aufzuheben. Der Notarzt wird eventuell zusätzlich mit Diazepam therapieren. Calciumgaben sind hier selbstverständlich nicht indiziert. Bei Patienten, die zu muskulären Krämpfen neigen, sollte an eine Magnesiumsubstitution oder zumindest an eine Kontrolle des Magnesiumspiegels gedacht werden.

Zusammenfassung

Tetanie

Muskelkrämpfe und Parästhesien als Zeichen der Übererregbarkeit von Muskeln und Nerven

Ursache

- Mangel an freiem Calcium und Magnesium

Symptome

- Muskelkontraktionen, insbesondere Karpopedalspasmen
- Sensibilitätsstörungen (Kribbeln, vermindertes Schmerzempfinden)

Therapie

- Rückatmung bei Hyperventilation
- Calcium oder Magnesium i.v. bei echtem Mangel

4.15 Todeszeichen

Ein Patient ohne erkennbare Lebenszeichen (Atmung und Puls) kann tot sein oder auch nicht. Eine Reanimation muss so lange noch als potenziell möglich und erfolgreich angesehen werden, wie nicht eines der **sicheren** Todeszeichen nachgewiesen werden kann. Dies bedeutet, dass fehlende Vitalfunktionen und selbst eine Nulllinie in EKG oder EEG **(unsichere Todeszeichen)** kein Hindernis für den Versuch einer Reanimation darstellen dürfen.

4.15.1 Unsichere Todeszeichen

- fehlende Atmung, Pulslosigkeit, weite und reaktionslose Pupillen
- Nulllinien in EKG und EEG
- Trübung der Kornea
- spürbare Abkühlung des Körpers bei normalen Umgebungstemperaturen

4.15.2 Sichere Todeszeichen

Als sichere Todeszeichen gelten (➤ Tab. 4.1):

- **Totenflecke**
- **Leichenstarre**
- **Verwesung**

Totenflecke werden dadurch verursacht, dass das Blut aus den insuffizient gewordenen Blutgefäßen ins Gewebe austritt, wo es der Schwerkraft entsprechend Hämatome bildet und lediglich druckbedingt die direkt der Unterlage aufliegenden Partien ausspart. Zur Leichenstarre kommt es, wenn die ATP-Vorräte der Muskelzellen aufgebraucht sind. In dessen Folge bleiben Aktin und Myosin miteinander verzahnt, wodurch der Muskel erstarrt und nicht mehr gedehnt werden kann. Erst die Zersetzung der Strukturen im Rahmen der Verwesung löst die Leichenstarre. Dieser Prozess geht in warmer Umgebung wesentlich schneller vonstatten als in kalter, während die Zeit bis zur Leichenstarre von den ATP-Vorräten zum Todeszeitpunkt abhängt, bei zuvor beanspruchten Muskeln also kürzer sein kann. Allerdings hängt auch der Eintritt der Leichenstarre zusätzlich von den Umgebungstemperaturen ab, weil der zunächst noch verbleibende Zellstoffwechsel in warmer Umgebung beschleunigt vonstattengeht, wodurch sich die ATP-Vorräte schneller erschöpfen. Schließlich gilt der Zusammenhang mit der Umgebungstemperatur besonders ausgeprägt auch für Beginn und Ausmaß der Verwesung.

Tab. 4.1 Sichere Todeszeichen

Merkmal	Dauer bis zum ersten Auftreten
Totenflecke	
• **an abhängigen Partien**	**ca. 30 min**
• am übrigen Körper	ca. 1 h
• wegdrückbar (Fingerdruck)	bis 10 h
• bei Umlagerung wandernd	bis 4 h
Totenstarre (Leichenstarre)	
• Beginn am Kopf (bevorzugt Kiefergelenk)	**ca. 1–3 h**
• am ganzen Körper („an den Füßen angekommen")	**ca. 8–10 h**
• Beginn der spontanen Lösung aufgrund einsetzender Verwesung	**ca. 2 Tage** (1–6)
Leichenzersetzung (Fäulnis)	
• Fäulnisvenenzeichnung, Verwesungsgeruch	**1–6 Tage**
• vollständige Mumifikation	mindestens 1 Jahr

4.16 Zwischenfälle nach Injektionen

HINWEIS PRÜFUNG

Für die Heilpraktikerprüfung relevante Zwischenfälle bestehen vor allem aus versehentlichen paravasalen (perivasalen, perivaskulären) und versehentlichen intraarteriellen anstatt beabsichtigter intravenöser Injektionen. Nun wird allerdings gerade hierbei angesichts der homöopathischen oder pflanzlichen, in jedem Falle aber rezeptfrei erhältlichen, vergleichsweise schwachen Medikamente des Heilpraktikers in beiden Fällen nicht viel passieren können und keine Gegenmaßnahmen erforderlich machen. Andererseits gab es in Prüfungen lang zurückliegender Jahre einzelne Fragen zu dieser Thematik. Sie soll deshalb kurz besprochen werden, obwohl aktuell keine Fragen mehr zu erwarten sind und auch die Alltagsrelevanz sehr gering ist – abgesehen von einer allgemeingültigen Versorgung.

4.16.1 Paravasale Injektionen

Bei paravasalen Injektionen landet das gespritzte Medikament üblicherweise im **interstitiellen Bindegewebe**, verteilt sich dort, wird verdünnt und findet im Laufe der Zeit anteilig seinen Weg zurück ins Blut. Es kann also ausschließlich von Bedeutung sein, ob es in konzentrierter Form, also im Augenblick der paravenösen Injektion, das interstitielle Gewebe schädigen kann und ob es dem Patienten eventuell Schmerzen bereitet.

Schmerzen können auch bei harmlosen Medikamenten allein aufgrund des Gewebedrucks des verabreichten Medikamentes auftreten, abhängig von der Menge des Infiltrates. **Gewebeschädigungen** sind bei allen, vom Heilpraktiker durchgeführten, sowie bei fast allen durch einen Arzt möglichen Injektionen weitgehend ausgeschlossen.

In aller Regel genügt es vollkommen, bei Hämatombildung durch aus dem verletzten Gefäß austretendes Blut oder Ödembildung durch das gespritzte Medikament die betroffene Extremität **ruhigzustellen** und mit einem **Salbenverband** (z.B. Heparin) zu versorgen, um innerhalb weniger Tage ein folgenloses Abklingen der Beschwerden zu erreichen.

HINWEIS PRÜFUNG

Für die Heilpraktikerprüfung ist davon auszugehen, dass die homöopathische Spritze das Gewebe schädigen kann. In einem solchen Fall wird manchmal eine **„Gegenspritze"** empfohlen, die sterile Kochsalzlösung (5–10 ml), eventuell mit einem lokalanästhesierenden Zusatz enthält, wodurch das verabreichte Medikament im Gewebe verdünnt und gleichzeitig der Schmerz bekämpft wird. Zuvor kann man versuchen, durch Aspirieren wenigstens einen Teil des verabfolgten Mittels in die Spritze zurückzuziehen. Die **Nadel** muss in ihrer paravenösen Position belassen werden, damit nach dem Tausch der ursprünglichen Spritze gegen eine solche mit Kochsalzlösung die Verdünnung möglichst exakt im betroffenen Gewebe stattfindet. Andernfalls hätte sie ja auch keinen Sinn. Abschließend wird der zumeist betroffene Arm ruhiggestellt und mit einem Salbenverband versorgt.

HINWEIS DES AUTORS

Die „Gegenspritze" wird zwar teilweise empfohlen, stellt aber **keinen** medizinischen Standard dar, sodass das sofortige Herausziehen der Kanüle und anschließende Versorgung lediglich durch Ruhigstellung und eventuell Salbenverband keinen Kunstfehler darstellt.

4.16.2 Intraarterielle Injektionen

Eine weitere mögliche Komplikation stellt die versehentliche intraarterielle (anstatt einer venösen) Injektion dar. Das Medikament landet hier also nicht gut verdünnt im peripheren bzw. zunächst Lungenkreislauf, sondern relativ konzentriert in einer **distalen Extremität**. Möglich ist eine solche Injektion vor allem in der Ellenbeuge, aber theoretisch auch in der Leiste, wo die A. femoralis direkt neben der V. femoralis verläuft, auch wenn hierzu schon sehr viel Ungeschick gehört. In der Ellenbeuge läuft die A. brachialis/cubitalis häufig nur knapp unterhalb der V. basilica, sodass die Punktion der Arterie bei unbemerktem Durchstechen der Vene durchaus möglich ist. Das Medikament wird sich hierbei auf das Gewebe von Unterarm und Hand verteilen. Einzelne **Medikamente**, vor allem die längst nicht mehr gebräuchlichen Barbiturate, aber auch Röntgenkontrastmittel oder manche Narkosemittel und Antibiotika können die arteriellen Blutgefäße selbst schädigen und z.B. arterielle Thrombosierungen mit Gangrän des Gewebes verursachen, die in einzelnen Fällen bis zur Amputation des Unterarms führen können.

HINWEIS PRÜFUNG

Wenn man auch bei der Spritze des Heilpraktikers von einer möglichen Schädigung ausgehen möchte, zeigt sich die versehentliche arterielle Injektion an Hautverfärbungen oder Hauteinblutungen, Zyanose der Extremität und Schmerzen. Auch hier sollte die **Kanüle** im Gefäß belassen werden, wobei allerdings eine „Gegenspritze" mit Kochsalzlösung weniger Sinn ergibt, weil das nachströmende arterielle Blut bereits für eine Verdünnung des Mittels gesorgt hat. Für die Beantwortung der Prüfungsfragen sollte man trotzdem eine **Kochsalzinjektion** in Erwägung ziehen. Ansonsten genügt es, die Kanüle mit einer Spritze zu verschließen, um eine Blutung zu vermeiden, Kanüle und Spritze zu fixieren und den Arm ruhig zu stellen. Gezielte Gegenmaßnahmen bleiben dem Notarzt bzw. **der Klinik überlassen**.

4.16.3 Weitere Zwischenfälle

Zwischenfälle nach regulär verabfolgten, intravenösen Injektionen sind vorstellbar als Nebenwirkung des Medikaments oder in Form einer allergischen Reaktion bis hin zum anaphylaktischen Schock. Die Erste-Hilfe-Maßnahmen bestehen in der entsprechenden Lagerung, Sicherung der Vitalfunktionen und Verständigung des Notarztes. Da über eine normale Kanüle keine Infusion möglich ist, sollte man sie lediglich vorsichtshalber so lange belassen, mit Heftpflaster fixieren und mit einer Spritze verschließen, bis an anderer Stelle ein belastbarer Zugang gelegt worden ist. Auch das beim anaphylaktischen Schock eventuell lebensrettende Antihistaminikum (z.B. Fenistil®) könnte direkt in die noch liegende Kanüle verabfolgt werden.

Zusammenfassung

Komplikationen nach Injektionen

Paravasale Injektionen

- Medikament/Infusionsflüssigkeit befindet sich im Interstitium.

- aspirieren, um evtl. einen Teil des Medikaments/der Flüssigkeit wieder zurückzuziehen
- im Fall einer Medikamentenapplikation Nadel in ihrer Position belassen und mit einer Gegenspritze (5–10 ml Kochsalzlösung) Medikament verdünnen
- Extremität ruhig stellen, ggf. Salbenverband

Intraarterielle Injektionen
- Medikament/Infusionsflüssigkeit befindet sich in einer Arterie.
- Kanüle im Gefäß belassen, fixieren und mit Spritze verschließen
- Gegenspritze (Kochsalzlösung) in Erwägung ziehen
- Arm ruhig stellen
- weitere Maßnahmen durch Notarzt und/oder Klinik

Nebenwirkungen/allergische Reaktionen
- Lagerung
- Überprüfung und Sicherung der Vitalfunktionen
- Notarzt verständigen
- Zugang legen, Kanüle so lange belassen, fixieren und mit Spritze verschließen

4.17 Tasche für Hausbesuche/Notfälle

Jeder Therapeut wird seine Hausbesuchstasche entsprechend seinen eigenen Erfahrungen und Fertigkeiten etwas unterschiedlich bestücken. Die folgende Auflistung ist deshalb lediglich als Vorschlag und als Gedächtnisstütze zu betrachten.

Diagnostik

- Stethoskop
- Blutdruckmanschette
- Staubinde
- Otoskop (mit Einmalhütchen) als Lichtquelle für Rachen, Ohren, Nase, Augen und Haut
- Holzmundspatel, idealerweise einzeln verpackt; Glasspatel (Haut)
- Reflexhammer
- Blutzuckermessgerät
- Urinteststreifen
- Fieberthermometer mit Einmal-Schutzhüllen
- Einmalhandschuhe ungepudert; zusätzlich Fingerlinge (rektale Untersuchung)

Therapie

- Spritzen 1, 2, 5 und 10 ml (für Glukoselösung)
- Kanülen Gr. 2 (Kurz- und Langversion für i.v. und i.m. Punktionen), Gr. 12 (i.m. für sehr schlanke Patienten bzw. Kinder) und Gr. 20 (i.c., s.c.)
- Braunülen grün (Erwachsene) und rosa (Kinder)
- Ringer- oder Kochsalzlösung, 2 Beutel à 250 ml
- Tupfer (z.B. Pur-Zellin®)
- Kodan-Spray® o.Ä.; Alkoholtupfer; Pflaster vorgeschnitten; Betaisodona® (Braunovidon®) flüssig + Salbe für Wunddesinfektion und Verbände; eventuell Octenisept® für eine „farblose“ Wunddesinfektion
- Spezialtücher für die Mund-zu-Mund-Beatmung
- Plastiktüte (Rückatmung)

Verbandsstoffe

- Mullbinden 4, 6, 8, 10 und 12 cm (einzeln verpackt)
- sterile Kompressen 7,5 × 7,5 und 10 × 10 cm
- Cutiplast® Wundverband (steril) bis zur Größe 10 × 8 cm
- Leukosilk® 2,5 cm
- Verbandmull
- Dreieckstuch
- Idealbinde 8 cm; Pütter-Verband 10 cm (Phlebothrombose, Druckverband, Ruhigstellung von Gelenken)
- Metaline®-Kompressen 12 × 10 cm (Brandwunden)
- Verbandschere

Medikamente

- Buscopan®-Amp.: bei abdominellen Krämpfen und Koliken (inzwischen verschreibungspflichtig)
- ASS-Lutschtabletten – z.B. Godamed® 500 (ASS-Amp. wie Aspirin® i.v. sind verschreibungspflichtig)
- Antihistaminikum als Tropfen (Fenistil® – wirkt schnell über die Mundschleimhaut, auch für Kinder geeignet); die Ampullen sind inzwischen verschreibungspflichtig.
- Fluimucil®-Amp.: Antidot bei Paracetamol-Intoxikation; ist verschreibungspflichtig, aber aufgrund der extremen Seltenheit dieser Indikation ohnehin entbehrlich.
- Glukose-Amp. 40–50 % (hypoglykämisches Koma). Die Mehrzahl dieser Ampullen und Infusionen ist inzwischen verschreibungspflichtig, sodass man sich am besten vom Apotheker rezeptfrei erhältliche Versionen heraussuchen lassen sollte.
- Vomex®-Amp.: bei Übelkeit (inzwischen verschreibungspflichtig)
- Epinephrin (Adrenalin) als Autoinjektor zur i.m.-Injektion (s. unten)
- Dexamethason Ampullen (Fortecortin® 40 mg) zur i.v. oder i.m. Injektion (s. unten)
- Rescue®-Tr. (Bachblüten als „Notfalltropfen“)
- Korodin®-Tr. (Kreislaufkollaps, hypotoner Schwindel)
- homöopathische Bevorratung – z.B. Arnica C30, Nux vomica, Apis, Rhus tox., Okoubaka usw.; gilt nur für Therapeuten, die sich damit auch tatsächlich auseinandergesetzt haben

HINWEIS DES AUTORS

Die Verschreibungspflicht der meisten o.a. Ampullen beruht nicht auf einer tatsächlich gegebenen oder auch nur möglichen Gefährdung des Patienten (bei Beachtung der Kontraindikationen), sondern überwiegend darin, dass nur auf diese Weise eine Kostenübernahme durch die gesetzlichen

Kassen problemlos möglich ist. Der Leidtragende dieser im Zusammenhang ziemlich unsinnigen Regelung ist der Heilpraktiker, im Zweifelsfall jedoch vorrangig der Notfallpatient. Es ist nicht einzusehen, warum hier nicht längst Ausnahmeregelungen für den Heilpraktiker geschaffen wurden.

Verschreibungspflichtige Notfallmedikamente – falls beim Patienten vorhanden

- Nitro-Spray (KHK, hypertone Krise)
- Glukokortikoid-Zäpfchen (z.B. Klismacort®, Rectodelt®) für Kinder (u.a. bei Pseudokrupp oder allergischen Reaktionen)
- Heparin Amp. (akute Thrombose, Embolie, Herzinfarkt)
- Aspirin® Amp. (Schmerzzustände, bei denen keine Blutungsgefahr besteht; nicht beim Asthmapatienten)
- Lidocain Augentropfen (zur Augenspülung bei Blepharospasmus durch Verätzungen)

Der verantwortungsbewusste Einsatz verschreibungspflichtiger Medikamente am Patienten ist in rechtlicher Hinsicht unkritisch. Dies gilt ganz besonders in Notsituationen. Sie dürfen eben nur nicht verordnet werden (AMG). Vor allem angesichts der in Notfallsituationen gebotenen Dringlichkeit, unter gleichzeitiger Nebenwirkungsfreiheit einer einmaligen Gabe von Glukokortikoid-Zäpfchen oder Lidocain Augentropfen sollten erfahrene Heilpraktiker, die routinemäßig Hausbesuche durchführen, versuchen, beide Medikamente zu beschaffen. Es soll vereinzelt Amtsärzte geben, die einer begründeten Argumentation zugänglich sind und ein Privatrezept für den Praxisbedarf ausstellen. In der Mehrzahl der Fälle dürften derartige Ansinnen jedoch eher auf empörte Ablehnung stoßen.

ACHTUNG

Seit März 2011 gibt es speziell für den Heilpraktiker eine Zusatzregelung, welche der in den vergangenen Jahren zunehmend umfassenderen Ausbildung und anspruchsvolleren Prüfung Rechnung trägt: Für seinen eigenen Notfallbedarf darf er unter Vorlage seiner Berufserlaubnis und der Angabe, dass er die Medikamente „für die Notfallbehandlung schwerer anaphylaktischer Reaktionen nach Neuraltherapie" erwirbt und bis zum Eintreffen des Notarztes einsetzt, folgende Medikamente aus der Apotheke beziehen:

- **Adrenalin** (Epinephrin) als Autoinjektor (Anapen® oder Fastjekt®-Injektor mit 300 µg Adrenalin)
- das stark wirksame Glukokortikoid **Dexamethason** mit 40 mg/Ampulle bis zu maximal 3 Fertigspritzen (Fortecortin® Injekt 40 mg und Generika)

Dexamethason sollte i.v. gegeben werden. Die Adrenalin-Fertigspritze ist für die i.m. Injektion in den lateralen Oberschenkel vorgesehen und kann hier im hochakuten Notfall sogar durch den Stoff einer (dünnen) Hose hindurch appliziert werden.

MERKE

Vor allem die Medikamente dürfen nicht allzu heiß werden (Auto in der Sommersonne!). Das Verfalldatum sollte regelmäßig, mindestens 1×/Jahr überprüft werden.

KAPITEL

5 Pharmakologie

5.1 Grundbegriffe und Definitionen

Die Pharmakologie untersucht die Wechselwirkungen zwischen **Organismen** (biologischen Systemen) und **körperfremden Stoffen** (Pharmaka, Gifte). Sie bedient sich hierzu physikalischer, chemisch-analytischer sowie physiologischer Methoden, die den verschiedensten Disziplinen wie Chemie, Biochemie, Physikalische Chemie, Physiologie oder Morphologie entlehnt sind. Scheinbar unumgänglich ist auch noch der Tierversuch.

5.1.1 Wirkungen

Das wesentliche Ziel der Pharmakologie ist es, den Heilberufen Heilmittel an die Hand zu geben, die möglichst optimale Wirkungen ohne wesentliche Nebenwirkungen entfalten. Dabei muss man sich stets vor Augen halten, dass es absolut nebenwirkungsfreie Heilmittel nicht gibt.

HINWEIS DES AUTORS

Selbst ein homöopathisches Medikament kann, wenn es im Einzelfall nicht indiziert ist oder eine völlig falsche Potenz des eigentlich richtigen Mittels gewählt wird, ganz erhebliche Nebenwirkungen haben, die denen schulmedizinischer Medikamente nicht nachstehen.

Dies gilt im gleichen Maße auch für die pflanzlichen Medikamente (Phytopharmaka), die üblicherweise mit *mild in der Wirkung, harmlos bzw. nebenwirkungsfrei* gleichgesetzt werden. Ein Großteil der schulmedizinisch verwendeten Pharmaka rekrutiert sich jedoch aus den Bestandteilen von Pflanzen, die lediglich isoliert und in ihrer Wirkung besser definiert wurden. Der Heilpraktiker ist deshalb genauso wie der Arzt ständig in der Pflicht, die Eigenschaften eines jeden Pharmakons, das er einsetzt, sehr genau zu kennen.

Lokale und systemische Wirkung

Pharmaka können lokal am Ort der Applikation (z.B. Salben, Augentropfen) oder systemisch (im ganzen Körper) wirken. Man muss immer daran denken, dass auch die lokale Applikation eines Pharmakons gleichzeitig eine systemische Wirkung nach sich ziehen kann. Eine Salbe beispielsweise bleibt in ihrer Wirkung je nach ihrer Salbengrundlage (lipophil oder hydrophil) auf die Haut beschränkt oder wird im anderen Fall in großen Anteilen über Haut und Unterhautgewebe vom Körper aufgenommen (resorbiert) und entfaltet dann Wirkungen an den verschiedensten Organen. Zum Beispiel können großflächig über längere Zeit aufgetragene Kortison-Salben nicht nur zur lokalen Hautatrophie, sondern auch zum systemischen Morbus Cushing führen. Andererseits macht man sich diese Fähigkeit des Organs Haut heute zunutze, indem man wirkstoffgetränkte Pflaster für **systemische Wirkungen** benutzt (Nikotinpflaster, Hormonpflaster, Fentanylpflaster).

Quaddeln bzw. subkutane Applikationen können im Rahmen der **Neuraltherapie** je nach Häufigkeit und verwendeter Menge des Lokalanästhetikums erhebliche systemische Nebenwirkungen oder allergische Reaktionen bis hin zum anaphylaktischen Schock entfalten.

Reversible und irreversible Wirkungen

Die Wirkungen und Nebenwirkungen eines Pharmakons können reversibel oder irreversibel sein. Meist gibt es fließende Übergänge, die vor allem auch vom Wissen und Können desjenigen abhängen, der diese Wirkungen beobachtet und eventuell verändern will. Beispielsweise ist die übliche Wirkung samt Nebenwirkung eines Antibiotikums spätestens nach wenigen Tagen verschwunden, sofern nicht chronische Durchfälle resultieren bzw., im Einzelfall, anhaltende Organschäden. Der Körper bzw. sein Bindegewebe verfügen jedoch in Einzelfällen über eine Art Gedächtnis, das man über eine bioenergetische Testung (z.B. mittels Kinesiologie oder Tensor) „anzapfen“ kann. Die abgespeicherten Engramme („Schlacken“) können die Harmonie des Körpers noch nach Jahren ganz erheblich stören. Dies kann (selten!) auch nach Impfungen beobachtet werden. Es ist vollkommen unklar, ob dies materiell, beispielsweise durch längerfristige Bindung an Strukturen wie die Proteoglykane des Bindegewebes geschieht, oder ob man sich dies eher als homöopathische Schwingung im Sinne der Hahnemann´schen Miasmen vorzustellen hat. Allerdings versteht es sich von selbst, dass derartige Meinungen in der vorherrschenden Medizin keinen Platz haben können.

5.1.2 Verstoffwechselung und Ausscheidung

Ein Pharmakon kann im Körper verändert (verstoffwechselt, metabolisiert) oder auch völlig unverändert über Niere und/oder Galle-Darm und/oder Haut bzw. Lunge wieder ausgeschieden werden, nachdem es seine Wirkung im Körper entfaltet hat. Dabei wird grundsätzlich bei einer bestimmten Spezies auch immer derselbe Weg gewählt, ist aber auch hier je nach Zustand des Individuums bzw. individueller Emzymaktivitäten gewissen Schwankungen unterworfen. Wenn der eine Patient ein bestimmtes Medikament innerhalb weniger Stunden verstoffwechselt und ausscheidet, muss der nächste z.B. aufgrund einer Leberschädigung, eines angeborenen Enzymdefekts oder physiologischer Schwankungen hierzu noch längst nicht in der Lage sein. Besonders weit verbreitet sind **Abweichungen** im **Cytochrom-System** der Leber, von dem zahlreiche Medikamente betroffen sind (➤ Abb. 5.1). Bei diesen Personen resultieren häufig stark erhöhte Serumspiegel mit deutlich verlängerter Wirkdauer mancher Medikamente (➤ Abb. 5.2).

5.1.3 Wirkung des Pharmakons

Pharmaka lassen sich definieren durch die **Art** ihrer Wirkung, die **Stärke** ihrer Wirkung sowie deren **Dauer:** Die Art der Wirkung, also der Wirkungsmechanismus, ist vor allem bei der Mehrzahl der üblichen schulmedizinisch benutzten Medikamente chemisch/biochemisch/physiologisch gut definiert und beschrieben. Wir kennen

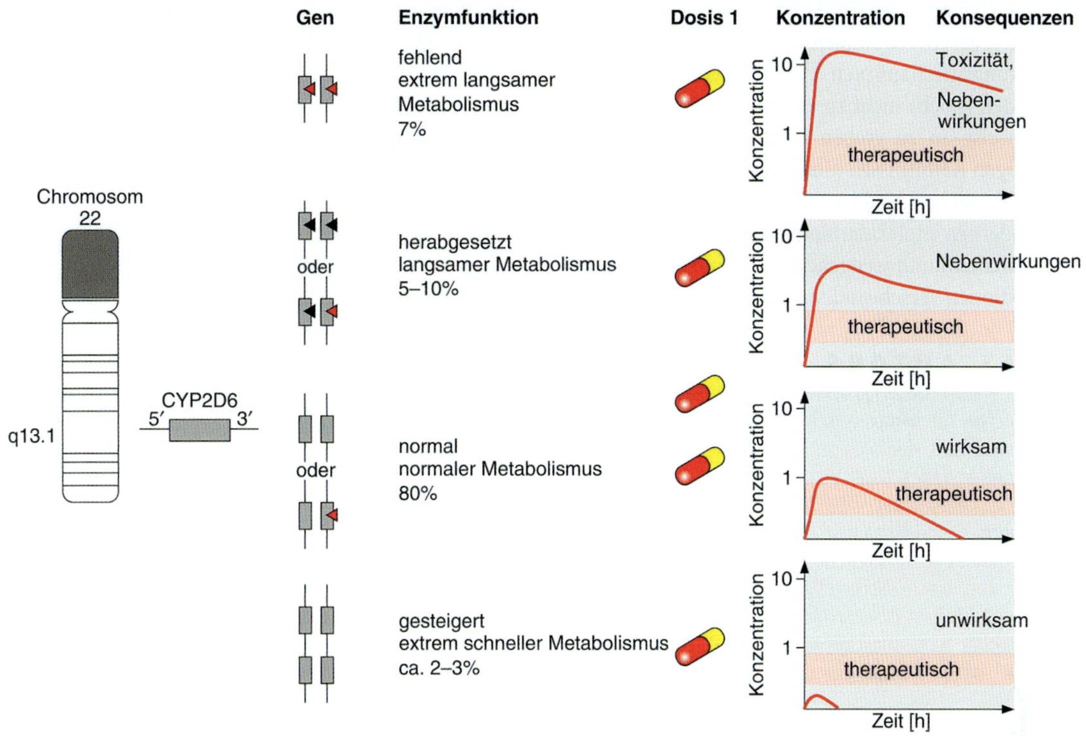

Abb. 5.1 Mutationen im Cytochrom-System führen dazu, dass das Enzym nicht mehr oder nur noch eingeschränkt produziert wird. Dadurch bleiben Medikamente länger im Organismus. [L253]

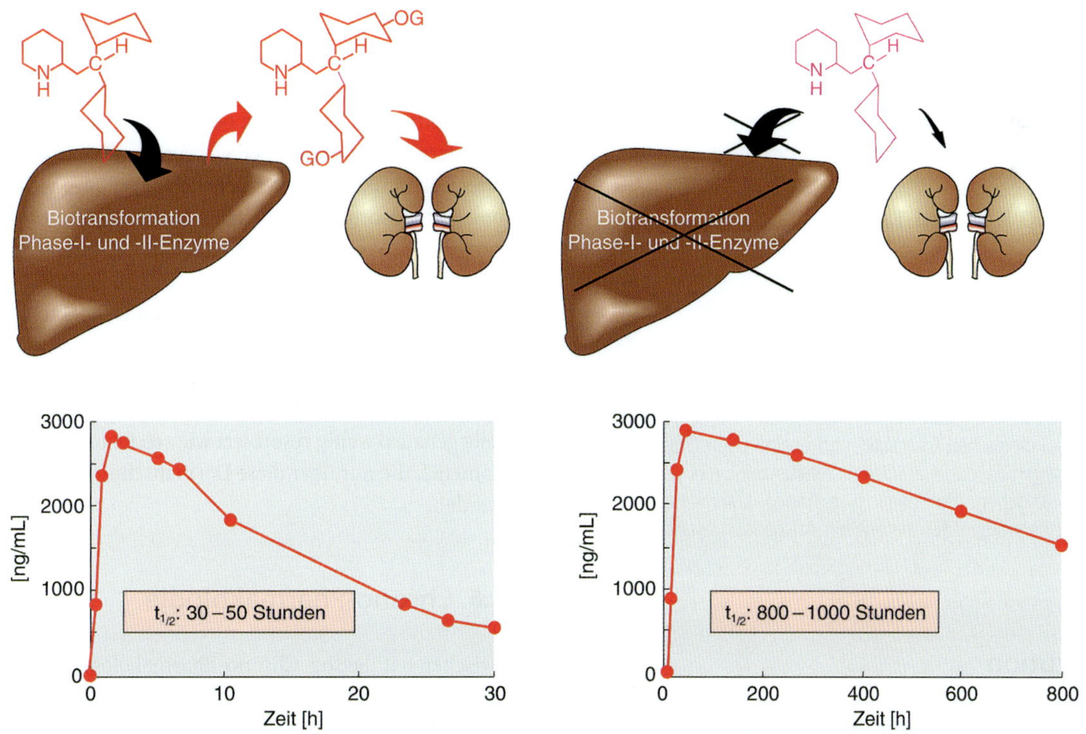

Abb. 5.2 Metabolismus für die Elimination von Arzneistoffen am Beispiel des Perhexilins. Perhexilin wird normalerweise hydroxyliert und anschließend glukuronidiert. Seine Halbwertszeit beträgt dann 30–50 Stunden (links). Für Patienten mit einem angeborenen Defekt im Metabolismus des Perhexilins ist die renale Ausscheidung der unveränderten Substanz der einzige Eliminationsweg. Die Halbwertszeit beträgt dann mehr als 800 Stunden (rechts). [L253]

und benutzen aber auch eine Reihe von Medikamenten – nicht nur in der Homöopathie – deren Wirkungen zwar vorhanden und bewiesen, deren Wirkungsmechanismen aber mittels der üblichen analytischen Methoden (noch) nicht zu erkennen und zu erklären sind. Dies liegt teilweise an zu groben Untersuchungsmethoden oder an unvollständigen Kenntnissen hinsichtlich diverser Körperfunktionen. Die Zahl solcher Medikamente ist allerdings inzwischen dank der modernen molekularbiologischen Analyseverfahren der modernen Medizin und weitgehend lückenlosen Kenntnis spezifischer Zellfunktionen verschwindend gering geworden.

HINWEIS DES AUTORS

In anderen Fällen aber werden derartige Wirkungen zumindest biochemischen Erklärungsversuchen für immer verschlossen bleiben: Wenn beispielsweise ein definierter Stoff, der in dieser Form im menschlichen Körper definierte Wirkungen entfaltet, unter Verschütteln so lange verdünnt wird, bis die erhaltene Verdünnung überhaupt keinen nachweisbaren Ausgangsstoff mehr enthält, und wenn man dann dieses *Nichts* in immer weiteren Schritten verdünnt und verschüttelt, ist die erhaltene homöopathische Hochpotenz in ihrer biochemischen Wirkung nicht mehr definierbar, die tatsächlich beobachtbare pharmakologische Wirkung aber kann von erstaunlicher Intensität sein. Ähnliches gilt für (Edel-)Steine, Musik, Farben oder auch die positiven oder negativen Gedanken eines Menschen.

5.1.4 Placebo-Effekt

Wer gewohnt ist, naturwissenschaftlich definiert zu denken und zu urteilen, der führt die nachweisbare Wirkung derartiger Dinge auf den sog. Placebo-Effekt zurück, d.h. letztendlich auf die Psyche desjenigen, der die Wirkung am eigenen Körper spürt oder zu verspüren glaubt, bzw. an dessen Körper die Wirkungen für den Beobachtenden erkennbar werden. Die Placebowirkung wird seit Urzeiten diskutiert.

HINWEIS DES AUTORS

Es soll an dieser Stelle erwähnt werden, dass sich die Wirkung homöopathischer Medikamente bei Tieren oder Pflanzen **nicht** durch einen Placebo-Effekt erklären lässt und dass seit Albert Einstein die Umwandlung von Materie in Energie und umgekehrt bzw. deren Identität bewiesen ist ($E = m \times c^2$).

Schwingungen, wie sie nicht nur von homöopathischen Hochpotenzen, sondern ausnahmslos von jeder Materie ausgesendet werden, haben also ebenfalls pharmakologischen Charakter und beeinflussen Organismen in ähnlichem Umfang wie die materiellen Substanzen, von denen diese Schwingungen ausgehen. Die dadurch zustande kommende Wirkung kann dabei von derjenigen der materiellen Ausgangssubstanz erheblich abweichen.

5.1.5 Resorption

Ein Pharmakon, das in fester Form (z.B. als Tablette oder Zäpfchen) über den Magen-Darm-Trakt zugeführt wird, unterliegt vor der Resorption über die Darmwand den vielfältigsten Einwirkungen und Veränderungen. Die Salzsäure des Magens, die schwach alkalische Flüssigkeit des Darms, diverse Enzyme, die Motilität (Beweglichkeit) der Darmwand, begleitende Nahrung, die bakterielle Standortflora u.a.m. verändern und zerkleinern die Nahrung wie auch manche Medikamente, um dieselben der Resorption zugänglich zu machen. Geringste Abweichungen von der Norm in diesen Bereichen führen zu einer veränderten, meist verminderten Resorptionsfähigkeit von Medikamenten.

- Eine schlecht gewählte **Galenik,** also unzureichende Aufbereitung des Medikaments mitsamt der notwendigen Begleitstoffe, kann dazu führen, dass das Medikament eines bestimmten Herstellers kaum oder gar nicht resorbiert wird, während die Resorptionsrate eines anderen nahezu vollständig ist.
- Die Bindung eines Medikaments an **gleichzeitig aufgenommene Nahrung** kann dessen Resorption vollständig verhindern. Andere Medikamente werden dagegen vom Körper nur aufgenommen, wenn gleichzeitig fetthaltige Nahrung zugeführt wird. Dies gilt auch für die fettlöslichen Vitamine A bzw. β-Carotin, D, E und K („EDEKA"), die also grundsätzlich *zu* einer Mahlzeit eingenommen werden sollten.
- Bestimmte Medikamente werden ähnlich wie zahlreiche Nahrungsbestandteile nicht kontinuierlich über den ganzen Darm, sondern ausschließlich über bestimmte **Darmabschnitte** wie z.B. das terminale Ileum resorbiert. Andere benötigen bestimmte **Cofaktoren**, an die sie sich binden. Ein chronisch entzündeter Magen (Gastritis vom Typ A) verhindert z.B. die Resorption des Vitamin B_{12} aus Nahrung oder Pharmakon, sodass es in derartigen Fällen unter Umgehung des Magen-Darm-Trakts (parenteral) injiziert werden muss. Die Vitamine B_{12} und C werden aus dem terminalen Ileum resorbiert (C auch im proximalen Dünndarm). Mineralien wie Zink, Eisen, Calcium oder Kupfer werden durch Nahrungsbestandteile (z.B. pflanzliche Phytine oder Oxalate) gebunden und so an der Resorption gehindert.
- **Mineralien** wie Eisen, Zink oder auch Selen sollten deshalb auf nüchternen Magen gegeben werden. Andere wie Magnesium oder Calcium dagegen können sich sogar gegenseitig zu einer besseren Resorption verhelfen – zumindest in geringeren Dosierungen, während sie sich andererseits in höherer Dosis wieder gegenseitig in der Resorption behindern. Zusätzlich bedürfen sie eines ausreichenden Serumspiegels an D-Hormon, um überhaupt resorbiert zu werden.
- Sind bestimmte Darmabschnitte entzündlich verändert oder operativ entfernt, werden einzelne essenzielle Nahrungsbestandteile genauso wenig resorbiert wie solche oral zugeführten Medikamente, die nur über diese Darmabschnitte aufgenommen werden.

5.1.6 Chrono-Pharmakologie

Inzwischen hat die sog. Chrono-Pharmakologie, welche die „innere Uhr" von Zellen und Geweben berücksichtigt, Einzug in die Therapie gefunden. Danach wirken verschiedene Medikamente zu unterschiedlichen Tageszeiten unterschiedlich stark, sind aber erstaunlicherweise zu den Zeiten, in denen sie besser wirken, zusätzlich sogar mit weniger Nebenwirkungen behaftet.

Nach den inzwischen empirisch ermittelten Daten wirken beispielsweise Lokalanästhetika am besten zwischen 14 und 15 Uhr, viele Zytostatika zwischen 16 und 17 Uhr, während Rheumamittel, Asthmamittel und H_2-Blocker ihr Optimum am Abend zwischen 21 und 22 Uhr erreichen.

Während die Ursache für das Wirkoptimum bei diesen Medikamenten noch nicht bekannt ist, fällt die Erklärung für die Mineralien Mg^{2+} und Ca^{2+} (jeweils abends!) bzw. Cortisol (morgens zwischen 6 und 8 Uhr) leichter: Der physiologische Cortisolspiegel erreicht morgens sein Maximum, wodurch gerade hierdurch die Resorption von Mg^{2+} und Ca^{2+} behindert wird.

5.1.7 Verteilungsräume

Ein Pharmakon, das es geschafft hat, über den Magen-Darm-Trakt oder auch auf anderem Wege in den Körper zu gelangen, wird sich hier nach definierten Gesetzmäßigkeiten verteilen und Wirkungen verursachen. Gelangt es z.B. über eine Injektion direkt ins venöse Blut, wird es mit dem Blutstrom zum Herzen und von dort zunächst in den Lungenkreislauf befördert, bevor es wieder via Herz in stark verdünnter Form die peripheren Organe wie Leber, Milz, Muskulatur usw. erreichen kann, wo in der Regel das eigentliche Zielorgan, das die pharmakologisch beabsichtigte Wirkung erfahren soll, zu finden ist (➤ Abb. 5.3).

Zusätzlich ist es auf diesem Weg möglichen Veränderungen unterworfen. Beispielsweise kann es von roten oder weißen Blutkörperchen aufgenommen oder von Enzymen des Serums gespalten und unwirksam gemacht werden. Es kann sich auch teilweise oder vollständig an die verschiedenen Eiweißmoleküle des Blutplasmas binden. Wird es vollständig gebunden, kann es von den vorgesehenen Zielorganen nicht mehr aufgenommen werden.

Wird es andererseits wenig oder gar nicht gebunden, ist es gut wasserlöslich und vielleicht auch sehr klein, hat es sich vor Erreichen des Zielorgans eventuell schon zu einem beachtlichen Teil aus dem Gefäßlumen verabschiedet und sich im umgebenden perivasalen (interstitiellen) Raum verteilt. Da derselbe das dreifache Volumen des Blutes erreicht und mit dem Blutserum einen gemeinsamen Raum bildet, in dem die Mehrzahl solch kleiner, wasserlöslicher Moleküle relativ unbehelligt hin und her diffundieren kann, wird am Zielort so wenig Wirksubstanz ankommen, dass eventuell die zugeführte Dosis entsprechend erhöht werden muss. Dadurch wächst wiederum die Gefahr möglicher Nebenwirkungen.

5.1.8 Fettlösliche Substanzen

Ist das Pharmakon fettlöslich, wird es sich nach und nach nicht nur ins **Fettgewebe** verteilen, sondern hier auch anreichern. Eine anderweitig beabsichtigte Wirkung kann dadurch sehr schnell wieder abklingen, sodass es erneut und wiederholt zugeführt werden muss, um die angestrebte Wirkung aufrechtzuerhalten. Zusätzlich wird dies auch noch von der absoluten und relativen Masse an Fettgewebe beim jeweiligen Patienten beeinflusst bzw. modifiziert. Da ein solches Medikament aber aus dem Fettgewebe, sofern es dort nicht irreversibel gebunden wird, im Rahmen von aktiven oder passiven Transportvorgängen wieder in die übrigen Kompartimente des Körpers zurückgelangt, kann es noch Tage oder Wochen später Wirkungen entfalten, die zu diesem Zeitpunkt vielleicht gar nicht

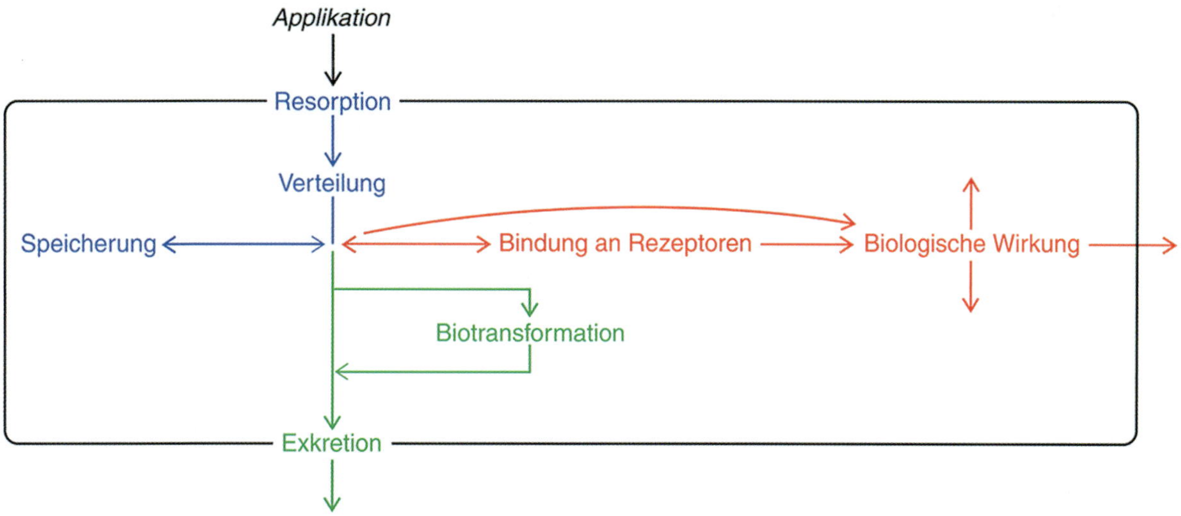

Abb. 5.3 Pharmakokinetik und Pharmakodynamik. Damit ein Stoff zum Pharmakon wird, muss er mit einem Lebewesen in Kontakt treten (z.B. Schlucken einer Tablette, intramuskuläre Injektion). Dieses In-Kontakt-Bringen von Pharmakon und Lebewesen bezeichnet man als Applikation. Mit der Applikation beginnen Pharmakokinetik und Pharmakodynamik. Das Pharmakon tritt in der Regel in die Blutbahn ein: Resorption. Das Blut transportiert es in alle Gewebe: Verteilung. Dabei kann es sich in bestimmten Kompartimenten anreichern: Speicherung. Die Summe dieser Vorgänge, durch die das Pharmakon die ihm aufgrund seiner chemisch-physikalischen Eigenschaften zustehenden Räume im Körper erreicht, wird als Invasion bezeichnet (blau). Schon während der Invasion wird das Pharmakon auch wieder aus dem Körper beseitigt. Es kann unverändert ausgeschieden werden: Exkretion. Es kann chemisch verändert werden: Biotransformation. Die Summe der beiden Vorgänge wird als Elimination bezeichnet (grün). [L253]

mehr erwünscht sind. Ein fettlösliches Schlafmittel z.B. kann zu einem Zeitpunkt wirken, an dem der Patient gerne hellwach wäre.

Weiterhin muss bei fettlöslichen Medikamenten bedacht werden, dass sie teilweise sehr leicht die **Blut-Hirn-Schranke** überwinden können, was wasserlöslichen Molekülen nicht möglich ist. Ein als Schlafmittel wirkendes Pharmakon muss also immer auch eine gewisse Fettlöslichkeit besitzen, weil es sonst sein Zielorgan Gehirn gar nicht erreichen kann. Wie oben ausgeführt, darf man aber hier des Guten nicht zu viel tun, um keine zu starke Einlagerung ins Fettgewebe mit nachfolgender allmählicher Rückresorption zu erreichen. Zum Beispiel wirkt Diazepam (Valium® und Generika) auf diesem Weg über Wochen, ist also als allabendliches Schlafmittel nicht zu gebrauchen. Jede erneute Gabe lässt den relativen Anteil im Fettgewebe weiter steigen, bis ein wirkliches Wachsein am Tage nicht mehr möglich ist.

Das Prinzip der Speicherung im Fettgewebe als Reserve für Mangelzeiten wurde evolutionär beim **Vitamin D** umgesetzt. Dieses „Vitamin“ wird in der Haut des Menschen bei UV-B-Einstrahlung aus Cholesterin synthetisiert und danach ans Blut abgegeben. Ein Überschuss bei hoher Strahlungsintensität, der von Leber und Niere nicht vollständig weiterverarbeitet wird, gelangt anteilig als **Reserve für sonnenarme Zeiten** (Wintermonate) ins Fettgewebe.

5

5.1.9 Hilfsstoffe und Laktose-Intoleranz

Die Mehrzahl der in oraler Form zugeführten festen Substanzen enthält zahlreiche, pharmakologisch unwirksame Hilfs- und Füllstoffe, die u.a. dafür sorgen, dass die winzige Menge an Wirksubstanz von oft nur wenigen Milligramm, die beispielsweise in einer Tablette enthalten sind, auf eine Größenordnung gestreckt wird, die man handhaben kann. Auch Resorptionsfähigkeit, zeitliche Steuerung der Aufnahme in den Organismus oder Haltbarkeit des Arzneistoffes lassen sich damit positiv beeinflussen. Manche Wirkstoffe würden durch die Magensäure angegriffen und bedürfen aus diesem Grund einer Umhüllung, die sich erst im alkalischen Dünndarmmilieu auflöst.

Unter den zahlreichen verwendeten Hilfsstoffen steht mengenmäßig die **Laktose** im Vordergrund. Laktose **(Milchzucker)**, der physiologische Hauptzucker in Kuh- und Muttermilch, ist ein Disaccharid aus Glukose und Galaktose, das wie alle Di- oder Polysaccharide einer enzymatischen Spaltung im oberen Dünndarm bedarf, damit die entstehenden Monosaccharide resorptionsfähig werden. Ist die Enzymaktivität der Darmmukosa unzureichend oder nicht vorhanden, wie dies hinsichtlich der Laktaseaktivität bei Erwachsenen häufig beobachtet werden kann, gelangt der Zucker in den Dickdarm und führt dort durch seine ausgeprägte Wasserbindung zur **osmotischen Diarrhö** (➤ Fach Verdauungssystem). In geringeren Mengen, die noch keine Diarrhö verursachen, ist dies als **positiv** anzusehen, weil die im Dickdarm ankommende Menge nicht nur das Stuhlvolumen vergrößert, sondern auch die **physiologische Darmflora ernährt** und durch deren **Säureproduktion** pathogene Bakterien am Wachstum hindert. Die gebildeten Gase, u.a. Wasserstoff H_2, können in größeren Mengen zum Meteorismus führen, entsprechen allerdings prinzipiell dem, was aus sämtlichen, natürlicherweise in gesunder Nahrung enthaltenen Ballaststoffen aus Zuckerstrukturen (z. B. Cellulose) entsteht.

Patienten mit **Laktoseintoleranz** meinen häufig, dass sie nicht nur Milch und Milchprodukte zu meiden haben, sondern auch hinsichtlich oral zugeführter Medikamente streng auf Laktosefreiheit zu achten hätten. Diese Vorsicht entspringt allerdings einem **Missverständnis:** Der Milchzuckergehalt üblicher Tabletten liegt im ungünstigsten Fall bei wenigen 100 mg. Durch klinische Untersuchungen und Doppelblindstudien ist gut belegt, dass die Betroffenen selbst in ausgeprägten Fällen **frühestens** ab einer zugeführten Menge von **15 g Laktose** erste Symptome entwickeln, viele auch erst bei 30 g oder darüber hinaus. Dies **entspricht** pauschaliert ausgedrückt der **Vorgabe der DGE**, nach der eine tägliche Zufuhr von mindestens **30 g Ballaststoffen** wünschenswert ist, also ohnehin angestrebt werden sollte.

Um eine Menge von 15 g Laktose zu erreichen, müsste der Patient Tabletten in einer Größenordnung von mindestens 100 Stück/Tag zuführen. Salopp formuliert wäre der Patient, sofern er schulmedizinisch gebräuchliche Medikamente z.B. zur Blutdruck- oder Cholesterinsenkung einnehmen muss, an deren Nebenwirkungen längst verstorben, bevor die ersten Anzeichen einer Laktoseintoleranz erkennbar würden. Man sollte den Patienten, die ihre Milchunverträglichkeit häufig als eine Art allergische Reaktion ansehen, den Zusammenhang erklären, um überflüssige Ängste abzubauen. „Milchunverträglichkeit“ ist eine **Laktoseintoleranz** und hat mit allergischen oder pseudoallergischen Reaktionen auf die **Proteine** der Kuhmilch **nichts zu tun**. Allergische Reaktionen gegenüber Disacchariden sind **nicht möglich**. Laktose ist also bei den Betroffenen, in vernünftigen Mengen genossen, nichts anderes als ein durchaus **wertvoller Ballaststoff**.

HINWEIS DES AUTORS

Die verbreitete Unkenntnis gegenüber diesen Zusammenhängen wird von der Industrie gerne dazu benutzt, bei allen möglichen Produkten mit „Laktosefreiheit“ zu werben und ihnen damit das Siegel besonderer Qualität zu verpassen. Dies gilt sogar für Nahrungsmittel, die von Haus aus gar keinen Milchzucker enthalten können. Würde „laktosefrei“ dagegen durch „ohne Ballaststoffe“ ersetzt, würde es keiner mehr kaufen.

MERKE

Die etwaige Laktoseintoleranz eines Patienten ist hinsichtlich seiner Medikamenteneinnahme **ohne jede Bedeutung**. Sie braucht niemals beachtet zu werden.

5.1.10 Schicksal oral zugeführter Medikamente

Wird ein Medikament nach oraler Zufuhr aus dem Dünndarm resorbiert, gelangt es bei besonderer Fettlöslichkeit eventuell über die Lymphe in die V. brachiocephalica und nimmt hier dann denselben Weg über den Lungenkreislauf wie ein i.v. gespritztes Medikament. Ungleich häufiger gelangt es allerdings über die Darmwand in das Venensystem der Pfortader, welches das Blut erst nach einem „Umweg“ über die Leber dem Herzen und damit dem allgemeinen Kreislauf zuführt. Die Entgiftungszentrale Leber versucht nun nicht nur, die ankommende Nahrung zu verstoffwechseln (➤ Abb. 5.4) und den restlichen

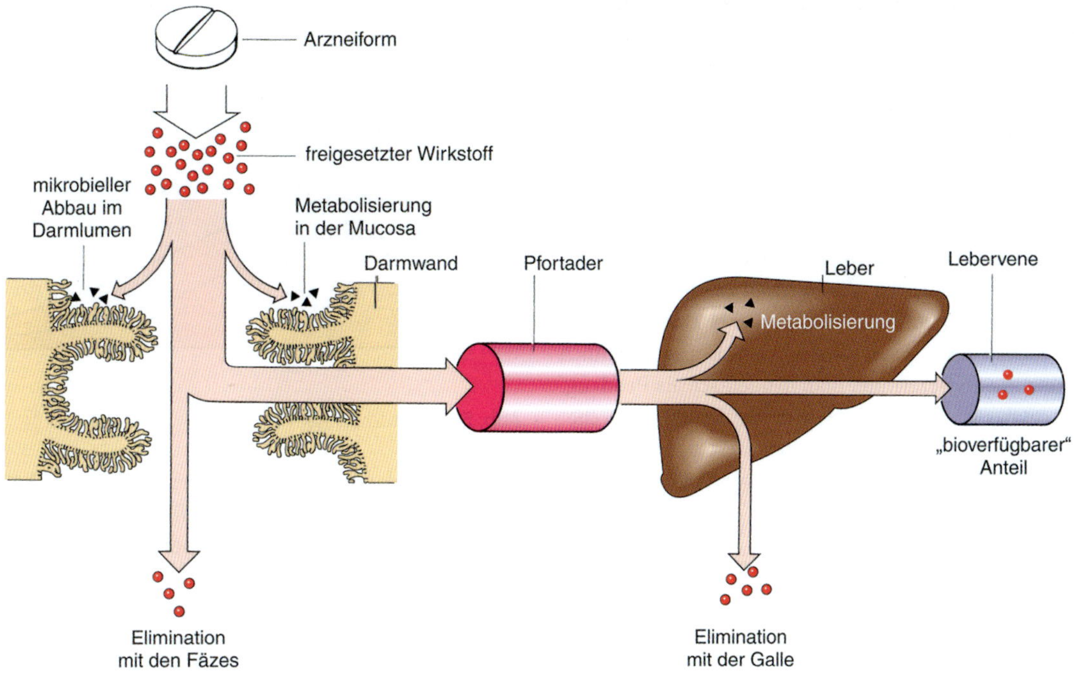

Abb. 5.4 Die Leber entscheidet über die Menge an wirksamem Medikament. [L253]

Körper mit den benötigten Stoffen zu versorgen, sondern sie unterscheidet auch zwischen „brauchbar" und „unbrauchbar", „eigen" und „fremd", „ungefährlich" und „giftig", soweit dies möglich ist.
Moleküle, die sie nicht spalten und weiterverarbeiten kann, werden durch Anhängen verschiedener chemisch definierter Gruppen (häufig Glucuronsäure, Sulfat oder die Aminosäure Glycin) so verändert, dass sie in nun wasserlöslicher Form über Niere oder Galle besser und schneller ausgeschieden werden können (➤ Abb. 5.5, ➤ Abb. 5.6, ➤ Abb. 5.7, ➤ Abb. 5.8). Hierdurch verändert sich auch die Wirksamkeit der Medikamente, die so bereits während der ersten Passage durch die Leber in einem Maße verstoffwechselt

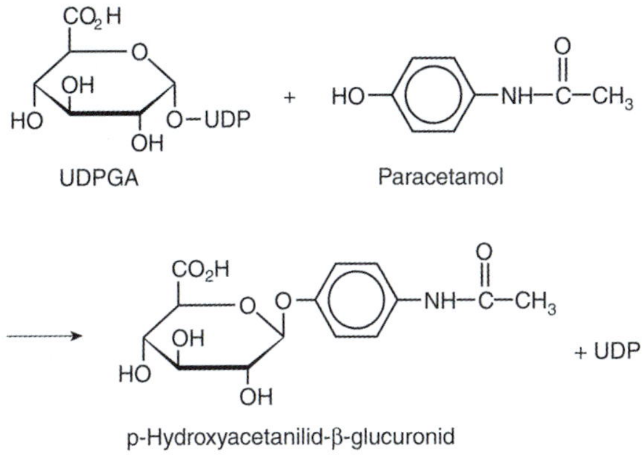

Abb. 5.5 Glucuronidierung (im Beispiel Paracetamol) [L253]

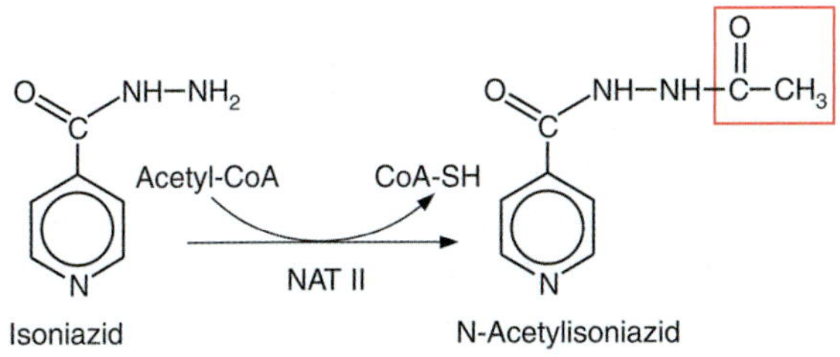

Abb. 5.6 Acetylierung [L253]

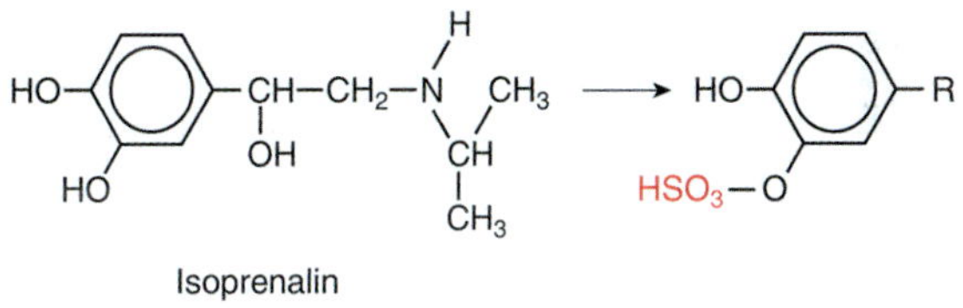

Abb. 5.7 Konjugation mit Sulfat [L253]

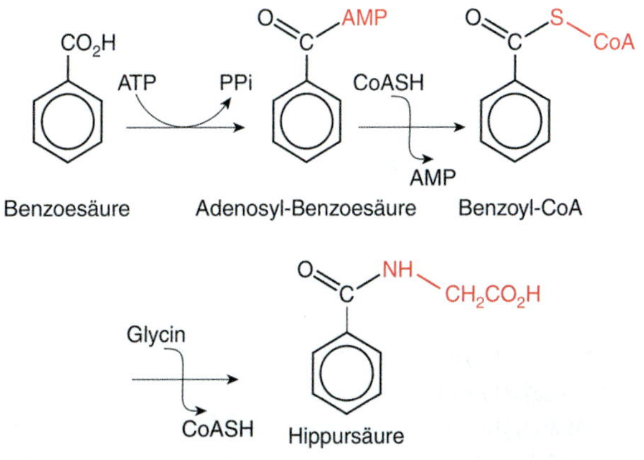

Abb. 5.8 Konjugation mit Glycin [L253]

werden können, dass am eigentlichen Zielort nur noch wenig wirksame Substanz ankommt. Man ist dadurch gezwungen, wesentlich mehr Substanz zuzuführen, um durch die resultierende Überforderung der Leber mehr Wirkstoff ans eigentliche Ziel zu bringen. Die potenziellen Nebenwirkungen werden hierdurch nicht gerade kleiner. Andererseits ist man aber durch die heute sehr genaue Kenntnis der biochemischen Vorgänge in der Leberzelle in der Lage, sich diesen Umstand zunutze zu machen und die Leber gewissermaßen auszutricksen. Man verändert das entsprechende Pharmakon chemisch exakt so weit, dass die Leber durch Abspalten oder Hinzufügen aus einem eigentlich unwirksamen Molekül das wirksame Pharmakon entstehen lässt. Eine solche Vorstufe des eigentlich wirksamen Medikaments bezeichnet man neudeutsch als **Prodrug**. Zahlreiche Pharmaka wiederum werden in der Leber zwar chemisch verändert oder gespalten, verlieren aber hierdurch nicht oder nicht wesentlich an Wirksamkeit, weil das eigentliche Wirkzentrum nicht angegriffen wird.

5

5.1.11 Parenterale Applikation

Wird ein Pharmakon nicht oral („per os" = über den Mund), sondern parenteral (para Enteron = am Dünndarm vorbei), also mittels **Spritze** intra- oder subkutan, intramuskulär oder intravenös appliziert, setzt seine Wirkung zumindest bei einer intravenösen Verabreichung nicht nur umgehend ein, es werden zunächst auch **höhere Wirkstoffspiegel** erreicht (➤ Abb. 5.9). Dies liegt überwiegend daran, dass i.v. gespritzte Medikamente sich über rechtes Herz und Lungenkreislauf innerhalb von Sekunden oder wenigen Minuten auf sämtliche Strukturen des Organismus verteilen, während oral verabreichte Medikamente nach ihrer Resorption zunächst in Pfortader und Leber landen und dort eventuell verstoffwechselt werden. Noch vor der Resorption aus dem Dünndarn muss der Magen passiert werden, sodass in der Summe zumeist Stunden vergehen, bis erste Anteile des Medikaments im peripheren Blut erscheinen. Zusätzlich ist dies ein kontinuierlicher Vorgang, weshalb im Einzelfall bereits der Ausscheidungsprozess über die Niere begonnen hat, noch bevor die letzte Dosis des Medikaments aus der Leber ins Blut gelangt ist. Zusätzlich entfernt die Leber mittels ihrer metabolischen Funktionen möglicherweise bereits einen beachtlichen Teil des oral zugeführten Medikaments aus dem Blut und macht damit diesen Anteil von vornherein unwirksam (sog. **First-Pass-Effekt**). Als Folge dieser möglichen Verluste sowie der zeitlichen Streckung erreichen einmalige Dosen oral zugeführter Medikamente niemals dieselben Wirkstoffspiegel wie parenteral zugeführte.

Die Kehrseite der Medaille ist darin zu sehen, dass der anfangs höhere Wirkstoffspiegel keine bessere Wirkung erzielen muss und dass das gleichzeitige Anfluten auch ein beschleunigtes Ausscheiden z.B. über die Niere zur Folge haben kann, sodass die Medikamentenwirkung schneller einsetzt, gleichzeitig jedoch nach einem kurzen Zeitintervall auch schon wieder beendet ist. Man wählt deshalb die parenterale Applikation grundsätzlich nur dann, wenn sie definierte Vorteile bietet. Dies gilt beispielsweise hinsichtlich der Compliance bei unzuverlässig erscheinenden Patienten – u.a. bei ansteckenden Krankheiten, deren Weitergabe möglichst zuverlässig unterbunden werden muss. Oder es handelt sich um ältere oder auch Intensivpatienten, bei denen die Resorption mancher Medikamente aus dem Dünndarm nicht mehr gewährleistet ist, deren Magen-Darm-Trakt geschont werden muss oder wo ein idealer, kontinuierlich anhaltender Wirkstoffspiegel ausschließlich über Infusionen erreichbar ist. Schließlich gibt es auch etliche Medikamente, die oral grundsätzlich schlecht oder überhaupt nicht resorbiert werden. Unter anderem trifft dies auf Peptide wie Insulin zu.

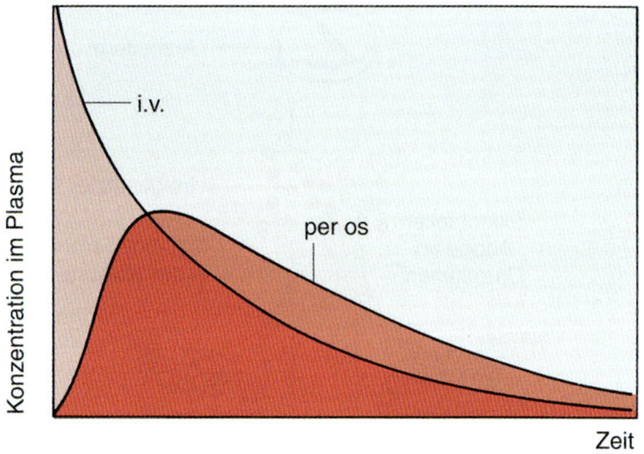

Abb. 5.9 Identische Dosen [L253]

HINWEIS DES AUTORS

Ein gutes Beispiel dafür, dass die parenterale Applikation nicht nur keine Vorteile bieten muss, sondern weitgehend sinnlos sein kann, bietet die in Therapeutenkreisen äußerst beliebte Infusion hoher Vitamin-C-Dosen. Der größte Teil davon wird innerhalb kürzester Zeit wieder über die Niere ausgeschieden. Würde man dieselbe Dosis – weit preiswerter und ohne begleitende Risiken, Schmerzen und Zeitverlust – über retardierte Präparate oral zuführen, hätte dies einen gleichmäßig hohen Serumspiegel zur Folge. Allerdings besitzen derlei Kurzinfusionen einen nicht zu unterschätzenden Placeboeffekt, der die eigentlich fehlende Wirkung ausgleichen mag, solange der „Therapeut" an seine „Therapie" glaubt.

Umgekehrt besitzen die ebenfalls beliebten Vitamintabletten mit einem Gehalt von 100 oder sogar 1.000 µg Vitamin B_{12} keine erwähnenswerte Effekte, weil sie die Resorptionskapazität von etwa 6 µg/Tag im terminalen Dünndarm weit übersteigen. Diesbezüglich wäre also eine intramuskuläre Injektion tatsächlich sehr viel sinnvoller und dies gilt nicht nur für den Sonderfall einer Gastritis vom Typ A. Dagegen werden sämtliche weiteren B-Vitamine selbst in hohen Dosen aus dem Darm resorbiert, während parenterale Applikationen zu (allergischen) Unverträglichkeitsreaktionen führen können – sehr wahrscheinlich aufgrund galenisch notwendiger Begleitstoffe. Es gilt also selbst im Hinblick auf derlei harmlose und scheinbar unkritische Substitutionen, dass es im Idealfall überaus hilfreich sein kann, wenn der Therapeut weiß, was er tut.

5.1.12 Halbwertszeit

Die zeitliche **Wirkdauer eines Pharmakons** hängt von vielen Faktoren ab. Neben den möglichen Veränderungen in der Leber spielen die Verteilungsräume eine Rolle, also die Verteilung nur auf den intravasalen oder auch auf den perivasalen Raum, die Aufnahme durch die Muskulatur, das Fettgewebe, das Gehirn oder andere Organe. Wichtig ist die Frage, inwieweit das Molekül durch die Niere

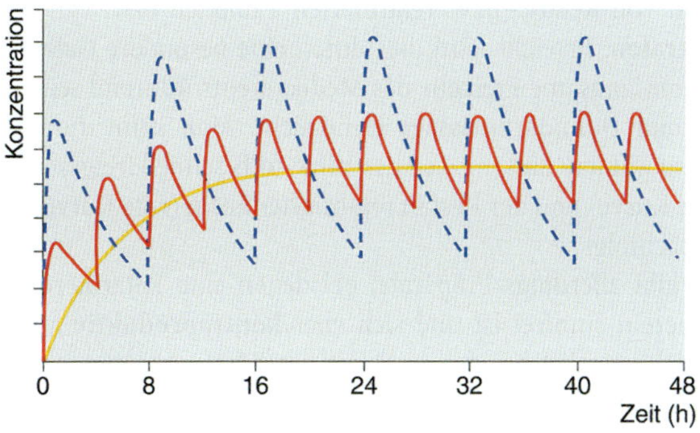

Abb. 5.10 Fluktuation der Plasmakonzentration in Abhängigkeit von Einzeldosis und Dosierungsintervall. Wird z.B. eine Erhaltungsdosis von 600 mg/Tag in Einzeldosen von 200 mg alle 8 Stunden verabreicht (blaue Linie), so sind die Schwankungen der Plasmakonzentration größer, als wenn Einzeldosen von 100 mg alle 4 h (= 600 mg/Tag) zugeführt werden (rote Linie). Die mittlere Konzentration ist in beiden Fällen gleich. [L253]

aktiv oder passiv ausgeschieden werden kann, ob es hier eventuell in Konkurrenz mit anderen Pharmaka oder körpereigenen Stoffen steht, wodurch die Ausscheidung behindert wird. Wichtig ist der Grad der Bindung an Plasmaproteine (zumeist Albumin) und die Festigkeit der Bindung an den Rezeptor am Wirkort usw.

Die Zeit des Vorhandenseins des **pharmakologisch wirksamen Medikaments** wird definiert durch seine **Halbwertszeit**. Dies ist die **Zeitspanne**, nach deren Ablauf die **Hälfte** des Pharmakons den Organismus verlassen hat *oder* in eine unwirksame Form überführt worden ist. Bei einem Pharmakon mit einer Halbwertszeit von 8 Stunden ist also nach diesen 8 Stunden noch die Hälfte der Wirksubstanz vorhanden. Nach weiteren 8 Stunden ist dieses Pharmakon nun nicht etwa vollständig ausgeschieden, sondern es verbleibt von der restlichen Hälfte wiederum die Hälfte, also ein Viertel der Ausgangsmenge. Man kann nun leicht errechnen, dass nach der Einmalgabe eines Medikaments mit einer Halbwertszeit von 8 Stunden nach 24 Stunden immer noch über 12 % Wirksubstanz im Körper vorhanden sind. Bei der verbreiteten Dosierung von 3× täglich sind es weit mehr als 12 %. Genau genommen steigt die jeweils im Körper verbleibende Menge so lange an, bis nach einigen Tagen ein **Fließgleichgewicht** erreicht ist, bei dem die zugeführte Menge gerade der jeweils ausgeschiedenen Menge entspricht (➤ Abb. 5.10).
Medikamente mit langen Halbwertszeiten bis zu einer oder mehreren Wochen (z.B. Diazepam oder Digitoxin) können bei zu hoher oder zu häufiger Dosierung sehr hohe Konzentrationen erreichen, die bei Verschiebungen im Elektrolythaushalt (z.B. Kaliummangel bei Digitalisierung) auch einmal lebensgefährlich werden können.

5.1.13 Abhängigkeit vom Lebensalter

Medikamente wirken in verschiedenen Lebensabschnitten unterschiedlich, im **Alter** oft schwächer, teilweise aber auch im Spektrum verändert (Coffein als Schlafmittel). Mitbedingt wird dies durch die schlechtere Blutversorgung der Organe als Folge von Gefäßstenosen, Herzinsuffizienz, Schleimhautveränderungen im Magen-Darm-Trakt und weitere Abbauprozesse.

Kinder haben – bezogen auf das Körpergewicht – meist eine schnellere Ausscheidung und/oder Verstoffwechselung von Medikamenten als Erwachsene und benötigen daher eine entsprechend höhere Erhaltungsdosis pro kg Körpergewicht (➤ Abb. 5.11). Dies beobachtet man nicht nur bei Pharmaka, die vorwiegend durch Biotransformation in der Leber eliminiert werden, sondern auch bei renal eliminierten Medikamenten. Früh- und Neugeborene haben dagegen eine niedrige Metabolisierungsrate, da die Leber- oder Ausscheidungsfunktionen bei der Geburt noch nicht ausgereift sind (➤ Abb. 5.12).

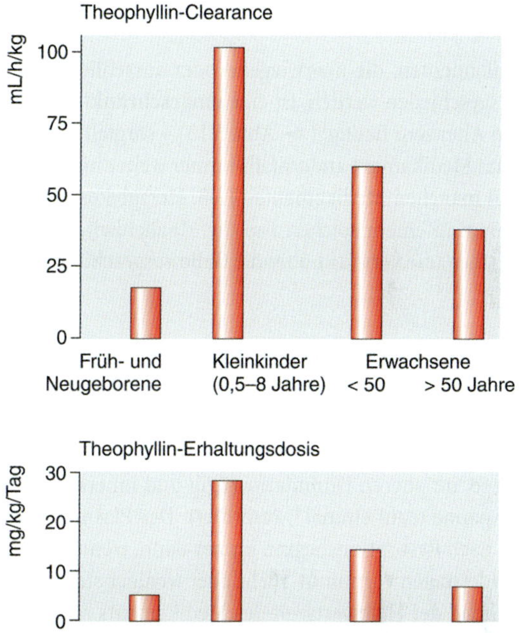

Abb. 5.11 Theophyllin-Clearance und -Erhaltungsdosis in verschiedenen Lebensabschnitten [L253]

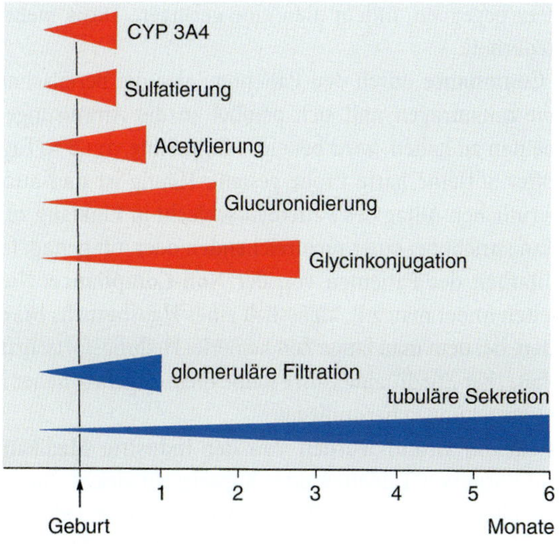

Abb. 5.12 Reifung der Metabolisierungssysteme beim Neugeborenen [L253]

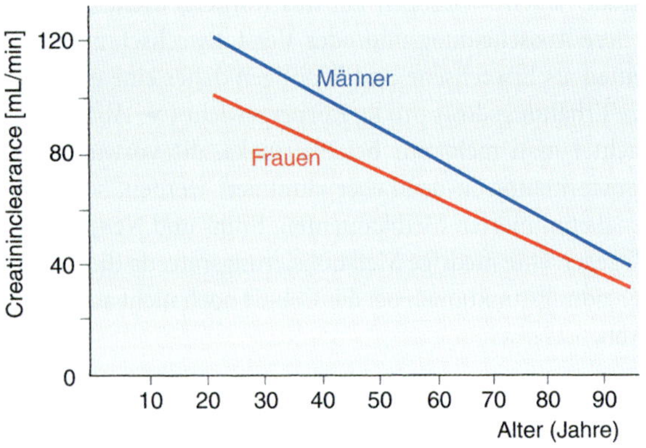

Abb. 5.13 Lebensalter und Nierenfunktion [L253]

Bei Medikamenten, die überwiegend oder ausschließlich über die Niere ausgeschieden werden, ist eine **eingeschränkte Nierenfunktion** – im Alter sehr häufig! (➤ Abb. 5.13) – sorgfältig zu beachten, da sich das Medikament andernfalls immer weiter im Körper anreichert. Bei manchen Medikamenten (z.B. Herzglykoside, Antibiotika) hat man in einem solchen Fall die Möglichkeit, auf Präparate auszuweichen, die verstärkt über die Galle ausgeschieden werden.

5

5.1.14 Retardierte Medikamente

Die Mehrzahl der Medikamente wird, in Abhängigkeit von einer begleitenden Magenfüllung und der resultierenden Dauer der Magenpassage, im oberen Dünndarm zügig und innerhalb einer kurzen Zeitspanne („auf einmal") resorbiert. Der Plasmaspiegel steigt dadurch nach Resorptionsbeginn immer dann, wenn die Leber keine Veränderungen vornimmt, mehr oder weniger steil an, fällt aber entsprechend der Halbwertszeit des Medikaments auch zügig wieder ab. Dadurch bedingt wird zum einen der wirksame Serumspiegel zunächst häufig unnötigerweise überschritten, ohne Vorteile für den Patienten, anschließend aber auch zügig wieder unterschritten (➤ Abb. 5.10). Bei Medikamenten mit kurzer Halbwertszeit kann man dem begegnen, indem man eine geringere Dosis mehrmals/Tag wiederholt.

Die **Compliance** durch den Patienten, also die Bereitschaft, die Therapie mitzutragen und sich penibel an die Anweisungen des Therapeuten zu halten, wird bei einer Einnahme von 3 ×/Tag oder noch öfter auf eine harte Probe gestellt. Häufig ist dies auch mit dem beruflichen Alltag des Patienten schlecht in Einklang zu bringen. Man spricht bei einer unzureichenden oder, oft genug, fehlenden Mitarbeit des Patienten von der **Non-Compliance**. Nicht so ganz selten findet man z.B. anlässlich eines Hausbesuchs bei einem Patienten, bei dem man lange Zeit keinerlei Heilungsfortschritte erreicht hat, „per Zufall" eine ganze Reihe nicht angebrochener Medikamentenpackungen herumliegen.

Aus diesem Grund wurden von der Industrie Medikamente, meist in Form von Tabletten oder Kapseln entwickelt, die langsamer und über einen längeren Zeitraum anfluten und dadurch konstantere Serumspiegel erreichen (grüne Kurve in ➤ Abb. 5.14). Man spricht von Retard- bzw. retardierten Tabletten bzw. von **Depotpräparaten**. Erreicht wird dies durch eine besondere Galenik, die eine nur langsame Freigabe des Medikaments während seiner Magen- und Dünndarmpassage ermöglicht. Man kann die Galenik auch so wählen, dass ein Teil des Wirkstoffs schnell freigesetzt wird (gelbe Kurve) und der Rest in retardierter Form (rote Kurve) verzögert nachfolgt.

Es gibt allerdings Präparate, bei denen eine Retardierung von vornherein sinnfrei ist und sich eher **kontraproduktiv** auswirkt. Beispielsweise ist bei den in Drogeriemärkten angebotenen **Vitaminpräparaten** zunehmend zu beobachten, dass sie nur noch in retardierter Form angeboten werden. Eine unter denjenigen Firmen, die den Markt unter sich aufteilen, fing damit an, wohl um sich beim Verbraucher damit einen Marketingvorteil zu verschaffen, und den anderen blieb offensichtlich nichts anderes übrig als nachzuziehen. Während die Retardierung von **Vitamin-C**-Präparaten allerdings sogar **unabdingbar** ist, um eine zu schnelle Ausscheidung über die Niere zu verhindern und gleichmäßige Serumspiegel zu erreichen, bewirkt man damit bei den übrigen Vitaminen und teilweise zugesetzten Mineralien das Gegenteil: Die spezifischen Carrier-Systeme für wasserlösliche Vitamine und Mineralien sind **im proximalen Dünndarm konzentriert** und verfügen gerade hier über nahezu unbeschränkte Kapazitäten. Die Passagezeit durch den gesamten Dünndarm liegt bei 1–2 Stunden. Werden solche Präparate also so konstruiert, dass sie sich erst allmählich im alkalischen Dünndarmmilieu aufzulösen beginnen, und benötigen sie hierfür mehrere Stunden, wie dies für Retardpräparate üblich ist, kann davon ausgegangen werden, dass zumindest ein Teil der Inhaltsstoffe erst in distalen Dünndarmabschnitten oder sogar erst im Dickdarm freigesetzt wird und so **der Resorption entgeht**. Ein retardiertes Vitamin-B_{12}-Präparat wird sogar überhaupt nicht mehr nennenswert resorbiert, denn dieses Vitamin muss im **Duodenum** an den **Intrinsic-Faktor** der Belegzellen binden, um im terminalen Ileum in dieser Bindung spezifisch resorbiert werden zu können. Wird es erst im Jejunum oder gar Ileum aus dem Präparat freigesetzt, kann es nicht mehr binden und entgeht der Resorption.

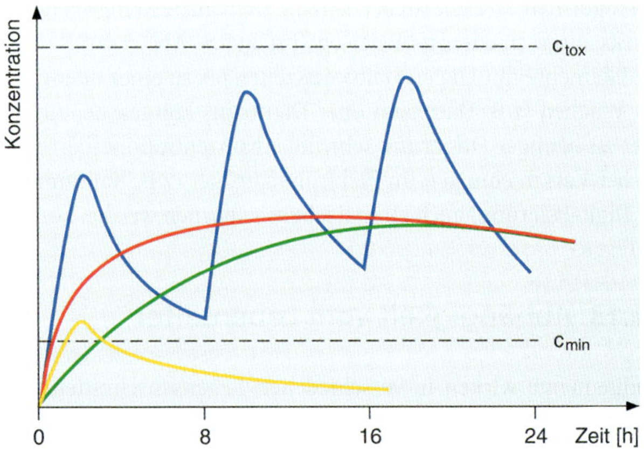

Abb. 5.14 Plasmakonzentration eines retardierten Arzneistoffs (grün) im Vergleich zur intermittierenden Zufuhr in Einzeldosen (blau) [L253]

MERKE

Retardiert = besonders wertvoll ist also ein grundsätzlich **falscher Denkansatz**, denn selbst die Nahrung, welche die Natur uns liefert, ist unretardiert. Hätte dies jedoch irgendeinen positiven Effekt, wären dafür evolutionär Mittel und Wege gefunden worden. Eine Retardierung muss also hinsichtlich der Inhaltsstoffe, der Resorptionskapazitäten und angestrebter Serumspiegel sinnvoll sein. Der Therapeut ist gehalten, seine Patienten auf derlei Ungereimtheiten aufmerksam zu machen und Alternativen zu empfehlen.
Dieser Zusammenhang gilt im Übrigen nicht für die üblichen apotheken- oder sogar verschreibungspflichtigen Medikamente, die grundsätzlich mit großem Know-how galenisch aufbereitet und hinsichtlich der tatsächlich erreichbaren Serumspiegel überprüft werden. Man dürfte daher schwerlich apothekenübliche retardierte Vitamintabletten finden – abgesehen vom Vitamin C. Aus Sicht des Autors ist diese unselige Modeerscheinung allein schon deswegen so bedauerlich, weil zahlreiche Drogeriepräparate sehr sinnvoll dosiert und vergleichsweise überaus preiswert wären, wenn man denn auf eine Retardierung verzichtet hätte.

5.1.15 Nebenwirkungen

Nebenwirkungen von Pharmaka lassen sich bei ihrer Entwicklung und ersten Anwendung am Tier nur teilweise vorhersagen und definieren. Selbst heute noch werden Medikamente nach langen Entwicklungsprozessen, Tierversuchen und ersten klinischen Anwendungen auf den Markt gebracht, die dann nach Jahren derart schwerwiegende Nebenwirkungen zeigen, dass sie zurückgezogen werden müssen.

Ganz pauschal kann man Nebenwirkungen, die für ein Medikament spezifisch sind und im Zusammenhang mit dessen Wirkung stehen, von solchen unterscheiden, die für eine große Zahl unterschiedlichster Medikamente gelten. Immer berücksichtigt werden muss bei der Beurteilung von Nebenwirkungen und ihrer Relation zu den beabsichtigten Wirkungen, dass auch ein **Placebo** bei vielen Menschen zu Nebenwirkungen wie Kopfschmerzen, Schlafstörungen oder Magen-Darm-Störungen führt: Der Patient ängstigt sich vor den Nebenwirkungen „der Chemie" und seine Angst führt ihn zum erwarteten Ziel. Mit noch größerer Sicherheit erscheinen diese „Nebenwirkungen der Angst", wenn sie im Beipackzettel aufgelistet sind.

Allgemeine und besonders häufige Nebenwirkungen einer Vielzahl von Medikamenten, die über den Placebo-Effekt hinausgehen, bestehen in **Störungen des Magen-Darm-Trakts** – von Übelkeit mit Erbrechen bis hin zu Durchfällen oder Obstipation:

- **Durchfälle** entstehen häufig nach der Einnahme von Antibiotika, weil dieselben u.a. zu einer Verschiebung im Spektrum der Flora von Dickdarm und terminalem Ileum führen. Der Keim, der sich unter diesen Umständen am häufigsten auf Kosten der anderen vermehrt, ist **Staphylococcus aureus**. Seltener, aber dann mit möglicherweise kritischen Folgen vermehrt sich **Clostridium difficile**.
- Eine **Obstipation** ist besonders typisch für **Morphin-Abkömmlinge** wie Codein (Hustenreiz stillend), **Aluminiumverbindungen** (in Antazida), **Nitroglyzerin** (KHK), **Calciumkanalblocker** wie Verapamil oder Nifedipin (bei hohem Blutdruck, Rhythmusstörungen oder KHK) oder **Eisenpräparate** (Eisenmangel, z.B. in der Schwangerschaft).

Zusammenfassung

Pharmakologie

Untersuchung der Wechselwirkungen zwischen Organismen (biologischen Systemen) und körperfremden Stoffen (Pharmaka, Gifte)

Wirkungen von Pharmaka

- lokal (am Ort der Applikation) oder systemisch (im ganzen Körper)
- reversibel oder irreversibel
- in Abhängigkeit vom Lebensalter teilweise sehr unterschiedlich

Verstoffwechselung und Ausscheidung

- jeweils gleicher Mechanismus bei einer Spezies
- mit möglichen individuellen Schwankungen
- bei Kindern im Allgemeinen schneller als bei Erwachsenen
- Verstoffwechselung hauptsächlich in der Leber
- Ausscheidung über die Nieren (meistens)
- Ausscheidung über die Galle (selten)

Resorption

- Abhängigkeit z.B. von der Salzsäure des Magens, Darmflüssigkeit, Enzymen, Darmmotilität, begleitender Nahrung, bakterieller Standortflora
- Abhängigkeit von der Galenik: Pharmaka mit gleichem Inhaltsstoff können unterschiedlich gut resorbiert werden; Wirkstoffe können verzögert freigegeben werden (Retardpräparate).
- Abhängigkeit von Cofaktoren
- Abhängigkeit von der Tageszeit (Chrono-Pharmakologie)

Verteilungsräume (Kriterien)

- Bindung an Proteine des Plasmas
- Diffusion ins interstitielle Gewebe
- Anreicherung im Fettgewebe
- Überwindung der Blut-Hirn-Schranke

5.2 Lokalanästhetika

Die Lokalanästhesie dient üblicherweise der Schmerzbefreiung eines umschriebenen peripheren Gewebebereichs zum Zweck einer Operation, als Alternative zur Vollnarkose. Benutzt werden Substanzen, die in der Lage sind, sensible Nervenleitungen zu blockieren und damit das versorgte Gebiet schmerzunempfindlich zu machen. Die für die Lokalanästhesie eingesetzten Substanzen können uneingeschränkt auch zur **Schmerztherapie** oder zur **Neuraltherapie** verwendet werden.

Techniken

Je nachdem, wie umfangreich das entsprechende Gewebe ist, das schmerzfrei werden soll, und in Abhängigkeit von seiner Lokalisation, werden verschiedene Techniken benutzt:

- **Periduralanästhesie:** Soll ein ganzer Körperabschnitt ab einer bestimmten Höhe schmerzfrei gemacht werden, kann das Lokal-

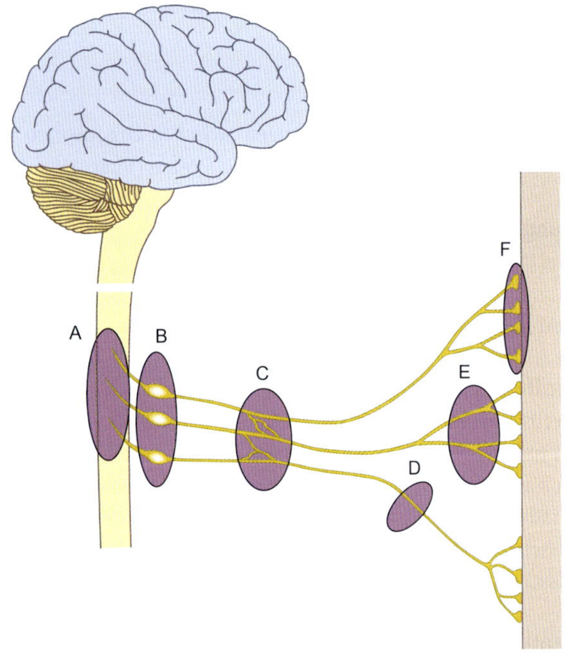

Abb. 5.15 Formen der Lokalanästhesie [L157]

anästhetikum als Periduralanästhesie (PDA) neben den Rückenmarkbereich oberhalb des entsprechenden Körperanteils verbracht werden (**A** in ➤ Abb. 5.15, ➤ Abb. 5.16). Es diffundiert dann durch die Hirnhäute hindurch zu den nervalen Leitungsbahnen des Rückenmarks. Häufig eingesetzt wird die PDA bei Operationen im Beckenbereich und bei Gebärenden. Unterhalb L2 wird die PDA durch die **Spinalanästhesie** ersetzt, indem das Lokalanästhetikum direkt in den Wirbelkanal neben die Fasern der Cauda equina gespritzt wird.

- **Paravertebralanästhesie:** Soll ein größerer Bereich einer Körperseite oder eine Extremität schmerzunempfindlich werden, kann man das Mittel in den Bereich der zugehörigen paravertebralen Ganglien spritzen (**B** in ➤ Abb. 5.15).
- **Plexusanästhesie:** Für eine Extremität genügt häufig bereits das Umspritzen des weiter peripher liegenden Plexus – z.B. des Plexus brachialis, der den Arm versorgt (**C** in ➤ Abb. 5.15, ➤ Abb. 5.17).
- **Leitungsanästhesie:** Beispiel **D** in ➤ Abb. 5.15 symbolisiert das Umspritzen eines einzelnen peripheren Nerven, wodurch der zugehörige Anteil von Körperstamm oder Extremität schmerzfrei wird.
- **Infiltrationsanästhesie:** Will man einen im Subkutangewebe der Haut gelegenen Tumor exstirpieren (z.B. ein Lipom), genügt

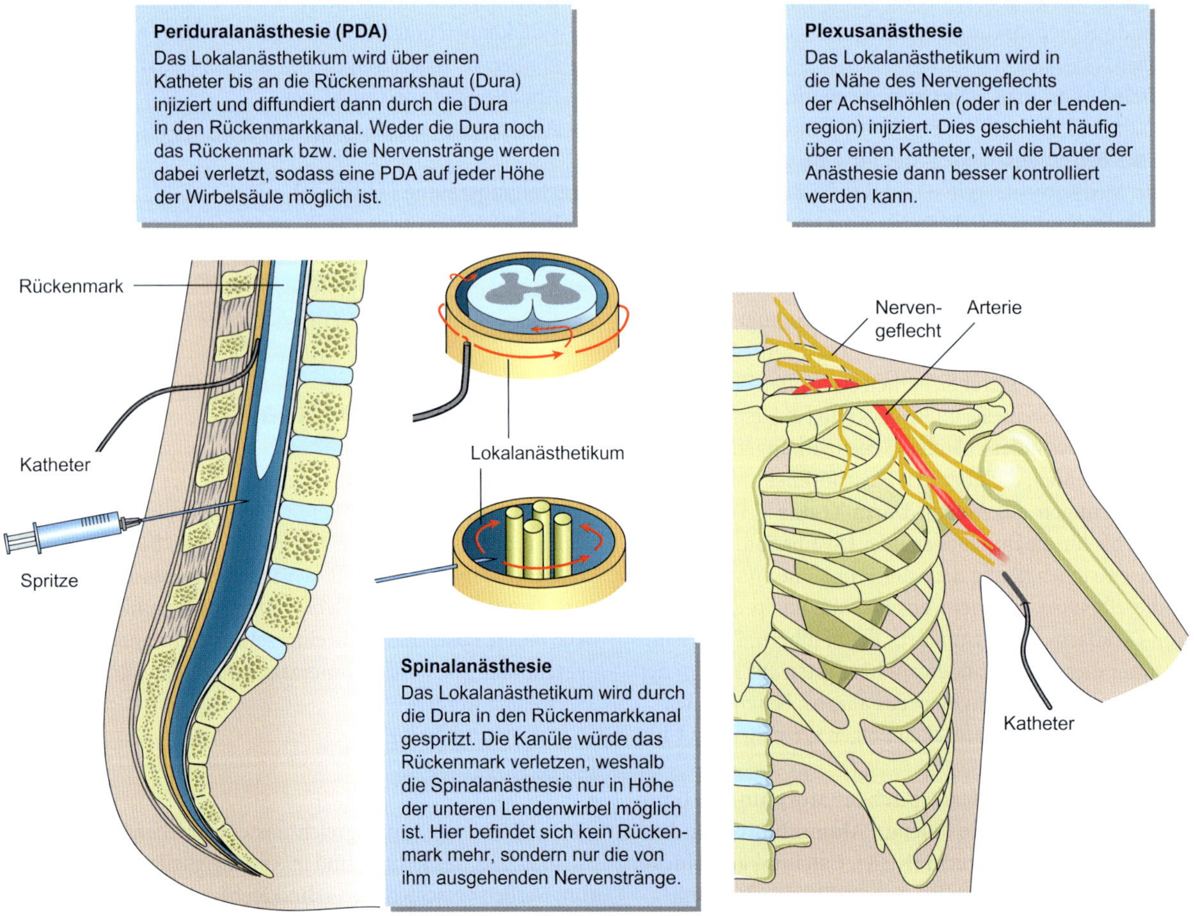

Abb. 5.16 Spinal- und Periduralanästhesie [L157]

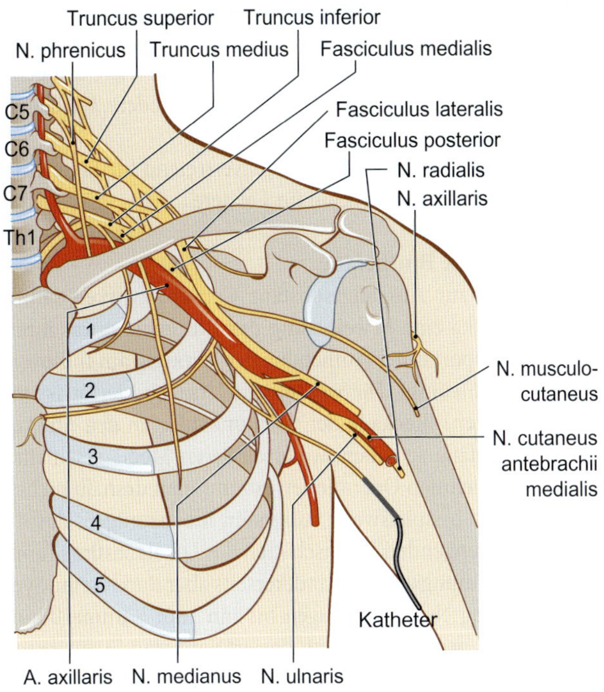

Abb. 5.17 Plexusanästhesie (Plexus brachialis) [L126]

in aller Regel die sog. Infiltrationsanästhesie (**E** in ➤ Abb. 5.15), also das großzügige Umspritzen des betroffenen Gewebebezirks. Dies ist einfacher zu bewerkstelligen als das Aufsuchen eines Plexus oder mehrerer paravertebraler Ganglien und bedarf deshalb keines Anästhesisten.

- **Oberflächenanästhesie:** Die Oberflächenanästhesie (**F** in ➤ Abb. 5.15) schließlich kann durch Unterspritzen eines kleinen Bezirks, z.B. eines Nävus, oder auch einmal durch das Aufbringen des Lokalanästhetikums auf die Schleimhaut erreicht werden – u.a. in der Mundhöhle. Die streng intrakutane Anwendung der Lokalanästhetika, das sog. **Quaddeln**, steht auch dem Heilpraktiker zur Verfügung. Diese unspezifische Reiztherapie stellt einen Teilaspekt der **Neuraltherapie** nach Huneke dar.
- **Grenzstrangblockade:** Mit dem Begriff der Grenzstrangblockade ist die lokalanästhetische Umspritzung des Sympathikus gemeint, der an HWS, BWS und LWS neben der Wirbelsäule verläuft bzw. dort Ganglien bildet (➤ Abb. 5.18).

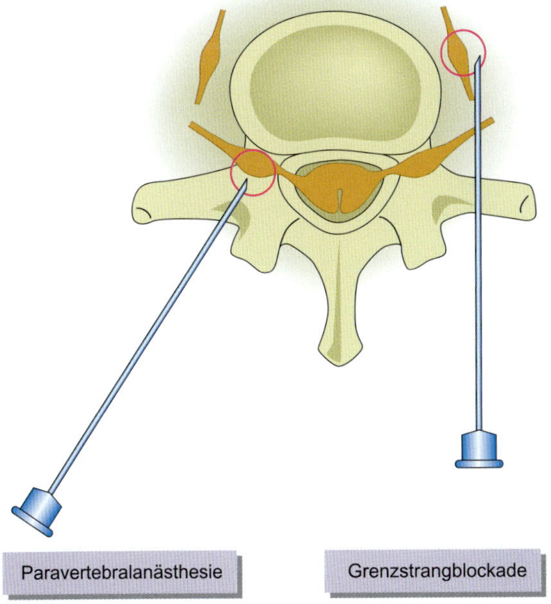

Abb. 5.18 Paravertebralanästhesie und Grenzstrangblockade [L157]

Chemischer Aufbau

Das erste Lokalanästhetikum war **Cocain**, das später aufgrund seiner Instabilität bei der Sterilisation sowie seines Suchtpotenzials von chemisch nahe verwandten Substanzen abgelöst wurde.

Die **chemische Grundform** sämtlicher Lokalanästhetika, von Procain und Lidocain bis hin zu den neuesten Entwicklungen, ist weitgehend identisch. Immer ist ein Benzolring über eine kurze Kette mit einem Stickstoffatom **N** verbunden, das zwei weitere Ketten trägt (➤ Abb. 5.19, ➤ Abb. 5.20).

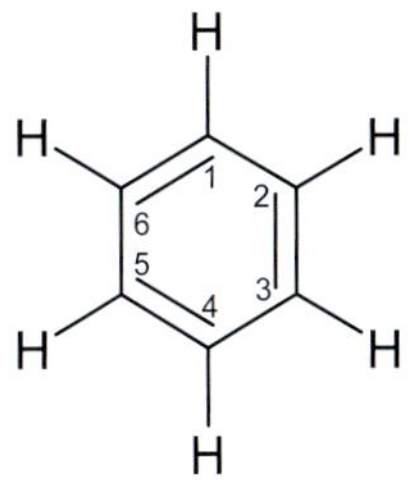

Abb. 5.19 Benzol [L252]

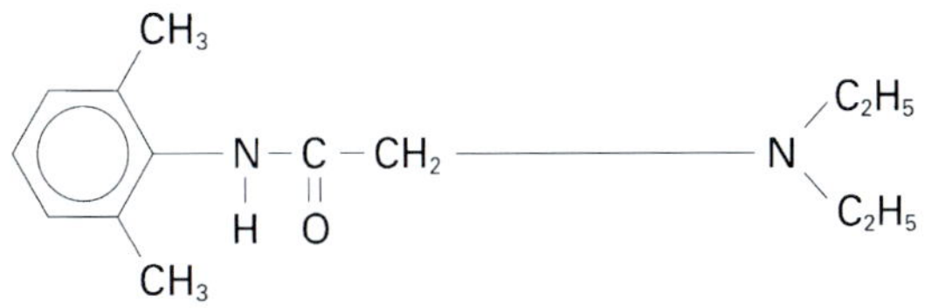

Abb. 5.20 Lidocain (Xyloneural®) mit Benzolring und Stickstoff N [L253]

Wirkmechanismus

Für das Verständnis der Wirkung im Gewebe muss man sich klarmachen, dass u.a. an den erregbaren, leitenden Geweben wie der Nervenfaser oder dem Herzmuskel Zellmembranen bestehen, die über ein **Ungleichgewicht an Ionen** auf den beiden Seiten der Membran ein (pseudo-)**elektrisches Potenzial** in der Größenordnung von 85–90 mV aufgebaut haben **(Ruhepotenzial)**. Genauer besprochen wird dies z.B. im ➤ Fach Herz-Kreislauf-System.

Das Ankommen eines (pseudo-)elektrischen, durch geladene Teilchen (Ionen) getragenen Impulses an einer solchen Membran bewirkt ein plötzliches Zusammenbrechen des Potenzials durch

5

Öffnung bestimmter Kanäle vor allem für den schnellen Einstrom der Natrium-Ionen von der Außenseite der Zellmembran ins Innere der Zelle **(Aktionspotenzial)**, wodurch sich die Ladungsverteilung für sehr kurze Zeit sogar umkehren kann, bevor durch erneute Transportvorgänge unter gleichzeitigem Wiederverschluss dieser Kanäle der alte Zustand mit dem ursprünglichen (Ruhe-)Potenzial wiederhergestellt wird (➤ Abb. 5.21).

Die **Lokalanästhetika** passen nun aufgrund ihrer Form und Ladungsverteilung exakt in die **Natriumkanäle** und **binden** dort die für deren Funktion wichtigen **Calcium-Ionen**, sodass die Kanäle blockiert werden (➤ Abb. 5.22). Ein Einstrom von Natrium-Ionen beim Ankommen eines elektrischen Impulses wird unterbunden. Die Nervenfaser bzw. die (Herz-)Muskelzelle wird unerregbar und damit ohne physiologische Funktion. In geringerem Ausmaß scheinen auch die Calciumkanäle blockiert oder behindert zu werden.

Wirkungen

Wenn ein Nerv keine Erregung weiterleiten kann, kann er dem physiologischen Ziel (dem Gehirn) auch keine Mitteilung machen. Die relativ dünnen C-Fasern, die den Schmerz aus der Körperperipherie über das Rückenmark an das Gehirn weiterleiten, um dort eine Gegenreaktion zu ermöglichen, sind *vor* den dickeren Nerven für Temperatur, Tastsinn oder Motorik betroffen. Das Schmerzempfinden wird also bei einer Lokalanästhesie **zuallererst** ausgeschaltet. Erst danach folgen bei höheren Konzentrationen Temperaturempfinden, Mechanorezeption und zuletzt die motorische Muskulatur. Bei Abfluten bzw. Abbau des Lokalanästhetikums werden die Funktionen in umgekehrter Reihenfolge wiederhergestellt, sodass die Schmerzunempfindlichkeit am längsten erhalten bleibt.

Molekülabwandlungen

Alle Lokalanästhetika enthalten in ihrem Molekül eine Seite, die vor allem fettlöslich ist (Benzolring) und eine andere, die eine gewisse Wasserlöslichkeit bewirkt (Seite des N mit angeknüpften Ketten). Entsprechend der hier vorliegenden Eigenschaften bzw. Unterschiede gibt es Substanzen mit besserer Fettlöslichkeit, die demgemäß auch sehr viel leichter durch die Haut in die Tiefe dringen und zur Oberflächenanästhesie geeignet sind, und andere, bei denen die Wasserlöslichkeit im Vordergrund steht.

Tetracain ist lipophil und steht stellvertretend für Erstere, Lidocain (Xyloneural®) und Procain für Letztere.

Wirkung auf die Blutgefäße

Im Gegensatz zur Ausgangssubstanz Cocain bewirken sämtliche Lokalanästhetika eine **Erweiterung der Blutgefäße**, was ihren eigenen Abtransport unter Aufhebung der Wirkung am Infiltrationsort stark beschleunigt. Die wesentliche Ursache hierfür ist in der (unvollständigen) Blockade der Calciumkanäle an den Muskelzellen der Blutgefäße zu sehen, wodurch deren Media erschlafft. Bei zeitlich ausgedehnten Operationen kommt man deshalb nicht umhin, als Zusatz beispielsweise Adrenalin hinzuzufügen, das durch seine gefäßverengenden Eigenschaften das Lokalanästhetikum länger am Bestimmungsort hält, andererseits aber durch seine Sympathikus-Wirkung Nebenwirkungen bis hin zum Kammerflimmern auslösen kann, wenn es zu hoch dosiert wird und in entsprechenden Konzentrationen in den Blutkreislauf gelangt. Im Bereich von Endarterien wie z.B. an den Fingern oder Zehen kann die Gefäßverengung zu Nekrosen führen, weshalb man in diesem Bereich stets ohne Adrenalin-Zusatz arbeitet.

Beim Arbeiten mit Lokalanästhetika auch im Rahmen der Neuraltherapie ist stets daran zu denken, dass diese Substanzen durch Diffusion ins umliegende Gewebe auch in nennenswerten Mengen in die Blutgefäße und damit ins gesamte Kreislaufsystem übertreten und damit potenzielle Nebenwirkungen vor allem am Herzen und zentralen Nervengewebe (Gehirn) verursachen können. Dies muss besonders dann bedacht werden, wenn hier bereits Vorschädigungen bestehen.

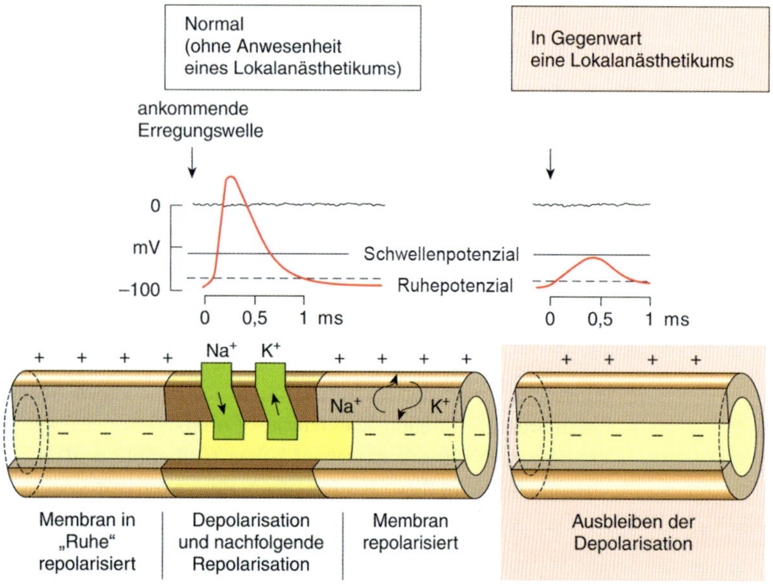

Abb. 5.21 Unterbindung der Aktionspotenziale [L253]

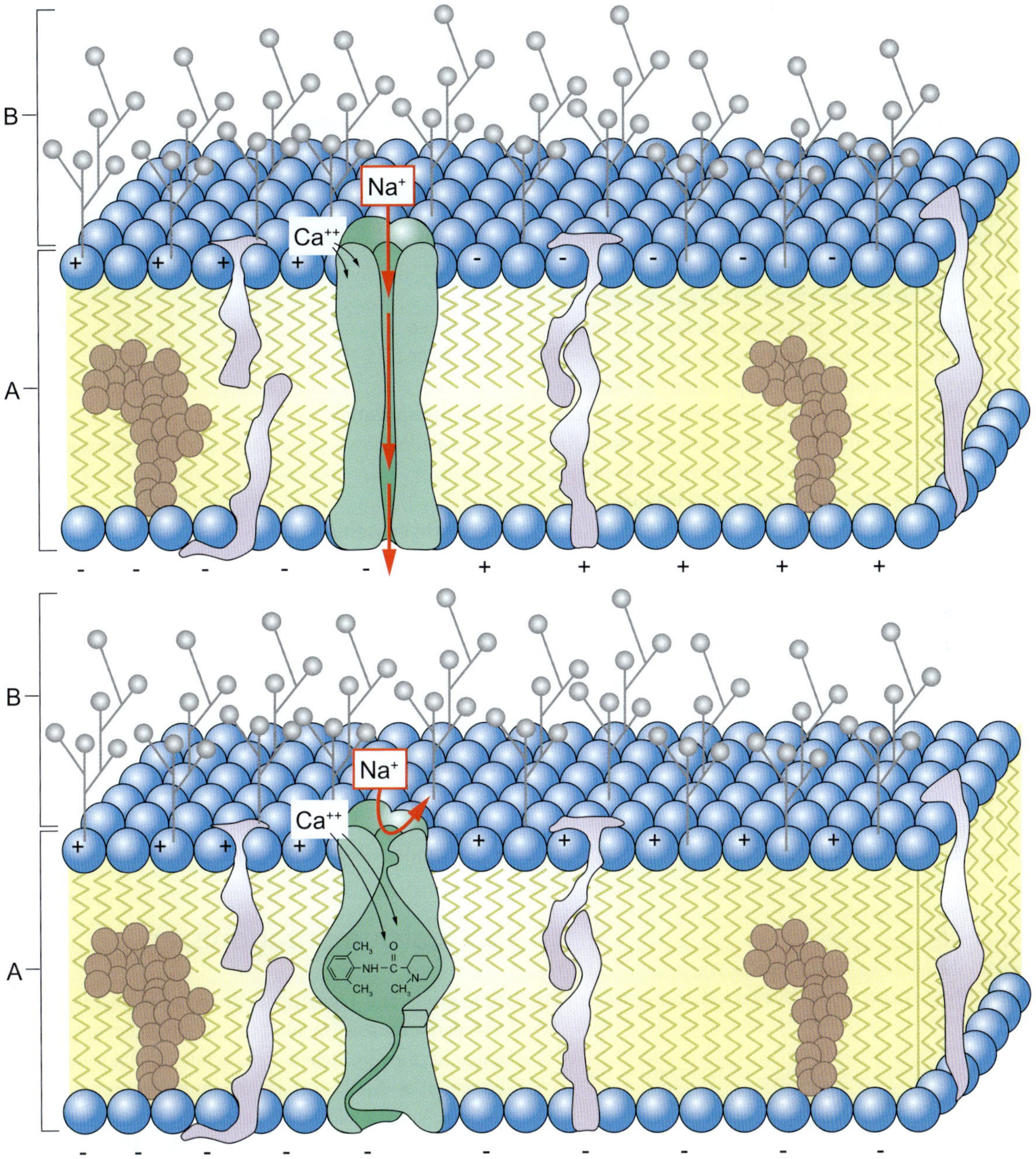

Abb. 5.22 Detailgetreues Modell der Zellwand (A) mit offenem Natriumkanal (oben) und seiner Blockade (unten) durch eingelagertes Mepivacain (Meaverin®). Ins Interstitium hineinragend erkennt man die Glykokalyx (B). [L157]

Metabolismus

Die Verstoffwechselung der Lokalanästhetika erfolgt teilweise durch Enzyme (Esterasen) des Plasmas, die das Molekül in zwei unwirksame Teile spalten (➤ Abb. 5.23), und teilweise in der Leber.

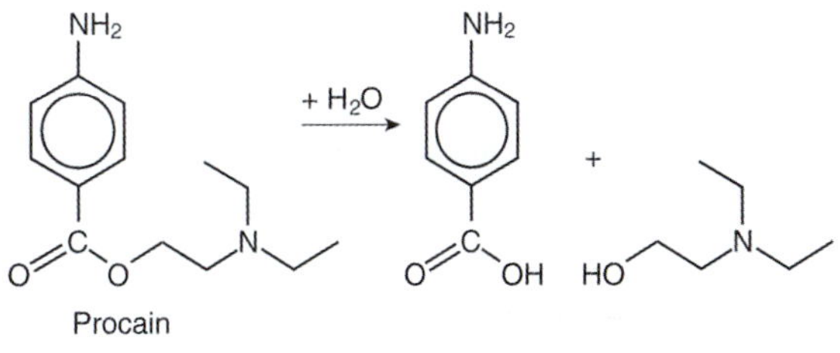

Abb. 5.23 Wirkung der Plasmaesterase [L253]

Nebenwirkungen

- Lokale **allergische Reaktionen** sind **selten** – noch seltener solche, welche die gesamte Haut z.B. in Form einer Urtikaria (Nesselsucht) betreffen. Asthmatische Zustände oder auch ein ana-

5

phylaktischer Schock sind in der Literatur beschrieben, in der Alltagspraxis aber zumindest bei der Verwendung von **Lidocain** kaum möglich. Derartige Zustände einschließlich allergischer Hautreaktionen sind noch am häufigsten unter **Procain**, weil bei dessen Abbau (Spaltung) im Serum Paraaminobenzoesäure entsteht (➤ Abb. 5.23), die ein gewisses allergenes Potenzial besitzt. Vorsichtshalber sollten in der Praxis Adrenalin (Fastjekt®, Anapen®) sowie Dexamethason (Fortecortin®) zur **notfallmäßigen Erstversorgung** eines anaphylaktischen Schocks bereitliegen (➤ Kap. 4.9, ➤ Kap. 4.17), auch wenn dies beim Quaddeln noch nicht einmal bei der Verwendung von Procain zu erwarten ist.
- Falls größere Mengen (mehrere ml) eines Lokalanästhetikums in den Blutkreislauf gelangen, passiert am Reizleitungssystem des Herzens wie an seinen Muskelfasern prinzipiell genau dasselbe wie an der Nervenfaser. Der Sinusknoten wird schwerer erregbar, die Herzfrequenz nimmt ab bis hin zur **extremen Bradykardie**. Die Überleitung vom Vorhof über den AV-Knoten in die Kammern wird gebremst; es resultiert ein **AV-Block**.
- Die verminderte Erregbarkeit und die verminderte Kontraktionskraft der Herzmuskelzellen (negativ inotrope Wirkung) führen im Verein mit der peripher gefäßerweiternden und damit auch blutdrucksenkenden Wirkung dieser Substanzen über eine **hypotone Kreislaufschwäche** bis zum **Kreislaufversagen**.
- An den Nervenzellen des Gehirns und Hirnstamms führen die Blockaden zu **Schwindel, Übelkeit, Angst, Unruhe** und **Muskelzuckungen**, in höherer Dosierung zu **epileptischen Krämpfen, Koma** und **Atemlähmung**. Erste Notfallmaßnahmen (durch den Arzt) sind hier Diazepam i.v. sowie Beatmung mit Sauerstoff, bis das Lokalanästhetikum durch Diffusion und Abbau in Blut und Leber in seiner Konzentration ausreichend vermindert ist.

ACHTUNG

Im Rahmen der beruflichen Tätigkeit sollte man also durchaus mit Vorsicht selbst an derart scheinbar harmlose Substanzen herantreten. Bei der Infiltration tieferer Gewebe muss zuvor aspiriert werden, um ein versehentliches Infiltrieren direkt in ein Blutgefäß zu vermeiden. Abgesehen vom (eher theoretischen) Auslösen einer allergischen Reaktion sind die beschriebenen Komplikationsmöglichkeiten allerdings beim streng intrakutanen Quaddeln durch den Heilpraktiker kaum möglich.

Verschreibungspflicht

ACHTUNG

2006 wurde die gesamte Gruppe der Lokalanästhetika **verschreibungspflichtig** und steht damit dem Heilpraktiker nicht mehr zur Verfügung. Einzige Ausnahmen sind Lidocain und Procain bis zu einer Konzentration von **2 %** und selbstverständlich ohne Adrenalinzusatz – und zwar ausschließlich zur **intrakutanen Anwendung**, bevorzugt also zum „Quaddeln" bzw. „Ausspritzen von Narben".

Ursache für diese Verschreibungspflicht bei Substanzen, die seit Jahrzehnten millionenfach weltweit zur Anwendung kommen, waren 627 Fallberichte über unerwünschte Arzneimittelwirkungen mit insgesamt 37 Todesfällen, die sich beim BfArM (**B**undesinstitut **f**ür **Ar**zneimittel und **M**edizinprodukte im Gesundheitsministerium) angesammelt hatten. Mehrheitlich waren dies kardiale und zerebrale Zwischenfälle, aber auch fehlerhafte Injektionstechniken.

Zusammenfassung

Lokalanästhetika

Unterbrechen (sensible) Nervenleitungen und machen deren Innervationsgebiet schmerzunempfindlich

Techniken
- ➤ Abb. 5.15

Wirkmechanismus
- Blockade der Natriumkanäle (geringfügiger auch der Calciumkanäle)

Verstoffwechselung
- Esterasen des Plasmas
- Abbau in der Leber

Wirkungen
- Anästhesie
- Erweiterung von Blutgefäßen

Nebenwirkungen
- allergische Reaktionen v.a. auf Procain (selten)
- Bradykardie, AV-Block, Kreislaufschwäche
- Schwindel, Übelkeit, Angst, Unruhe und Muskelzuckungen

5.3 Calciumantagonisten

Eine große Substanzgruppe, die den peripheren Gefäßwiderstand und damit die sog. Nachlast für ein möglicherweise bereits insuffizientes Herz senkt, stellen die Calciumkanalblocker (= Calciumantagonisten, ➤ Abb. 5.24) dar. Zu ihnen gehören u.a. Nifedipin, Amlodipin, Verapamil und Diltiazem. Ihr Einsatzgebiet umfasst neben ihrer Hauptindikation, der **arteriellen Hypertonie**, auch **Herzrhythmusstörungen** und die **KHK** (koronare Herzkrankheit), früher sogar die Herzinsuffizienz.

Wirkungen

Die Wirkung der Medikamente beruht auf einer Blockierung derjenigen Calciumkanäle, die am **Herzen** für den Calciumeinstrom der Plateauphase, und an der Media der **Gefäße** für das Aktionspotenzial der glatten Muskelzellen einschließlich ihrer elektromechanischen Kopplung verantwortlich sind. Nun ist an diesen Zellen das Ausmaß der Kontraktion weitgehend abhängig von der Menge an Calcium, die zur Verfügung steht: Größere Mengen an Calcium führen zur verstärkten Kontraktion. Wird der Calciumeinstrom also verringert, bedeutet dies an den Arterien und Arteriolen eine **Dilatation** mit verbesserter Durchblutung und Abnahme des Gefäß-

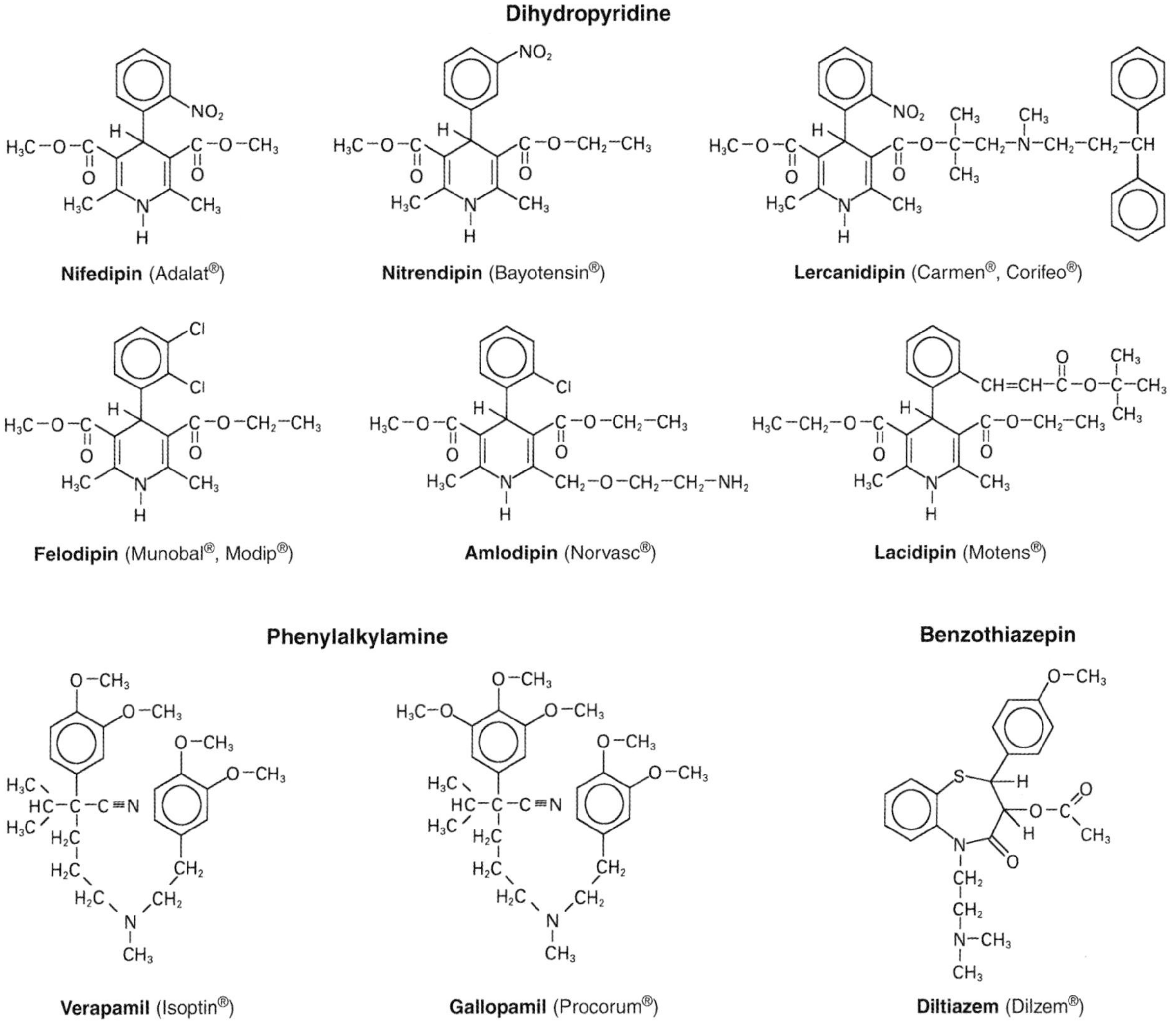

Abb. 5.24 Calciumantagonisten [L253]

widerstands (= Nachlast des Herzens), und am Herzen eine Abnahme der Kontraktionskraft samt verzögerter Überleitung im AV-Knoten.

Diese **negativ inotrope Wirkung** an einer Herzmuskulatur, die bei einem insuffizienten Herzen ohnehin zu schwach ist, das angebotene Blutvolumen auszuwerfen, erscheint zunächst widersinnig. Das kann auch einmal dazu führen, dass die Substanzen nicht eingesetzt werden können. Überwiegt aber die nachlastsenkende Eigenschaft eines Calciumantagonisten und sinkt dadurch der periphere Blutdruck mehr als das Herz noch weiter an Kraft verliert, so wird dadurch die Relation Herzkraft zu peripherem Widerstand verbessert.

Entscheidend ist aber letztlich, dass der **Sauerstoffverbrauch** als limitierender Faktor für die Arbeit des Herzens durch beide Mechanismen sinkt: Die Senkung der Nachlast vermindert die aufzubringende Herzkraft und damit seinen O_2-Verbrauch genauso wie die negativ inotrope Wirkung dieser Substanzen, die über eine verminderte Kontraktion den Sauerstoffbedarf eben auch vermindert. Im Ergebnis ist der Ventrikel in der Lage, bei geringerem Aufwand die Nachlast deutlich besser zu überwinden als zuvor. Dass er erhöhten Anforderungen bei körperlicher Mehrarbeit nun durch seine begrenzte Kontraktionsfähigkeit auch nicht wesentlich besser nachzukommen vermag, begrenzt allerdings die Einsatzfähigkeit der Substanzen bei dieser Indikation.

Positiv an der Substanzklasse ist, dass die **Dilatation der Blutgefäße** auch für die **Koronararterien** gilt, sodass deren Durchblutung und damit die Versorgung des Myokards verbessert wird. Dadurch lassen sie sich bei der koronaren Herzkrankheit einsetzen. Inzwischen ist diese Indikation sowie die **arterielle Hypertonie** sogar zum **Haupteinsatzgebiet** der Calciumantagonisten geworden, während sie am Herzen überwiegend nur noch bei tachykarden Störungen zur Überleitungsverzögerung dienen (Verapamil) bzw. als antiarrhythmisch wirkende Substanzen eingesetzt werden (Verapamil und Diltiazem).

Dabei lässt sich die beabsichtigte Wirkung recht genau steuern, weil sich das Spektrum der Calciumkanalblocker je nach Aufbau ihres Moleküls doch deutlich unterscheidet und zusätzlich in bestimmte Richtungen „gezüchtet" wurde. Während z.B. Verapamil sowohl die Erregungsbildung im Sinusknoten verlangsamt als auch die Überleitung deutlich verzögert, gilt dies für Nifedipin nicht. Hier resultiert sogar häufiger eine Tachykardie. Die modernsten Substanzen greifen überwiegend nur noch an den glatten Muskelzellen der Gefäße an und kaum noch am Herzen, wirken dadurch auch kaum noch negativ inotrop. Je nach den besonders erwünschten Wirkungen wird man also eher zur einen oder eher zur anderen Substanz greifen.

HINWEIS DES AUTORS

In diesem Zusammenhang gilt es allerdings zu berücksichtigen, dass der Kostenfaktor in der heutigen Zeit größte Bedeutung erlangt hat, indem der Arzt schon seit etlichen Jahrzehnten nicht mehr *optimal* therapieren darf, sondern vielmehr *ausreichend und zweckmäßig*. Andernfalls wird er in Regress genommen und darf die Medikation seiner Patienten aus eigener Tasche bezahlen. Verapamil und Nifedipin sind mit ihren ungezählten Generika (Nachahmerprodukten) ungleich preiswerter als ihre modernen Nachfolgepräparate. Im Ergebnis wird eine gewisse Zahl an Patienten, nicht nur in Bezug auf die Herzinsuffizienz oder den Hypertonus, im besten Fall „suboptimal" *(ausreichend)* therapiert. Ganz erheblich weiter verschärft wurde der Kostendruck durch die Einführung und immer breitere Anwendung der extrem teuren Immuntherapeutika, die aus demselben Topf bezahlt werden muss.

Nebenwirkungen

Wesentliche Nebenwirkungen sind in der Regel nicht zu erwarten, soweit nicht ohnehin beim Patienten Kontraindikationen in Gestalt eines AV-Blocks vorliegen, der unter Verapamil aufgrund des Wirkmechanismus verstärkt würde. Auch die Sinusbradykardie stellt aus diesem Grund eine Kontraindikation dar. Übliche Nebenwirkungen entstehen aus der Behinderung des Calciumeinstroms an der glatten Muskulatur von Darm und unterem Verschluss der Speiseröhre (unterer Ösophagussphinkter): Es kommt zur **Verzögerung der Darmpassage** bis hin zur Obstipation und (eher selten) zum Reflux von Magensaft in die Speiseröhre bis hin zur **Refluxösophagitis**, sofern das Medikament nicht rechtzeitig abgesetzt wird. Der (erwünschte) **Blutdruckabfall** kann zerebrale Symptome mit Schwindel und Kopfschmerzen auslösen. Dies gilt selbstverständlich für jedes blutdrucksenkende Medikament, wenn die Wirkung stärker ist als erwartet oder wenn es nicht angemessen dosiert wird. **Allergische Reaktionen** sind außergewöhnlich selten, können dann aber wie bei der Mehrzahl aller Medikamente (oder Nahrungsmittel!) bei prädisponierten Patienten auch lebensgefährdende Ausmaße annehmen – z.B. in Gestalt eines Glottisödems oder eines anaphylaktischen Schocks.

Zusammenfassung

Calciumantagonisten

Senken den peripheren Widerstand und damit die Nachlast

Wirkmechanismus
- Blockade der Calciumkanäle

Wirkungen
- negativ inotrop (teilweise)
- Erweiterung der Blutgefäße
- Senkung des Sauerstoffverbrauchs am Herzen

Nebenwirkungen
- Verzögerung der Darmpassage
- Reflux in die Speiseröhre
- Blutdruckabfall
- allergische Reaktionen (sehr selten)

5.4 ACE-Hemmer

Zur Gruppe der ACE-Hemmer gehören u.a. Captopril, Enalapril und Ramipril. Um ihre Wirkungen zu verstehen, bedarf es an dieser Stelle einiger Vorbemerkungen zum sog. RAAS (Renin-Angiotensin-Aldosteron-System, ➤ Abb. 5.25). Ausführlicher besprochen werden die Zusammenhänge im ➤ Fach Endokrinologie mit Stoffwechsel.

Physiologische Vorbemerkungen

In der Leber wird laufend, entsprechend Albumin und zahlreichen weiteren Proteinen, ein großes Eiweißmolekül namens **Angiotensinogen** hergestellt und ans Blut abgegeben. Es besitzt keine eigenen Wirkungen, sondern steht lediglich auf Vorrat zur Verfügung.

Vor allem die Arteriolen der Niere produzieren in ihrer Wandung ein eiweißspaltendes Enzym, das sog. **Renin**. Seine Bildung

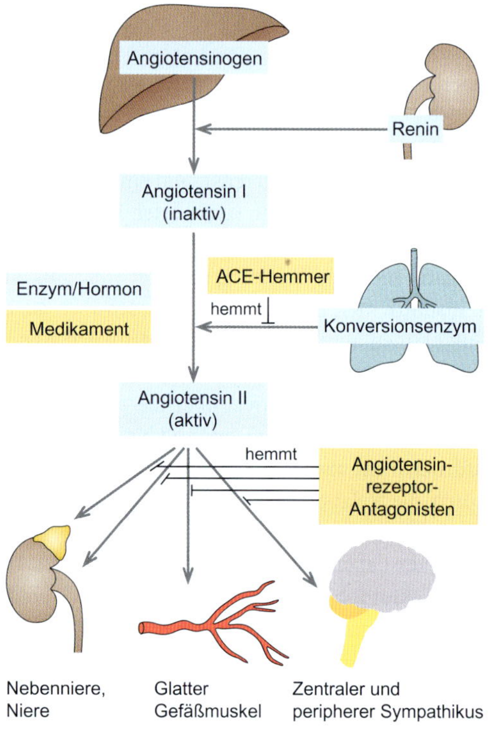

Abb. 5.25 RAAS [L157]

und Ausschüttung ins Blut erfolgt bei einem **Blutdruckabfall** (generalisiert oder lokal in der Niere), grundsätzlich jedoch in Kooperation mit und gekoppelt an den **Sympathikus:** Alles, was den Sympathikus aktiviert, führt auch zu einer erhöhten Freisetzung von Renin und umgekehrt. Dies bedeutet, dass die beiden Systeme **RAAS und Sympathikus stets Hand in Hand arbeiten** – unabhängig davon, welches von beiden zuerst aktiviert wurde.

Das im Plasma erscheinende Renin spaltet von Angiotensinogen ein kleines Peptid aus 10 Aminosäuren (= Dekapeptid) namens **Angiotensin I** ab. Entsprechend Angiotensinogen besitzt auch Angiotensin I noch keine eigene Wirkung auf den Kreislauf.

In den Gefäßendothelien vor allem der Lunge befindet sich ein weiteres Enzym, das entsprechend seiner Wirkung **Angiotensin-Conversions-Enzym** (ACE) genannt wird. Es handelt sich um ein Enzym, welches das Angiotensin I konvertiert (verändert), indem es von diesem zwei weitere Aminosäuren abspaltet. Das entstehende Peptid (Oktapeptid) **Angiotensin II** vermittelt nun die biologischen Wirkungen dieses Systems, von denen drei im Vordergrund stehen:

- Seine **gefäßverengende Wirkung** an Arterien und vor allem **Arteriolen** ist nochmals stärker als diejenige des Sympathikus. Wie bei diesem erfolgt die konstringierende Wirkung über eine Erhöhung der intrazellulären Calciumkonzentration.
- An der **Nebennierenrinde** (NNR) stimuliert es die Bildung und Ausschüttung des Hormons **Aldosteron**. Aldosteron bewirkt dann an Niere, Darm und Schweißdrüsen eine Rückresorption von Natrium (und Wasser!) im Austausch gegen Kalium und verursacht dadurch einen allgemeinen **Anstieg der Extrazellulärflüssigkeit**, führt also zur Hypervolämie bzw. gleicht eine etwaige Hypovolämie wieder aus.
- An Hypothalamus und Hypophyse stimuliert Angiotensin II die Synthese und Freisetzung des Hormons **Vasopressin** (= **ADH**, antidiuretisches Hormon). Diese Wirkung wird inzwischen allerdings lediglich als **indirekte Folge** der durch Aldosteron induzierten **gesteigerten Plasmaosmolarität** angesehen (➤ Fach Endokrinologie). Vasopressin vergrößert in der Folge zusätzlich zu Aldosteron das intravasale Volumen durch Rückresorption von Wasser in der Niere (diesmal ohne Beteiligung von Natrium). Bei höheren Serumspiegeln, wie sie vor allem im **Schock** zu beobachten sind, wird zusätzlich ein Teil der Arteriolen verengt, woraus eine **Zentralisation des Kreislaufs** resultiert.

Zusammenfassend veranlasst Angiotensin II, sobald es durch das ACE der Endothelien aus Angiotensin I entstanden ist, eine sehr ausgeprägte Erhöhung des diastolischen und systolischen Blutdrucks, indem es die Arteriolen mit großer Kraft verengt und das intravasale Volumen und damit auch Auswurfvolumen des Herzens deutlich vermehrt. Hierbei sollte beachtet werden, dass sich Sympathikus und RAAS auf perfekte Weise ergänzen:

- Der **Sympathikus** wirkt als nervales System ohne Zeitverzögerung, stimuliert Herz und Atmung, verengt die Widerstandsgefäße, leitet Blut u.a. aus der Haut zu „wichtigeren" Organen wie Herz und Gehirn (Beginn der Zentralisation des Kreislaufs). Zusätzlich rekrutiert er durch Verengung der Venen Zusatzvolumen aus den venösen Kapazitätsgefäßen, das nun dem Hochdrucksystem zur Verfügung steht.
- Das **RAAS** ist als hormonelles System wesentlich langsamer hinsichtlich der erkennbaren Auswirkungen. Allein die Bildung des Angiotensin II dauert bereits Minuten. Die Auffüllung des Kreislaufs beansprucht sogar Stunden oder Tage, denn die Niere kann nur Flüssigkeit zurückbehalten, die zuvor dem Körper über die Nahrung zugeführt worden ist. Andererseits handelt es sich dann auch nicht einfach um eine Verschiebung aus der venösen Reserve hin zu den Arterien, sondern um eine regelrechte **Vermehrung** des insgesamt vorhandenen **Blutvolumens**. Aus diesem Grund müssen chronisch erhöhte Renin-Serumspiegel zur Hypervolämie und zum Hypertonus führen.

Wirkungen

Da im Körper physiologischerweise stets ein Gleichgewicht zwischen allen möglichen, gegengerichteten Faktoren besteht, also auch Angiotensin oder irgendwelche Hormone in stets wechselnden Mengen im Umlauf sind, sich jedenfalls nie bei *null* befinden, kann man mit Medikamenten, welche die Bildung von Angiotensin II hemmen, Blutdrucksenkungen erreichen. Dies gilt besonders ausgeprägt dann, wenn die Spiegel des Angiotensin II zuvor pathologisch erhöht waren, was gerade bei arterieller Hypertonie und Herzinsuffizienz häufig zu beobachten ist.

Die ACE-Hemmer (➤ Abb. 5.26) verhindern also dosisabhängig die Bildung des Angiotensin II mit allen geschilderten Folgen, indem sie an das **Angiotensin-Conversions-Enzym binden** und seine Funktion ihrem Namen entsprechend **hemmen**. Sie erweitern dadurch die Widerstandsgefäße und vermindern das Plasmavolumen. In der Konsequenz sinkt die Nachlast des Herzens aufgrund beider Mechanismen sehr deutlich ab, wodurch das überforderte Herz wieder suffizient werden kann. Durch die Absenkung des Gesamtvolumens sinkt darüber hinaus auch die Vorlast, was zu einer weiteren Entlastung der Herztätigkeit führt. ACE-Hemmer sind prädestiniert für den Einsatz bei der systolischen **und** diastolischen Insuffizienz (➤ Fach Herz-Kreislauf-System).

ACE-Hemmer werden seit Jahren routinemäßig sowohl bei der **Herzinsuffizienz** als auch bei der **arteriellen Hypertonie** eingesetzt. Liegen beide Erkrankungen in Kombination vor, gibt es für sie keinen gleichwertigen Ersatz, wenn man einmal von den eng verwandten AT1-Antagonisten absieht. Unter jahrelanger Verabreichung beobachtet man nicht nur eine Verbesserung der Herztätigkeit, sondern sogar eine Rückbildung der vorbestehenden Myokardhypertrophie. Hieraus ergeben sich zusätzliche Vorteile, u.a. hinsichtlich der myokardialen Durchblutung.

Nebenwirkungen

Wie immer hat jedes wirklich wirksame Medikament auch mögliche Nebenwirkungen, die in diesem Fall teilweise aus einer weiteren physiologischen Wirkung des ACE resultieren:

- ACE spaltet nicht nur angebotenes Angiotensin I zu Angiotensin II, sondern auch das gefäßerweiternde und bronchialwandverengende Bradykinin, das u.a. bei allergischen Reaktionen in den Atemwegen entsteht. Wird diese physiologische Wirkung durch den ACE-Hemmer unterdrückt, so entsteht als mögliche

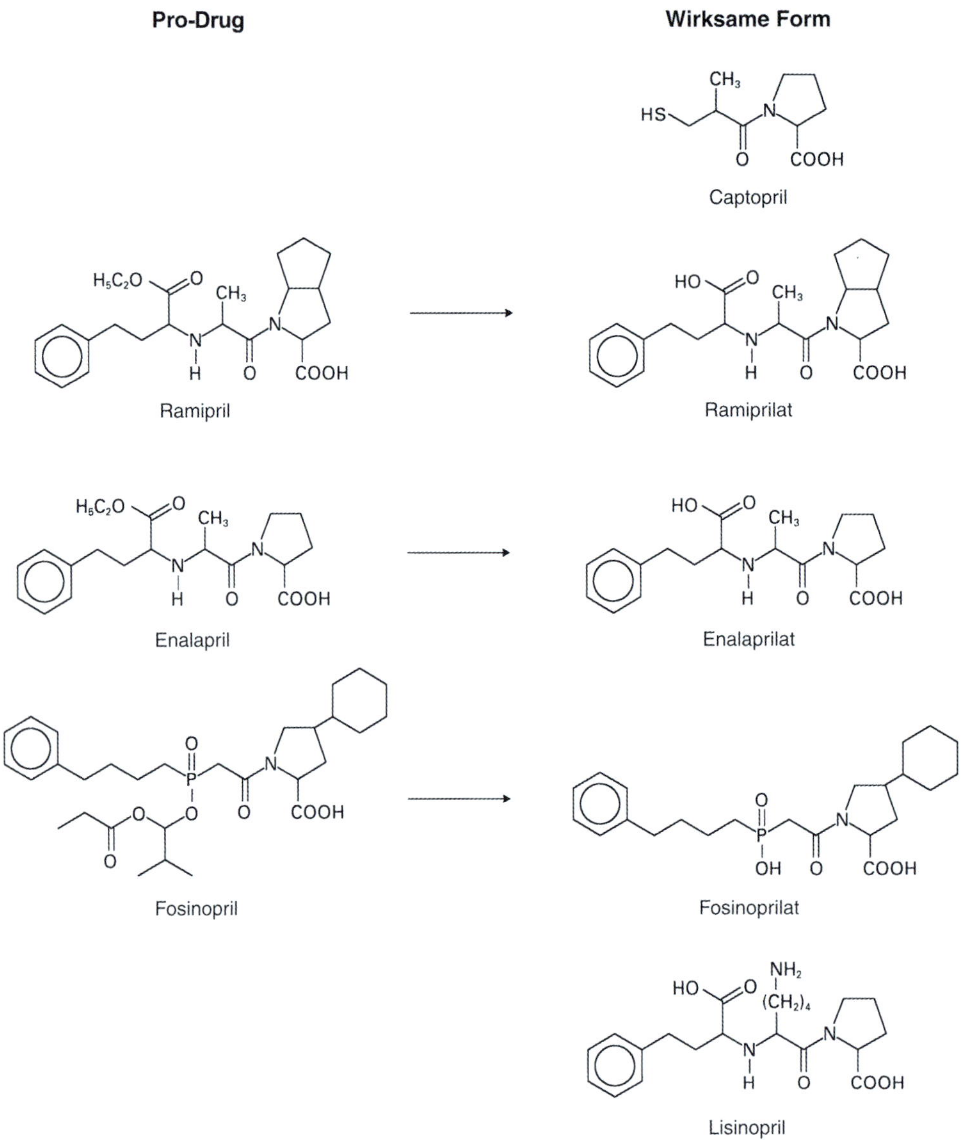

Abb. 5.26 ACE-Hemmer [L253]

Folge des nun erhöhten Bradykininspiegels vor allem bei atopischen (zu Allergien neigenden) Patienten ein chronischer, trockener **Husten** sowie (sehr selten!) die Auslösung eines **angioneurotischen Ödems** mit Schwellungen beispielsweise im Bereich des Kehlkopfs, die zu Erstickungsanfällen führen können. Diese Ödeme bilden sich zumeist langsam aus, sodass der ACE-Hemmer umgehend abgesetzt werden kann, sofern man diese seltene Nebenwirkung rechtzeitig erkennt.

- Der **chronische Husten** entsteht in bis zu **10 % der Fälle** und zwingt zum Absetzen des wertvollen Medikaments. Das bleibt seit wenigen Jahren allerdings ohne Folgen, weil man ersatzweise zu den AT1-Antagonisten (AT1-Blockern) greifen kann. Diese Substanzen blockieren die Rezeptoren, an denen Angiotensin II andockt, und damit auch dessen Wirkungen.
- Eine mäßige **Hyperkaliämie** resultiert ebenfalls aus der physiologischen, durch den ACE-Hemmer unterdrückten Aldosteronwirkung, die darin besteht, an der Niere das Kalium im Austausch gegen Natrium auszuscheiden (Natrium-Kalium-Pumpe). Wenn nun Natrium durch die Medikamentenwirkung vermehrt ausgeschieden wird, muss sich logischerweise Kalium im Körper anreichern.
- Sehr selten entstehen **Hautausschläge** oder **Geschmacksstörungen**.
- Die **Blutdruckerniedrigung** kann vor allem zu Beginn der Therapie so ausgeprägt sein, dass der Patient dadurch gefährdet wird. Man beginnt deshalb grundsätzlich einschleichend in niedriger Dosierung.

HINWEIS DES AUTORS

Aus großen Studien weiß man, dass die ACE-Hemmer das Leben der Patienten durch ihre Nebenwirkungen nicht verkürzen, wie man aus dem üblichen Horror-Beipackzettel schließen könnte, sondern vielmehr im Durchschnitt um mehr als 7 Jahre verlängern! Sie sind auch deshalb in der Behandlung der Herzinsuffizienz und der arteriellen Hypertonie seit vielen Jahren **weltweit die „Nummer 1"** und der Heilpraktiker sollte nicht aus Unkenntnis der Zusammenhänge vor dem Patienten sein Missfallen gegenüber einem ärztlich verordneten ACE-Hemmer zeigen.

Zusammenfassung

ACE-Hemmer

Hemmen das Angiotensin-Conversions-Enzym (ACE)

Wirkungen

- erweitern die Widerstandsgefäße und vermindern dadurch die Nachlast
- senken das Gesamtvolumen und vermindern dadurch Nachlast und Vorlast
- teilweise sehr ausgeprägte Wirkung zu Beginn, daher einschleichend dosieren

Nebenwirkungen

- chronischer Husten (bis zu 10 % der Fälle), nach dem Absetzen vollständig reversibel
- mäßige Hyperkaliämie
- angioneurotisches Ödem (extrem selten)

5.5 Diuretika

Wirkungen

Diuretika (➤ Abb. 5.27) sind Arzneimittel, die überwiegend an der Niere wirken, indem sie hier ein eventuell erhöhtes Flüssigkeitsvolumen des Extrazellulärraums zur Ausscheidung bringen (= Diurese). Sie senken dadurch neben dem arteriellen Blutdruck auch die Vor- und Nachlast und erleichtern dem insuffizienten Herzen seine Arbeit. Da sie bei einer Monotherapie recht schnell ihre Wirksamkeit verlieren, werden sie bevorzugt **in Kombination** mit z.B. ACE-Hemmern oder Herzglykosiden eingesetzt und verstärken damit deren Wirkung.

Wichtig ist, dass man für diese Kombinationen Diuretika bevorzugt, die Kalium normal (Thiazid-Diuretika) oder sogar beschleunigt (Furosemid) zur Ausscheidung bringen, weil die sog. kaliumsparenden Diuretika (z.B. Amilorid) den entsprechenden Effekt der ACE-Hemmer verstärken und dadurch zur Hyperkaliämie führen können. Dieser Zusammenhang wird bei den auf dem Markt befindlichen Kombinationspräparaten berücksichtigt.

Ödeme in Lunge oder Peripherie können mit Diuretika gut zur Rückbildung gebracht werden. Bei einem **akuten Lungenödem**, z.B. in der Folge einer akut entstehenden Linksherzinsuffizienz, sind sie therapeutisch unverzichtbar. Hier wird vom Notarzt bevorzugt das hervorragend wirksame und besonders schnell ansprechende **Furosemid** (Lasix® und Generika) i.v. verwendet.

Furosemid

Furosemid behindert die Reabsorption von Natrium an der aufsteigenden Henle-Schleife (➤ Abb. 5.28). Hier findet physiologischerweise ein Kotransport von Natrium, Kalium und Chlorid statt, sodass durch Furosemid **alle drei Ionen** verstärkt ausgeschieden werden. Dies entspricht bezüglich Natrium der beabsichtigten Wirkung und ist hinsichtlich Chlorid neutral. Bei längerer Anwendung kommt es allerdings durch diesen Mechanismus zur **Hypokaliämie** mit der Gefahr von Arrhythmien und einer metabolischen Alkalose, sofern der Verlust nicht über die Nahrung ausgeglichen wird.

Kein zweites Diuretikum wirkt ähnlich schnell und effektiv. Furosemid gilt deshalb als **Standard** nicht nur in **akuten Notfallsitu-**

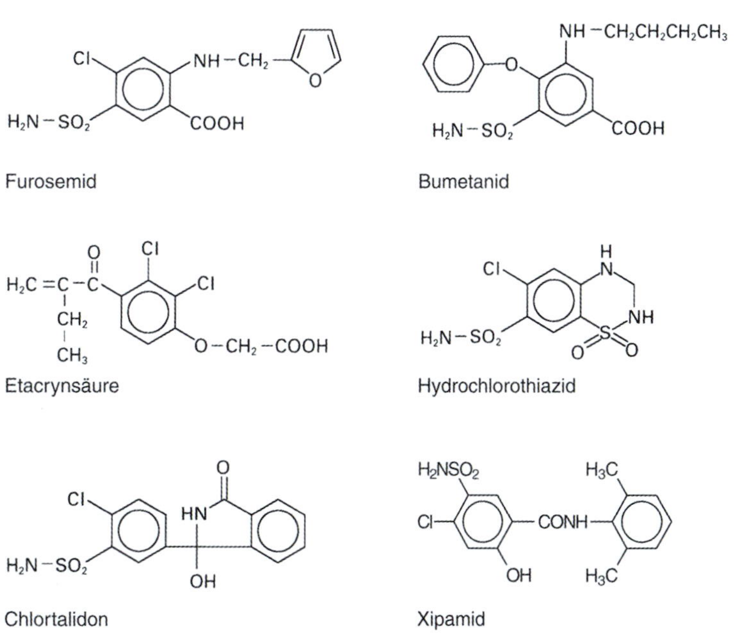

Abb. 5.27 Diuretika [L253]

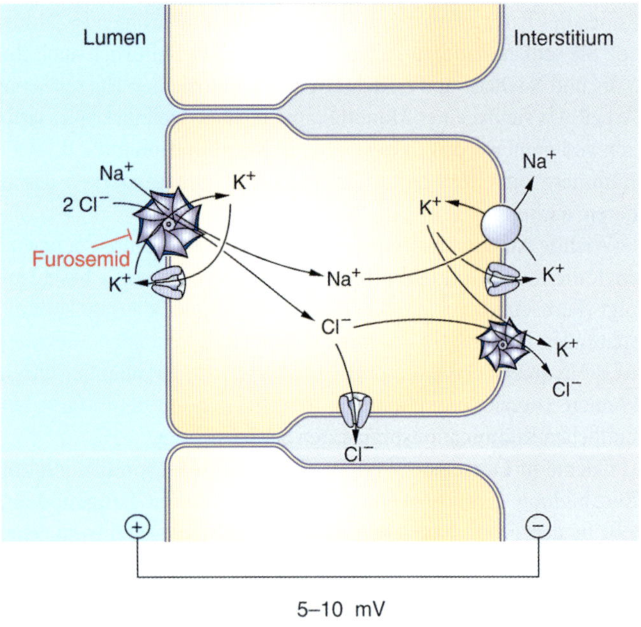

Abb. 5.28 Furosemid an der aufsteigenden Henle-Schleife [L253]

ationen, sondern auch wenn es z.B. darum geht, eine beeinträchtigte Nierenfunktion anzuregen bzw. die Restfunktion möglichst lange zu erhalten. Unter üblichen Alltagsbedingungen, wenn eine derart überragende und schnelle Wirkung nicht gebraucht wird, weicht man wegen der drohenden Hypokaliämie auf andere Diuretika aus. Im Vordergrund stehen dann die kaliumneutralen Thiazid-Diuretika wie v.a. Hydrochlorothiazid.

Hydrochlorothiazid

Die Thiazid-Diuretika wirken am distalen Tubulus (➤ Abb. 5.29) – ohne Beeinflussung der Kaliumausscheidung. Sie zählen zu den mittelstark wirkenden Diuretika und werden häufig, teilweise in fixen Kombinationen, mit Antihypertonika wie z.B. ACE-Hemmern kombiniert.

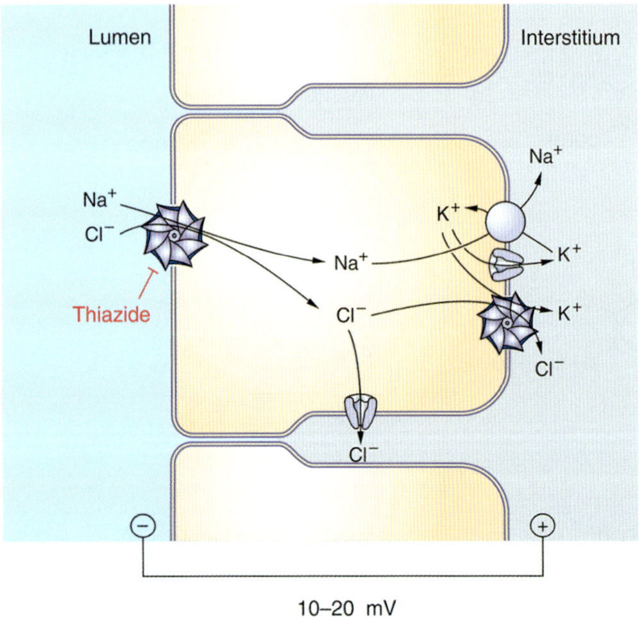

Abb. 5.29 Thiazide im distalen Tubulus [L253]

Nebenwirkungen

Die wesentlichen potenziellen Nebenwirkungen betreffen den **Elektrolythaushalt** und damit eventuell auch den Rhythmus des Herzens. Je nachdem, wo die einzelnen Substanzen ihren Angriffspunkt in der Niere besitzen, geht einmal Kalium verloren mit dem möglichen Ergebnis einer **Hypokaliämie** bei längerem Einsatz (Schleifendiuretika wie Furosemid) oder es wird Kalium „gespart", sodass sich eine **Hyperkaliämie** entwickeln könnte – zumindest in der Kombination mit ACE-Hemmern.

Am **Innenohr** findet sich eine Pumpe, die der Pumpe am aufsteigenden Schleifenschenkel entspricht und dementsprechend ebenfalls durch **Furosemid gehemmt** wird. Bei hoher Dosierung und längerfristigen Anwendung des Diuretikums kann sich deshalb das Potenzial an der Membran des Corti-Organs verändern – mit der möglichen Folge eines **Hörverlusts**.

HINWEIS DES AUTORS

Pflanzliche „Diuretika und Harndesinfizienzien" (Brennnessel, Zinnkraut, Hauhechel, Bärentraubenblätter, Goldrute, Wacholderbeeren, Orthosiphonis, Birkenblätter u.a.), die auch dem Heilpraktiker zur Verfügung stehen, sollten höchstens **begleitend** bei milden Ödemen bzw. zur Anregung der Nierenfunktion verordnet werden. Sie sind nicht annähernd in der Lage, die medizinischen Standardpräparate zu ersetzen.

Zusammenfassung

Diuretika

Bringen ein eventuell erhöhtes Flüssigkeitsvolumen des Extrazellulärraums zur Ausscheidung, werden häufig in Kombination mit ACE-Hemmern oder Herzglykosiden eingesetzt

Wirkungen

- nachlast- und vorlast- und damit blutdrucksenkend
- reduzieren Ödeme (in der Lunge oder peripher)

Nebenwirkungen

- Hypokaliämie (bei längerem Einsatz von Furosemid) – evtl. verbunden mit Rhythmusstörungen
- Hyperkaliämie (bei kaliumsparenden Diuretika) – evtl. verbunden mit Rhythmusstörungen
- Hörverlust durch Furosemid (sehr selten und nur bei hoher, anhaltender Dosierung)

5.6 Betablocker

Auch die Betablocker **(β-Rezeptorenblocker)** sind eine große Substanzklasse von Medikamenten mit jeweils etwas unterschiedlichen Eigenschaften.

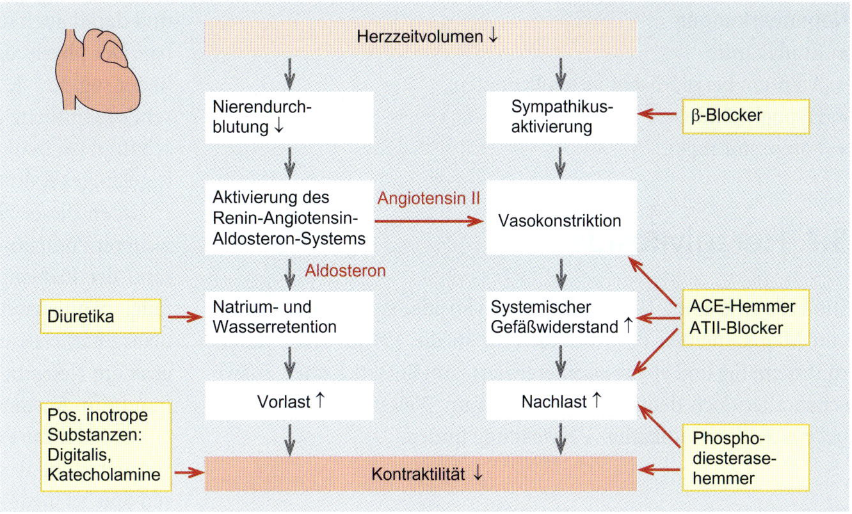

Abb. 5.30 Medikamentöse Alternativen bei Herzinsuffizienz [L157]

Wirkungen

Betablocker „blocken" die Wirkung des Sympathikus, die u.a. am Herzen, den Bronchien sowie den reninproduzierenden Zellen der Niere über sog. **β-Rezeptoren** vermittelt wird. Im Fach Endokrinologie mit Stoffwechsel wird besprochen, dass es β_1- und β_2-Rezeptoren gibt, zusätzlich auch noch sog. α-Rezeptoren, die jeweils unterschiedlich auf die verschiedenen Organe verteilt sind. An dieser Stelle soll der Hinweis genügen, dass für die beabsichtigte Wirkung überwiegend am Herzen und an der Niere Substanzen bevorzugt werden sollten, die möglichst selektiv auf die β_1-Rezeptoren dieser Organe wirken, nicht jedoch auf die Rezeptoren an Bronchien, Gefäßen und weiteren Strukturen (β_2). Aus dem breiten Spektrum an zur Verfügung stehenden Substanzen ist für den Arzt eine solche Auswahl möglich, auch wenn tatsächlich noch keine Wirksubstanz mit wirklich vollständiger Selektivität auf dem Markt ist.

Die sympathischen Rezeptoren an Sinus- und AV-Knoten sowie Herzmuskelzellen werden durch diese Medikamente besetzt und für den Sympathikus blockiert, woraus sich die **negativ chronotrope, dromotrope und inotrope Wirkung** verstehen lässt. Gleichzeitig wird die stimulierende Wirkung des Sympathikus auf die reninproduzierenden Zellen der Niere abgeschwächt mit dem Ergebnis einer **Hemmung des RAAS**. Die frequenzsenkende Wirkung wird demnach ergänzt durch einen Schutz der Kammern vor einer zu hohen Frequenz aus den Vorhöfen – beispielsweise beim Vorhofflimmern – und verbunden mit einer Absenkung des intravasalen Volumens. Die Belastung der Ventrikel nimmt ab. Die längere Diastole sorgt für eine bessere Durchblutung des Myokards.

Hauptindikationen der Betablocker sind neben der **Herzinsuffizienz** tachykarde **Herzrhythmusstörungen** (einschließlich Hyperthyreose und „Herzneurose"), koronare Herzkrankheit und die **Hypertonie.** Bewährt haben sie sich auch in der **Nachbehandlung des Herzinfarkts**, gemeinsam mit ACE-Hemmern und weiteren Substanzen.

Nebenwirkungen

Sie sollen an dieser Stelle lediglich aufgelistet werden, ohne Anspruch auf Vollständigkeit, weil ohne Kenntnis der Verteilung und Wirkweise der verschiedenen sympathischen Rezeptoren kein Verständnis für die Zusammenhänge entstehen kann:

Die nicht ganz vollständige Selektivität der Substanzen mit gering vorhandener Hemmung auch der β_2-Rezeptoren u.a. in den Atemwegen kann bei prädisponierten Patienten zur Verengung der Bronchien mit resultierender **Atemnot** führen. Dies gilt in erster Linie für Patienten mit Asthma bronchiale und COPD. Neben einer möglichen **Hypoglykämie** (Hemmung der sympathischen Wirkung an der Leber) kann es zu **Bradykardie** und Müdigkeit, **Durchblutungsstörungen** bis hin zu **Potenzstörungen**, selten auch zu allergischen Exanthemen kommen.

Kontraindikationen für die gesamte Präparategruppe sind u.a. AV-Block, Bradykardie, Hypotonie und, wie bereits erwähnt, obstruktive Erkrankungen der Atemwege (Asthma bronchiale und COPD siehe im ➤ Fach Atmungssystem).

EXKURS

Herzinsuffizienz

In ➤ Abb. 5.30 sind mit Ausnahme der Nitrate die wichtigsten Medikamente zur Behandlung der Herzinsuffizienz zusammengefasst. Die ebenfalls aufgelisteten Phosphodiesterasehemmer besitzen für die Heilpraktikerprüfung keine und im Hinblick auf den medizinischen Alltag nur sehr geringe Bedeutung.

Zusammenfassung

Betablocker

Blockieren die Wirkung des Sympathikus vor allem an Herz und Niere

Wirkungen

- am Herzen negativ chronotrop, dromotrop und inotrop
- an der Niere Hemmung der Renin-Sekretion (RAAS ↓)
- als Folge beider Wirkungen Blutdrucksenkung und Entlastung des Herzens

Nebenwirkungen
- Bradykardie
- Atemnot bei prädisponierten Patienten
- Hypoglykämie
- Potenzstörungen

5.7 Herzglykoside

Die herzwirksamen Glykoside (Herzglykoside) stellen eine Gruppe von Medikamenten dar, die noch bis in die 1990er-Jahre hinein routinemäßig und etwas undifferenziert zum Einsatz kamen, inzwischen aber doch deutlich seltener und im Wesentlichen nur noch bei eindeutiger Indikation Verwendung finden.

Physiologische Vorbemerkungen

Grundsätzlich besteht an jeder Zellmembran des menschlichen Körpers ein **ionales Ungleichgewicht**. Die wesentlichen Ionen außerhalb der Zelle sind Natrium, Calcium sowie Chlorid als Anion. Innerhalb der Zelle ist Kalium das vorherrschende Kation, während die großen Proteine mit ihren Negativladungen sowie Phosphate die Hauptmenge der Anionen bilden. Das Verhältnis des K^+-Ions innen zu außen liegt bei etwa 30 : 1 (145 mmol im Zytosol, 4,5 mmol im Interstitium). Na^+ ist an der Zellaußenseite etwa 10-mal höher konzentriert als innen (140 mmol außen, 14 mmol im Zytosol). Für Ca^{2+} ergibt sich sogar ein Verhältnis von etwa 20.000 : 1 außen zu innen (2,4 mmol im Interstitium, 0,0001 mmol im Zytosol).

Die Zellmembranen sind im Ruhezustand für alle Ionen praktisch undurchlässig. Lediglich Kalium strömt in einem geringen Ausmaß entsprechend seinem Konzentrationsgradienten vom Zellinneren aus durch seine Kanäle nach außen, kann hier aber aus Gründen der Elektroneutralität nicht weiterdiffundieren, weil ihm sein Anion (Proteine, Phosphate) nicht zu folgen vermag. Das **positiv geladene Kalium** bleibt daher an der Außenseite der Zellmembran hängen, während die **negativ geladenen Anionen** an der Innenseite der Membran sitzen. Die Folge ist eine Ladungsverschiebung, welche die Zellaußenseite **positiv** und das Zellinnere **negativ** lädt.

Da diese Potenzialdifferenz fast ausschließlich vom Kalium verursacht wird, nennt man das **Ruhepotenzial** der Zellen auch **Kaliumpotenzial**. Es liegt bei –85 bis –90 mV, wobei das Minuszeichen übereinkunftsgemäß dafür steht, dass das Zellinnere negativ geladen ist. Es handelt sich also um kein wie auch immer geartetes „Negativpotenzial", sondern soll lediglich ohne weitere Erklärungen darauf hinweisen, dass an der Zellmembran das Plus außen und das Minus innen sitzt. Dieses Ruhe- = Kaliumpotenzial besteht an praktisch allen Zellmembranen des menschlichen Körpers – nicht nur an Nerven-, Skelettmuskel- und Herzmuskelzellen.

Bei einem **Aktionspotenzial** an der Nerven- oder Muskelfaser strömen innerhalb von 1–2 ms mehrere Millionen Natriumionen durch die sog. schnellen Natriumkanäle ins Zellinnere und in der Folge Kaliumionen durch die Kaliumkanäle nach außen, um das Ruhepotenzial wieder herzustellen. Dies würde auf längere Sicht bedeuten, dass das bestehende Konzentrationsgefälle zwischen Zytosol und Interstitium für die wichtigsten Ionen aufgehoben würde, und damit auch die Potenzialdifferenz. Die Zellen würden unerregbar. Der physiologische Mechanismus, der dies verhindert, besteht in der sog. Na^+-K^+-ATPase, einem Protein, das in großer Zahl (Tausende) sämtliche Zellmembranen durchsetzt und ständig damit beschäftigt ist, in die Zelle gelangtes Natrium hinaus, und aus der Zelle gelangtes Kalium wieder hineinzutransportieren.

Neben dieser **Natrium-Kalium-Pumpe** gibt es eine ganze Reihe weiterer Pumpen, die beispielsweise an der Herzmuskelzelle das während der Plateauphase des Aktionspotenzials in die Zelle gelangte Calcium hinausschaffen und im Austausch dafür (wegen der Elektroneutralität) Natrium in die Zelle hinein. Dieses zusätzlich in die Zelle gelangte Natrium muss dann wiederum von der Natrium-Kalium-Pumpe im Austausch gegen Kalium hinaustransportiert werden.

Die **Calcium-Pumpe** besitzt nun die Eigenart, dass ihre Tätigkeit von der Höhe des intrazellulären Natriums abhängt; je höher dessen Spiegel ansteigt, desto weniger Calcium kann sie hinaus transportieren. Versagt also die Na^+-K^+-ATPase und steigt dadurch der intrazelluläre Natriumspiegel an, so stellt die Calcium-Pumpe zunehmend ihren Dienst ein, wodurch sich neben Natrium nun auch **Calcium** in der Zelle **anreichert**.

Sämtliche Ionenpumpen in den Zellmembranen sind für ihre Tätigkeit auf die Bereitstellung von Energie in Form von **ATP** angewiesen, da sie mit dem Ionentransport gegen ein Konzentrationsgefälle Schwerstarbeit zu verrichten haben. Wie wichtig auch vom Umfang her ihre Arbeit zur Erhaltung des Lebens ist, kann man daraus ersehen, dass etwa die Hälfte der gesamten, von der einzelnen Zelle erwirtschafteten Energie zum Betrieb der Pumpen verbraucht wird. Beeindruckender wird diese Tatsache, wenn man sie umformuliert: Jeder 2. Bissen, den der Mensch zu sich nimmt, dient allein dem Betrieb seiner Ionenpumpen!

Ein Mangel an Sauerstoff in der Herzmuskelzelle führt zu einem Mangel an ATP und damit neben weiteren Schäden auch zu einem Zusammenbrechen des Ruhepotenzials an der Zellmembran. *Eine* Folge hiervon ist das Auftreten von Arrhythmien bis hin zum Kammerflimmern (= funktioneller Herzstillstand).

Wirkungen

Die Wirkung der Herzglykoside besteht in einer **Hemmung der Na^+-K^+-ATPase**. Damit **entsprechen** sie diesbezüglich einem milden **Sauerstoffmangel** der Zellen. Natriumionen reichern sich daraufhin im Zellinneren an – und damit auch Ca^{2+}. Dieses intrazellulär verbleibende Calcium führt zur therapeutisch beabsichtigten Wirkung, indem es in der Plateauphase des Aktionspotenzials (= elektromechanische Kopplung) die Gesamtmenge des intrazellulären Calciums und damit die **Kontraktion** der Herzmuskelzelle **verstärkt** (Calcium = Kontraktion). Die Herzglykoside wirken damit **positiv inotrop**.

Am insuffizienten Herzen führt die positive Inotropie zu einer **Erhöhung des Schlagvolumens**. Der Blutstau vor der Herzkammer (Vorlast) wird geringer bzw. verschwindet. Der Widerstand in Aorta oder Pulmonalis (Nachlast) kann besser überwunden werden. Hierdurch wird die beim insuffizienten Herzen vorliegende Sympathikusaktivierung (einschließlich deren Arteriolenverengung) zurückgenommen. Der periphere Widerstand nimmt aufgrund der Erweiterung der Arteriolen ab, wodurch die Nachlast zusätzlich sinkt. Gleichzeitig geht die Tachykardie zurück, der Herzschlag wird langsamer. Dies ist die **negativ chronotrope** Wirkung der Herzglykoside.

Durch die langsamere Herzfrequenz nimmt die Gesamtdauer der Diastolen zu. Da zumindest der linke Ventrikel ausschließlich während der Diastole durchblutet wird, **steigt** in der Folge der Herzglykosid-Wirkung auch die **Durchblutung der Herzkranzgefäße**.

Neben ihrer indirekten Hemmung eines zuvor erhöhten Sympathikotonus wirken die Herzglykoside auch direkt aufs vegetative Nervensystem. Sie **stimulieren** überall im Körper den **Parasympathikus** und hemmen den Sympathikus. Ihre positiv inotrope Wirkung wird dadurch nicht wesentlich behindert, die negativ chronotrope Wirkung allerdings weiter verstärkt. Daneben verzögert der Parasympathikus auch die Überleitung am AV-Knoten, sodass als weitere Folge eine **negativ dromotrope Wirkung**, also eine verzögerte Überleitung resultiert. Dies ist in vielen Fällen sehr erwünscht, um die Kammer vor einer zu hohen Frequenz der Vorhöfe, beispielsweise in der Folge eines Vorhofflimmerns, zu schützen.

Zusammengefasst ökonomisieren die Herzglykoside die Arbeit des insuffizienten Herzens. Sie senken eine überhöhte Frequenz, erhöhen Schlagvolumen und Herzzeitvolumen, senken Vor- und Nachlast, verbessern die Durchblutung der Koronargefäße, schützen die Kammer vor zu hohen Frequenzen aus dem Vorhof, verbessern auch subjektiv die Lebensqualität der Patienten und scheinen überhaupt nur Vorteile zu haben.

Therapeutische Breite

In Studien früherer Jahre fand man trotz dieser überzeugenden Effekte keine Vorteile hinsichtlich der Überlebenszeit der Patienten. Die Hauptursache hierfür sind wohl die möglichen, teilweise erheblichen Nebenwirkungen, die sich auch auf die sog. geringe therapeutische Breite gründen. Darunter versteht man die **geringe Differenz**, die zwischen der für eine erkennbare Wirkung **erforderlichen Dosis** und dem Eintritt **toxischer Nebenwirkungen** liegt. Sie beträgt bei den Herzglykosiden nur etwa das 2-Fache. Das bedeutet, dass bereits die Verdoppelung der erforderlichen Wirkdosis zu erheblichen, teilweise lebensbedrohenden Nebenwirkungen führen kann. Daher wird seit vielen Jahren routinemäßig der korrekte Serumspiegel (Herzglykosid + Kalium) überwacht. Überdosierungen sind deshalb eher bei mangelnder Mitarbeit seitens des Patienten (Non-Compliance) zu erwarten.

Die wesentlichen Langzeitstudien zu Wirksamkeit, Nebenwirkungen und Mortalität digitalisierter Patienten datieren aus einer Zeit, als die penible Einstellung der Patienten noch nicht annähernd so selbstverständlich war wie heute. Auch die Indikationen für eine Therapie mit Herzglykosiden wurden damals ungleich großzügiger gestellt. Es erscheint deshalb möglich, dass in kommenden Studien die Vorteile der Therapie deutlicher hervortreten könnten. Andererseits dürften derartige Studien kaum noch durchgeführt werden – allein schon deswegen, weil mit den modernen Therapeutika wie u.a. ACE-Hemmern ungemein wirksame und vergleichsweise unkritische Alternativen zur Verfügung stehen.

Halbwertszeit

Herzglykoside verfügen über eine besonders **lange Halbwertszeit**, verbleiben also besonders lange im Körper. Dies beinhaltet den Vorteil seltenerer Einzelgaben (nur 1×/Tag), gleichzeitig aber den Nachteil schlechter Steuerbarkeit. Von den heute üblichen beiden Substanzen Digoxin und Digitoxin (➤ Abb. 5.31) ist nach 1–2 Tagen von Digoxin immer noch die Hälfte im Körper, während die Halbwertszeit bei Digitoxin sogar rund 1 Woche beträgt. Digoxin wird über die Niere ausgeschieden. Bei einer Niereninsuffizienz reichert es sich im Körper an, weshalb hier auf Digitoxin ausgewichen werden muss, das bevorzugt über die Galle in den Darm ausgeschieden wird, hier aber einem enterohepatischen Kreislauf unterliegt, indem es im Kolon teilweise rückresorbiert wird.

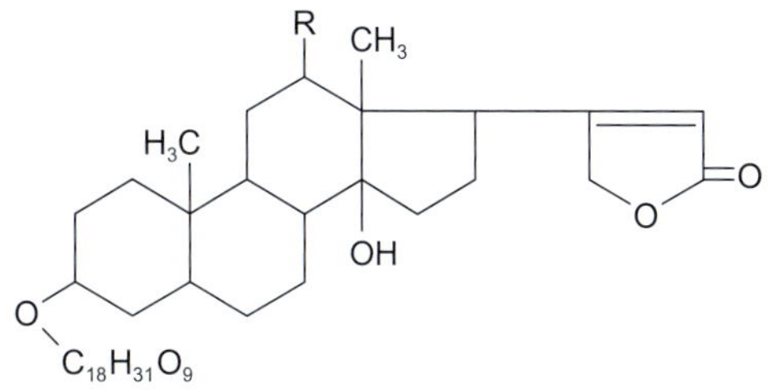

Abb. 5.31 Digoxin bzw. Digitoxin als Steroid [L252]

Nebenwirkungen

Nebenwirkungen auch bei korrekter Dosierung kann man sich leicht vergegenwärtigen, wenn man sich das Wirkprinzip vor Augen hält:

- generalisierte Hemmung der lebensnotwendigen Na^+-K^+-ATPase mit Veränderung der Ionenkonzentrationen und damit auch der Potenziale der Zellmembranen
- Hemmung des Sympathikus und Aktivierung des Parasympathikus
- als wesentliche Folge am Herzen erniedrigte und damit labilere Ruhepotenziale der Herzmuskelzellen

Die wesentlichen Nebenwirkungen bestehen aus **Rhythmusstörungen** bis hin zu Extrasystolen oder Vorhofflimmern. Besonders empfindlich reagieren die Patienten hierbei auf Veränderungen der Ionenkonzentrationen von Kalium und Calcium, teilweise auch auf einen Mangel an Magnesium, weil die Herzglykoside über ihre Pumpenhemmung hier ohnehin schon Verschiebungen verursachen, die derartige Effekte dann noch zusätzlich verstärken können. Eine Überdosierung wird sich also überwiegend in **Extrasystolen** und einer parasympathikusbedingten **Bradykardie** bemerkbar machen. Beim Auftreten von Automatiezentren in den Kammern ist auch eine **Tachyarrhythmie** möglich, die schließlich in einem **Kammerflimmern** (= funktioneller Herzstillstand) enden kann.

Häufig ist eine **Störung des Sehens**, vor allem des **Farbensehens**. Häufig sind **Magen-Darm-Störungen** wie Inappetenz, Übelkeit und Erbrechen.

ACHTUNG

Hinweise auf eine **Überdosierung** sind Müdigkeit, Kopfschmerzen und Schlaflosigkeit. Teilweise entstehen weitere zerebrale Symptome wie beispielsweise eine Verwirrtheit oder auch Delirien und Halluzinationen.

HINWEIS PRÜFUNG

Im Hinblick auf die Heilpraktikerprüfung ist zu beachten, dass Herzglykoside im Gegensatz zu den allermeisten Medikamenten praktisch **niemals allergische Reaktionen** verursachen! Dies dürfte an ihrem Sterangerüst liegen, das per se nicht allergen wirken kann.

ACHTUNG

Gefährlich kann beim digitalisierten Patienten eine zu schnell erfolgende **intravenöse Gabe** von **Calcium** werden, weil die zusätzliche intrazelluläre Ca^{2+}-Voranreicherung im Verein mit einem verstärkten Calciumeinstrom während der Plateauphase eine „Dauersystole" und damit den Tod des Patienten erzwingen könnte. Sie ist deshalb grundsätzlich **kontraindiziert**.

Natürlich gilt dies *nicht* für eine *orale* Calcium-Substitution, weil das langsame Anfluten des Ions über die enterale Resorption keine Hyperkalzämie verursachen kann.

Einfluss des Kalium-Serumspiegels

Digitalis bindet genau an der Stelle der Pumpe, an der sich auch Kalium anlagert, bevor es ins Zellinnere transportiert wird. K^+ und Digitalis konkurrieren also um den gleichen Rezeptor und verdrängen sich gegenseitig **(kompetitive Hemmung)**. Die Herzglykoside wirken demnach umso stärker und haben desto mehr Nebenwirkungen, je weniger Kalium sich in Blut und Interstitium befindet, weshalb man unter einer Therapie besonders sorgfältig eine Hypokaliämie ausschließen sollte. Andererseits kann durch diese gegenseitige Verdrängung beim Eintreten von Nebenwirkungen bzw. einer Intoxikation **Kalium als Antidot** verabreicht werden, sofern nicht ohnehin bereits eine Hyperkaliämie vorliegt.

MERKE

Wegen der potenziellen Nebenwirkungen, der geringen therapeutischen Breite, der schlechten Steuerbarkeit und der scheinbar oder tatsächlich nicht vorhandenen Lebensverlängerung ist man in den letzten Jahren beim Einsatz der Herzglykoside sehr zurückhaltend geworden. Manchmal findet man allerdings keinen adäquaten Ersatz. In diesen Fällen müssen die Serumspiegel von Digitalis und Kalium penibel überwacht werden, doch ist dies ohnehin längst selbstverständlich geworden.

EXKURS

Digitaloide

Eides bzw. -oid bedeutet „so ähnlich wie". Die Digitaloide wirken also „so ähnlich wie Digitalis". Der Wirkmechanismus dieser pflanzlichen Drogen (Weißdorn, Meerzwiebel, Maiglöckchen, Adonisröschen u.a.) ist immer noch nicht exakt definiert, doch scheint er zumindest mit einer Hemmung der Natrium-Kalium-Pumpe nichts zu tun zu haben. Ihre Wirkung ist **positiv inotrop** sowie, im Gegensatz zu Digitalis, auch **positiv chronotrop** und **dromotrop**. Daneben verbessern sie ebenfalls die Durchblutung des Myokards.

Besonders **Weißdorn** (Crataegus) kommt auch schulmedizinisch bei der mäßig ausgeprägten **Herzinsuffizienz** (NYHA I–II) zum Einsatz, doch eignen sich die Digitaloide auch hervorragend zur **Blutdruckstabilisierung** hypotoner (meist junger) Patientinnen (z.B. Korodin®). Da sie im Gegensatz zu Digitalis offensichtlich nebenwirkungsfrei und **nicht verschreibungspflichtig** sind, können sie gerade auch in der Therapie des Heilpraktikers wertvolle Dienste leisten. Im Beipackzettel ist vom „Altersherz", aber nichts über hypotone Kollapsneigungen zu lesen. Man sollte die Betroffenen also diesbezüglich aufklären.

HINWEIS PRÜFUNG

Dobutamin stellt ein weiteres, positiv inotrop wirkendes Medikament dar. Es ist für den Heilpraktiker nicht prüfungsrelevant und üblicherweise auch nicht alltagsrelevant. Es soll nur erwähnt werden, dass dieses Medikament in der **Notfallmedizin** benutzt wird – vor allem zur Erhöhung der Kontraktionskraft im kardiogenen Schock oder beim akuten Linksherzversagen.

Zusammenfassung

Herzglykoside

Hemmen die Na^+-K^+-ATPase und bewirken dadurch eine Voranreicherung von Calcium in der Herzmuskelzelle

Wirkungen
- positiv inotrop
- negativ chronotrop
- negativ dromotrop
- „ökonomisieren" die Herzarbeit

Nebenwirkungen
- resultieren u.a. aus der sehr geringen therapeutischen Breite
- Rhythmusstörungen bis hin zum Kammerflimmern
- Bradykardie
- Störung des (Farben-)Sehens
- Magen-Darm-Störungen
- zerebrale Störungen (z.B. Müdigkeit, Verwirrtheit) v.a. bei Überdosierung
- keinerlei allergene Potenz

5.8 Nitrate

Nitrate wie **Nitroglyzerin** oder **Isosorbidmononitrat** (ISMN) und **Isosorbiddinitrat** (ISDN) gehören zu den sog. **NO-Donatoren** bzw. **Nitrovasodilatatoren**. Sie spalten im Körper aus ihren Molekülen NO = Stickstoffmonoxid ab und führen über dessen Hemmung jeglicher glatten Muskulatur u.a. zur **Gefäßerweiterung** (Vasodilatation).

NO ist ein physiologisches, gasförmiges Molekül. Es entsteht bei O_2-Mangel und bei Stimulation durch HDL im **Endothel** der Blutgefäße enzymatisch aus der Aminosäure Arginin. Von hier aus diffundiert es sowohl ins Gefäßlumen, wo es die Funktion der Thrombozyten hemmt, als auch in die glatte Muskulatur der Media, wo es die zytoplasmatische Calcium-Konzentration senkt. Es wirkt damit sowohl als **Thrombozytenaggregationshemmer** einer Arteriosklerose oder Emboliegefahr entgegen als auch sehr stark **gefäßdilatierend**. Es ist wahrscheinlich der wichtigste physiologische Gegenspieler der gefäßverengenden Substanzen Noradrenalin und Angiotensin II. Daneben ist es der Überträgerstoff einiger Nerven – z.B. am Plexus myentericus des Darms, wo es an der Bildung der peristaltischen Welle beteiligt ist, indem diesen Wellen eine NO-bedingte Erschlaffung des jeweiligen Darmabschnitts vorausgeht.

Wirkungen

NO-Donatoren (➤ Abb. 5.32) ahmen die **normale Physiologie** der Blutgefäße nach, die sich durch Freisetzung von NO aus ihren Endothelien „selbst erweitern können". NO stellt den physiologisch wichtigsten **lokalen Mediator** dar (➤ Fach Herz-Kreislauf-System). Der einzige Unterschied der zugeführten Nitrate zu dem, was der Organismus ohnehin vollbringt, ist darin zu sehen, dass das physiologische NO nur dort entsteht, wo es gebraucht wird, während die therapeutische Verabreichung im gesamten Organismus wirkt.

Im Gebrauch sind neben **Nitroglyzerin** für den **Akutfall** (als Spray oder Zerbeißkapseln) auch organische Moleküle (Isosorbidmononitrat ISMN bzw. Isosorbiddinitrat ISDN). Diese verfügen über eine lange Halbwertszeit von mehreren Stunden und sind dadurch zur Dauertherapie geeignet, während Nitroglyzerin seine Wirkung bereits innerhalb weniger Minuten wieder verliert.

In niedrigen Dosen wirken die Nitrate hauptsächlich an den venösen Kapazitätsgefäßen sowie an den großen und mittleren Arterien einschließlich der Herzkranzgefäße. Die arteriellen Widerstandsgefäße (kleine Arterien und Arteriolen) reagieren erst auf höhere Dosen mit einer ausgeprägten Gefäßerweiterung.

Die **primäre Wirkung** der Medikamente besteht also wegen ihrer Erweiterung der Kapazitätsgefäße mit „Versanden" zusätzlicher Blutflüssigkeit in einer **Verringerung der Vorlast**, wodurch ein insuffizientes Herz eher wieder in der Lage ist, das angebotene Blutvolumen aufzunehmen und wieder auszuwerfen. Daneben wird durch Verminderung der Wandspannung an Endokard und Innenschichten des Myokards (verminderter Füllungsdruck!) auch dessen Durchblutung verbessert. Gleichzeitig nimmt die Durchblutung der Koronarien durch deren Erweiterung zu. Die Sauerstoffnot des insuffizienten Herzens wird also gleich auf mehrfache Weise vermindert.

Indikationen

Das wesentliche Einsatzgebiet der Nitrate betrifft, neben der **akuten Herzinsuffizienz**, den notfallmäßigen Einsatz bei der **hypertonen Krise** sowie vor allem die Medikation der **koronaren Herzkrankheit** (KHK). Die Erweiterung der Herzkranzgefäße reduziert die bestehende Ischämie, die Senkung der Vorlast reduziert die Herzar-

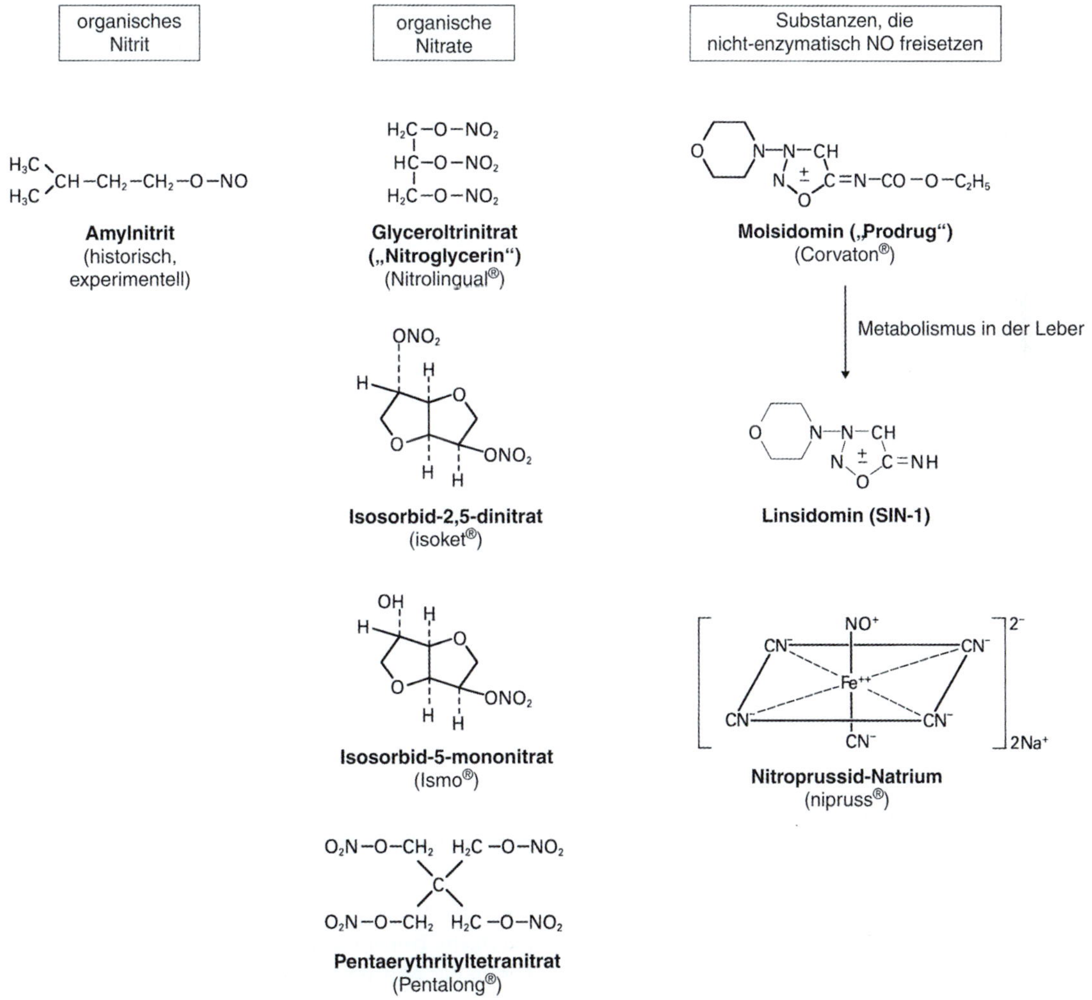

Abb. 5.32 NO-Donatoren [L253]

beit und damit den Bedarf an Sauerstoff. Ein weiteres Einsatzgebiet der Nitrate als Folge ihrer Wirkung auf jegliche glatte Muskulatur sind **Kolikschmerzen** (Galle, Ureter).

Nitroglyzerin wird sehr schnell über die Mundschleimhaut aufgenommen und in die Gefäßwände beider Kreisläufe verteilt, wo es gespalten wird. Die Wirkung von Nitro-Spray oder -Zerbeißkapseln tritt innerhalb von wenigen Minuten ein. Nitroglyzerin hat allerdings im Gegensatz zu den Isosorbidnitraten eine sehr kurze Halbwertszeit von ebenfalls nur wenigen Minuten. Zur Dauertherapie verwendet man die organischen Nitrate (ISMN, ISDN) mit Halbwertszeiten über mehrere Stunden.

EXKURS

Beim **Herzinfarkt** besteht keine Stenose in den Herzkranzgefäßen, sondern ein vollständiger Verschluss eines Astes. Hier kann Nitroglyzerin nicht wirksam sein, den Zelluntergang im betroffenen Gebiet also genauso wenig aufhalten wie den vernichtenden Angina-pectoris-Schmerz. Man kann es aber bei einer unsicheren Diagnose trotzdem einsetzen: Wird die Angina pectoris deutlich gebessert, kann es kein Infarkt gewesen sein. Wirkt das Spray dagegen nicht oder zumindest nicht wesentlich, wird man dem Betroffenen damit nicht schaden können, sofern keine extreme Hypotonie bestand.

5

Nebenwirkungen

Die wichtigste Nebenwirkung besteht in diffusen **Kopfschmerzen** („Nitratkopfschmerz") und einem „roten Kopf" **(„flush").** Die Vorlastsenkung, das sog. venöse Pooling, führt zu einem deutlich verminderten zirkulierenden Volumen mit kleinerem Schlagvolumen, sodass auch eine deutliche **Blutdrucksenkung** zu verzeichnen ist. Dies kann bis zu einem orthostatischen Kreislaufkollaps führen, sofern zum Zeitpunkt der Anwendung ein eher niedriger Blutdruck bestanden hatte. Diese „Nebenwirkung" macht die Nitrate geeignet zum Einsatz bei der sog. **hypertonen Krise** – als hervorragende Alternative zu den Calciumantagonisten (z.B. Nifedipin als Sublingualtablette). Die Wirkung auf die glatte Muskulatur kann bei höherer Dosierung am Darm eine **Obstipation** erzeugen und am Ösophagus den **Reflux** von Magensaft begünstigen.

Den Blutdruck kann man und wird man beim Angina-Patienten ohnehin messen. Kopfschmerzen über wenige Stunden sind vergleichsweise von geringer Bedeutung. Ein Nitrospray ist also harmlos und unverzichtbar. Es gehörte eigentlich in die Tasche eines jeden Therapeuten! Bei der Hochdruckkrise, akuter Herzinsuffizienz oder einem Angina-pectoris-Anfall wird es „Wunder wirken"; darüber hinaus ist es praktisch frei von wirklichen Nebenwirkungen, sodass es immer dann angewendet werden kann, wenn der Patientenblutdruck noch nicht die Grenze von **systolisch 100 mmHg** erreicht bzw. unterschritten hat (= **einzige echte Kontraindikation**).

HINWEIS PRÜFUNG

Dem steht entgegen, dass Nitrate in all ihren Darreichungsformen verschreibungspflichtig sind und dem Heilpraktiker damit nicht zur Verfügung stehen. Dies ist angesichts der heutigen Ansprüche an die Ausbildung des angehenden Heilpraktikers schwer nachvollziehbar, muss aber selbstverständlich akzeptiert werden. Ist jedoch das Nitrospray beim Patienten bereits vorhanden, darf selbstverständlich auch vom Heilpraktiker – in den angesprochenen Notfallsituationen und nach Messung des Blutdrucks – die Anwendung am Patienten erfolgen.

HINWEIS DES AUTORS

Die Aminosäure **Arginin** als physiologische **Ausgangssubstanz** von **NO** gilt als „halbessenzielle" Aminosäure, die zwar im Harnstoffzyklus der Leber entsteht, jedoch nicht in einem für den Restorganismus erforderlichen Umfang. Enthalten ist sie besonders reichlich in **Fisch** und v.a. **Hülsenfrüchten** und **Nüssen**, kann aber seit etlichen Jahren auch medikamentös substituiert werden – bei Bedarf in Kombination mit den B-Vitaminen Folsäure, B_6 und B_{12} zur gleichzeitigen Senkung des Homocystein-Serumspiegels. Man kann damit den weiteren Verlauf der Arteriosklerose, z.B. beim KHK-Patienten, günstig beeinflussen.
Der isolierten Substitution von Arginin steht entgegen, dass **Aminosäuren** u.a. an Dünndarm, Niere und Blut-Hirn-Schranke nicht einzeln, sondern **ausschließlich über Gruppentransporter** durch die Zellmembranen hindurchtransportiert werden – Arginin z.B. mit weiteren basischen Aminosäuren wie vor allem Lysin und wahrscheinlich auch Histidin. Dabei besetzen die jeweiligen Aminosäuren den Gruppentransporter **kompetitiv**, können sich also bei ausgeprägten Konzentrationsunterschieden **gegenseitig verdrängen**. Wird eine einzelne Aminosäure demnach isoliert und hochdosiert substituiert, kann das einen Mangel an weiteren Aminosäuren erzeugen, die zum selben Carrier gehören. In der Konsequenz sollte man deshalb Arginin in der o.a. Kombination nur beispielsweise 2- bis 3-mal/Woche durchaus hochdosiert substituieren und an den weiteren Tagen entsprechende Nahrungsmittel bevorzugen, weil die Aminosäuren dort in ausgewogenen Kombinationen enthalten sind, sodass keine isolierten Mangelzustände entstehen können.

Zusammenfassung

Nitrate

Spalten im Körper aus ihren Molekülen NO = Stickstoffmonoxid ab und führen dadurch u.a. zur Gefäßerweiterung

Wirkungen

- erweitern die Herzkranzgefäße
- Verringerung der Vorlast und Blutdrucksenkung durch Erweiterung der Venen

Nebenwirkungen

- Kopfschmerzen (sog. Nitratkopfschmerz) und Flush
- Blutdrucksenkung (→ kontraindiziert bei hypotoner Ausgangslage)
- bei Dauertherapie evtl. Obstipation und Refluxkrankheit

5.9 Glukokortikoide

Die Glukokortikoide mit ihrem Hauptvertreter Cortisol sind **körpereigene Hormone**, ohne die kein Leben möglich ist. Sie entstehen in der Nebennierenrinde, gemeinsam mit den Mineralokortikoiden sowie einzelnen Androgenen.

Physiologische Wirkungen

Sie sind am Kohlenhydratstoffwechsel beteiligt (*Gluko*kortikoide), daneben auch am Eiweiß- und Fettstoffwechsel. Eine zentrale Rolle spielen sie beim Stress. Schließlich wirken sie in pharmakologisch zugeführten Dosen in weit größerem Umfang antiphlogistisch (antientzündlich) als alle weiteren bisher bekannten Medikamente.

Die physiologisch **wichtigsten Glukokortikoide** sind Cortisol (➤ Abb. 5.33), Cortison und Corticosteron. **Therapeutisch** werden hauptsächlich **Prednison, Prednisolon** oder die sog. **fluorierten Glukokortikoide** benutzt, die überwiegend eine weit stärkere Wirkung (bis zu 30×) als Cortisol besitzen und entsprechend niedriger dosiert werden müssen. Einige pharmazeutische Firmen schreiben chemische Bezeichnungen auf ihre Präparate, die den Laien oder chemisch unvorbelasteten Arzt oder Heilpraktiker nicht mehr an die wahre Stoffklasse erinnern. Immerhin wird dadurch manchen Patienten eine übertriebene Angst genommen, die durch die langjährige **unkritische Anwendung** mit erheblichen Nebenwirkungen entstanden ist und bei vernünftigem Einsatz nicht gerechtfertigt werden kann.

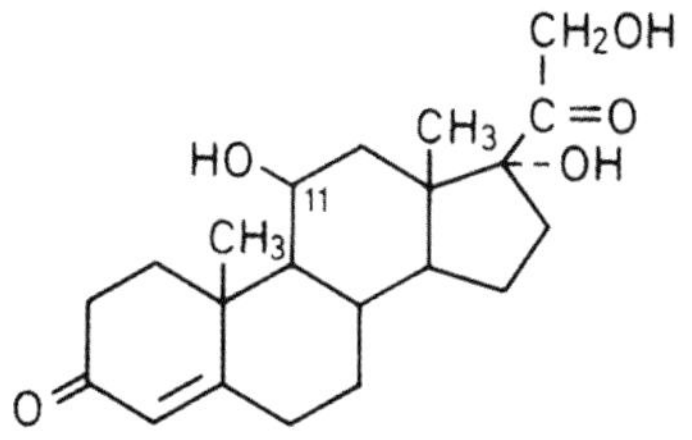

Abb. 5.33 Cortisol [L253]

Pharmakologische Wirkungen

Die Übergänge zwischen den physiologischen und pharmakologischen Wirkungen sind fließend. Durch Veränderungen am Grundgerüst der Glukokortikoide ist aber eine Art „Züchtung" möglich geworden; verschiedene unerwünschte Wirkungen dieser Stoffe konnten minimiert werden, während die erwünschten verstärkt wurden. Inzwischen kennt man eine derartige Zahl an Wirkungen und Nebenwirkungen dieser Substanzen, dass ihre Auflistung mehrere Seiten füllen würde. Es werden also nur die wichtigsten erwähnt:

- Glukokortikoide wirken katabol, d.h. sie fördern den **Proteinabbau** an Muskulatur, Haut und Skelett. Die entstehenden Aminosäuren werden dann in der Leber verstärkt in Glukose umgewandelt **(Glukoneogenese)**. Die Glukose wird teilweise als Glykogen in der Leber gespeichert, teilweise erhöht sie aber auch nur den Blutzuckerspiegel. Die Entstehung eines **Diabetes mellitus** wird begünstigt.
- Sie **erhöhen** durch Aktivierung der Lipolyse die Konzentration der **Blutfette** (Triglyceride), fördern aber auch, wenn dieses Fett nicht verbrannt wird, eine Umverteilung des Körperfetts: Es kommt zu Fettverlust an den Extremitäten und zur Fettvermehrung an Stamm, Gesicht und Nacken. Nach längerer, zu hoch dosierter Einnahme entsteht so die typische **Stammfettsucht** sowie das Vollmondgesicht mit gleichzeitig dünnen Extremitäten (muskel- und fettarm) des Morbus Cushing.
- Sie **vermindern die Calciumaufnahme** aus dem Darm (gilt auch für Mg^{2+}) und fördern dessen Ausscheidung über die Niere. Im Verein mit der katabolen Wirkung auf das kollagene Gerüst des Knochens kommt es so zur Osteoporose.
- Unter längerer Anwendung bilden sich eine **Polyglobulie** und eine **Thrombozytose**. Das Fließverhalten des Blutes verschlechtert sich. Die Thrombosegefahr nimmt zu. Andererseits kann man sie therapeutisch erfolgreich bei der Thrombopenie einsetzen.
- Ihre in pharmakologischen Dosen mineralokortikoide Wirkung **erhöht** mit der Vermehrung des zirkulierenden Blutvolumens gleichzeitig den **Blutdruck**.
- Bei Kindern wird als Folge der katabolen Wirkungen das **Wachstum gehemmt**.

Die wichtigste pharmakologische Wirkung ist die **antiphlogistische und immunsuppressive** Eigenschaft dieser Substanzen:

- Sie hemmen unabhängig von der schädigenden Ursache die Erweiterung und Durchlässigkeit der Kapillaren mit folgender Ödembildung.
- Sie schützen die Integrität von Zell- und Plasmamembranen und stabilisieren die Membranen der Lysosomen, wodurch die Freisetzung deren Enzyme verhindert wird.
- Die Zahl der Neutrophilen nimmt zu, diejenige der übrigen Leukozyten ab. Das lymphatische Gewebe (einschließlich Thymus) wird gehemmt, daneben auch das Komplementsystem. Aus der Hemmung der Makrophagenfunktion mit Absenkung des Interleukin-Serumspiegels einschließlich der Pyrogene IL-1 und TNF-α resultiert eine Fiebersenkung.

Nebenwirkungen

Eine **einmalige Gabe** selbst hochdosierter Glukokortikoide verursacht **keine Nebenwirkung**, auch nicht bei Kindern. Bei akuten allergischen Erscheinungen bis hin zum anaphylaktischen Schock oder beispielsweise beim Pseudokrupp gibt es **ausschließlich positive Wirkungen**!

Nach zu hoch dosierter, **längerer Einnahme** kommt es u.a. zu

- Cushing-Syndrom
- Osteoporose
- Magen-Darm-Ulzera mit Blutungen
- erhöhter Infektanfälligkeit (auch gegenüber Pilzinfektionen)
- Blutdruckanstieg
- diabetischer Stoffwechsellage – eventuell mit Manifestation eines bis dahin lediglich latenten Diabetes mellitus
- Thromboseneigung
- Atrophie der (Leder-)Haut – verstärkt bei lokaler Anwendung
- am Auge Katarakt und Glaukom

Die Magen-Darm-Ulzera werden allerdings durch neuere Studien bestritten (sollten aber für die Heilpraktikerprüfung gelernt werden). In jedem Fall gilt jedoch, dass sie die Gefahr einer **Ulkus-Entstehung** unter **NSAR**-Einnahme **erheblich vergrößern**.

5

Die sog. **Cushing-Schwellendosis**, bei deren Überschreiten im Verlauf einer länger andauernden medikamentösen Zufuhr mit dem Auftreten von klinischen Zeichen einer Überdosierung gerechnet werden muss, liegt bei 20–25 mg Cortisol/Tag, also der Menge, die die Nebenniere eines gesunden Menschen durchschnittlich produziert. Dies entspricht etwa 5–6 mg Prednison bzw. Prednisolon oder < 1 mg fluorierter Glukokortikoide (Dexamethason, Betamethason).

Immer denken sollte man an die Unterdrückung der körpereigenen Produktion durch **Atrophie der Nebennierenrinde** bei längerer Zufuhr (Wochen oder sogar Monate). Man darf deshalb therapeutisch verabreichte Glukokortikoide **niemals abrupt absetzen**. Der Patient ist ansonsten in einer Übergangsphase akutem Stress, schweren Infekten oder Operationen nicht mehr gewachsen. Die Zona fasciculata der Nebennierenrinde braucht Wochen bis Monate, um sich nach einer längeren Glukokortikoid-Therapie wieder zu erholen. Bis dahin muss die Therapie „ausgeschlichen", also allmählich reduziert werden. Erforderlich wird dies als Vorsichtsmaßnahme bereits nach etwa 7–10 Tagen hochdosierter Therapie. Häufig beobachtet man im Alltag ein derartiges Ausschleichen bereits nach 3- bis 4-tägiger Anwendung, doch ergibt das keinen Sinn.

MERKE

Niedrig dosierte Glukokortikoid-Externa (Salben, Cremes) unterliegen seit einigen Jahren nicht mehr der Verschreibungspflicht und können daher vom Heilpraktiker verwendet werden. Kurzfristig eingesetzt sind sie praktisch **frei von Nebenwirkungen**. Ihr Indikationsgebiet umfasst z.B. allergische Reaktionen, unklare entzündliche Reaktionen, soweit sie nicht **viral** verursacht sein können (!) oder einen heftigen Sonnenbrand mit Schwellung und Blasenbildung.

Zusammenfassung

Glukokortikoide

Vielfältige physiologische Wirkungen auf den Kohlenhydrat-, Fett- und Eiweißstoffwechsel sowie das Immunsystem

Wirkungen

- katabol (Proteinabbau in Muskulatur, Haut und Knochen)
- Glukoneogenese
- erhöhen die Blutfette (Triglyceride)
- hemmen die Calcium- und Magnesiumresorption aus dem Dünndarm
- sehr ausgeprägt antiphlogistisch und immunsuppressiv
- milde Fiebersenkung durch Hemmung der Makrophagenfunktion

Nebenwirkungen

- nur in therapeutischer Dosierung über längere Zeit
- Immunsuppression mit Infektanfälligkeit
- Blutdruckanstieg
- diabetische Stoffwechsellage
- Osteoporose
- Hautatrophie
- Muskelabbau
- Cushing-Syndrom

5.10 Laxanzien

Laxanzien sind **Abführmittel**. Sie stehen in der Hitliste der umsatzstarken Medikamente ziemlich weit oben. Von den Patienten werden sie überwiegend *nicht* als Medikamente angesehen. Häufig wird erst auf ganz gezielte Nachfrage hin vom Abführtee erzählt. Manchmal werden derartige Teezubereitungen auch von der Werbung bzw. sogar in der Namensgebung als „Blutreinigungstee" angepriesen, wodurch die durchaus möglichen Nebenwirkungen in angeblich positive Wirkungen umgewandelt werden. Es ist allerdings nicht möglich, durch Medikamente oder Teezubereitungen „Blut zu reinigen".

Ursachen der Obstipation

Die Ursachen für eine **chronische** Obstipation („Verstopfung, Darmträgheit") oder auch nur für die subjektive Annahme einer solchen sind vielfältig.

- Weit im Vordergrund stehen die **Ernährungsgewohnheiten** mit reichlich Auszugsmehlen und minimalen Ballaststoffanteilen. Die im Kolon ankommende Stuhlmenge wird dadurch insgesamt zu klein, um den Defäkationsreflex zuverlässig in Gang zu setzen. Viele meinen dann allen Ernstes, die tägliche Zugabe von 1 bis sogar 2 Teelöffelchen Weizenkleie brächte das ins Lot.
- Der sonntägliche Spaziergang im Schneckentempo oder der Schaufensterbummel am Samstag wird von vielen als **„ausreichende Bewegung"** missverstanden.
- Ein Großteil der Frauen **trinkt wenig** bis erschreckend wenig – oft schon in der Jugend, spätestens aber dann im fortgeschrittenen Alter, während Männer mit dem Trinken üblicherweise keine Probleme haben. Die Faeces enthalten im Colon descendens nur noch etwa 1 % der aufgenommenen sowie in den oberen Darmanteilen umgesetzten Flüssigkeitsmenge. Es bleiben demnach schon bei normaler Flüssigkeitszufuhr nur noch rund 100 ml für die „Aufweichung" der Faeces übrig. Wird anstatt der sinnvollen 1,5–2 Liter Flüssigkeit/Tag weniger als 1 Liter getrunken, wie dies oft beobachtet werden kann, dickt der Stuhl zusätzlich ein, die Passage ist entsprechend behindert.
- Überwiegend Frauen vorgerückten Alters machen das ganze Glück ihres Lebensabends am alltäglichen Stuhlgang fest und fühlen sich krank, wenn's mal 1–2 Tage nicht geklappt hat. Als Resultat einer Aufklärung über die Tatsache, dass die tägliche Darmentleerung nun wahrlich kein physiologisches Erfordernis darstelle, kann man hier keine Beifallsstürme erwarten.
- Die Abhängigkeit der Darmperistaltik vom Vegetativum führt dazu, dass Stress oder z.B. ein psychischer Widerwille gegen fremde Toiletten zu Problemen führen kann.
- Vielfältige weitere Einflüsse bis hin zu Hormonverschiebungen, die teilweise noch nicht verstanden werden, führen zu einer „Trägheit" des Darms. Bekannt ist allerdings, dass das Progesteron der 2. Zyklushälfte (und der Schwangerschaft) die glatte Muskulatur u.a. des Darmes hemmt. Dies dürfte neben den Trinkgewohnheiten ein weiterer Grund dafür sein, dass Frauen weit häufiger von einer Obstipation betroffen sind als Männer (oder Kinder).

HINWEIS DES AUTORS

Die **Dysbiose** des Darms ist (*nach* der Heilpraktikerprüfung) eine der wichtigsten Ursachen der weiblichen Obstipation, indem bakterielle und/oder mykotische Stoffwechselprodukte Einfluss auf den Plexus myentericus nehmen, einschließlich zerebraler Rückkopplungen. Beim Mann führt sie überwiegend zu einer Diarrhö, eher als Ausnahme ebenfalls zur Obstipation oder zu einem wechselnden Stuhlverhalten. Es ist immer wieder verblüffend zu sehen, wie man hartnäckigste Obstipationen mit einer ordentlich durchgeführten Darmsanierung normalisieren kann. Besprochen werden die Zusammenhänge im ➢ Fach Verdauungssystem (Stichwort „Reizdarm", ➢ Kap. 4.6.6).

Wirkprinzip

Laxanzien lassen sich grobschematisch in vier Gruppen unterteilen, wobei allerdings die Füll- und Quellmittel ebenfalls osmotisch wirken, sodass man die beiden Gruppen auch zusammenfassen könnte (➢ Tab. 5.1):

- Gleitmittel
- Füll- und Quellmittel
- osmotisch wirkende Medikamente
- die Resorption von Wasser hemmende Medikamente

Die überwiegende Mehrzahl aller heute im Gebrauch befindlichen Laxanzien sind „natürlich", bestehen also aus pflanzlichen Drogen oder deren Inhaltsstoffen oder aus weiteren Stoffen wie Natrium- oder Magnesiumsalzen bzw. Zuckern oder Ölen, die sich ebenfalls „der Natur" zuordnen lassen.

Das „**natürlichste Laxans**", eventuell auch das einzige ohne jede auch nur theoretisch mögliche Nebenwirkung, ist ein allmorgendliches **Glas Wasser**, das über die Dehnung des Magens mit Aktivierung des Parasympathikus die Kolonperistaltik und damit den Defäkationsreflex in Gang setzt. Weitere „natürliche", aber weniger gesunde Laxanzien sind das Coffein des Kaffees oder Schwarztees sowie das Nikotin des Zigarettenrauchs.

Tab. 5.1 Übersicht über die Laxanzien

Gruppe	Substanzen
Gleitmittel	• Paraffin • Rizinusöl • Glycerin (rektale Anwendung)
Füll- und Quellmittel (Ballaststoffe)	• Zellulose • Pektine • Weizenkleie • Agar Agar • Leinsamen • Flohsamen • Polyethylenglykol (Macrogol)
osmotisch wirksame Abführmittel	• Sulfat-Ionen (Glaubersalz, Bittersalz) • (Laktose), Lactulose, Sorbit, Mannose
Laxanzien, welche die Resorption von Flüssigkeit hemmen	• Anthrachinone • Bisacodyl • Natriumpicosulfat • (Phenolphthalein)

Gleitmittel

Hierzu gehören schlecht resorbierbare Öle wie Paraffin oder Rizinusöl und als Zäpfchen oder Klysma auch Glycerin. Der Stuhl wird durch diese Öle schmieriger, gleitfähiger, die Passagezeit dadurch abgekürzt. Daneben wirken sie reflektorisch bzw. direkt reizend auf die Darmwand, was vor allem auf Rizinusöl zutrifft.

- **Glycerin** ist bei rektaler Anwendung für den Akutfall auch bei Säuglingen **nebenwirkungsfrei**. Als physiologischer Bestandteil der Nahrungsfette (Tri-**Glyceride**) wird es im Dünndarm aus der Nahrung resorbiert, kann also bei oraler Aufnahme nicht abführend wirken.
- **Paraffin** (Obstinol®) wird bei regelmäßiger Anwendung zu einem geringen Anteil in die Darmwand resorbiert und verursacht dort (evtl. sogar in der Leber) Fremdkörpergranulome. Es sollte also nur sehr kurzfristig angewendet werden.
- **Rizinusöl** kann, wie gesagt, die Darmwand reizen und ist für diese Indikation eigentlich obsolet. Lediglich eine sehr sporadische Anwendung, beispielsweise wegen seiner sehr gründlichen Wirkung als **Vorbereitung zur Darmspiegelung**, könnte erwogen werden.
- Für jedes oral zugeführte, nicht resorbierbare Öl gilt, dass es die fettlöslichen Vitamine A, E, D und K in sich löst und dadurch der Resorption entzieht. Man sollte demnach einen Abstand von möglichst mehreren Stunden zu einer Mahlzeit einhalten, sofern man auf derlei Öle nicht verzichten möchte.

5

Füll- und Quellmittel (Ballaststoffe)

Zellulose (Cellulose) und **Pektine** der pflanzlichen Zellwände sind von den menschlichen Darmenzymen *nicht* abbaubar und entgehen deshalb der Resorption. Sie gehören dementsprechend zu den physiologisch vorgesehenen **Ballaststoffen**, die aufgrund ihrer Wasserbindung das Stuhlvolumen beträchtlich vergrößern und über die Dehnung der Darmwand sowohl die Passagezeit abkürzen als auch den Defäkationsprozess fördern. Zusätzlich ernähren sie die physiologische Darmflora und verdrängen pathogene Bakterien. Als Bestandteil der Nahrung binden sie einen Teil des Cholesterins, das damit der Resorption entgeht.

Anstatt nun auf eine entsprechende Ernährung umzustellen, zieht man meist die synthetisch hergestellten bzw. bearbeiteten Pflanzenauszüge aus der Apotheke vor – u.a. **Flohsamenschalen** (Polysaccharid) oder **Weizenkleie** (Cellulose, Lignin).

Auch **Agar Agar**, ein Schleimstoff (Polysaccharid) aus roten Meeresalgen (Seetang), **Leinsamen** (getrockneter Samen aus Lein bzw. Flachs) oder weitere Pflanzenbestandteile gehören zu dieser Gruppe. Wird Leinsamen geschrotet, wirkt er zusätzlich durch die frei werdenden Öle als Gleitmittel. **Macrogol** (Polyethylenglykol) ist ein synthetisch hergestelltes, ebenfalls nicht resorptionsfähiges Makromolekül, das als Movicol® auf dem Markt ist. Beachtet werden sollte bei Ballaststoffen ganz unabhängig davon, ob man sie als Bestandteil einer physiologischen Ernährung oder lieber abgepackt aus der Apotheke zu sich nimmt, dass die von der DGE empfohlene Zufuhr bei **mindestens 30 g/Tag** (= 2 gehäufte Esslöffel) liegen sollte. „Teelöffelchen" bewirken demnach nicht allzu viel.

Wesentliche **Nebenwirkungen** sind von dieser Gruppe nicht zu erwarten, weil sie weit überwiegend **natürlichen** Nahrungsbestandteilen **entsprechen**. Geschroteter Leinsamen enthält minimale (unerhebliche!) Konzentrationen an Blausäure.

ACHTUNG

Werden größere Mengen an Weizenkleie oder ähnlichen Ballaststoffen **ohne adäquate Flüssigkeitsaufnahme** zugeführt, kann es zu **Verklumpungen** im Darmlumen kommen – im Einzelfall bis hin zum Entstehen eines **mechanischen Ileus**.

Osmotisch wirksame Abführmittel

Auch bei diesen handelt es sich um Stoffe, die zwar selbst kein zusätzliches Volumen in den Darm einbringen, durch das Binden von Wasser aber den Stuhl weicher und voluminöser machen. Zum Beispiel werden **Sulfat-Ionen** nur teilweise resorbiert und binden im Darmlumen eine osmotisch äquivalente Flüssigkeitsmenge. Die entstehende Sulfatlösung ist also isoton. Man nutzt dies durch die Einnahme von **Glaubersalz** (Natriumsulfat, Na_2SO_4) oder **Bittersalz** (Magnesiumsulfat, $MgSO_4$). Glaubersalz hat als solches keine wesentlichen Nebenwirkungen. Natürlich sollte es vom Hypertoniker, der seine Natriumzufuhr grundsätzlich beschränken möchte, *nicht* oder nur sehr sporadisch eingenommen werden.

Magnesiumsulfat hat keine Nebenwirkungen, ist jedoch **kontraindiziert** bei Niereninsuffizienz sowie bei Kleinkindern, bei denen es dank seiner guten Resorptionsfähigkeit und schnellen Anflutung bei überhöhter Dosierung zur sog. Magnesium-Narkose führen kann. Dies bedeutet nicht, dass Kleinkinder kein Magnesium erhalten dürften, denn sie sind auf das Mineral genauso angewiesen wie der erwachsene Mensch. Man darf eben nur nicht extrem hoch dosieren.

Weitere osmotisch, also durch Flüssigkeitsbindung im Darmlumen wirksame Laxanzien sind die wenig oder gar nicht resorbierbaren Zucker **Laktose, Lactulose und Sorbit**, wobei Letzteres auch als Zuckeraustauschstoff z.B. für Diabetiker benutzt wird. Sorbit wird bei Zufuhr größerer Mengen nicht vollständig resorbiert, wodurch solche Nahrungsmittel abführend wirken können.

- **Laktose** (Milchzucker), das wesentliche Kohlenhydrat in Kuh- und Muttermilch, ist ein Disaccharid aus Glukose und Galaktose. Säuglinge und Kleinkinder verfügen in aller Regel über eine hohe Laktase-Aktivität im Dünndarm, sodass der Zucker in seine Monosaccharide gespalten und in dieser Form vollständig resorbiert werden kann. Es ist demzufolge sinnlos, Milchzucker bei Kindern zum Abführen zu verwenden, wie man dies häufig beobachten muss. Sie dienen hier lediglich der Gewichtszunahme. Beim Erwachsenen besteht dagegen manchmal, aber eben längst nicht immer, ein mehr oder weniger ausgeprägter Laktasemangel, wodurch ein Teil des Disaccharids unverändert in den Dickdarm gelangt und hier sowohl Wasser bindet als auch von der bakteriellen Flora gespalten und u.a. zu Milchsäure und Essigsäure abgebaut wird. Man könnte also theoretisch beim erwachsenen Patienten ausprobieren, ob Milchzucker bei ihm laxierend wirkt oder lediglich zur Gewichtszunahme führt, doch steht mit der Lactulose die ohnehin weit bessere Alternative zur Verfügung. **Milchzucker** ist deshalb **in jedem Lebensalter** als **obsolet** zu betrachten.
- **Lactulose** ist ein Disaccharid aus Fruktose und Galaktose, für das im menschlichen Darm von vornherein keine Disaccharidase vorhanden ist. Der Zucker gelangt also in jedem Lebensabschnitt unverändert und vollständig in den Dickdarm, wirkt hier osmotisch und wird entsprechend dem Milchzucker abgebaut. Er ist unabhängig von seiner abführenden Wirkung auch zur begleitenden Therapie einer **Leberzirrhose** geeignet, weil Zuckerstrukturen im Kolon grundsätzlich bakteriell in Essigsäure und Milchsäure gespalten werden, den **Stuhl** also kräftig **ansäuern**. Dadurch wird Ammoniak NH_3, der z.B. aus den Ballaststoffen von Hülsenfrüchten entstehen kann, zum Ammonium-Ion NH_4^+ umgewandelt und ausgeschieden, während er andernfalls resorbiert und wegen der fehlenden Verstoffwechselung durch die insuffiziente Leber bis zum Leberausfallkoma (ammoniakalische Enzephalopathie) führen könnte. Darüber hinaus ist die Ansäuerung des Stuhls durch Lactulose auch für ihre gute Mithilfe bei einer **Darmsanierung** oder ihrer Wirkung bei der Sanierung von Salmonellenausscheidern verantwortlich. Sie ist hier jedem Antibiotikum überlegen. Lactulose ist als **physiologischer Ballaststoff** in der **Muttermilch** enthalten und sorgt beim Brustkind sowohl für die säuerlich riechenden, weichen Stühle, als auch für den **ungestörten Aufbau einer physiologischen Darmflora**.

Erwähnenswerte **Nebenwirkungen** sind bei den Zuckern **nicht** möglich. In einer Übergangsphase können sie, abhängig von der Dosierung und in einem dysbiotischen, fehlbesiedelten Darm, der bis dahin keine Ballaststoffe „gewohnt war", durch bakterielle Gasbildung (u.a. H_2) Blähungen verursachen. In diesen Fällen kann man vorübergehend die Dosis vermindern. Dies gilt allerdings im selben Umfang auch für die üblichen Ballaststoffe einer gesunden Ernährung, weil diese aus denselben Zuckerstrukturen bestehen. Man kann also grundsätzlich vor allem die **Lactulose** als **natürlichstes Laxans** überhaupt mit ausschließlich „positiven Nebenwirkungen" bis hin zur begünstigten Entstehung einer **physiologischen Darmflora** ansehen, gemeinsam mit einer ausreichenden Flüssigkeitszufuhr und einem ausgeglichenen Elektrolythaushalt. Außerdem sind die Präparate überaus **preiswert**, für **jedes Lebensalter** und wegen der fehlenden Resorption auch für Diabetiker geeignet. Allerdings gilt es beim Diabetiker zu beachten, dass aus dem Herstellungsprozess der marktüblichen Säfte (Bifiteral® und Generika) auch geringe Mengen an Monosacchariden enthalten sein können.

Laxanzien, welche die Resorption von Flüssigkeit hemmen

Hierzu gehören die **Anthrachinone, Bisacodyl** (Dulcolax®), **Natriumpicosulfat** (Laxoberal®) und Phenolphthalein. Die Substanzen verursachen einen Verlust von Natrium, Kalium, Calcium und Chlorid mit osmotisch gebundenem Wasser ins Darmlumen.

Anthrachinone (➤ Abb. 5.34) sind die wirksamen Inhaltsstoffe zahlreicher **pflanzlicher Drogen:** u.a. Folia Sennae, Rhizoma Rhei,

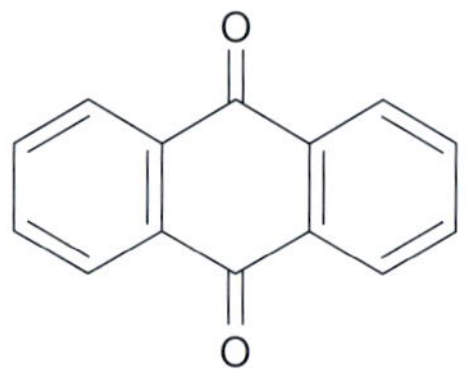

Abb. 5.34 Anthrachinon [L252]

Cortex Frangulae, Aloe und Cascaridae. Die Drogen führen durch die Anreicherung von Flüssigkeit im Dickdarm zu weicheren und etwas voluminöseren Stühlen. Daneben verstärken Anthrachinone die Dickdarmperistaltik. Die Substanzen werden teilweise resorbiert und sollten auch aus diesem Grunde in der **Schwangerschaft** nicht verwendet werden. Genauer formuliert sind sie in der Schwangerschaft **kontraindiziert**.

Anthrachinone verfärben bei Dauergebrauch die Dickdarmschleimhaut durch Pigment speichernde Makrophagen bräunlich (Melanosis coli, ➤ Abb. 5.35). An der Perianalhaut können sie **Ekzeme** verursachen. In hoher Dosierung können sie über eine **Nierenschädigung** eine Albuminurie und Hämaturie auslösen. Nach chronischer Anwendung kommt es zur **Dendritenzerstörung** der Nervenzellen der Darmwand (Plexus myentericus) und damit erst recht zur Obstipation.

Phenolphthalein führt manchmal zu einer blutenden, eventuell lebensgefährdenden Enteritis und sollte nicht mehr angewandt werden! Dulcolax® und Laxoberal® sind nebenwirkungsarm, sodass sie durchaus sporadisch eingesetzt werden können, wenn die physiologischen Laxanzien nicht in Frage kommen.

ACHTUNG

Es ist im Zusammenhang dieses Kapitels zu beachten, dass ausgerechnet **pflanzliche Drogen** wie z.B. Sennesblätter, vom Laien häufig als besonders harmlose und gleichzeitig „natürlichste" Therapieform angesehen, unter allen heute gängigen Präparaten die **meisten potenziellen Nebenwirkungen** besitzen und in der **Schwangerschaft** sogar **kontraindiziert** sind.

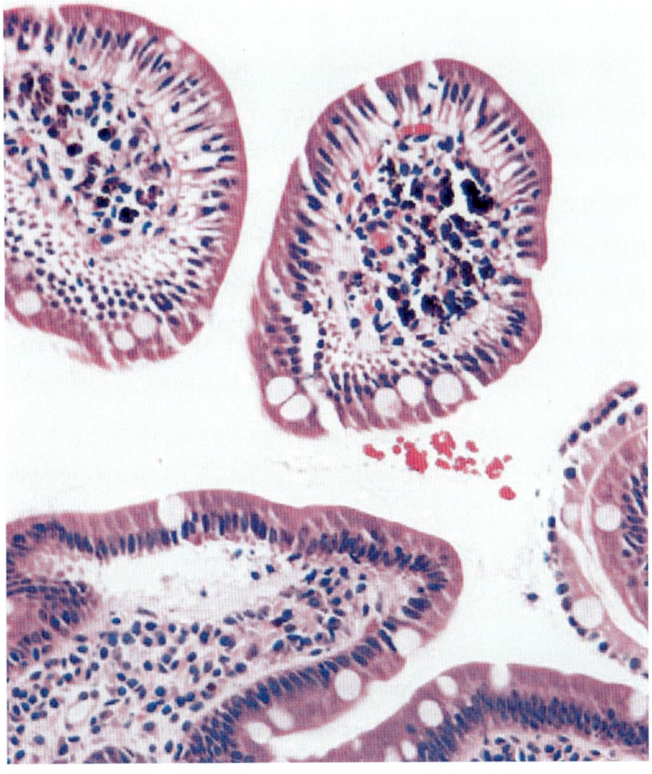

Abb. 5.35 Melanosis coli [E661]

Nebenwirkungen

Die grundsätzliche „Nebenwirkung" aller Laxanzien besteht in der möglichen **Störung des Wasser- und Elektrolythaushalts** bei chronischer Anwendung, sofern ihre Einnahme nicht von einer ausreichenden Flüssigkeitszufuhr begleitet wird. Dies ist dann genau genommen allerdings keine Nebenwirkung der Laxanzien, sondern der unzureichenden Trinkmenge. Die **Hypovolämie** aufgrund der Natrium- und Wasserverluste kann so ausgeprägt sein, dass sich ein **Hyperaldosteronismus** entwickelt: Aldosteron bewirkt an Niere, Schweißdrüsen und Dickdarm eine verstärkte Reabsorption von Natrium und gleichzeitig eine verstärkte Ausscheidung von Kalium. Die entstehende **Hypokaliämie** kann nun nicht nur für digitalisierte Patienten gefährlich werden, sondern sie vermindert auch die Motilität des Darms und **verstärkt** dadurch die **Obstipation**. Es entsteht ein **Circulus vitiosus**, der erneut und verstärkt zu weiterem Laxanzienabusus zwingt.

Zusätzlich ist bei einer Oligodipsie (unzureichendes Durstgefühl) mit ohnehin zu geringer Flüssigkeitsaufnahme daran zu denken, dass durch die zusätzliche Flüssigkeitsausscheidung über den Darm nicht nur eine weiter verstärkte **Hypovolämie** mit Auswirkungen auf Blutdruck und Organdurchblutung auftritt, sondern dass insbesondere die Niere praktisch kaum noch durchgespült wird. Eine eventuell bereits vorhandene Niereninsuffizienz wird dadurch weiter verstärkt.

Laxanzien sollten also, von wenigen Ausnahmen bei chronischen Darmerkrankungen abgesehen, stets **nur eine vorübergehende Therapie** darstellen. Auf reichliche Flüssigkeitsaufnahme ist streng zu achten! Das **physiologischste Laxans**, abgesehen von reinem Wasser, ist **Lactulose**. Sie sollte, wenn es denn sein muss, bevorzugt werden. An die Einregulierung des Kaliumserumspiegels ist zu denken, damit kein Circulus vitiosus entstehen kann – ganz abgesehen von einer möglichen Alkalose sowie Abweichungen des Ruhepotenzials.

Zusammenfassung

Laxanzien

Abführmittel

Wirkmechanismen

- Gleitmittel: machen den Stuhl schmieriger und gleitfähiger
- Füll- und Quellmittel: Ballaststoffe, die das Stuhlvolumen vergrößern
- osmotisch wirksame Laxanzien: binden Wasser und machen den Stuhl dadurch weicher und voluminöser
- Laxanzien, welche die Resorption von Flüssigkeit hemmen: Verlust von Natrium, Kalium, Calcium und Chlorid mit osmotisch gebundenem Wasser ins Darmlumen

Nebenwirkungen

- Störungen des Wasser- und Elektrolythaushalts bei vorbestehendem Flüssigkeitsmangel
- zusätzliche Nebenwirkungen ganz besonders bei den pflanzlichen Drogen

5.11 Analgetika/Antiphlogistika

Die Mehrzahl der gebräuchlichen Analgetika (Schmerzmittel; algos = Schmerz) besitzt gleichzeitig eine **antiphlogistische** (entzündungshemmende) sowie **antipyretische** (fiebersenkende) Wirkung. Dies hängt mit ihrer Hemmung der Prostaglandinsynthese zusammen. **Prostaglandine** (sog. Gewebehormone) verursachen im Zusammenhang dieses Kapitels, als kleinem Ausschnitt aus ihrem sehr breiten Wirkspektrum, an ihren Rezeptoren **Schmerzen**, führen zu **Entzündungen** und dienen im Temperaturzentrum des Hypothalamus der Anhebung des Sollwerts für die **Körpertemperatur**. Eine Hemmung ihrer Synthese wirkt demnach gleichzeitig all ihren diesbezüglichen Funktionen entgegen.

Die üblicherweise im medizinischen Alltag eingesetzten Substanzen sind **Acetylsalicylsäure** (ASS), **Ibuprofen, Diclofenac, Naproxen** und **Paracetamol** (➤ Abb. 5.36, ➤ Abb. 5.37). Diese Substan-

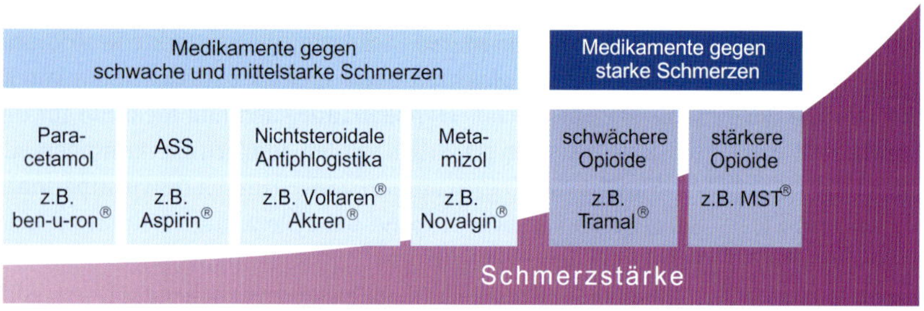

Abb. 5.36 Gebräuchliche Analgetika [L190]

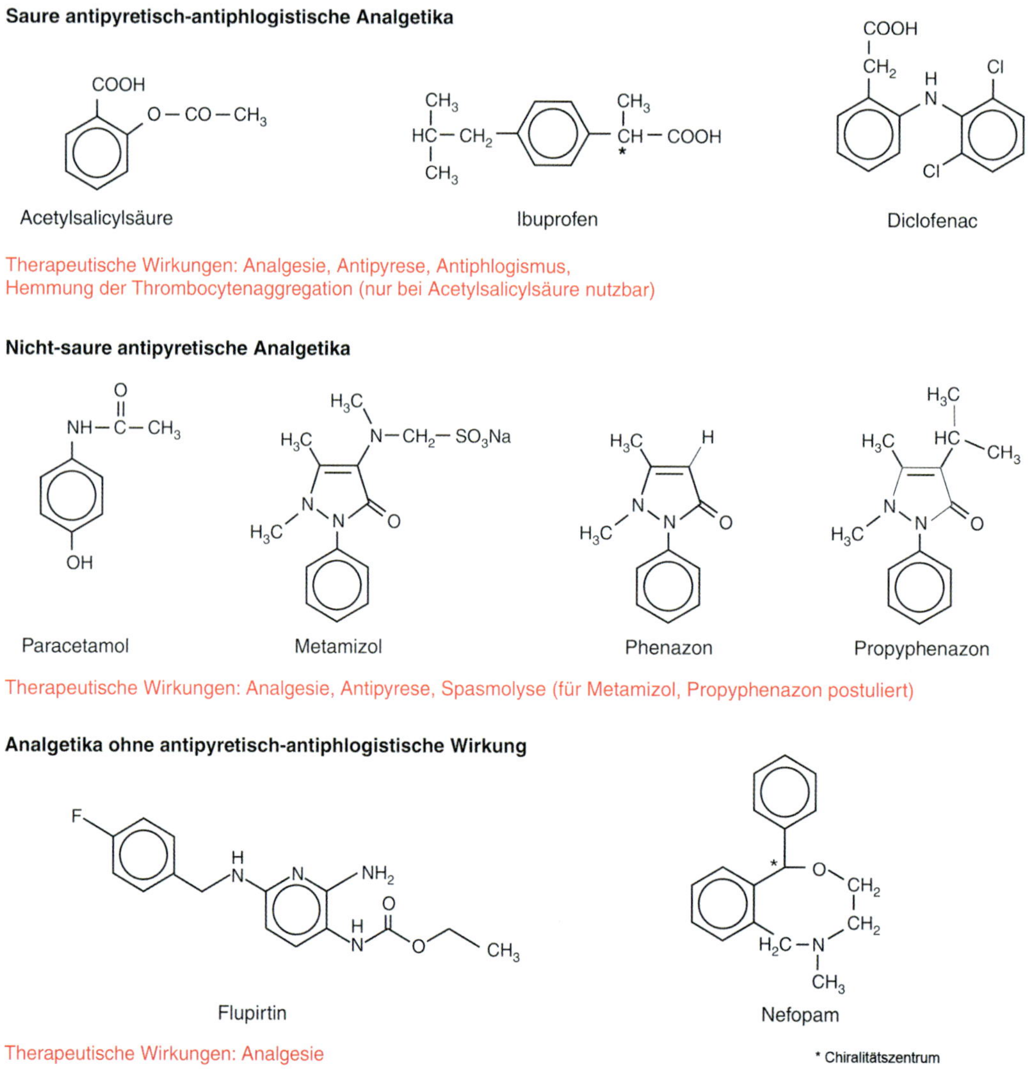

Abb. 5.37 Analgetika [L253]

zen sind, zumindest in gewissen, nicht allzu hohen Dosierungen, nicht verschreibungspflichtig und stehen damit auch dem Heilpraktiker zur Verfügung. Gerade deshalb sollte er allerdings nicht nur ihre Wirkungen, sondern auch ihre potenziellen Nebenwirkungen kennen und sorgfältig beachten.

Metamizol (= Novaminsulfon: Novalgin® und Generika) ist **verschreibungspflichtig**. Dies stellt trotz der nochmals besseren analgetischen Wirkung zumeist keinen Verlust für den Heilpraktiker dar, weil hier in seltenen Fällen erhebliche Nebenwirkungen bis hin zur Agranulozytose möglich sind.

EXKURS

NSAR

Die selbst heute noch stärkste **antiphlogistische** Wirkung ist den **Glukokortikoiden** zu eigen – Medikamenten, die aus dem körpereigenen Hormon **Cortisol** abgeleitet und weiterentwickelt wurden, wobei sie unverändert auf dessen **Sterangerüst**, dem Ringsystem des **Cholesterins** aufbauen. Man bezeichnet sie deshalb auch als **Steroide** (Steran-Abkömmlinge). Cortisol und seine synthetischen Weiterentwicklungen sind also nach wie vor unerreicht, wenn es darum geht, entzündliche Vorgänge oder unerwünschte immunologische Reaktionen u.a. bei **rheumatischen Erkrankungen** zu hemmen, doch besitzen sie gerade deswegen in therapeutischer Dosierung und bei längerer Anwendung zumindest potenziell erhebliche Nebenwirkungen. Dieser Gruppe der **„steroidalen Antirheumatika"** wurden die weiteren, ebenfalls antiphlogistisch wirksamen **Medikamente ohne Sterangerüst** (z.B. ASS, Ibuprofen oder Diclofenac) gegenübergestellt und als **nichtsteroidale Antirheumatika** (= **NSAR**) bezeichnet.

HINWEIS DES AUTORS

Synonym zu **NSAR** wird diese Gruppe „neudeutsch" auch mit **NSAID** (**n**on-**s**teroidal **a**nti-**i**nflammatory **d**rugs) abgekürzt, weil es zu den vorrangigen Bestrebungen der modernen Medizin (bzw. derjenigen, die sie an vorderster Front zu vertreten glauben) gehört, nach Möglichkeit sämtliche deutschen, lateinischen und griechischen Bezeichnungen, die teilweise über Hunderte von Jahren und bis heute in der Medizin gültig waren und sind, durch englische Übersetzungen bzw. auch noch **reduziert auf deren Kürzel** aus meist 2–5 Buchstaben unkenntlich zu machen. Es mag daran liegen, dass die Wissenschaftler der Neuzeit erstmals in der Geschichte mit hervorragenden Englischkenntnissen, aber ohne die alten Sprachen einschließlich der daran gebundenen humanistischen Bildung durch die Schule geschleust wurden, sodass sie die ersten Medizinergenerationen darstellen, die mit der bisher gültigen medizinischen Terminologie nicht mehr allzu viel anzufangen wissen. Die Globalisierung, die man nicht bedauern muss, die jedoch in der Medizin noch vollständiger stattfindet als in anderen Bereichen, mit den USA als eigentlichem medizinischem Mekka, dürfte einen weiteren Beitrag zur Verfälschung der überlieferten medizinischen Sprache leisten.

HINWEIS PRÜFUNG

Zahlreiche Therapeuten zählen **ASS** trotz vergleichbarer molekularer Struktur und weitgehend identischem Wirkungs- und Nebenwirkungsspektrum **nicht** zu den **NSAR** bzw. NSAID. Nach dieser Meinung gibt es dann also ASS **und** die Gruppe der NSAR. Möglicherweise resultiert diese Ansicht daraus, dass ASS als Aspirin® bereits 50 Jahre auf dem Markt war, bevor in den 1950er-Jahren erstmals die Begrifflichkeit NSAR entstand. Es kann auch sein, dass man sich diese Meinung gebildet hat, weil NSAR wie Diclofenac, Naproxen und Ibuprofen ärztlich verordnet werden, während die frei verkäufliche ASS in Statistiken verordneter Antirheumatika (= NSAR) grundsätzlich nicht erscheint, sodass sie irgendwie gar nicht dazuzugehören scheint. Wie auch immer: In der Prüfung sollte die eigentlich eindeutige Zugehörigkeit eher zurückhaltend formuliert werden.

5.11.1 Acetylsalicylsäure

Acetylsalicylsäure (ASS) ist seit mehr als 100 Jahren (seit 1897) als Aspirin® auf dem Markt. Damit handelt es sich bei dieser Substanz um eines der ältesten und mit am besten untersuchten Medikamente, die heute erhältlich sind. Inzwischen gibt es den Wirkstoff vom Originalhersteller wie auch von zahlreichen weiteren Firmen nicht nur als Schlucktablette, sondern auch als Brause- oder Lutschtablette oder Granulat bzw. in Kombination mit weiteren analgetischen Wirkstoffen wie Paracetamol und Codein oder auch Coffein. Die Generika sind wesentlich preiswerter als das (überteuerte) Original. In einem sehr kleinen Teil der Fälle sind sie allerdings nicht preiswerter, sondern lediglich billiger, indem der niedrige Preis durch eine schlechtere Galenik mit verminderter Resorptionsrate erkauft wird.

HINWEIS DES AUTORS

Mit Godamed® 500 steht ein gegenüber dem Original gleichwertiges Generikum zur Verfügung, das man schlucken, beißen oder lutschen kann. Da es, zusätzlich zu seinem recht angenehmen Geschmack, bereits über die Mundschleimhaut resorptionsfähig ist, eignet es sich auf besondere Weise für unterwegs bzw. für die Notfalltasche. Aspirin® i.v. ist verschreibungspflichtig und steht damit dem Heilpraktiker nicht zur Verfügung.

Wirkungen

ASS unterdrückt – entsprechend der gesamten NSAR-Gruppe – über eine **Hemmung** des Enzyms **Cyclooxygenase (COX)** die Synthese der Prostaglandine wie z.B. PgE_2 sowohl peripher als auch zerebral. Die Prostaglandine sind peripher an Entzündungsreaktionen beteiligt: Sie erweitern die Gefäße (Rubor, Calor), erhöhen die Durchlässigkeit der Kapillaren (Ödem bzw. „Tumor"), sensibilisieren die Nozizeptoren zu erhöhter Schmerzempfindlichkeit (Dolor) und verstellen im Hypothalamus (durch Vermittlung endogener Pyrogene wie IL-1 und TNF-α) den Sollwert für die Körpertemperatur auf höhere Werte, sodass Fieber entsteht.

Hemmer der Prostaglandinsynthese wie ASS oder Ibuprofen wirken demnach **antiphlogistisch** (antientzündlich), **analgetisch** (schmerzlindernd) und **antipyretisch** (fiebersenkend).

Interessant ist, dass auch das Offenbleiben des Ductus arteriosus Botalli beim Feten von einem ausreichenden mütterlichen Prostaglandinspiegel abhängt, sodass die Medikation mit ASS oder weiteren Prostaglandinsynthesehemmern in der **Spätschwangerschaft** dazu führen kann, dass sich diese Verbindung zwischen Aortenbogen und Truncus pulmonalis bereits vor der Geburt verschließt. Man setzt folgerichtig die Präparate ein, um einen postpartal persistierenden Ductus (Ductus arteriosus Botalli apertus) zu verschließen. Andererseits ist dadurch die Gruppe der NSAR im **3. Trimenon der Schwangerschaft**, von sporadischen Gaben abgesehen,

kontraindiziert – umso mehr, als sie durch die Prostaglandin-Synthesehemmung auch die **Wehentätigkeit reduzieren. Paracetamol** mit seinen weitgehend fehlenden peripheren Wirkungen ist dagegen selbst in der Spätschwangerschaft **erlaubt**.

Darüber hinaus wirkt ASS in geringsten Dosen von 30–100 mg/Tag, die noch keine Analgesierung oder Fiebersenkung ermöglichen, der **Aggregationsneigung** der Thrombozyten entgegen und wird deshalb seit Jahren sehr erfolgreich zur **Prophylaxe der Arteriosklerose** und damit auch von **Herzinfarkt** und **Schlaganfall** eingesetzt. Auch diese Wirkung entsteht durch Hemmung der Cyclooxygenase (COX-1), wodurch in den Thrombozyten die **Synthese** des Prostaglandins **Thromboxan** A_2, das die Blutplättchen für ihre Funktion benötigen, **verhindert wird**. Dadurch wird überwiegend die Thrombenbildung im Bereich von **arteriosklerotischen Plaques** gehemmt, mithin auch deren weiteres Wachstum. Die unten beschriebenen Nebenwirkungen auf die Schleimhaut des Magens bestehen bei diesen Niedrigdosierungen praktisch nicht bzw. nur bei Vorschädigungen. Bei einem bereits bestehenden Magenulkus würde allerdings die Blutungs- und Perforationsgefahr erheblich gesteigert, sodass das **Ulcus ventriculi** bzw. **duodeni** grundsätzlich eine **Kontraindikation** darstellt. Auch ganz unabhängig davon ist die Blutungszeit leicht verlängert, bei disponierten Personen dementsprechend die Blutungsgefahr minimal gesteigert. Kritisch kann dies bei Patienten mit angeborenen Blutungsstörungen oder unter einer Therapie mit z.B. Marcumar® werden, sodass ASS auch in diesen Fällen kontraindiziert ist.

MERKE

Hinsichtlich seiner Wirkung auf die Thrombozytenaggregation, verbunden mit der prophylaktischen Wirkung vor Herzinfarkt und Schlaganfall als bedeutendsten Folgen der Arteriosklerose, besitzt ASS ein Alleinstellungsmerkmal unter sämtlichen NSAR (NSAID).

Clopidogrel

Eine Antikoagulation („Blutverdünnung") mit ASS betrifft die **primäre Hämostase** (= **Blutstillung**), während der Einfluss auf die Blutgerinnung vernachlässigbar gering ist. ASS wirkt also überwiegend der Thrombozytenaggregation an einer veränderten Gefäßwand, z.B. an arteriosklerotischen Plaques des arteriellen Schenkels entgegen. Dagegen ist man zur Prophylaxe im venösen Schenkel auf Antikoagulanzien wie Marcumar® oder Pradaxa® angewiesen (➤ Kap. 5.15). Dies gilt auch für die Prophylaxe einer Thrombenbildung beim Vorhofflimmern. Selbst bei fortgeschrittenen arteriellen Veränderungen, wie sie z.B. bei einer labilen KHK bestehen, reicht die vergleichsweise milde Wirkung der ASS nicht mehr aus.

Wenigstens ist im letzteren Fall, sofern man auf die mit potenziell erheblichen Nebenwirkungen verbundenen Antikoagulanzien verzichten möchte, in Gestalt des **Clopidogrel** (Plavix® und Generika) eine vergleichsweise moderne Alternative gegeben. Clopidogrel besetzt auf der Thrombozytenmembran den Rezeptor, über den das **ADP** seine Wirkungen entfaltet. Wie bedeutsam die ADP-Wirkung neben denjenigen von **Thromboxan** und Serotonin ist, erkennt man daran, dass die resultierende **Behinderung der Thrombozytenaggregation** gegenüber der ASS-Wirkung nochmals gesteigert ist – allerdings zu einem vielfach höheren Preis. Die beiden Substanzen werden auch mit nochmals besserer Wirksamkeit **in Kombination** eingesetzt, u.a. zum Offenhalten eines kardialen Stents (z.B. nach Herzinfarkt) bzw. bereits prophylaktisch beim akuten Koronarsyndrom. Selbst für die Kombination gilt jedoch, dass die Wirkung im **venösen** Schenkel **unzureichend** ist, sodass sie z.B. beim **Vorhofflimmern** nicht eingesetzt werden kann – abhängig vom Risikoprofil des Patienten.

Metabolisierung

ASS wird gut aus dem Dünndarm resorbiert, erfährt aber teilweise bereits in der Darmmukosa, spätestens aber in Blut und Leber eine Abspaltung des Essigsäurerestes -OCO–CH_3 (➤ Abb. 5.38), wodurch nun **Salicylsäure** entsteht. Die Wirksamkeit wird hierdurch nicht beeinträchtigt, sodass man anstelle der ASS auch Salicylsäure geben könnte, wie dies vor Einführung des Aspirin® üblich war. ASS ist allerdings hinsichtlich des Magen-Darm-Trakts wesentlich besser verträglich, weshalb sich diese Darreichungsform durchgesetzt hat.

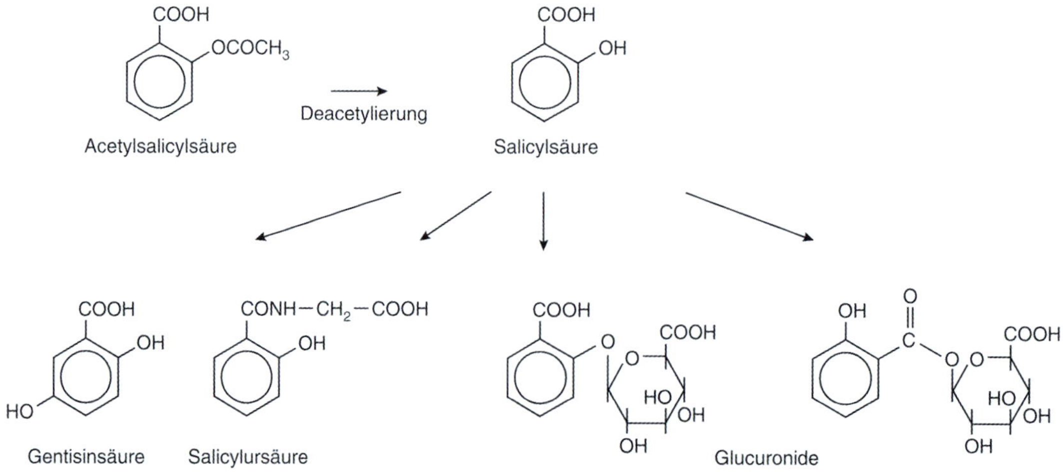

Abb. 5.38 Abbau von ASS [L253]

Die Kapazität der Leber zur Metabolisierung der ASS bzw. der hieraus entstehenden Salicylsäure liegt bei etwa 2 g/Tag. Wird diese Grenze durch Einnahme von mehr als 2 g (= 4 Tabletten á 500 mg) überschritten, reichert sich die Substanz im Körper an und die **Halbwertszeit** steigt kontinuierlich von den üblichen **2–3 h** im Extremfall bis auf 30 h an.

Nebenwirkungen

Die Hemmung der Prostaglandinsynthese bringt nicht nur Vorteile mit sich:

- Beispielsweise besitzt PgE_2 an der Magenschleimhaut **schützende** Eigenschaften, indem es die Schleim- und Bikarbonatsekretion stimuliert und die Durchblutung verbessert. Ein Mangel an PgE_2 führt dementsprechend über den Mangel an Schutzfaktoren zu lokalen **Schädigungen der Magenschleimhaut** infolge der Wirkung der aggressiven **Magensäure**, also Gastritis oder sogar Ulzera, die mit sichtbaren oder okkulten **Blutungen** unter Ausbildung einer Anämie einhergehen können. Besonders ausgeprägt sind diese Schädigungen in einem Magen, dessen Säure nicht durch gleichzeitige Nahrungsaufnahme gepuffert wurde, weil gerade hierbei die ASS verstärkt in die Magenwand diffundiert und deren Prostaglandinsynthese noch effektiver hemmt, als dies allein auf dem Blutweg möglich ist. Indem gleichzeitig auch die Thrombozyten durch Hemmung der Cyclooxygenase in ihrer Funktion gestört werden, können **erhebliche Blutverluste** entstehen. Dies gilt besonders, wenn es bereits zu Ulzera gekommen ist, wobei hier dann zusätzlich noch eine Perforation des Magens droht: ASS sollte also grundsätzlich **nicht auf nüchternen Magen** eingenommen werden. Bei bereits bestehenden Schaden **(Gastritis, Ulkus)** ist sie ohnehin **kontraindiziert**.
- Verschiedene Prostaglandine besitzen an der glatten Muskulatur, z.B. der Bronchien, entgegengesetzte Wirkungen. PgE_2 führt hierbei zu einer Relaxation der Muskulatur, während weitere Prostaglandine (PgF) sowie einzelne Leukotriene eine Konstriktion mit Verengung von Bronchien und Bronchiolen verursachen. Durch ASS wird dieses **Gleichgewicht gestört**. Ganz besonders gilt dies für **Asthmapatienten** oder weitere Atopiker, die infolge ihres Chromosomendefekts (➤ Fach Hämatologie, Immunologie und Mikrobiologie, ➤ Fach Atmungssystem) ohnehin zu wenig PgE_2 produzieren, wodurch der zusätzliche ASS-bedingte Abfall einen schweren **Asthmaanfall** auslösen kann. NSAR wie v.a. ASS (eingeschränkt auch Ibuprofen) haben deshalb beim **Asthmapatienten** als **kontraindiziert** zu gelten. Im Verdauungstrakt können diese Wirkungen zu Diarrhö *oder* Obstipation führen.
- Prostaglandine sind als lokale Faktoren an der ungestörten **Durchblutungssituation** der **Niere** beteiligt. Ihre Hemmung könnte also dann zu (weiteren) **Störungen der Nierenfunktion** führen, wenn dieselbe ohnehin schon beeinträchtigt ist. NSAR sollten also zumindest bei Vorschädigungen der Niere sehr zurückhaltend eingesetzt werden.
- NSAR wie ASS und Ibuprofen führen nach **längerer Anwendung** in einzelnen Fällen zu **zerebralen Störungen** wie **Kopfschmerzen**, Schwindel, Müdigkeit oder Unruhe mit Schlaflosigkeit. Besonders bei den Kopfschmerzen **(Analgetika-Kopfschmerz)** ist daran zu denken, dass der Patient keinesfalls auf immer noch höhere Dosierungen übergehen darf, weil der Schmerz andernfalls chronisch wird. Behandelt wird der Analgetika-Kopfschmerz durch Entwöhnung bzw. **Übergang** auf eine **andere Stoffklasse**.
- In **hohen Dosierungen** steigern NSAR wie ASS oder Ibuprofen das **Risiko für Aborte oder Fehlbildungen** beim Kind. Während die Präparate also in der Spätschwangerschaft, abgesehen von sporadischen Anwendungen, als kontraindiziert zu gelten haben, müssen sie auch im 1. Trimenon zurückhaltend angewendet werden. Bei sterilen Frauen ist außerdem zu berücksichtigen, dass NSAR (angeblich) die Ovulation behindern können.
- **Sehr selten** entstehen durch NSAR **allergische Erscheinungen**, z.B. an der Haut, wie dies für nahezu alle Medikamente gilt.
- Zu **Vergiftungen** durch ASS, vor allem bei Kindern, kommt es erst bei Einmaldosen von mehr als 10 g (= 20 Tabletten á 500 mg). Hierbei entwickeln sich durch die sauren Eigenschaften der Acetylsalicyl*säure* Störungen des Säure-Basen-Gleichgewichts **(metabolische Azidose)** mit Dyspnoe, eventuell bis hin zum Koma.

Bei Kindern mit Virusinfekten (bevorzugt wohl durch das Influenzavirus vom Typ B) wurde bei der Einnahme von ASS in extrem seltenen Fällen (Einzelfälle!) das sog. **Reye-Syndrom** beobachtet, wobei allerdings der Zusammenhang mit der ASS-Einnahme möglich, aber nicht wirklich bewiesen ist, weil das Krankheitsbild auch ohne ASS entstehen kann.

Beim Reye-Syndrom kommt es zu einer **nichtentzündlichen** ödematösen **Enzephalopathie** mit Erbrechen, Krämpfen, Koma und fortschreitendem Zelluntergang, und gleichzeitig zu einer fettigen Degeneration der **Leber**. Auch in den **Nierentubuli** finden sich Fettvakuolen. Ursache scheint in erster Linie eine Schädigung der Mitochondrien in Leber, Niere und Gehirn. Das Syndrom geht mit einer hohen Letalität (> 50 %) einher.

ACHTUNG

ASS darf wegen dieser theoretisch möglichen Komplikation Kindern unter 12 Jahren nicht gegeben werden!

Abschließende Beurteilung

Sofern man Kinder und Asthmapatienten von einer Behandlung mit ASS ausschließt, und gleichzeitig die Schleimhaut des Magens durch Nahrungsaufnahme oder – bei anhaltenden Therapien – durch Protonenpumpenhemmer schützt, sind Nebenwirkungen angesichts der weltweit außerordentlich häufigen Einnahme ungewöhnlich **selten**. Wenn man dann noch die zahlreichen positiven Aspekte der ASS, auch gerade im Vergleich zu anderen Präparaten betrachtet, gibt es eigentlich, abgesehen von Ibuprofen, keine erwähnenswerte Alternative.

Einen weiteren „Beweis" für die relative „Gutartigkeit" der ASS kann man darin sehen, dass homöopathische Therapien durch ASS oder Ibuprofen nicht gestört werden – im Gegensatz z.B. zu Glukokortikoiden. Auch **Dickdarmkarzinome** scheinen unter regelmäßiger ASS-Einnahme deutlich **seltener** zu entstehen! Nach einer niederländischen Studie von 2015 gilt diese Schutzfunktion in Form seltenerer Rezidive bzw. Metastasen sogar dann, wenn die Einnahme von ASS (100 mg/Tag) erst nach der Karzinomdiagnose begonnen wird. Man vermutet den Mechanismus der Schutzfunktion in der Plättchenhemmung, weil dadurch aus dem Primärtumor ausgeschwemmte Zellen weniger gut thrombosiert, also auch weniger maskiert werden und damit vom Immunsystem leichter erkannt und vernichtet werden können. Sofern dieses Erklärungsmodell zutrifft, wofür einiges spricht, wäre eine positive Wirkung auch bei weiteren Krebsen zu postulieren, während gleichzeitig den weiteren NSAR einschließlich Ibuprofen keine vergleichbare Schutzwirkung zugesprochen werden könnte.

Seit 2001 liegt eine Studie vor, wonach Vegetarier eventuell deshalb deutlich seltener an Arteriosklerose und Herzinfarkt erkranken, weil sie wesentlich höhere Serumspiegel an **Salicylsäure** (aus ihrer pflanzlichen Kost) aufweisen als Nicht-Vegetarier. Vegetarier betreiben von daher eine „medikamentöse Prophylaxe". Natürlich darf man nicht übersehen, dass pflanzliche Kost auch große Mengen an weiteren Inhaltsstoffen wie u.a. Antioxidantien enthält, die möglicherweise im Hinblick auf ihre Schutzwirkungen u.a. vor der Arteriosklerose von noch größerer, zumindest zusätzlicher Bedeutung sind.

5

EXKURS

Halsschmerzen im Rahmen üblicher grippaler Infekte werden **viral verursacht**. Für eine Linderung derartiger Beschwerden stehen, abgesehen von einer allgemeinen oder spezifischen Immunstimulation z.B. mittels homöopathischer oder pflanzlicher Medikamente, lediglich antientzündlich wirkende Medikamente zur Verfügung. Dies ist selbstverständlich sinnvoll, auch wenn die Krankheitsdauer damit nicht wesentlich abgekürzt werden kann. Allerdings wird durch eine Behandlung mit NSAR bei einzelnen Viren auch eine direkte Wirkung angenommen, weil dieselben für ihre Vermehrung offensichtlich auf Prostaglandine angewiesen sind.

Das Präparat Dobendan Direkt®, das in der Form von Lutschtabletten und Rachenspray zur Verfügung steht, enthält als Wirkstoff einen Prostaglandin-Synthesehemmer. Man könnte stattdessen auch **ASS Lutschtabletten**, z.B. als preiswertes Godamed® 500, verwenden, wobei lediglich die Höchstdosis von 4 Tabl./Tag und die Kontraindikation bei Kindern zu beachten ist.

5.11.2 Ibuprofen

Ein weiteres **Antiphlogistikum, Analgetikum** und **Antipyretikum**, das der ASS hinsichtlich Wirkungen und Nebenwirkungen sehr ähnlich ist, stellt Ibuprofen dar (➤ Abb. 5.39). Es ist seit etlichen Jahren in einer Dosierung bis zu 400 mg/Tablette rezeptfrei erhältlich. Auf ärztliches Rezept sind Dosierungen von 600 und 800 mg/Tablette und bis zu 100 Tbl./Packung (N3) möglich.

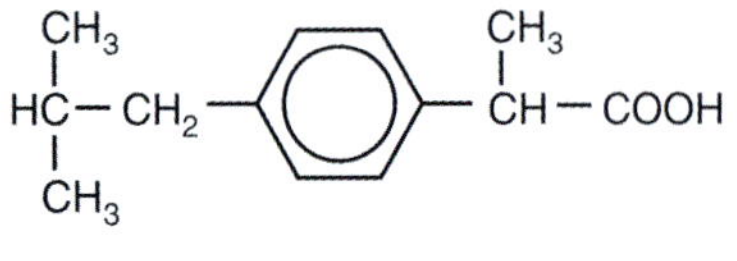

Abb. 5.39 Ibuprofen [L253]

Wirkungen

Die antiphlogistischen und analgetischen Wirkungen sind geringfügig besser, die schädigende Wirkung auf den Magen ist etwas geringer ausgeprägt als bei der ASS, sodass man Ibuprofen bei diesen Indikationen als „besseres ASS" bezeichnen könnte. Ungeachtet dessen ist der Magen auch unter einer anhaltenden Therapie mit Ibuprofen zu schützen. Standard bei ärztlicher Verordnung ist die prophylaktische Gabe der **Protonenpumpenhemmer** Omeprazol, Pantoprazol oder weiterer Analoga. Sie stehen in niedriger Dosierung auch dem Heilpraktiker zur Verfügung. Bei einem floriden Magenulkus bzw. auffallender Vorgeschichte muss nach einem diesbezüglich besser verträglichen Analgetikum außerhalb der NSAR-Gruppe gesucht werden, das z.B. in Gestalt von Paracetamol oder (verschreibungspflichtigem) Novalgin® zur Verfügung steht.

Das **Wirkprinzip** mit Hemmung der Cyclooxygenase und damit Synthesehemmung verschiedener Prostaglandine entspricht weitgehend der Acetylsalicylsäure. Auch Halbwertszeit (2–3 h) und Metabolisierung in der Leber sind vergleichbar. Bei chronischen Schmerzzuständen kann man der relativ kurzen Halbwertszeit durch die Einnahme von retardierten Präparaten (rezeptpflichtig) begegnen.

ACHTUNG

Während einer Therapie mit **ASS** als **Thrombozyten-Aggregationshemmer** sollte, abgesehen von einer lediglich sporadischen Einnahme, auf Ibuprofen verzichtet werden, weil es diese Wirkung der ASS eher antagonisiert. Das Risiko für Herzinfarkt und Schlaganfall nimmt dadurch in geringem Umfang zu. Die Wirkung resultiert aus einer gegenüber ASS abweichenden Besetzung verschiedener Subtypen der Cyclooxygenase (s. unten). Es soll allerdings nochmals betont werden, dass dies nur für die regelmäßige Anwendung gilt, während eine sporadische Einnahme von Ibuprofen (z.B. 1- bis 3-mal/Woche 1 Tablette) auch bei diesen Patienten unkritisch ist.

Ein Reye-Syndrom bei der Behandlung von Kindern wurde weltweit bisher noch nicht beobachtet, weshalb Ibuprofen (Zäpfchen oder Saft) in diesem Lebensabschnitt eine wertvolle **Alternative zu Paracetamol** darstellt. Dies gilt ganz besonders in all jenen Fällen, bei denen Schmerz und/oder Fieber auf der Basis von **Entzündungen** entstanden sind – also letztendlich nahezu immer im Alltag der Kinder, sofern man einmal von Kopfschmerzen oder einem eher theoretischen „Fieber sine materia" (ohne erkennbare Ursache) absieht.

In der **Stillzeit** ist die sporadische Einnahme von Ibuprofen (oder ASS) prinzipiell **erlaubt**.

Interessant ist die Beobachtung, dass Ibuprofen möglicherweise einen prophylaktischen Effekt auf die Entstehung der **Alzheimer-Krankheit** ausübt. Es hemmt ein Enzym, das an der Bildung der Amyloidfibrillen beteiligt ist, deren Ablagerungen letztendlich zur Erkrankung führen.

Nebenwirkungen

Sämtliche Nebenwirkungen mit Ausnahme der Förderung des Reye-Syndroms entsprechen prinzipiell denen der ASS. Allerdings scheint die Wirkung auf den oberen Gastrointestinaltrakt abgemildert und eher vergleichbar mit der Gruppe der Coxibe.

EXKURS

Coxibe

Die seit Einführung des Aspirin® prinzipiell bekannte und in ihren Grundzügen vergleichbare Gruppe der NSAR (NSAID) **hemmt** das Enzym **Cyclooxygenase (COX)** und damit u.a. die Synthese derjenigen Prostaglandine, die für Schmerz, Entzündung und Fieber zuständig sind. Nun existiert dieses Enzym in **3 Varianten**, die unterschiedlich auf die Gewebe des Körpers verteilt sind und differierende Wirkungen besitzen. Im Vordergrund stehen nach bisherigem Kenntnisstand die beiden Isoenzyme Cyclooxygenase-1 (COX-1) und COX-2. Dabei besitzt **COX-1** an Magen, Blutplättchen und Niere besondere Bedeutung: Das Enzym produziert

- am Magen Prostaglandine, die den Schleimhautschutz gegenüber aggressiven Faktoren (Magensäure) erhöhen,
- in den Thrombozyten das Prostaglandin Thromboxan A_2, das für die Aggregationsfähigkeit, also die Thrombusbildung von großer Bedeutung ist,
- in der Niere Prostaglandine, welche die lokale Durchblutung verbessern.
- Wahrscheinlich wird auch die Synthese von PgE_2 in den Atemwegen über COX-1 vermittelt.

Dagegen kann man die Wirkung der **Cyclooxygenase-2** auf genau die Symptome beziehen, die man durch die üblichen NSAR bekämpfen möchte: **Entzündung** und **Schmerz**. Man hat deshalb mit den **COX-2-Hemmern** Substanzen entwickelt, die spezifisch Schmerz und Entzündung bekämpfen sollen, ohne an Magen und Niere die üblichen Nebenwirkungen der NSAR zu erzeugen. Die Medikamente werden pauschal als **Coxibe** bezeichnet. Eingesetzt werden derzeit (2016) z.B. Celecoxib und Etoricoxib. Mehrere bereits eingeführte Präparate wurden inzwischen wegen ungünstiger Wirkprofile wieder vom Markt genommen.

Das wesentliche **Problem der COX-2-Hemmer** besteht neben ihrem übermäßig hohen Preis darin, dass sie zwar die COX-2-Rezeptoren **bevorzugt** besetzen, jedoch in geringerem Umfang auch an **COX-1** andocken, sodass schon von daher die bekannten Nebenwirkungen der weiteren NSAR nicht vollständig fehlen können. Zusätzlich verschieben sie das Synthesespektrum der Prostaglandine in Geweben, die sowohl COX-1 als auch COX-2 enthalten. Beispielsweise besitzen sie an den Thrombozyten nicht nur keine nennenswerte Hemmung der Aggregation, sondern sie **verstärken** durch die **Hemmung** der COX-2-abhängigen **Prostacyclin-Synthese** in den **Gefäßendothelien** (➤ Fach Hämatologie) sogar noch die **Thrombenbildung**, weil Prostacyclin den physiologischen Antagonisten des Thromboxan A_2 darstellt. Bei disponierten Patienten **erhöht** sich dadurch das **Risiko für Herzinfarkt** und **Schlaganfall** – und dies sogar bei denjenigen, die durch parallele Gabe niedrig dosierter ASS eine entsprechende Prophylaxe betreiben. Die Hemmung von COX-2 in der Gefäßwand wirkt sich stärker aus als die zeitgleiche Hemmung von COX-1 in den Thrombozyten. Da gleichzeitig das Risiko für Magenkomplikationen zwar gesenkt wird, aber immer noch vorhanden ist, während der (rein theoretisch) positive Effekt auf die Nierenfunktion nicht einmal messbar wird, stellt es für den Heilpraktiker **keinen Verlust** dar, dass er diese verschreibungspflichtigen Medikamente nicht einsetzen kann. Allerdings gilt selbst für die üblichen NSAR (außer ASS), dass sie bei **regelmäßiger (!) Einnahme** selbst bei einer ASS-Prophylaxe das Risiko für Herzinfarkt und Schlaganfall in geringem Umfang erhöhen.

Unter dem Strich bleibt demnach festzuhalten, dass für die (teuren) Coxibe in ihrer heutigen Form **keine nennenswerten Vorteile** gegenüber (dem billigen) **Ibuprofen** auszumachen sind. Offensichtlich hemmt ASS überwiegend COX-1 – mit dem Vorteil der Thrombozytenwirkung und gebunden an die besonders ungünstige Wirkung auf Magen und Niere –, während alle weiteren NSAR und hier besonders Ibuprofen und die Coxibe ihr Wirkmaximum in Richtung der COX-2-Hemmung verschoben haben. Dies ist zwar insgesamt als überaus positiv zu bewerten, aber eben nicht hinsichtlich der Thrombozyten. Genau genommen erhält allerdings der Therapeut erst hierdurch wenigstens ansatzweise die Möglichkeit einer selektiven Behandlung unter Berücksichtigung von Vorerkrankungen, Begleitmedikation und Lebensalter des Patienten.

5.11.3 Paracetamol

Wirkungen

Paracetamol (➤ Abb. 5.40, Benuron® und Generika) besitzt gute **analgetische** (schmerzlindernde) und **antipyretische** (fiebersenkende) Eigenschaften, jedoch im Gegensatz zu ASS, Ibuprofen und Diclofenac **keine antiphlogistischen**. Diese Verschiebung des Wirkspektrums dürfte damit zusammenhängen, dass Paracetamol seine Wirkungen überwiegend oder ausschließlich **zerebral** ausübt. Schmerzlinderung bei entzündlichen Prozessen (z.B. chronische Polyarthritis) gehören demnach nicht zu seiner Indikation und aus demselben Grund kann es auch nicht zur Gruppe der nichtsteroidalen Antirheumatika (NSAR) gezählt werden. Sein Haupteinsatzgebiet liegt in der Behandlung „üblicher" Schmerzen (z.B. Kopfschmerzen) sowie, gemeinsam mit Ibuprofen, in der **Fiebersenkung** vor allem bei **Kindern**, denen ASS nicht gegeben werden darf. Auch für die **Schwangerschaft** einschließlich des letzten Trimenons bestehen **keine Kontraindikationen**, sofern es nicht routinemäßig und hoch dosiert eingenommen wird (s. unten).

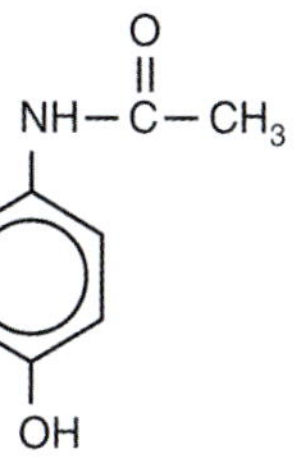

Abb. 5.40 Paracetamol [L253]

Der **große Vorteil** gegenüber den **NSAR** ist darin zu sehen, dass es selbst bei vorgeschädigtem Magen problemlos vertragen wird. Auch darüber hinaus scheint es weitgehend frei von Nebenwirkungen – abgesehen von der **Lebertoxizität** bei Extremdosen (s.u.). Allerdings ist immer noch nicht abschließend geklärt, ob es bei chronischer und hochdosierter Anwendung entsprechend seinem Vorgänger Phenacetin nicht doch zu **Nierenschäden** führen kann – ähnlich wie dies in allerdings geringem Umfang für die NSAR gilt. Sollte sich jedoch die vorwiegend **zerebrale Wirkweise** der Substanz bestätigen lassen, wäre dieser Verdacht endgültig ausgeräumt. Dementsprechend wäre es bei der Notwendigkeit einer häufigeren Einnahme auch wegen der wahrscheinlich gegenüber Ibuprofen, Naproxen und Diclofenac nicht vorhandenen Wirkung auf die Thrombozytenaggregation (= fehlendes Risiko hinsichtlich Herzinfarkt und Schlaganfall) den NSAR vorzuziehen.

Metabolisierung

Die Resorption bei oraler Gabe ist mit etwa 90 % recht hoch; bei rektaler Gabe (Zäpfchen für Kinder und Erwachsene) erfolgt die Resorption etwas unzuverlässig. In der **Leber** wird das Molekül mit Glucuronsäure, Sulfat oder Glutathion verknüpft und anschließend über die Niere ausgeschieden. Die Halbwertszeit liegt mit 1–3 Stunden im Bereich von ASS und Ibuprofen.

Nebenwirkungen

In üblichen Dosierungen sind keine nennenswerten Nebenwirkungen bekannt – abgesehen von **sehr seltenen allergischen Reaktionen**. Lediglich vor einer längerfristigen, hoch dosierten Einnahme in der Schwangerschaft muss gewarnt werden, weil sie mit einer **Entwicklungsverzögerung des Kindes** verbunden sein könnte.

Bei **Intoxikation** mit sehr hohen Dosen (10–15 g beim Erwachsenen; 1–5 g bei Kindern) wird die **Kapazität der Leber** zur Entgiftung **überschritten** – vor allem durch Verbrauch des Glutathion. Hierbei erfolgt dann eine Bindung an Proteine der Leberzelle (➤ Abb. 5.41), wodurch es zu **nekrotischen Leberschäden**, im Einzelfall mit Todesfolge kommt. Bei Vorschädigung der Leber ist die toxische bzw. tödliche Dosis deutlich geringer.

Ein wirksames **Antidot**, sofern es rechtzeitig gegeben wird, ist **Acetyl-Cystein**, also die Aminosäure, welche in den üblichen schleimlösenden Brausetabletten (ACC, NAC, Fluimucil usw.) als Wirkstoff enthalten ist. Das Medikament ist auch als Ampulle zur intravenösen Gabe erhältlich, allerdings in dieser Darreichungsform verschreibungspflichtig.

Aufgrund der Lebertoxizität bei Extremdosen wurde Paracetamol in Packungsgrößen von mehr als 20 Tabletten im Jahr 2009 auch in oraler Form **verschreibungspflichtig**. Packungen mit 10 (N1) und 20 Tabletten (N2) bleiben dagegen unverändert apothekenpflichtig und stehen damit auch dem Heilpraktiker zur Verfügung.

MERKE

Mit Paracetamol, Ibuprofen und ASS stehen dem Heilpraktiker 3 analgetisch und antipyretisch wirksame Substanzen mit jeweils eigenem Profil und eigener Indikation zur Verfügung:

- **Ibuprofen** ist einschließlich seiner antiphlogistischen Eigenschaften hochwirksam, sehr gut verträglich und breit anwendbar bei Kindern, Erwachsenen jeden Alters sowie in der Schwangerschaft, wobei man lediglich im letzten Trimenon sehr zurückhaltend sein muss. Bei arteriosklerotischen Patienten unter ASS bzw. ASS in Kombination mit Clopidogrel darf es nur sporadisch eingesetzt werden, um deren Wirksamkeit nicht zu reduzieren.
- **ASS** ist weniger wirksam als Ibuprofen und hinsichtlich seines Nebenwirkungsprofils (Magen, Niere, Atemwege) ungünstiger, bei Kindern sogar kontraindiziert. Seine Domäne besteht in der Anwendung bei arteriosklerotischen Patienten, z.B. als Low-Dose-Prophylaxe (maximal 100 mg/Tag) oder der Anwendung bei diesbezüglichen Notfällen (v.a. Herzinfarkt, auch bei der Lungenembolie). Von großem Vorteil ist die Möglichkeit, in Form der Lutschtabletten auch auf Reisen ein schnell wirksames Analgetikum und Antiphlogistikum zur Verfügung zu haben.
- **Paracetamol** ist ebenfalls weniger wirksam als Ibuprofen und bei Entzündungen sogar unwirksam. Erste Wahl ist es bei geschädigtem Magen, im letzten Trimenon der Schwangerschaft und, gemeinsam mit Ibuprofen, bei Kindern.

5.11.4 Morphin und verwandte Substanzen

Bei Morphin und seinen Abkömmlingen (Fentanyl, Methadon, Pethidin usw., ➤ Abb. 5.42) handelt es sich um die stärksten, auf dem Markt befindlichen Analgetika (➤ Abb. 5.36). Eingesetzt werden sie immer dann, wenn – z.B. bei Tumorpatienten – mit übli-

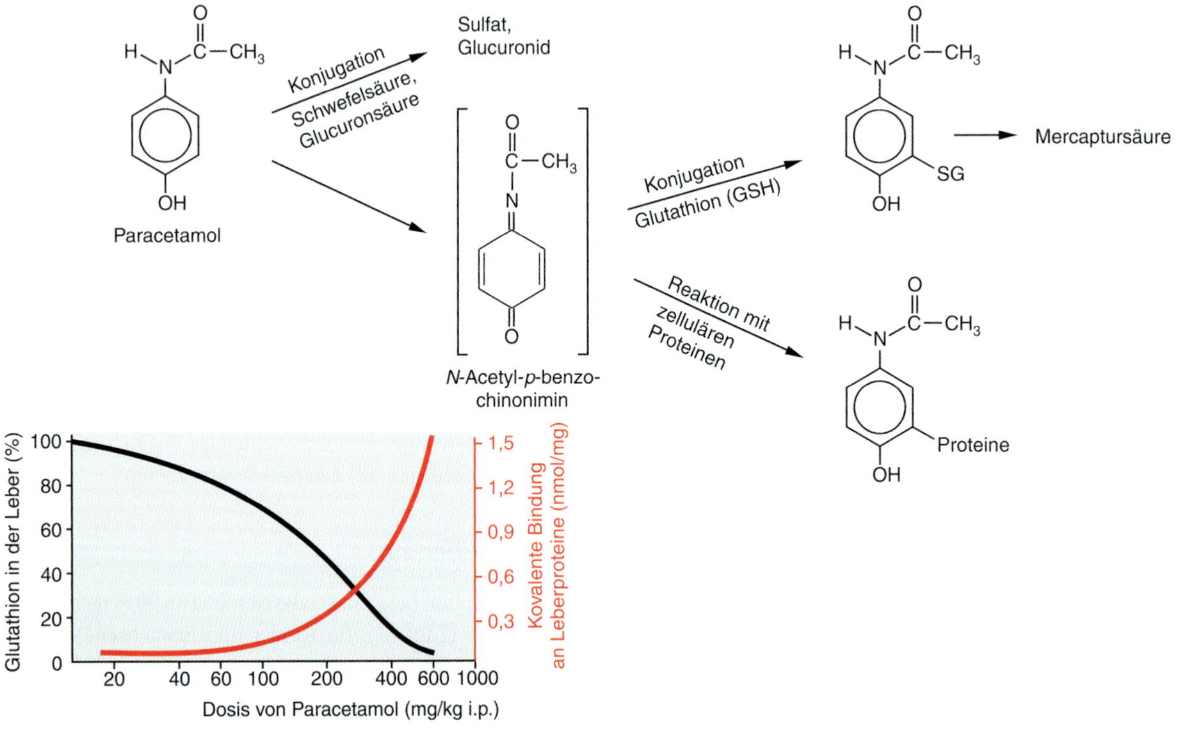

Abb. 5.41 Metabolismus und Toxizität von Paracetamol [L253]

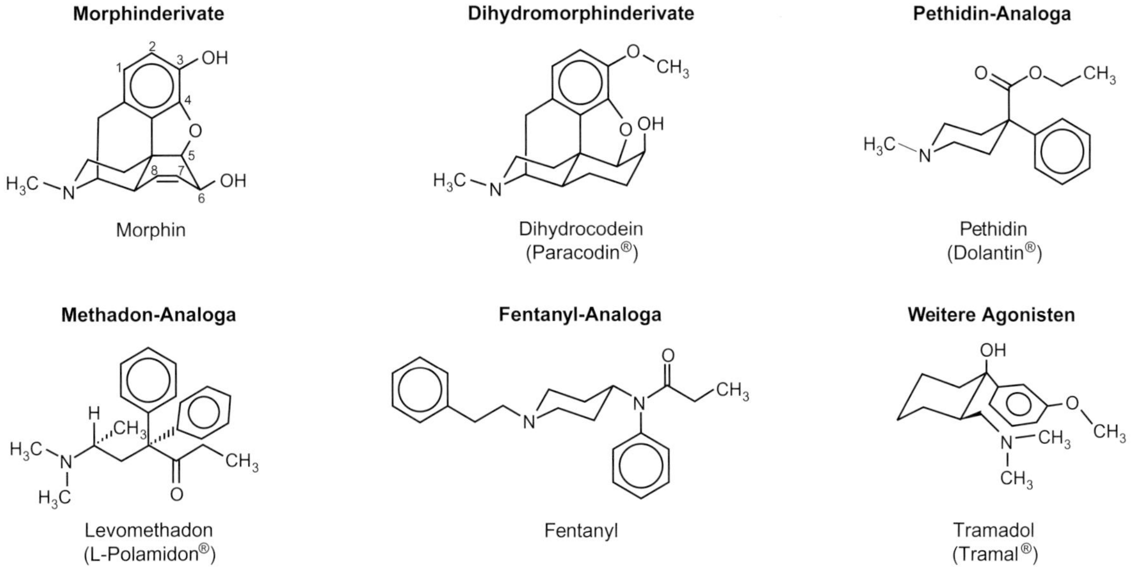

Abb. 5.42 Morphin-Derivate [L253]

chen Analgetika keine ausreichende Schmerzlinderung erreicht werden kann. Neben ihrer unübertroffenen analgetischen Wirkung besitzen die Substanzen dieser Gruppe auch ein beachtliches **Suchtpotenzial**, wodurch sie nicht nur einfach verschreibungspflichtig sind, sondern unter das **Betäubungsmittelgesetz** fallen. Dieses Gesetz verpflichtet Arzt und Apotheker zu einer äußerst genauen Buchführung sämtlicher verordneter Präparate, die in Apotheken regelmäßig durch die Gesundheitsämter überprüft wird. Ärztlich verordnet werden sie auf speziellen, dreiteiligen Rezepten, die vom Arzt beim Bundesinstitut für Arzneimittel und Medizinprodukte anzufordern sind.

Für **Codein**, das bei **Schmerzen**, überwiegend aber zur **Dämpfung des Hustenreizes** eingesetzt wird, gilt die Verpflichtung nicht, doch besitzt auch Codein zumindest in höherer Dosierung ein gewisses Suchtpotenzial.

Wirkungen

Die Wirkungen dieser Präparategruppe, die es auch in transdermaler Form (Pflaster mit exakt bemessener Wirkstofffreigabe) gibt, brauchen nicht beschrieben zu werden. Sie entsprechen den physiologischen, überwiegend zerebral gebildeten Substanzen, wobei in diesem Zusammenhang lediglich auffällt, dass sowohl das NNR-Hormon Cortisol als auch die zerebralen Endorphine/Enkephaline in ihrem jeweiligen Wirkspektrum ganz unverändert sehr viel potenter sind als all das, was man aus weiteren Stoffklassen als Alternative dazu finden wollte.

Von Bedeutung für Alltag und Prüfung sind die potenziellen Nebenwirkungen der Morphinabkömmlinge:

Nebenwirkungen

Im Vordergrund stehen, abgesehen vom **Abhängigkeitspotenzial**, die Erzeugung von **Übelkeit** mit Erbrechen, eine **Sedierung**, eine **Blutdrucksenkung** und **Dämpfung des Atemzentrums** sowie die hemmende Wirkung auf die Darmmotorik mit Ausbildung einer **Obstipation**. Bei intoxikierten, eventuell **komatösen Patienten** erhält man durch die **eng gestellten** Pupillen **(Miosis)** den **entscheidenden Hinweis auf die Ursache**, weil bei nahezu allen weiteren Komaformen die Pupillen normal oder weit gestellt sind (Mydriasis). Die vielfältigen Auswirkungen weisen darauf hin, dass die Opioid-Rezeptoren sehr breit auf den **gesamten Organismus** verteilt sind – von unterschiedlichsten **zerebralen Zentren** einschließlich des **Vegetativums** (mit Hemmung des Sympathikus) über das Rückenmark bis hin zu peripheren Strukturen beispielsweise in **Darm** oder sogar **Gelenken**.

Die Nebenwirkungen erscheinen lediglich bei hohen Dosierungen, wie sie von abhängigen Patienten benötigt werden, in deutlicher Form. In den üblichen pharmakologisch wirksamen Dosen fallen sie kaum ins Gewicht. Beispielsweise werden Fentanyl-Pflaster von den zumeist betroffenen Tumorpatienten nahezu immer problemlos vertragen. Allerdings besitzt Fentanyl eine gegenüber Morphin nochmals deutlich stärkere analgetische Wirkung, sodass es deutlich niedriger dosiert werden kann. Selbst das Abhängigkeitspotenzial betrifft lediglich einen eher kleinen Prozentsatz der Patienten. Das Spektrum kann allerdings auch je nach der verwendeten Substanz sehr unterschiedlich sein. So führt das eher schwach wirksame Opioid Tramadol kaum jemals zur Abhängigkeit, löst aber besonders häufig Übelkeit aus.

Aktuell (seit 2015) ist **Codein** etwas in Verruf geraten. Es soll wegen seiner atemdepressiven Wirkung vor allem bei **Kindern nicht mehr eingesetzt** werden. Abgesehen vom weniger wirksamen Silomat (Saft oder Tropfen) stehen damit in diesem Lebensabschnitt nur noch pflanzliche Antitussiva wie z.B. Efeuextrakt, Thymian u.a. zur Verfügung.

HINWEIS PRÜFUNG

In der Prüfung wird bei der Auflistung von Gesetzen, die den Heilpraktiker in seiner Berufsausübung einschränken, auch die Erwähnung des **Betäubungsmittelgesetzes** erwartet, obwohl diese Präparategruppe ja bereits durch ihre Verschreibungspflicht nach dem **Arzneimittelgesetz** für den Heilpraktiker ohnehin nicht in Frage kommt.

Zusammenfassung

Analgetika

Schmerzmittel, meist mit antiphlogistischer (entzündungshemmender) sowie antipyretischer (fiebersenkender) Wirkung, aufgrund der antiphlogistischen Wirkung zur Gruppe der NSAR (NSAID) zusammengefasst

Acetylsalicylsäure (ASS)

- unterdrückt über eine Hemmung des Enzyms Cyclooxygenase die Synthese der Prostaglandine
- wirkt antiphlogistisch (antientzündlich), analgetisch (schmerzlindernd) und antipyretisch (fiebersenkend)
- wirkt der Aggregationsneigung der Thrombozyten entgegen und kann deshalb als Low-dose-Prophylaxe (30–100 mg/Tag) vor Herzinfarkt und Schlaganfall eingesetzt werden
- Nebenwirkungen: insbesondere Schädigung der Magenschleimhaut, leicht erhöhte Blutungsneigung, wegen eines möglichen Reye-Syndroms kontraindiziert bei Kindern bis zum 12. Lebensjahr, kontraindiziert beim Asthmapatienten

Ibuprofen

- Wirkprinzip wie ASS, aber etwas stärker analgetisch und antiphlogistisch wirksam
- etwas weniger magenschädigend
- auch bei Kindern einsetzbar (kein Reye-Syndrom)
- zur Prophylaxe von Herzinfarkt und Schlaganfall nicht geeignet, antagonisiert bei Dauergebrauch sogar die prophylaktische Wirkung der ASS

Paracetamol

- analgetisch und antipyretisch, aber nicht antiphlogistisch wirksam, deshalb kein Bestandteil der Gruppe der NSAR (NSAID)
- keine Magenschädigung und keine sonstigen Nebenwirkungen in üblichen Dosen
- für die Schwangerschaft geeignet
- lebertoxisch in sehr hohen Dosierungen
- besonders gut zur Fiebersenkung bei Kindern geeignet – alternativ zu Ibuprofen

Morphin und Abkömmlinge

- stärkste bekannte Analgetika
- ausgeprägtes Suchtpotenzial
- mögliche Nebenwirkungen:
  - Suchtpotenzial
  - Übelkeit mit Erbrechen
  - Sedierung
  - Dämpfung des Atemzentrums
  - Blutdrucksenkung
  - Hemmung der Darmperistaltik (Obstipation)
  - bei Intoxikation auffallend enge Pupillen (Miosis)

5.12 Antibiotika

Grundlagen

Antibiotika sind von ihrer Definition her *anti*bakteriell wirksame, *bio*synthetisch gewonnene **Naturstoffe**, die in Bakterien, Pilzen, Algen, höheren Pflanzen und Tieren, also von **allen Lebensformen** gebildet werden und bei diesen eine Schutzfunktion gegenüber der bakteriellen Umwelt ausüben. Selbst der Mensch produziert eine ganze Reihe antibiotisch wirksamer Substanzen wie u.a. Lysozym (in Schleim, Speichel, Makrophagen) oder Dermicidin (im Schweiß). Den von Anbeginn des Lebens an bestehenden Konkurrenzkampf erkennt man besonders deutlich am Reich der Prokaryonten, indem etliche Bakterienspezies Antibiotika entwickelt haben, die gegenüber konkurrierenden Bakterienarten wirksam sind. Der Heilpraktiker sollte daraus ableiten, dass etwas, was **jedem Lebewesen eigen ist**, nicht per se oder grundsätzlich „schlecht" oder „schlimm" sein kann und Krankheit und Tod im Gepäck hat, sodass eigentlich zu jedem Lebewesen ein eigener Beipackzettel gehörte. Vielmehr ermöglichen Antibiotika sowohl evolutionär als auch in der modernen Medizin oft genug Gesundheit bzw. überhaupt erst ein Überleben, wo andernfalls der Tod die Oberhand behalten hätte.

HINWEIS DES AUTORS

„Schlecht" oder „schlimm" sind lediglich die Auswüchse und Missverständnisse auf Seiten ignoranter Therapeuten, die ihre Lernpflichten nicht erfüllen wollen oder bei Industrien und Politikern, denen das Wirtschaftswachstum und das eigene Wohlergehen so viel bedeutsamer erscheinen als die Gesundheit der Bevölkerung, der sie verpflichtet sind.

Man stellte den natürlich vorkommenden Antibiotika die **Chemotherapeutika** gegenüber, welche synthetische, im Labor hergestellte Produkte mit antimikrobieller Wirkung darstellen. Ihre wichtigsten Vertreter sind die Sulfonamide und die Chinolone. Diese Grenzziehung ist heute weitgehend verlassen, weil es zum einen längst möglich geworden ist, Antibiotika im Labor chemisch zu verändern oder sogar bereits herzustellen, und weil sich zum anderen die Sulfonamide und Chinolone in ihrer antibakteriellen Potenz von den Antibiotika gar nicht abgrenzen lassen. Man bezeichnet deshalb inzwischen **alle antibakteriell wirksamen Pharmaka** als Antibiotika.

EXKURS

Einzelne unter den gegen die einzelligen Lebensformen namens Bakterien gerichteten Antibiotika besitzen auch gegenüber den weiteren einzelligen Lebewesen **Pilze und Protozoen** eine gute Wirksamkeit, sodass sie auch dort eingesetzt werden können. Dies gilt z.B. für die Plasmodien (= Protozoen) der Malaria. Gegen die allermeisten Pilze weit wirksamer sind allerdings die in der Medizin üblichen **Antimykotika**. Viren bestehen nicht aus Zellen und besitzen dementsprechend auch keinen Stoffwechsel, sodass Antibiotika grundsätzlich keinerlei Wirkung aufweisen. Für ernsthafte, eventuell lebensbedrohende **virale Infektionen** benötigt man daher eigene Substanzen, die **Virustatika** (➤ Kap. 5.13).

Das **erste Antibiotikum** war das **Penicillin**, von Alexander Fleming aus dem Schimmelpilz Penicillium notatum isoliert, das erstmals während des 2. Weltkriegs in größeren Mengen gewonnen und eingesetzt werden konnte. Es folgten Streptomycin und die Cephalosporine.

Die Vertreter der wichtigsten **Antibiotika-Klassen** sind neben den einfachen Penicillinen

- **Amoxicillin** als Vertreter der Breitspektrum-Penicilline,
- **Erythromycin** als Vertreter der Makrolide,
- **Doxycyclin** als Hauptvertreter der Tetrazykline
- und die mit den Penicillinen verwandten **Cephalosporine**.

Dazu gesellen sich u.a. noch die Gruppen der **Sulfonamide** und der **Gyrase-Hemmer** (Chinolone) sowie die **Aminoglykosid-Antibiotika** mit ihrem ersten Vertreter Streptomycin. In den letzten Jahren kamen weitere Antibiotikaklassen mit einer Reihe spezifischer Substanzen hinzu, doch geht es in diesem Kapitel (bei fehlender Prüfungsrelevanz!) nicht um Vollständigkeit, sondern lediglich um die Entwicklung einer gewissen Vorstellung zu Wirkungsweise und Einsatzgebiete dieser so eminent wichtigen Gruppe von Medikamenten.

Resistenzentwicklung

Die Suche nach neuen Antibiotika, ihre chemische „Züchtung" und Weiterentwicklung hat in den letzten Jahrzehnten eine derart stürmische Entwicklung genommen, dass der heutigen Therapie ein riesiges Spektrum an antibakteriell wirksamen Substanzen zur Verfügung steht. Den wesentlichen Beitrag an dieser Suche leisteten allerdings die Bakterien selbst, weil jeweils nur wenige Jahre vergingen, bis ein neu entwickeltes und in der Werbung als Wundermittel angepriesenes Antibiotikum einen Teil seiner Wirksamkeit einbüßte, indem sich **Resistenzen** dagegen ausbildeten. Die zunehmende Resistenzentwicklung der menschenpathogenen Bakterien gegenüber einer immer größeren Zahl von Antibiotika stellt heute tatsächlich das wesentliche Problem der antibakteriellen Therapie dar.

Ursache dieser Entwicklung ist der seit **Jahrzehnten und selbst heute noch unvermindert anhaltende Antibiotikaeinsatz** gegen alles, was wie ein Bakterium aussieht, oder bei allem, was auch nur im Entferntesten mit Bakterien zu tun haben könnte. Immer noch und trotz eindeutiger Warnungen medizinischer Gremien ist es in zahlreichen Allgemeinpraxen schlimmster Brauch, bei eindeutig viralen (grippalen) Infekten Antibiotika einzusetzen, obwohl sie hierbei niemals nutzen, sondern nur schaden können. Man zerstört auf diese Weise die physiologische bakterielle Flora an Haut und Schleimhäuten einschließlich des Darms und züchtet resistente Erreger, gegen die man dann in der Folge keine wirksame Antwort mehr weiß.

In der **Tierhaltung** wurden und werden ebenfalls reichliche Mengen Antibiotika verwendet, in bedeutendem Umfang sogar selbst heute noch lediglich **prophylaktisch**, sodass es kaum möglich scheint, Resistenzentwicklungen und Verschiebungen des physiologischen Keimspektrums zu entgehen, selbst wenn man versucht, in der eigenen Therapie ohne Antibiotika auszukommen. Dabei werden unverändert Antibiotika eingesetzt, die auch beim Menschen Anwendung finden – teilweise sogar solche, die als Reserveantibiotika gedacht waren. Auch Vegetarier bzw. Veganer entkommen diesem Wahnsinn nicht, denn die eingesetzten Antibiotika gelangen ins Grundwasser und die resistent gewordenen Bakterien in die Umwelt. Man kann die breite, rein prophylaktische Verabreichung an sog. Nutztiere ausschließlich zum Zweck einer Verdienstoptimierung der Betreiberfirmen durchaus als Skandal betrachten, der beinahe schon den Tatbestand einer vorsätzlichen Schädigung der Verbraucher erfüllt. Andererseits: Warum sollten Tierhalter bzw. „Nutztierverwerter" medizinisch verantwortlicher handeln als ein Teil der niedergelassenen Ärzte?

Die Problematik allgemeiner Resistenzentwicklung ist inzwischen so weit gediehen, dass man vor allem bei den sog. **nosokomialen** (in medizinischen Einrichtungen erworbenen) **Infektionen** trotz hochdosierter und kombinierter antibiotischer Therapien die Betroffenen oft genug nicht mehr am Leben erhalten kann. Es gibt gut fundierte Schätzungen, nach denen in Deutschland Jahr für Jahr allein aus diesem Zusammenhang heraus 15.000, nach anderen Schätzungen bis zu **30.000 Menschen** sterben, wobei natürlich auch manche Kliniken mit unzureichenden hygienischen Verhältnissen einen gewichtigen Beitrag leisten. Allerdings hat inzwischen auch die Entwicklung bzw. Suche nach neuen Antibiotikaklassen einen gewissen Stillstand erreicht, was überwiegend damit zusammenhängt, dass sich mit Antibiotika sehr viel weniger Geld verdienen lässt als mit etlichen weiteren Neuentwicklungen beispielsweise zur Krebstherapie. Daran beteiligt ist der in diesem Fall zu kurze Patentschutz, der Generika zu einem Zeitpunkt erlaubt, an dem die Entwicklungskosten möglicherweise noch nicht eingespielt wurden.

HINWEIS DES AUTORS

Ungezählte Generationen bundesdeutscher Landwirtschaftsminister fühlten und fühlen sich der Landwirtschaft verpflichtet, nicht dem Verbraucher. Vielleicht sollten dann auch die Außenminister dem Äußeren, also den Interessen ferner Länder verpflichtet sein, nicht denjenigen der eigenen Bevölkerung. Möglicherweise wäre es an der Zeit, den zuständigen Landwirtschaftsminister ganz vorsichtig darauf hinzuweisen, dass das finanzielle Wohlergehen der Betreiber von Massentierhaltungen nicht zwingend und ausnahmslos ein höheres Gut darstellen muss als das gesundheitliche Wohlergehen der Bevölkerung – ganz abgesehen vom unfassbaren Leid der Tiere. Und bei dieser Gelegenheit könnte man ihm noch eine kleine Info darüber zukommen lassen, dass die EU-weit höchsten Nitratgehalte deutscher Trinkwässer nach allerneuesten Erkenntnissen (etwa aus den 1970er-Jahren) nicht nur gesundheitliche Vorteile mit sich bringen.

Wirkungen

Antibiotika haben entweder eine bakterizide oder eine bakteriostatische Wirkungsweise, wobei es allerdings in Abhängigkeit von der Dosierung fließende Übergänge gibt (➤ Abb. 5.43). Im ersteren Fall töten sie Bakterien ab, im letzteren Fall hemmen sie deren Vermehrungsfähigkeit. **Bakterizide** Antibiotika wirken im Allgemeinen schneller, weil die bakteriostatisch wirksamen die Infektion lediglich so lange verlangsamen oder aufhalten können, bis der Immunabwehr die Vernichtung der Erreger gelungen ist. Zur Gruppe

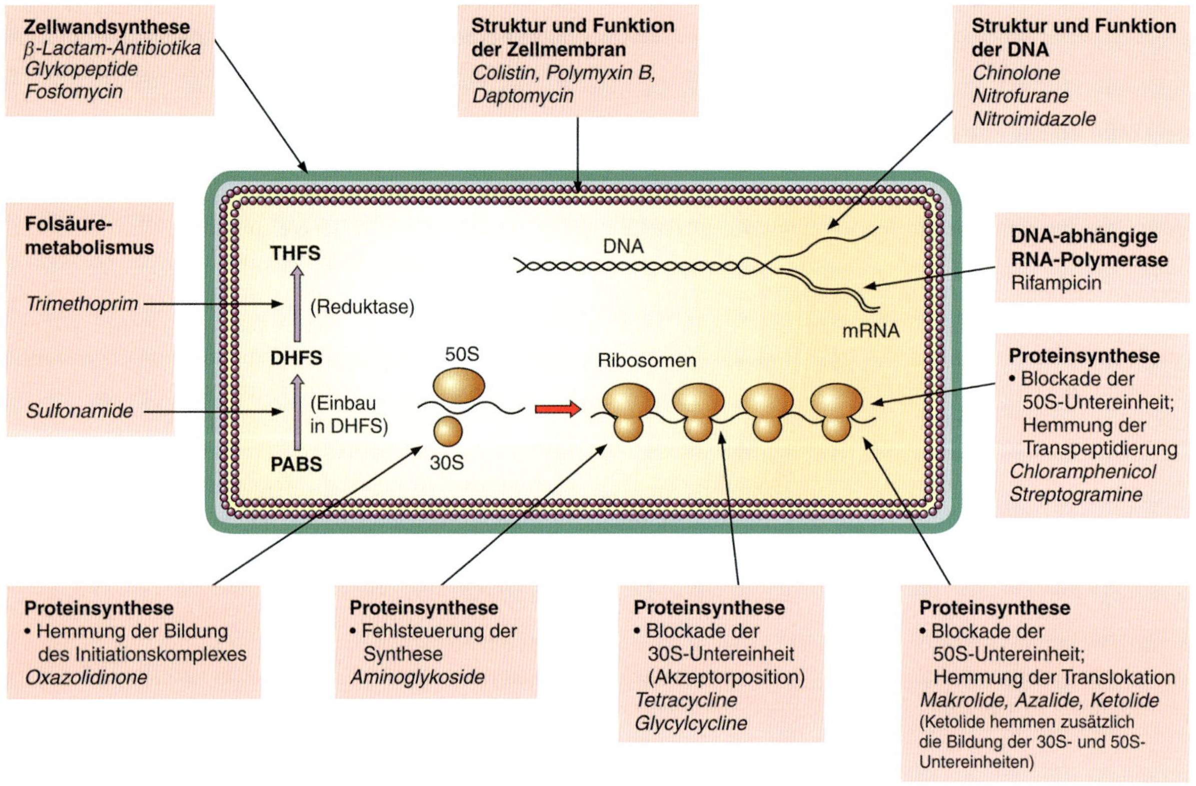

Abb. 5.43 Angriffspunkte von Antibiotika. Sämtliche Stoffwechselwege der Bakterien werden von einzelnen Antibiotika-Klassen gestört – vom Aufbau bzw. Erhalt der Zellwand (Murein) über die Transkription der DNA auf die RNA bis hin zur Proteinsynthese an den Ribosomen. Sulfonamide greifen in den Folsäuremetabolismus der Zellen ein. [L253]

der bakterizid wirksamen Antibiotika gehören beispielsweise die Penicilline, Cephalosporine und Aminoglykosid-Antibiotika; wichtige Vertreter der **bakteriostatisch** wirkenden Antibiotika sind Erythromycin und Doxycyclin.

Zu beachten ist, dass sich die bakteriziden Antibiotika ob ihrer schnelleren, „radikaleren" Wirkungsweise nicht ausnahmslos positiv auswirken müssen. Denn die bakteriostatisch wirksamen unterbinden die weitere Vermehrung der Erreger ebenfalls, eröffnen jedoch dem Immunsystem gleichzeitig die Möglichkeit, sich noch intensiver mit den Erregern zu beschäftigen, wodurch im Idealfall die spezifische Immunität eben auch effektiver aufgebaut wird. Letztendlich jedoch steht die jeweilige Wirkweise nicht im Vordergrund, denn es geht einfach darum, dasjenige Antibiotikum empirisch oder über die exakte Definition des zuständigen Labors auszuwählen, das bei einem bestimmten Erreger die beste Wirkung besitzt.

Die allgemein in der Therapie zu beachtenden Eigenschaften der Pharmaka hinsichtlich Resorption, Verteilungsräumen im Körper, Metabolismus und beispielsweise der Frage einer Ausscheidung über Niere *oder* Galle sind bei den Antibiotika besonders wichtig:

- Ist beispielsweise eine bakterielle Meningitis durch einen Erreger zu behandeln, der gegenüber Penicillin empfindlich ist, so nutzt dieses Wissen nichts, wenn das Penicillin die Blut-Hirn-Schranke mangels Fettlöslichkeit gar nicht zu durchdringen vermag. Diese Barriere kann andererseits bei zerebralen Entzündungen auch durchlässiger werden, sodass man bei diesbezüglichen therapeutischen Überlegungen oft auf Erfahrungswerte angewiesen ist.
- Ein nierengängiges Antibiotikum kann bei einer Cholezystitis keine Verwendung finden.
- Ein Antibiotikum, das sich lediglich im Extrazellulärraum verteilt, ohne in Körperzellen aufgenommen zu werden, wird gegen sich intrazellulär vermehrende Bakterien nicht wirken können.
- Auch die Frage einer eventuellen Plazentagängigkeit oder eines Übertritts in die Muttermilch muss geklärt sein, ebenso potenziell mögliche spezifische (Neben-)Wirkungen auf den Feten bzw. das geborene Kind.

HINWEIS PRÜFUNG

Die Wirkmechanismen der Antibiotika besitzen für die Heilpraktikerprüfung keinerlei Bedeutung.

5.12.1 Penicilline und Cephalosporine

Wirkmechanismen

Penicilline (➤ Abb. 5.44) und Cephalosporine (➤ Abb. 5.45) wirken auf das **Murein** der bakteriellen **Zellwand**, indem sie die Vernetzung des Riesenmoleküls unterbrechen und damit regelrechte

6-Aminopenicillansäure

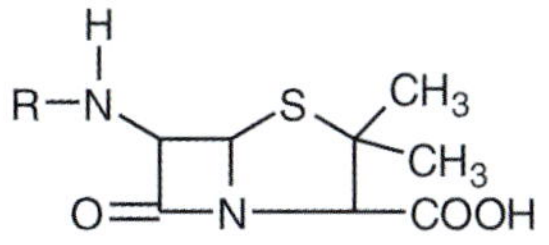

Abb. 5.44 Grundgerüst der Penicilline [L253]

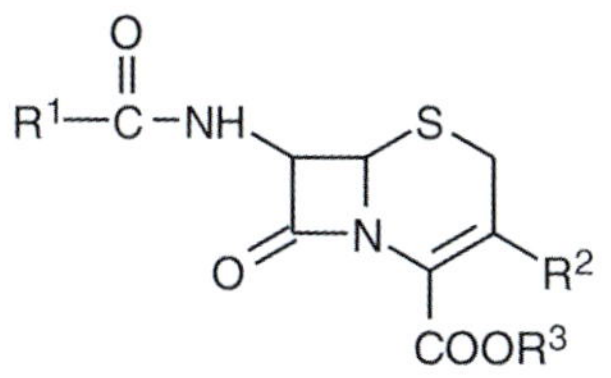

Abb. 5.45 Grundgerüst der Cephalosporine [L253]

Löcher in der Zellwand verursachen. Daneben hemmen sie die Mureinbiosynthese. Sie kommen damit dem Ideal einer Bakterienschädigung ohne Nebenwirkung auf menschliche Zellen sehr nahe; menschliche Zellen besitzen keine Zellwand und damit auch kein Murein.

Einschränkungen der Therapie

Gramnegative Bakterien weisen außerhalb ihres Mureins eine weitere, lipidhaltige Schutzschicht auf (➤ Abb. 5.46, ➤ Fach Mikrobiologie). Diese Schicht wird von Penicillinen und Cephalosporinen teilweise nur schlecht durchdrungen, sodass einzelne Antibiotika überwiegend nur bei den **grampositiven** Bakterien wirksam sind. Während z.B. ein Breitspektrum-Penicillin wie Ampicillin oder die Mehrzahl der Cephalosporine die Wand gramnegativer Bakterien problemlos durchdringen können, gelingt dies dem ursprünglichen Penicillin (Penicillin G) nicht einmal ansatzweise, sodass keinerlei Wirkung gegeben ist.

Zahlreiche Bakterien haben in den Jahrzehnten des therapeutischen Penicillineinsatzes Abwehrstrategien entwickelt. Der wichtigste Mechanismus bestand in der Entwicklung eines Enzyms namens **β-Laktamase**, das den **β-Laktam**-Ring der Antibiotika spaltet und damit die antibakterielle Wirkung zunichte macht. Nachdem dieser Mechanismus entdeckt worden war, entwickelte man die Antibiotika gezielt in die Richtung resistenter Moleküle oder fügte den Präparaten einen Hemmstoff der β-Laktamase wie z.B. **Clavulansäure** bei.

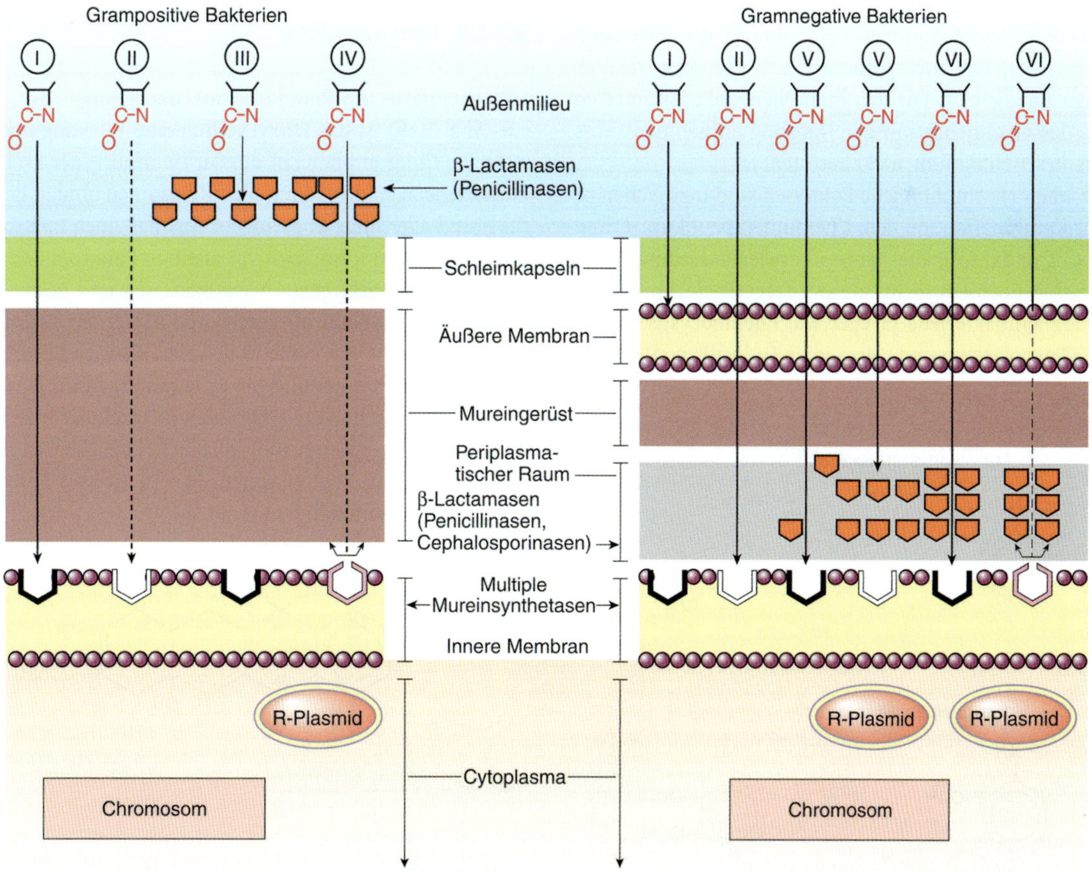

Abb. 5.46 Zellwandaufbau von grampositiven und gramnegativen Bakterien sowie Penetrationsverhalten verschiedener Penicilline und Cephalosporine (Seitenkette I–VI) zu den Zielenzymen, den Mureinsynthetasen [L253]

MERKE

Penicilline und Cephalosporine stellen, auch in ihren gezüchteten Entwicklungsstufen der Breitspektrum-Penicilline (z.B. Amoxicillin) bzw. moderner Cephalosporine der „2. oder 3. Generation" immer noch die **wichtigsten Gruppen der Antibiotika**. Dies ist abgesehen von ihrem teilweise sehr breiten Wirkspektrum vor allem in ihrer **guten Verträglichkeit** begründet, die selbst einen Einsatz bei Säuglingen bzw. in Schwangerschaft und Stillzeit erlaubt. Von Nachteil ist, dass gerade Penicillin unter allen Antibiotika am häufigsten zu **Allergisierungen** führt **(Penicillinallergie)**, die dann eventuell auch die chemisch verwandten Cephalosporine mit einschließen.

HINWEIS DES AUTORS

So manche im Allergiepass eingetragene „Penicillinallergie" entstammt allerdings einem Missverständnis. Das bekannteste Beispiel hierfür bildet die infektiöse Mononukleose, die bei allzu oft unzureichender Diagnostik mit einer eitrigen Angina tonsillaris verwechselt und deshalb mit Penicillin behandelt wird. Vor allem bei einer Therapie dieser **viralen** Infektion mit Breitspektrum-Penicillinen wie Amoxicillin kommt es dabei zu einem **Exanthem**, welches in Unkenntnis der Zusammenhänge als Allergie fehldiagnostiziert wird. In der Folge wird bei den Betroffenen lebenslang eine Therapie mit den beiden wichtigsten und vergleichsweise nebenwirkungsärmsten Antibiotikaklassen unmöglich.

5.12.2 Sulfonamide

Sulfonamide (➤ Abb. 5.47) greifen hemmend in den Mechanismus der bakteriellen **Folsäuresynthese** ein, wodurch keine Vermehrung mehr möglich ist. Für den Menschen stellt Folsäure ein Vitamin dar, das er ohnehin mit der Nahrung aufnehmen muss, sodass er von dieser Hemmung nicht betroffen ist.

Zahlreiche, ehemals empfindliche Bakterien sind inzwischen resistent. In der Kombination mit dem Chemotherapeutikum Trimethoprim (= Cotrimoxazol), die heute überwiegend zum Einsatz kommt, wird aber noch ein recht breites Erregerspektrum erfasst. Sogar einzelne nichtbakterielle Erreger wie Pneumocystis jiroveci (= Pilze) oder Toxoplasmen und Plasmodien (= Protozoen) werden geschädigt.

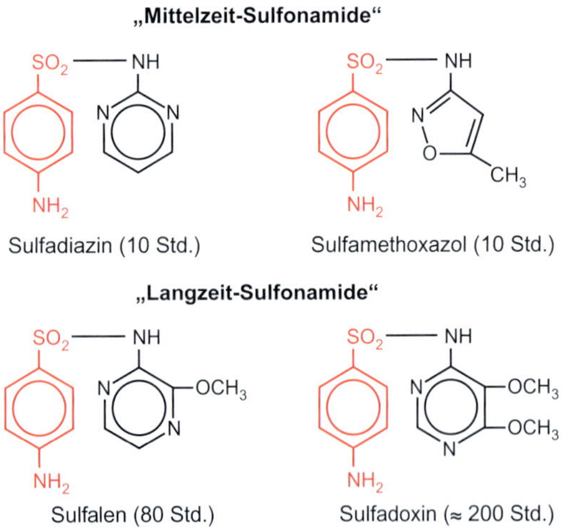

Abb. 5.47 Sulfonamide [L253]

MERKE

Haupteinsatzgebiete sind Harnwegsinfekte und eitrige Bronchitiden.

5.12.3 Chloramphenicol

Chloramphenicol (➤ Abb. 5.48) hemmt die Proteinsynthese an bakteriellen Ribosomen. Es ist wirksam gegen eine sehr große Anzahl unterschiedlichster Bakterien.

Wegen seiner seltenen, dosisunabhängigen Verursachung eines tödlichen aplastischen Syndroms mit **irreversibler Schädigung des Knochenmarks** wird es heute kaum noch eingesetzt. Beim Typhus abdominalis war es noch bis in die 1990er-Jahre hinein Mittel der Wahl. Danach wurde es auch hier von den Chinolonen verdrängt.

Letzte Bastion für Chloramphenicol stellt wegen seiner guten Liquorgängigkeit die stets lebensgefährliche bakterielle Meningitis dar, sofern andere Antibiotika versagen.

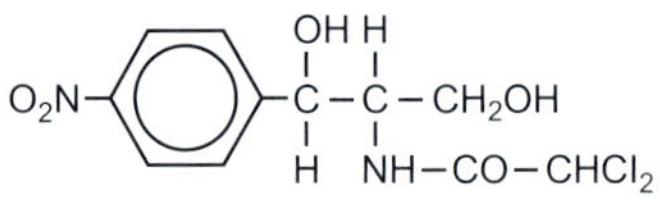

Abb. 5.48 Chloramphenicol [L253]

5.12.4 Tetrazykline

Das wichtigste Antibiotikum aus der Gruppe der Tetrazykline (➤ Abb. 5.49) ist das **Doxycyclin.** Seine Wirkung beruht, ähnlich wie beim Chloramphenicol, auf der Hemmung der Proteinsynthese, indem es sich an die bakteriellen Ribosomen bindet. Bei Überdosierung sind allerdings in geringem Ausmaß auch menschliche Ribosomen betroffen – zunächst vor allem in Pankreas und Darmtrakt.

Doxycyclin wirkt gegen viele Bakterien und besitzt den großen Vorteil, über die **Galle** ausgeschieden zu werden, sodass eine etwaige Niereninsuffizienz keine Rolle spielt. Es wird bevorzugt bei bakteriellen Bronchitiden und bei Entzündungen im Bereich der Gallenwege eingesetzt. Auch gegenüber intrazellulär lebenden und dadurch von zahlreichen Antibiotika nicht angreifbaren Bakterien wie z.B. Chlamydien, Mykoplasmen oder (teilweise) Borrelien besteht eine gute Wirksamkeit.

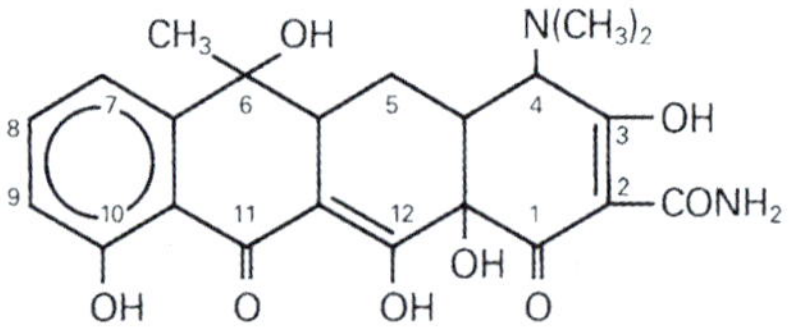

Abb. 5.49 Tetracyclin [L253]

Nebenwirkungen

Neben seltenen Allergisierungen bzw. den bei allen Antibiotika möglichen Nebenwirkungen auf den Magen-Darm-Trakt wie

Übelkeit oder Durchfälle ist bei den Tetrazyklinen nicht so ganz selten eine **Photosensibilisierung** mit übermäßigen Hautrötungen unter Sonneneinstrahlung zu beachten. Außerdem gibt es für die Gruppe der Tetrazykline zwei **Kontraindikationen**, die besondere Erwähnung verdienen: Zum einen sind sie für Schwangere und Kinder nicht geeignet, weil sie während der Zahnentwicklung zu Verfärbungen führen können und sich darüber hinaus in den wachsenden Knochen einlagern. Zum anderen gilt für die Einnahme (bei Doxycyclin üblicherweise 1-mal/Tag 100–200 mg), dass sie nicht gemeinsam mit Ionen wie Aluminium, Eisen oder Calcium erfolgen darf, weil andernfalls unlösliche Komplexe entstehen. Eisenpräparate, Antazida und Milch(-Produkte) sollten also nur mit ausreichendem zeitlichen Abstand zugeführt werden.

5.12.5 Chinolone

Die Chinolone (➤ Abb. 5.50) werden chemisch im Labor hergestellt. Ihre Vertreter wie Ofloxacin (Tarivid® und Generika) oder Ciprofloxacin (Ciprobay® und Generika) besitzen ein besonders breites Wirkungsspektrum und können häufig noch eingesetzt werden, wenn andere Antibiotika versagen. Zahlreiche Neuentwicklungen haben dieses Spektrum nochmals erweitert.

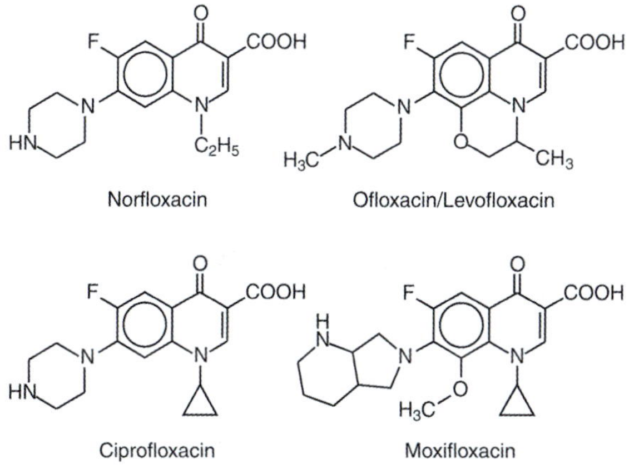

Abb. 5.50 Chinolone [L253]

Wirkmechanismus

Die bakterielle DNA besteht aus einem sehr langen Faden, der im Zusammenhang mit seiner Synthese bei der Zellteilung ringförmig und sehr eng gefaltet werden muss, damit er in die Tochterzellen passt. Diese Fältelung besorgt ein bakterielles Enzym namens **Gyrase** (➤ Abb. 5.51). Die Chinolone hemmen nun eben diese bakterielle Gyrase und tragen deswegen auch die Bezeichnung **Gyrase-Hemmer**. In der Folge der Hemmung können sich die Bakterien nicht mehr vermehren.

Mittel der Wahl sind die Chinolone beim Typhus abdominalis sowie bei Infektionen, die durch andere Antibiotika nicht abgedeckt werden (beispielsweise Pseudomonas, Enterobakterien, Staphylokokken oder Haemophilus ducreyi, den Erreger des Ulcus molle). Sie dienen also überwiegend als **Reserveantibiotika**. Ihr Spektrum schließt auch intrazellulär lebende Bakterien mit ein, sodass sie z.B. bei akuten Chlamydien-Infektionen sehr gut wirksam sind.

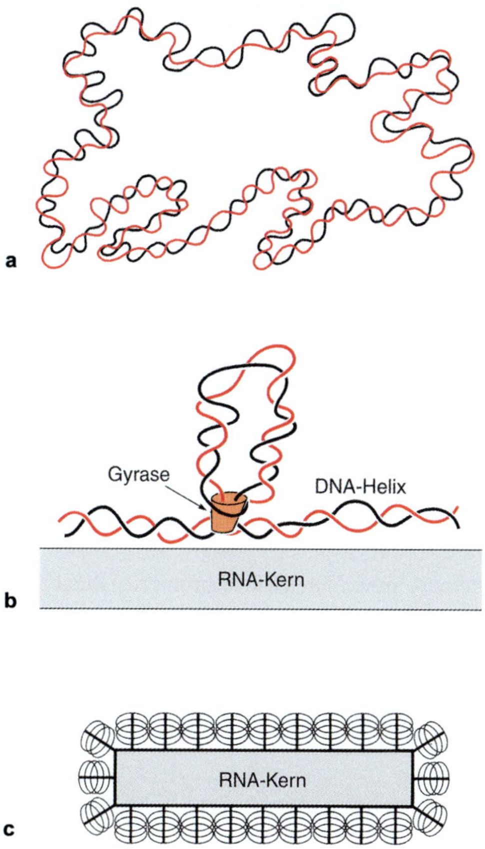

Abb. 5.51 Wirkung der bakteriellen Gyrase. **a** Entfaltetes bakterielles Chromosom. **b** Die Gyrase bewirkt die Fältelung der DNA. **c** Das bakterielle Chromosom ist nach der Fältelung verdichtet. [L253]

Besondere Aufmerksamkeit erhielten die Chinolone, und hier besonders das Ciprofloxacin (Ciprobay®), im Herbst 2001 wegen ihrer besonders zuverlässigen Wirksamkeit gegenüber Bacillus anthracis, den Erreger des Milzbrands. Der Milzbrandbacillus wurde damals in den USA „postalisch verschickt" und erzeugte dadurch eine regelrechte Hysterie.

Die Empfehlung, Gyrasehemmer überwiegend nur dann einzusetzen, wenn übliche Antibiotika nicht ausreichend wirksam sind, wird teilweise wenig beachtet, weshalb nun auch bei dieser Gruppe die Resistenzen zugenommen haben. Der Status breit einsetzbarer Reserveantibiotika ging damit inzwischen verloren.

Nebenwirkungen

Chinolone können den wachsenden **Gelenkknorpel** schädigen, weshalb sie bei Kindern und Jugendlichen oder in der Schwangerschaft nicht indiziert sind. Abgesehen hiervon betreffen die häufigsten Nebenwirkungen, neben dem Magen-Darm-Trakt, das **Nervensystem**.

5.12.6 Makrolid-Antibiotika

Der erste Vertreter der Makrolide (➤ Abb. 5.52), das **Erythromycin**, wurde inzwischen durch modernere Entwicklungen ergänzt (*nicht* ersetzt). Gewonnen, und im Labor weiterentwickelt, werden die Antibiotika aus Streptomyces-Arten. Auch die Makrolide binden an die bakteriellen Ribosomen und behindern dadurch die Proteinsynthese.

Erythromycin und seine Abkömmlinge sind vergleichsweise arm an Nebenwirkungen und besitzen ein breites Wirkspektrum, das auch Chlamydien und Mykoplasmen mit einschließt. Sie gehören zu den Antibiotika, die (neben Penicillin und den Cephalosporinen) häufig in der Schwangerschaft oder bei Kindern eingesetzt werden und hier bei Pneumonien und Bronchitiden, aber auch z.B. beim Keuchhusten eine sehr gute Wirksamkeit zeigen. Daneben dienen sie ganz pauschal als Penicillin-Ersatz, wenn dasselbe aus irgendwelchen Gründen (z.B. bei Penicillinallergie) nicht eingesetzt werden kann.

Die modernen Entwicklungen Roxithromycin (Rulid® und Generika), Azithromycin (Zithromax® und Generika) oder Clarithromycin (Klacid® und Generika) sind in der Eradikationstherapie der Helicobacter-Infektion enthalten – gemeinsam mit Amoxicillin und einem Protonenpumpenhemmer (sog. Triple-Therapie).

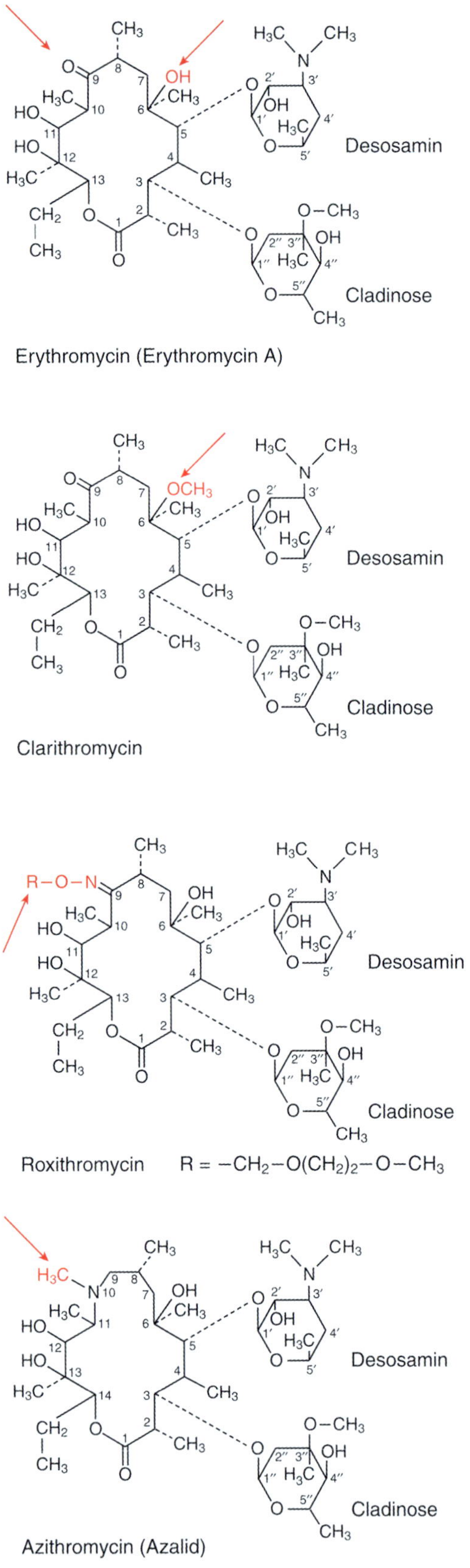

Abb. 5.52 Makrolide [L253]

5.12.7 Selten eingesetzte Antibiotika

Es gibt eine große Anzahl weiterer Antibiotika, die nur sehr eng begrenzte Einsatzgebiete besitzen – z.B. einen Einsatz an Geweben wie Knochen und Haut oder bei bestimmten Infektionen, denen anders nicht beizukommen ist. Hierzu gehören **Tuberkulostatika** (bei Tuberkulose) oder **Reserveantibiotika** für besonders resistente Keime wie **Clostridium difficile** oder multiresistente Krankenhauskeime wie **MRSA** (nosokomiale Infektionen).

Vancomycin (➤ Abb. 5.53), ein chemisch ungeheuer komplex aufgebautes Antibiotikum, dient ausschließlich als Reserve-Antibiotikum und wird beispielsweise gegen Clostridium difficile im Rahmen einer Colitis pseudomembranacea eingesetzt, bei der nahezu alle übrigen Antibiotika versagen. 2002 ging der Status des allzeit wirksamen Therapeutikums allerdings verloren, indem die ersten Stämme von Staphylococcus aureus nachgewiesen wurden, die noch nicht einmal mehr gegen Vancomycin empfindlich sind. Bei weiteren Reserveantibiotika wie den **Carbapenemen** ist die aktuelle Situation auch nicht besser. Grundsätzlich gilt selbst bei diesen Antibiotika, dass sie häufig entgegen den Vorgaben auch dann eingesetzt werden, wenn übliche Antibiotika wirksam wären, und dass etliche ihrer Vertreter sogar bei „Nutztieren" Verwendung finden, wodurch die Resistenzentwicklung ohnehin vorgezeichnet ist.

MERKE

Von einigen antibiotischen Salben abgesehen sind Antibiotika grundsätzlich verschreibungspflichtig und bleiben deshalb dem Arzt vorbehalten.

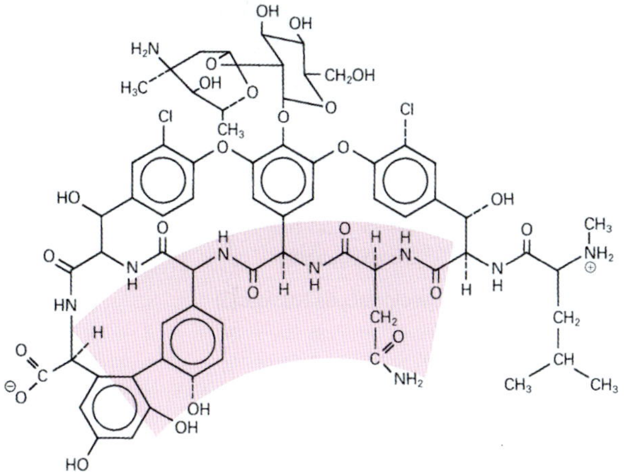

Abb. 5.53 Vancomycin [L253]

Zusammenfassung

Antibiotika

*Anti*bakteriell wirksame, *bio*synthetisch gewonnene Naturstoffe mit Schutzfunktion gegenüber der bakteriellen Umwelt. Auch chemisch im Labor hergestellte, antibakteriell wirksame Substanzen werden inzwischen dazugerechnet.

Antibiotika-Klassen

- Penicilline
- Amoxicillin als Vertreter der Breitspektrum-Penicilline
- Cephalosporine
- Sulfonamide
- Doxycyclin als Hauptvertreter der Tetrazykline
- Chinolone
- Erythromycin als Vertreter der Makrolide

Wirkmechanismen

- bakterizid: töten Bakterien ab
- bakteriostatisch: verlangsamen oder verhindern die weitere Vermehrung der Bakterien

Penicilline und Cephalosporine

- schädigen die Zellwand der Bakterien
- wichtigste Gruppen der Antibiotika

Sulfonamide

- hemmen den Mechanismus der bakteriellen Folsäuresynthese
- Haupteinsatzgebiete sind Harnwegsinfekte und eitrige Bronchitiden.

Chloramphenicol

- hemmt die Proteinsynthese an bakteriellen Ribosomen
- wird wegen seiner potenziellen Toxizität kaum noch eingesetzt
- gilt als Reserveantibiotikum für die eitrige Meningitis

Tetrazykline

- hemmen die Proteinsynthese an bakteriellen Ribosomen
- werden besonders bei bakteriellen Bronchitiden und bei Entzündungen im Bereich der Gallenwege eingesetzt
- sind auch gegenüber intrazellulär lebenden Bakterien (z.B. Chlamydien) wirksam

Chinolone (Gyrase-Hemmer)

- hemmen die bakterielle Gyrase
- sehr breites Wirkspektrum
- Mittel der Wahl beim Typhus abdominalis sowie bei Infektionen, die durch andere Antibiotika nicht abgedeckt werden

Makrolide

- hemmen die Proteinsynthese an bakteriellen Ribosomen
- breites Wirkspektrum einschließlich intrazellulärer Bakterien (z.B. Chlamydien)
- wichtigste Alternative zu Penicillin, u.a. bei Kindern und in der Schwangerschaft

5.13 Virustatika

Viren besitzen keine Zellen und damit auch keinen eigenen Stoffwechsel. Sie stellen im eigentlichen Sinn keine Lebensform dar und sind für ihre Replikation auf Wirtszellen angewiesen. Sie besitzen dementsprechend keine Zellwand und schon gar kein Murein; sie enthalten auch keine Ribosomen, die man hemmen könnte. Folsäure oder andere Vitamine werden weder gebildet noch benötigt. Antibiotika können deshalb bei einer viralen Infektion nicht wirksam sein.

Viren besitzen teilweise einzelne Enzyme, die im Virus selbst mangels Stoffwechsel unwirksam sind, bei einer nachfolgenden Invasion in tierische bzw. menschliche Wirtszellen jedoch die eigene Replikation beschleunigen. Das virale Kapsid besteht aus Proteinen und zeigt einen spezifischen Aufbau. Inzwischen gibt es Chemotherapeutika, welche die virusspezifischen Strukturen (Hülle, Kapsid, Enzyme u.a.) zum Angriffspunkt haben und eine tatsächliche **antivirale Therapie** ermöglichen. Die Entwicklung neuer Virustatika (Virostatika) erfolgt seit dem Beginn der AIDS-Pandemie in rasantem Tempo. Besonders profitiert von dieser Entwicklung haben Patienten mit chronischer Hepatitis B oder C – Erkrankungen, die erst dadurch heilbar wurden.

5.13.1 Aciclovir

Lokal oder systemisch gut wirksam gegenüber einer Infektion durch **Herpesviren** (Herpes labialis, Herpes Zoster) sind Aciclovir und seine Weiterentwicklungen (➤ Abb. 5.54). Sie hemmen aufgrund ihrer Strukturähnlichkeit zu Guanin bzw. Guanosin, einer der 4 Basen der DNA, in den Wirtszellen die virusspezifische DNA-Polymerase (➤ Abb. 5.55). Die Lippencreme ist rezeptfrei erhältlich. Eine gut wirksame, nebenwirkungsfreie Alternative für die Lokaltherapie des Herpes labialis stellt Virudermin® (enthält Zinksulfat) dar.

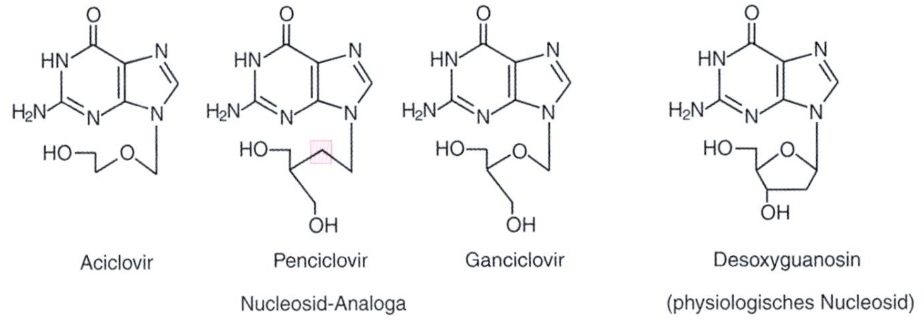

Abb. 5.54 Virustatika der Aciclovir-Gruppe [L253]

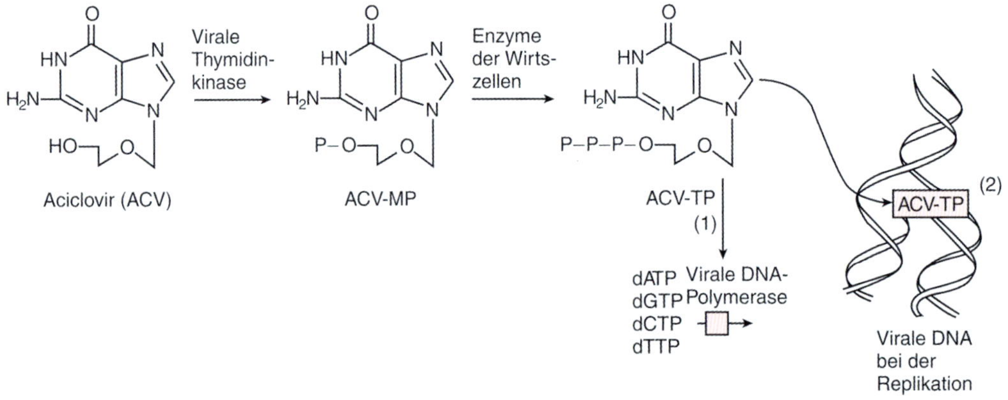

Abb. 5.55 Wirkmechanismus von Aciclovir. Das Medikament wird durch die Thymidinkinase der Viren in ein Monophosphat umgewandelt (ACV-MP). Enzyme der Wirtszellen fügen dem Monophosphat zwei weitere Phosphatreste hinzu, sodass Aciclovir-Triphosphat entsteht. ACV-TP ist das eigentlich wirksame Virustatikum, das einmal die virale DNA-Polymerase blockiert (1) und zum anderen den DNA-Strang unterbricht, wenn es in ihn eingebaut wird (2). [L253]

5.13.2 Oseltamivir

Die Substanz ist als **Tamiflu**® im Handel (➤ Abb. 5.56).

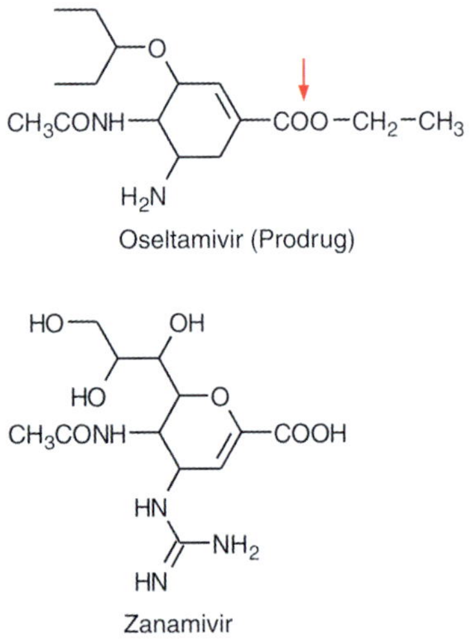

Abb. 5.56 Strukturformeln der Neuraminidasehemmer (der Pfeil weist auf die Esterbindung, die im Organismus gespalten werden muss, damit die Wirkung eintritt) [L253]

Das verwandte Zanamivir ist ebenfalls erhältlich, wird aber oral kaum resorbiert. Eingesetzt wird Tamiflu® bei der (echten) Virusgrippe (Influenza), weil es gezielt das Enzym Neuraminidase der Virushülle hemmt und damit Ausschleusung und weitere Vermehrung des Virus unterbindet. Allerdings kann eine nennenswerte Wirksamkeit nur in den ersten Krankheitstagen bzw. prophylaktisch nach Kontakt zu einem Infizierten erwartet werden und selbst dann entspricht die Wirksamkeit nach neueren Untersuchungen nicht annähernd den Erwartungen, die der Hersteller geweckt hatte. Die mit Millionenaufwand erstellten Notfallbevorratungen zentraler Einrichtungen der Bundesländer, gedacht als Prophylaxe vor einer besonders schwer verlaufenden Grippeepidemie, besitzen wahrscheinlich keinen nennenswerten Nutzen.

5.13.3 HIV-wirksame Substanzen

Die **Überlebenszeit** von HIV/AIDS hat sich aufgrund der zunehmenden Zahl an antiviral wirksamen Medikamenten (➤ Abb. 5.57) gegenüber der Situation noch am Ende des 20. Jahrhunderts um **Jahrzehnte verlängert**. Bei frühzeitig einsetzender Therapie wird das Überleben der Betroffenen überhaupt nicht mehr verkürzt, wenn auch als Folge möglicher Nebenwirkungen, sozialer Beschränkungen und beständiger medizinischer Kontrollen durchaus beeinträchtigt. Dadurch, dass diese Therapien

Freiname	Strukturformel
Amprenavir	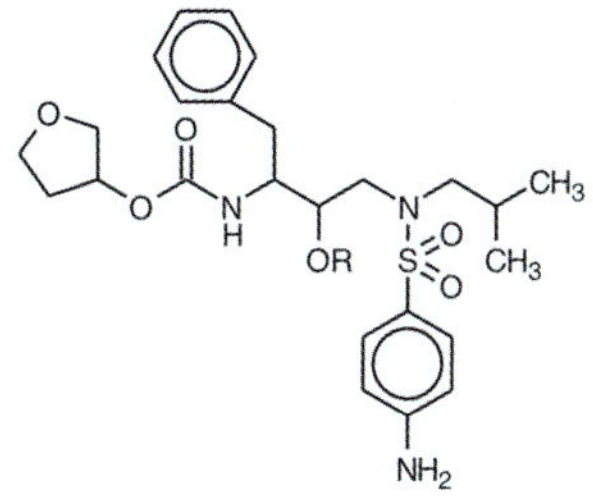
Lopinavir	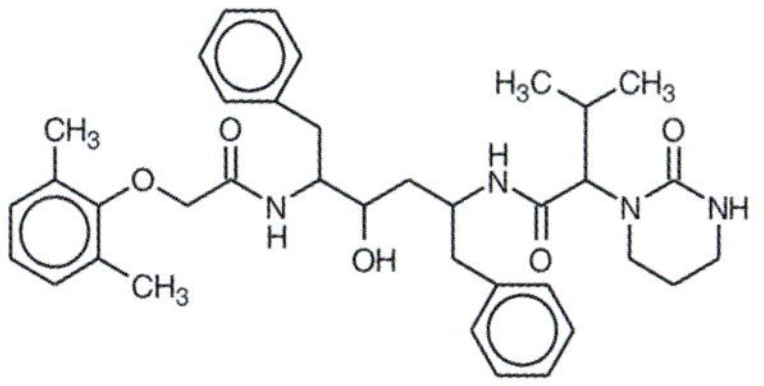
Saquinavir	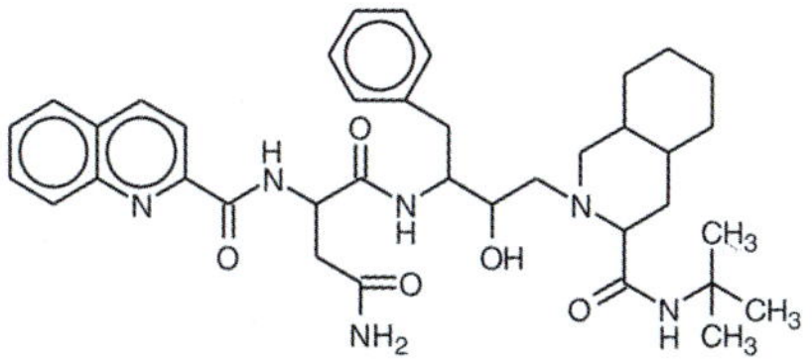
Indinavir	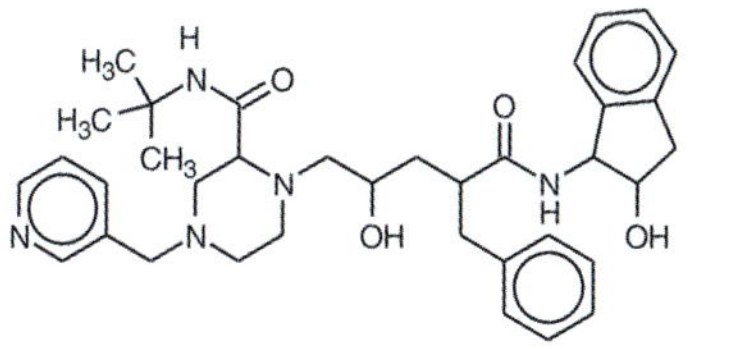
Ritonavir	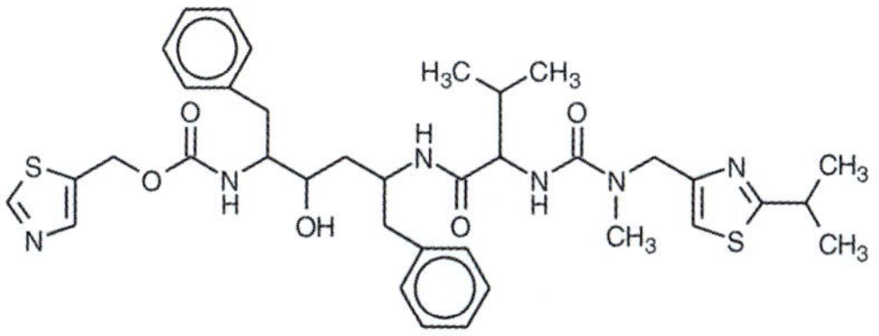
Nelfinavir	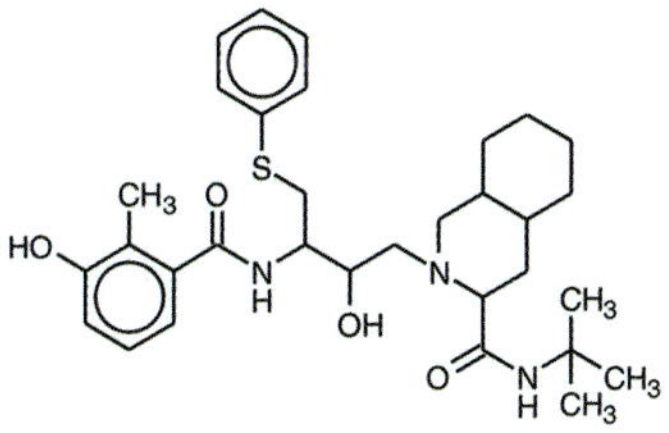

Abb. 5.57 Beispiele HIV-wirksamer Virustatika [L253]

inzwischen (zumindest theoretisch) weltweit zur Verfügung stehen, weil die in den westlichen Ländern extrem teuren Medikamente trotz ihres Patentschutzes in der Dritten Welt vergleichsweise überaus preiswert nachgebaut werden dürfen (ein absolutes Novum und der WHO zu verdanken!), gehen seit einigen Jahren nicht nur die Zahl an Todesfällen, sondern sogar diejenige der Neuinfektionen kontinuierlich immer weiter zurück. Eine große Geisel der Menschheit scheint nahezu besiegt. Zumindest hat sie ihren Schrecken verloren.

Die verwendeten Substanzen greifen in unterschiedlichste Mechanismen der viralen Vermehrung ein, hemmen die viruseigenen Enzyme oder blockieren den Rezeptor für die Adsorption des Virus an menschliche Zellen. Üblich sind Kombinationen mehrerer Medikamente mit unterschiedlichem Angriffspunkt. Sie müssen allerdings weit überwiegend lebenslang eingenommen werden, weil die Virusvermehrung nach ihrem Absetzen von neuem beginnt.

Zusammenfassung

Virustatika

Aciclovir
- hemmt die virusspezifische DNA-Polymerase
- gut wirksam gegen Herpesviren

Oseltamivir
- hemmt die Neuraminidase der Virushülle
- wirksam gegen die Virusgrippe

HIV-wirksame Substanzen
- greifen in unterschiedlichste Mechanismen der viralen Vermehrung ein
- hemmen die viruseigenen Enzyme oder blockieren den Rezeptor für die Adsorption an menschliche Zellen
- ermöglichen keine Heilung, aber eine weitgehend unbeschränkte Lebenszeit

5.14 Zytostatika

Einführung

Zytostatika stellen eine große Gruppe von Medikamenten dar, welche die Zellteilung hemmen („Zyto-Stase") und die deshalb überwiegend bei **malignen Erkrankungen** mit ihren teilweise enormen Zellteilungsraten eingesetzt werden. Sie werden auch als **Chemotherapeutika** bezeichnet und zur **„Chemotherapie"** verwendet, worunter v.a. der Laie grundsätzlich die zytostatische Therapie versteht. In der Medizin werden die Begriffe ebenfalls synonym verwendet, doch kann man auch **Antibiotika** bzw. ganz pauschal „chemisch wirkende" Medikamente als Chemotherapeutika bezeichnen, weshalb im Einzelfall Missverständnisse möglich sind. Manchmal gibt es sogar fließende Übergänge zwischen diesen beiden Substanzklassen, indem einzelne, von Bakterien oder Pflanzen als Schutz vor der mikrobiellen Umwelt produzierte Antibiotika zusätzlich zytostatische Wirkungen besitzen, die tatsächlich auch therapeutisch genutzt werden können.

Die Chemotherapie maligner Erkrankungen wird, ergänzend oder alternativ zur chirurgischen Behandlung und radiologischen Bestrahlung von Malignomen, grundsätzlich dann eingesetzt, wenn ein diagnostizierter Primärtumor allein durch operative Entfernung **nicht vollständig** entfernt werden kann, wenn dies bei noch unklarer Metastasierungssituation **unsicher** erscheint, oder wenn eine operative Sanierung von vornherein **nicht in Frage kommt** wie z.B. bei umfangreichen Metastasierungen, bei hämatologischen Malignomen (Leukämien und Lymphomen) oder an Lokalisationen wie z.B. Kehlkopf oder Auge, wo es um den Erhalt von Organen geht. Nicht so selten werden auch zunächst einzelne chemotherapeutische Zyklen durchgeführt mit dem Ziel, einen ausgedehnten Tumor so weit zu verkleinern, dass er anschließend umfassend operativ entfernt werden kann.

Wirksame Zytostatika wurden über Jahrzehnte mehr oder weniger zufällig entdeckt und **empirisch definiert**, z.B. durch lange **Versuchsreihen** an Zellkulturen und ihren nachfolgenden Einsatz bei Mäusen und Ratten. Wenn bei den Versuchstieren Wirksamkeitsnachweise bei vertretbaren und prinzipiell reversiblen Nebenwirkungen erbracht wurden, begannen die klinischen Studien der verschiedenen Phasen. Optimale Dosierung, Wirkungen und Nebenwirkungen am Menschen mussten gewissermaßen „austitriert" werden und blieben ursächlich häufig zunächst unverstanden.

Seit den 1990er-Jahren wurden im Hinblick auf das Verständnis der **molekularen Wirkungsweise** und exakten **zellulären Angriffspunkte** der einzelnen Substanzen, auf ursächliches Erkennen möglicher **Nebenwirkungen** mit immer effektiveren **Vermeidungsstrategien** oder hinsichtlich international erarbeiteter **Therapiestandards** mit immer weiter perfektionierten Ansprechraten **Fortschritte** erzielt wie auf kaum einem anderen medizinischen Gebiet. Vieles, das früher im besten Fall palliativ behandelbar war, weist heute immense Heilungsraten auf oder führt zumindest zu langjährigen Überlebenszeiten in guter Lebensqualität.

Ermöglicht wurden die unglaublichen Fortschritte seit den 1990er-Jahren v.a. durch das immer genauere Verständnis um die molekularen und genetischen Besonderheiten entarteter Zellen einschließlich ihrer spezifischen Signalwege, die nun durch neu entwickelte Substanzen gezielt beeinflusst werden können. Weltweit zugängliche Datenbanken und internationale Gemeinschaftsstudien tragen zum Fortschritt bei, sodass es heute nur noch eine relativ geringe Zahl an bedeutenden primären Neoplasien gibt, die durch eine Chemotherapie nicht potenziell geheilt oder wenigstens im Verein mit weiteren Maßnahmen wie z.B. Bestrahlungen zufriedenstellend behandelt werden können. Hierzu gehören v.a. die Karzinome von Pankreas, Leber und Gallenwegen, die Niere, Unterformen des Bronchialkarzinoms sowie das maligne Melanom, auch wenn selbst bei diesen Malignomen erhebliche Lebensverlängerungen möglich geworden sind.

Die grundsätzlichen Eigenschaften maligner Neoplasien werden im ➤ Fach Allgemeine Pathologie besprochen. Da die Kenntnis dieser Eigenschaften eine Voraussetzung für das Verständnis ihrer Behandlungen darstellt, sollten sie dort zunächst (nochmals) nachgelesen werden.

EXKURS

Die frühere, beinahe „handwerkliche Suche" nach neuen Wirksubstanzen wurde durch die extrem erweiterten Analysemethoden der Neuzeit wesentlich erleichtert und gleichzeitig sehr viel effektiver. Dazu gehört neben den bereits angesprochenen Sequenzierungen biologischer Moleküle mitsamt ihrer dreidimensionalen Raumstruktur auch der Nachbau chemisch definierter Moleküle am **Computer**. Man benötigt von daher nicht mehr die endlosen Versuchsreihen vergangener Jahre, sondern kann die passenden Moleküle heute sehr gezielt konstruieren und herstellen. Nichtsdestotrotz findet man auch heute noch **zusätzliche Wirkungen** bei Substanzen, die ursprünglich für einen gänzlich **anderen Einsatzzweck** entwickelt worden waren.

Ein Beispiel für diese „Doppelwirkung" von Substanzen, aber auch dafür, wie mühsam sich selbst heute noch die Suche gerade nach Inhaltsstoffen mit antibakterieller oder zytostatischer Wirksamkeit im Tier-, Pflanzen-, Pilz- und Prokaryontenreich gestaltet, bietet ein **Protein** aus einer brasilianischen **Wespenart**. Das Protein wurde 2015 bei der Aufarbeitung des Wespengifts isoliert und von den Forschern als **MP1** bezeichnet. Zunächst fiel die breite antibakterielle (bakterizide) Wirksamkeit von MP1 auf, bei den nachfolgenden Untersuchungen auch eine ganz besondere zytostatische Eigenschaft: Es dockt spezifisch an maligne Zellen an, weil sich deren Zellmembranen geringfügig von gesunden Zellen unterscheiden, und zerstört diese Zellen durch Porenbildung, ohne nach bisherigen Untersuchungen gesunde Zellen zu erfassen. Der molekulare Mechanismus wurde teilweise bereits entschlüsselt. Natürlich wird sich die weitere Forschungsarbeit trotzdem noch etliche Jahre hinziehen, bis der Wert dieser vorläufigen Ergebnisse abgeschätzt werden kann und schließlich, sofern alles passt, ein wirksames Medikament daraus entstanden ist. Immer noch besteht ein krasses Missverhältnis zwischen der Zahl geeignet scheinender Kandidaten und der minimalen Zahl an Medikamenten, die dann auch tatsächlich die klinischen Prüfungen erfolgreich überstehen.

HINWEIS PRÜFUNG

Die Chemotherapie maligner Neubildungen ist, abgesehen von den besonders im Vordergrund stehenden **Nebenwirkungen** dieser Substanzen wie z.B. **Haarausfall, Übelkeit** oder **Immunsuppression**, nicht prüfungsrelevant. Der Abschnitt soll lediglich dazu dienen, dem Heilpraktiker einen Überblick über die heute üblichen Therapien zu verschaffen, weil er bei etlichen seiner Patienten damit konfrontiert sein wird. Zusätzlich verfolgt er die Absicht, den Therapeuten davon abzuhalten, ihm vertrauende Patienten aus eigener Unkenntnis und Naivität heraus von diesen heute so erfolgreichen Therapieformen abzuraten und stattdessen mystische Ersatzlösungen ans Herz zu legen. Das Internet bietet dem medizinisch Unbedarften zahllose Krebsdiäten und Geheimdrogen aus fernen Ländern an, allesamt unglaublich erfolgreich und nahezu mit Heilungsgarantie.

Zusätzliche Einsatzgebiete der Zytostatika

Antiproliferativ wirksame Substanzen hemmen neben schnell wachsenden malignen Geweben grundsätzlich auch physiologische Vorgänge, besonders deutlich die Funktionen des spezifischen Immunsystems in Gestalt seiner teilungsfähigen Lymphozyten. Dies macht man sich in der Medizin bei autoimmunen bzw. ganz pauschal bei systemischen entzündlichen Prozessen zunutze, die man ursächlich nicht behandeln kann, bei denen es also vorrangig um symptomatische Erleichterungen für die Patienten geht. Einzelne zytostatisch wirksame Medikamente wie **Methotrexat** oder Cyclophosphamid werden deshalb in sehr viel niedrigerer Dosierung auch u.a. bei Krankheiten wie einer rheumatoiden Arthritis (cP) eingesetzt. Allerdings besteht gerade bei über längere Zeiträume in niedriger Dosierung eingesetzten Chemotherapeutika ein gewisses **Risiko** für die Induktion **akuter Leukämien**.

5.14.1 Wirkungsweise von Krebstherapeutika

Es lassen sich unter den heute eingesetzten Zytostatika grundsätzlich **3 Klassen** mit **unterschiedlichen Angriffspunkten** gegeneinander abgrenzen. In aller Regel werden dann zur Therapie einzelne Vertreter dieser Klassen in Abhängigkeit vom jeweiligen Malignom miteinander kombiniert:

- Medikamente mit direkter oder indirekter Wirkung auf die **DNA**. Dabei handelt es sich um die eigentlichen, in vielen Fällen bereits seit mehreren Jahrzehnten eingesetzten konventionellen Chemotherapeutika:
  - **Alkylanzien**
  - **Antibiotikagruppe**
  - **Antimetaboliten**
- Substanzen, die durch Störung der **Mikrotubuli** die Zellteilung behindern **(Mitosegifte)**
- Substanzen, die zielgerichtet wirken, z.B. an tumorspezifische **Zellmembranrezeptoren** binden. Zu dieser Gruppe gehören:
  - die **biologisch** (z.B. über Antikörper) wirkenden **Immuntherapeutika**
  - **hormonartig** wirkende Substanzen bei hormonsensitiven Tumoren (z.B. Mamma- und Prostatakarzinom)

Medikamente mit DNA-Wirkung

Zu den Medikamenten dieser großen Gruppe rechnet man wegen molekular unterschiedlicher Angriffspunkte die Untergruppe der **Alkylanzien**, der **Antimetaboliten** sowie die **Antibiotikagruppe**. Grundsätzlich handelt es sich um häufig sehr alte Zytostatika der ersten Stunde, die aber gleichzeitig immer noch hochaktuell und mit breiter Wirkung auf unterschiedlichste Krebse in der Therapie verankert sind. Bei einem Teil der von der Medikation betroffenen Zellen wirken sich die chromosomalen Veränderungen erst im Zusammenhang mit nachfolgenden Zellteilungen aus, bei anderen unabhängig davon in allen Zellphasen.

Das Wirkprinzip der **Alkylanzien** besteht darin, dass die Substanzen Alkylgruppen (z.B. einen Methylrest-CH_3) an die Basen oder weitere Moleküle der DNA-Strukturen binden, wodurch es nicht nur chemisch, sondern auch funktionell zu Störungen der betroffenen Genabschnitte kommt. Unter anderem entstehen Vernetzungen zwischen benachbarten Abschnitten oder Chromosomenbrüche. Im Ergebnis wird eine weitere Zellteilung unmöglich. Die betroffenen (malignen) Zellen gehen dabei häufig durch Apoptose zugrunde.

Zytostatisch wirkende **Antibiotika** wurden zunächst aus Bakterien und unterschiedlichsten Pflanzen isoliert, nachdem **empirisch** in Zellkulturen oder bei Mäusen antiproliferative Wirkungen der entsprechenden Extrakte erkannt worden waren. Die Mehrzahl der Substanzen wird heute synthetisch oder teilsynthetisch hergestellt. Sie besitzen etwas unterschiedliche Angriffspunkte, binden teilweise direkt an die DNA und führen zu Brüchen oder Vernetzungen, oder sie hemmen Enzyme, die von der Zelle für eine korrekte Funktion der DNA benötigt werden.

Antimetaboliten greifen auf andere Weise in den Zellzyklus ein. Etliche Substanzen besitzen strukturelle Ähnlichkeit zu einzelnen Basen der DNA, werden deshalb in Genabschnitte eingebaut und führen dadurch zu Fehlern bei der Transkription (➤ Fach Basiswissen), zu Syntheseabbrüchen der DNA-Stränge oder Hemmung notwendiger Enzyme. **Methotrexat** hemmt durch seine **Strukturähnlichkeit mit Folsäure** kompetitiv ein Enzym, das im Folsäuremetabolismus benötigt wird, wodurch die DNA-Synthese der S-Phase und damit die Zellteilung unterdrückt wird.

- Wichtige Beispiele für **Alkylanzien** sind Cyclophosphamid, Chlorambucil und Cisplatin.
- Der Hauptvertreter der **Antibiotikagruppe** ist Doxorubicin.
- Zu den **Antimetaboliten** gehören u.a. Methotrexat (MTX), Fluorouracil und Cytarabin.

Mitosegifte

Dies sind Medikamente, welche über eine Störung der Mikrotubuli des Zentriols relativ spezifisch auf die Phase der Mitose wirken. Da die Mikrotubuli zusätzlich in weiteren Zellphasen bzw. bei einzelnen Zelltypen gewisse Bedeutung besitzen, z. B. für Zellbewegungen, Funktion der Kinozilien oder Transportvorgänge in Nervenzellen, bestehen weitere Hemmungen wie auch entsprechende Nebenwirkungen. Vincristin als ein Hauptvertreter dieser Gruppe verursacht beispielsweise besonders häufig neurologische Symptome.

- Wichtige Vertreter der Mitosegifte sind Vincristin und die Gruppe der Taxane, die in der Rinde von Eiben gefunden wurde.

Immuntherapeutika und Substanzen mit endokriner Wirkung

Bei den Medikamenten der stetig größer werdenden Gruppe der Immuntherapeutika handelt es sich um die **modernste Therapieform** maligner Prozesse, die im Rahmen der bisher definierten Einsatzmöglichkeiten nicht nur weit **spezifischer und wirksamer**, sondern gleichzeitig mit deutlich **weniger Nebenwirkungen** behaftet ist als die früher allein mögliche Chemotherapie. Vor allem der Entwicklung dieser Substanzen ist es zu verdanken, dass sich die **Prognose** zahlreicher Krebse, in **Kombination** mit etablierten Substanzen, **dramatisch verbessert hat**.

Hormonell aktive Medikamente

Gewissermaßen als Vorläufer der Immuntherapeutika kann man die Substanzen mit **endokriner Aktivität** ansehen, die besonders regelhaft bei den Karzinomen von Mamma und Prostata angewendet werden. Zahlreiche Mammakarzinome besitzen Östrogenrezeptoren, über die das Wachstum der Tumoren stimuliert wird. **Tamoxifen** als Östrogenrezeptorantagonist besetzt diese Rezeptoren und hemmt damit das weitere Wachstum an Primärtumor und Metastasen. Die androgenabhängigen Prostatakarzinome lassen sich mit Testosteron-Rezeptorantagonisten therapieren, gewissermaßen als Ersatz für eine Entfernung der Hoden. Das **Nebenwirkungsspektrum** endokrin aktiver Substanzen ist überschaubar und entspricht prinzipiell einem **Ausfall der Sexualhormone**.

Eine weitere hormonell aktive Therapie betrifft die Gabe von **Glukokortikoiden**, die nahezu jede zytostatische Therapie zumindest anfänglich in hoher Dosierung begleitet. Die Substanzen begrenzen entzündliche Reaktionen als Antwort auf den Zellzerfall oder auf manche Zytostatika bzw. Biologika, wirken antiproliferativ durch Einschränkung der Nukleinsäure- und Proteinsynthese und induzieren in den gewählten Dosierungen die Apoptose einzelner Zelllinien u.a. bei Leukämien und Lymphomen. Zusätzlich stimulieren sie im Knochenmark die Synthese von Neutrophilen und Thrombozyten, wodurch die diesbezüglich supprimierende Wirkung der Chemotherapeutika abgemildert wird.

Beispiele für Immuntherapeutika

Bei den Immuntherapeutika handelt es sich um eine beinahe „explosionsartig" wachsende Gruppe tumorwirksamer Medikamente, die zwar chemisch exakt definiert, gleichzeitig jedoch derart groß und komplex aufgebaut sind, dass sie nur noch mit ungeheurem Aufwand **gentechnologisch produziert** werden können. Auf diese Weise gewinnt man z.B. **Zytokine** wie Interferone oder Wachstumsfaktoren und **Substanzen**, die Zytokine wie u.a. TNF-α, IL-1 oder IL-6 chemisch oder in der Form monoklonaler Antikörper **blockieren** und deren Wirkung damit antagonisieren. Oder man baut Antagonisten gegen **Rezeptormoleküle**, die für einzelne **Malignome spezifisch** sind. Durch Bindung an solche Moleküle lassen sich wichtige Signalwege der Tumorzellen blockieren oder es wird die Immunabwehr gegenüber diesen Zellen sensibilisiert. So integrieren z.B. Non-Hodgkin-Lymphome in großer Zahl einen Rezeptor in ihre Zellmembranen, der als **CD20** bezeichnet wird (*CD* steht für *Differenzierungsstrukturen* vom englischen **c**luster of **d**ifferentiation). **Rituximab** als spezifisch bindender Antikörper führt zur entsprechenden Aktivierung des Immunsystems, wodurch im Verein mit etablierten Chemotherapeutika eine beachtliche Zahl an Patienten nicht nur effektiv behandelt, sondern tatsächlich geheilt werden kann.

Weitere Antikörper wie z.B. Bevacizumab binden an Faktoren maligner Tumoren (VEGF), die von diesen zur Angiogenese, also zur **Neubildung von Blutgefäßen** benötigt werden, ohne die mangels ausreichender Ernährung kein weiteres Tumorwachstum möglich wäre. **Imatinib** mit seiner überragenden Wirksamkeit bei der chronischen lymphatischen Leukämie (CML) steht stellvertretend für eine ganze Reihe spezifischer Antikörper, die an **Tyrosinkinaserezeptoren** maligner Zellen binden und dieselben inaktivieren. Dabei handelt es sich um zellmembranständige Moleküle von sehr unterschiedlicher Zusammensetzung, die darin übereinstimmen, dass sie **Wachstumssignale** empfangen und über eine Kaskade von Reaktionen, die mit einer Phosphatanbindung an ihre zytosolische Aminosäure **Tyrosin** beginnen, die Zellteilung steuern. Diese Rezeptoren sind häufig bei malignen Zellen auf typische Weise verändert und können dementsprechend auch **spezifisch** besetzt und gehemmt werden, wodurch keine Zellteilungen mehr möglich sind. Die im Verlauf der Therapien häufig zu beobachtenden Wirksamkeitsverluste bzw. Resistenzen gegenüber den spezifischen Antikörpern resultieren meist aus zusätzlichen **Punktmutationen** in den malignen Zellen. Das heute mögliche molekulare Aufspüren derartiger Mutationen veranlasste die Entwicklung angepasster Antikörper. Beispielsweise sind Weiterentwicklungen von Imatinib, u.a. Nilotinib oder Dasatinib, häufig noch bei mutierten Rezeptoren wirksam, an denen Imatinib keine Wirkung mehr zeigt.

Inzwischen werden bei einzelnen Malignomen dem Patienten bestimmte Leukozyten (z.B. spezifisch sensibilisierte T-Killerzellen) entnommen, aktiviert, vermehrt und schließlich an den Patienten zurückgegeben. Im Idealfall wird hierdurch das spezifische Immunsystem des Patienten auf eine Weise aktiv, dass dies zur Vernichtung des Tumors führt oder dazu beiträgt. Man kann auch durch Verknüpfung zweier Genabschnitte, die für zwei unterschiedliche Proteine codieren, ein hybrides Protein (Fusionsprotein) erzeugen, das dann z.B. mit der einen Komponente an der (malignen) Zielzelle andockt, während die zweite Komponente anschließend auf diese Zelle toxisch wirkt.

Diese Auswahl an Beispielen zeigt, dass aktuell bei etlichen Krebsarten ein gewisser Übergang in eine **„personalisierte Krebstherapie"** zu beobachten ist Für dieses Ziel werden während des primären Aufarbeitens z.B. bioptisch gewonnener Gewebeproben durch den Pathologen die **Tumorzellen** sehr gezielt auch auf **chromosomale Merkmale** bzw. spezifische Rezeptormoleküle in ihrer Zellmembran hin **untersucht**, um eine für den jeweiligen Patienten optimierte Therapieform zu ermöglichen. Damit werden also nun einerseits die in früheren Jahrzehnten eher negativ belegten „Stahl, Strahl, Chemo" auf erstaunliche Weise immer weiter perfektioniert und andererseits durch die Hinzufügung gentechnisch gewonnener, individuell abgestimmter Medikamente ergänzt (nicht ersetzt). Erst diese Gesamtkonstellation ermöglichte die gewaltigen Fortschritte der modernen Krebstherapien. Die kommenden Jahrzehnte werden diesbezüglich weitere Optionen schaffen, wodurch der Traum, „den Krebs zu besiegen", der Realität immer näher rückt.

Wie immer hat auch diese Medaille eine Kehrseite, die inzwischen in den Vordergrund der Diskussion gerückt ist. Es ist der **Kostenfaktor**. Laut Statistik der AOK entfallen aktuell etwa 3 % aller Verschreibungen auf biotechnologisch hergestellte Medikamente, die allerdings mehr als **20 % sämtlicher Medikamentenkosten** für sich beanspruchen. Beispielsweise verschlingen diese Therapien leicht **100.000 EUR pro Jahr und Patient** oder nochmals darüber hinaus, sodass sie das Gesundheitssystem an seine Grenzen bringen. Dazu muss man wissen, dass es sich bei den **Immuntherapeutika** um großmolekulare **Proteine** bzw. Glykoproteine handelt, die **chemisch** im Labor **nicht herstellbar** sind (s. oben). Man benötigt vielmehr lebende Zellen wie z.B. Bakterien (meist E. coli) oder Pilze, in die man diejenigen Gene einbringt, welche für die benötigten Substanzen codieren. In der Folge werden die Moleküle von den Einzellern produziert. Abschließend werden sie dann mit großem Aufwand extrahiert, gereinigt und zu Medikamenten verarbeitet.

5.14.2 Nebenwirkungen

Die konventionellen Zytostatika können erhebliche Nebenwirkungen entfalten, von Medikament zu Medikament teilweise mit sehr unterschiedlichen Schwerpunkten, jedoch aufgrund ihrer grundsätzlichen **Hemmung der Zellteilung** in vielerlei Hinsicht auch übereinstimmend. Denn Zytostatika sind wie alle übrigen Medikamente nicht beschriftet; sie wissen nichts davon, wo sie nach den Wünschen des Therapeuten zu wirken haben. Dies bedeutet, dass ihre grundsätzliche Wirkung auf die Zellteilung – abgesehen von den malignen Zellen – zunächst an **allen Geweben** mit besonders **hoher Zellproliferation** erkennbar werden muss. Betroffen sind also in abnehmender Ausprägung die Zellen des **Knochenmarks** (wo z.B. in einer einzigen Sekunde mehr als 2 Millionen Erythrozyten neu entstehen!), zusätzlich die Zellen der **sekundären Immunorgane** mit ihren sich bei Bedarf sehr schnell teilenden Lymphozyten, die Mukosa des **Verdauungstrakts** mit Bevorzugung der besonders schnell proliferierenden **Dünndarmzellen** sowie die Oberhaut, wobei auch hier wegen der schnellen Zellteilungsrate im Bereich der Haarwurzel die **Terminalhaare** im Vordergrund stehen.

Bei der Behandlung maligner Erkrankungen gilt es zu berücksichtigen, dass das allgemein gültige **Prinzip der Medizin**, dem Patienten nur **ja nicht zu schaden** (*Primum non nocere* bzw. *nihil nocere*), keine Gültigkeit besitzen kann. Dies liegt im Interesse des Patienten, denn vor allem anderen geht es nun um sein Überleben, selbst wenn dies im Einzelfall nur auf Kosten der einen oder anderen (beherrschbaren) Komplikation oder sogar Organschädigung erreicht werden kann. Gerade die eigentlichen Chemotherapeutika, die zum Erreichen des Ziels immer noch unverzichtbar sind, müssen häufig bis zur Toxizitätsgrenze dosiert werden und es kann im Einzelfall nie ausgeschlossen werden, dass dieselbe eben auch überschritten wird. Dies liegt vor allem an der **sehr geringen therapeutischen Breite** dieser Substanzen, bei der die kurativ notwendige Dosis oft genug nur noch sehr knapp unterhalb der toxischen Schwelle liegt.

Patienten, bei denen aufgrund sehr weit fortgeschrittener Stadien mit breiter Metastasierung oder auch einmal aus anderen Gegebenheiten heraus eine Heilung ihres Krebsleidens unmöglich geworden ist, werden **palliativ** behandelt. Dies bedeutet, dass das therapeutische Ziel nunmehr darin besteht, das Leben des Patienten so weit zu verlängern, wie dies noch möglich ist; gleichzeitig aber geht es nun verstärkt darum, die **Lebensqualität** zu erhalten oder für die verbliebene Lebenszeit so weit wie möglich wiederherzustellen. Bei palliativen Therapieregimes werden deshalb die Toxizitätsgrenzen der verwendeten Medikamente strikt eingehalten bzw. unterschritten und besonderer Wert auf begleitende Maßnahmen gelegt.

Zu erwartende bzw. nahezu **obligate Nebenwirkungen** und Folgen sämtlicher Zytostatika aus den Gruppen mit DNA-Wirkung bzw. der Mitosegifte bestehen bei **kurativen** (heilenden) **Therapieansätzen** in

- einer **Knochenmarksuppression** mit Anämie, Leukopenie (v.a. Neutropenie bis hin zur Agranulozytose) und Thrombopenie mit der Gefahr ernsthafter Blutungen
- zunehmender **Insuffizienz des Immunsystems** einschließlich seines spezifischen Anteils mit der Folge gehäufter und schwer verlaufender Infektionen, einer **wesentlichen Todesursache** unter zytostatischer Behandlung
- **Übelkeit und Erbrechen** aufgrund zentraler Wirkungen auf das Brechzentrum der Medulla oblongata und/oder auf die Zellen der Mukosa des Verdauungstrakts mit lokalen Entzündungen und Nekrosen
- einer Unterdrückung der **Gonadenfunktion** mit Libidoverlust, anovulatorischen Zyklen bzw. eventuell irreversibler Unterdrückung der Spermatogenese. Wegen der teratogenen Wirkung der meisten Substanzen ist bei beiden Geschlechtern eine umfassende Kontrazeption anzustreben. Dies gilt auch noch für gewisse Zeiträume nach einer erfolgreich durchgeführten Therapie.
- **Haarausfall**, beginnend mit den Terminalhaaren des Kopfes
- der Beeinträchtigung des **gesamten Verdauungstraktes**, von der Entzündung der Mundhöhle (Stomatitis), eventuell mit Ausbildung von Ulzera (Aphthen), Verfremdung des Geschmacksempfindens und Mundwinkelrhagaden, bis hin zu Resorptionsstörungen, Bauchschmerzen und eventuell massiven Diarrhöen. Während die Beteiligung der Mundhöhle mehr der Insuffizienz des Immunsystems, z.B. einer sich ausbildenden Agranulozytose zuzuschreiben ist, steht bei den tieferen Abschnitten die Hemmung der Zellteilungsrate im Vordergrund.
- der Schädigung überwiegend peripherer nervaler Strukturen. Die **periphere Polyneuropathie** als Folge einer zytostatischen Therapie folgt zahlenmäßig nach dem Diabetes mellitus und der Alkoholkrankheit bereits an 3. Stelle.
- nicht immer reversiblen Schädigungen von Niere und Harnwegen, Herzmuskel mit Reizleitungssystem oder Lunge (z.B. als **Lungenfibrose**)

Ein beachtlicher Anteil dieser nahezu obligaten Nebenwirkungen ist prinzipiell oder sogar überwiegend **reversibel**. Zum Beispiel wachsen die Haare nach abgeschlossener Therapie in aller Regel (mindestens) so kräftig und schön wieder nach, wie sie vorher zu sehen waren. Die Auswirkungen auf Knochenmark und Magen-Darm-Trakt klingen einschließlich Übelkeit, Inappetenz oder Geschmacksstörungen fast immer vollständig ab. Die Suppression von Immunsystem und Gonadenfunktion kann in geringem Umfang fortbestehen. Dies gilt meist auch für Störungen, die aus Strukturschäden an einzelnen Organen wie Herz, Lunge, Nieren oder Nervensystem hervorgegangen sind. Beispielsweise bleiben häufig Restsymptome einer peripheren Polyneuropathie zurück. Eine Lungenfibrose ist prinzipiell irreversibel.

Die modernen, biologischen, spezifisch z.B. als Antikörper auf Rezeptoren maligner Zellen wirkenden **Immuntherapeutika** besitzen als hauptsächliche **Nebenwirkung** ein **allergisierendes Potenzial** bis hin zum anaphylaktischen Schock. Sie werden deshalb grundsätzlich gemeinsam mit hoch dosierten Glukokortikoiden und Antihistaminika (Fenistil®) verabreicht. Dagegen ist das bei den Chemotherapeutika oftmals sehr breite Nebenwirkungsspektrum hier nicht vorhanden, sodass eine Option für die fernere Zukunft durchaus in Therapieregimes besteht, die selbst unter dem Aspekt des *nihil nocere*, also unter einer minimierten Nebenwirkungsrate Heilungen bewirken.

Prophylaktische Maßnahmen

Spezifische, substanzeigene Nebenwirkungen sind meist dosisabhängig und lassen sich entsprechend der modernen Erkenntnisse oft durch angepasste Dosierungen oder durch Ausweichen auf andere Präparate vermeiden oder abmildern. In vielen Fällen kann man sehr gezielt bereits durch prophylaktische Maßnahmen die Wahrscheinlichkeit ihres Auftretens minimieren. So kann z.B. die bekannte Nierentoxizität von Methotrexat dadurch gemindert werden, dass der Patient über eine forcierte Diurese unter gleichzeitiger Alkalisierung des Urins den diesbezüglichen Kontakt der Substanz bzw. eine Auskristallisation in den Nierentubuli minimiert. Allerdings gilt hinsichtlich einer Nutzen-Risiko-Abwägung immer noch, dass zumindest reversible Nebenwirkungen oft in Kauf genommen werden müssen, wenn das Überleben des Patienten andernfalls nicht erreichbar wäre.

Zahlreiche der in früheren Jahren obligaten Nebenwirkungen treten unter den heutigen Therapiestandards nur noch in sehr milder Form auf. Während man Wirkungen wie einen (reversiblen) Haarausfall oder sexuelle und teratogene Auswirkungen nicht verhindern kann, kommt es kaum noch zur ernsthaften Übelkeit oder ausgeprägten Essstörungen. Beispielsweise wirken moderne Antiemetika wie Ondansetron im Verein mit Glukokortikoiden weit effektiver als Metoclopramid, dem außerhalb der Tumorbehandlung üblichen Standard. Antibiotische Regime schützen mit einer gewissen Zuverlässigkeit vor den in früheren Jahren extrem häufigen Infektionen mit hoher Letalität. Affektionen der Mundhöhle werden bereits prophylaktisch mit Panthenol-Zubereitungen oder Salbeipräparaten wie z.B. Salviathymol® behandelt und dadurch meist vermieden. Ausgeprägte Anämien oder Thrombopenien therapiert man durch Transfusion entsprechender Konzentrate, bevor sie für den Patienten kritisch werden könnten. Eine begleitende psychische, soziale und bei Bedarf auch religiöse Betreuung trägt zur Verträglichkeit und zum Heilungsfortschritt bei.

HINWEIS PRÜFUNG

Eine sinnvolle Ernährung und begleitende Maßnahmen bei Krebspatienten als therapeutische Option für den Heilpraktiker werden im ➤ Fach Stoffwechsel besprochen. Dies ist möglicherweise für manche Leser von Interesse, doch genauso wenig prüfungsrelevant wie die Wirkungsweise der Zytostatika. Lediglich deren allgemein mögliche Nebenwirkungen (➤ Kap. 5.14.2) sollten wenigstens ansatzweise zur Kenntnis genommen werden.

5.15 Antikoagulanzien-Therapie

Bei Patienten nach erfolgreich behandeltem Herzinfarkt, rezidivierenden Thrombenbildungen unterschiedlichster Ursache und Auswirkungen (z.B. Lungenembolien), bei AT-III-Mangel, prophylaktisch nach Einsatz künstlicher Herzklappen, instabiler KHK oder auch beim Vorhofflimmern geht es vorrangig darum, (erneute) Thrombenbildungen zu verhindern. Geeignet hierfür ist eine vorübergehend oder auf Dauer durchgeführte Therapie mit Medikamenten, die dies durch Eingreifen in Stadien der Blutgerinnung („Koagulation") bewirken können (Antikoagulanzien).

5.15.1 Heparin und Hirudin

Das Polysaccharid **Heparin** (➤ Abb. 5.58) ist solch ein Medikament, ist aber für eine Dauertherapie zu teuer und wegen der parenteralen Applikation auch zu aufwendig in der Anwendung. Allerdings gilt unverändert, dass die modernen niedermolekularen Heparine (z.B. Enoxaparin) für den **kurzfristigen prophylaktischen Einsatz** (z.B. postoperativ, bei Ruhigstellung einer Extremität) **unverzichtbar** und ohne gleichwertige Alternative sind. Meist genügt hierfür eine täglich einmalige subkutane Injektion.

Eine dem Heparin vergleichbare Wirkung besitzt **Hirudin**, ein kleines Protein aus den Speicheldrüsen des Blutegels (Hirudo medicinalis), das heute auch gentechnologisch hergestellt werden kann. Es hat sich allerdings am Markt nicht durchgesetzt. Die Wirkung von Hirudin besteht in einer vollständigen und irreversiblen Hemmung von Thrombin durch Anlagerung und Komplexbildung. Gegenüber Heparin besitzt es den Vorzug, dass es von AT III oder anderen Faktoren vollkommen unabhängig ist. Nach einer Thrombolyse mit t-PA oder anderen Fibrinolytika bei Herzinfarktpatienten hält Hirudin die wiedereröffneten Herzkranzgefäße noch zuverlässiger offen als Heparin. Genauso wie Heparin besitzt es aber den Nachteil der oralen Unwirksamkeit (Proteine werden im Darm gespalten).

MERKE

Für eine Dauertherapie kommen im Wesentlichen nur oral wirksame Medikamente in Frage. Das gebräuchlichste Medikament ist Marcumar® (mit Generika). In Gebrauch ist daneben auch Coumadin®. Beide Medikamente gehören zur Klasse der Cumarinderivate.

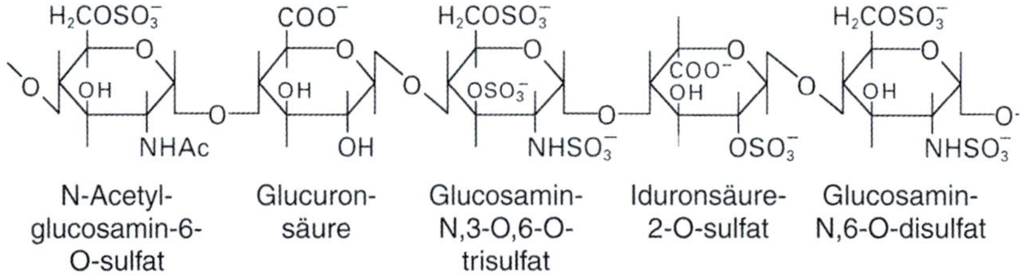

Abb. 5.58 Heparin (Ausschnitt) [L253]

5.15.2 Cumarinderivate

Wirkmechanismus

Cumarin ist in zahlreichen Pflanzen enthalten. Die Wirksamkeit der von ihm abgeleiteten Medikamente (➤ Abb. 5.59) beruht in der **Strukturähnlichkeit zu Vitamin K**. Marcumar® u.a. wirken dadurch als Vitamin-K-Antagonisten (sog. kompetitive Hemmung). Sie binden wie Vitamin K an die Enzyme der Gerinnungsfaktoren-Synthese in der Leber, besitzen aber hier keinerlei Wirksamkeit, sondern behindern lediglich die Vitamin-K-Bindung und -Wirkung.

Vitamin K ist ein essenzieller Nahrungsfaktor vor allem für die Synthese der Gerinnungsfaktoren Prothrombin, Faktor VII, IX und X. Eine Hemmung des im Organismus befindlichen Vitamin K durch Cumarinderivate bewirkt demzufolge eine verminderte Synthese dieser Gerinnungsfaktoren in der Leber. Unzureichende Bildung der Faktoren bedeutet gleichzeitig auch verminderte Thromboseneigung (= beabsichtigte Wirkung) bzw. erhöhte Blutungsgefahr (= Hauptrisiko dieser Präparategruppe).

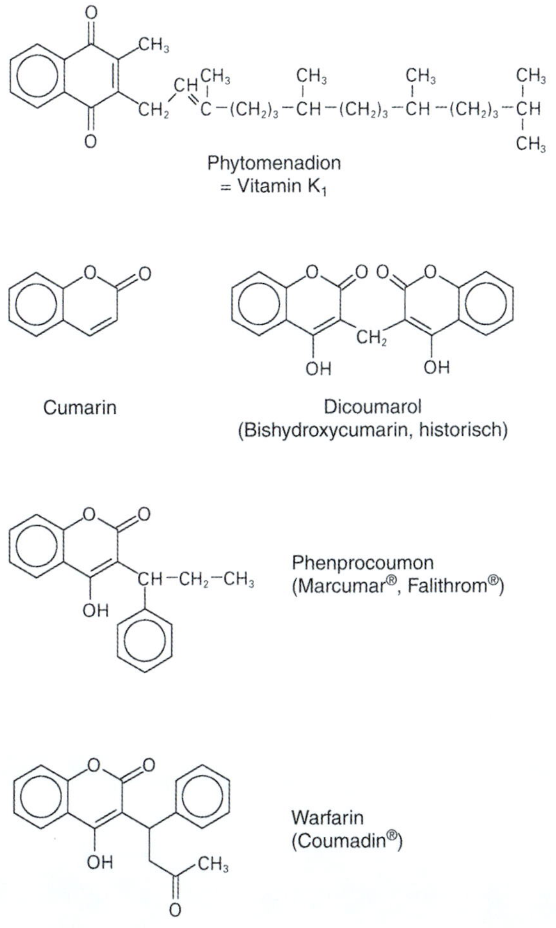

Abb. 5.59 Cumarinderivate [L253]

Marcumartherapie

Eine Marcumartherapie ist wesentlich aufwendiger als übliche Therapien, da eine Unterdosierung die Wirksamkeit verhindert, und eine Überdosierung zu lebensgefährlichen Blutungen führen kann. Besonders gefürchtet sind intrazerebrale Einblutungen. Eine möglichst **exakte Einstellung** muss also ständig und in recht kurzen Intervallen (anfangs täglich) über die Bestimmung der Thromboplastinzeit (sog. Quick-Wert bzw. INR) überwacht werden. Üblich sind im Anschluss an die Einstellungsphase Kontrollen alle 1–2 Wochen sowie die schriftlich fixierte Einnahmeanweisung durch den behandelnden Arzt jeweils nach dem aktuellen Quick-Wert (INR), wobei meist eine **INR** von **2,5–3,0** angestrebt wird.

Der kompetitive Antagonismus zu Vitamin K führt dazu, dass **Schwankungen** der **Nahrungszusammensetzung** an diesem Vitamin entsprechende Schwankungen der Blutgerinnung hervorrufen. Es ist deshalb wichtig für die betroffenen Patienten, die **Nahrungsaufnahme** vor allem hinsichtlich Gemüse und Salaten **konstant zu halten**.

Es ist zu beachten, dass Marcumar® in korrekter Dosierung eine Thrombenbildung mit großer Zuverlässigkeit verhindern kann. Es ist aufgrund seines Wirkmechanismus und im Gegensatz zu Heparin jedoch nicht in der Lage, bereits gebildete Thromben wieder aufzulösen (Fibrinolyse)! Zur Fibrinolyse dienen neben Heparin Substanzen wie t-PA, Urokinase oder Streptokinase (➤ Fach Hämatologie)

5

ACHTUNG

Bei einem Patienten unter Marcumartherapie sind i.v. Blutentnahmen bzw. intra- oder sogar subkutane Injektionen unproblematisch, weil hier nach Entfernen der Kanüle der Blutungsgefahr durch entsprechend verlängerte Kompression begegnet werden kann. Dies gilt jedoch nicht für die sehr viel tiefer liegenden **intramuskulären Injektionen**. Sie haben deshalb als **kontraindiziert** zu gelten.
Daraus kann abgeleitet werden, dass die Kontraindikation für intramuskuläre Injektionen grundsätzlich immer dann zu gelten hat, wenn angeborene oder erworbene Störungen der Blutgerinnung bestehen oder wenn im Rahmen der Notfallmedizin eine **Lyse-Therapie** zu erwarten ist – also bei Herzinfarkt, Lungenembolie und (ischämischem) Schlaganfall bzw. grundsätzlich bei arteriellen oder venösen Thrombenbildungen (AVK, Phlebothrombose).

Kommt es bei Marcumarpatienten zu **Blutungen** (➤ Abb. 5.60), so betreffen diese am häufigsten die Niere und ableitenden Harnwege, gefolgt von Blutungen im Nasen-Rachen-Raum, Darmtrakt, Augen und zentralem Nervensystem. Kommen mäßige Blutungen außerhalb des ZNS, die nicht unmittelbar lebensbedrohend sind, nicht mehr zum Stehen, kann mit Vitamin K therapiert werden (i.v. oder oral 10 mg = 30 Tropfen Konakion®). Diese Therapie hilft nicht sofort, sondern frühestens nach etwa 6 Stunden.

MERKE

Für starke bzw. akut lebensgefährdende Blutungen steht ein Prothrombinkomplex-Konzentrat (PPSB) als Injektion zur Verfügung, dessen Wirkung **sofort** einsetzt.

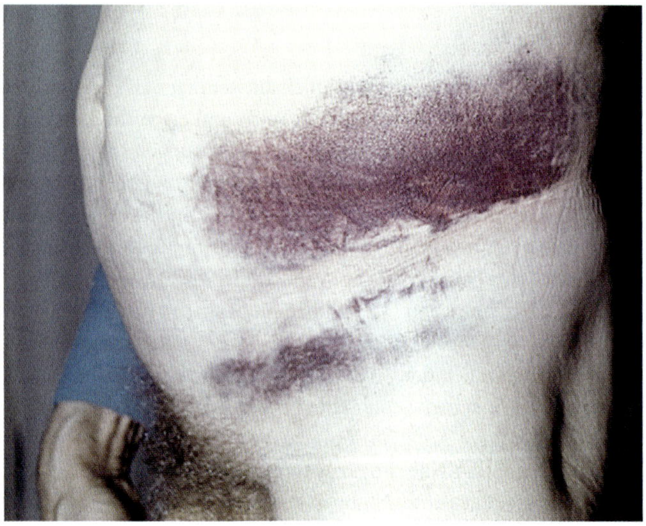

Abb. 5.60 Einblutungen unter Marcumartherapie [R168]

5

EXKURS

Seit 2008 sind als **Alternativen** zu Marcumar® weitere **oral wirksame**, also aus dem Dünndarm resorptionsfähige Hemmstoffe einzelner Gerinnungsfaktoren auf dem Markt. Bei **Xarelto**® (Rivaroxaban) handelt es sich um einen Hemmstoff des aktivierten **Faktors Xa**. **Pradaxa**® (Dabigatran) hemmt den aktiven **Faktor IIa (Thrombin)** und entspricht damit der Hirudin- bzw. **Heparin-Wirkung** – allerdings ohne dessen fibrinolytischen Begleiteffekt, aber auch ohne Abhängigkeit von AT III. Das Blutungsrisiko ist unter diesen Präparaten nicht wesentlich geringer als unter Marcumar®. Auch hinsichtlich einer Reihe weiterer Nebenwirkungen lässt sich kein deutlicher Vorteil erkennen. Zusätzlich sind die Kosten für die Medikation erheblich höher.

Andererseits bestehen auch **entscheidende Vorteile:** Zum einen bedarf die Medikation keiner routinemäßigen Überwachung der Gerinnungsparameter und damit auch keines ständig anzupassenden Einnahmeschemas; es reicht völlig aus, lediglich bei Bedarf wie z.B. zwischenzeitlichen Blutungen die Thrombinzeit bzw. PTT zu bestimmen. Zum anderen können erforderliche Operationen bereits 1 Tag nach Absetzen der Medikamente durchgeführt werden. Schließlich haben auch Schwankungen in der Nahrungszusammensetzung im Gegensatz zu Marcumar® keine Bedeutung, wobei sogar gerade in dieser Hinsicht noch ein weiterer Vorteil formuliert werden kann: Serumspiegel und Wirksamkeit von **Vitamin K** bleiben im Gegensatz zu Marcumar® erhalten, die Nebenwirkungen z.B. auf Knochenstoffwechsel oder Gefäße entfallen. In der Summe wird also der **Alltag** des Patienten **weit weniger eingeschränkt**.

Zusammenfassung

Antikoagulanzien

Greifen in verschiedene Stadien der Blutgerinnung ein

Heparin/Hirudin

- gute Wirksamkeit gegen Thrombin
- muss parenteral gegeben werden

Cumarinderivate

- oral wirksam
- Funktion als Vitamin-K-Antagonisten (kompetitive Hemmung)
- verminderte Thromboseneigung durch verminderte Synthese von Gerinnungsfaktoren in der Leber

Hemmstoffe aktivierter Gerinnungsfaktoren

- moderne, ebenfalls oral wirksame Alternative zu den Cumarinen mit Vorteilen wie z.B. einer deutlich vereinfachten Anwendbarkeit

5.16 Antidepressiva

Antidepressiva gehören zur Klasse der **Psychopharmaka**, also zu Arzneimitteln, die dazu geeignet sind, psychopathologische Symptome zu heilen bzw. (üblicherweise) zu lindern. Weitere Arzneigruppen der Psychopharmaka sind die Neuroleptika, die Tranquillanzien (Tranquilizer) und die Stimulanzien (➤ Abb. 5.61). Auch Rauschmittel wie LSD gehören zu den Psychopharmaka.

Als Antidepressiva bezeichnet man Stoffe, die eine pathologisch abgesenkte Grundstimmung heben und, in geringerem Umfang, auch depressive Wahngedanken beseitigen können. Der Antrieb wird durch einzelne Substanzen gesteigert, durch andere gehemmt. Das wesentliche **Einsatzgebiet** liegt in der Behandlung depressiver Verstimmungen, doch werden sie auch bei Angststörungen eingesetzt. Weitere Einsatzgebiete, zumindest begleitend, sind chronische Schmerzen, Panikattacken, Zwangssyndrome und die Bulimie.

In der Schulmedizin werden hauptsächlich **zwei Klassen** von antidepressiv wirksamen Substanzen eingesetzt, die trizyklischen Antidepressiva mit verwandten Substanzen und die **Mono**a**min**o**xida**se-Inhibitoren (MAO-Hemmer).

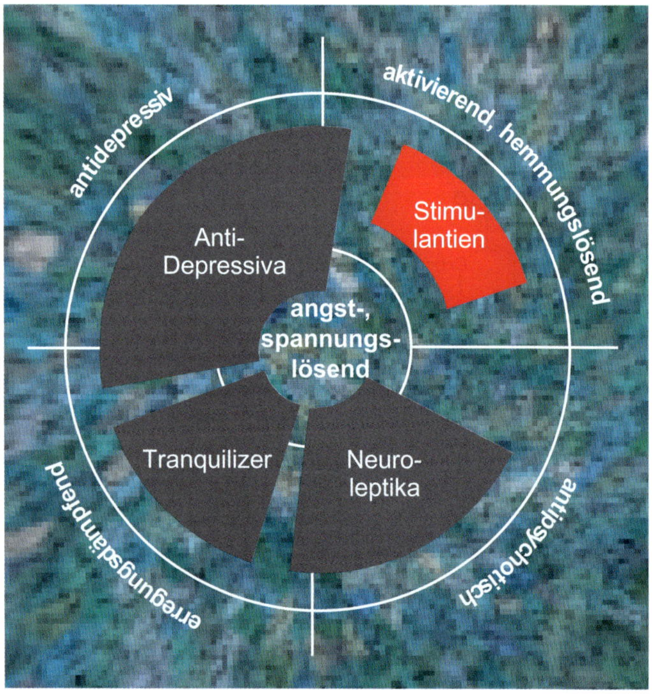

Abb. 5.61 Psychopharmaka [L190]

5.16.1 Trizyklische Antidepressiva

Die trizyklischen Antidepressiva bestehen ihrem Namen entsprechend aus einem System aus drei Ringen, in dem ein in der Mitte befindlicher siebengliedriger Ring mit 2 Benzolringen verknüpft ist (➤ Abb. 5.62).

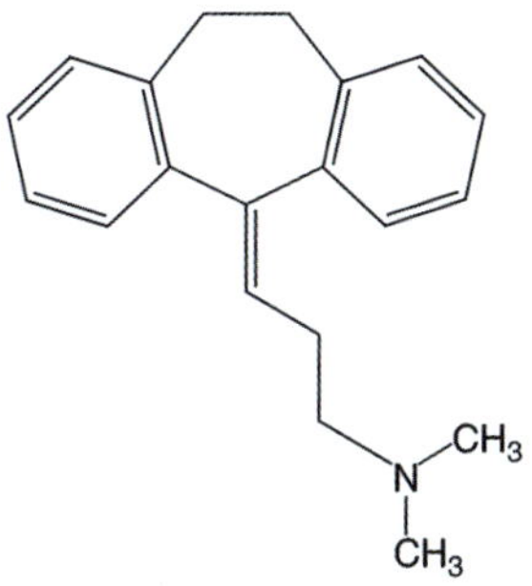

Abb. 5.62 Amitriptylin [L252]

Wirkungen

Die **pharmakologische Wirkung** der Substanzen besteht in einer Hemmung der Wiederaufnahme von Serotonin, Dopamin oder Noradrenalin (= Monoamine, ➤ Abb. 5.63) in die zerebralen (und peripheren) Neurone. Die Wirkung dieser zerebralen und u.a. beim Noradrenalin auch peripheren Neurotransmitter wird hierdurch verstärkt. Einzelne Substanzen dieser Gruppe hemmen mehr die Serotoninaufnahme, andere mehr die Noradrenalinaufnahme, wodurch sich auch das Wirkspektrum teilweise unterscheidet.

Die **Wirkungsweise** entspricht der Beobachtung, dass ein **Mangel** an noradrenergen oder serotoninergen Überträgerstoffen **Depressionen** auslöst. So führt beispielsweise das pflanzliche (!) Antihypertonikum Reserpin, das früher häufig eingesetzt wurde und vereinzelt immer noch im Gebrauch ist (Briserin®), zu depressiven Symptomen, indem es einen Mangel an Noradrenalin und Serotonin in den Speichervesikeln der Nervenenden verursacht.

Obwohl die Aufnahme der Monoamine sofort gehemmt wird, tritt die antidepressive Wirkung der Präparate im Allgemeinen **erst nach etwa 2 Wochen** ein. Dies sollte man dem Patienten mitteilen, damit er die Therapie nicht vorzeitig wegen scheinbarer Wirkungslosigkeit abbricht.

Die stimmungsaufhellende = antidepressive Wirkung gilt für alle Substanzen dieser Gruppe. Zusätzlich wirken jedoch einzelne Substanzen **aktivierend**, während andere wie Amitriptylin eher psychomotorisch **dämpfend** und gleichzeitig **anxiolytisch** (angstlösend) wirken. Grundsätzlich kann man davon ausgehen, dass die aktivierende Komponente für Substanzen gilt, welche bevorzugt die Wiederaufnahme von Noradrenalin hemmen, während bei denjenigen, die bevorzugt auf die Serotonin-Wiederaufnahme wirken, die stimmungsaufhellende Komponente ganz im Vordergrund steht.

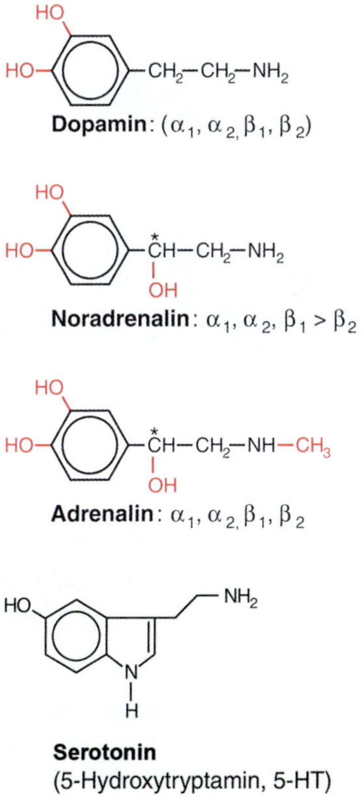

Abb. 5.63 Monoamine [L253]

EXKURS

Das große Problem aller Medikamente, die zur Behandlung psychischer bzw. zerebral-neurologischer Störungen eingesetzt werden, besteht darin, dass sie kaum mehr bewirken können, als einen nachweislich oder vermutlich aus dem Gleichgewicht geratenen Stoffwechsel eines beliebigen Neurotransmitters so gut wie möglich wieder ins Lot zu bringen. Allerdings wirkt die vergleichsweise geringe Anzahl an Neurotransmittern niemals umschrieben in einem definierten Areal von Groß- oder Kleinhirn, Zwischenhirn oder Hirnstamm. Vielmehr sind nahezu **alle** Überträgersubstanzen in **zahlreichen Hirnstrukturen** anzutreffen, sodass sich zur beabsichtigten Wirkung in eventuell (!) medizinisch definierten Hirnarealen grundsätzlich Wirkungen in anderen Arealen gesellen, die man dann sozusagen als **Kollateralschäden** (Nebenwirkungen) in Kauf zu nehmen hat. Zusätzlich wirken die zur Verfügung stehenden Wirkstoffe **wenig spezifisch**, wie man u.a. an den trizyklischen Substanzen oder an den MAO-Hemmern erkennt, die nicht auf einen einzelnen, sondern gleich auf eine ganze Gruppe von Neurotransmittern einwirkt. Dies erhöht die Rate unerwünschter Wirkungen ein weiteres Mal und führt oft genug auch dazu, dass die tatsächlich eintretenden Wirkungen individuell sehr verschieden sein können. Hierdurch bedingt muss man derlei Medikamente oft genug schlichtweg ausprobieren, um immer dann, wenn die Wirkung unzureichend oder die Nebenwirkungen unzumutbar sind, aufs nächste Präparat zu wechseln. Die Situation ist also genau genommen höchst unbefriedigend und man könnte sich schon ein wenig darüber wundern, wie beliebt diese Medikamente selbst bei Nicht-Neurologen bzw. Nicht-Psychiatern sind.

Nebenwirkungen

Die Blockade oder Wirkungsverstärkung zentraler und peripherer Neurotransmitter **muss** zu Nebenwirkungen führen:

- Im Vordergrund stehen **anticholinerge** (den Transmitter Acetylcholin hemmende) Effekte wie Mundtrockenheit, Akkommodationsstörungen, Mydriasis mit der Gefahr eines Glaukomanfalls, Obstipation sowie Miktionsstörungen bis hin zur Harnsperre.

- **Kardiale** Nebenwirkungen bestehen in einer Tachykardie oder Erregungsleitungsstörungen.
- **Zentrale** Nebenwirkungen, besonders zu Beginn der Therapie, noch bevor die antidepressive Wirkung eingesetzt hat, bestehen in einer Sedierung und Schläfrigkeit, selbstverständlich durch Alkohol noch weiter steigerbar. Dagegen ist vor allem bei den Antidepressiva mit aktivierender Wirkung daran zu denken, dass eine bis dahin latente **Suizidgefahr** verstärkt werden könnte. Diese Patienten bedürfen **besonders intensiver Betreuung! Delirien** sind möglich, ebenso **Schlafstörungen**. Bei disponierten Patienten können **epileptische Krämpfe** entstehen. Häufig kommt es zur **Appetitsteigerung** mit **Gewichtszunahme**.
- Im Einzelfall sind **zahlreiche weitere** Nebenwirkungen möglich – von Übelkeit oder Durchfällen bis hin zu Schwindel oder Kopfschmerzen. Die Hemmung des zentralen Sympathikus kann ein Orthostasesyndrom verursachen.
- Bei einer **akuten Intoxikation** entstehen die Symptome einer Atropinvergiftung. Neben kardialen Symptomen (z.B. Tachykardie, AV-Block) kommt es zu Krämpfen und Koma. Vor allem bei Kindern besteht Lebensgefahr.

Wechselwirkungen mit anderen Medikamenten sind immer möglich. **Alle Nebenwirkungen** nehmen unter längerer Einnahme der Substanzen im Allgemeinen **ab** – wahrscheinlich deswegen, weil sich eine gewisse Anpassung des zerebralen Stoffwechsels an die Situation einstellt. Unter anderem deshalb, und ähnlich wie beim Cortisol, sollte eine länger dauernde Therapie **niemals abrupt beendet**, sondern stets **ausgeschlichen** werden!

5.16.2 MAO-Hemmer

Zu den MAO-Hemmern gehören u.a. die Wirkstoffe Rasagilin, Selegilin, Moclobemid (Aurorix®) und Tranylcypromine (Jatrosom®, Parnate®). Selbstverständlich besitzen derlei Bezeichnungen oder auch die Wirkungsweise der Substanzen keine Prüfungsrelevanz.

Die antidepressive Wirkung kommt durch reversible oder sogar irreversible **Hemmung des Enzyms Monoaminoxidase** (Unterformen **MAO-A** und **MAO-B**) zustande, während die Wiederaufnahme in die Nervenendigungen ungestört bleibt. MAO-A katalysiert in den Mitochondrien der Nerven den **Abbau der Monoamine** Serotonin und Noradrenalin, MAO-B hauptsächlich Dopamin. Werden die Enzyme gehemmt, reichert sich der jeweilige Neurotransmitter in den präsynaptischen Vesikeln an und diffundiert im Aktionspotenzial verstärkt in den synaptischen Spalt. Das **Resultat entspricht** damit demjenigen der **trizyklischen** Substanzen.

Wirkungen

MAO-Hemmer wirken nach einer **Latenzzeit** von ebenfalls etwa **2 Wochen** stimmungsaufhellend. Daneben besteht eine antriebssteigernde Wirkung. Damit liegt ihr wesentliches Einsatzgebiet in der Behandlung gehemmt-depressiver Syndrome sowie Angststörungen.

Nebenwirkungen

Mögliche Nebenwirkungen entsprechen prinzipiell den trizyklischen Antidepressiva. Sie bestehen überwiegend zentral in Form von Schwindel, Kopfschmerzen, Agitiertheit mit Schlafstörungen, Tremor und Verwirrtheitszuständen. Der Blutdruck kann sowohl abfallen als auch ansteigen.

5.16.3 Johanniskraut

Das pflanzliche Antidepressivum schlechthin ist das Johanniskraut (Hypericum perforatum, ➤ Abb. 5.64). Inzwischen gibt es zahlreiche, auf den Hauptinhaltsstoff **Hypericin** standardisierte Präparate auf dem Markt, sodass man solche Präparate statt Teezubereitungen mit inkonstantem und meist unzureichendem Inhalt bevorzugen sollte. Dies gilt erst recht deswegen, weil der weitere, im Vordergrund stehende Inhaltsstoff **Hyperforin**, den man als hauptverantwortlich für die antidepressiven sowie antibakteriellen und antientzündlichen Wirkungen auf der Haut ansehen kann, **fettlöslich** ist und deshalb in üblichen Teezubereitungen gar nicht erscheint.

Abb. 5.64 Johanniskraut [O562]

Wirkungen

Die **antidepressive** Wirkung ist mild, aber doch **zuverlässig**, weshalb es bei eher leichten Depressionen, eventuell mit begleitenden Angstzuständen, immer einen Therapieversuch wert ist. Dies gilt in erster Linie für Patienten, die keine weiteren Medikamente einnehmen (s. unten).

Die positiven Wirkungen von Johanniskrautöl im Bereich der **Haut**, z.B. bei offenen, **schmerzhaften Verletzungen, Verbrennungen, Gürtelrose** und **Muskel-** bzw. **Nervenschmerzen**, sind seit langem bekannt und wurden in modernen Anwendungsreihen ein weiteres Mal bestätigt. Hervorzuheben ist daneben die gute **an-**

tibakterielle Wirksamkeit bei infizierten und deshalb schlecht heilenden Wunden.

EXKURS

Für geschlossene Traumen, Prellungen, Distorsionen und Hämatome ist **Arnika** eher besser geeignet. Dies gilt auch für Schädelprellungen bzw. Schädel-Hirn-Traumen. Beispielsweise kann man Residuen wie Kopfschmerzen oder Schwindel nach länger zurückliegenden Kopfverletzungen häufig sehr erfolgreich mit höheren Potenzen wie z.B. Arnica C200 (DHU) behandeln.
Dagegen ist **Beinwell** (Symphytum officinale) äußerlich oder in homöopathischer Anwendung besonders gut geeignet für Prellungen oder stumpfe Verletzungen, die sich auf **knöcherne Strukturen** ausgewirkt haben, einschließlich etwaiger Frakturen.
Sind in akuten Fällen oder bei chronischen Entzündungen mehrere der angeführten Aspekte vertreten, kann mit einem gut abgestimmten Komplexpräparat wie u.a. **Traumeel®** sehr wirksam therapiert werden. Lediglich bei offenen Verletzungen und äußerlicher Anwendung (Salbe) ist es eher kontraproduktiv.

Nebenwirkungen

Erwähnenswert ist eine allgemein ausgewiesene **Phototoxizität**, sodass Patienten zumindest theoretisch mit Hautrötungen und Hautreizungen rechnen müssen, sobald sie sich der Sommersonne aussetzen. Im Gegensatz zur offiziellen Definition dieser Phototoxizität bzw. (besser) **Photosensibilisierung** sowohl in Bezug auf lokale Anwendungen von Johanniskrautöl als auch für die orale Therapie gibt es zahlreiche Untersuchungen aus jüngerer Zeit (u.a. Schempp et al.), die diesen Zusammenhang gerade **ausschließen**, weil die hierfür erforderlichen Mengen an (theoretisch durchaus sensibilisierendem) Hypericin selbst bei sehr hoch dosierten Therapien in der Haut gar nicht erreicht werden können. Dementsprechend wurde diese angebliche Nebenwirkung in Studien (u.a. von der Uni Freiburg) auch gar nicht gefunden. Es würde sich also anbieten, eher den aktuellen Empfehlungen zu vertrauen, bevor man im Sommerhalbjahr lediglich wegen überholter Vorstellungen auf diese wertvolle Therapiemöglichkeit verzichtet.

Johanniskraut **stimuliert** in therapeutischen Dosen der standardisierten Präparate, etwa ab 600–900 mg Extrakt/Tag, die Bildung verschiedener **Leberenzyme**, die von dieser „chemischen Fabrik" zur Verstoffwechselung von Medikamenten wie z.B. Digoxin, Simvastatin (Cholesterinsenker), Omeprazol (Protonenpumpenhemmer) oder Ciclosporin bzw. Tacrolimus (zur Verhinderung einer Transplantatabstoßung) eingesetzt werden. Das bedeutet, dass diese Medikamente unter der Therapie mit Johanniskraut eine **verkürzte Halbwertszeit** aufweisen und damit die angestrebte Wirkung mehr oder weniger vollständig verlieren können. Man sollte deshalb bei **multimorbiden Patienten** grundsätzlich auf orale Johanniskrautpräparate **verzichten** bzw. zumindest eine **ausführliche Medikamentenanamnese** erheben.

EXKURS

Gewissermaßen gegenteilige „Nebenwirkungen" gehen von einem Nahrungsbestandteil aus, bei dem man die Möglichkeit für Nebenwirkungen im Bereich starker Medikamente nicht unbedingt erwartet hätte: **Grapefruit** enthält Bestandteile, die in der Leber zu sehr ausgeprägten **Enzymhemmungen** (im Cytochrom-System) führen. Betroffen sind Enzyme, die zum Abbau mehrerer Dutzend Medikamente benötigt werden. In der Konsequenz reichern sich nun diese Medikamente im Körper an und führen dementsprechend zu weit überhöhten Serumspiegeln mit **gesteigerter Toxizität**. Auf den Genuss von Grapefruit sollte also unter Medikamenteneinnahme grundsätzlich verzichtet werden.

HINWEIS PRÜFUNG

Die früher nachgesagte Beeinträchtigung der Wirkung der Pille unter Einnahme von Johanniskrautpräparaten hat sich in Untersuchungen aus dem Jahr 2005 nicht bestätigen lassen, sollte aber im Hinblick auf die Heilpraktikerprüfung noch formuliert werden, weil es sich hier anscheinend und analog zur Photosensibilisierung um altbekanntes, gefestigtes medizinisches Wissen handelt, das durch keinerlei moderne Studienergebnisse aufgefrischt werden mag.

5.16.4 Tryptophan

Ein weiteres Antidepressivum mit Schlaf anstoßender Wirkung stellt die Aminosäure Tryptophan dar (Ardeytropin® u.a.), aus der im Organismus **Serotonin** gebildet wird. Die üblichen Präparate sind verschreibungspflichtig, doch könnte der Heilpraktiker ersatzweise zu einer besonders tryptophanreichen Ernährung raten – z. B. zu Sojabohnen, Nüssen, Hülsenfrüchten, Fleisch und Fisch. Die Verschreibungspflicht datiert aus einer Zeit, als die damals frei verfügbaren Präparate aufgrund enthaltener **Verunreinigungen** aus dem Herstellungsprozess zu erheblichen Nebenwirkungen führen konnten (Eosinophilie-Myalgie-Syndrom EMS). Bei modernen Präparaten ist dies ausgeschlossen, doch wurde die Verschreibungspflicht beibehalten, obwohl der Zusammenhang bereits vor vielen Jahren eindeutig belegt worden war.

Wirkungen

Die **essenzielle Aminosäure** Tryptophan (Tagesbedarf 250–500 mg) wird im menschlichen Organismus für zahlreiche Proteinstrukturen benötigt. Gleichzeitig bildet sie den Ausgangsstoff für das biogene Amin **Serotonin**, einen wichtigen zerebralen **Neurotransmitter**, oder auch für **Melatonin**, ein Hormon der Zirbeldrüse (Epiphyse) mit Schlaf anstoßender Wirkung und wesentlichen Immunfunktionen (➤ Fach Endokrinologie). Während Serotonin die Blut-Hirn-Schranke *nicht* überwinden kann, demnach auch für eine Therapie von Schlafstörungen oder Depressionen *nicht* in Frage kommt, stellt dies für Tryptophan kein Problem dar. Allerdings findet sich an der Blut-Hirn-Schranke, entsprechend der Situation an Dünndarm und Niere, ein **Gruppentransporter**, der neben Tryptophan u.a. auch Phenylalanin und Tyrosin transportiert, wodurch die Aminosäuren sich gegenseitig **kompetitiv verdrängen**. Dies bedeutet, dass bei einer Ernährung, die sehr reich an Phenylalanin oder Tyrosin ist, ein relativer zerebraler Mangel an Tryptophan entstehen könnte, sofern es nicht angemessen zugeführt wird. Im Umkehrschluss würde eine weit überhöhte, z.B. pharmazeutisch überdosierte Tryptophansubstitution möglicherweise zu einem Mangel an Phenylalanin bzw. daraus entstehendem Tyrosin führen, woraus dann wiederum an deren Folgeprodukten (z.B. **Dopamin, Adrenalin** und **Noradrenalin**) ein zerebraler Mangel entstünde. Daraus kann abgeleitet werden, dass die Ernährung hinsichtlich essenzieller Aminosäuren wie Tryptophan und Tyrosin (bzw. Phenylalanin) **ausreichend**, aber auch **ausgewogen** sein sollte. Überhöhte Dosen von Tryptophan bei depressiven Verstimmungen (nach dem Motto „viel hilft viel") sind zu vermeiden.

MERKE

Zur Behandlung von Schlafstörungen werden üblicherweise **Benzodiazepine** oder sog. Z-Substanzen wie Zolpidem® eingesetzt, die bei längerer Einnahme ein deutliches **Abhängigkeitspotenzial** aufweisen, zusätzlich auch Antidepressiva und Neuroleptika. Bei Patienten, die einer länger dauernden Therapie bedürfen, könnte ein alternativer Versuch mit Tryptophan, z.B. abends ½ Tablette, sinnvoll sein, auch wenn dazu mangels industriellem Interesse keine anerkannten Wirksamkeitsnachweise in Form von kontrollierten Studien zur Verfügung stehen.

HINWEIS DES AUTORS

Es sei an dieser Stelle daran erinnert, dass nach den Erfahrungen des Autors geopathische Belastungen die mit weitem Abstand häufigste Ursache einer mangelnden Schlafqualität darstellen. Die diesbezügliche Sanierung des Schlafplatzes durch eine geeignete Positionierung des Bettes dürfte eine medikamentöse Therapie in der Mehrzahl der Fälle überflüssig machen – ganz abgesehen von den zusätzlichen positiven Auswirkungen auf Lebensqualität und Lebenszeit.

5

Nebenwirkungen

Obwohl eine „noch physiologischere" Therapieform als die Gabe einer ohnehin essenziellen Aminosäure nicht vorstellbar ist, können bei hohen Dosierungen auch Nebenwirkungen, beispielsweise in Form von **Kopfschmerzen, Schwindel** oder **Müdigkeit** auftreten. Dies hängt analog zu obigen Ausführungen möglicherweise bzw. sehr wahrscheinlich mit der gegenseitigen kompetitiven Verdrängung am Gruppentransporter und dem resultierenden zerebralen **Mangel** bei den **Katecholaminen** zusammen.

Die Wirkung gleichzeitig verabreichter MAO-Hemmer oder trizyklischer Antidepressiva wird naturgemäß verstärkt.

Zusammenfassung

Antidepressiva

Stoffe, die eine pathologisch abgesenkte Grundstimmung heben

Trizyklische Antidepressiva

- Hemmung der Wiederaufnahme von Serotonin oder Noradrenalin in die zerebralen (und peripheren) Neurone
- Wirkungseintritt erst nach 2 Wochen
- wirken teils aktivierend, teils dämpfend und anxiolytisch
- anticholinerge, kardiale und zentrale Nebenwirkungen

MAO-Hemmer

- Hemmung des Enzyms Monoaminoxidase
- wirken stimmungsaufhellend und antriebssteigernd (nach frühestens 2 Wochen)
- anticholinerge, kardiale und zentrale Nebenwirkungen

Johanniskraut

- milde antidepressive Wirkung, antientzündliche Wirkung auf der Haut, positive Wirkung bei Nervenschmerzen
- Photosensibilisierung (angeblich), Stimulierung von Leberenzymen, fragliche Beeinträchtigung der Wirkung der „Pille"

Tryptophan

- essenzielle Aminosäure
- Ausgangsstoff für Serotonin (in Thrombozyten; als zerebraler Neurotransmitter), Melatonin (Hormon der Epiphyse) oder auch Nikotinsäure, ein Vitamin der B-Reihe
- bei Überdosierung Kopfschmerzen, Schwindel oder Müdigkeit als Nebenwirkungen möglich

5.17 Therapie nach Kneipp

Pfarrer Sebastian Kneipp (1821–1897) entdeckte Mitte des 19. Jahrhunderts die alte Hydrotherapie (Hydor = Wasser) der Griechen und Römer neu. Er war während seines Theologiestudiums an der damals unheilbaren Tuberkulose erkrankt und stieß bei seiner Suche nach Therapiemöglichkeiten auf Literatur, die eine Abhärtung des Körpers empfahl. In der Folge tauchte er täglich in der eiskalten Donau, machte Armgüsse mit Brunnenwasser und versuchte, sich gesund und ausgewogen zu ernähren. Drei Jahre später war er geheilt.

Die Therapie, die er in den folgenden Jahren und Jahrzehnten entwickelte, stellt ein **ganzheitliches Therapiekonzept** dar und eignet sich für die Vorbeugung, Behandlung und Nachsorge zahlreicher akuter und chronischer Krankheiten. Sie ist auch heute noch gut etabliert und wird besonders bei Herz-Kreislauf-Erkrankungen, bei vegetativen Funktionsstörungen, in der Genesungsphase nach schweren Erkrankungen sowie ganz allgemein zur Stärkung des Immunsystems und Leistungssteigerung angewendet und empfohlen.

Die Kneipptherapie basiert auf der **„Philosophie der fünf Elemente"**:

- Hydrotherapie
- Phytotherapie
- Bewegungstherapie
- Ernährungstherapie
- Ordnungstherapie

5.17.1 Hydrotherapie

Kneipp benutzte Wasser für warme und kalte Teil-, Voll- und Wechselbäder, Güsse, Wickel, Packungen, Abreibungen, Wassertreten, Taulaufen und Schneegehen. Vom Immunsystem war damals noch nichts bekannt; entsprechend sprach Kneipp von der **Abhärtung**. Dass dies auch nachvollziehbar funktioniert, ergab eine Studie an der Universität Jena aus dem Jahr 2005, in der Kaltwassergüsse die Häufigkeit der Infekte bei Patienten mit chronischer Bronchitis senkten und die Zahl der Leukozyten um 13 % erhöhten.

Auch Studien, die sich eher pauschal mit der Frage eines Gewinns an Lebensqualität beschäftigten, belegen die anhaltenden Effekte der Kneipp-Kuren. Beispielsweise fand man bei knapp 400 Patienten nach einer Kur über 3–4 Wochen und einer Nachbeobachtungszeit von einem Jahr eine Linderung von Schmerzen – verbunden mit einer Senkung des Medikamentenverbrauchs, Reduzierung von Krankheitstagen und Besserung der Gesamtbefindlichkeit.

Kneippanwendungen werden kalt, warm oder im Wechsel warm/kalt verabreicht. Kalte Wasseranwendungen dürfen nur bei warmem Körper durchgeführt werden. Auf eine kurzdauernde kalte Anwendung sollte Wiedererwärmung durch Bewegung oder Bettruhe folgen. Kneipp versuchte, mittels kleinster Reize größtmögliche Effekte zu erzielen.

Erklären lässt sich die Hydrotherapie u.a. mit der **Reizung der Thermo- und Druckrezeptoren** und begleitenden Reflexvorgängen des vegetativen Nervensystems unter Einbindung des Gefäßsystems im Sinne eines Gefäßtrainings. Wärme führt über die Weitstellung von Gefäßen zur Mehrdurchblutung und besseren Versorgung von Muskeln und Gelenken einschließlich deren Gelenkknorpel (Arthrose!). Die Auftriebskräfte des Wassers führen zur Entlastung und begünstigen dadurch Bewegungstherapien. Über Dermatome und Myotome wird auf tiefer liegende Organe eingewirkt. Kälte hemmt schmerzhaft-entzündliche Vorgänge und spart Antiphlogistika/Analgetika ein (rheumatoide Arthritis, aktivierte Arthrose usw.).

Für **Abreibungen** benutzt man u.a. feucht-warme Tücher, mit denen der Körper abgerieben wird. **Vollbäder** können u.a. als Bürstenbäder angewendet werden, bei denen der Patient im Wasser massiert wird, oder als Stangerbäder, in denen ein sanfter Gleichstrom das Wasser durchströmt. Heiße **Armbäder** fördern die Durchblutung auch in weiteren Körperregionen, kalte Teilbäder sollen einen überhöhten Blutdruck senken. **Bewegungsbäder** im warmen Wasser verbessern die Gelenkbeweglichkeit und können durch Druckstrahlmassagen unter Wasser ergänzt werden. Bei den **Kneipp'schen Güssen** zielt ein Wasserstrahl mit geringem Druck auf behandlungsbedürftige Körperregionen, bei Blitz- bzw. Druckstrahlgüssen wird mit kaltem Wasser und höheren Drücken gearbeitet. Der heiße Wasserdampf im Rahmen von **Dampfbädern** kann mit Kräuterextrakten angereichert werden. Beim **Wassertreten** durchwaten die Patienten ein Becken mit kniehohem, kaltem Wasser.

5.17.2 Phytotherapie

Die Wassertherapie wurde schon frühzeitig durch pflanzliche Tees, Tinkturen und Salben ergänzt. Kneipp verwendete hierfür Arnika, Baldrian, Pfefferminze, Salbei und weitere Kräuter, die in seiner Umgebung wuchsen. Zur Kneipp-Therapie werden auch Bade- und Inhalationszusätze verwendet, die über Haut, Schleimhaut oder Riechzentrum wirken sollen.

Kneipps Motto: „Wenn *ein* Pferd den Karren nicht aus dem Dreck ziehen kann, dann muss man ein zweites dazuspannen! Wasser hilft und Kräuter heilen!"

5.17.3 Bewegungstherapie

Die regelmäßige Bewegung in freier Natur, die Kneipp ergänzend empfahl, steht im Einklang mit modernen Therapieempfehlungen. Es kommt zur Anregung des Stoffwechsels mit besserer Durchblutung der Muskulatur, Stärkung von Knochen, Gelenken und Muskeln, Glücksgefühlen und Stressabbau. Das HDL-Cholesterin im Serum nimmt zu.

Interessant sind in diesem Zusammenhang moderne Studien, die sich mit vorbeugenden Effekten, teilweise aber auch mit therapeutischen beschäftigen:

- Nach zwei US-Studien haben Brustkrebspatientinnen, die **regelmäßig Sport** treiben, tendenziell bessere Überlebenschancen.
- Nach einer weiteren Studie senkte tägliches **Joggen oder Walken** das Rückfallrisiko bei Darmkrebs. Inzwischen wurde gezeigt, dass Krebspatienten sogar während ihrer Chemotherapie von einem gemäßigten Programm aus Laufen und Gymnastik dreimal pro Woche profitieren. Die Blutwerte erholten sich schneller, die Übelkeit besserte sich und die chronische Müdigkeit ging zurück.
- **Ausdauersportarten** wie Joggen, Walken, Schwimmen oder Radfahren senken den systolischen Blutdruck bei hypertonen Patienten um durchschnittlich 10 mmHg und den diastolischen um immerhin 7 mmHg, während sie einen zu niedrigen Blutdruck stabilisieren. Nach Herzinfarkt bzw. bei der KHK oder AVK gehören sie unter ärztlicher Kontrolle längst zum Pflichtprogramm, um zusätzliche Kollateralen entstehen zu lassen.
- Neuerdings hat man auch bei Depressiven positive Effekte festgestellt, wobei der **Sport in der Gruppe** wegen der sozialen Kontakte noch besser half als das einsame Radeln auf dem Ergometer.

Besondere Bedeutung besitzt die Bewegungstherapie bei Erkrankungen wie Osteoporose, Arthrose und rheumatischen Erkrankungen, bei Diabetes mellitus und bei Atemwegserkrankungen.

5.17.4 Ernährungstherapie

Hier verzichtete Kneipp auf Diäten oder unsinnige und einseitige Empfehlungen nach dem Muster der Trennkost des Howard Hay (➤ Fach Verdauungssystem). Vielmehr legte er Wert auf den bewussten Genuss einer abwechslungsreichen und ausgewogenen, vitalstoffreichen und möglichst fettarmen Nahrung mit reichlich pflanzlicher Frischkost.

5.17.5 Ordnungstherapie

Die Ordnung oder Balance, die bewusste und ausgeglichene Lebensführung steht bei Kneipp als **oberstes Prinzip** über den Elementen und vereint sie zu einem sinnvollen Ganzen. Er legte größten Wert auf eine bewusste und geregelte Lebensweise, die auch die Rhythmen des Menschen berücksichtigt. Beispielhafte Therapien im Sinne Kneipps, die zu Ruhe und Ausgeglichenheit führen können, sind Autogenes Training, Atemtherapien, Yoga und die Meditation.

Zitate aus Kneipps Schriften sind heute, 150 Jahre später, aktueller denn je:

- „Kaum irgendein Umstand kann schädlicher auf die Gesundheit wirken als die Lebensweise unserer Tage, ein fieberhaftes Hasten und Drängen aller im Kampfe um Erwerb und sichere Existenz."
- „Es ist kein Wunder, wenn Krankheiten so viele Opfer fordern, denn die Menschheit ist von der früheren, einfachen, natürlichen Lebensweise abgewichen."

Dem ist nichts hinzuzufügen!

Zusammenfassung

Kneipp-Therapie

Ganzheitliches Therapiekonzept auf der Basis von Hydrotherapie, Phytotherapie, Bewegungstherapie, Ernährungstherapie und Ordnungstherapie

Hydrotherapie

- warme und kalte Teil-, Voll- und Wechselbäder, Güsse, Wickel, Packungen, Abreibungen, Wassertreten, Taulaufen und Schneegehen
- Reizung der Thermo- und Druckrezeptoren und begleitende Reflexvorgänge des vegetativen Nervensystems unter Einbindung des Gefäßsystems im Sinne eines Gefäßtrainings

Phytotherapie

- unterstützend zur Hydrotherapie
- Arnika, Baldrian, Pfefferminze, Salbei und weitere Kräuter

Bewegungstherapie

- Anregung des Stoffwechsels mit besserer Durchblutung der Muskulatur, Stärkung von Knochen, Gelenken und Muskeln, Glücksgefühlen und Stressabbau
- insbesondere bei Osteoporose, Arthrose und rheumatischen Erkrankungen, bei Diabetes mellitus und bei Atemwegserkrankungen

Ernährungstherapie

- bewusster Genuss einer abwechslungsreichen und ausgewogenen, vitalstoffreichen und möglichst fettarmen Nahrung mit reichlich pflanzlicher Frischkost

Ordnungstherapie

- bewusste und ausgeglichene Lebensführung

KAPITEL

6 Alternative Modelle und Therapieformen

6.1 Bioresonanz

6.1.1 Einführung

Bio-Resonanz bedeutet *Resonanz mit dem Lebendigen* (Bios = Leben). Der Begriff wurde durch die Fa. Regumed geprägt, um das Wesen der eigenen Geräte (BICOM®) zu definieren und gegenüber der Konkurrenz abzugrenzen. Allerdings darf der Begriff auch pauschal und stellvertretend für die Essenz dessen stehen, was dahintersteckt.

Wenn man das Wesen der Bioresonanz verstehen will, wenn man erkennen oder zumindest abschätzen möchte, ob es dazu dienen kann, regulierend und heilend auf lebendige Strukturen einzuwirken, muss man die Grundgedanken des Prinzips in einen Gesamtzusammenhang einbringen. Dieser Kontext besteht aus nicht weniger als der Frage, wodurch denn nun das *Leben* definiert ist und wie die Prinzipien der Bioresonanz in eine solche Definition eingebettet werden können. Indem die Bioresonanz mit nichtmateriellen Schwingungen arbeitet und ihr Selbstverständnis auch aus derartigen immateriellen Strukturen bezieht, ist es zunächst unabdingbar, die Definition des Lebendigen entweder jenseits vorherrschender mechanistisch-materieller Denkweisen im sog. Vitalismus anzusiedeln, oder dieses Konzept doch zumindest in quantenphysikalische Dimensionen zu erweitern, wo Elemente, die steuernd in die „Suppe" biochemischer Strukturen und Umsetzungen eingreifen, gedanklich zugelassen werden können.

Wer entsprechend der vorherrschenden Lehrmeinung die lebendige Zelle nur als „Enzympäckchen" (Popp) ansieht und meint, aus An- und Abschaltvorgängen der DNA, aus Rückkoppelungsmechanismen, Interaktionen und Steuerungen durch nervale Impulse, Hormone und weitere Botenstoffe ein befriedigendes und vollständiges Modell des Lebens entworfen zu haben, der vermag in der Idee einer „Resonanz mit dem Lebendigen" keine glaubwürdigen oder wenigstens möglichen Therapieansätze zu erkennen.

Die interessantesten Aspekte, die in den vergangenen Jahrzehnten zunehmend in die Diskussion über das Wesen des Lebens eingebracht worden sind und heute, zumindest abseits vorherrschender Meinungen, breit diskutiert werden, stellen wohl die Theorien über das morphogenetische Feld sowie die informativen Felder auf der Basis elektromagnetischer Schwingungen, im Besonderen in Bezug auf deren wichtigsten Teilaspekt der Biophotonen dar. Diese beiden Theorien sind eng mit den Namen Rupert Sheldrake und Fritz Albert Popp verbunden. Ergänzend wird man in diesem Gedankengebäude ohne die Physik eines Burkhard Heim – und letztendlich ohne das, was jenseits derartiger Gedanken liegen muss, nicht zu einem befriedigenden, abgerundeten Bild kommen können.

6.1.2 Die Theorie Burkhard Heims

Die Bioresonanz behauptet, mit „patienteneigenen Schwingungen" zu arbeiten, was auch immer man darunter zu verstehen hat. Diese

Schwingungen sollen steuernde Signale darstellen und manipulierbar sein, werden jedoch nicht weiter definiert oder auch nur irgendeinem Bereich zugeordnet, der überprüfbar wäre.

Demgegenüber hat einer der genialen Physiker des 20. Jahrhunderts, **Burkhard Heim** (1925–2001), in über 30-jähriger Arbeit ein gewaltiges Gedankengebäude errichtet, in dem er neben den 4 Dimensionen von Raum und Zeit u.a. als 5. Dimension die Informationsebene bzw. das **verursachende Prinzip** (Entelechie) einführt und als 6. Dimension (sog. äonische Koordinate) ein **steuerndes Prinzip**. Dieser Raum mit 6 physikalisch interpretierbaren (und 6 weiteren, nur mathematisch berechenbaren) Dimensionen vermag nun nicht nur die Einbettung unseres wahrnehmbaren Universums in die Schöpfung, sondern auch diejenigen Dinge zu interpretieren, die sich in seinen Teilen, beispielsweise auf der Erde verfolgen lassen.

Dimensionen

Als **Modell der sechsdimensionalen Welt** kann man folgende Vorstellung verwenden: Ein dreidimensionaler Raum mit Figuren und Ereignissen darinnen lässt sich als Momentaufnahme, als Bild oder Foto betrachten. Entsprechend einer Filmrolle, die ja auch nur aus einer Abfolge einzelner Bilder besteht, bewegen sich die Figuren und Ereignisse, wenn man den dreidimensionalen Raum durch die **4. Dimension**, die Zeit, ergänzt.

Die **5. Dimension** steht senkrecht auf der Raum-Zeit. Sie stellt gewissermaßen eine Reihe weiterer Filmrollen dar, die exakt neben dem ursprünglichen Film zu liegen kommen und bei denen die einzelnen Bilder dem jeweiligen „Originalbild" weitgehend, aber nicht vollständig entsprechen, indem zumindest ein Detail anders gestaltet sein muss. Es sind sozusagen dieselben Geschichten mit kleineren oder größeren Abweichungen, wie sie anstelle des Originalfilms auch hätten ablaufen können. Es handelt sich um die **Gesamtzahl an Wahrscheinlichkeiten** bzw. um alle möglichen, kleineren oder größeren inhaltlichen Abweichungen mit evtl. vollkommen anderem Ausgang. Auf den Alltag übertragen bedeutet dies zum Beispiel, dass ab einem bestimmten Tag, an dem eine Begegnung mit einem wichtigen Menschen stattfindet, beispielsweise dem zukünftigen Lebenspartner, das Leben nun in eine andere Richtung läuft als wenn diese Begegnung nicht stattgefunden hätte. Oder es kommt an Stelle der Vermeidung eines Unfalls in der einen Filmrolle nun doch zu diesem Unfall, wodurch das Leben z.B. aufgrund körperlicher Folgeschäden verändert wird und alle ursprünglichen Pläne Makulatur sind.

Die 5. Dimension x_5 ist die **Informationsebene**, in der alle aktuellen und zukünftig **möglichen Ereignisse** einschließlich ihrer jeweiligen Auswirkungen aufgezeichnet, gewissermaßen als Muster abgelegt sind. Weder Raum noch Zeit besitzen einen messbaren Bezug zu dieser (geistigen) Dimension, sodass es in x_5 eine Zukunft in dem Sinne, wie sie von Wesen, die sich in der Raum-Zeit-Dimension R_4 aufhalten, als Realität erfahren wird, nicht gibt, dass es „die Zeit", so wie sie von uns erlebt wird, letztendlich gar nicht geben kann.

MERKE

Alles, was geschieht, geschieht gleichzeitig. Das *Jetzt* wird zur einzigen realen Zeit, was dazu führt, dass es sich jederzeit verändern lässt: Man braucht nur aus der einen Filmrolle zur anderen nach „nebenan" zu wechseln, wenn man seine Ziele ändert. Denn das Ziel des Geistes definiert die Ereignisse, die in R_4 zu ihm führen.

Die **6. Dimension x_6** entscheidet, welche aus den gegebenen Möglichkeiten, aus der unendlichen Zahl an Wahrscheinlichkeiten tatsächlich umgesetzt, in die scheinbare Wirklichkeit der vierdimensionalen Raum-Zeit R_4 übertragen wird, indem sie diesen Film aus der 5. Dimension heraus auswählt und als zu erfahrende Realität definiert. Man könnte die 6. Dimension als Entscheidungsinstanz bzw. als Seele oder Geist bezeichnen, der die Lernerfahrungen der jeweiligen Inkarnation definiert und unter diesen Vorgaben die Filmrolle wählt – oder, besser, als „runden Tisch" derjenigen, die daran teilhaben, denn nichts geschieht ohne Absprache unter den Beteiligten.

Die **„einheitliche Beschreibung der materiellen Welt"** des Burkhard Heim bewegt sich in ihren messbaren und berechenbaren Aussagen streng auf dem Boden der herkömmlichen Physik und Quantenfeldtheorie, bezieht jedoch den Geist bzw. das Bewusstsein als „physikalische Größe" in ihre Aussagen mit ein. Darüber hinaus vermag die Physik nun erstmals Phänomene informativer Natur (informative und morphogenetische Felder, Homöopathie usw.) zu erklären und zu begründen, die bisher eher spekulativ gewesen sind.

Burkhard Heim wird in der modernen Physik weder geschätzt noch anerkannt. Seine Theorien wurden überwiegend verworfen. Da seine Ergebnisse und Beschreibungen streng auf dem Boden der Physik keine Wirklichkeit besitzen können, stellen sie letztendlich trotz aller Mathematik, mit deren Hilfe sie entworfen wurden, nichts anderes als ein esoterisches Modell dar – zumindest bis zu dem „Zeitpunkt", an dem sowohl Zeit als auch Materie endgültig als Illusion enttarnt sind.

Man könnte andererseits die Heim´schen Filmrollen aus x_5 auch zwanglos dem in der heutigen Physik durchaus diskutierten „Multiversum" zuordnen, das aus einer unendlichen Zahl an „**Parallelwelten** bzw. **Paralleluniversen**" besteht. Denn letztendlich muss es zu einem beliebigen Zeitpunkt eines beliebigen Tages nicht unbedingt eine Entscheidung darüber geben, ob es nun eher in die eine oder in die andere Richtung weiterzugehen hat, ob also dem gewählten Beispiel zufolge „die Begegnung" oder „der Unfall" entweder stattzufinden oder nicht stattzufinden hat. Stattdessen führt gleichzeitig und parallel eine jede gegebene Möglichkeit oder Wahrscheinlichkeit zu einer neuen Filmrolle mit verändertem Ablauf, wodurch eine stetig wachsende Zahl an neuen „Filmrollen" entstehen muss. Wenn also solche Kreuzungspunkte in jedem Augenblick eines jeden Tages jedes denkenden Lebens existieren und beschritten werden können, führt dies zwangsläufig zu einem Multiversum, das aus einer unendlichen Zahl an parallelen Universen besteht. Dies gilt erst recht, wenn man den Gedanken an die Zeit als eine Abfolge von Ereignissen verwirft, denn unter dieser Prämisse folgen auch Inkarnationen nicht mehr aufeinander, sondern entwickeln sich gleichzeitig und parallel zueinander.

Burkhard Heim mag seine Theorie anders verstanden wissen wollen, doch treffen sich hier einzelne der modernen Theorien und Gedankengebäude der Physik mit den Kernaussagen esoterischer Vorgaben: Jane Roberts „Seth" verschmilzt mit „Ein Kurs in Wundern" und wird zum physikalischen Modell der Parallelwelten oder auch zur „einheitlichen Beschreibung der materiellen Welt". Die Physik ist sozusagen nach Hause gekommen.

6.1.3 Physikalische Experimente

Besonders interessant ist ganz und gar jenseits aller Esoterik ein rein physikalisches Experiment, das im Jahr 2004 vorgestellt wurde:

Der Quantenphysiker Prof. Antoine Suarez (Universität Genf) erzeugte bei diesem Versuch mit seinen Mitarbeitern ein **Photonenpaar**, indem er einen Kristall mit Laserlicht bestrahlte. Die beiden Photonen (Lichtquanten = kleinste Einheiten, aus denen sich das Licht zusammensetzt) trennte er und ließ sie durch entsprechend verlegte Glasfaserkabel in entgegengesetzte Richtungen fliegen. Jedes Photon musste auf seinem Weg halbdurchlässige Spiegel passieren, die nach einem Zufallsprinzip so gesteuert wurden, dass sie die Photonen mal hindurchtreten ließen und dann wieder nicht. Für jedes Photon bestand auf seinem Weg durch Kabel und Spiegel eine 50 %ige Wahrscheinlichkeit, dass sie ihr Ziel erreichten bzw. vorher stecken blieben. Zusätzlich wurde der Weg des einen Photons dadurch erschwert und gegenüber dem Zwillingsphoton verändert, dass der dazwischen geschaltete Spiegel sich gleichzeitig mit hoher Geschwindigkeit bewegte.

Nach den Gesetzen der Wahrscheinlichkeit hätte einmal das eine Photon und dann wieder das andere sein Ziel erreichen müssen. Teilweise wären keines oder aber beide am Ziel angekommen. Gemessen wurde allerdings ganz etwas anderes: **Beide Photonen verhielten sich exakt gleich** – d.h. entweder flogen beide durch ihre Spiegel hindurch oder sie blieben beide stecken. Stets tat das eine genau dasselbe, was das andere tat. Es deutete alles ganz unzweideutig darauf hin, dass die beiden Photonen sich absprachen, gewissermaßen gemeinsam überlegten, wie sie dieses Mal vorgehen sollten, was nach der Versuchsanordnung aber unmöglich war.

Dazu muss man wissen, dass Photonen als Lichteinheiten (Lichtquanten) auch mit Lichtgeschwindigkeit (300.000 km pro Sekunde) fliegen und dass sie in entgegengesetzte Richtungen flogen. Nach Einsteins **Relativitätstheorie** kann aber nichts schneller sein als das Licht. Für gegenseitige „Absprachen" hätte mindestens eines der Photonen umkehren müssen, nachdem es seinen Spiegel erreicht hatte, um dem anderen mitzuteilen, ob derselbe auf „durchlässig" oder „undurchlässig" gestellt war, denn dies konnte es ja erst in Erfahrung bringen, wenn es denselben erreicht hatte. Dafür hätte es mit *mehrfacher* Lichtgeschwindigkeit fliegen müssen, um dann doch noch zeitgleich mit dem Zwilling sein Ziel zu erreichen. Es versteht sich von selbst, dass dies nicht möglich sein kann. Zusätzlich wurde die gegenseitige Absprache durch Hin- und Herfliegen mit mehrfacher Lichtgeschwindigkeit durch die Bewegungen des Spiegels der einen Seite erschwert bzw. sogar verunmöglicht, was nur aus Einsteins Relativitätstheorie und der gegenseitigen Abhängigkeit von Zeit und Raum verstanden werden könnte.

MERKE

Als Erklärung der vielfach wiederholten Versuche und ihrer konstanten Ergebnisse blieb den Physikern nur ein einziges Erklärungsmodell dieses Phänomens. Photonen scheinen sich tatsächlich telepathisch abzusprechen und sie tun dies außerhalb von Zeit und Raum.

„Denn Zeit und Raum sind eine Illusion, die verschiedene Formen annimmt.
Wenn sie über deinen Geist hinaus projiziert ist, denkst du, sie sei Zeit.
Je näher sie dorthin gebracht wird, wo sie ist,
desto eher stellst du sie dir in räumlichen Begriffen vor."

Greuthof-Verlag: Ein Kurs in Wundern

Jegliche Materie des gesamten Kosmos besteht aus Quanten, wobei die masselosen Photonen die kleinsten Einheiten darstellen, sofern man theoretische „Teilchen" außer Acht lässt. Sie beeinflussen sich gegenseitig, stehen in konstanter Wechselwirkung miteinander. Es erscheint nach diesen Versuchen möglich, wenn nicht sogar wahrscheinlich, dass alles im Kosmos miteinander in Verbindung steht.

6.1.4 Grundprinzip der Bioresonanz

MERKE

Die Vorgabe der Bioresonanztherapie besteht darin, mittels geeigneter Geräte die Schwingungen eines Patienten in ihrer Summe zu erfassen und dieselben in modulierter Form an den Patienten zurückzugeben.

Physikalische, physiologisch oder pathologisch im Patienten vorhandene **Schwingungen**, die auf irgendeine Art und Weise verändert werden sollen, müssen mittels geeigneter Detektoren zunächst erkennbar gemacht werden, um danach in wiederum definierter, jedoch veränderter Form zum Patienten zurückfließen zu können. Die verschiedenen Gerätehersteller derartiger Systeme nehmen dies für sich in Anspruch. Darüber hinaus behaupten sie, nicht nur patienteneigene Schwingungen überhaupt als solche definieren, sondern dieselben sogar grundsätzlich in „gute" und in „schlechte" Schwingungen differenzieren zu können. Die „guten" Schwingungen lassen sich dann gezielt und verstärkt an den Patienten zurückleiten, während die „schlechten" Schwingungen invertiert (um 180° gedreht) werden, woraufhin solche Schwingungen in der Interferenz mit den Ausgangsschwingungen des Patienten einen Löscheffekt erhalten und den Patienten von denselben befreien.

Um dieses Ziel zu erreichen, besitzen die Geräte eine versiegelte und selbstverständlich sehr geheimnisumwitterte Box (sog. **Separator**), die eine derartige Selektion und Aufbereitung ermöglichen soll. Insider vermuten allerdings, dass diese Boxen einfach nur Substanzen wie Propolis oder Bergkristalle enthalten, deren positive Schwingungen anerkannt sind und dem Patienten jenseits sonstiger „Aufbereitungen" gut tun, woraus sich dann die Wirkungen der Bioresonanzgeräte erklären ließen.

So klar und einleuchtend das Bioresonanzprinzip auch immer zu sein scheint, so **wenig Relevanz** besitzt es doch im Alltag der Bioresonanztherapie, denn das tatsächliche und wesentlichste Grundprinzip der Therapie mit den verwendeten Geräten besteht darin, **zusätzlich** in den Schwingkreis eingebrachte **Substanzen** in den Patienten einzuschwingen – entweder ganz einfach nach homöopathischen Prinzipien, oder wiederum durch Inversion mit dem Anspruch der nachfolgenden Löschung, sofern in umfangreichen Anamnesen und Testreihen schädigende, beispielsweise allergisierende Substanzen dingfest gemacht worden sind.

Die Bioresonanztherapie ist also eine **Schwingungstherapie**, bei der ein definiertes Gerät die Schwingungen eines Patienten über (Hand-)Elektroden und Kabel zugeführt bekommt, diese Schwingungen anschließend moduliert und durch verschiedenste zusätzliche Informationen ergänzt, um sie zuletzt über eine weitere, mit dem Patienten verkabelte Elektrode an ihn zurückzugeben.

6.1.5 Diskussion

Im Zusammenhang mit der Bioresonanztherapie stellen sich diverse Fragen:

- Zunächst einmal müsste definiert werden, **welcher Art** die Schwingungen sind, die aus dem Patienten heraus in das Gerät fließen, und ob die Konstruktion des verwendeten Geräts das Erkennen dieses Frequenzspektrums überhaupt zulässt.
- Des Weiteren wäre zu klären, **welche Funktion** die patienteneigenen Schwingungen in dessen Körper übernehmen, wie sie entstehen und wie und ob überhaupt sie von außen verändert werden können.
- Es müssten **Ursache und Wirkung** unterschieden werden – also die Frage, ob die Schwingungen primär Funktionen zu erfüllen haben, oder ob sie sekundär lediglich ein Ergebnis von Lebensvorgängen darstellen. Denn wenn sie lediglich das Produkt und fassbare Korrelat von Prozessen darstellen, die bereits stattgefunden haben, so können sie kaum in der Lage sein, gewissermaßen rückwirkend das zu verhindern oder zu verändern, was sie selbst entstehen ließ.
- Abschließend wäre zu fordern, dass die Gerätehersteller halbwegs plausibel darlegen, auf welche Weise sie die Elektronik dazu gebracht haben, das **Gesamtmuster** der Frequenzen in „gute" und „böse" **zu unterscheiden**.
- Schließlich verführt der Bioresonanzgedanke manche Anwender auch dazu, Patientenschwingungen aus einem Blutstropfen, einer Haarlocke oder sogar einem Bild des Patienten zu entnehmen, um sie nach entsprechender Modulation über weite und weiteste Entfernungen an denselben zurückzuleiten. Die (behaupteten) Erfolge sollen hierbei in ähnlichem Umfang auftreten, wodurch die Erklärungsnot des Prinzips nicht gerade kleiner wird.

Der durchaus richtige Grundgedanke, der den Geräteherstellern und den Anwendern gleichermaßen als **Erklärungsmodell** dient, besteht darin, dass Energie und Materie seit Einstein ($E = m \times c^2$) bzw. der Quantenphysik gewissermaßen eine Einheit darstellen, also lediglich **zwei Aspekte derselben Sache** sind – entsprechend der Tatsache, dass die Atome und ihre Teilchen als Bausteine jeglicher Materie einen Dualismus darstellen und sowohl als korpuskuläre Teilchen als auch als Wellenfunktion dargestellt werden können. Dies gilt auch für die (masselosen) Photonen. Die mit den menschlichen Sinnen erfassbare Materie stellt demzufolge lediglich *eine* Zustandsform der Wirklichkeit dar!

Nach dieser von keinem Physiker angezweifelten Tatsache ist Materie nichts anderes als verdichtete Energie. Wenn bezüglich der Energie deren Schwingungsaspekt in den Vordergrund gestellt wird, bedeutet dies, dass Materie eine Form von Energie besonders niedriger, „langsamer" Schwingung darstellt. *Eine* Folge aus den modernen Grundlagen der Physik besteht daher auch darin, den uns bekannten, materiell erfahrbaren Kosmos lediglich als einen winzigen Teilaspekt dessen anzusehen, was dahinter vor unseren auf die Materie ausgerichteten Sinnen verborgen bleiben muss. Wenn man dann den Begriff der *Energie* betrachtet und sie auf das zurückführt, was sie letztendlich darstellen muss, kann man sie als einen „Ausfluss des Geistes" ansehen und befindet sich damit in einem Bereich, der sich nicht nur den Heim'schen Thesen annähert, sondern der auch dem Verstand nicht mehr direkt zugänglich ist.

Was man daraus aber wenigstens ableiten und auf einer anderen Ebene verstehen kann, ist die **Relativität** dessen, was unsere Sinne zu erfassen vermögen, und seine Abhängigkeit von den Ansichten und der Betrachtungsweise desjenigen, der gerade darauf schaut und definiert, was er zu sehen glaubt (Einstein). „Wahrheiten" werden damit grundsätzlich zu **subjektiven Ansichten**, weil es eine allgemeingültige, objektivierbare Wahrheit nicht geben kann.

EXKURS

Interessant sind in diesem Zusammenhang auch die Phänomene, die Alexander Lauterwasser in seinen Experimenten mit der Beschallung von Wasser erhalten hat: Er versetzte Wasserflächen in Resonanz, indem er sie von oben mit Tönen unterschiedlicher Frequenzen beschallte. Die erhaltenen Wellenstrukturen, die sich nach chaotischen Zwischenphasen einstellten, ergaben in senkrechter Beleuchtung für die jeweiligen Tonhöhen **charakteristische Reflexionen**, die er mit einer Kamera dokumentierte. Die dargestellten, scheinbar stehenden Wellen vermitteln allerdings nicht ganz die Realität dieser Strukturen, indem es sich um **dynamische Formen** handelt, die inmitten lebhaft schwingenden und sich bewegenden Wassers entstehen. Es sind sozusagen Knotenpunkte inmitten pulsierender Bewegung, was Lauterwasser zu der Vermutung bringt, dass evtl. auch die Materie als solche nichts anderes darstellen könnte als eben aus sich verändernder Energie heraus und der Absicht der Verursachung entsprechende **Knotenpunkte des wirklichen und eigentlichen Lebens**, das sich dahinter verbirgt, gewissermaßen den Dimensionen 5 bis 12 nach Burkhard Heim.

6.1.6 Aufbau von Bioresonanzgeräten

Bioresonanzgeräte sind ihrem Wesen nach nichts anderes als **Radiogeräte**, in denen eintreffende Sinuswellen in Schwingkreisen (➤ Abb. 6.1) aufgefangen, in hörbare Frequenzen umgewandelt, verstärkt und abgestrahlt werden. Das einfachste „Bioresonanzgerät" ist deshalb ein simples Radio, dessen Antenne als Elektrode zur Verbindung mit dem Patienten benutzt werden kann, anstelle von Funkwellen also nun die Schwingungen des Patienten in seinen Schwingkreis einspeist.

Schwingkreise

Ein Schwingkreis (Resonanzkreis) besteht aus einer Spule L, einem Kondensator C und einem Widerstand I, also einem elektrischen Netzwerk, mit dem **elektromagnetische Schwingungen** erzeugt und empfangen werden können (➤ Abb. 6.1). Diese Schwingungen lassen sich durch die integrierten Widerstände in ihrem Frequenzspektrum geringgradig verändern und den angepeilten Erfordernissen anpassen. Gibt man ein geeignetes Signal an einen derartigen Schwingkreis, kann man dasselbe in Resonanz bringen und mittels der Widerstände und zusätzlicher Vorverstärker modulieren und verstärken. Der elektrische Strom, mit dem Radiogeräte versorgt werden, dient dabei im Wesentlichen nicht der Signalerzeugung, sondern der Verstärkung und dem Anpassen der Widerstände, wodurch die Frequenzen, die empfangen werden sollen, in gewissem Umfang verändert werden können. Dieser Strom ist von daher für die Grundfunktion eines Schwingkreises nicht erforderlich und in Bioresonanzgeräten auch nicht vorhanden. Das, was hier aus dem Stromnetz eingespeist wird, dient neben der Einstellung der Widerstände überwiegend der Funktion von Zeigern und Dioden oder integrierten Druckern.

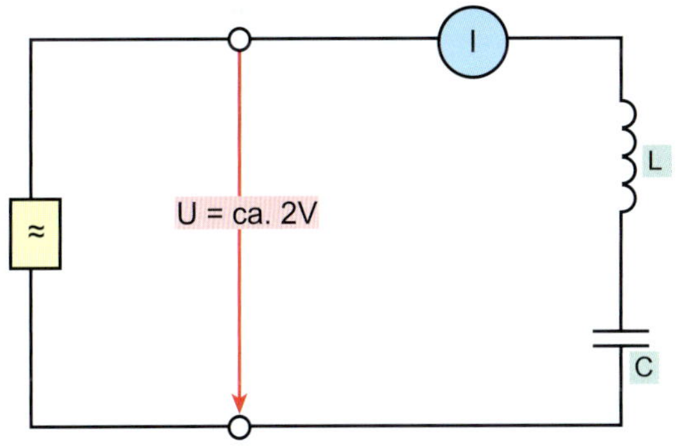

Abb. 6.1 Schwingkreis aus Spule und Kondensator [L157]

Ausgelegt sind Schwingkreise in Rundfunkempfängern auf diejenigen Frequenzen, welche von den Radiosendern abgestrahlt werden, denn sonst könnten deren Signale ja nicht empfangen werden. Hieran wird das **Resonanzprinzip** deutlich: Nur diejenigen Frequenzen, die mit dem Schwingkreis interferieren, also mit dessen Eigenfrequenzen übereinstimmen, erzeugen eine Resonanz und können so empfangen und verarbeitet werden. Frequenzen neben dem abgestrahlten Spektrum, auf die der Schwingkreis nicht abgestimmt ist, werden von vornherein nicht zur Kenntnis genommen. Ein Schwingkreis muss also hinsichtlich empfangbarer Frequenzen selektioniert sein, um der angestrebten Aufgabe nachkommen zu können.

In Rundfunkgeräten werden die über Antenne empfangenen sinusförmigen Wellen, im Anschluss an ihre Resonanz mit dem Schwingkreis, demoduliert (im Frequenzspektrum verändert), verstärkt und an einen Lautsprecher weitergegeben, um sie für das menschliche Ohr hörbar zu machen (➤ Abb. 6.2).
Nun liegen die elektromagnetischen Wellen, mit denen der **Rundfunk** arbeitet, in einem Wellenlängenbereich zwischen etwa 10.000 Metern (Langwelle) und 1 Meter (Ultrakurzwelle = UKW). Manche Radiogeräte besitzen Schwingkreise, die lediglich im Bereich zwischen 1 und 10 Metern resonieren, sodass damit weder Lang- noch Mittelwellen, sondern lediglich Ultrakurzwellen empfangen werden können.

Das **Spektrum der Bioresonanzgeräte** wurde im langwelligen Bereich angesiedelt und enthält Schwingkreise, mit denen Frequenzen etwa zwischen 1 Hertz (1 Hz, entsprechend einer Wellenlänge von nicht weniger als 18.000 km) und wenigen Hundert Metern (450.000 Hz; 1 Hertz = 1 Schwingung pro Sekunde) empfangen und erzeugt werden können, also bis in den Bereich der Mittelwelle. Auffallend hierbei ist allerdings, dass sich das Frequenzspektrum der Geräte, je nach „Philosophie" des Herstellers, doch gewaltig un-

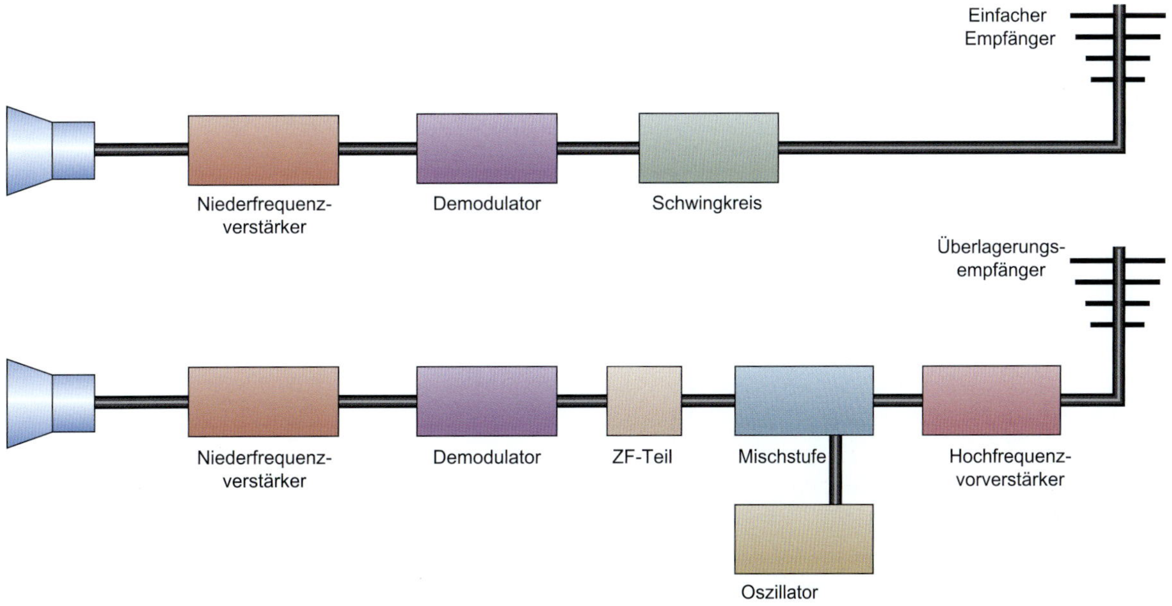

Abb. 6.2 Umwandlung elektromagnetischer Wellen in hörbare Frequenzen [L157]

6

terscheidet und häufig nur im Bereich zwischen 10 und einigen Hundert Hertz liegt.

Das Frequenzspektrum, mit dem das **menschliche Ohr** resoniert (20–20.000 Hz), das also hörbaren Tönen entspricht, liegt im Bereich derjenigen Frequenzen, mit denen Bioresonanzgeräte arbeiten. Der Mensch stellt allerdings weder einen Radioempfänger noch einen Radiosender dar. Von daher erscheint es zumindest mutig, wenn unterstellt wird, dass die wesentlichen elektromagnetischen Schwingungen und informativen Felder, die das *Lebendige* im Menschen repräsentieren, ausgerechnet in Frequenzbereichen hörbaren Schalls bzw. bei Wellenlängen von mehreren Tausend Kilometern angesiedelt sein sollen (➤ Abb. 6.3).

Wenn man davon ausgeht, dass die einzige Schwingung, die tatsächlich und beweisbar dem Lebendigen zugeordnet werden kann, aus dem laserartigen **Licht der Biophotonen** (F. A. Popp) besteht, und wenn man deren Frequenz im Bereich des sichtbaren Lichts (400–800 nm Wellenlänge, entsprechend 10^{14} Hz, ➤ Abb. 6.4) betrachtet, liegen die Schwingkreise der Bioresonanzgeräte in ihrer Resonanzmöglichkeit um so viele Dimensionen jenseits dieser Schwingung, dass ein resonierender bzw. steuernder Effekt irgendeiner Art ausgeschlossen werden kann. Wechselwirkungsfrequenzen zwischen Raum und Materie liegen sogar bei 10^{22} Hertz (berechnet aus der Lichtgeschwindigkeit und der Größe eines Elektrons), entsprechend Wellenlängen weit unterhalb eines Nanometers.

MERKE

„Es erscheint so, als ob ein Europäer (= Bioresonanzgerät) eine chinesische Zeitung (= „Schwingung des Lebens") zu lesen bekäme und nun aus den zweifellos vorhandenen Informationen hinter den unverständlichen Zeichen irgendwelche Schlussfolgerungen zu treffen hätte." Dieses, in einem Aufsatz gefundene Zitat muss genau genommen noch sehr viel extremer definiert werden, denn chinesische Schriftzeichen können von Europäern wenigstens wahrgenommen werden, während für den Schwingkreis eines Radios Schwingungen weit entfernter Dimensionen als „weiße, unbeschriftete Blätter" zu beschreiben wären.

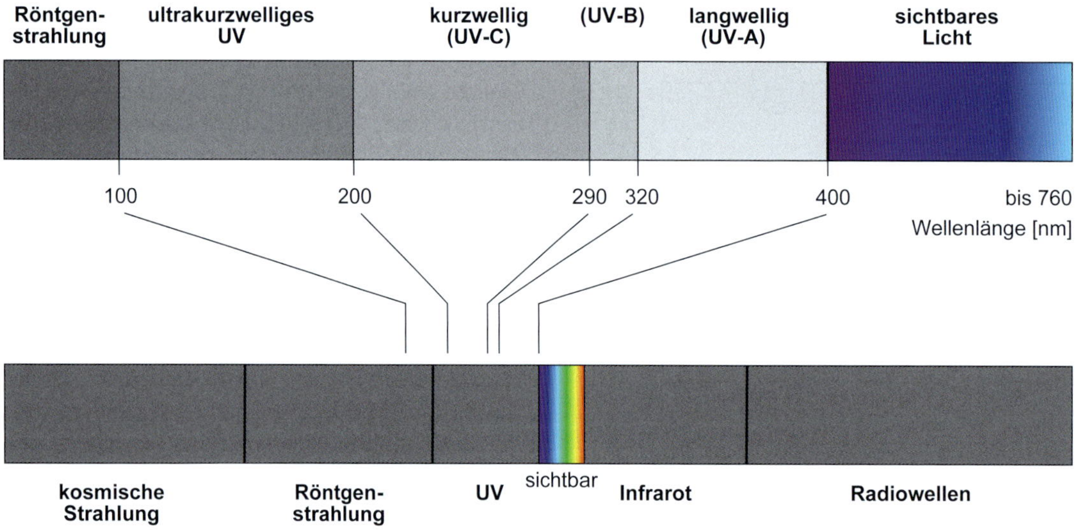

Abb. 6.3 Wellenlängen [L106]

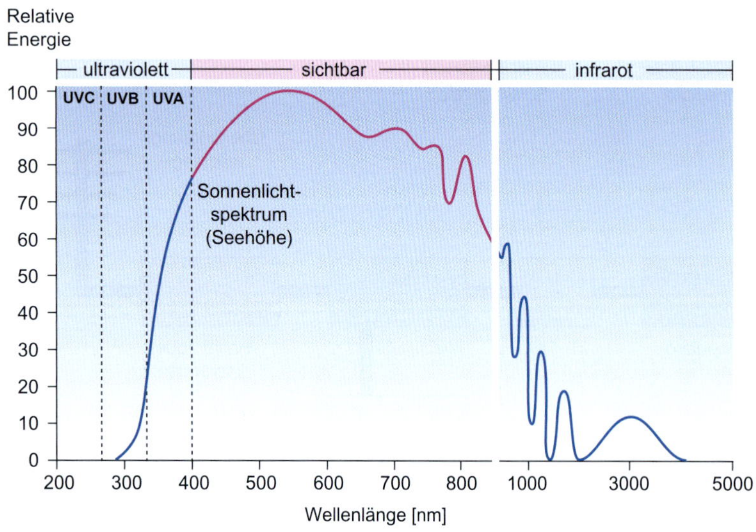

Abb. 6.4 Relative Energie elektromagnetischer Schwingungen [L157]

Die morphogenetischen, also **formgebenden Felder des Rupert Sheldrake** (➤ Kap. 6.2) besitzen keinerlei elektromagnetische Schwingungen, indem sie außerhalb unseres Raum- und Zeitverständnisses angesiedelt sind, entsprechend der Dimensionen x_5 und x_6 nach B. Heim. Auch diesbezüglich ist also eine Modulation durch Radiowellen von vornherein ausgeschlossen.

MERKE
Was übrig bleibt, sind Hersteller, die jenseits irgendeiner tatsächlichen Beweisführung (es existieren noch nicht einmal ernst zu nehmende Studien!) Radioempfänger als (überteuerte) Bioresonanzgeräte auf den Markt bringen und behaupten, hiermit mit dem *Leben* in Resonanz treten, es beeinflussen und von pathologischen Informationen befreien zu können.

Resonanz

Wenn man sich das, was diese Geräte an Eigenschwingung produzieren, anschaut, erhält man ein Spektrum, das ein chaotisches Muster an Frequenzen darstellt (➤ Abb. 6.5). Dies ist nicht verwunderlich, denn die Schaltkreise, Vorverstärker und sonstigen Bauteile, die in etwa denjenigen hochwertiger HiFi-Geräte entsprechen, erzeugen notwendigerweise Eigenfrequenzen, die auch als **Rauschen** bezeichnet werden.

Vergleicht man ein solches Eigenrauschen mit Frequenzen, die erhalten werden, wenn man einen Menschen über Kabel und Elektroden mit dem Gerät verbindet, verändert sich dieses Rauschen nicht auf eine Weise, dass nun etwaige Patientenschwingungen sich aus dem Rauschteppich hervorheben würden und isoliert als irgendeine Zacke darzustellen wären. Die Schwingungen gehen also, sofern sie überhaupt vorhanden sind, im Eigenrauschen der verwendeten Bauteile vollständig unter. Dies erstaunt auch deswegen, weil echte Signale, die von einem Rundfunksender ausgestrahlt und von einem dieser hochwertigen Tuner empfangen werden, das Eigenrauschen so vollständig überlagern, dass dasselbe nicht mehr zu hören ist.

Nun ist Chaos zwar prinzipiell ein System ohne jede Ordnung, doch kann man in der sog. Chaostheorie mit mathematischen Modellen gewissermaßen geordnete Zustände ins Chaos hineinkonstruieren. Auf diese Weise ist es tatsächlich möglich, das Rauschspektrum eines Geräts (Eigenrauschen) von demjenigen zu unterscheiden, das entsteht, wenn ein Lebewesen mit dem Gerät verbunden worden ist. Dies dient denn auch den Geräteherstellern bzw. den Anwendern dieser Methode als Beweis dafür, dass eben doch „irgendetwas" zwischen Gerät und Patient passiert, dass so etwas wie eine Kommunikation und Rückkoppelung existiert, die, auch wenn sie physikalisch oder auf andere Weise nicht erklärt werden kann, eine Wirkung und damit therapeutische Beeinflussung ermöglicht.

Dazu muss allerdings klar sein, dass sich auch das **Eigenrauschen** des Geräts **ständig verändert**, indem aus dem Raum, in dem es steht und sogar von demjenigen, der es bedient, Informationen eingehen. Allein die Veränderung des Wetters, also der atmosphärischen Schwingungen, die Gegenwart elektrischer oder elektronischer Geräte, ein Gespräch oder auch die Stimmungslage von Therapeut und/oder Patient verändern bereits den Rauschteppich des Geräts, sodass es Befürworter dieser Therapieform gibt, die die Wirkungsweise des Geräts nicht auf dessen physikalische Eigenschaften, sondern vielmehr auf die Interaktionen zwischen Gerät, Therapeut und Patient zurückführen.

Hier erhebt sich natürlich die Frage, ob ein Gerätepreis zwischen 5.000 und 15.000 Euro für derartig undefinierte Interaktionen angemessen sein kann, oder ob es nicht auch ein Schwingkreis für 3 € getan hätte (abschließender Kommentar im Brockhaus 2004 zur Bioresonanz und den Therapiekosten: „Teurer Elektrosmog").

6.1.7 Beispiele einzelner Geräte

Das am weitesten verbreitete Bioresonanzgerät ist das BICOM®-Gerät der Fa. Regumed. Ende 2004 waren in Deutschland 5.000 Geräte im Einsatz. Aktualisierte Zahlen liegen nicht vor. Äußerlich ist es in Einheiten aufgeteilt für die Programmierung des Therapieteils, einer Testeinheit sowie einem Druckerteil. Die Geräte weiterer Hersteller sind überwiegend ähnlich konzipiert.

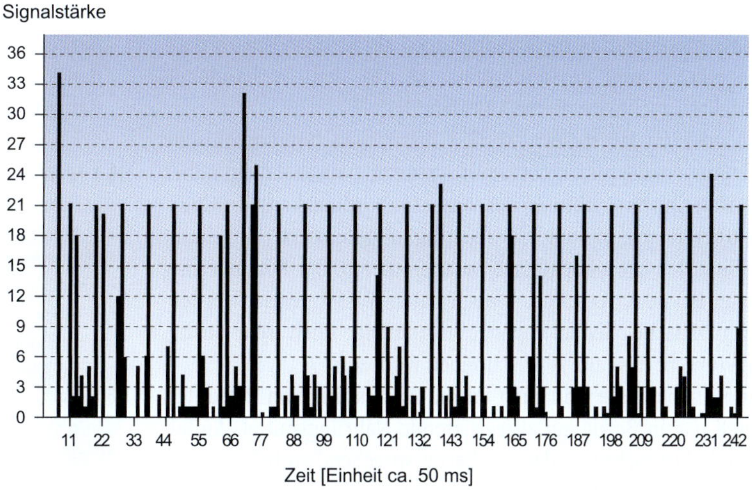

Abb. 6.5 Typisches (chaotisches) Frequenzmuster eines Bioresonanzgeräts [L157]

6

Das Grundprinzip stimmt bei allen heute erhältlichen Geräten weitgehend überein. Dieses Prinzip wurde in den Jahren 1975–77 von dem deutschen Arzt Franz **Mo**rell „erfunden“ und gemeinsam mit seinem Schwiegersohn, dem Ingenieur Erich **Ra**sche, zur Konstruktion des ersten Bioresonanz-Geräts benutzt. Abgeleitet aus den beiden Namen wurde die hieraus resultierende Therapie als **MORA**-Therapie bezeichnet.

Vor allem aus warenzeichenrechtlichen Gründen sowie zur Untermauerung und Bezeichnung der angeblichen Wirkungsweise wurde das entsprechende Gerät der Fa. Regumed etliche Jahre später als BICOM®-Gerät („**Bi**o-**Kom**munikation“) auf den Markt gebracht und die Therapieform in Bioresonanz umbenannt.

Genau genommen wurde das Prinzip von mechanischen bzw. elektromechanischen Geräten, die sog. bioenergetische Felder erzeugen oder zu beeinflussen vermögen, bereits in den ersten Jahrzehnten des 20. Jahrhunderts von Wilhelm Reich (1897–1957) entdeckt und in die Entwicklung derartiger Geräte umgesetzt. Reich nannte seine Therapieform **ORGON-Therapie**.

Verwandte Ideen und Grundgedanken liegen der Homöopathie, den Schwingungstherapien mit Edelsteinen oder Blütenessenzen, letztendlich auch der chinesischen Akupunkturlehre zugrunde, sodass es nicht verwundern kann, wenn Dr. Morell seine Ideen gerade aus der jahrelang selbst angewandten Elektroakupunktur (nach Voll, 1953) entwickelte.

6

MERKE

Allerdings wurde hinsichtlich der Schwingungen homöopathischer Substanzen oder Edelsteinen noch von niemandem angedacht, dass es sich hierbei um Radiowellen handeln könnte. Es ist ja ganz im Gegenteil immer noch vollkommen unklar, um welche Art von Schwingung es sich dabei handelt, weil dieselbe physikalisch mit den heute existierenden Geräten nicht abgegriffen werden kann.

Gerade **homöopathische Prinzipien** bzw. die Homöopathie selbst erhalten in der modernen Bioresonanztherapie einen herausragenden Platz zugewiesen, indem homöopathische Substanzen in den Patienten eingeschwungen werden. Man kann derartige Schwingungen auch nach Herstellervorgabe in alkoholische oder wässrige Grundlagen einleiten und dem Patienten zur Folgetherapie nach Hause mitgeben. Allerdings würde auch dieses Prinzip voraussetzen, dass homöopathische Schwingungen als Radiowellen zu definieren wären, weil sie andernfalls ja mit dem vorhandenen Schwingkreis nicht resonieren könnten.

Von anderen Herstellern werden inzwischen homöopathische Schwingungen, die man nicht kennt, aber evtl. pauschal nicht näher definierten Clusterstrukturen des Wassers zuordnen kann, **in Computer übertragen**, digitalisiert und „digital potenziert“, um damit dann Patienten „homöopathisch“ zu therapieren. Zur Potenzierung muss der PC weder geschüttelt noch unter Wasser gesetzt werden. Derlei mystische Gedankengänge wären eigentlich sehr lustig, wenn wir nicht das Jahr 2017 schreiben würden.

Bioresonanzgeräte sind auch für die **Austestung von Patienten** geeignet, u.a. in Bezug auf allergisierende Nahrungsmittel. Auffallend hierbei ist nicht nur, dass ich bei entsprechend vorbehandelten Patienten ganz erhebliche Falschtestungen erlebt habe, sondern auch, dass dieses Phänomen den Herstellern sehr bewusst ist, indem pauschal empfohlen wird, stets eine Kontrolltestung beispielsweise mit dem Tensor oder weiteren Methoden vorzunehmen. Während also hinsichtlich der therapeutischen Wirkung perfekteste Eigenschaften versprochen werden, traut man den Geräten bei überprüfbaren Eigenschaften nicht allzu viel zu, obwohl die Schwingungsmuster eigentlich dieselben sein sollten.

Krankheiten, die angeblich für eine Therapie mit den Bioresonanzgeräten in Frage kommen, brauchen nicht einzeln aufgelistet zu werden. Man müsste eher (lange) nach Krankheiten suchen, für die keine ausgesprochene Therapieindikation besteht.

6.1.8 Wirksamkeitsnachweise (Studien)

Es verwundert etwas, dass die Methode heute breit angewendet und von ihren Anwendern überwiegend als erfolgreich empfunden wird, dass aber andererseits keine wirklichen Studien durchgeführt wurden, die wissenschaftlichen Kriterien standhalten könnten.

- Eine **Praxisstudie** von Dr. Schumacher, Kinderarzt in Innsbruck, belegt eine gute bis sehr gute Wirksamkeit in der Behandlung neurodermitiskranker Kinder und dokumentiert eine Erfolgsrate von über 70 %. Solche Studien werden aber niemals „doppelblind“ und placebokontrolliert durchgeführt und sind damit im Rahmen üblicher Kriterien nicht verwertbar. Der Therapeut definiert ein angestrebtes Ergebnis und versucht, es zu erreichen. Hier stellt sich das Problem, dass Egos immer und ausnahmslos nach Zeugen für ihre Meinungen suchen und sie schließlich auch finden müssen. Man sollte bei derartigen Ergebnissen auch immer berücksichtigen, dass die eigentliche Bioresonanztherapie durchweg von Maßnahmen wie Ausleitungen, Nahrungsumstellungen, Darmsanierungen usw. begleitet wird, die ihrerseits Effekte besitzen, sodass man letztendlich niemals genau differenzieren kann, welche Therapieform tatsächlich in Bezug auf die erhaltenen Ergebnisse im Vordergrund gestanden hat.
- Demgegenüber steht eine unter nachprüfbaren und **wissenschaftlichen Kautelen** durchgeführte **Studie** von Prof. Schöni, Davos, die über 1½ Jahre lief und ebenfalls neurodermitiskranke Kinder zum Ziel hatte. Auch in dieser Studie verbesserte sich die Haut der Kinder dauerhaft, doch konnte in der Gruppe, die mit herkömmlichen Mitteln behandelt wurde, kein Unterschied zu den Kindern festgestellt werden, die *zusätzlich* eine Bioresonanztherapie erhalten hatten.

HINWEIS DES AUTORS

Abschließend sei festgehalten, dass der Grundgedanke der Bioresonanz als einer Schwingungstherapie durchaus richtig sein mag, aus meiner Sicht einer wirksamen (= heilenden) Therapieform auch sehr viel näher kommt als diejenigen, welche die vorherrschende Medizin verwendet. Offen bleiben muss lediglich die Frage, ob die Geräte in heutiger Form tatsächlich den notwendigen Beitrag leisten oder ob sie nicht in eine Richtung weiterentwickelt werden müssten, die ihrem Anspruch gerecht zu werden vermöchte. Dies wiederum wird so lange nicht gelingen können, wie nicht wenigstens ein plausibles Modell zur Art dieser Schwingungen existiert bzw. eine physikalische Zuordnung und apparative Darstellbarkeit entwickelt ist.

6.2 Morphogenetische Felder

Der Biochemiker und Zellbiologe Prof. Rupert Sheldrake stellte in den 70er-Jahren des zwanzigsten Jahrhunderts sein Modell einer Verursachung von Formen (Morphogenese) vor, wonach leblose Strukturen wie Moleküle oder Kristalle ebenso wie lebendige Strukturen wie Pflanzen oder Tiere einschließlich des Menschen ihr Aussehen sowie all ihre Eigenschaften, sobald dieselben irgendwann in der Evolution entstanden waren, einem Feld aufprägten, das er **morphisches Feld** nannte. Dieses Feld wurde dann für alle künftigen Teilchen bzw. Lebewesen derselben Art gewissermaßen als Matrize benutzt, an dem sie sich orientierten. In dem Maße, wie sie der Vorgabe ihrer jeweiligen Art entsprechend entstanden, verstärkten sie den Einfluss bzw. die Kraft dieses Feldes, sodass alle Nachkommen schließlich ein hohes Maß an Übereinstimmung bezüglich zahlreicher Eigenschaften erlangten. Die Natur verfügt demnach über ein **Gedächtnis**, das allen Mitgliedern derselben Art über Zeit und Raum hinweg zur Verfügung steht.

Die Theorie der Formgebung bzw. der morphogenetischen Felder wurde bereits vor Sheldrake u.a. durch den russischen Biologen Gurwitsch formuliert. Das Verdienst Sheldrakes besteht darin, diese Theorie in den Jahrzehnten seit 1970 immer weiter verfeinert und anhand einer zunehmenden Zahl von Beispielen und Belegen glaubhaft gemacht zu haben. Es gilt heute als eines der interessantesten und meistbeachteten Modelle der Biologie und Physik. Seine Verwandtschaft zu der Einheitlichen Welt des Burkhard Heim ist unübersehbar.

Daneben lässt sich ein Bezug zur Lehre Carl Gustav Jungs herstellen, indem dessen **kollektives Unbewusste** bzw. **Unterbewusste** ja nicht nur *kollektiv* war, also allen Menschen angehörte, sondern auch auf bereits vorhandenen Mustern, den **Archetypen** basierte.

Während Jung als Psychiater seine These aus der Tiefenpsychologie des Menschen heraus entwickelte, und Burkhard Heim seine Gedanken aus der Physik und Mathematik, standen Sheldrake mit der Biologie und Biochemie gänzlich anders geartete Vorgaben zur Verfügung. Umso erstaunlicher ist die Verwandtschaft der Gedanken und Resultate.

Nach Sheldrake hat dieses Gedächtnis der Natur zur Folge, dass eine beliebige Pflanze wie eine Orchidee, beliebige Moleküle wie beispielsweise Insulin, Tiere oder auch der Mensch an all ihre Vorfahren eine kollektive Erinnerung besitzen. Dadurch, dass sie selbst die jeweilige Form und Eigenart ihrer Spezies übernehmen und wiederholen, verstärkt sich das Typische dieser Art. Die kollektive Erinnerung ist also von kumulativem Charakter, wird demnach mit jeder Wiederholung noch ausgeprägter und spezifischer:

MERKE

„Die Dinge sind, wie sie sind, weil sie so waren, wie sie waren."

Beispiele hierfür bieten nicht nur Lebewesen, ihre Organe und Strukturen, die ja jeweils außerordentlich typisch für die entsprechende Spezies sind, sondern auch chemische Strukturen wie beispielsweise Kristalle, die Enzyme oder auch Hormone von Pflanzen und Tieren. So bestehen Enzyme bzw. Peptidhormone wie Insulin aus Aminosäuren (AS), die in einer Kette aneinander gebunden sind. Diese Ketten können 51 AS wie beim Insulin, aber auch Hunderte oder Tausende von AS enthalten, wie dies für Enzyme typisch ist.

Die Reihenfolge der AS, aus denen eine solche Kette besteht, ist vorgegeben durch die DNA des Zellkerns. Hierdurch bedingt entsprechen sich auch die Eiweißstrukturen einer bestimmten Art vollständig. Jeder Mensch produziert also das exakt gleiche Insulin oder das exakt gleiche Enzym Carboanhydrase, sofern es nicht im Einzelfall zu Mutationen der Erbsubstanz gekommen ist. Es wird also diese sog. Primärstruktur der Eiweiße durch die DNA vorgegeben, nicht jedoch die Sekundär- oder Tertiärstruktur dieser Ketten, also letztendlich deren dreidimensionale Faltung im Raum, denn die ist abhängig von den Seitenketten der AS und ihren gegenseitigen Anlagerungs- und Bindungsmöglichkeiten.

Nun hat eine jede längere Kette aus AS eine Unmenge an Möglichkeiten, eine stabile dreidimensionale Struktur zu bilden. Man kann ausrechnen, dass es Jahre dauern würde, bis eine solche Kette alle Möglichkeiten „durchprobiert" hätte, um sich dann letztendlich für eine der besonders stabilen Strukturen zu „entscheiden". Man kann auch demonstrieren, dass hierbei mehrere Möglichkeiten vergleichbarer Stabilität in Betracht kommen, sodass ein und dasselbe Enzym verschiedene dreidimensionale Strukturen ausbilden müsste. Dies würde allerdings zu einer Reihe unwirksamer Strukturen führen, denn die katalytische Funktion von Enzymen oder auch die Hormonwirkung von Peptidhormonen ist streng an die korrekte dreidimensionale Faltung gebunden (➤ Abb. 6.6).

Tatsächlich hat man, im Gegensatz zu allen Berechnungen und aller Theorie gefunden, dass sich die Peptide und Eiweiße **innerhalb von Sekunden** nach ihrer Synthese an den Ribosomen des Zytosols bereits zu ihrer vorbestimmten und immer gleichen Struktur einfalten. Sheldrake sieht die Ursache hierfür im morphischen Feld dieser Strukturen und tatsächlich existiert auch keine weitere Erklärungs-

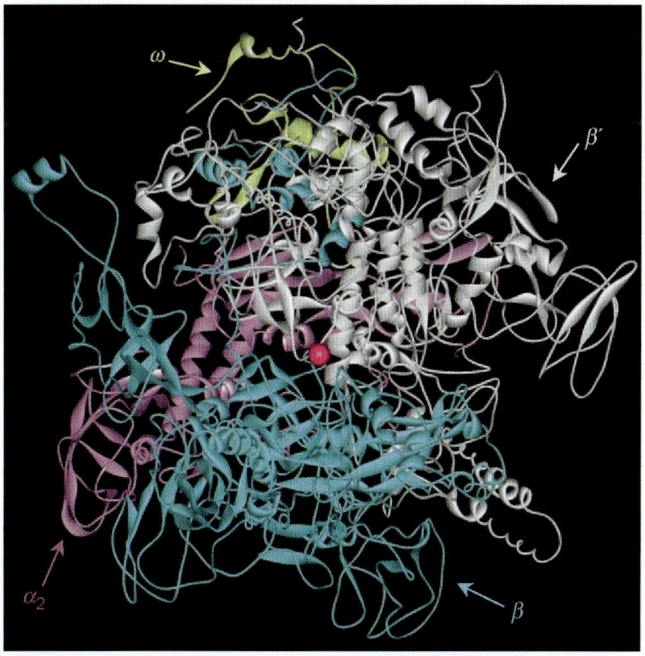

Abb. 6.6 Struktur eines Enzyms mit zentralem Magnesium-Ion als Cofaktor [F592]

möglichkeit, sofern man einmal von der möglichen Information durch Chaperone (➤ Fach Biochemie) oder Biophotonen absieht.

Ganz dementsprechend kann man in den Laboratorien der Chemiker die Erfahrung machen, dass sich neu synthetisierte Moleküle nur sehr schwer erzeugen lassen, während dann, wenn einmal eine ausreichende Menge des neuen Moleküls hergestellt worden ist, die nachfolgenden Synthesen immer noch leichter und schneller erfolgen.

Den Prozess, mit dem ein vorhandenes morphisches Feld zur Formgebung nachfolgender Individuen beiträgt, also in Kontakt zu ihnen tritt, nennt Sheldrake **morphische Resonanz**, wodurch ein Bezug zum Begriff der Bioresonanz deutlich wird.

Die morphischen Felder, in denen die Formen und Eigenheiten einer bestimmten Art abgespeichert sind, stellen nicht näher definierte, jedenfalls **nichtmaterielle Schwingungen** dar, wie sie ja auch in der Physik als elektromagnetische Felder die eigentliche Materie ersetzen bzw. in einem Dualismus mit ihr stehen. Diese Felder wirken außerhalb des Raums, denn sobald ein Molekül oder eine Form oder auch das Verhalten einer Art sich auf einem beliebigen Kontinent herausgebildet hat, beeinflusst es Form und Verhalten entsprechender Arten **in jedem Teil der Erde**. Hierfür gibt es ungezählte Belege – beispielsweise in der Art, dass amerikanische Ratten, die mit großem Aufwand dazu gebracht werden, ein beliebiges Experiment zu erlernen, durch dieses anerzogene Verhalten dafür sorgen, dass in der Folge weitere Ratten irgendwo in der übrigen Welt dasselbe Experiment sehr viel leichter und schneller begreifen.

6

In der Fortsetzung dieser Gedanken vermutet Sheldrake, dass selbst die Erfahrungen und Erinnerungen eines Individuums, also beispielsweise eines beliebigen Menschen an seine eigene Vergangenheit in der Form solcher Felder abgespeichert sein könnten. All dies müsste auch bedeuten, dass hierfür keine nervalen Strukturen wie das Gehirn erforderlich wären, wie dies ja von der üblichen Medizin als unabdingbar vorausgesetzt wird. Gedächtnis und Erinnerungsvermögen sind demzufolge nicht an zerebral abgespeicherte chemische Moleküle oder Verschaltungen gebunden, sondern vielmehr an nichtmaterielle morphische Felder. Dies entspricht letztendlich den Erkenntnissen C.G. Jungs.

Interessant mag in diesem Zusammenhang die Aussage fernöstlicher Religionen sein, ebenso aber auch die Erfahrung von Reinkarnationstherapeuten, wonach die Erinnerung an frühere Leben ja auch nicht materiell im Zerebrum abgespeichert sein kann, sondern vielmehr an Dinge wie einen „feinstofflichen Astralkörper" gebunden ist.

HINWEIS DES AUTORS

Sheldrake hat mehrere Bücher veröffentlicht. Wer seine Theorie genauer studieren und anhand zahlreicher Beispiele nachvollziehen möchte, der findet eine umfangreiche Zusammenfassung in seinem Buch „Rupert Sheldrake – Das Gedächtnis der Natur", erschienen beim Scherz Verlag.

6.3 Biophotonen

Prof. Fritz Albert Popp ist Physiker mit Schwerpunkt Quantenfeldtheorie, wo er auch promovierte. Seine Habilitation erfolgte dann in dem medizinischen Fachbereich der Biophysik, wo er u.a. der Frage nachging, warum das im Steinkohlenteer enthaltene Benzo-**a**-pyren (➤ Abb. 6.7) Krebs verursacht, während das chemisch fast identische Benzo-**e**-pyren keinerlei Gefährdungspotenzial besitzt. Popp fand im Hinblick auf chemische oder physikalische Eigenschaften keinen wesentlichen Unterschied zwischen den beiden Molekülen, wohl aber in Bezug auf eine **optische Eigenschaft:** Während Benzo-e-pyren ultraviolettes Licht mit einer Wellenlänge von 380 nm problemlos hindurchtreten lässt, wird dieses Licht vom Benzo-a-pyren absorbiert, in andere Wellenlängen umgewandelt und in dieser verfälschten Form wieder abgestrahlt.

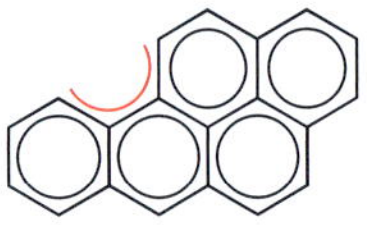

Abb. 6.7 Benzo-a-pyren [L253]

In der Folge dieser Entdeckung und im Zuge der Erforschung der Entstehung von malignen Tumoren erkannte er, dass es in allen lebenden Zellen einen Mechanismus gibt, bei dem **ultraviolettes Licht** der Wellenlänge 380 nm dazu benutzt wird, Schäden an der DNA zu reparieren (sog. Fotoreparatur), die andernfalls zur Entartung der Zelle führen würden. Dieser Reparaturmechanismus ist beispielsweise bei der (angeborenen) Xeroderma pigmentosum gestört. In der Folge entwickeln die Betroffenen in der Haut Basaliome, Spinaliome, Sarkome und maligne Melanome, an denen sie zumeist noch im Kleinkindesalter versterben.

Während ultraviolettes Licht hoher Intensität die DNA der Zellkerne zu schädigen vermag, dient diese Strahlung in sehr schwacher Intensität deren Reparatur. Popp ging davon aus, dass dieses Licht nicht von außen zu kommen brauchte, sondern in den Zellen selbst erzeugt und für die Reparatur verwendet werden könnte. Sein großes Verdienst bestand darin, dass er zum Nachweis dieser These zwischen 1973 und 1975 ein Lichtmessgerät bauen ließ, das an Empfindlichkeit alles übertraf, das es bis dahin gab. Er war damit erstmals in der Lage, **einzelne Photonen** aufzufangen und sichtbar zu machen. Die darauf folgenden Messungen an unterschiedlichen Pflanzen ergaben eine Lichtstrahlung im Bereich des sichtbaren Lichts, einschließlich des UV-Bereichs von 380 nm und des nahen Infrarotbereichs um 800 nm.

Bereits Alexander Gurwitsch ging in den 20er-Jahren des vorigen Jahrhunderts davon aus, dass die Formgebung von Organismen und ihren verschiedenen Strukturen durch morphogenetische Felder ermöglicht wird, und dass der **Informationsaustausch** zwischen Zellen und Geweben **durch Licht** erfolgen müsse. So ist die Tatsache, dass eine tierische Leber, von der man ein Stück weggeschnitten hat, wieder zu ihrer ursprünglichen Größe heranwächst, durch die Information der DNA oder chemisch-biochemische Prozesse nicht zu deuten. Es bedarf zusätzlicher Informationen, die den beteiligten Zellen mitteilen, dass und bis wohin sie zu wachsen und sich zu vermehren haben. Denn von sich aus können sie ja nicht wissen, dass Gewebe entfernt worden ist und ersetzt werden muss.

Während Gurwitsch als genialer Vordenker zu betrachten ist, dem zur damaligen Zeit noch nicht die notwendigen wissenschaftlichen, technischen und finanziellen Möglichkeiten zur Verfügung standen, wurden seine Ideen 50 Jahre später u.a. von Sheldrake und Popp aufgegriffen und weiterentwickelt, wobei allerdings Popp bereits vor der Kenntnisnahme der Ideen Gurwitschs entsprechende Gedanken entwickelt und auf diesem Gebiet geforscht hatte.

Popp hat seine Messungen der Lichtemission von Zellen auf den Menschen ausgedehnt. Dabei fand er bei Tumorpatienten eine Störung der Kommunikation zwischen den Zellen, sodass er zunehmend davon ausging, dass einem Tumor eine **Störung der Kommunikation** mit seiner Umgebung zugrunde liegen müsse. Das Beispiel des Benzo-**a**-pyren scheint also ein allgemein gültiges Prinzip der Krebsentstehung zu sein. Popp fand auch heraus, dass das Lichtfeld von Tumoren sich nicht unbedingt von gesundem Gewebe unterscheidet, dass es jedoch nicht mehr an biologischen Rhythmen teilnimmt, also starr geworden ist.

Bei einem Vergleich der Eier von Freilandhühnern mit solchen von in Käfigen gehaltenen Legehennen fand er bei seinen Messungen, dass die Eier der biologisch gehaltenen Hennen eine etwa doppelt so hohe Lichtemission aufwiesen. Entsprechende Unterschiede fand er bei unterschiedlichsten Lebensmitteln, wenn er biologisch angebaute Sorten mit konventionellen Lebensmitteln verglich. Der eigentliche **Wert eines Lebensmittels** für die menschliche Gesundheit lässt sich demnach nicht an Größe, Gewicht oder äußerlicher Schönheit eines Nahrungsmittels ablesen, sondern an der **Intensität seiner Photonenstrahlung**.

MERKE

Das Licht, das aus den Zellen strahlt, lässt sich der DNA des Zellkerns zuordnen. Man weiß heute, dass nur etwa 2 % der menschlichen DNA für eine Neusynthese von Proteinen genutzt werden, während 98 % quasi „ungenutzt herumliegen“. Diese DNA dient jedoch nach den Erkenntnissen Popps als Lichtspeicher.

Popp und weitere Wissenschaftler gehen davon aus, dass nur ein sehr geringer Teil der DNA (2–3 %) tatsächlich für die materiellen Strukturen des menschlichen Körpers zuständig ist, während der große Rest damit beschäftigt ist, den Molekülen der Zelle **elektromagnetische Informationen** zu liefern, also z.B. den Zellen eines Kniegelenks mitzuteilen, wie sie sich zu entwickeln haben, damit nicht eine Nase oder ein Ohr dort wachsen, wo sie nicht hingehören.

HINWEIS DES AUTORS

Die Theorien Popps werden in verschiedenen Büchern und Schriften dargestellt. Eine zusammenfassende Darstellung ist 2005 (7. Auflage) im Verlag Zweitausendundeins erschienen: „Fritz-Albert Popp – Die Botschaft der Nahrung“. Möglicherweise sind inzwischen auch neuere Auflagen erhältlich.

6.4 Energetische Testverfahren

Testungen an Lebewesen sind auf verschiedene Arten möglich, wobei einzelne Methoden eine größere Sicherheit aufzuweisen scheinen als andere. Geeignet sind beispielsweise Testungen mit einem **Pendel**, einem **Tensor** in der Art des Biotensors nach Dr. Oberbach, über **Akupunkturpunkte** nach Dr. Voll oder (weiterentwickelt) Vega sowie mit den Methoden der **Kinesiologie**.

- Akupunkturpunkte verändern ihre Eigenschaften in längeren Messreihen und kommen aus meiner Sicht auch deswegen nicht für absolut zuverlässige Testreihen in Frage. Daneben besitzt die Hautfeuchtigkeit sowie die Erfahrung des Testers in Bezug auf die strenge Einhaltung eines definierten Drucks eine überragende Bedeutung.
- Muskeln sind hinsichtlich einer konstanten Kraftentfaltung begrenzt, weil ermüdbar. Während die Kinesiologie also für den Kundigen sicherlich in Bezug auf Einzeltestungen eine geeignete Methode darstellt, ist sie für umfangreichere Testreihen nicht geeignet.
- Ein übliches Pendel besitzt etwas Magisch-Esoterisches und dürfte von daher der Mehrzahl der Patienten als nicht ausreichend glaubwürdig erscheinen.

Aus meiner Sicht haben sich besonders Tensoren bewährt, die über Kabel an Hilfseinrichtungen angeschlossen werden können, die das gleichzeitige Testen mehrerer Testampullen gestatten, wodurch sich auch umfangreiche Testreihen in angemessener Zeit durchführen lassen. Zu den Tensoren gehört der Biotensor nach Dr. Oberbach, der sich für mich als einer der sensibelsten Tensoren überhaupt erwiesen hat.

MERKE

Der Grundgedanke einer Testung besteht darin, Schwingungen und Informationen eines Patienten, der dem Therapeuten gegenübersitzt, mit denjenigen Schwingungen zu vergleichen, die in der Form von z.B. Testampullen definierten Inhaltes zur Verfügung stehen.

Während Nosoden oder homöopathische Substanzen üblicherweise in Ampullenform angeboten werden, ist es genauso möglich, vom Patienten mitgebrachte Nahrungsmittel, Kleidungsstücke, Medikamente oder auch Schmuckgegenstände daraufhin zu überprüfen, ob sie für den Patienten geeignet sind oder ob er auf irgendeine Art und Weise durch sie geschädigt werden könnte. Dies ist bei Edelsteinen sehr häufig der Fall.

Wesentlich an diesen Testungen ist, dass hier nicht irgendwelche physikalisch definierten (Radio-)Geräte vollkommen unbekannte Schwingungen eines Patienten aufzugreifen und zu modulieren versuchen. Das **elektromagnetische Feld**, das hier von einem „Medium“ wie dem Tensor aus der Materie-Schwingung von Patient und Testampulle abgegriffen und verglichen wird, lässt sich vielmehr physikalisch keinem definierten Bereich von Sinuswellen zuordnen. Zumindest existieren bisher keine Nachweise oder auch nur Hinweise, sodass immer noch vollkommen unklar und nicht einmal ansatzweise erklärbar ist, was da nun passiert.

Dieses „Feld“ mit seinem informativen Charakter wird lediglich insofern existent gemacht, als seit Einstein unwidersprochen jegliche Materie als Form von Energie eben auch ein elektromagnetisches Feld darstellen muss. Es könnte sich also z.B. sowohl um Informationen handeln, die dem laserartigen Licht der Popp'schen Biophotonen aufgepfropft sind, als auch um die der Masse m selbst ($m = E/c^2$) entsprechende Schwingung. Oder eben auch um etwas gänzlich anderes.

Bei diesen Testungen findet im eigentlichen und korrekten Sinne das statt, was man als *Bioresonanz* bezeichnen kann, denn tatsächlich greift der Tensor Schwingungen auf, die im Organismus des Patienten vorhanden sind, und vergleicht sie mit Schwingungen einer Testampulle, eines Lebensmittels oder Medikaments. Dies wäre ohne Resonanz, also ohne eine Feinabstimmung bzw. Identität der jeweiligen Schwingungsmuster nicht möglich. Man braucht hierbei auch nicht in offenkundiger Hilflosigkeit zu behaupten, dass da „irgendetwas" passieren muss, denn das Schwingungsverhalten des Tensors ist klar definiert und **reproduzierbar**, sofern der Testende sein Handwerk beherrscht. Vergleicht man allerdings Testergebnisse verschiedener Tester an ein und demselben Patienten, wird klar, dass die weit überwiegende Mehrzahl der Tester sehr unzuverlässig „testet". Dies gilt auch für die häufig zu beobachtenden Fälle, in denen ein Therapeut den Beobachter mit gewaltigen Schwingungen seines Tensors in Erstaunen versetzt. Ist der Betreffende allerdings zu Doppelblind-Versuchen bereit, ist es mit der Bewunderung meist schnell wieder vorbei, denn i.d.R. sind die Ergebnisse **nicht reproduzierbar**. Im Ergebnis sind derlei „Testungen" sinnfrei und **ohne jede therapeutische Konsequenz**.

Dieselbe Streuung in den Ergebnissen erhält man von Rutengängern, bei denen man als Folge verschiedener Studien oder auch auf der Basis eigener langjähriger Erfahrungen davon ausgehen kann, dass gerade mal 3 von 100 Probanden reproduzierbare und gültige Ergebnisse vorweisen können, während 97 % dazu gar nicht in der Lage sind.

6

HINWEIS DES AUTORS

Aus Sicht des Autors besitzen zahlreiche Rutengänger bzw. testende Therapeuten eine gewisse Ignoranz und Selbstherrlichkeit. Anstatt mit **Demut** und **Neugierde** auf die Suche zu gehen und das Ergebnis **offen zu lassen**, verweisen sie gerne auf ihre großen Erfolge – mit Bündeln voller Dankesschreiben – und wissen in jedem Augenblick um ihre eigene Großartigkeit und Korrektheit der Ergebnisse. Eine kritische Reflexion und Kontrolle eigener Fertigkeiten und erhaltener Ergebnisse lässt sich eher selten beobachten.

Wer dem Patienten dienen, ihn wenn immer möglich heilen möchte, sollte Testungen grundsätzlich **doppelblind** durchführen, indem weder der Testende noch der Getestete wissen, was da gerade vom Tensor verglichen wird. Hierdurch werden Erwartungen, die vielleicht aus der Anamnese entstanden sind, aus der Testung herausgehalten, denn es ist durchaus möglich, den Tensor gedanklich zu beeinflussen und ihm so ein erwartetes Ergebnis „vorzuschreiben". Daneben hat der Tester auf diese Weise die Möglichkeit, in **mehreren Durchgängen** zu überprüfen, ob er aus einer gegebenen Anzahl von zunächst unkenntlich gemachten Fläschchen die jeweils identischen heraustestet oder ob die Ergebnisse streuen. In diesem Fall ist eine Testung **ohne Nutzen**.

Andererseits sollte niemand erwarten, dass er bereits bei seinen ersten Versuchen sichere Ergebnisse erhalten kann. Der Autor selbst hat Jahre gebraucht, bis er eine nahezu 100 %ige Sicherheit erlangt hatte und hat sich selbst dann immer wieder von Neuem in Frage stellen und seine Ergebnisse doppelblind überprüfen lassen, um keine Fehler zuzulassen. Indem er aus subjektiver Sicht für Testungen höchst unbegabt ist, kann aus den Erfahrungen von 20 Jahren Testpraxis zwanglos abgeleitet werden, dass ein **jeder Therapeut** für sichere Testungen geeignet ist, sofern er nicht vorzeitig das Handtuch wirft.

Wichtig im Zusammenhang ist neben der ständigen selbstkritischen Überprüfung der eigenen Fertigkeiten und dem Willen, das Ziel einer sicheren Testung zu erreichen, auch ein gewisses Maß an Frieden bzw. Harmonie des Testenden. Wer glaubt, aus einem gestressten Alltag heraus so eben mal einen Patienten austesten zu sollen, der wird keine verwertbaren Ergebnisse erhalten können. Der Autor selbst hat erst Sicherheit erlangt, als er dazu übergegangen ist, vor jeder Testung ein wenig zu meditieren, um im Frieden zu sein.

6.4.1 Testung mit dem Tensor

Bei der Testung sitzen Therapeut und Patient einander gegenüber. Der Abstand sollte so gewählt werden, dass der Tensor auch dann nicht gegen die Testampulle oder den Patienten schlägt, wenn er besonders kräftig schwingt.

Im Falle des Biotensors nach Dr. Oberbach wird der Tensor horizontal so gehalten, dass der Therapeut gewissermaßen durch die Öffnung des Ringes in Richtung des Patienten schaut. Dabei sollte nach den Vorgaben von Dr. Oberbach ein männlicher Tester auf die geriffelte Seite, eine Therapeutin dagegen auf die glatte Seite des Ringes schauen. Das Geschlecht des Patienten spielt keine Rolle.

Der Arm des Testers sollte nach Möglichkeit auf einer Unterlage aufliegen, damit er ruhig gehalten werden kann. Der Biotensor befindet sich dabei etwa in der Mitte zwischen der Testampulle (dem Medikament, Nahrungsmittel, Kleidungsstück, Schmuck) und dem Patienten. Auf diese Weise vermag er sowohl die informativen Felder des Patienten als auch diejenigen der Testsubstanz abzugreifen und miteinander zu vergleichen. Das einzig mögliche Ergebnis ist dann eine **Ja-Nein-Antwort** – d.h., der Biotensor drückt durch die nun folgende Schwingung aus, ob die Felder der Testsubstanz im Patienten vorhanden sind oder eben nicht.

MERKE

Sind identische Frequenzmuster vorhanden, macht der Tensor eine Trennbewegung; er schwingt vertikal auf und ab. Dies entspricht gewissermaßen physikalischen Gegebenheiten, indem gleichnamige Ladungen, z.B. Plus und Plus sich abstoßen. Sind dagegen die Frequenzmuster der Testsubstanz im Patienten **nicht vorhanden**, schwingt der Biotensor **horizontal** zwischen Testampulle und Patienten hin und her.

6.4.2 Anwendungsbeispiele

Möchte der Therapeut z.B. herausfinden, ob der Patient durch seine **Amalgamfüllungen** in seiner Gesundheit gestört wird, und erfolgt bei der Testung der entsprechenden Ampullen (Silberamalgam, Kupferamalgam, Mercurius sol.) eine vertikale Trennbewegung, ist die Antwort *ja*. Hieraus lässt sich ableiten, dass der Tensor nicht einfach anzeigt, ob der Patient Quecksilber, Silber oder Zinn in seinem Körper hat – das ersehen wir ja bereits aus der Inspektion seiner Zähne – sondern ob er hierdurch tatsächlich auch belastet wird. Es gibt Patienten, die den Mund voller Amalgam haben und keinerlei gesundheitliche Störungen hieraus aufweisen, während andere Patienten durch ein oder zwei Füllungen schwerkrank geworden sind.

MERKE

Aus diesem Zusammenhang lässt sich eine nicht erklärbare, jedoch empirisch mit großer Zuverlässigkeit reproduzierbare Gesetzmäßigkeit ableiten: Das Testgerät ist lediglich als „Krücke" zu verstehen, als Instrument, das den Willen bzw. die Intention des Testenden empfängt und so lange in ein Ergebnis „übersetzt", bis der Testende des Tensors aufgrund eigener Entwicklung eventuell nicht mehr bedarf. Tatsächlich erhalten manche Therapeuten Ergebnisse allein aus der Sensibilität bzw. „Fühligkeit" ihrer Hände, wobei man dies bei fehlender Eigenkontrolle ebenfalls wieder sehr kritisch betrachten darf. Zumindest aber lässt sich daraus ableiten, dass Schwingungen **des Therapeuten** oder in Bezug auf dessen Intentionen **irrelevante „Begleitschwingungen"** *nicht* in das Ergebnis eingehen, im Beispiel also das Amalgam nur dann angezeigt wird, wenn es im Patienten auch tatsächlich zu Störungen führt, während ein eventuell beim Therapeuten vorhandenes Amalgam von vornherein ohne Bedeutung ist.

Ebenso erfährt man durch die Testung mit entsprechenden **Nosoden**, ob der Patient einen Impfschaden im homöopathischen Sinn erlitten hat, ob ihn ein Miasma stört oder eine Narbe im Verlauf eines Meridians, ob sein Lieblingsschmuck ihn krank macht oder die geopathische Störung im Schlaf- oder Arbeitsbereich, oder ob beispielsweise sein Asthma bronchiale in der Folge einer nicht angebrachten Tonsillektomie zum Ausbruch kam.

Ungezählte weitere Beispiele ließen sich zur Verdeutlichung der Tatsache anführen, dass der Tensor dem Therapeuten Möglichkeiten zur Heilung an die Hand gibt, die durch keine andere Methode auch nur annähernd erbracht werden könnte. Eine Tonsillektomie oder Appendektomie oder weitere **Narben** sind auch durch Anamnese oder Inspektion in Erfahrung zu bringen. Aber woher weiß man, dass die eine oder andere OP wirklich stört oder krank gemacht hat? Geimpft ist nahezu jeder Patient, aber an welchen Symptomen ist ein Impfschaden abzulesen? Wie will man mikrobielle Erreger im Patienten nachweisen, wenn dieselben durch schulmedizinische Methoden nicht erkannt werden können? Dies gilt u.a. für ausnahmslos alle unter Hunderten definierter Autoimmunkrankheiten, die grundsätzlich infektiös auf der Basis einer ererbten Konstellation z.B. hinsichtlich der HLA-Gene erworben werden. Die einzige Ausnahme stellt das rheumatische Fieber dar, bei dem die Ursache (Streptokokken) definiert ist. Das Nichterkennen gilt auch für Erkrankungen wie z.B. Morbus Crohn, Colitis ulcerosa oder die Sarkoidose, bei denen die infektiöse Ursache unzweideutig ist, der Erreger jedoch immer noch nicht gefunden werden konnte.

Für den Tensor ist das **Auffinden von Erregern** dagegen eine leichte Übung, denn er braucht sie selbst nicht zu finden, sondern lediglich ihre im Patienten vorhandenen Schwingungen. Voraussetzung ist, dass der Testampullensatz des Therapeuten die in Frage kommenden Erreger auch tatsächlich enthält – und dies auch noch in exakt derjenigen Potenz, die am Testtag als Schwingungsmuster im Patienten vorherrscht.

Beliebige **Nahrungsmittel, Kleidungsgegenstände oder Schmuckstücke** könnte man auch durch (langwierige) Weglassversuche evtl. als Ursache erkennen, ein Miasma evtl. vorhandenen Symptomen zuordnen. Das homöopathische Konstitutionsmittel oder aktuelle Simillimum kann der Erfahrene vermuten und repertorisieren. Doch sieht man in der täglichen Praxis eher, dass selbst sehr erfahrene Homöopathen oft genug Monate oder gar Jahre benötigen, bis sie das geeignete Mittel gefunden haben. Allergisierende Kleidungsutensilien sind häufig nur sehr schwer dingfest zu machen, denn es kommt ja auch das Waschmittel, der Weichspüler oder beispielsweise das benutzte Shampoo in Frage. Die Testung der in Frage kommenden Gegenstände bezeichnet die Ursache dagegen sofort und erspart dadurch langwierige, nicht immer zum Erfolg führende Weglassversuche.

Bei einer langjährigen **chronisch-venösen Insuffizienz** ist häufig zu beobachten, dass die Kompressionsstrümpfe des Patienten zu allergischen Reaktionen führen. Verschreibt man neue, kann dasselbe wiederum passieren, sodass evtl. 100 € umsonst ausgegeben wurden. Lässt man sich von derart betroffenen Patienten im Sanitätshaus unterschiedliche Qualitäten besorgen, die dann am Patienten nach dem oben beschriebenen Prinzip ausgetestet werden, weiß der Patient **vor** dem Kauf der Strümpfe, ob er sie vertragen wird, indem der Biotensor horizontal zwischen ihm und dem Strumpf hin und her schwingt (keinerlei übereinstimmende Schwingungsmuster = verträglich) oder eben eine vertikale Trennbewegung macht (unverträglich).

Vielen Problemen ist ohne Austestung von vornherein nicht beizukommen. Beispielsweise besitzen viele Neurodermitis- oder Asthma-Patienten als sog. Grundallergen das **Eiweiß der Kuhmilch**. In Butter oder Brot ist dieses Eiweiß manchmal als Information, evtl. nur in Spuren vorhanden. Nur mit einer Testmethode kann der Betroffene bereits vor dem Verzehr erfahren, ob dieses Lebensmittel für ihn geeignet ist oder beispielsweise einen Asthmaanfall auslösen wird.

Ebenso kann nach einer **Schlafplatzsanierung** nur durch die im zeitlichen Abstand von etlichen Wochen durchgeführte Nachtestung herausgefunden werden, ob der Patient nun wirklich frei liegt oder ob er „vom Regen in die Traufe" gekommen ist, wie man dies oft beobachten muss. Sammelt man seine Erfahrungen an einem größeren Patientenkollektiv, lassen sich hieraus auch Rückschlüsse hinsichtlich der Qualität von Rutengängern ableiten. So habe ich z.B. bei insgesamt 23 überprüften Rutengängern gefunden, dass ein einziger hiervon sichere Ergebnisse aufzuweisen hatte und ein zweiter wenigstens einigermaßen erfolgreich war, während die übrigen 21 Rutengänger genau genommen überhaupt nicht messen konnten, also im Hinblick auf die angestrebte Heilung von Patienten fehl am Platze waren.

6.4.3 Therapie

MERKE

Wurde im Rahmen einer Austestung von Nosoden, homöopathischen Einzelmitteln oder Medikamenten anhand der vertikalen, trennenden Schwingung des Biotensors die Störung des Patienten bzw. das wirksame Medikament erkannt, entspricht die nachfolgende Therapie der herausgetesteten Substanz.

Spricht also z.B. bei der Testung einer Sterilitätspatientin Chlamydia trachomatis als D30 und gleichzeitig als D6 an, erhält die

6

Patientin für die nächsten 2–3 Wochen bis zur nachfolgenden Testung die D30 *und* die D6 verordnet. Die Dosierung entspricht hierbei üblichen homöopathischen Prinzipien. Dies bedeutet, dass man eine D6 oder D8 3–4×/Tag zur Einnahme verordnet, eine D10 oder D12 2× und eine D15 1×. Bei Nosoden-Hochpotenzen ist diese Übereinstimmung nicht so streng, indem hier der Tensor i.d.R. die D30 2×/Woche und eine D100 oder D200 1×/Woche anzeigt, während man nach den üblichen Regeln ja über Wochen oder Monate die Wirkung des Mittels beobachten müsste. Diese Richtlinien gelten nicht für homöopathische Einzelmittel, bei denen nach der einmaligen Gabe einer Hochpotenz vor einer erneuten Gabe zunächst der Biotensor befragt werden sollte.

Heilungsfortgang

Sofern die verordneten Globuli vom Patienten lege artis eingenommen wurden, kann man davon ausgehen, dass sich nach etwa 2 Wochen die Schwingungsfrequenz verändert hat und der Patient deshalb zur Nachtestung kommen sollte. Mit großer Gesetzmäßigkeit wird dabei bei infektiösen Erregern innerhalb von etwa 6 Monaten aus der D200 über D100, D60, D30, D15 usw. schließlich die D8 oder D6 erreicht. Die Zeitdauer ist in erster Linie davon abhängig, ob die Infektion sehr lange oder eben weniger lange bestanden hatte. Akute Infektionen heilen sehr viel schneller aus.

6

Der Heilungsprozess beginnt also bei hohen Potenzen, um sich Zug um Zug den Tiefpotenzen zu nähern. Aus der D6 oder auch einmal D8 heraus tritt dann die Heilung ein – d.h. bei der nachfolgenden Testung spricht der behandelte Keim nicht mehr an. Dieser Verlauf entspricht der ehemals akuten Infektion (Tiefpotenz), die in den folgenden Monaten/Jahren bei fehlender Therapie chronisch wurde (Hochpotenz) und nun eben den ganzen Weg wieder zurück durchlaufen muss.

Indem von Herstellern wie Staufen-Pharma u.a. nur Potenzen bis zur D200 erhältlich sind, kann es passieren, dass bei einem Patienten zwischendurch nochmals die D200 erscheint, obwohl in den Wochen davor aus einer D200 oder D100 heraus bereits beispielsweise die D30 oder D15 erreicht worden war. Der Patient kam in einem solchen Fall zur Ersttestung beispielsweise mit der Schwingung D1000 oder D700 o.Ä., die aber von den verwendeten Testampullen nicht erfasst werden konnte. Durch die Therapie der tieferen Potenzen werden aber auch die Hochpotenzen mit nach unten gezogen, sodass aus der D1000 irgendwann eine D200 geworden ist, die zu diesem Zeitpunkt in der Testung erkannt und therapierbar wird.

HINWEIS DES AUTORS

Keinesfalls sollte eine Nosodentherapie *ohne* vorausgehende sichere Testung begonnen werden, weil mit unpassenden Potenzen eher das Gegenteil von Heilung erreicht wird. Auch wenn der Patient mangels Gelegenheit zur Nachtestung die verordneten Potenzen zu lange einnimmt (> 4–6 Wochen), kann sich der Prozess wieder in Richtung höherer Potenzen bewegen, sodass zusätzliche Zeit verloren geht.

6.4.4 Hilfsgeräte

Ein Hilfsmittel, das die Testung umfangreicher Nosodenreihen sehr beschleunigt, ist der **Rotatest** von Biosun. Er kann über Kabel mit dem Biotensor verbunden werden. Insgesamt passen in den Drehteller bis zu 180 Testampullen (30 Reihen á 6 Ampullen). Das Gerät besitzt einen Fußschalter, der über einen eingebauten Akku den Teller jeweils von einer Reihe á 6 Ampullen zur nächsten Reihe bewegt, sodass der Biotensor lediglich die neuen Schwingungen in ihrer Summe aufnehmen und vergleichen muss, um seine Ja-Nein-Antwort zu geben. Die Ampullenreihe, die über Kontakte mit dem Kabel verbunden ist, ist durch einen Pfeil gekennzeichnet. Spricht in einer der 6er-Reihen eine Testampulle an, kann diese durch 6 Drucktasten, mit denen man die Ampullen jeweils einzeln dem Schwingkreis zuschalten oder daraus entfernen kann, herausgefunden werden. Man erhält also mit dem Gerät die Möglichkeit, bis zu 6 Testampullen *gleichzeitig* zu überprüfen, wodurch ein enormer Zeitgewinn resultiert, weil ja längst nicht in jeder Reihe eine Ampulle anspricht.

Der Rotatest ist mit rund 2.000 € (+ ca. 250 €/Teller!) nicht ganz billig, amortisiert sich aber durch den Zeitgewinn sehr schnell, sofern Testungen zum alltäglichen Stützpfeiler des Therapeuten gehören. An „guten Tagen" benötige ich maximal 15–20 min für einen kompletten Durchgang. Zusätzlich lassen sich weitere Teller bestellen und mit Ampullen befüllen, sodass ein Teller, der beispielsweise die Ampullen der üblichen Grundtestung enthält, einfach herausgenommen und gegen einen Teller ausgetauscht werden kann, der z.B. 180 homöopathische Einzelmittel enthält.

Erhältlich ist der Rotatest evtl. noch (sehr fraglich) über Methatec, 89233 Neu-Ulm, Tel. 07307-97550. Andernfalls sollte man nach einem geeigneten Ersatz suchen, z.B. von Vega, oder alternativ über das Internet nach einem gebrauchten Gerät fahnden.

6.4.5 Empfohlene Testampullen

Ersttestung aller schwer erkrankten Patienten

Geopathie

- Silicea D60 und Lithium carbonicum D60 (Wasserader-Schwingungen – beim Ansprechen beider Ampullen zumeist Wasserkreuzung)
- Calcium carbonicum (steht für Drehsinn nach rechts, bezogen auf die Wasserader)
- Achatsplitter (Linksdrehung, bezogen auf die ausgetestete Wasserader)
- Cuprum metallicum D200 oder D800 (Benkerstreifen)
- Eisenfeilspäne – die „schönste" aller Ampullen (steht für die Nichtbelastung, bezogen auf Wasser und Benkerstreifen)
- Phosphorus D60 (Belastung durch Elektrizität – z.B. PC, Hochspannungsleitung, fehlende Netzfreischaltung im Schlafzimmer)
- Globuli D1000 und Aqua pluvia D200 (radioaktive Belastung)
- weitere Testampullen geringerer Bedeutung (beispielsweise Gitternetze) → enthalten u.a. im Geopathie-Testsatz von Meripharm (Baden-Baden)

Wasseradern mit dem **Drehsinn nach links** verursachen schwerste Störungen, sind u.a. auch die Basis der malignen Erkrankungen. Wasseradern mit dem **Drehsinn nach rechts** verursachen keine Malignome, sondern vor allem Erkrankungen am Bewegungsapparat, u.a. auch die rheumatoide Arthritis (chronische Polyarthritis).

Miasmen

- Tuberculinum GT D12 bzw. D15
- Tuberculinum bovinum D12 bzw. D15 (das häufigste aller Miasmen!)
- Pyrogenium D12, D15 (Hinweis auf fehlende Fieberreaktionen – z.B. beim Atopiker)
- Luesinum D12 bzw. D15
- Medorrhinum D12 bzw. D15
- Psorinum D12 bzw. D15
- Carcinominum D12 bzw. D15

D12 und D15 gelten als „potenzneutrale" Ampullen zum Finden des zutreffenden Mittels (gilt besonders auch für Homöopathie-Testungen!). Dementsprechend gibt es Homöopathie-Testsätze (u.a. von der Fa. Kern) jeweils in der D12 bzw. D15. Die zum Patienten passende Potenz des gefundenen Mittels muss zusätzlich gesucht bzw. ausgetestet werden.

Pascoe Nosoden-Complexe

Testsatz für Umweltbelastungen einschließlich Schwermetallen wie Blei oder Quecksilber, Impfschäden, Störungen nach OPs, Organbelastungen wie Nephritis, Adnexitis, Prostatitis usw. 28 Einzelampullen. Der Testsatz ist aufgrund der neuen Gesetzgebung längst nicht mehr erhältlich und sollte, soweit möglich, durch Einzelmittel ersetzt werden.

MERKE

Testungen müssen ausnahmslos doppelblind erfolgen und reproduzierbar sein!

Patientinnen mit Adnexitis/Dysmenorrhö/Reizblase/Sterilität; Patienten mit Urethritis/Prostatitis/Reizblase

ACHTUNG

Partner/Partnerin müssen in jedem Fall parallel getestet und therapiert werden!

Benötigt werden jeweils alle im Handel erhältlichen Potenzen der folgenden Nosoden – zu beziehen z.B. über Staufen-Pharma, Holomed, Meripharm oder Spagyra, inzwischen auch übers Internet: www.schlossdrogerie.ch; www.schmidt-nagel.ch – bevorzugt bzw. als Minimum D6, D8, D10, D12, D30, D60, D100 und D200 (= ehemalige sog. KUF-Reihe). Zusätzlich gibt es mehrere Apotheken, die die Lücken füllen, die in den vergangenen Jahren zunehmend bei Herstellern wie Staufen-Pharma entstanden sind (u.a. keine Chlamydien-Nosoden mehr im Programm): z.B. Altstadt-Apotheke in Amberg, Alpin-Apotheke in Kempten und ganz besonders Ainsworths, Homoeopathic Pharmacy, London, www.ainsworths.com, wo selbst von ausgefallenen Nosoden Potenzen bis zur C1.000 preiswert zu beziehen sind.

- Chlamydia trachomatis (wesentlicher Keim der chronischen Adnexitis, der Reizblase, jeder Sterilität sowie der kindlichen Enuresis nocturna)
- Mycoplasma pneumoniae
- Ureaplasma urealytica
- Trichomonadenfluor
- Gardnerella vaginalis
- Bacterium Proteus
- Enterococcinum
- Bacterium Coli
- Gonokokken
- Bacteroides
- Aerobacter aerogenes
- Staphylococcus aureus
- Streptococcinum

Spätestens nach erfolgreich abgeschlossener Therapie ist bei Patientinnen an eine Schwimmbad-Prophylaxe mittels Tampons, die man zuvor in Bio-Joghurt etwas aufquellen lässt, zu denken! Adhäsionen, die zu Dysmenorrhö, Dyspareunie und/oder Sterilität geführt haben, sind spätestens gegen Ende der bakteriellen Sanierung zusätzlich mittels Enzympräparaten (Wobenzym®, Karazym®) und Homöopathie zu behandeln. Sehr bewährt hat sich das homöopathische Komplexpräparat Traumeel® (3–4 × 15 Tr.). Die Gabe des jeweiligen Konstitutionsmittels ist immer wertvoll. Dasselbe gilt für die Substitution mit Zink, Selen und evtl. Magnesium.

6.4.6 Therapiehinweise

- Eine **Candida-Therapie** von Darm und Genitale (immer parallel!) kann erst nach abgeschlossener Entfernung bakterieller Keime (+ Trichomonaden) erfolgreich und dauerhaft gelingen! Der Partner ist unbedingt miteinzubeziehen.
- Bei **MS-Patienten** sollten die Nosoden MS, Borrelia und evtl. auch Leucoencephalitis in irgendeinen Testsatz integriert werden. Beim **Morbus Crohn** ist an Yersinia enterocolitica zu denken, bei der **rheumatoiden Arthritis** (chronischen Polyarthritis) an Mycoplasma pneumoniae bzw. Mycoplasma hominis. Zusätzlich findet sich bei der MS stets eine Doppelkreuzung aus zwei Wasseradern bzw. Wasser + Benkerstreifen, bei der rheumatoiden Arthritis (chronischen Polyarthritis) eine rechtsdrehende Wasserader (Calcium carbonicum!).
- Die Ausheilung irgendeiner schweren und/oder **chronischen Erkrankung** ist nach meiner Erfahrung ohne erfolgreiche Schlafplatzsanierung vollkommen ausgeschlossen!
- Die Kortison-Therapie eines Patienten oder schlecht schwingende Kaffeesorten (biologischer Kaffee ist unproblematisch) können eine Testung bzw., selbst wenn sie gelingt, eine erfolgreiche Therapie vereiteln!

- Um es nochmals deutlich zu machen: Wer eine rheumatoide Arthritis (chronische Polyarthritis) vollständig ausheilen möchte, der muss die Mykoplasmen finden und ausleiten. Dasselbe gilt bei der MS für Borrelien, beim Morbus Crohn für Yersinien und bei der Colitis für Amöben. Zusätzlich muss der Patient mit einer rheumatoiden Arthritis (chronischen Polyarthritis) von seiner rechtsdrehenden Wasserader, der MS-Patient von seiner Wasserkreuzung herunter auf einen ungestörten Platz, weil eine Heilung bei geopathisch gestörten Patienten unmöglich ist.

6.5 Amalgamausleitung

Diagnostik

Nicht jeder Patient mit Amalgamfüllungen ist amalgambelastet. Nicht jeder Patient, dem seine Füllungen entfernt worden sind, ist das Amalgam auch wirklich los. Darüber hinaus ist es wichtig, zwischen der chemischen Anwesenheit der Amalgambestandteile und der biologischen Schädlichkeit für den einzelnen Patienten zu unterscheiden. Aus diesem Grund bringen die üblichen Testmethoden nicht allzu viel:

- Der Dimaval-**Speicheltest** besagt lediglich, dass im Speichel eines Amalgamträgers Quecksilber (Hg) zu finden ist. Für diese Aussage braucht man aber keinen Speicheltest, denn das liegt in der Natur der Sache.
- Der Dimaval-Test, mit dem die Menge an mobilisierbarem Hg im **Urin** gemessen wird, ist aussagekräftiger, weil er gute Rückschlüsse auf den Gesamtgehalt an Hg im Körper zulässt. Doch gilt auch hier, dass die gefundene Menge wiederum keinerlei Aussage darüber erlaubt, ob der Patient durch diese chemisch nachweisbare Belastung auch wirklich im biologischen Sinne belastet ist.

MERKE

Die einzige wirklich sichere Möglichkeit, eine Quecksilberbelastung im Sinne einer Krankheitsursache nachzuweisen, besteht in einer biologischen Testmethode nach dem Prinzip der Bioresonanz.

Als ideale **Testampulle** eignete sich früher Mercurius solubilis compositum® von Pascoe, weil hier nicht nur Hg, sondern auch die weiteren, im Amalgam verarbeiteten Begleitstoffe Zinn, Silber und Kupfer enthalten waren, die genauso schaden können wie Hg selbst. Diese Testampulle war Bestandteil des Nosoden-Testsatzes der Fa. Pascoe, in dem so ziemlich alles enthalten war, was einem Menschen aus seiner Umwelt heraus Probleme bereiten kann – von weiteren Schwermetallen wie Blei bis hin zu chemischen Umweltgiften oder Organbelastungen.

Die Testung dieser 28 Ampullen – und die nachfolgende Therapie mit den gefundenen, homöopathisch aufbereiteten Substanzen – leistete dem Autor, neben der Überprüfung einer Geopathie, viele Jahre lang gute Dienste bei jeder schweren Erkrankung, mit der irgendein Patient zu ihm kam. Sie war in besonderem Maße dazu geeignet, das „Fass“ des Patienten, das ja nun „übergelaufen war“, so weit wie möglich zu leeren.

Diese Nosoden-Komplexe sind inzwischen nicht mehr erhältlich. Sie sollten, mit ungleich größerem Aufwand, zumindest durch die wichtigsten Einzelmittel ersetzt werden, die darin enthalten waren. Dies gilt beim aktuellen Bezug vor allem für verschiedene Potenzen von Mercurius solubilis, idealerweise bis zur C 1.000.

Symptome

Kein einziges der nachfolgend aufgelisteten Symptome ist mit Sicherheit und ausnahmslos Hg-bedingt. Außerdem kann man Patienten erleben, die den ganzen Mund voller poröser Amalgamfüllungen haben und dadurch nicht krank geworden sind, und andere, denen zwei Füllungen für erhebliche Gesundheitsstörungen genügt haben. Aufschluss über seine Beteiligung und Krankheitsrelevanz gibt ausschließlich die (doppelblinde) Austestung des Patienten:

- Metallgeschmack im Mund, ganz besonders bei der häufig beobachteten Mischung aus Amalgamfüllungen und Goldkronen, bei denen Spannungen bis in den Volt-Bereich gemessen werden können
- Kopfschmerzen bis hin zur Migräne
- Tremor (Zittern)
- Unruhe und Übererregbarkeit (sollte nicht mit dem hyperkinetischen Syndrom der Kinder und mancher Erwachsener verwechselt werden, das zumeist Candida-bedingt ist und durch kleinste Mengen Zucker ausgelöst bzw. verstärkt wird)
- Angstgefühle
- muskuläre Spasmen oder auch Verspannungen infolge rezidivierender Blockierungen
- Schlaflosigkeit (immer an eine Geopathie denken!)
- Koordinationsstörungen (Verwechselungsgefahr mit Atlasblockaden)
- Mundaphthen
- chronische Hautekzeme – besonders häufig im Bereich der Hände und Füße (dürfen aber nicht mit dem Candida-bedingten dyshidrotischen Ekzem der Hände verwechselt werden!)
- Immunschwäche mit gehäuften Infekten
- zusätzliche Überlagerung einer Dysbiose des Darms

Diese Aufzählung ist nicht vollständig. Alle Hg-Symptome können durch den recht häufigen Zinkmangel verstärkt werden.

Die Unterscheidung zwischen organischen und anorganischen Hg-Intoxikationen ist für den Alltag ohne Relevanz, weil die Formen im Körper teilweise ineinander umgewandelt werden und ohnehin ähnliche Symptome machen. Immer betroffen sind das **Nervengewebe** in ZNS und Peripherie, **Niere** und **Darm**.

Echte Hg-*Allergien* sind außerordentlich selten; es handelt sich in aller Regel „nur“ um Vergiftungen oder Unverträglichkeiten. Der schulmedizinisch für eine Amalgamsanierung geforderte Nachweis einer Reaktion im Hauttest wird daher kaum jemals erbracht werden können.

HINWEIS DES AUTORS

Schwerste amalgamverursachte Erkrankungen werden schulmedizinisch nicht anerkannt, weil einerseits die biologischen Testmethoden, die den Zusammenhang belegen, keine wissenschaftliche Relevanz besitzen, und weil andererseits auch der oftmals leicht zu erbringende Nachweis einer erheblichen Besserung gesundheitlicher Störungen nach Hg-Entfernung und -Ausleitung im wissenschaftlichen Denken nicht als Beweis dienen kann. Die Zusammenhänge werden negiert bzw. anderen Ursachen zugeschoben.

ACHTUNG

Hg kommt nicht nur aus Amalgamfüllungen. Zu denken ist immer auch an die Ernährung, vor allem bei Patienten, die häufig Fisch essen.

Amalgamsanierung

Basis einer jeden Ausleitung ist die reichliche Flüssigkeitsaufnahme (2–3 l Mineralwasser pro Tag), eine Einwirkung auf das Bindegewebe in der Form einer „Entschlackung", um es wieder „gangbar" und reaktionsfähig zu machen sowie nach Möglichkeit die Beseitigung von Störungen der Meridiane (z.B. durch Chirotherapie) und Sanierung weiterer Körperblockaden wie u.a. Zahnherde, die ansonsten in der Summe eine wirksame Therapie verhindern können.

MERKE

Stets unumgänglich ist auch die Schlafplatzsanierung; keine Therapie bei einem geopathisch belasteten Patienten wird jemals wirklich funktionieren können!

HINWEIS DES AUTORS

Man muss hierzu auch bedenken, dass ein Patient, der sich schwere Gesundheitsstörungen gesucht hat, praktisch ausnahmslos „Nägel mit Köpfen macht". Keiner ist mit Amalgam allein zufrieden. In der Regel muss es Amalgam, eine Wasserader, eine Störung der Partnerschaft, eine Candida-Mykose usw. gleichzeitig sein. Man hat also zumeist umfassend zu suchen und zu therapieren und darf dabei auch die tieferen Ursachen (Karma, Schuld, Nichtvergebung) nicht aus dem Auge verlieren, sonst sucht sich der „geheilte" Patient schnurstracks die nächste Krankheit.

Die eigentliche **Amalgamausleitung** bedarf der enthaltenen Substanzen Hg, Zinn und Silber in homöopathischer Form. Sehr gut geeignet zur Ausleitung des Quecksilbers ist das auch zur Testung benutzte Mercurius solubilis, das der jeweiligen Potenz entsprechend so lange gegeben wird, bis es in der Testung (immer doppelblind!) nicht mehr anspricht. Zumeist genügt ein Zeitraum von 2–3 Monaten.

Die **Aktivierung des Bindegewebes** kann – neben der erwähnten Flüssigkeitszufuhr – mit homöopathischen Einzelmitteln erfolgen oder, völlig ausreichend, auch mit Komplexpräparaten wie Lymphdiaral®, Lymphomyosot® oder Lymphaden® Tr.

Therapeuten, die ungeachtet fehlender homöopathischer Ausbildung und Erfahrung homöopathisch therapieren wollen und auf der Basis der Indikationen nach Herstellerangaben Komplexpräparate einsetzen, sollten sich wenigstens parallel mit dem Wesen der Homöopathie auseinandersetzen, weil sie andernfalls dem Patienten erheblich schaden können. Während z.B. Präparate von Herstellern wie Hevert oder Pascoe grundsätzlich sparsam zusammengesetzt, ausgewogen und hilfreich scheinen, man damit also nicht allzu viel falsch machen kann, sofern man sie nicht als Dauertherapeutikum missversteht, gibt es auch Präparate einzelner Hersteller, die beispielsweise

- reichlich Schwermetalle in Tiefpotenzen, mithin in materieller und damit potenziell schädlicher Form enthalten,
- Digitalis als Tiefpotenz, also in schulmedizinischer Konzentration beinhalten,
- viel zu viele Substanzen in einem einzigen Präparat zusammenfassen, die sich teilweise auch noch gegenseitig antagonisieren,
- manchmal sogar Campher enthalten, der einen Großteil der Gesamttherapie unwirksam macht.

Es gilt also auch hier wie bei jeglicher Therapie, dass man als Therapeut in der Pflicht ist, sich mit den Medikamenten, die man einsetzt, von Grund auf vertraut zu machen.

ACHTUNG

Quecksilber hat eine Halbwertszeit von etwa 17 Jahren. Eine Amalgamentfernung ohne begleitende Ausleitung ändert nichts an den vorhandenen Depots in Niere und Nervengewebe.

Es kommt ganz im Gegenteil während der zahnärztlichen Hg-Entfernung zumeist, je nach angewandter Technik, noch einiges hinzu, sodass die Beschwerden des Patienten dadurch in der Regel nicht besser werden, falls sie Hg-bedingt waren. Wenn also ein Patient berichtet, sein Amalgam sei schon vor Jahren entfernt worden, macht dies die Testkontrolle und Therapie nicht überflüssig.

Wenn ein Patient nach einer früheren Amalgamsanierung in der Testung immer noch Hg aufweist, isst er entweder reichlich Fisch oder die Sanierung war auf irgendeine Weise fehlerhaft: Immer ist daran zu denken, dass der Patient während der Therapie nur einige wenige Kaffeesorten trinken darf (vor allem biologisch angebaute Sorten) und nach Möglichkeit auch keinen Pfefferminz- oder Kamillentee, weil die enthaltenen ätherischen Öle einen Teil der homöopathischen Therapie antagonisieren.

Dasselbe gilt für kreislaufstabilisierende Mittel wie Korodin® (ansonsten ein sehr empfehlenswertes Präparat) wegen des enthaltenen Camphers. Solche Dinge müssen beim Patienten gezielt nachgefragt und mit ihm besprochen werden, weil sie kaum einer von sich aus erwähnt.

Selen

Oftmals wird zur Sanierung Selen benutzt, was aber nicht helfen kann, weil Selen zwar Hg bindet und dadurch teilweise unschädlich macht, gleichzeitig aber seine Ausscheidung aus dem Körper mit großer Zuverlässigkeit verhindert. Selen ist also ein Präparat, mit dem man eine erfolgreiche Sanierung **abschließen** kann, um eventuelle Hg-Reste zuverlässig zu binden.

Zink

Wesentlich ist die Zufuhr von Zink (nicht Zinn) für die Zeit der Ausleitung. Zink mobilisiert ganz allgemein Schwermetalle (auch Blei) aus ihren Depots und beschleunigt dadurch die Ausleitung. Es bindet auch nicht wie Selen an diese Schwermetalle.

Zink ist darüber hinaus ganz pauschal ein essenzielles Element, das für vielerlei Funktionen große Bedeutung hat (beispielsweise Bestandteil von annähernd 300 Enzymen) und das in der Nahrung oftmals unterrepräsentiert ist. Sein Tagesbedarf liegt bei 10 mg. Wird es im Rahmen einer pflanzenreichen Kost aufgenommen, so wird es wegen der pflanzlichen Phytine kaum resorbiert. Auch Calcium (z.B. Milch) behindert die Resorption. Bei einer medikamentösen Zufuhr sollte es also nüchtern, mindestens ½ h vor den Mahlzeiten genommen werden, sonst hilft es nicht viel.

Bei chronischen Hauterkrankungen oder gehäuften Infekten muss, sofern nicht gerade eine Atopie besteht, stets an einen Zinkmangel gedacht werden.

Cystein

Cystein (als Acetylcystein beispielsweise in den üblichen schleimlösenden Brausetabletten) kann über sein Schwefelatom Hg binden. Darüber hinaus handelt es sich hier um eine besonders wichtige Aminosäure, die dem Körper ohnehin gut tut. Unter anderem ist es Bestandteil des „Radikalenfängers" Glutathion in Blut und Geweben (gemeinsam mit Selen) oder auch des Enzyms, welches Thyroxin in das wirksamere Triiodthyronin überführt (Deiodase). Man muss dem Patienten klarmachen, dass es sich weder bei Zink noch bei den Cysteintabletten (ACC) um eigentliche Medikamente handelt, damit er seine Angst vor Nebenwirkungen der Therapie verliert.

HINWEIS DES AUTORS

Cystein bindet Hg sicherlich weniger fest als Selen. Trotzdem gibt der Autor es in der Regel noch nicht zu Anfang der Therapie, um die Ausleitung nicht zu erschweren.

Medikamentenplan

Ein Medikamentenplan für eine reine Amalgamausleitung könnte aussehen wie in ➤ Tab. 6.1 dargestellt. Die **Zinktabletten** können gut mit ½ Glas Wasser geschluckt werden, in dem sich die 5–10 Tr. Lymphdiaral® befinden. Anschließend kann Mercurius sol., sofern es der ausgetesteten Potenz entsprechend an diesem Tag an der Reihe ist, auf die Zunge gegeben werden. In den Wochen der Ausleitung sollten die Patienten **viel trinken** – z.B. 2 Liter Mineralwasser/Tag. Gut geeignet ist u.a. auch Brennnesseltee. **Dimaval®** ist ein schulmedizinisches, verschreibungspflichtiges Präparat, das viele Schwermetalle (auch Zink) bindet und ausscheidet. Es ist zur Ausscheidung desjenigen Hg, das akut und zusätzlich zu den Körperdepots zahnärztlich freigesetzt wird, außerordentlich wirksam. An den Tagen, an denen Dimaval® gegeben wird, sollte man kein Zink geben, weil dieses ebenfalls an Dimaval® bindet und dessen Hg-Wirkung damit teilweise aufheben würde. Nach ca. 4 Wochen gibt man zusätzlich über 2–3 Wochen 1 Tabl. Fluimucil® bzw. ACC® bzw. NAC® 600 (oder ein anderes **Cystein-Präparat**) pro Tag zum oder nach dem Essen oder zwischendurch, aber nicht zusammen mit der Homöopathie. Die Therapie schließt dann noch für mindestens 4 Wochen ab mit:

- **Zink** (morgens nüchtern 10–20 mg)
- **Selen** (150–200 µg/Tag)

Tab. 6.1 Medikamentenplan zur Amalgamausleitung

Amalgamausleitung	Morgens	Mittags	Abends	Zur Nacht	Bemerkungen
Zink	20 mg				½ h vor dem Essen
Lymphdiaral®	5–10 Tr.	5–10 Tr.	5–10 Tr.		½ h vor dem Essen
Cetebe®	1 Kps.			1 Kps.	
Mercurius solubilis	5 Tr.				auf die Zunge
Dimaval®	1	1	1		vor dem Essen
Dimaval® nur an den Tagen der zahnärztlichen Amalgamentfernung! An diesen Tagen keine weitere Therapie!					

6.6 Grundlagen der Heilung

Übliche Therapien schwerer, die Lebensqualität mindernder oder das Leben gefährdender Krankheiten erfolgen symptomatisch, soweit die Ursachen nicht bekannt sind oder nicht ungeschehen gemacht bzw. beseitigt werden können. Dies ist bei der Mehrzahl schwerer Erkrankungen der Fall. Diese Therapieformen zielen also auf Lebensverlängerung und darauf ab, die Symptome soweit zu lindern, dass der Patient damit umgehen kann. Es versteht sich von selbst, dass dies i.d.R. außerordentlich hilfreich ist – umso mehr, als die Medizin in der Behandlung derartiger Krankheiten immense Fortschritte erzielt hat. Selbst die heutigen Chemotherapien maligner Erkrankungen werden überwiegend gut vertragen und verlängern das Leben um Monate oder Jahre, wenn sie nicht sogar zur Heilung führen. Man kann also längst nicht mehr von vornherein davon ausgehen, dass die **„alternative"**, sanfte, biologische Medizin, die vielerorts angeboten wird, auch tatsächlich eine **„Alternative"** darstellt – erst recht nicht dann, wenn sie auf medizinisch sinnlosen, mystischen Voraussetzungen basiert oder behauptet, man könne mit bestimmten Diäten oder „Kuren" sozusagen alles in den Griff bekommen. Die durchführenden Institutionen weisen natürlich auf ihre wundersamen Erfolge hin, doch tauchen all diejenigen, denen die Therapien nicht geholfen haben, in keiner Statistik auf. Sie verschwinden in geräumigen Schubladen. Dasselbe gilt für die immer neuen Wundermittel, die gegen alles helfen, jede Krankheit heilen und dem Menschen ewiges Leben schenken. Das Internet ist voll davon.

6.6.1 Ursachen von Krankheiten

Jede körperliche Störung hat eine Ursache, die gefunden werden kann. Ein Jeder betreibt bei auftretenden Störungen, Unpässlichkeiten oder ernsthaften Erkrankungen Ursachenforschung. Dies gilt „von Berufs wegen" für den Therapeuten, doch gilt dies auch für die

Betroffenen selbst. Kein vermuteter Zusammenhang kann absurd genug sein, um nicht als Hilfskonstruktion den Weg in die eigenen Gedanken zu finden. Dies mag beim Laien zum Schmunzeln verführen, beim Therapeuten offenbart es lediglich alltägliche medizinische Unzulänglichkeiten oder, genauer, den alltäglichen medizinischen Wahnsinn.

Stress und Disstress

Wenn zahlreiche Therapeuten an ihre medizinischen Grenzen stoßen, greifen sie gerne zum Disstress-Syndrom, zur schweren Kindheit des Erkrankten, zu seiner falschen Ernährung einschließlich der konsumierten Genussgifte und zur unzureichenden körperlichen Betätigung. Dies stellen die häufigsten „ursächlichen Diagnosen“ der Medizin dar, doch weisen sie lediglich auf die Ignoranz und mangelnde medizinische Kompetenz derjenigen hin, die diese Diagnosen in aller Selbstverständlichkeit und Selbstherrlichkeit zur Hand nehmen. Der Patient allerdings ist dankbar dafür, denn so hat er's ja selbst schon häufig gelesen und schuldbewusst selbst empfunden und so freut er sich denn über die einfühlsame Zuwendung und Betreuung durch seinen Therapeuten, über die gut gemeinten Ratschläge, die er von ihm mit auf den Weg bekommt.

Karmisch geprägte, oft genug traumatisch erlebte Kindheiten und Disstress sind der ständige Begleiter unseres modernen Lebens. Im Verlauf der vielen Millionen Jahre, die die Evolution zur Entwicklung ihrer Anpassungsvorgänge zur Verfügung hatte, war der Disstress allerdings anders definiert. Vor allem anderen handelte es sich hierbei um **körperlichen Stress**, um Kampf, Flucht, Behauptung gegenüber Rivalen, Jagd und körperliche Krankheiten durch Verletzung oder Infektion oder durch Mangelzustände in Zeiten des Hungers. Daran richtete sie ihre beiden Stresshormone Cortisol und Adrenalin aus, sodass deren Wirkungen im Zusammenhang mit dem sympathischen Nervensystem nicht auswendig gelernt, sondern zwanglos abgeleitet werden sollten (➤ Fach Endokrinologie mit Stoffwechsel).

Die körperlichen und psychischen Wirkungen der Stresshormone vermögen so lange keine Krankheit zu verursachen, wie sie zwischendurch abebben, solange also beispielsweise Cortisol seiner zirkadianen Rhythmik unterliegt und der Sympathikus wenigstens nachts zur Ruhe kommt. Stress ist allerdings als **Verstärkungsfaktor** anzusehen, der vieles, was unterschwellig sein mag, aus der Versenkung holt. Er schwächt, wenn er überhandnimmt, vor allem aufgrund der Cortisolwirkungen das Immunsystem, macht also beispielsweise anfälliger für Infektionen. Doch ersetzt er nicht das infektiöse Agens. Man bekommt keinen Schnupfen, weil man „gestresst“ ist, sondern weil man sich über Kontakt- oder Tröpfcheninfektion ein Virus eingefangen hat. Indem Viren nicht über geöffnete Fenster oder aufsteigend aus kalten Füßen zur Nase gelangen, scheiden auch diese im Rahmen der Ursachenforschung häufig angeschuldigten „Ursachen“ aus.

MERKE

Stress ist ein entscheidender Verstärker, aber niemals die Ursache der Krankheit. Er begünstigt die Wahrnehmbarkeit oder das Angehen von Krankheiten, ihre Verschlimmerung bzw. Exazerbation, doch löst er sie nicht aus.

Psychosomatische Krankheiten

Die alterierte Psyche, meist in der Folge vergangener seelischer Verletzungen oder dessen, was man ungeachtet der Ursache als solche empfunden hat, hat entsprechende Wirkungen, ist jedoch wiederum niemals die Ursache der Krankheit. Die „schwere Kindheit“ des Patienten ist das Alibi desjenigen, der medizinisch an seine frühen Grenzen gestoßen ist. Der Autor kennt keine psychosomatische Krankheit, er kennt nur Ersatzdiagnosen und Ersatztherapien. Wenn das „auf den Körper projizierte seelische Trauma“, das sich als Herzneurose äußert, umgehend und dauerhaft verschwindet, wenn die verursachende Blockade zwischen Th 1 und Th 6 deblockiert ist, wurde dadurch die Kindheit des Patienten nicht verändert. Wenn das Globusgefühl mit Räusperzwang, das Gefühl, gewürgt zu werden, nach Deblockierung des Atlas nicht mehr existiert, wenn sich das Völlegefühl, das Gefühl eines „Steins im Magen“ nach Behandlung von Th 6 in Wohlgefallen auflöst, dann haben sich Kindheit, Arbeitsplatz, Partner oder wer auch immer nicht verändert. Wenn der Reizdarm nach vierwöchiger, korrekt durchgeführter Darmsanierung nicht mehr reizt, auf die Enuresis nocturna des Kindes nach Ausleitung der Chlamydien nur noch trockene Nächte folgen, der „Zappelphilipp“ nach Magnesium und Darmsanierung zur Ruhe kommt, Dysmenorrhö und Dyspareunie nach Sanierung der Adnexitis und trotz immer noch identischem Partner in die Vergangenheit entfliehen, was wurde dann aus dem angeschuldigten Zusammenhang – der Kindheit, dem Disstress oder der gestörten Partnerschaft? Muss die traumatisierte Psyche nun auf den Nachbarn projizieren oder wo bleibt ihr Ventil, wenn das, was als Ventil „erkannt“ worden war, nicht mehr existiert? Zahlreiche Menschen erinnern sich an eine traumatische Kindheit, stehen unter Stress, leben eine gestörte Partnerschaft. Da sie aber keine psychosomatisch definierte Erkrankung vorweisen können, wird auch nicht danach gefahndet. Müsste man nicht die Gesundheit des Menschen in diesen Fällen folgerichtig dem Disstress, der schweren Kindheit zuordnen und damit begründen?

Psychosomatische Diagnostiken und Therapien stellen Ersatzhandlungen dar. Sie dienen der Bequemlichkeit, schützen vor überflüssigem Lernen, verhindern die eigene, immerwährende Suche nach den eigentlichen Ursachen und nach neuen Methoden der Heilung. Ähnlich praktisch sind die allfälligen Übersäuerungen der Patienten, die der aufgeklärte Therapeut z.B. aus Enderlein und Iris oder einfach aus üblichen Befindlichkeitsstörungen erkennt. Dankbar wird auch all das, was der Patient in seinem Alltag falsch macht, zur Kenntnis genommen, weil es den Therapeuten des eigenen Denkens und Suchens enthebt.

Psychosomatische Krankheiten werden in Abhängigkeit vom jeweiligen Erkenntnisstand der Medizin definiert. Manches, was in früheren Jahren in der großen psychosomatischen Schublade gut aufgehoben schien, wird heute anders definiert. Leider hat sich diese „Schublade" deswegen aber nicht geleert, denn andere Krankheiten haben deren Platz eingenommen. Ebenfalls leider geht der Lerneffekt der Medizin gegen null, wenn das, was so scheinbar klar und eindeutig der Psyche des Patienten angelastet wurde, mit wachsendem Erkenntnisstand plötzlich somatische Ursachen erhält. Was blieb von dieser Ursache-Wirkungs-Beziehung z.B. beim Tinnitus übrig? Oder bei der chronischen Gastritis bzw. dem Magenulkus, als man irgendwann endlich Helicobacter entdeckte? Aber welcher unter den Anhängern psychosomatischer Krankheiten hat daraus gelernt oder auch nur irgendeine Art von Schlussfolgerung gezogen? Kann der Umgang damit, gewissermaßen die Einstellung, „was kümmert mich mein Geschwätz von gestern", dem Leid des Patienten wirklich angemessen sein?

6.6.2 Alternative Therapien

Zahlreiche Ärzte und die große Mehrzahl der Heilpraktiker arbeiten mit Methoden, welche „die Chemie" durch natürliche, eben alternative Methoden ersetzen oder zu ersetzen suchen. Alternative Therapieformen sind modern. Sie passen in die Zeit. Alle wollen zurück zur Natur, zu den Wurzeln des Lebens. Uralte Therapieformen wie Ayurveda, TCM, Akupunktur, vielfältigste Massagetechniken, körperliche Übungen mit und ohne Musikbegleitung, Kräutertherapien u.a. nach Hildegard von Bingen – zunehmend alles, was vor allem der fernöstliche Lebensraum in Tausenden von Jahren an Therapien hervorgebracht hat, wird begeistert wiederentdeckt und angewendet. Nichts kann ausgefallen genug sein, um nicht große Anhängerschaften zu rekrutieren. Je älter die Therapieform, desto „wahrer" und „richtiger" muss sie sein und desto sicherer zur Heilung allen Übels führen.

Aber wie alt wurden die Menschen zur Blütezeit dieser heilenden Therapien? Waren dies nicht rund 30 Jahre an Lebenserwartung? Erfreuten sich die Menschen wenigstens während dieser 30 Jahre guter geistiger und körperlicher Gesundheit oder war das vielmehr eben gerade nicht der Fall? Und wurde nicht die Lebenserwartung der Neuzeit dank zahlreicher Faktoren, aber eben auch dank der modernen medizinischen Errungenschaften auf 80 Jahre ausgedehnt – und dies ungeachtet der Hektik und der Genussgifte unserer Zeit, dem Abhandenkommen von Ruhe und Frieden? Warum sind die alten Therapien häufig in der Versenkung verschwunden? Ist dies als Hinweis auf ihre überragende Wirksamkeit zu werten oder eher darauf, dass es sich dabei möglicherweise doch nicht um das „Gelbe vom Ei" gehandelt haben kann? Warum ist das „uralte Wissen" verloren gegangen und musste erst „wiederentdeckt" werden? Und warum kommen ständig „neue alte" Heilmethoden zum bereits überquellenden Pool hinzu, wenn doch jede einzelne unter ihnen aus der Sicht ihrer Anhänger zum Wohlbefinden führt und die anderen damit nahezu überflüssig werden lässt?

Übernommen werden bei diesen in die Hunderte gehenden Therapien nicht nur die jeweilige Art der Anwendung und der Hilfsmittel, sondern der Einfachheit halber auch gleich die Benennung der Krankheiten, für die sie gedacht waren mitsamt der passenden Nomenklatur. Hunderte oder Tausende Jahre medizinischer, physikalischer oder sonstiger allgemeingültiger Erkenntnisse werden übersprungen. Es geht nicht mehr um eine rheumatoide Arthritis oder pauschal um eine Autoimmunerkrankung, um maligne Entgleisungen oder lebensgefährdende Infektionen, sondern um Qi und Qigong, um Neiqi und Waiqi, Yin und Yang. Die Elemente sind nicht mehr die chemischen wie Kohlenstoff, Wasserstoff oder Sauerstoff, die uns die Schulzeit traumatisch gestalteten; es dürfen nun wieder die Elemente Feuer, Wasser, Luft und Erde sein, je nach persönlicher Neigung ergänzt durch die Elemente Holz und Metall mitsamt den Modellen, was man sich darunter vorzustellen hat.

Diese Zeilen sollten nicht missverstanden werden. Körperliche und geistige Ertüchtigung nach Kneipp und weiteren Vorgaben sind in jeder Zeit wertvoll. Der Zuwachs an Frieden, der durch autosuggestive Methoden, durch Atemtechniken, Klänge, harmonisierende Schwingungen (aus Steinen) oder Düfte (aus ätherischen Ölen) und körperliche Übungen, die allesamt darauf abzielen, Körper und Geist in Harmonie zu versetzen, erreichbar wird, ist von überragender Bedeutung. Aber stellen hierfür die alten, überlieferten Methoden sozusagen die Voraussetzung dar? Muss man die moderne Sprache, auf dem Boden unendlich vielfältiger und weitreichender Erkenntnisse, durch ein Element namens Feuer, durch das Qi ersetzen? Warum kann man alte und immer noch richtige Heilmethoden nicht in die Neuzeit übersetzen und ganz ohne Mystik oder Geheimsprache anwenden? Verlieren sie dadurch an Wert, falls dieser Wert existiert? Und warum kann man derlei Methoden nicht begleitend zu modernen Heilmethoden ins eigene Leben integrieren, anstatt sie zentral, gewissermaßen im Ausschlussverfahren und als Gegensatz zur heutigen Medizin zu begreifen?

EXKURS

Wenn eine Harmonisierung des Körpers angestrebt wird, ist dies ohne Harmonisierung des Geistes nicht erreichbar. Harmonie des Geistes ist ein Resultat erreichten Friedens. Frieden kommt jedoch niemals von außen – nicht aus Worten, nicht aus Heilmethoden, aus Kräutern oder Ölen, aus irgendetwas, das man passiv durch den Therapeuten erfährt. Er kann nicht erkauft werden. Ihn zu erreichen, bedarf es keiner besonderen Heilmethoden. Er ist unabhängig von der Zeit. Frieden wird in der Vergebung gefunden, im Verlernen des Urteils, in der Erkenntnis, dass nichts, dem das Ego nachjagt, irgendeine Art von Befriedigung oder gar Frieden bringt noch jemals gebracht hat. Und die immer schon und immer noch beste Methode, ihn zu erlangen, ist neben der persönlichen Bereitschaft die Stille der Meditation.

6.6.3 Was kann geheilt werden?

Materie ist niedrig schwingende, verdichtete Energie. Dies gilt für die Lebensformen des Kosmos und die Planeten, auf denen sie zu leben scheinen, für Sonnen, weiße Zwerge und schwarze Löcher. Materie ist eine Illusion, eine Projektion des Geistes, dem es gefiel, etwas Neues zu schaffen, etwas, das GOTT zu erschaffen „vergessen hatte".

Der Körper ist von sich aus neutral. Er kann weder gesund noch krank sein. Er kann weder glücklich sein noch traurig und es ist unmöglich, dass er Schmerzen empfindet, leidet und stirbt. Er dient als Behausung des Geistes, der sich mit ihm identifiziert, ihn nach seinen Vorstellungen formt und abtrennt von dem, was eins mit ihm ist. Er steht für das Ego, für die Erfindung der Zeit, für die Wahrnehmung als Ersatz für Erkenntnis und für ein Erleben von Empfindungen, das an ihn gebunden scheint und damit alles ausschließt, was wirklich ist.

Der Körper kann nicht krank sein. Er braucht keine Heilung. Wahre Heilung ist deswegen immer für den Geist, stellt eine Art von Hilfe dar, die es ihm erlaubt, Trennung, Sünde und Schuld als Irrtum zu erkennen, die ihm zeigt, dass es nichts außerhalb von ihm gibt. Den Weg dorthin zu beschreiten, ist eine Entscheidung, die von jedem jederzeit getroffen werden kann, aber so lange nicht getroffen wird, wie Sünde und Schuld wirklich zu sein scheinen und letztendlich so lange nicht, wie die Illusionen dieser Welt Dinge zu beherbergen scheinen, die von Wert sind, die Glück, Freude und Befriedigung versprechen – als Ersatz für das, was wirklich ist. Wenn dies als Irrtum erkannt wird, ist das Chaos zu Ende und der Körper gesund. Er kann nicht mehr urteilen oder angreifen, weil der Geist dies als Täuschung und als Angriff auf sich selbst erkennt. Also kann er auch nicht krank werden. Er wird so lange gute Dienste leisten, wie er gebraucht wird und in dem Augenblick abgelegt, wo seine Brauchbarkeit vorüber ist.

6.6.4 Heilung des Körpers

Wahre Heilung betrifft den Geist, doch entspricht es dem Bedürfnis des Therapeuten, auch dort zu helfen, wo der Patient sich mit dem Körper identifiziert und leidet. Es muss also in den allermeisten Fällen darum gehen, in der Dimension der Illusion nach Wegen zu suchen, das Leid des Patienten zu lindern.

In diesem Sinn kann Heilung durchaus schulmedizinisch erfolgen. Wenn der Tumor durch Operation, Bestrahlung oder Chemotherapie verschwindet, ist der Patient die Krankheit los. Er kann sein Leben neu überdenken oder so weitermachen wie bisher. Wenn eine tödliche Krankheit durch Impfung vermieden werden kann oder z.B. durch Antibiotika beseitigt wird, ist das im Verständnis dieser Welt mit Heilung gleichzusetzen und es spricht nichts dafür, eine derartige Therapie durch Behandlungen zu ersetzen, die „natürlicher“ scheinen, denn sie sind in den allermeisten Fällen lediglich weniger Erfolg versprechend. Das Ziel der Heilung wird verfehlt und Sinn und Zweck des „Natürlichen, Biologischen“ ist auf den Kopf gestellt.

Andererseits könnte vieles, das in der vorherrschenden Medizin üblich und als richtig definiert ist, alternativ angegangen werden, weil es oftmals möglich scheint, Symptomatisches durch Heilendes zu ersetzen. Wenn die Nase läuft, appliziert die Medizin abschwellende Nasentropfen, obwohl dies den Genesungsprozess eher stört, weil es die Ausscheidung der Viruslast verzögert und die lokale Immunabwehr in ihrer Funktion behindert. Schmerzen werden analgetisch behandelt anstatt zunächst mit mehr Gewissenhaftigkeit nach der Ursache zu suchen. Fieber wird gesenkt, obwohl es große Teile des Immunsystems aktiviert und Antibiotika dort eingesetzt, wo Bakterien lediglich vermutet werden. Die Auflistung ließe sich fast beliebig fortsetzen.

Allerdings darf man den Erkenntnisstand der Medizin, ihre Möglichkeiten und theoretischen Vorgaben nicht mit dem gleichsetzen, was im Alltag therapeutisch durchgeführt wird von denen, die diese Medizin vertreten und anwenden. Nicht jeder Arzt weiß, was er tut, wenn er z.B. bei einem eindeutig viralen Infekt Antibiotika verordnet, wenn er Wadenkrämpfe „chemisch“ mit Chinidin behandelt, anstatt den Magnesiumspiegel auszugleichen, wenn er scheinbar „natürlich“ therapiert und pflanzliches Sinupret® verordnet, um dessen Wirkung parallel mit Nasentropfen zu konterkarieren. Auch das ließe sich beliebig fortsetzen, doch ist es nicht Ziel dieses Kapitels, Fehlerhaftes aufzulisten, sondern Wege aufzuzeigen, die dem Ziel der Heilung dienen.

Der Heilpraktiker muss dies ohnehin nicht anklagen und nicht bedauern, denn genau genommen wäre sein Berufsstand vollkommen überflüssig, wenn dem nicht so wäre. Er bezieht seine einzige Daseinsberechtigung aus den alltäglichen Unzulänglichkeiten medizinischer Therapien. Allerdings ist dem Patienten nicht geholfen, wenn diese Unzulänglichkeiten lediglich durch solche ersetzt werden, die einen anderen Namen tragen. Die medizinische Welt der Therapeuten ist voll davon:

- Da wird laut Irisdiagnose eine vollkommen gesunde Leber für krank erklärt und behandelt. Tatsächliche Krankheiten werden übersehen. Und was wird nun therapiert?
- Andere vertrauen anstelle der Iris lieber auf Enderlein. Aber welchem Ziel kann eine Diagnostik dienen, bei der nahezu sämtliche Annahmen und Voraussetzungen fehlerhaft sind, weshalb der Name Enderlein weder im Brockhaus noch in irgendeinem medizinischen Lexikon auftaucht – von Roche über Springer bis hin zum Pschyrembel.
- Viele Heilpraktiker wenden gerne die Kolon-Hydro-Therapie an. Sie „reinigen“ damit etwas, das nicht gereinigt werden kann, entfernen „Schlacken“, die nicht da sind. Vielleicht versucht mancher, im Anschluss eine Darmflora aufzubauen, die den Namen „Eubiose“ verdient, doch ist dieses Ziel problemlos auch auf der Basis der Dysbiose ganz ohne vorangehende Spülung zu erreichen (➤ Fach Verdauungssystem).
- Die Mehrzahl der Heilpraktiker befindet sich ganz auf der Höhe der Zeit, zumindest des 19. Jahrhunderts als Zeit des Howard Hay, und therapiert die allfälligen Übersäuerungen der Patienten. Natürlich wird dieselbe niemals gemessen, sondern lediglich pauschal irgendwelchen Befindlichkeitsstörungen zugeordnet. Sie wären auch nicht zu messen – weder im Serum noch im Interstitium noch intrazellulär, weil dies mit dem Leben nicht vereinbar wäre. Die Therapie mit basischen Substanzen erzeugt eine Alkalose des Serums und zwingt die Niere zur Ausscheidung dessen, was dem Körper andernfalls schaden würde. Sie dient also zuvorderst der Alkalisierung des Urins mit Verlust dessen immunologischer Barriere und weiteren pathologischen Folgen (➤ Fach Urologie). In Serum, Interstitium oder Zytosol lässt sich dagegen mit diesen „Therapien“ rein gar nichts verändern.
- Als Diätform zur Heilung vieler Krankheiten, auch der Adipositas, dient manchen die Trennkost, allzeit modern, aber deswegen trotzdem und immer noch einem Missverständnis entstammend (➤ Fach Verdauungssystem). Beliebt ist auch die Infusi-

on von Vitaminen, die bei oraler Zufuhr problemlos und vollständig resorbiert werden. Wo liegt der Sinn? Vitamin C wird besonders gerne infundiert – mit dem Ergebnis, dass sich 99 % der applizierten Dosis umgehend über Niere und Blase zur Toilette bewegen (➤ Fach Endokrinologie mit Stoffwechsel). Weit sinnvoller und risikofrei wäre die Empfehlung von retardierten Tabletten, doch bräuchte der Patient dafür keinen Therapeuten.

- Ausleitungen, die grundsätzlich wertvoll sein könnten, werden nahezu ausnahmslos unspezifisch durchgeführt. Der eine schröpft, der nächste arbeitet lieber mit Moxibustion, Ohrkerzen oder Blutegeln. Kaum einer definiert zunächst, was es überhaupt auszuleiten gilt, um nun gezielt vorzugehen. Stattdessen muss das immer gleiche Schema für alle Patienten und alle Krankheiten richtig sein.
- Die Therapie mit Kräutern ist immer integriert, diejenige mit sinnvoller Homöopathie eher selten. Stattdessen benutzt man dann Schüßler-Salze zur missverstandenen Substitution, gibt ng, wo mg oder g benötigt würden u.a. auch in der Vorstellung, eingeschwungene Ionen könnten dem Darm seine Aufgaben begreiflich machen, ihn zu Höchstleistungen anspornen. Oder man greift auf Komplexpräparate mit 10 oder noch mehr Inhaltsstoffen zurück, die sich teilweise gegenseitig antagonisieren und teilweise mit Campher oder Schwermetallen materiell als Tiefpotenz versetzt sind. Dies würde für sich alleine schon genügen, um Hahnemann in seinem Sarg in Rotationen zu versetzen, doch lässt man dann diese Mischungen in der Apotheke nochmals mit 2 oder 3 weiteren Komplexmischungen zusammenschütten, um mit dieser Karikatur einer Homöopathie über Monate zu „therapieren" – oder was man halt darunter versteht. Nun rotiert auch noch der Sarg.
- Manche arbeiten mit Hypnose oder suggestiven Verfahren, die den Patienten in seiner Passivität und Bequemlichkeit halten. Andere fahren auf dem so sehr geliebten Zug der Psychosomatik, die das kompensieren soll, was medizinisch nicht verstanden wurde. Da sind die Familienaufstellungen schon sehr viel besser geeignet, denn sie versuchen gewissermaßen, Burkhard Heims Filmrolle aus x_5 am runden Tisch von x_6 neu zu überdenken.
- Es gibt Dutzende verschiedener Massagetechniken – teilweise nur an den Füßen, teilweise am restlichen Körper. Aroma-Öle, Schwingungen von Edelsteinen, Klänge der Musik werden benutzt. Bioresonanzgeräte oder neuerdings in den Computer eingeschwungene bzw. von ihm selbst generierte, alle Potenzen umfassenden Homöopathika gewinnen an Beliebtheit, soweit sie bezahlbar sind. Bei solchen Geräten könnte man sich allerdings fragen, wie eine Elektronik dazu gebracht werden kann, aus Nullen und Einsen homöopathische Hochpotenzen zu formen. Wenn man andererseits davon ausgeht, dass ein Computer nur das wissen und reproduzieren kann, was ihm einprogrammiert wurde, muss man sich fragen, was der Programmierende tatsächlich eingibt. Denn Art und Wesen der Schwingung homöopathischer Potenzen wird nicht verstanden und sie ist nicht abgreifbar. Es existieren noch nicht einmal physikalische Detektoren, die irgendetwas davon messen könnten. Was also befindet sich bei diesen Programmen auf der Festplatte?
- Die Ozontherapie ist eine besonders beliebte „Heilmethode". Natürlich handelt es sich dabei nicht einfach um gewöhnliches Ozon, denn dafür bräuchte man keinen Therapeuten, sondern einfach nur den nächsten Ozonalarm. Diese Tage könnte man dann zu Hause mit offenen Fenstern oder noch besser joggend gestalten, um sich anschließend herrlich erfrischt zu fühlen, ohne dafür bezahlt zu haben. Was für ein Segen! Für die Ozontherapie wird also, weil dies anerkanntermaßen nicht möglich ist, ein sehr viel kostbareres, „medizinisches Ozon" verwendet, das dem Blut „neuen Sauerstoff" schenkt, die „Durchblutung verbessert", bei Allergien und einem Diabetes mellitus Erfolge verspricht, durch „Eingriff in das Stoffwechselgeschehen" (?) eine „Renormalisierung einiger Stoffwechselparameter erreicht" (?) und die körpereigene Abwehr anregt. Der letzte Punkt kann akzeptiert werden, weil das Immunsystem dort, wo es zerstörte Strukturen zu beseitigen gilt, durchaus gefordert ist. Der Therapeut reichert also beispielsweise 2 ml Patientenblut mit Ozon an und gibt es i.m., s.c. oder i.v. wieder an den Patienten zurück in der Vorstellung, diese aufgesättigten 2 ml würden nun die 6 Liter Blut des Patienten ordentlich mit Sauerstoff versorgen – zumindest aber im gewählten Muskel der i.m. Injektion genesungsfördernde Reize setzen.
  Nun ist Ozon allerdings immer Ozon. Dabei spielt es keine Rolle, ob es in der Atmosphäre, am Boden z.B. aus NO_2 oder in der teuer angeschafften Apparatur entsteht. Es gibt kein „medizinisches Ozon", denn das Molekül ist als solches unveränderbar und ganz und gar unabhängig von z.B. bei Smog vorhandenen oder eben nicht vorhandenen Begleitstoffen. Ozon besteht immer und ausnahmslos aus Molekülen mit 3 Sauerstoffatomen, die aber als O_3 nicht um 50 % wertvoller sind als O_2, sondern lediglich aufgrund ihrer Instabilität umgehend in O_2 und ein einzelnes Sauerstoffatom O zerfallen. Ein einzelnes Sauerstoffatom kann in dieser Form nicht existieren, weshalb es im Moment des Entstehens an irgendeinen Partner binden muss. In der Atmosphäre ist dies wiederum O_2, sodass aus dem Zerfall des Ozon-Moleküls von Neuem Ozon entsteht, sofern keine industriellen Abgase in die Atmosphäre gelangt sind. In den Atemwegen sind es die Strukturen des Epithels bis hinab zu den Alveolen, die oxidiert und geschädigt werden. Im Blut des Patienten, das mit „medizinischem Ozon" angereichert wird, sind es die Erythrozyten, die Leukozyten und Plasmamoleküle, die oxidiert und zerstört werden. Es gibt kein Hämoglobin, das nun an sein Eisen O_3 anstelle O_2 binden würde, um den „Zusatz-Sauerstoff" anschließend in die Gewebe zu transportieren. Selbst wenn sich Ozon an das Eisenatom des Häms anlagern würde, wäre dies eine Momentaufnahme, weil es im nächsten Augenblick zerfallen und die benachbarten Strukturen oxidieren und damit zerstören würde. Wegen dieser biologische Membranen und weitere Strukturen schädigenden Eigenschaften wird Ozon sehr erfolgreich zur Desinfektion benutzt.
- Dann gibt es noch die Heiler, die mit ihren Händen auf Aura, Inkarnationen oder auch nur gestörte Organe einwirken. Dies wäre die schönste aller Therapieformen, doch müsste der Heiler dafür selbst geheilt sein, denn man kann nur von dem geben, was man hat. Und wenn der Geist des Patienten die Krankheit schafft, dann muss er selbst „anderen Geistes" werden, wenn

sich der Erfolg einstellen soll. Wenn er aber beschlossen hat, gesund zu werden, bedarf es der Geistheilung nicht, denn der Geist des Patienten ist so mächtig wie der Geist des Heilers.

Nicht alles an den ungezählten Therapieformen ist per se „schlecht" oder „falsch", doch stimmen sie alle darin überein, dass sie entweder mystische und im besten Fall „mutige" Behauptungen zugrunde legen oder sich unspezifisch in der Peripherie bewegen anstatt mitten hinein ins ursächliche Geschehen zu gehen.

Natürlich kann man mit Schwingungen therapieren, wenn sie für den Einzelnen geeignet sind. Aber woher weiß das der Therapeut? Im Bereich der Homöopathie kann er sich durch eine korrekt durchgeführte Repertorisation absichern, nach langen Jahren der Erfahrung das Simillimum finden. Aber wie repertorisiert man Steine, Duftöle, Musik, Formen der Bewegung oder geistige Ebenen? Nicht jeder Bergkristall oder Duft besitzt heilende Schwingungen, und erst recht nicht für Jeden. Mit Klangschalen kann der Klang- bzw. Musiktherapeut über die Sinne einwirken oder, auf den Körper aufgesetzt, zusätzlich so etwas wie eine „innere Massage" bewirken, doch bedarf es großer Erfahrung, um jedem Patienten „seinen" Klang zuzuordnen.

HINWEIS DES AUTORS

Letztendlich bewegen sich die Anwender all dieser Therapieformen dort, wo sich auch die Schulmedizin bewegt – in der symptomatischen Therapie, wenn auch mit anderen, natürlicheren Mitteln. Vielen Patienten wird es damit besser gehen, aber verlieren sie tatsächlich die eigentliche Krankheit, derentwillen sie gekommen sind? Weichen Chlamydien und Borrelien den Schwingungen von Steinen oder Klängen, kümmern sich Wasseradern um den Duft des Raums, lösen sich Blockaden nach dem Genuss von Tee?

6.6.5 Die Kunst des Heilens

Behandlungen durch geheilte Heiler, Familienaufstellungen oder Rückführungen in Inkarnationen, in denen scheinbar ursächliche Ereignisse für aktuelle Störungen gefunden und dann losgelassen und vergeben werden, können im Hinblick auf Symptome und ungelöste vergangene Traumen wertvoll sein, solange der Geist noch nicht bereit ist, darüber hinauszugehen. Sie kommen damit in der Dimension der Dualität der Heilung so nahe, wie dies möglich ist. Dazu kann man dann auch die Therapie nach Banis rechnen oder manche Formen der Cranio-Sacral-Therapie, die über körperliche Dimensionen hinausreichen. Wer auf derlei Weisen arbeitet, selbst im Frieden ist, diesen Frieden weiterzugeben vermag und seine Patienten so annehmen kann, wie sie vor ihm stehen, der wird echte Heilungen auf körperlichen und psychischen Ebenen erreichen. Dies gilt in jedem Fall dann, wenn der Therapeut um die überragende Bedeutung geopathischer Störungen weiß und dieses Wissen in jegliche Therapie integriert. Denn die schönsten Therapien werden wirkungslos verpuffen, solange der Schlafplatz nicht saniert ist.

Biologische Testverfahren

Eine sehr spezifische und mitten in die Ursachen hineinreichende Möglichkeit besteht in der Anwendung einer Testmethode. Dies könnte kinesiologisch geschehen, eventuell in der Abwandlung nach Banis, über Akupunkturpunkte in der Art der EAP bzw. Vega, oder eben in der oben vorgestellten Art der Tensortestungen. Letztendlich gibt es wenig, was der sicher und doppelblind testende, nicht an Überheblichkeit leidende, stattdessen im Frieden mit sich selbst lebende Therapeut damit nicht erreichen kann. Begrenzt ist die Methode durch die immer weiter zunehmende Schwierigkeit, die geeigneten Nosoden zu beschaffen – für die eigene Testung und eben auch für seine Patienten. Wenn in der Testung beispielsweise Borrelien in der C 1.000 ansprechen, ist die Testung ohne Wert, wenn die C 1.000 am Markt nicht erhältlich ist und damit als Therapie nicht mehr zur Verfügung steht. Immer mehr Anlaufstellen früherer Jahre, zuvorderst die Staufen-Pharma, nehmen ihre Nosoden aus dem Programm.

Der Wert der Testung erschöpft sich allerdings nicht in der Nosodentherapie. Jedes Medikament, jedes evtl. allergisierende Kleidungsstück, jedes Lebensmittel und jeder Kosmetikartikel kann auf Verträglichkeit getestet werden. Schmucksteine, nicht so selten ausgerechnet der ständig getragene Lieblingsschmuck der Patientin, können schwerste Störungen verursachen. Der Patient, der am PC arbeitet, in unmittelbarer Nähe einer Hochspannung oder eines Funkmastes wohnt, kann durch diesen Elektrosmog krank werden, doch kann diese Vermutung ohne Testung mit geeigneten Testampullen (z.B. Phosphorus D60) richtig sein oder eben nicht. Die Geopathie lässt sich anamnestisch vermuten, aus dem Gewebe des Patienten für den Erfahrenen auch abgreifen, doch bringt erst die Doppelblindtestung die notwendige Sicherheit. Dies gilt auch für die Überprüfung von Rutengängern und ihren Ergebnissen. Ich hatte auf der Suche nach sicher Messenden 23 Rutengänger in meinem Haus, alle professionell, alle beeindruckend und mit wahrhaftem Anstrich – mit 23 divergierenden Meinungen. Dies deckt sich mit einer Studie der Uni München (Prof. König, Prof. Betz), wonach von 100 Rutengängern gerade mal 3 reproduzierbar messen konnten. Woher aber weiß der Therapeut, welchen davon er seinen Patienten empfehlen soll, wenn er nicht durch Nachtestungen (4–6 Wochen später) direkt an einem möglichst großen Kollektiv seiner Patienten die Ergebnisse der Schlafplatzsanierung überprüft?

EXKURS

Heilungen speziell von „unheilbaren" Autoimmunkrankheiten wie rheumatoider Arthritis, Morbus Bechterew, MS und ungezählten weiteren sind ohne Nosoden-Testung nicht möglich, weil der verursachende Erreger auf andere Weise nicht gefunden werden kann. Wenn die Schulmedizin die Mykoplasmen der rheumatoiden Arthritis (chronischen Polyarthritis), die Chlamydien der Sterilität oder die Borrelien der MS nicht findet, gibt es mit Ausnahme des Abgreifens der erregerspezifischen Schwingung direkt am Patienten keine weitere Möglichkeit einer gezielten, ursächlichen Therapie. Dafür benötigt man natürlich ein hinsichtlich dieser Erkrankungen größeres Patientenkollektiv, denn erst wenn z.B. der 10. MS-Patient zum 10. Mal die Borrelienschwingung in sich trägt und mit der sich anschließenden Nosodentherapie gebessert oder sogar gesund wird, soweit der Krankheitsfortschritt dies noch möglich macht, kann das Prinzip von Ursache und Wirkung erkannt werden. Dies gilt auch für infektiöse Erkrankungen mit medizinisch noch unbekanntem Erreger – u.a. Morbus Crohn (Yersinien), Colitis ulcerosa (Amöben) oder Sarkoidose (fraglich atypische Mykobakterien).

Homöopathie

Ohne spezifische Therapieverfahren bleibt für das Ziel des Heilens nicht allzu viel übrig. Vielleicht noch am wirkungsvollsten ist die Homöopathie mit Einzelmitteln, doch bedarf es hierfür nicht nur persönlicher Begabung, sondern auch einer Einarbeitungszeit, die sich eher an Jahrzehnten als an Jahren orientiert. Im Vorteil ist derjenige, der die Homöopathie mit einem Testverfahren kombiniert, denn Tensor oder Kinesiologie zeigen das korrekte Mittel und seine passende Potenz ohne Zeitverlust, während ohne Testung selbst dann, wenn das Mittel korrekt gewählt wurde, lange Zeiträume auf Wirkungen oder das Abklingen von Wirkungen gewartet werden muss – zumindest bei Hochpotenzen oder z.B. auch bei Miasmen. Zusätzlich arbeitet die richtig verstandene Homöopathie üblicherweise mit Einzelmitteln, während der Tensor nicht so selten mehrere Mittel anzeigt, die parallel gegeben werden sollten – in jeweils durchaus unterschiedlichen Potenzen. Der Autor hat aufgrund dieser Erfahrungen seine homöopathische Ausbildung und das Bemühen um diese Kunst aufgegeben, als die Testungen reproduzierbar und fehlerfrei im Bereich von annähernd 100 % angekommen waren. Aus seiner Sicht ist der Tensor des reproduzierbar Testenden klüger als alle Homöopathen dieser Welt.

Chirotherapie

Eine mechanisch-manuelle Art des Heilens ist mit der Chirotherapie gegeben. Gestörte Meridiane, schmerzende Gelenke oder Muskeln, die Einbeziehung von Organen bzw. tiefer liegenden Strukturen kann man auch z.B. mit den Nadeln der Akupunktur behandeln. Damit ist nicht die vielfach angewendete, moderne Art von „Akupunktur" gemeint, die man sich in ein paar Wochenendseminaren aneignet, um sich zusätzliches Einkommen zu sichern. Gemeint ist die Kunst der Akupunktur, die weit darüber hinausgeht und sich beispielsweise auch sehr intensiv mit den Meridianen und ihren Störmöglichkeiten auseinandersetzt.

- Ein blockiertes Gelenk stört den gesamten Meridian, in den es eingebettet ist. Ein blockiertes ISG kann u.a. über den Blasenmeridian heftige Nacken- oder Hinterkopfschmerzen verursachen. Eine massiv und chronisch entzündete Adnexe kann andererseits die Blockade des ISG so sehr verfestigen, dass es nicht mehr deblockiert werden kann. Derlei Zusammenhänge gilt es zu beachten, wenn man ursächlich therapieren möchte.
- So mancher Wurmfortsatz wird entfernt, weil er nicht von der daneben liegenden Adnexe abgegrenzt wurde. Allerdings wird der im Nierenmeridian liegende Wurmfortsatz auch gerne entfernt, wenn ein blockiertes rechtes Sternoklavikulargelenk Schmerzen im Verlauf dieses Meridians verursacht. Dies kann auch die Wade oder den Oberbauch im Meridianverlauf betreffen – mit der Konsequenz, dass beim Patienten mit Gallensteinen die Steine schuld sind, während der Patient ohne Steine Pech gehabt hat, weil er nun möglicherweise in der psychosomatischen Schublade landet. Besprochen werden die Zusammenhänge im ➤ Fach Bewegungsapparat.

Der Therapeut, der gestörte Meridiane erkennt und sie mittels Akupunktur behandelt, wird Linderungen erzielen, doch arbeitet er genau genommen wiederum rein symptomatisch. Dagegen befindet sich der Therapeut, der das verursachende Gelenk deblockiert, mitten im ursächlichen Geschehen, denn in dem Moment, in dem das Gelenk frei geworden ist, ist auch der Meridian frei geworden und alle Folgen sind verschwunden. Insofern ist die Akupunktur, so wertvoll sie in der Hand des Erfahrenen sein mag, doch wieder nur der symptomatische Ersatz einer ursächlichen Therapie. Allerdings gehen die Anwendungsmöglichkeiten der Akupunktur weit darüber hinaus – von der Suchttherapie bis hin zur Analgesierung als Ersatz für Medikamente oder sogar Narkosen. Insoweit können mit dieser Methode auch heilende, ursächliche Behandlungen verbunden sein.

Zum Schluss

Helfen, den Menschen dienen, gehört möglicherweise zum Schönsten und Beglückendsten, das es in dieser Welt zu tun gibt. Wer als Therapeut fungiert, hat damit einen Beruf, der den Lebensunterhalt sichern kann, mit dem in Einklang gebracht, was ohnehin seiner wichtigsten Funktion entspricht. Dabei ist es letztendlich keineswegs notwendig, Heilungen zu erreichen oder auch nur anzustreben, sofern dies nicht der eigenen Zielsetzung oder den vorhandenen Fähigkeiten entspricht. Gesundheit und Krankheit sind Entscheidungen des Geistes. Therapeut und Patient begegnen sich nicht zufällig, vielmehr finden sie unausweichlich zueinander. Denn der Patient, der sich für eine Krankheit entschieden hat und an ihr festhalten möchte, kann keinen Therapeuten gebrauchen, der dieses Ziel missachtet. In diesem Sinn ist es letztendlich nicht von Bedeutung, ob der Therapeut „medizinisch gut" ist und Therapieformen anwendet, die aus objektiver Sicht irgendeine Art von Sinn ergeben. Wichtiger mag es in all diesen Fällen sein, dass der Therapeut den Patienten so annimmt, wie er ist, Zeit hat, zuhört, ihn einfach ein Stück begleitet. Auf diese Weise kann es auch passieren, dass der Patient gekommen ist, um den Therapeuten zu heilen.

Register

Z